清朝皇权与君臣

杨珍 著

学苑出版社

图书在版编目（CIP）数据

清朝皇权与君臣 / 杨珍著. -- 北京 : 学苑出版社,
2022.7

　　ISBN 978-7-5077-6466-6

　　Ⅰ.①清… Ⅱ.①杨… Ⅲ.①皇帝—政治制度—研究
—中国—清代 Ⅳ.①D691.21

中国版本图书馆CIP数据核字(2022)第129880号

责任编辑： 刘　涟　张佳乐　杨　雷
出版发行： 学苑出版社
社　　址： 北京市丰台区南方庄2号院1号楼
邮政编码： 100079
网　　址： www.book001.com
电子邮箱： xueyuanpress@163.com
联系电话： 010-67601101（营销部）　010-67603091（总编室）
印 刷 厂： 英格拉姆印刷(固安)有限公司
开本尺寸： 720×960　1/16
印　　张： 34
字　　数： 512千字
版　　次： 2022年8月第1版
印　　次： 2022年8月第1次印刷
定　　价： 180.00元

前　言

本书于2013年初版时，书名为《历程 制度 人——清朝皇权略探》。现将书名改为《清朝皇权与君臣》，并分为上、下两编。

上编包括第一章和第二章。第一章探讨清朝皇权产生、发展与衰亡的过程。第二章探讨清朝不同时期若干宫廷制度的建立、变化与特点。下编包括第三章、第四章和第五章。此三章聚焦清前期的几位皇帝和一些重要臣子，关注他们在宫廷政治生活中的所历所思，以及他们与皇权的关系。上编与下编分别从清朝皇权和君臣关系两方面来考察清朝宫廷政治，这两方面是相互联系、相互影响的。清朝皇权与相关制度的演进过程，为理解清朝君臣之间的关系提供了清晰的政治背景，而清朝君臣之间的动态关系，又成为皇权政治演进的一种动因和动力。

本书注重三个方面。一是在已往多年研究基础上，对清朝皇权不同发展阶段状况、清朝皇位继承制度的特点、清朝储权等重大问题进行概括总结，并提出新的认识。二是满文、汉文史料并重。基于这些丰富的史料，对清前期诸帝的人生和性格，从不同侧面进行了剖析，使我们对这些历史人物的认识更加客观、全面；三是对清前期皇室女性、清宫太监、满洲宗室以及清朝权臣的考察，填补了此前研究中的空白。

清朝是中国历史上最后一个大一统封建王朝。清朝皇权发展历程，总计约三个世纪（1616—1911）。清入关后，清朝皇权开始了逐步集中与强化的进程，历时约一个半世纪（1644—1795）。乾隆帝内禅前后，清朝皇权进入中衰与消亡时期，历时百余年（1796—1911）。1840年鸦片战争前，清朝皇权已丧失勃勃生机，显现色厉内荏之态。这一变化，符合事物盛极而衰的发展规律。清朝处于中国封建社会晚期，在外强入侵、内患频仍、积弊难除等各种矛盾冲突中，它不可避免地走向衰亡。

皇权的核心内容是对王朝的统治权和对皇位继承人的决定权。清朝皇权集历代王朝统治经验之大成，高度集中，高度完备；清朝又是以满洲统治者为主体建立的中央政权，清朝皇权兼有满洲特色、满汉文化相融合等特点。所以，清朝能够以秘密建储制度取代历代王朝实施的嫡长子皇位继承制度；在吸收明朝内阁利弊得失的基础上，创建了新的中枢辅政机构军机处。这些制度创新，表明清朝皇权在前期具有较强的自我调适能力。

然而，处于权力中心的君臣，他们的思想、心灵和人性等等都被皇权所束缚、摧残和扭曲，其程度超过以往各代。清朝皇权在有效维护封建专制统治的同时，也对中国社会的发展和进步具有顽固的阻碍作用。

皇帝是皇权的拥有者，与普通人一样，他们也有七情六欲、喜怒哀乐。皇帝在行使皇权时，会受到情感干扰，受到成长环境、幼年经历及其禀赋个性等因素的制约。封建王朝中，无论是后妃姬妾、皇子皇女，还是皇亲国戚、百官庶民，都是皇帝的臣子，都在皇权的统治之下。皇帝身边的臣子和宫廷成员，是与皇帝接触最多之人。从表面看，大部分后妃、太监与皇权的关系,在政治上不及宗室、大臣紧密。但是,他们生活在宫廷之中,与皇帝朝夕相处,因而不可避免地在不经意间影响着皇帝的情绪和思维。我们探讨清朝皇权的兴衰历程时,对他们的身世也不应忽视。另一方面,宫廷制度变革和宫廷政治风波,对于皇帝身边之人可能具有更直接的、甚至决定性的影响。由于处在不同的皇权发展阶段,皇帝与臣子的思想观念、所作所为、个人境遇又有很大不同。本书就是力图从皇权的发展变化、皇帝的治政和失误、臣子的劳绩与褒贬等角度,探究皇权与君臣关系,以求对清朝宫廷政治有更为深切的认识。

此次再版订正错讹,补充了少量内容。修订过程中,得到学友张晓辉的鼎力相助,在此致以衷心感谢。

作 者
2021 年 1 月

作者简介

杨珍,中国社会科学院古代史研究所(原历史研究所)研究员,曾任历史研究所副所长,博士生导师,国家清史编纂委员会委员,享受国务院政府特殊津贴专家。研究清史凡40余年,致力于发掘、利用满、汉文档案与史料,对清朝宫廷政治中一些重要问题和史实加以补正,并提出新诠释。主要著作有《康熙皇帝一家》《清朝皇位继承制度》《清前期宫廷政治释疑》等。

目 录

上 编

第一章 清朝皇权的兴衰　003

第一节 清朝皇权的初始阶段　005
　一、天命汗权　005
　二、天聪汗权　007
　三、崇德皇权　009

第二节 清朝皇权集中与强化的奠基阶段　011
　一、多尔衮摄政　011
　二、顺治亲政　014
　三、四大臣辅政　021

第三节 清朝皇权集中与强化的探索阶段　025
　一、清除地方割据势力 解决皇权与阁权的矛盾　026
　二、皇权建设中的政策调整　032

第四节 清朝皇权集中与强化的突破阶段　038
　一、皇权集中与强化的突破性进展　038
　二、皇权集中与强化模式的改进完善　052

第五节 清朝皇权的中衰与消亡　064
　一、乾隆内禅　064
　二、嘉道皇权　066
　三、咸丰皇权　068
　四、慈禧专权　069

结　语　071

第二章　若干宫廷制度的建立与变化　　　　　　　　　　073

　第一节　清朝后妃制度的发轫　　　　　　　　　　　　075

　　一、天命朝：发轫阶段前期　　　　　　　　　　　　076

　　二、天聪朝：发轫阶段中期　　　　　　　　　　　　081

　　三、崇德朝：发轫阶段后期　　　　　　　　　　　　090

　　四、发轫阶段若干特点　　　　　　　　　　　　　　098

　第二节　清朝皇位继承制度的特点　　　　　　　　　　100

　　一、皇位继承形态的多样性　　　　　　　　　　　　100

　　二、对中国古代皇位继承制度的创新　　　　　　　　109

　　三、多元文化特色　　　　　　　　　　　　　　　　112

　　四、皇位继承形态的转换与皇权发展阶段的密切联系　115

　　五、平稳实现皇权传承　　　　　　　　　　　　　　119

　第三节　清朝的储权　　　　　　　　　　　　　　　　121

　　一、对储权的界定　　　　　　　　　　　　　　　　122

　　二、嫡长子皇位继承制下的储权　　　　　　　　　　123

　　三、时有时无形态不一的清朝储权　　　　　　　　　125

　　四、康熙帝的改革尝试　　　　　　　　　　　　　　128

　　五、秘密建储制度下的隐性储权　　　　　　　　　　132

　第四节　从明朝内阁到清朝军机处的发展演变　　　　　145

　　一、废除丞相制度与内阁制度的确立　　　　　　　　145

　　二、阁权增长与相权的部分回归　　　　　　　　　　149

　　三、清前期的中枢辅政体制　　　　　　　　　　　　156

四、军机处的建立与相权的终结　　159
　　五、明内阁与清军机处的传承关系　　163
结　语　　166

下　编

第三章　皇帝　大臣　　169

第一节　顺治帝的幼儿时代　　171
　　一、双亲　　171
　　二、身边之人　　176
　　三、游戏与骑射　　180
　　四、文化熏陶　　184
　　五、客观环境对体魄、个性的影响　　185

第二节　情感因素与帝王决策：康熙帝废立太子　　187
　　一、转折：防范包容　　187
　　二、激怒：轻信蜚言　　190
　　三、懊悔：进退两难　　191
　　四、自信：错估形势　　195
　　五、偏执：痛斥忠言　　197
　　六、孤行：复立复废　　199
　　七、反思：匡正缺失　　201

第三节　雍正帝"恶名"探源　203
　一、皇位继承制度转换中的侥幸得位者　204
　二、固结15年的反对派营垒　206
　三、个人品行与历史积怨　208
　四、与宗室勋戚相对立的孤家寡人　209
　五、若干社会因素　219
第四节　康雍皇权更替时的两名获罪者　220
　一、内务府官员赵昌　221
　二、哈哈珠子太监魏珠　233
第五节　皇权统摄下的宦海生涯：三朝大学士马齐　241
　一、违背帝意而受挫　241
　二、善于应变而保高位　244
　三、三代君臣　亲疏各异　248
　四、仕途通达　心灵扭曲　250
第六节　清朝权臣与皇权的关系及其特点　251
　一、权臣对皇权的维护与加强作用　253
　二、权臣的权力及其对皇权的反作用　268
　三、权臣与满汉官僚集团　281
　四、权臣的特点　294
结　语　302

第四章　满洲宗室　305

第一节　废太子父子：从咸安宫到郑家庄　307
　　一、废太子允礽幽禁咸安宫　308
　　二、秘密建储与兴建郑家庄王府　312
　　三、理亲王弘晳获罪郑家庄　317

第二节　诚亲王允祉与雍正帝　323
　　一、兄长居上　324
　　二、抑制包容　328
　　三、淫威之下　330
　　四、结局评说　339

第三节　皇八子允禩与康熙帝　341
　　一、培养　341
　　二、倚重　343
　　三、绝父子之恩　346
　　四、另有所用　350
　　五、亲情让位于政治　352

第四节　九贝子允禟补遗　354
　　一、少年岁月点滴　355
　　二、嗜读与创造力　356
　　三、厚爱　358
　　四、关系圈　361
　　五、贵胄特权　363

六、劝奏和保奏：在一废太子事件中	367
七、图谋储位	369
八、死于非命前的心路历程	372
九、几点思考	378
结　语	384

第五章　皇室女性　　387

第一节　清初后妃的改嫁　　389

一、改嫁类型	390
二、迎娶未亡人	393
三、帝妃关系	394
四、悲喜结局	396
五、社会背景	400

第二节　董鄂妃与清前期宫廷史　　403

一、顺治朝后宫的若干特点	404
二、董鄂妃来历再探	405
三、册妃：波诡云谲的顺治十三年	426
四、从顺治帝与董鄂妃之恋看皇权的淫威和局限	438

第三节　顺治朝公主及其相关问题　　444

一、清朝皇女、养女的寿命	444
二、顺治帝养女的择选与鞠育	452

三、公主择婿与清初政局　　456
　　四、顺治帝公主婚姻特点择议　　462
第四节　三百年前的翊坤宫主人　　464
　　一、从宜嫔到宜妃　　465
　　二、生育皇子　　466
　　三、宫分　　467
　　四、眷顾最深　　468
　　五、忧惧陡生　　469
　　六、终老恒王府　　470
第五节　荣辱未卜的皇子之妻　　471
　　一、皇太子妃瓜尔佳氏　　472
　　二、八贝勒福晋郭络罗氏　　481
　　三、几点思考　　490
结　语　　492

附　录　　495

　附表一　京城八旗方位与八门门监　　495
　附表二　清朝权臣　　496
　附表三　废太子允礽妻妾　　498
　附表四　废太子允礽诸子　　500

附表五　废太子允礽诸女	503
附表六　清初后妃中的改嫁女子	506
附表七　清朝皇女、清帝养女、清朝皇子平均寿命	508
附表八　清朝皇女、清帝养女的婚嫁	509
附表九　清帝养女	510
附表十　顺治帝诸女	514

主要参考资料　516

上编

第一章

清朝皇权的兴衰

清朝作为中国历史上最后一个大一统中央王朝，历时268年（1644—1911）。考察清朝皇权的兴衰，应包括清入关前的天命汗权（1616—1626）、天聪汗权（1627—1636）和崇德皇权（1636—1643）。清朝皇权建立于1636年，它是由后金汗权发展而来。从天命汗权的建立至清朝皇权覆亡，总计286年（1616—1911）。皇权的集中和强化，是清朝皇权的主要特征。我们据此分五个阶段考察清朝皇权的兴衰历程。

第一节 清朝皇权的初始阶段

一、天命汗权

明万历四十四年（1616），清太祖努尔哈赤统一女真各部，在赫图阿拉（今辽宁新宾）称"覆育列国英明汗"，建立（后）金政权，年号"天命"。天命汗权是清朝皇权的初期形态。

天命汗权有两个显著特点。一是具有浓厚的父权家长制特征。努尔哈赤独操生杀予夺之权，既是后金汗，又是后金全体臣民的父家长，"汗非一二人之父，乃举国之父也"[1]。二是以努尔哈赤家族为核心，以八旗为基础，带有一定的军事民主制色彩。努尔哈赤在统一女真的过程中，对女真氏族社会的狩猎组织牛录加以改造，创建了政治、经济、军事合一的八旗组织。他是八旗的最高统帅，以其子侄充任各旗旗主，即八和硕贝勒。各旗全体人员，均为本旗旗主的属人，双方是主奴关系。各旗旗主掌握本旗军政大权，互不统属，唯听命于父汗。八旗具有相对独立的地位，承担

---

[1] 参见中国第一历史档案馆、中国社会科学院历史研究所译注：《满文老档》上册，第559页，北京：中华书局，1990年。

后金的各种劳役以及各项财政支出，后金的各种收入及一切俘获由八旗均分。

努尔哈赤的专权，是以众贝勒大臣议政会议为辅助。天命时期议政会议的主要成员是努尔哈赤的子侄，其中以四大贝勒即代善、阿敏、莽古尔泰、皇太极为主，包括诸小贝勒。

天命七年（1622年）三月，努尔哈赤颁布八王（八和硕贝勒）共治国政制。[1] 核心内容有三点：第一，努尔哈赤死后，后金新汗由八王中产生，八王具有选举、更换后金新汗的权力；第二，八王与后金汗共治国政；第三，强调八王之间的相互监督与牵制。[2] 这一政治体制在努尔哈赤生前已部分实施。[3] 八王共治国政制仍旧是军事民主制的一种翻版，它与汗权相对立，且与后金汗权向封建皇权发展的总趋势背道而驰。所以，其制定者努尔哈赤在有选择地付诸实施的同时，又竭力维护汗权的绝对权威，[4] 并对理政诸贝勒采取了监督措施。[5]

天命汗权的发展过程中出现这一倒退，是各种因素共同作用所致。

首先，它有深厚的社会根源。氏族社会军事民主制观念，在女真人头脑中根深蒂固，包括努尔哈赤本人在内，往往不自觉地以此作为行为取向和评判是非的标准。

其次，努尔哈赤先后拟将长子褚英、次子代善作为汗位继承人，均因得不到诸贝勒支持，未能实现。这既是由于以四大贝勒为首的诸贝勒，对努尔哈赤指定汗位继承人的做法抱有抵触情绪，同时也因随着后金的不断发展，八旗的力量相应增长，四大贝勒的分权倾向开始显露，一再干扰、破坏努尔哈赤的建嗣计划，这些情况都对汗权形成一定压力。

---

1 所谓"八王"，除去四大贝勒代善、阿敏、莽古尔泰、皇太极4人外，另外4人即"四小王"具体是指何人，目前尚无定论。从努尔哈赤去世后，总计15人共同推选新汗等事实看，"八王"并非是一确定之数，而是指"八家"，即八旗，包括八个掌旗贝勒以及他们的亲兄弟，或其年长之子。他们均为努尔哈赤的子、侄、孙。参见《清太宗实录》卷1，天命十一年八月庚戌、九月辛未。
2 《满文老档》上册，第345-348页；《清太祖实录》卷8，天命七年三月己亥。
3 参见杨珍：《后金八王共治国政制研究》，载《中国史研究》2000年第1期。
4 《满文老档》上册，第404、635页。
5 《满文老档》上册，第411-413页。

两次立储意向，反映出努尔哈赤欲将汗位继承权掌握在自己手中，并以此方式集中汗权的初衷。但两次尝试均告失败，使他不得不另辟蹊径，解决自己身后的汗位继承问题。天命五年（1620）三月，代善被人告发与努尔哈赤大福晋关系暧昧，从而失去汗位继承人地位。此事成为促使努尔哈赤确立八和硕贝勒共治国政制的直接原因。

努尔哈赤试图通过八和硕贝勒共治国政制，实现汗权的顺利传承，从而巩固汗权。然而这只是一种幻想。由于他既是"天命汗"，又是后金统治集团内辈分最高的家长，集汗权与父权家长制权力于一身。因此，在他生前部分实施八和硕贝勒共治国政制，对汗权不会有实质上的削弱，而且从制止诸子争夺汗位继承权的角度看，对汗权还有暂时的稳定和加强作用。可是，对于并不具备这一权威的汗位继承者而言，八王共治制的实施必将对汗权造成很大威胁。

天命汗权处于清朝皇权的肇始时期，努尔哈赤则是清朝皇权的奠基人。天命汗权尚处于草创阶段，却为后金汗权的发展并向清朝皇权过渡，打下初步基础。同时，天命汗权的种种不完善处，尤其是努尔哈赤晚年在汗权建设中的倒退举措，也留弊久远。

二、天聪汗权

努尔哈赤去世后，皇太极在诸贝勒的推举下，于天命十一年（1626）九月继承汗位，年号"天聪"，是为清太宗。后金汗权逐步进入向清朝皇权过渡时期。

后金汗权自身所具有的某些特质，如父权家长制统治结构，浓厚的家族血缘关系，军事民主制思想残余，以及主奴关系居主导地位，君臣尊卑界线混淆，政权机构的制度建设远不完备，等等，对于后金汗权向清朝皇权的转化构成障碍。由于皇太极并不具有实行父家长制统治的实力，不得不全面实施八王共治国政制，凡后金军国大计，均需经过以三大贝勒（代善、阿敏、莽古尔泰）为首的众贝勒共议决定。可是，集中汗权，巩固后金统治，为后金形势及其社会发展所必需，不以任何个人意志为转移。此后将近十年间（1627—1636），皇太极为集中权力采取了各种措施。

皇太极即位当月，设立八大臣，即八固山额真，同诸贝勒一起议政，总理本旗一切事务，"入则赞襄庙谟，出则办理国事"[1]。这一举措有助于打破和硕贝勒特别是三大贝勒掌控议政会议的局面，对于各旗旗主是一较大牵制。同时，设立"十六大臣"，两班共32人，或佐理国政，或出兵驻防，起有限制、分离各旗贝勒权势的作用。

天聪三年（1629）正月，皇太极令诸贝勒代三大贝勒值月，自天命六年二月实行的四大贝勒分值理政之制，至此终结。

天聪三年四月设立文馆，由皇太极统领。五年七月仿照明制，设立六部，[2] 由诸小贝勒分掌其事，设启心郎专门负责监督各部贝勒。[3] 这是皇太极集中权力的另一步骤，即扶持诸小贝勒，以其与三大贝勒分庭抗礼。

天聪四年始，皇太极将打击矛头指向阿敏与莽古尔泰。是年六月，二大贝勒阿敏以擅自弃守永平（今河北卢龙）等16条罪款被幽禁，所属人口财产拨与其弟济尔哈朗贝勒。五年八月，三大贝勒莽古尔泰因与皇太极发生口角时拔刀相向，受到处罚，降为一般贝勒。

皇太极即汗位后，"历五年所，凡国人朝见，上与三大贝勒俱南面坐受"。天聪六年，"上始南面独坐"[4]。皇太极与三大贝勒并坐受礼听政之制，自此不复存在。

诸小贝勒向与三大贝勒存在矛盾，皇太极加强汗权的措施，无不是在诸小贝勒支持下，以贝勒大臣议政会议决定的形式出台。这表明皇太极对这一决策机构的控制权逐渐加大。

此后将近四年内，皇太极除亲自率军征伐察哈尔、入关征明以及进行内政建设外，没有新的重大举措。他再次发动集权攻势前，需要巩固成果，总结经验，等待时机。

天聪九年五月，皇太极派九弟多尔衮等率军出征，招降察哈尔林丹汗

---

1 《清太宗实录》卷1，天命十一年九月丁丑；卷8，天聪五年三月乙亥。
2 《天聪朝臣工奏议》卷中，第75页，《扈应元陈官弊奏》，辽宁大学历史系清初史料丛刊本，1980年。
3 启心郎因每以管部贝勒之言"奏闻于上"，故被管部贝勒视为"奸细"。参见《清太宗实录》卷30，崇德元年八月辛巳。
4 《清太宗实录》卷10，天聪六年正月己亥。

余部，漠南蒙古全部归入后金版图。实力、声威进一步提高后，皇太极开始了集中汗权的又一步骤。

天聪九年（1635年）十二月，已故蓝旗贝勒莽古尔泰、弟德格类被人告发生前密谋叛乱。皇太极借此兴起一场大狱，两贝勒之人口财产，全部归皇太极所有，并"以其所愿"，赐给贝勒大臣，"以正蓝旗附入汗之旗分"[1]。蓝旗事件是后金汗权发展进程中的一个转折点。不久，以大贝勒代善为首的诸贝勒誓告天地，表示将"竭尽其力，效忠于上"[2]。

三、崇德皇权

天聪十年（1636）四月，皇太极受尊号曰"宽温仁圣皇帝"，建国号曰"大清"，改元"崇德"。这是清朝皇权诞生的标志。

我们从下述几个方面，剖析这一时期皇权的发展及其特点。

第一，健全国家机构。崇德元年（1636），文馆改为内三院。作为皇太极所组建并控制的中枢辅政机构，其作用在不断扩大。同年，设立都察院。崇德三年六月，改蒙古衙门（天聪八年设立）为理藩院，加上六部，是为三院八衙门。

第二，清朝皇权的确立，为封建法制建设提供了适宜的客观环境。从与明朝争天下的战略高度出发，崇德时期进行法制建设自有其迫切性与重要意义。唯有如此，方能保证皇权的不断集中与巩固，为最终战胜明朝，奠定政治、经济、文化等各方面的坚实基础。

皇太极进行法制建设的中心，是"辨等威，昭法守"[3]，以维护清朝最高统治者的绝对权威。他称帝后颁发的大赦诏内，将"犯上"罪列为"十恶不赦"之首。[4] 崇德元年四月"议定会典"[5]，并颁行多项定制。

皇太极将严格执法作为集中权力的有效途径，尤为注重统治集团成员

---

1 中国第一历史档案馆：《清初内国史院满文档案译编》上册，第212-214页，北京：光明日报出版社，1989年；《清太宗实录》卷26，天聪九年十二月辛巳。
2 《清太宗实录》卷26，天聪九年十二月甲辰。
3 《清太宗实录》卷42，崇德三年七月丁丑。
4 《清太宗实录》卷28，崇德元年四月丙戌。
5 《清太宗实录稿本》卷14，第3-15页，辽宁大学历史系清初史料丛刊本，1978年。

的奉法与守法。对违反定制、不遵礼仪、变乱法度的宗室贵族，一律依法惩处。代善、济尔哈朗、多尔衮、阿济格、多铎、岳托、豪格等人，都曾受到不同程度的处罚。

崇德三年二月，朝鲜左议政崔鸣吉自沈阳返回后，向国王报告说，清朝"纪纲立而法令严，此所以维持至今也"[1]。是为客观之论。

第三，皇太极受尊号当月，论功册封兄弟子侄。受封的6位亲王代善、济尔哈朗、多尔衮、多铎、豪格和岳托，即当时的6位旗主（和硕贝勒）。此为清朝历史上第一次册封王爵，其重要意义是首次以册封形式，正式确定清最高统治者与各旗旗主之间的君臣关系。旗主成为朝廷命臣，便于皇太极加强控制。

皇太极反复强调，都察院的稽查重点，在于"朕有过失及亲王、郡王以下众官员内有行事乖张、欺压小民、怠政坏法等罪"[2]。这是用以打击旗主、贝勒，削弱其势力的又一方式。

第四，在诸王贝勒日益受到控制的前提下，以诸王贝勒为核心的议政会议，愈来愈为皇太极所操纵。

第五，崇德时期，八旗在经济上仍保持相对独立性，凡有所得，八旗均分。由于清入关前始终缺乏系统严格的赋税之征，国库收入亦无定，皇太极不得不在经济上依靠八旗。八旗通力合作，共同负担包括军费在内的全部支出，从而增加了八旗旗主与皇太极抗争的实力。此外，八旗旗主与本旗属人之间是主仆关系，八旗官员既为朝臣，又是各旗旗主之私属。这些因素都妨碍崇德皇权的集中与加强。

但是，虽然八旗旗主还可倚恃部分权力，在某些局部问题上与皇太极抗衡，一定程度上牵制、削弱皇权，但终究已处于劣势。皇太极为集中皇权，行使皇权，初步建立起一套封建官僚机构，制定了一系列与皇权政治相适应的制度、政策与法令，并通过这些制度、政策和法令，控制八旗旗主，迫使他们在重大问题上服从皇帝的意志与决策。皇太极大力集中权力

---

1 吴晗辑：《朝鲜李朝实录中的中国史料》第9册，第3618页，北京：中华书局，1980年。
2 《清太宗实录》卷30，崇德元年六月戊子。

所产生的客观效果，表现为逐步以封建专制主义的皇权统治，取代父家长制的汗权统治，逐步削弱家族血缘关系及军事民主制残余在政权机构中存在的影响，使清政权逐步转变为皇权绝对统治下的官僚政治体制。

与此同时，皇太极还大力纠正努尔哈赤推行的民族压迫政策，以缓和满汉关系，稳定统治秩序。清朝（后金）在政治、军事、经济、文化等方面，都有了长足发展。皇太极去世时，清朝正处于即将挥师入关，建立大一统中央王朝的前夕。

第二节 清朝皇权集中与强化的奠基阶段

顺治元年（1644）清军入关至康熙八年（1669）清除鳌拜集团，总计26年。这是清朝由地方政权转变为全国政权的时期。在此期间，相继出现多尔衮摄政、顺治帝亲政、四大臣辅政等三种权力形态。清朝皇权一度分散、削弱，但总的来说，依然向集中与强化的方向演进。清朝在建立一个既仿效明制，又保持满洲特色的封建中央政权机构方面，取得较大进展，积累了丰富经验。

一、多尔衮摄政

崇德八年（1643）八月初九日，皇太极病逝。睿亲王多尔衮与肃亲王豪格争夺皇位，相持不下，清朝入关前夕出现继统危机。八月十四日，诸王贝勒于盛京（今辽宁沈阳）皇宫崇政殿定议，由年仅六龄的皇九子福临即皇帝位，是为顺治帝；郑亲王济尔哈朗与多尔衮共同辅政。二十六日福临即大位，以明年为顺治元年。皇位之争得以顺利解决。

这一时期的皇权具有以下特点。

其一，清朝皇权由偏居一隅的地方性统治权威，开始转变为君临天下，统治全国的最高权力。

其二，皇权的集中程度，远远超过崇德时期，而且是通过摄政王多尔衮的所作所为，逐步实现。

其三，摄政体制日益威胁皇权。

多尔衮所以能将大权集于一身，并推进皇权集中与强化的进程，除去其出色的才干，关键还在于他率师入关，定鼎北京，成功地领导了明清之际的统一战争。

顺治元年（1644）四月，顺治帝赐多尔衮大将军印，让他"代统大军，往定中原，用加殊礼，锡以御用纛盖等物"，一切赏罚，俱便宜行事。[1] 实际上是授予多尔衮代行皇权之任。

清军入关，定都北京，清统治集团所面临的任务异常艰巨。多尔衮只有集中权力，掌握全部决策权，才能在瞬息万变的形势下，制定、调整大政方针，有效地指挥、组织、调配满洲统治集团全体成员及八旗将士，以寡敌众，为统一全国创造条件。

多尔衮之大力集中皇权，在经济方面也存在有利因素。清军入关后承袭明朝赋税制度，国家财政收入有了保证，不再需要由八旗（八家）分摊。这是清朝皇权得以巩固的经济基础，也是保证清朝由地方政权向全国政权的转变顺利实现的关键。经济实力的迅速增长，使清朝最高统治者免去后顾之忧，加大了集权力度。

多尔衮"克取明疆"，建立"元功"后，威信大增，"关内关外，咸知有睿亲王一人"[2]。这一功高镇主之势，既形成对顺治帝的潜在威胁，也使多尔衮对诸王贝勒更具有慑服力。

为进一步剥夺八旗诸王特权，削弱八旗诸王在朝中的作用和影响，多尔衮采取了诸多措施。[3] 顺治四年（1647）二月，济尔哈朗被罢议政。是年七月，多尔衮"遂以亲弟豫郡王（多铎）为辅政叔王"[4]。五年三月，皇太极长子肃亲王豪格被"幽系"，不久于拘禁地自尽。虽然诸王大臣会议仍

---

1 《清世祖实录》卷4，顺治元年四月乙丑。
2 《清世祖实录》卷90，顺治十二年三月丁酉。
3 《清世祖实录》卷2，崇德八年十二月乙亥、丁丑；卷44，顺治六年六月壬寅；卷49，顺治七年五月乙卯。
4 吴晗辑：《朝鲜李朝实录中的中国史料》第9册，第3812页；另参见《清世祖实录》卷33，顺治四年七月庚子。

是清朝最高决策机构，凡重要政务无不经其议定，报上准行，[1]不过，由于诸王权势削弱，诸王大臣会议逐渐为多尔衮所控制。多尔衮死后，济尔哈朗指责他"不令诸王、贝勒、贝子、公等入朝办事，竟以朝廷自居，令以日候府前"[2]。诸王大臣议政处所竟由朝中迁入摄政王府内，或可表明议政处与多尔衮之间的从属关系。

集中权力以保证清朝中央政权机构协调运作，是清朝定鼎北京后在军事上不断取得胜利的原因之一。顺治二年（1645），清军击败李自成农民军，翌年底，消灭四川张献忠大西政权。在此前后，弘光、隆武、绍武等南明朝廷相继灭亡。清朝统一大业进展相对顺利，也为多尔衮集中权力的举措提供了重要支持。

多尔衮摄政期间，顺治帝有名无实，"惟拱手以承祭祀"[3]，不预天下国家之事。顺治五年（1648）十一月，多尔衮自称皇父摄政王，"凡批票本章，一以皇父摄政王行之"[4]，已成为"中国实际上之统治者"[5]。七年十二月初九日，多尔衮行猎塞外时于喀喇城（今河北承德西南滦河镇）去世，年仅39岁。

与中国历史上其他统一中央王朝相比较，只有清朝开国之君是一幼童，而全面代行皇权的摄政王，既是一位王朝的开创者，也是一位未能如愿以偿的图谋皇位者。清朝开国初年的皇权，呈现出更为错综复杂的特点，这也是它与以往统一中央王朝不同之处。

多尔衮摄政7年中，进行了清朝统一中国的战争，促成清朝由地方政权向全国政权转变，进而从根本上加强、巩固了清朝皇权。摄政结束之际，一个上继秦、汉、隋、唐、宋、元、明诸代之后的封建专制主义中央集权制王朝，已初步形成。这是清朝与清皇权的一次质的飞跃。

摄政体制是集中皇权、行使皇权的一种特殊形式。因顺治帝以幼龄继

---

1 《清世祖实录》卷37，顺治五年十月辛丑；《清初内国史院满文档案译编》下册，第89页。
2 《清世祖实录》卷53，顺治八年二月己亥。
3 《清世祖实录》卷88，顺治十二年正月戊戌。
4 《清史稿》卷218，《列传》5，《多尔衮》。
5 ［德］魏特：《汤若望传》，杨丙辰译，第234页，上海：商务印书馆，1949年。

位，而清朝正处于入关前夕，此种情况下，实行这一体制乃势所必然。

总的来说，多尔衮对于清朝皇权的发展功大于过，所起的积极影响与作用是长远的，不可逆转的，而其消极影响与作用是暂时的，可以改变的。

二、顺治亲政

顺治帝亲政十载，始于顺治八年（1651）正月，止于十八年（1661）正月。

顺治帝14岁亲政时，开国诸王如礼亲王代善、肃亲王豪格、豫亲王多铎、睿亲王多尔衮、英亲王阿济格（顺治八年十月被勒令自裁）等已去世，唯郑亲王济尔哈朗硕果仅存，其他亲王、贝勒等资历相对较浅。这些因素，无不有利于顺治帝进一步集中、加强皇权。

顺治八年二月，多尔衮为人告发生前"谋逆"，遂被撤去追封的"诚敬义皇帝"号，籍没家产，平毁墓葬。原为多尔衮掌握的正白旗改由皇帝自将，与两黄旗一起，组成上三旗。

进一步削夺诸王权势，是顺治帝集中皇权的又一步骤。亲政伊始，顺治帝首先恢复诸王管部院旧制；又以济尔哈朗年迈，令朝贺谢恩时悉免行礼，对其诸子授以高爵。九年（1652）正月，明令"以后一应章奏，悉进朕览，不必启和硕郑亲王"[1]；三月罢诸王等管理部务。济尔哈朗虽然得封"叔和硕郑亲王"之号，却被解除辅政之权。与此同时，顺治帝还扩大议政王大臣会议，名为扩充清朝最高决策机构，实为削弱其核心人物，即以济尔哈朗为首的议政王的权力。索尼、鳌拜等两黄旗重臣进入议政大臣之列，发挥着愈来愈重要的作用。

顺治帝亲政后，清廷内部逐步出现削弱皇权的另一种因素——皇帝与皇太后之间的矛盾。

孝庄皇太后（谥"孝庄文皇后"）为代表的老一辈满洲贵族在制定满汉关系政策及如何看待满汉文化方面，与顺治帝之间存在分歧。

---

[1] 《清世祖实录》卷62，顺治九年正月壬寅。

顺治帝基本遵循并发展了多尔衮摄政时期的大政方针，进一步施行改善满汉关系、缓和满汉民族矛盾的政策，在"首崇满洲"的前提下，给汉官一些权力，借以扩大统治基础，完成统一大业。

由于生长环境截然不同，顺治帝更易于接受并认同汉文化，"专厌胡俗，慕效华制"[1]。经过数年苦学，他逐渐具备了汉文化素养，并深受儒家思想的影响。此为团结汉族士大夫，加强满汉统治阶级联盟所必需。可是，以孝庄皇太后、郑亲王济尔哈朗为代表的老一辈满洲贵族，对于自己所熟悉的满洲习俗、旧制依然怀有很深的留恋之情，对汉文化怀有疑虑。如孝庄本人"甚厌汉语，或有儿孙习汉俗者，则以为汉俗盛而胡运衰，辄加禁抑"[2]。

顺治帝施政中的一些偏差与过激处，不仅招致以孝庄及两黄旗重臣为代表的满洲贵族的不满，对满蒙贵族联盟也起有削弱、破坏作用（参见第五章第二节）。

另一方面，顺治帝在处理军国大政时，缺乏能够忠实贯彻其意图的心腹重臣，所以不得不以孝庄的心腹两黄旗大臣作为主要依靠力量。这些人曾在顺治帝、孝庄与摄政王多尔衮的尖锐矛盾中坚定地站在孝庄母子一方，为保护顺治帝立下大功。顺治帝亲政后，他们在朝中的地位及其所起的作用，不断提高与扩大。索尼、鳌拜和遏必隆分别被任命为领侍卫内大臣兼议政大臣。顺治九年（1652），索尼总管内务府事，鳌拜总管侍卫，遏必隆与满洲正黄旗大臣、公额尔克戴青等管銮仪卫事。因鳌拜武功出色，特令教习武进士，并择选其中优秀者留充侍卫。[3]十三年冬，鳌拜创发卧病，顺治帝亲临看视。

然而这些两黄旗勋旧重臣的观念，大都滞后于清朝入关后所面临的文化转型与社会变化，他们对顺治帝学习、采用汉制，注重改善满汉关系，进一步集中皇权等举措，大都不以为然。他们在较大程度上代表孝庄皇太

---

1 ［朝鲜］李渲:《燕途纪行》,［韩］林中基编:《燕行录全集》第22册，第156页，韩国东国大学校出版部，2001年。
2 吴晗辑:《朝鲜李朝实录中的中国史料》第9册，第3938页。
3 《清世祖实录》卷136，顺治十七年六月甲申。

后的意志,部分所作所为体现了孝庄对于顺治帝的控制与牵制。

针对上述情况,顺治帝采取下述措施,以逐步集中权力。

顺治帝亲政后第7天(顺治八年正月十九日),将内三院衙署移至紫禁城内。自此,他经常去内三院,与大学士们讨论历代兴衰利弊和治国之道。

顺治帝十分重视内三院,注重发挥它的作用,并表现出拟以满汉文臣作为主要辅政助手的意图。亲政初始,各部院大臣所上奏疏面承上谕后,"回署录出,方送内院"。顺治帝认为,这种做法"或有差讹,殊属难免"。十年(1653)正月决定:"各部院奏事,各臣照常面奏,候上览毕,退,上批满汉字旨,发内院,转发该科。其满洲事件,只有满字无汉字者,亦只批满字发内院,转发该衙门"[1]。通过改变票拟程序,以加重大学士在决策中的地位和作用。十月,顺治帝"以章奏繁多,若竟送内院,又恐易滋弊窦",决定"于太和门内择一便室,令大学士、学士等官分班入直,本章或上亲批,或于上前面批,或有应更改之事,即面奏更改"[2]。令大学士与他共同处理本章,旨在组建一个完全听命于己的中枢辅政班子,保证皇权的行使不受干扰。十五年,顺治帝又将内三院改为内阁,并设立翰林院。这些举措还有另一用意,即提高汉族官员地位,以之作为加强皇权的斗争中可以利用的力量。

十七年(1660)五月,顺治帝对满汉大学士讲的一番话,反映出这一时期内阁的实际地位与作用。他说:"尔等职司票拟,一应章奏,有成规者,尔等不过照例拟旨,凡有改正,皆朕亲裁,未能俾尔等各出所见,佐朕不逮,是皆朕向来不能委任大臣之咎,以致尔等俱未获尽展才猷。"[3]此距顺治帝去世仅有半载。可见,满汉大学士唯顺治帝是听,内阁(内三院)在其加强皇权的过程中起有积极作用。顺治帝还时常让大学士们参与议政会议,与宗室王公共同议政,旨在提高满汉文臣地位的同时,分散、牵制宗室王公的权力。

---

1 《清世祖实录》卷71,顺治十年正月癸酉、甲戌。
2 《清世祖实录》卷78,顺治十年十月戊子。
3 《清世祖实录》卷135,顺治十七年五月壬午。

顺治帝提高内三院地位,重用满汉文臣之举,引起以孝庄为首的满洲贵族保守派的不满,认为这是忘却祖宗、丢弃淳朴旧制之举。顺治十二年春济尔哈朗去世前不久的奏言,具有一定代表性。他称皇太极在世时,"常恐后世子孙弃我国淳厚之风,沿习汉俗",希望顺治帝"效法太祖太宗,不时与内外大臣详究政务得失,凡事必预为商榷,然后颁之诏令"[1]。实际上是抱怨顺治帝疏远诸王宗室,不信任议政王大臣会议,渐习明制,"偏用文臣"[2]。

为了削弱孝庄及两黄旗大臣的力量并抵制其牵制,顺治帝还极为注重拉拢上三旗中的正白旗,通过各种方式提高正白旗的地位,壮大其力量。其有关措施主要体现在两个方面。

首先,在正白旗中培养亲信。首告多尔衮"谋逆"的正白旗大臣苏克萨哈,最受顺治帝器重,于顺治十三年(1656)擢任领侍内卫大臣。顺治帝病重时,"诸臣在东间内",只有苏克萨哈一人守护榻前,[3]足见顺治帝与苏克萨哈的关系非同一般。后据鳌拜、遏必隆称:"所奉各旨,皆我等共奉者,惟送御讳,止令伊送。"[4]

其次,在顺治帝力主下,十三年(1656)八月,立正白旗大臣鄂硕之女董鄂氏为贤妃,不久晋为皇贵妃。这将在一定程度上改变后宫由蒙古科尔沁部,亦即孝庄家族女子占优势地位的格局,其实质是对后宫权力进行再分配。

十四年(1657)十月董鄂妃生子,顺治帝欣喜若狂,欲将该子立为皇储,不料娇儿数月而殇,其希望竟成泡影。顺治帝力图按照个人意志立储之举,实际上仍然是从巩固皇权的根本目的出发,为使其继承者继续实行他所制定的方针国策、特别是满汉关系政策,而做长远准备。在此前后,他还极力想废黜第二位皇后——孝庄的侄孙女博尔济吉特氏,以董鄂妃取而代之,因孝庄干预而未能如愿。这些举措自然使孝庄及满洲贵族老一

---

1 《清世祖实录》卷89,顺治十二年二月壬戌。
2 《清世祖实录》卷144,顺治十八年正月丁巳。
3 《清圣祖实录》卷23,康熙六年七月己未。
4 《清圣祖实录》卷23,康熙六年七月己未。

辈人大为不满,双方对立情绪日趋严重。

顺治帝亲政后期,尽管阻力很大,仍力图排除干扰,扩大由自己掌握的决策权,并继续大力培养新的辅政力量,以进一步加强对于中枢机构的控制。如十七年(1660)五月,顺治帝改变所奏本章于即日发下拟旨,因时间紧促"难以致详"的做法,令各衙门及科道各官本章俱于每日午时进奏,俟顺治帝细加批阅后,次日发下拟旨;通政使司所封本章,先送顺治帝阅览后发译;各衙门密本随时封进。[1] 与此相配合,于景运门内建造值房,令翰林官值宿,以备顾问,顺治帝"不时召见,以观其学术才品"[2]。这是十年(1653)十月令大学士、学士于太和门内分两班入直之举的继续与发展。景运门距顺治帝居住的乾清宫很近,翰林官在此处值宿,便于顺治帝随时召见。以文臣为侍从顾问,时常伴随左右,也是顺治帝为打破两黄旗大臣的"包围",摆脱孝庄牵制所采取的对策之一。

因顺治帝过早去世,也因来自皇太后与两黄旗勋旧大臣的强大阻力,顺治帝虽然做出种种尝试,但建立新的中枢辅政机构,确保皇权运行不受干扰的愿望,最终未能实现。

值得注意的是,顺治帝在其去世前数年,对于已故明朝崇祯帝采取了异乎寻常的态度。这或许反映出他与孝庄等满洲贵族保守派之间因政见分歧而产生的痛苦、失望心态。

如十四年(1657)二月,谕工部:"朕念故明崇祯帝,尚为孜孜求治之主,只以任用非人,卒至寇乱,身殉社稷。若不亟为阐扬,恐千载之下,竟与失德亡国者,同类并观。朕用是特制碑文一道,以昭悯恻之意。"令工部"勒碑,立于崇祯帝陵前,以垂不朽"[3]。

十六年(1659)三月,立明崇祯帝碑,命大学士金之俊撰文。内称:"我皇上深用悯恻,而欲急为之阐扬,是即孔子当年作春秋之心,褒贬处于至公,瑕瑜毋令相掩,俾天下后世读明史者,咸知崇祯帝之失天下也,非失德之故,总由人臣谋国不忠所致。庶后之为人臣者,悚然知所戒,而

---

[1] 《清世祖实录》卷135,顺治十七年五月壬申。
[2] 《清世祖实录》卷136,顺治十七年六月乙酉。
[3] 《清世祖实录》卷107,顺治十四年二月甲申。

后之为人君者，亦知慎于用人也已。"[1]

是年十一月，顺治帝冬狩途中，路过崇祯帝陵，凄然泣下，酹酒于陵前。复遣学士麻勒吉奠明太监王承恩墓，遣内大臣伯索尼致祭崇祯帝。[2] 不久，谕礼部："前明崇祯帝，励精图治十有七年……考其生平，无甚失德，遭兹厄运，殊堪矜悯，宜加谥号，以昭实行。今谥为'庄烈愍皇帝'，尔部即遵谕行。"[3]

十七年（1660）十月，即顺治帝去世前两个月，"命立故明殉难太监王承恩碑"。文中写道："庄烈愍皇帝励精图治，宵旰焦心，原非失德之主，良由有君无臣，孤立于上，将帅拥兵而不战，文吏噂沓而营私……独承恩目击艰危，从容就义，从死愍帝之旁，其岳岳之风节，即古之忠臣烈士，何以加焉……念兹从死之臣，弥兴节义之感，爰手一卮，命大臣拜奠其墓，以劝忠也。"[4]

清朝开国之君顺治帝竟对明朝末帝崇祯帝产生如此强烈的同情与理解，既是一个莫大讽刺，又足以发人深思。显然，顺治帝是在以崇祯帝自喻。他在崇祯帝墓前屡屡凄然泪下，"抚荒墟而洒泣"，并非是为崇祯帝，而是为他本人。特别是他去世前，战事总的来讲进展顺利，大陆的统一已在指顾之间。作为清朝最高统治者，顺治帝本应踌躇满志，充满信心，但恰恰相反，他却显得悲观失望。这一看似矛盾，于理不合的现象，如果仅以顺治十七年董鄂妃之死作为解释，而忽略孝庄母子间的矛盾纠葛，恐怕是将问题简单化了。

在顺治帝看来，他本人像崇祯帝一样，是一"孜孜求治之主"，因"任用非人"，其方针政策不能得到贯彻执行，为政中处处受阻，即所谓君非甚暗，责在群臣。正是因为两黄旗大臣处处掣肘，"谋国不忠"，"有君无臣，孤立于上"，使己不能励精图治，一展抱负。他不愿任用两黄旗大臣，但又不得不予以重用；他在理政中感受到无形阻力，却又无法改变这

---

[1]《清世祖实录》卷124，顺治十六年三月丙午。
[2]《清世祖实录》卷130，顺治十六年十一月壬申、甲戌。
[3]《清世祖实录》卷130，顺治十六年十一月甲申。
[4]《清世祖实录》卷141，顺治十七年十月庚戌。

一现状。他认为"后之为人君者"须"慎于用人",正是对其本人教训的痛切总结。他对王承恩大加褒扬,流露出对于大臣现状的深切不满,认为他周围的勋戚重臣不能以君之心为心,忠君报国,甚至还不如身为内监的王承恩。可见,因保守势力过于强大,顺治帝虽然做了一系列努力,直至他去世,其身边始终没有能形成一个对他真正忠心耿耿的助手班子。

与顺治帝痛感"有君无臣"截然相反,孝庄等人则认为,顺治帝没有一批忠诚、得力的辅佐之臣,其责任完全在于顺治帝本人。他们通过所谓顺治帝遗诏,表达了这种看法:"朕夙性好高,不能虚己延纳,于用人之际,务求其德与己相佯,未能随材器使,以致每叹乏人。若舍短录长,则人有微技,亦获见用,岂遂至于举世无材,是朕之罪一也。"[1]作为封建统治者,驾驭臣工之术固然有高低之分,但顺治帝与孝庄等人的上述不同认识,反映出他们在用人方针、组织路线等方面也存在分歧。

十八年(1661)正月,24岁的顺治帝患天花而亡。他去世后由清廷公布的遗诏中,历数其亲政期间14条重大失误,如"纪纲法度,用人行政,不能仰法太祖太宗谟烈";"渐习汉俗,于淳朴旧制,日有更张,以致国治未臻,民生未遂";不能"优遇"宗室诸王贝勒,"不能信任满洲诸臣";"委任汉官,即部院印信,间亦汉官掌管,以致满臣无心任事,精力懈弛",等等。[2]这些自责之辞,集中体现了孝庄等人对顺治帝的看法和评价。由此也表明,顺治帝去世之际,以孝庄母子分别代表的满洲贵族保守派与开明派的分歧,已达到水火不容的程度。

由于清廷内部存在严重分歧,顺治帝思想苦闷,心情压抑。他的早逝,与此直接相关。

不同时期皇权的发展演变,或多或少受到帝王个人性格、作风等特点的影响,这在顺治帝亲政后的十年期间似有较为突出的反映。顺治皇权在清朝皇权史中占有独特位置,为其后的清朝统治者留下经验与教训。

---

1 《清世祖实录》卷144,顺治十八年正月丁巳。
2 《清世祖实录》卷144,顺治十八年正月丁巳。

三、四大臣辅政

顺治帝去世后，八龄皇三子玄烨即大位，是为康熙帝。遗诏指定索尼（正黄旗）、苏克萨哈（正白旗）、遏必隆（镶黄旗）、鳌拜（镶黄旗）为辅政大臣，辅佐幼年皇帝。

辅政时期历时8年又4个月（顺治十八年正月至康熙八年五月）。清朝入关后268年的历史上，由于皇帝年幼而由数位大臣长期辅政，仅此一次。

与皇太极和顺治帝的有关情况不同，决定玄烨为皇位继承人，主要是孝庄的意见，并取得顺治帝的同意及两黄旗重臣的支持，诸王贝勒则被排除在外，不再具有对于大位人选的发言权。这表明清朝入关后的18年中，皇权集中与加强的程度进一步提高，宗室亲王的总体权势进一步被削弱。顺康交替之际由皇太后、皇帝决定，只有极少数重臣参与的择储方式，实际上是从诸王贝勒共同推选方式，向皇帝本人全权决定方式的一种过渡，或者说是后者的先声。

辅政体制改变顺治初年由亲王宗室摄政的做法，四位辅臣全部是上三旗领侍卫内大臣。他们不仅是皇帝的大臣，两者之间还有主子与旗下属人的关系。

辅政体制下，所有政务须由四辅臣共同协商，取得一致意见后，方能处理，甚至不可个人单独进见康熙帝或向孝庄太皇太后奏事。[1] 凡做重要决定，必须事先请示皇帝或太皇太后，以皇帝谕旨的名义颁发。

顺治十八年（1661）三月，江南桐城生员周南诣阙条奏，有请求垂帘一款。孝庄对这一请求未予采纳。不过，事实表明，辅政前期，孝庄拥有较大权力。

顺治帝死后，他的所谓遗诏是派人奏知孝庄之后，方宣示诸王大臣；诸辅臣遵照孝庄召其辅理之旨[2]，奏知孝庄后，誓告天地，履行辅政之职。康熙六年（1667）三月，索尼率先请求"皇上亲政"。康熙帝率诸辅臣往

---

1 《清圣祖实录》卷23，康熙六年七月己未。
2 《清圣祖实录》卷23，康熙六年七月己未。

奏孝庄，孝庄作出康熙帝择吉亲政的决定，并同意辅臣仍行辅理。这些情况或可证实有关史料中的记载："这时的太皇太后对于政府具有巨大的势力。"[1]身为太皇太后的孝庄，掌握着清朝大政方针的决定权，这对四辅臣的权力是一有力牵制。她作为幼年康熙帝的引路人和保护者，对维护皇权的稳固具有无可替代的作用。

辅政体制下，皇帝、太皇太后代表皇权，辅政大臣通过辅理政务，部分行使皇权。辅臣的权力乃孝庄与康熙帝授予，在与皇权的互动关系中，辅臣处于被动位置。

较之摄政体制与垂帘听政体制，辅政体制相对有利于减少其自身与皇权的矛盾对立，在一定条件下，有利于维护皇权的稳定。

除去满汉关系方面，四辅臣基本继承多尔衮、顺治时期的方针政策，并通过一些具体措施，在妥善处理少数民族事务、加强巩固满蒙贵族联盟等方面，纠正了顺治帝的失误。

辅政时期，清朝在军事上颇有建树。顺治十八年末，吴三桂俘获永历帝，予以处死。南明最后一个朝廷灭亡。康熙三年（1664）十月，在川楚边界长期坚持抗清斗争的夔东十三家军被清军消灭。清朝统一中国大陆。对于台湾郑氏政权，清廷采取以抚为主，以攻为辅的策略，逐步削弱其实力，为其后统一台湾创造条件。这些举措对于加强并巩固皇权都具有重要作用，亦为四辅臣的主要政绩所在。

康熙朝初年，四辅臣决定停止巡按之差，以突出皇帝在地方的全权代理人督抚的职权，这一措施也有利于皇权的集中统一。

辅政期间，清廷为加强皇权，并未放松对诸王大臣采取抑制措施。如康熙五年（1666）正月谕户部，严禁"内外奸棍"指称王、贝勒、辅政大臣及内外大臣名色，招摇肆行[2]。七年三月，令吏部通行晓谕内外王以下文武各官，严禁违法遣员往各省勒索财物，干预地方事务。

凡是直接涉及满汉关系、汉族文化等领域，辅臣皆实行了保守的方针

---

1 ［德］魏特：《汤若望传》，杨丙辰译，第328页。
2 《清圣祖实录》18卷，康熙五年正月辛丑。

政策。如顺治十八年江南地区发生奏销案，苏、松、常、镇四府拖欠钱粮的士绅一万三千多人受到惩处；康熙元年、二年（1662、1663）的庄廷鑨明史案，众多汉族文士、相关人员及其亲属被处死、流放。这些事件在一定程度上激化了清廷与汉族士绅的矛盾，为满汉关系蒙上阴影。

因康熙帝年幼，四辅臣负责处理政务，权势很大，并把持票拟和批红之权。不过，促成辅政体制与皇权的关系发生逆转的直接因素，还是辅政群体出现分裂，其原有维护皇权的功能逐步减退，个别辅臣从皇权的捍卫者，逐步走向反面。

由于历史的原因，两黄旗与正白旗之间早已存在芥蒂，苏克萨哈与其他三位辅臣的关系，因此受到影响。

康熙五年，发生圈换土地事件。清朝入关初期，曾在直隶大规模圈占土地。多尔衮倚仗权势，不按八旗排列次序，将镶黄旗应得之地分给正白旗。时隔 22 年后，鳌拜旧事重提，在索尼、遏必隆的支持下，强行更换两旗土地，并圈占大量民田，补给正白旗，致使大批农民流离失所，加剧了满汉民族矛盾。鳌拜等又不顾康熙帝反对，矫诏将不同意圈换土地的大学士管户部尚书事苏纳海（正白旗）等三人处死，[1] 造成一大冤案。随着四辅臣之间矛盾的公开化，辅政体制对皇权的威胁日趋加重。

六年（1667）六月，辅臣中名列首位的索尼病逝。七月，14 岁的康熙帝亲政。遏必隆对鳌拜一味听从，苏克萨哈日益孤立。鳌拜为铲除异己，独掌辅政之权，竟操纵议政王大臣会议，罗织苏克萨哈的罪状，并不顾康熙帝的反对，将苏克萨哈处死，家产籍没。这表明，康熙帝与日趋年迈的孝庄已逐步失去对辅臣的控制，皇权同辅政体制之间存在尖锐矛盾。

鳌拜力图"独专权柄"，继续掌握辅政之权，并无篡夺皇权之念。康熙帝之所以没有将鳌拜处死，只是终身监禁，后来又充分肯定鳌拜的功绩，[2] 这是重要原因之一。

鳌拜强行处死苏克萨哈后，权力进一步扩大，如果听任发展，势必不

---

1 《清圣祖实录》卷 20，康熙五年十二月丙寅。
2 《清圣祖实录》卷 254，康熙五十二年四月戊申。

利于皇权的稳固。然而清除鳌拜集团绝非易事,因其党羽当时已牢牢控制从内廷到前朝各要害机构,可谓盘根错节,牢不可破。如直接负责保卫皇帝人身安全的清廷侍卫处,康熙六年(1667)后逐步为鳌拜控制。此外像八旗都统一职及辅政中枢内三院、六部等部门,鳌拜都安插有亲信,这些重要部门不同程度地为其所左右。

经过一番周密谋划,康熙八年(1669)五月,奉有皇帝密令的众侍卫突然抓捕鳌拜。康熙帝于武英门前亲自审讯后,决定予以拘禁。[1] 鳌拜亲信班布尔善等9人被处死,其他党羽"从轻治罪",依附鳌拜的内外文武官员一律从宽免罪,受迫害的官员得到平反昭雪。[2]

需要指出,四辅臣辅政后期,孝庄的政治见解已有较大变化,这从康熙七年(1668)正月清廷所建"孝陵神功圣德碑"的碑文中体现出来。该文强调顺治帝"勤学好问,择满汉词臣,充经筵日讲官;于景运门内建值房,令翰林官直宿备顾问";"亲视太学,释奠先师";"视满汉如一体,遇文武无重轻"。[3] 与顺治帝遗诏对照,碑文对顺治帝的评价发生根本性的改变。它大力褒扬顺治帝,并间接指责辅臣独崇满洲、贬抑汉臣等做法,为其后清除鳌拜集团做了政治舆论准备。

清除鳌拜集团是康熙帝亲政后采取的第一个重大举措。经过清朝入关后20余年的发展,至康熙帝亲政之际,清朝皇权已充分具备实力,消除对它产生威胁的力量。

辅政体制的终结,是清朝皇权发展进程中一个重要的转折点,也为清朝皇权集中与强化的奠基阶段画上句号。

---

1 中国第一历史档案馆藏:康熙朝满文折件,无年月。
2 《清圣祖实录》卷29,康熙八年五月庚申;卷30,康熙八年七月丁酉;卷31,康熙八年八月甲申。
3 《清圣祖实录》卷25,康熙七年正月庚戌。

第三节　清朝皇权集中与强化的探索阶段

自康熙八年（1669）五月清除鳌拜集团后，至六十一年（1722）十一月康熙帝去世，总计53年。这是清朝皇权集中与强化的开创时期，对于雍乾时期皇权的发展臻于顶峰起有决定性作用。

与此前清帝相比，康熙帝是在独柄大政这一清朝前所未有的有利前提下，进行皇权建设，所以，康熙朝皇权建设无论其内容、方式、深度与广度，都异于前代，超出前代，富有开创性。

清除鳌拜集团，标志着老一代满洲勋旧大臣已基本退出政治舞台。孝庄太皇太后仍居幕后，虽然年高多病、精力不济，但直到康熙二十六年（1687）去世前，依然在各个方面给予康熙帝大力支持，祖孙二人感情弥深。这使康熙帝无后顾之忧，并为其放手进行皇权建设营造了良好的宫廷氛围。

考察康熙帝为时53年的皇权建设，需要首先明确两个贯穿始终的问题。

其一，康熙帝之前，满洲最高统治者始终未能处理好满汉关系问题，在施政中摇摆不定。康熙帝总结吸取两方面的经验教训，既坚持"首崇满洲"方针，又以崇儒重道作为基本国策之一，因而能够最大限度地团结满洲贵族与汉族官僚士大夫，得到双方拥护，巩固满汉统治阶层联盟。康熙帝进行皇权建设时，通过巧妙处理清朝最高统治者与满汉官僚集团之间、满洲贵族及汉族官员之间的关系，达到集中与加强皇权之目的。这是康熙朝皇权建设的特点之一。

其二，康熙帝集中、强化皇权的同时，由于在思想认识上的局限性及某些不当举措，也在一定程度上削弱、分散了皇权。这一主观愿望与客观效果的矛盾，体现在康熙朝皇权建设收到很大成效的同时，又带有明显缺陷。

根据当时清朝政局及康熙帝有关举措的具体内容、实际效果等情况看，这一长达53年的皇权发展进程，可以分为前后两个时期。第一个时期自康熙八年至五十一年（1669—1712），总计43年；第二个时期从康熙五十一年至六十一年（1712—1722），总计 10 年。

一、清除地方割据势力　解决皇权与阁权的矛盾

从清除鳌拜集团至三藩之乱爆发前，历时 4 年半（1669 年 6 月—1673 年 12 月），这是康熙帝调整统治方针时期。其间，他采取了一系列举措，如坚持御门听政，改内三院为内阁，重新设立翰林院，划一满汉官员品级，停止圈地，禁止满洲贵族干预逃人事件，减少对逃人及窝逃者的处罚并减少株连，等等。

康熙帝将崇儒重道确定为基本国策之一，以儒家思想作为治国指导思想。康熙八年（1669）四月，他亲临太学，举行隆重典礼；次年十月，颁布宣扬儒家学说的《圣谕十六条》，规定各地定期宣讲；十年二月，正式举行经筵，四月开始日讲，以便全面、系统地研习儒家学说。

康熙帝还陆续恢复了辅政时期废止的一些制度，如三品以上官员父母亡故给予祭葬，八旗官学生送国子监学习，等等。

通过上述诸般措施，清廷继续改善满汉关系，有效团结汉族士绅，进一步巩固封建统治秩序。这为此后平定三藩之乱，统一边疆，全面恢复、发展经济，在政治、思想层面奠定了基础。

平定三藩、统一台湾与康熙帝三次亲征噶尔丹，是这一时期皇权建设中的组成部分。

康熙二十年（1681），清廷经过八年苦战，平定三藩之乱，从地方割据势力手中收回权力，从而加强了中央集权。二十二年统一台湾，清朝统一事业取得历史性胜利。明末农民大起义将近 60 年以来，清朝入关后 40 年（1644—1883）来，中原地区第一次统一在中央王朝之下，这意味着清帝的决策从此可以畅通无阻地从中央贯彻到地方，皇权的集中与强化又提高一步。平定三藩与统一台湾，标志明清之际（1616—1683）结束，康乾盛世（1683—1795）到来，以及清朝统一中原时期（1644—1683）的终止及统一边疆时期（1683—1759）的发端。

明清之际，是指明万历四十四年（1616）努尔哈赤建立后金，至康熙二十二年（1683）清廷统一台湾，总计 68 年。进入封建社会晚期的中国，

正在经历一次波及各个层面的大动荡、大分化、大改组,明清易代则是这一历史阶段中最重要的事件。平定三藩与统一台湾,表明中国社会各阶级、各阶层、各民族不同利益集团之间的权力重新分配最后完成,被明清易代所打乱的社会结构与统治秩序得到重建。这一统治格局的最终确立,为康乾盛世的到来奠定政治基础,并提供了适宜的社会环境。[1]

不断扩展的准噶尔部噶尔丹分裂势力,是妨碍清朝皇权巩固与强化的又一因素。清朝平定三藩之乱、统一台湾后,噶尔丹与清廷的矛盾日渐突出,逐步成为清朝皇权所面临的首要威胁。

16世纪末至17世纪初,几乎与女真族(满洲)的肇兴同步,中国大陆西端漠西厄鲁特蒙古四部之一的准噶尔部也在迅速崛起,"喀尔木克人(按,一作卡尔梅克,即厄鲁特人,这里主要指以噶尔丹为代表的准噶尔部贵族集团)见到满族人数不多,却占领了如此大的帝国,是十分忌妒的"[2]。

清朝入关后直至康熙中期以前,准噶尔部与厄鲁特其他各部一样,与清廷保持朝贡关系。另一方面,大约自顺治帝亲政以后,准噶尔部不时侵扰甘肃西部地区。顺治十三年(1656)八月,顺治帝指责准噶尔部统治者:"数年来,尔等频犯内地,劫夺马牛,拒敌官兵,率领番彝威胁抢掠,该地方督抚巡按奏报二十余次,经部臣屡行遣官晓谕,尔终不悛。"警告其"毋得越境混扰"[3]。十五年十二月,清廷再次指责准噶尔部统治者:"迩年以来,该督抚按屡奏尔等侵犯内地,攘夺牛马,抗拒官军,迫胁番人。"[4] 准噶尔部的扩展,对于清朝形成相当大的威胁。康熙六年(1667),自北京返国的朝鲜使臣说:"清人之日夜所忧者,只在西鞑也。"[5] "西鞑"即指准噶尔部。康熙九年朝鲜使臣回国后,与其国王的对话颇有意味。"上曰:'彼人最所畏者,蒙古之在西凉以西者耶?'对曰:'然矣。西凉蒙古,

---

1 参见许曾重:《论清史分期问题》,载《中国社会科学院研究生院学报》1985年第2期。
2 参见〔英〕约·弗·巴德利:《俄国·蒙古·中国》,吴持哲、吴有刚译,下卷第2册,第1513页,北京:商务印书馆,1981年。
3 《清世祖实录》卷103,顺治十三年八月壬辰。
4 《清世祖实录》卷122,顺治十五年十二月乙丑。
5 吴晗辑:《朝鲜李朝实录中的中国史料》第9册,第3942页。

则清人多以金帛赂之云。且彗星出自西方,故彼中亦以是为虑矣。'"[1]

康熙十年(1671)噶尔丹经过激战,击败其同父异母兄弟,成为准噶尔汗。此后,噶尔丹击杀和硕特部首领鄂齐尔图汗,进据哈密、吐鲁番,攻占天山南路,控制回部,又向中亚等地扩张。康熙帝指出:"噶尔丹曾破回子中之萨马拉罕、布哈尔、哈萨克、布鲁特、牙尔勒、哈思哈尔、赛尔门、土鲁番、哈密诸国,其所攻取降服者,千二百余城,乃习于战斗之国也。"[2]

更为严重的是,噶尔丹逐渐与沙俄相勾结,开始向东扩张,试图征服蒙古,窥伺中原,与清朝相抗衡。在制造一系列事端后,康熙二十七年(1688)噶尔丹对喀尔喀蒙古发动突然袭击。当时喀尔喀部土谢图汗正倾注全力,于北部地区同沙俄侵略者进行激战,猝不及防,仓促应战,接连败北。土谢图汗等及哲布尊丹巴呼图克图被迫率领兵民南下,请求清廷庇护。康熙帝将他们安插在漠南蒙古北部,并帮助他们解决生活上的困难。事后康熙帝指出:对于喀尔喀各部的"款塞来归,其时若不允其内附,恩养得所,必皆沦入于厄鲁特,则尔时噶尔丹之势力不言可知矣。允其内附而恩养之,噶尔丹必假此衅端,与我朝构难。凡此情事,皆经熟筹,受纳喀尔喀,非漫然而为之也"[3]。正如康熙帝所预料,二十九年夏,噶尔丹以索取土谢图汗及哲布尊丹巴呼图克图为由,再次率军南下,经漠南蒙古乌珠穆沁深入乌兰布通,距北京只有七百里。时"京师戒严,每牛录下枪手派至八名,几于倾国矣。城内外典廨尽闭,米价至三两余"[4]。

二十九年(1690)八月乌兰布通战役中,清军重创噶尔丹军。因抚远大将军福全等误中噶尔丹缓兵之计,坐失良机,噶尔丹率余部远遁。三十五年、三十六年,康熙帝相继三次亲征,全歼噶尔丹及其残部,从而维护国家统一,重挫沙皇俄国侵略中国的企图,使清朝对边疆地区的统治大为加强。清朝统一边疆事业中这一重大胜利,是清朝皇权进一步巩固的

---

[1] 吴晗辑:《朝鲜李朝实录中的中国史料》第9册,第3967页。
[2] 《亲征平定朔漠方略》卷44。
[3] 《亲征平定朔漠方略》卷44。
[4] 刘献廷:《广阳杂记》卷1。

体现，对皇权的集中与强化具有重要意义。

在强化对地方的统治方面，康熙帝鼓励地方大吏密折言事，以充当其忠实耳目。这不仅使康熙帝能及时掌握大量第一手信息，为其决策提供依据，还促使地方官员相互监督，有利于中央对地方的严密控制。凡督抚离京赴任前，均须"陛辞"，面聆康熙帝的训示。康熙帝还曾多次出巡，亲自考察地方官员。

逐步解决边疆与地方问题的同时，康熙帝也在积极进行清廷内部的皇权建设。

清朝入关后，议政王大臣会议作为中枢辅政机构之一，曾是下五旗诸王贝勒用以维护自身特权，抵制清帝乾纲独断的阵地。[1] 康熙帝自亲政之日起，御门听政，亲理政务，大学士成为康熙帝的得力助手。内阁在朝中发挥愈来愈重要的作用，与此同时，议政王大臣会议的地位不断降低，议政范围日趋缩小，最后仅仅局限于军事要务及涉及国家典章制度等事。

然而在康熙帝改进中枢辅政机构，贬抑八旗诸王贝勒，削弱议政王大臣会议权势的过程中，出现了两位同柄朝政、互植私党的满洲权臣，即先任大学士、后任领侍卫内大臣的索额图与大学士明珠。

当时北京流传的民谣云："要做官，问索三，要讲情，问老明。"[2] 索额图与明珠气焰熏灼，贿赂公行，紊乱朝纲，影响社会稳定，构成对皇权新的威胁。索、明二人并非宗室，他们与皇权的抗衡力，自然不及天潢贵胄、亲王大藩。但是，他们能够在康熙帝大力集中皇权时，依恃皇权而获取较大权势，最终成为皇权新的异己力量，表明康熙帝在调整中央权力分配，处理诸王贝勒与异姓朝臣的关系、议政王大臣会议与内阁的关系方面，尚有疏漏，这在权臣明珠身上有更明显的反映。

与镶黄旗满洲大臣、四朝元老索尼之子索额图相较，正黄旗满洲大臣

1　据谈迁《北游录》（不分卷），《纪闻下·国议》："清朝大事，诸王大臣会议既定，虽至尊无如之何。上尝谕内院曰：'卿辈善为之，是非易明。若其有失，朕虽曲宥，不能也。'"据谈迁《北游录》……不能也。'"按，"上"指顺治帝。

2　昭梿：《啸亭杂录》卷9，《张凤阳》。

明珠的家世有所不同。[1] 索额图是康熙帝第一位皇后赫舍里氏（谥"孝诚仁皇后"）的叔父，皇太子允礽[2]是其堂外孙。索额图的权势逐渐坐大，一个重要原因是以皇太子允礽为后台，他本人则成为太子党的核心人物。明珠虽然与皇长子允禔的母家有亲戚关系，[3] 但终究不及皇太子的叔姥爷索额图。明珠所以能把持朝政，与索额图"以权位相尚"，除去康熙帝使用制衡策略，用此抑彼，互为牵制所致外，还由于明珠具有杰出的行政才干，善于团结满汉众臣。康熙帝削弱议政王大臣会议权力、倚重内阁的方针，恰为首席大学士明珠的揽权提供了客观条件。

明珠指挥内阁票拟，即有舛错，同官莫敢驳正。每日入奏毕，出中左门，满汉部院大臣拱立已待。明珠与其密语良久，宣露帝意。康熙帝称许某人，他遂市恩曰：由我力荐；康熙帝不满某人，他即称：上意不喜，我当从容挽救。众官争相逢迎，部院衙门有紧要事，必请命而行。遇九卿推举官缺，亲信佛伦、科尔坤等把持会议，唯明珠之命是听。乞升擢者纷纷诣谒其府，货贿金银。大学士余国柱仰其鼻息，将督、抚、藩、臬之缺辗转贩鬻。学道报满，应升学道之人率往论价，九卿按明珠预定名单，任意派缺。[4] 由是学道多方取贿，士风文教日渐败坏。

尤使康熙帝不能容忍的是，明珠把持朝政过程中，对他的若干意旨暗中抵制。如在治理黄河问题上，河道总督靳辅的意见与康熙帝不一致。明珠主持九卿会议，支持靳辅"筑堤束水"的主张，阻止康熙帝"疏浚海口"意旨的实施。

在康熙帝授意下，二十七年（1688）二月，御史郭琇弹劾明珠揽权干

---

[1] 明珠的祖父金台石是叶赫贝勒。天命四年（1619）努尔哈赤灭叶赫部，明珠父尼雅哈随其兄德勒格尔降，授佐领，以军功封骑都尉世职。明珠是尼雅哈第三子，长兄郑奎（一作郑库）袭世职。从明珠的家族历史以及他本人早年任内务府郎中等职看，明珠可能曾是内务府包衣，后抬入满洲正黄旗。

[2] 康熙帝序齿诸子以"胤"字排行。雍正帝胤禛继位，诸兄弟名上之"胤"改"允"，以避帝讳。

[3] 参见杨珍：《清朝皇位继承制度》第三版，第122页注释2，北京：学苑出版社，2022年。

[4] 参见郭琇：《华野疏稿》卷1，《特纠大臣疏》，《四库全书》第430册，第734–736页，上海：上海古籍出版社。

政。54岁的明珠被革去大学士,主要追随者均受惩处。[1]

明珠遭贬黜后不久,即被授为内大臣。康熙三十年至三十八年(1691—1699),明珠或曾担任保和殿大学士。康熙帝离京外出期间,他被指定为留守皇子的首席顾问。四十七年因病去世。明珠一生中最后20年内,始终受到康熙帝的信任。他能够从有碍皇权集中与强化的消极因素,转化为维护皇权的积极因素,有主客观多方面的原因,也折射出康熙朝皇权政治的一个显著特色。[2]

在康熙帝相当勤政而且独操大权的情形下,依然出现大学士明珠揽权现象,这表明中枢决策机制中有效集中权力的关键,是皇帝能否亲自掌握将其旨意形成谕令、向下贯彻推行这一重要环节,这就需要创建一个与内阁有明确分工,由皇帝直接指挥的新的辅政机构。康熙帝对此问题已有所觉察,并着手进行探索,具体措施是于十六年(1677)设立南书房。

召文词之士入内廷充任皇帝的私人秘书或顾问,独承密命,以分外朝相权,是中国封建王朝最高统治者为强化皇权而采取的惯用措施之一。如唐玄宗曾以翰林学士"为天子私人",号为"内相",专掌内命,所承密旨不经中书、门下二省而直接下达。[3]北宋年间,翰林学士仍有承写内命之职。康熙帝则以建立南书房,初步实现顺治帝于内廷近地设置秘书班子的未遂之愿。

南书房位于乾清宫南庑最西端。入选南书房的文士,平日陪侍皇帝观书作画,或云"康熙中谕旨,皆其拟进"。[4]

南书房的权势最为显赫时期,是康熙二十六年(1687)前后,突出反映在康熙帝罢黜明珠的事情上。高士奇、徐乾学等人都曾入值南书房,很受康熙帝信任。他们原与明珠关系密切,后又与之产生矛盾。当高士奇利用入值之便,知悉康熙帝行将倒明(珠)的意图后,"谋之徐,徐遂草书,

---

[1] 《清圣祖实录》卷133,康熙二十七年二月壬子。
[2] 参见杨珍:《盛世初叶(1683—1712)的皇权政治——对明珠晚年的个案分析》,载《清史论丛》1999年号,石家庄:河北教育出版社,2000年。
[3] 《新唐书》卷46,《志》36,《百官》1;又参见《旧唐书》卷43,《志》23,《职官》2。
[4] 昭梿:《啸亭续录》卷1,《南书房》。

令郭华野上之"。"三稿高皆先呈皇上,请皇上改定。"[1]康熙帝以南书房词臣为得力工具,顺利罢黜权臣明珠。接着又及时采取措施,止息了因罢黜明珠而引发的南党北党之争。可见,在"首崇满洲",以满制汉的原则下,康熙帝根据客观形势亦曾采取以汉制满的灵活策略。

南书房非正式机构,地处内廷,有关入值者参预机务的情况,外人无从知晓,现存档案语焉不详。这一情况,恰恰表明南书房地位微妙,部分职能不可明言。因时人不敢秉笔书录,后人记述中仅留下零星片语,难以详考。作为清朝中枢辅政机构由内阁向军机处演变进程中的产物,南书房为雍正时期军机处的建立提供了借鉴。

值得注意的是,康熙四十年(1701)后,康熙帝有逐步倚重诸皇子的倾向。

康熙帝多子。众皇子成年后,大都封有亲王以下、贝子以上爵位。现存大量满文档案表明,康熙帝晚年,曾让年长诸子参与军国大政,赋予实权。例如他离京外出时,指定数名皇子值守京城,综理一应政务。由部分皇子组成临时中枢机构,居阁部之上,成为京城最高权威所在。这种做法,显然是对后金时期四大贝勒轮流值政制度有所借鉴。它既可分离中枢机构及其重臣的权势,更重要的,还是对太子党的一个有力牵制。但是,诸皇子参与国政,权势日炽,拉党结派,必然大大妨碍皇权的集中与巩固,并促使储位之争白热化,构成对皇权的又一威胁。康熙帝晚年为此耗去很大精力,对其治国产生了不利影响。

二、皇权建设中的政策调整

康熙朝皇权建设的第二阶段,是从五十一年至六十一年(1712—1722),总计10年。与第一阶段相比,这一阶段的特点,是紧密结合当时清朝政局的变化,抓住要害问题,在政治、经济、文化等各个方面采取一系列相应措施,推动皇权建设。

清廷平定三藩之乱后,中原地区进入长达110余年(1681—1795)相

---

[1] 李光地:《榕村语录 榕村续语录》下册,第739页,北京:中华书局,1995年。

对稳定、无大规模战乱时期，即所谓自康熙二十年（1681）以后，"海内始有起色"[1]。于是，康熙帝着手实施全面恢复经济的措施，其中包括厉行节约、澄清吏治、清除杂派、与民休息、治理黄运、赈济灾荒、蠲免钱粮等，尤以澄清吏治和治理黄运为重点。

康熙帝自亲政时起，即注重吏治问题。采取大力表彰清官、严厉打击贪官污吏等措施，长期坚持不懈，取得较大成效，有助于清初经济的恢复。四十七年（1708）一废太子事件后，由于种种原因，康熙帝放松对此类问题的处理，清朝吏治日渐败坏。

康熙帝在位期间，始终将治河视为头等要务之一，长期钻研，付诸实践，投入极大精力。这在中国封建帝王中绝无仅有，说明康熙帝对于治河在治国中所占有的特殊地位，比其他封建帝王有更深刻的认识。他将治河成效的大小，作为衡量清朝经济恢复与否的标准之一。

经过康熙帝亲政后30余年不懈努力，治河终于取得较好效果。

四十二年（1703）年初，康熙帝第四次南巡。视察河工、巡视江南等地后，随即返京，召大学士、九卿等谕曰："朕此番南巡，遍阅河工，大约已成功矣……今四海奠安，民生富庶，而河工适又告成。朕欲颁诏天下，大沛恩赏，故星夜回銮。"[2]

四十四年（1705）二月至闰四月，康熙帝第五次南巡。他在视察河工后说："观此形势，朕之河工大成矣，朕心甚为快然。"又说：百姓"扶老携幼，日计数万，随舟拥道，欢声洋溢者，皆由中而发，非假饰也。"[3]

在康熙帝看来，清朝经济业已恢复，更具决定意义的是，朝廷因此得到广大民众的拥护，"民心皆一"，颇有"盛世"气象。

康熙四十二年至四十四年（1703—1705），是康熙帝对清朝形势的估计最为乐观时期。他的上述看法显有过头处，但也反映了清初经济已全面恢复这一事实。

清初经济恢复过程中，随着社会财富的增加，清统治集团的贪婪本性

---

1 陆陇其：《论直隶兴除事宜疏》，载《清经世文编》卷28，《户政》3。
2 《清圣祖实录》卷211，康熙四十二年三月辛酉。
3 《清圣祖实录》卷220，康熙四十四年闰四月癸卯；卷219，康熙四十四年三月壬戌。

也进一步暴露，对广大民众的剥削、掠夺逐渐加剧，阶级矛盾日益尖锐。加以人口迅速增长而出现的一系列问题，社会开始动荡不安。另一方面，由于康熙帝与皇太子允礽的矛盾激化，四十七年（1708）发生一废太子事件。四十八年允礽复立为皇太子后，故态复萌，继续收罗党羽，扩充力量，极力插手朝政与地方事务，再度构成对皇权的威胁。

针对上述新的情况，以康熙五十一年（1722）为转折点，康熙帝对皇权建设做出战略性政策调整，主要有四项内容。

1. 第二次废黜皇太子

五十一年十月，康熙帝第二次废黜皇太子允礽。此后，他开始总结建储37年（康熙十四年至五十一年，1675—1712）的惨痛教训，积极探索新的建储方法，拟定秘密建储计划，并付诸实施（参见第二章第二节）。

康熙帝二废太子的决定表明，嫡长子皇位继承制在清朝实行37年后，因其弊端充分暴露，最终还是被摒弃。

秘密建储计划的出现，标志皇权的进一步加强。在关系到封建王朝根本大计这一问题上，皇帝已能排除一切干扰，完全由个人作出决断。

比较康熙帝的秘密建储计划与雍正帝、乾隆帝所实施的秘密建储，二者之间的传承关系相当明显。康熙五十一年二废太子的决定，是秘密建储计划得以酝酿、出现的先决条件。

2. 扩大密折行使范围

这一举措起因于太子党事件，与二废太子之间具有不可分割的联系。

由于安郡王岳乐之子镇国公景熙（一作经希）等人密告，太子党问题被揭发。五十年（1711）十月，康熙帝开始清理以步军统领托合齐为首的太子党，为第二次废黜皇太子进行组织准备。他由此深切感到在朝中广泛、迅速收集情报信息，以便及时了解、掌握全体朝臣思想动态的重要意义。在此之前，地方大员及少数朝臣已用密折奏事。于是，康熙帝决定，在臣工中扩大密折使用范围。

康熙五十一年（1712）正月，上一年开始的清除太子党行动尚在紧张进行。二十八日，谕领侍卫内大臣、大学士、都统、尚书等："朕今春秋已高，听政年久……但不闻不见之事甚多。虽有言官，颇多瞻顾缄默。是以托合齐等辈小人常昂然张胆，构及党羽。"接着，他明确指出在地方大员中早已实行密折制度，而且颇有成效：朕"所不得闻者，常令各该将军、总督、巡抚、提督、总兵官，因请安折内，附陈密奏，故各省之事，不能欺隐。"有鉴于此，他向全体朝臣宣布，自即日起，于中央高层官员内实行密折奏事："尔等皆朕所信任，位至大臣，当与诸省将军、督抚提镇，一体于请安折内，将应奏之事，各罄所见，开列陈奏。"为了消除朝臣担心密折泄露的疑虑，康熙帝强调："朕于诸事谨慎，举朝无不知之，凡有密奏，无或泄露……至一概奏折，不迟时刻，皆不留稿，朕亲自手批发还。凡奏事者，皆有朕手书证据在彼处，不在朕所也。"[1]

关于行使密折的意义，康熙帝告知众臣："尔等果能凡事据实密陈，则大贪大奸之辈，不知谁人所奏，自知畏惧。或有宵小斑主，窃卖恩威者，亦自此顾忌收敛矣。"[2]

康熙帝还从另一角度，阐述密折的重要性："凡一切奏折，皆朕亲批，诸王文武大臣等知有密折，莫测其所言何事，自然各加警惧修省矣。"[3]

推广密折行使范围，是皇权建设中必不可少的一步。密折奏事可促使朝臣之间、地方大员之间以及中央与地方官员之间相互监视，彼此牵制，分化、削弱官僚集团。这将进一步突出、扩大皇帝的绝对权威，保证统治权力更加集中于皇帝一人手中。

信息是决策的基础。作为一位统一多民族封建大国的决策者，康熙帝对此深有体会："大臣乃朕股肱耳目，所闻所见，即应上闻，若不可用露章者，应当密奏。天下大矣，朕一人闻见，岂能周知，若不令密奏，何由洞悉？"[4] 扩大密折行使范围，能够使皇帝及时、准确地了解从中央到地方各方面情况，及时作出决策，从而提高封建王朝（中央政权机构）的办事效率，更为有效地行使皇权。

另一方面，密折奏事行使范围的扩大，也将不可避免地削弱内阁的功

---

[1]《清圣祖实录》卷249，康熙五十一年正月壬子。
[2]《清圣祖实录》卷249，康熙五十一年正月壬子。
[3]《清圣祖实录》卷270，康熙五十五年十月甲子。
[4]《清圣祖实录》卷275，康熙五十六年十一月丙子。

能和作用,为军机处的出现进一步创造条件。

3. 在政治思想文化领域加强控制

五十一年二月,康熙帝做出抬高朱熹地位的决定:"惟宋儒朱子注释群经,阐发道理,凡所著作及编纂之书,皆明白精确,归于大中至正,经今五百余年,学者无敢疵议。朕以为孔孟之后,有裨斯文者,朱子之功,最为弘钜",故应"崇礼表彰"。经群臣议定,改变朱熹配享孔庙位置,由"东庑先贤之列","升于大成殿十哲之次"。[1]

康熙帝认为:"治天下,以人心风俗为本,欲正人心、厚风俗,必崇尚经学,而严绝非圣之书。"[2] 所谓经学,实际是指理学,尤其是程朱理学。在他看来,尊崇、实践程朱理学,是"正人心、厚风俗",从而治国平天下的唯一途径。

康熙帝潜心研究、大力倡导程朱理学,是为了团结汉族官僚集团及汉族士绅,并利用其中关于封建伦理道德的说教,作为约束百姓言行、禁锢臣民思想的工具,借以维护封建统治秩序,巩固清朝统治。

几乎与此同时,出现戴名世《南山集》文字狱案。此案发生在康熙五十年(1711)十月,直到五十二年二月了结,是震动朝野的大案。

康熙帝在处理此案的过程中,虽然较为谨慎,尽量缩小打击面,但这一案件的发生,乃是康熙年间,清朝在思想文化领域的统治进一步趋向严密的标志,也是清朝文化专制主义恶性发展的开端。

4. 滋生人丁永不加赋

决定抬高朱熹地位的当月,康熙帝做出另一重要决策。二月二十九日,谕大学士、九卿等:"朕览各省督抚奏编审人丁数目,并未将加增之数尽行开报。今海宇承平已久,户口日繁。若按见在人丁,加征钱粮,实有不可,人丁虽增,地亩并未加广。应令直省督抚,将见今钱粮册内有名丁数,勿增勿减,永为定额。其自后所生人丁,不必征收钱粮,编审时只将增出实数察明,另造清册题报。"[3]

---

[1]《清圣祖实录》卷249,康熙五十一年二月丁巳。
[2]《清圣祖实录》卷258,康熙五十三年三月乙亥。
[3]《清圣祖实录》卷249,康熙五十一年二月壬午。

经臣僚反复讨论，五十二年（1713）三月十八日康熙帝60寿辰的"恩诏"中，向全国公布了这一决定："嗣后编审增益人丁，止将滋生实数奏闻，其征收办粮，但据五十年丁册，定为常额，续生人丁，永不加赋。"[1]

赋役征收混乱，是清统治者无法去除的痼疾之一，它与清朝相始终，只是各个时期程度不同而已。康熙年间赋役征收的种种弊端中，丁银征收又是焦点所在，因其最为扰民，常常激起民愤，加剧民众与官府的矛盾，成为清廷统治中的一个敏感点。

滋生人丁永不加赋，在中国封建社会赋税制度史上是一创举。千百万人从此不再被编入赋役册籍，他们对封建国家的人身依附关系进一步松弛。虽然康熙四十七年（1708）清廷曾大力加强保甲，以图强化对民众的控制，但滋生人丁永不加赋决定作为一项国法，客观上有利于农村人口自由流动。同时，这项决定为其后雍正帝推行赋役改革，摊丁入地，打下良好基础，并在清代历史上产生多方面的深远影响。滋生人丁永不加赋的决定有助于消除干扰社会稳定的因素，营造一个有利于皇权巩固、集中与强化的客观环境，它对于皇权建设具有的重要意义，亦在于此。

康熙帝在第二阶段的皇权建设中，还有一些其他举措，如继续任用诸皇子处理国政，让他们管理旗务，进一步削弱八旗王公权势；继续运用中央权力调配机制，以议政王大臣会议、内阁、南书房相互牵制，等等。

值得注意的是，上述皇权建设中最为关键性的几项举措，都发生在五十一年（1712），这表明以皇权建设第二阶段的开端为标志，康熙朝统治历程亦由此进入一个新的阶段。

康熙帝对有关政策进行战略调整的出发点，在于集中、强化皇权，全面加强统治。不过，其后历史表明，康熙帝的政策调整是一开端，而调整的基本完成是在雍正时期。雍正帝继位后的一系列改革之举，诸如实施秘密建储、大力推行密折制度、建立军机处、打击朋党并加强政治思想统治、全面实行摊丁入地等，基本上都是康熙五十一年政策调整的继续和发展。

---

[1] 光绪《清会典事例》卷157，《户部》6，《户口》。

第四节　清朝皇权集中与强化的突破阶段

一、皇权集中与强化的突破性进展

康熙六十一年（1722）十一月十三日，69岁的康熙帝猝然病逝。皇四子胤禛即位，是为雍正帝。

雍正帝在位13年（1723—1735）。雍正朝皇权建设，主要包括以下四方面的内容。

1. 清除朋党，加强对臣民的控制

康熙时期，皇四子雍亲王胤禛在朝中的影响与实力，不及皇八子允禩、皇九子允禟、皇十四子允禵等人。加之雍正帝的继位存在诸多疑点，因而其登极伊始，势力强大的反对派（朋党）暗中以各种形式予以抵制，这种情况在清朝入关后绝无仅有。不过，另一方面，经过数代清帝苦心经营，雍正帝继位时，清朝皇权已具有坚实基础，皇权的进一步集中与强化，成为不可抗拒的发展趋势。所以，雍正帝既有自身的不利条件，更有难得的历史机遇。雍正帝正是在吸取总结前人经验教训的基础上，抓住机遇，充分利用皇权建设已取得的成效，将皇权建设又向前推进一步。

二年（1724）七月，雍正帝向全体臣工颁示御制《朋党论》，以此作为整肃政敌、集中皇权、巩固统治的指导方针。该文核心，是要求所有臣工"义当惟知有君"，"能与君同好恶"，"洗心涤虑，详玩熟体，如自信素不预朋党者，则当益加勉励，如或不能自保，则当痛改前非，务期君臣一心一德，同好恶，公是非"。[1] 此时，允禩允禟集团尚有实力，雍正帝为了排除异己，培植亲信，明确提出以是否与皇帝同好恶，作为衡量臣工优劣的最重要标准。

清除允禩允禟集团，是雍正初年皇权建设中的当务之急。雍正帝继位初期，对这一集团成员及众多同情者采用暂行羁縻、隔而不打的策略。二年（1724）二月，清军平定罗卜藏丹津叛乱，这一重大胜利提高了雍正帝在朝中的威信，巩固了他的统治地位。以此为转折点，雍正帝对允禩允

---

[1]《清世宗实录》卷22，雍正二年七月丁巳。

禩集团的斗争，进入广造舆论、先次后主、逐个清除阶段。是年七月颁示《朋党论》，是斗争进一步升级的信号。三年二月，服阕，清除进程随之加速，允禩、允禟及其大批追随者均受到严厉惩处。

清除允禩允禟集团过程中，雍正帝态度之果决、手段之残酷、打击面之广，无不超过在他之前的清朝诸帝。整肃允禩允禟集团的同时，雍正帝还将对允禩等人持同情态度、不与他"同好恶"的康熙帝诸子、下五旗王公、康熙朝外戚、努尔哈赤时期至康熙朝历代功臣后裔、朝中勋贵重臣等，予以不同形式的打击。这些前朝权贵或被处死，或受罢黜，或遭监禁，或永不叙用。

四年（1726）九月重阳节前夕，允禩、允禟先后在拘禁地死去。雍正帝于乾清宫大宴群臣，"赋柏梁体诗"，共庆"海宇澄清"，[1] 这是他在此次斗争中取得全胜的一个标志。

雍正三年（1725）初，雍正帝加紧清除允禩允禟集团的同时，其矛头又指向年羹尧和隆科多。雍正帝继位初期，年羹尧和隆科多深受倚信，但两人恃宠而骄，迅速走向败亡。年羹尧于三年（1725）被令自裁，隆科多则于五年（1727）"永行禁锢"，六年六月死于禁所。

对于年羹尧、隆科多二人，雍正帝曾有如下评论："朕御极之始，将隆科多、年羹尧寄以心膂，毫无猜防，所以作其公忠，期其报效。孰知朕视为一德，伊等竟怀二心，朕予以宠荣，伊等乃幸为邀结，招权纳贿，擅作威福，敢于欺罔，忍于背负，几致陷朕于不明。朕深恨辨之不早，宠之太过，愧悔交集，竟无辞以谢天下，惟有自咎而已。"[2] 事实上，年羹尧、隆科多后来虽然不能与雍正帝"一心一德"，但并未对皇权构成大的威胁，雍正帝完全可以用其他方式加以约束，不必置其于死地。他们二人都颇有才干，而年羹尧更为一员难得将才。将他处死，是致使雍正七年（1729）后开始的西征准噶尔之役连连失败的原因之一。这是雍正帝的一个失误，也是他在皇权建设中存在偏激之处的一个具体表现。

进一步剥夺诸王与旗主的权力，是雍正帝清除朋党过程中的另一

---

1 《清世宗实录》卷48，雍正四年九月戊戌。
2 《清世宗实录》卷32，雍正三年五月己未。

步骤。

自皇太极以降,清朝最高统治者不断以各种方式抑制王公旗主的权势。雍正帝继位后,下五旗中旗下属人与旗主的隶属关系依然存在。为雍正帝不能容忍的是,大部分下五旗王公并未与其"同好恶,公是非",却与允禩等人关系密切。

雍正帝继位后,颁布一系列禁令,限制、剥夺下五旗王公所保留的特权。如规定他们不得再将所属京官、外官子弟,任意挑为包衣佐领下官及哈哈珠子、执事人;严禁上三旗大臣侍卫等在诸王门下行走;将原为诸王所属的宗室、觉罗等佐领一律撤出,归并上三旗行走,等等。

元年(1723)七月,雍正帝采纳给事中硕塞的建言,将固山额真(汉语"旗主")改称固山昂邦(汉语"旗之大臣"),并相应改铸八旗印信。这一做法进一步明确了主仆称谓的严格界限:唯有皇帝可称八旗之主,无论八旗都统、管旗王公或旗下属人,都是皇帝的奴仆臣工。雍正帝还以其他措施,削弱宗室王公以及都统在所在旗的权势。例如,另指定亲信王公管理下五旗事务,但只作为临时派遣,职权不能世袭;八旗各派满洲御史二人,稽查一切事务;规定八旗都统必须于公所办事,并建档收贮;等等。

上述举措及各项政令法规,旨在强制八旗王公大臣必须与皇帝"同好恶,公是非",并使八旗王公及都统的身份、地位及其与旗下属人的关系,符合新的形势下皇权建设的要求。

通过清除朋党、严惩年羹尧与隆科多、打击八旗王公大臣,雍正帝完全巩固了侥幸获取的皇位,将统治权力最大限度地集中到个人手中,清朝皇权得到空前加强。

为了加强对官民的控制,亦为更有效地打击、瓦解允禩允禵集团,雍正帝继位后还采取特务手段,秘密监视大臣的日常行为。粘杆处即从事这一特务活动的机关。

粘杆处的正式名称为尚虞备用处,顺治初年设立。[1] 粘杆处管理大臣由

---

[1] 光绪《清会典事例》卷1106,《侍卫处》1,《建置》。

皇帝于宗室王公、满蒙大臣内特简,"掌率三旗侍卫以入直","巡幸则从,供其执事"。又由头等侍卫一人协理事务,头等侍卫一人任粘杆长。[1] 定制,"选八旗大员子弟中之猨捷者为执事人,司上巡狩时扶舆、擎盖、捕鱼、罝雀之事,名曰上虞备用处"[2]。根据现有史料看,以粘杆处成员从事伺察大小官员的特务活动,主要是在雍乾时期,特别是雍正年间。粘杆处成员表面上只是伺候皇帝捉鸟捕鱼,实则四处侦察王公贵族及朝中、地方官员的言行,及时密报。

据说粘杆处的总机关设在雍和宫,分机关设在紫禁城御花园内堆秀山前。"粘杆侍卫"与"粘杆拜唐(阿)"各4人,日夜于堆秀山下值班。雍正帝如有交办任务,由值班人员迅速传知雍和宫,再由雍和宫的总机关发布命令,或直接派人办理。乾隆帝继位后继续利用粘杆处刺探情报,控制京内外大臣的活动。[3]

由于当时文网严密,有关粘杆处成员从事特务活动的记载较少。以下数条,也颇能说明问题:

> 雍正初……设缇骑,逻察之人四出侦诇,凡闾阎细故,无不上达。有引见人买新冠者,路逢人问之,告其故。次日入朝,免冠谢恩,上笑曰:"慎勿污汝新帽也。"[4]

> 雍正中,王云锦殿撰元日早朝后归邸舍,与数友作叶子戏。已数局矣,忽失一叶,局不成,遂罢而饮。偶一日入朝,上问以元日何事,具以实对。上嘉其无隐,出袖中一叶与之曰,"俾尔终局"。则即前所失也。当时逻察如此。[5]

> 王制府士俊出都,张文和公荐一健仆,供役甚谨。后王将陛见,其仆预辞去。王问何故,仆曰:"汝数年无大咎,吾亦入京面圣,以为汝先容地。"始知为侍卫某,上遣以侦王劣迹也。故人怀畏惧,罔

---

1 光绪《清会典》卷88,《尚虞备用处》。
2 昭梿:《啸亭续录》卷1,《上虞备用处》。
3 魏开肇:《雍和宫漫录》,第6-7页,郑州:河南人民出版社,1985年。
4 昭梿:《啸亭杂录》卷1,《察下情》。
5 赵翼:《簷曝杂记》卷2,《王云锦》。

敢肆意为也。[1]

清代野史中甚至还有雍正帝亲自"伺察"朝臣的记载。

雍正六年（1728）上元之夜，"内阁供事多归家"，只有收发文牍的富阳人蓝某独留阁中。对月独酌时，忽来一"冠服甚丽"之人。蓝某疑为内廷直宿官，急起迎，奉觞致敬，其人欣然就坐。闲谈中，其人问，为何独留此处？蓝某以宜勤慎办理公事相答，并说将来差满，若能"获选广东一河泊所官，则大乐矣"！次日雍正帝临朝，令以蓝某补授广东河泊所官。"诸大臣领旨出，方骇愕间，一内监密白昨夜事。乃共往内阁宣旨，蓝某闻命，咋舌良久，可见是时伺察之严。"[2]

上述记载表明，负有特殊使命的粘杆处人员于官员家中及市肆坊间广泛从事伺察活动，不仅朝臣受到他们的严密监视，外任官员亦无幸免。值得注意的是，雍正帝经常将有关情况故意透露给被监视者，借以提高这种特务手段的威慑力。与此同时，广泛推行密折制度，鼓励人们互相揭发、告密，并实施严刑峻法，迫使臣民俯首贴耳，不敢越雷池一步。

派遣粘杆处人员充当特务，监视臣民的言行举止，这表明皇帝对臣民的控制进一步加强。特务网遍布朝野，特务活动甚至渗透到官民日常生活之中，这是皇权高度集中与强化的表征之一，也是极端专制主义在雍乾时期畸型发展的一个迹象。

2. 秘密建储、实行密折制度与设立军机处

皇权传承问题，是皇权的核心组成部分。中国封建王朝历来实施嫡长子皇位继承制，由此引发诸多弊端，直接威胁到皇权的稳固。康熙帝拟定秘密建储计划，这在中国古代皇位继承制度中是一创举，但因尚不完善，功亏一篑。雍正帝改进秘密建储计划，于元年（1723）八月公开实行秘密建储。这一重大举措保证皇帝本人完全控制最高权力的交接，并得以避免秘密建储计划中的疏漏，收到巩固统治、稳定社会的效果，是加强皇权的

---

[1] 昭梿：《啸亭杂录》卷1，《察下情》。
[2] 天嘏：《清代外史》第三篇第二章《胤禛伺察之严》，载《清代野史》第1辑，第118—119页，成都：巴蜀书社，1987年。雍正帝名胤禛，胤祯是其胞弟、康熙帝第十四子允禵之原名。此章名称用字有误。

必要步骤。不过，将秘密建储明确定立为一项制度，还是在乾隆帝时期。

解决皇位传承问题的同时，雍正帝还建立了一套从中央至地方，完整、系统的密折制度。

雍正帝继位不久，进一步发挥科道官员作为"朝廷耳目"的作用，令"每日一人上一密折，轮流具奏，一折只言一事……即或无事可言，折内亦必声明无可言之故"[1]。元年（1723）七月，"命尚书侍郎等官，每日一人，轮班奏事，密折封进"[2]。二年十一月下令："凡督抚大吏……于本章外，准用奏折。"[3] 又以督抚之一人耳目有限，允许提镇藩臬"具折奏事"，"即道员武弁等，亦间有之"。[4] 于是，内外官员无论品级高低，只要获得皇帝允准，均可使用密折。

关于密折内容，雍正帝认为，除去官员"责任中事情之外，或地方上情形，吏治之勤惰，上司之公私，属员之优劣，营伍之整饬，雨旸之时若，百姓之生计，不但本省，便邻省远省，便都内之政事，凡有骇人听闻者，得知皆当以风闻入告，不可必待深知灼见而方折奏也"[5]。

严格保密仍是密折制度的首要宗旨，雍正帝为此制定出一系列防范措施，如严禁官员之间将"折批密谕"相互传看，互通消息，一经发觉，概照泄漏军机律"严行究讯，重治其罪"[6]。

雍正帝屡次降旨，令将所有经过朱批的奏折一律上缴，"以备稽查"，这是对密折制度的又一重要改进。

密折奏事并非清朝所发明，但以往在朝中未普遍实行。康熙帝于五十一年（1712）决定扩大密折使用范围，这是密折发展进程中的一个转折点，密折制度初现雏形。雍正帝汲取经验，确立密折制度，最大限度地推行密折，利用密折，并建立一系列与之相关的制度规章，以保证密折制

---

1 《清世宗实录》卷4，雍正元年二月丙寅。
2 《清世宗实录》卷9，雍正元年七月丙午。
3 《清史列传》卷12，《大臣画一传档正编》9，《觉罗满保》。
4 《清世宗实录》卷96，雍正八年七月甲戌。
5 参见中国第一历史档案馆：《雍正朝汉文朱批奏折汇编》第15册，第583页，南京：江苏古籍出版社，1991年。
6 《清世宗实录》卷84，雍正七年闰七月庚寅。

度的实施畅通无阻，严密无误。

密折制度有利于皇帝直接、迅速掌握下情，加强对各级官员的控制，故对集中皇权具有促进作用。但是，若要最大限度地提高皇权效能，将皇权集中与强化的进程进一步推进，仅仅依靠密折制度，尚无法达到这一目的。

另一方面，密折制度的确立及实施范围的扩大，极大地增加皇帝亲自批阅奏折的数量。虽然雍正帝十分勤政，"自朝至夕，凝坐殿室，披览各处章奏，目不停视，手不停批，训谕诸臣，日不下数千百言"[1]，但仍须有一协助他处理密折，兼秘书与辅政于一身的精干、高效率的助手班子，而内阁显然无法胜任。密折制度的实施既是皇权高度集中的具体表现，是用以强化皇权的有效方式之一，同时也使清帝对于新的中枢辅政机构的需求更为迫切。军机处正是这样应运而生的。

军机处的设立并非一步到位，而是有一个渐进过程。雍正四年（1726）为征讨准噶尔部噶尔丹策零做准备，于户部设立军需房，由怡亲王允祥及张廷玉、蒋廷锡主管，负责军需事务。后其职掌有所扩展，名称几经变化，八年（1730）更定为军机处。

军机处出现在清朝皇权不断集中、强化的发展进程中，并非偶然。

从皇太极至雍正帝，四代清帝都曾试图消除分扰皇权的各种因素，同时也在积极探索，以期建立一个既有利于最大限度集中皇权、又能充分发挥皇权效能的中枢辅政机构。

努尔哈赤在其统治后期，出于各种原因，制定了直接分割汗权的八王共治国政制。皇太极继位后全面实施此制，对汗权的集中与稳固造成很大负面影响。皇太极受皇帝尊号并确立皇权后，采取一系列集中权力措施，又设立内三院以资辅佐。但实际上，议政王大臣会议仍为清朝唯一的中枢决策机构，其核心人物是八旗旗主、八旗王公。顺治帝亲政后，重视发挥内阁作用以牵制议政王大臣会议，并令大学士入值太和门，以备顾问，显示出进一步从议政王大臣会议及内阁收权的意图。可是，因顺治帝早逝，

---

[1] 《清世宗实录》卷49，雍正四年十月甲戌。

有关举措中途而废，成效未彰。康熙帝建立中央权力调配机制，出现议政王大臣会议、内阁与南书房等三者并存局面，这固然有助于分离其权势，同时也因事权过于分散，办理机务程序多，周转慢，效率低，反而不利于发挥皇权效能，对皇权的集中与强化甚至具有不利影响。经过长期摸索与实践，雍正时期进一步集中、强化皇权的各种条件均已具备，一个更为适合皇权发展进程新阶段的中枢辅政机构——军机处，这时也就应运而生了。

从皇权的角度考察，军机处分别具有内阁与南书房的长处，又摒弃了它们的缺陷。

办理题奏本章是内阁大学士的主要职掌之一。军机大臣亦协助皇帝处理密折，却与大学士办理本章有显著区别：一是所有密折，皇帝先行阅览后，再交军机大臣办理（雍正时期以办理军务密折为主）；题奏本章虽然首先奏呈皇帝，但皇帝并不通览，由阁臣阅看并票拟后，方转呈皇帝批允。二是军机大臣不像大学士有票拟权，而是秉承皇帝旨意，缮写谕旨。因大学士负责办理天下本章，握有票拟之权，进而有可能左右皇帝意志，把持朝政；军机大臣这一角色，类似于皇帝的私人秘书，其职掌本身的限制，使其不可能越过皇帝而独立处理密折，以左右朝政。当然，在皇帝怠于政事、偏信宠臣的情况下，军机处无法发挥其正常职能，则是另一种情况，应做别论。

清朝内阁因袭明朝内阁处所，位于紫禁城午门内东南隅。尽管清朝最高统治者采取诸多措施削弱内阁权势，但它毕竟是一独立的中枢机构，有自己的一套办事班子，而且有一独立院落作为衙署所在地。清朝内阁建制上的这些特点直接承袭明朝，同中国历史上的宰相制度也有一定渊源关系。显然，内阁的相对独立性愈大，愈有可能分扰皇权，所在地距皇帝愈远，愈不便于皇帝直接予以控制。

军机处位于隆宗门内、乾清门外西墙根下，没有衙属，只有值庐，有官无吏，虽然是一中枢重地，却带有非正式色彩；它离乾清宫很近，与（康熙以后）清帝寝宫养心殿也相距不远，故便于皇帝予以监督控制。可见，在协助皇帝处理政务方面，内阁能做的事，军机处同样能做，且效率超过内阁,更重要的是,它基本去除了内阁建制中种种可能侵越皇权的因素,这正是军机处有利于皇权最大限度地发挥其效能的特点所在。

南书房同军机处一样,不设衙属,仅于内廷设立值房,有官无吏。与议政王大臣会议及内阁相比,南书房、军机处皆非独立机构,对皇权的依附性也更大。同南书房的词臣相仿,军机大臣也常侍皇帝身边,充任文学顾问,协助皇帝赋诗作画,[1]对于军旅方面的问题,如山川道里、兵马钱粮等,也须熟悉详情,以备皇帝咨询。军机大臣的顾问范围,比南书房词臣更广。二者不仅在机构设置特点及职掌等方面有相像处,职名称呼竟亦相近,或称南书房行走,或称军机处行走,而议政大臣和大学士皆无此称。另一方面,对于南书房来说,主要还是为皇帝"供奉书画,赓和诗句",虽亦撰写谕旨,毕竟是不公开的。皇帝固然可以利用南书房牵制议政王大臣会议与内阁,但因南书房自身条件的制约,尚不能用以全盘料理机务。这使它在皇帝集中皇权进程中所能发挥的作用,受到限制。而军机大臣"掌书谕旨,综军国之要,以赞上治机务"[2],在有关建制上虽然带有非正式性色彩,但协助皇帝处理机务是其首要职责。

在总结、扬弃内阁及南书房对于集中皇权的利弊得失、经验教训的基础上,军机处将两者的职能、特点集大成后,又提高一步,成为一个崭新的、适用于皇权高度集中后的中枢辅政机构。

还可以从另一角度,考察军机处与皇权的关系。

雍正帝继位伊始,朝中反对派人数众多,这些人分布在包括中枢机构在内的中央各个部门,是对皇权的无形牵掣。雍正帝肃清政敌过程中,涉及诸多皇室内部机密事宜,不便依靠议政王大臣会议、内阁或南书房。所以,他只有事必躬亲,亲自处理,并撇开原有中枢机构,另起炉灶,选择允祥、张廷玉和蒋廷锡三人作为助手。张、蒋都是汉官,康熙朝末年,两人分任户部侍郎与内阁学士。

雍正帝先后清除允禩允禟集团及年羹尧、隆科多后,准噶尔问题逐渐

---

[1] 参见赵翼:《簷曝杂记》卷1,《圣学》2。
[2] 光绪《清会典》卷3,《办理军机处》。

提上日程。自雍正四年（1726）开始，清廷从政治、军事、经济等各个方面入手，为解决准噶尔问题进行准备。此事关系到维护满蒙贵族联盟、巩固清朝统治与维护国家统一。为做到出奇制胜，雍正帝采取了秘密决策方式，绕过议政王大臣会议、内阁等中枢机构，只依靠极少数几位亲信作为助手。[1]

总之，雍正朝前期，迫于朝中形势及准备解决准噶尔问题的需要，在雍正帝亲理机务的同时，身边逐步形成一个精干的办事班子，虽无中枢机构之名，却有中枢辅政之实。雍正帝感受到以此新的方式料理机务的益处，并积累了一些经验。雍正八年（1730）军机处的出现，是对这种理政方式的肯定与改进。

事实表明，军机处是皇帝将国家统治权力最大限度地集中到其本人手中后，在直接处理军国大事时所必须拥有的一种特殊中枢辅政机构。它既最大限度削夺了中枢辅臣权力，又便于皇权的集中、强化及其运作。中国封建王朝中枢辅政机构建制历史上，军机处的出现是具有重大意义的创新。

有效行使皇权，是强化皇权的一项重要内容。不言而喻，与其他中枢辅政机构相比，军机处在这方面独具优势。只有在由皇帝严密控制、直接指挥的军机处协助下，皇帝才能亲自掌握将旨意形成谕令，并向下贯彻推行这一重要环节，高效率地亲自处理重大军政事务及地方重要事务，从而更有效地行使皇权，使皇权的效能得到最充分的发挥。

秘密建储、实行密折制度与设立军机处，是雍正帝集中与强化清朝皇权的三大举措。它们作为一个有机整体，不仅是对康熙帝有关举措的继承与发展，而且是对历代封建统治者集中、强化皇权措施的总结和提高。这一时期皇权的集中与强化取得突破性进展，主要体现于此。

雍正帝懂得高度集中权力的必要性，又有魄力行前人所未行，同时，还善于有效行使高度集中的权力。雍正元年（1723），他将六科并入都察院，取

---

[1]《清世宗实录》卷81，雍正七年五月甲寅；卷105，雍正九年四月庚子；卷82，雍正七年六月癸未。

消中国封建社会长期行使的给谏制度,完成台谏合一。此举是他排除掣肘因素,最大限度地集中权力的又一实例。另一方面,雍正帝在位期间,自始至终极为勤政,这是保证实行密折制度、设立军机处等集中皇权的有力措施能够真正发挥效能的前提。

3. 整饬吏治 加强管控

康熙朝晚期,吏治腐败现象日趋严重,清朝统治秩序出现一定程度的混乱。雍正帝即大位时45岁,此前已有十余载王府(贝勒府)生活经历,这使他对当时各种社会积弊,有较为全面的了解。他也自认为在此方面胜过其父康熙帝。他说:"朕事事不及皇考,而惟有洞悉下情之处,则朕得之于亲身阅历,而皇考当日所未曾阅历者。朕在藩邸四十余年,凡臣下结党怀奸,夤缘请托,欺罔蒙蔽,阳奉阴违,假公济私,面从背非,种种恶劣之习,皆朕所亲知灼见,可以屈指而数者。"[1] 雍正帝较为了解下情,这是整饬吏治的一个有利条件。

雍正帝曾指出,康熙朝后期"数十年来,日积月累,亏空贪婪之案,不可胜数"[2]。他整饬吏治的重点,是清查亏空,严惩贪官。

雍正帝即位甫月,谕令户部全面清查钱粮:"凡有亏空,无论已经参出及未及参出者,三年之内务期如数补足,毋得科派民间,毋得借端遮饰。如限满不完,定行从重治罪。三年补完之后,若再有空亏者,决不宽贷。其亏空之项,除被上司勒索及因公挪移者,分别处分外,其实在侵欺入己者,确审具奏,即行正法。"[3] 为保证清查顺利进行,雍正帝还调整相关建制,特于元年(1723)正月设立会考府,由他最得力的亲信怡亲王允祥领衔,负责审核一切钱粮奏销事务。事实证明,会考府严格执法,不循私情,在清理亏空过程中发挥了重要作用。

雍正帝清查惩贪的决心很大,且雷厉风行,矛头所向,上至王公亲贵,下至地方大吏及中下层官员。如履郡王允祹于康熙朝管理内务府期间,曾亏空钱粮。雍正初年受到追索,竟将家俱器皿摊列街上出售,以赔

---

1 中国第一历史档案馆编:《雍正朝起居注册》第1册,第798页,北京:中华书局,1993年。
2 《清世宗实录》卷91,雍正八年二月丙辰。
3 《上谕内阁》卷2,康熙六十一年十二月十三日。

偿欠款。[1] 自雍正元年始，地方上也普遍展开清查反贪，势头猛烈。为了避免"贻累百姓"，雍正帝改变以往做法，不再将亏空官员革职留任催追，而是一经发现，即行罢官，"著落伊身勒限追还，若果清完，居官好者，该督抚等奏明"[2]。当年地方大吏中因亏空而被革职查封家产者，即有湖北布政使张圣弼、广西按察使李继谟、江苏巡抚吴存礼等多人。[3] 清查惩贪同时，实行耗羡归公，建立养廉银制度，以促使吏治与财政逐步好转。

整饬吏治，对中央至地方各级官员的贪污腐化、因循苟且、玩忽职守等行为予以严惩，旨在更有效地发挥国家机器的镇压职能与管理社会公共事务的职能，使皇帝的决策与方针畅通无阻地得以传达、贯彻和实施；通过整饬吏治，使皇权的效能进一步发挥，达到强化皇权、巩固清朝统治、发展社会经济的最终目的。

雍正帝在整饬吏治过程中表现出极大勇气与魄力，严格执法，不讲情面，整饬效果超过任何一位清帝，从而较快地扭转康熙朝后期官场积弊严重，统治受到一定削弱的局面，促使社会经济较快发展，财政较为充裕，统治比较巩固，为康乾盛世在乾隆朝前期发展到最高峰，扫除了障碍。

4. 大兴文字狱，加强思想文化统治

制造文字狱案，是雍正帝清除允禩允禟集团及年羹尧、隆科多后，其统治地位得以巩固、皇权得到加强的新形势下，进一步整肃朋党的继续和发展。汪景祺、查嗣庭、谢济世、陆生楠等文字狱案，均在这一背景下出现。

汪景祺是浙江钱塘（今浙江杭州）人，康熙五十二年（1713）举人，雍正二年（1724）投靠年羹尧。著有《读书堂西征随笔》二卷，"内诗句有皇帝挥毫不值钱，讥讪圣祖"[4]。又在《历代年号论》中，"指正字有一止之象，引前代如正隆、正大、至正、正德、正统（按，分指金海陵王、金哀

---

1 《雍正朝起居注册》第1册，第340页。允䄉是康熙第十二子，雍正帝继位后，允䄉由贝子晋封郡王，雍正元年（1723）降为贝子，二年降为辅国公。八年复封郡王，乾隆帝继位后，允䄉晋封亲王。乾隆二十八年（1763）卒。谥"懿"。
2 《清世宗实录》卷4，雍正元年二月己卯。
3 参见萧奭：《永宪录》卷2下，第137页，北京：中华书局，1959年。
4 萧奭：《永宪录》卷3，第256页。

宗、元顺帝、明武宗、明英宗），凡有正字者皆非吉兆"[1]。在雍正帝看来，这是在讥诮其年号。汪景祺《功臣不可为》一文，还"以檀道济、萧懿比年羹尧"[2]。清廷查抄年羹尧家时发现此书，汪景祺被斩首，妻子为奴，兄弟等被流放。

查嗣庭是浙江海宁人，康熙四十七年（1708）进士，"向来趋附隆科多"，经隆科多荐举任内阁学士等职。雍正四年（1726），任江西省乡试正考官，所出试题中，《易经》第二题"正大而天地之情可见矣"，《诗经》第二题"百室盈止妇子宁止"，雍正帝认为这与汪景祺一样，也是在讥诮其年号。不久，查出查嗣庭日记2册，"于圣祖仁皇帝之用人行政，大肆讪谤"[3]。查嗣庭死于狱中，戮尸枭首，其子侄也被严行惩处。

汪、查二案分别与年羹尧案、隆科多案密切相关，他们两人是被作为年羹尧、隆科多的朋党而遭清除。因汪、查都是浙江人，雍正帝由此认为浙省"风俗浇漓，弊坏已极"，"应将浙江人乡会试停止，俟风俗渐趋淳朴，再降谕旨"[4]。不久又派遣观风整俗使，前往浙江整顿。这些贬抑浙江士人，在意识形态领域加强控制的措施，具有对其他地区示警之意。

谢济世、陆生楠两案，是雍正帝打击科甲出身官员之举的组成部分。

雍正四年（1726）十二月，浙江道监察御史谢济世参奏雍正帝亲信、非科甲出身的河南巡抚田文镜。因奏章中部分内容与此前不久直隶总督李绂参劾田文镜之文相同，而谢、李两人均为科甲出身，雍正帝就此认为他们是在"构党排陷"。七年（1729）六月，已发遣军前效力的谢济世被人参劾"注释《大学》，毁谤程朱""肆行讥讪，怨望毁谤"[5]。雍正帝令从宽免死，当苦差赎罪。

陆生楠为举人出身。任工部主事被引见时，雍正帝认为他"毫无敬畏，且傲慢不恭，显然逆抗，形于词色"。陆生楠与李绂、谢济世同为广

1　萧奭：《永宪录》卷4，第304页。
2　萧奭：《永宪录》卷3，第256页。
3　《清世宗实录》卷48，雍正四年九月乙卯；萧奭：《永宪录》卷4，第305页。
4　《清世宗实录》卷50，雍正四年十一月乙卯。
5　《清世宗实录》卷82，雍正七年六月辛丑；卷83，雍正七年七月戊申。

西人，雍正帝据此以为，陆生楠"平日必有与李绂、谢济世结为党援之处，故敢如此"，令革职，发往阿尔泰军前"与谢济世同时效力"。七年（1729）七月，陆生楠被人告发写有《通鉴论》17篇，其中"抗愤不平之语甚多""显系诽议时政"[1]，雍正帝遂令将陆生楠于军前正法。

雍正帝整饬科甲官员过程中，吏部尚书、云贵总督管云南巡抚事杨名时也是一位突出人物。杨名时为进士出身，曾深受康熙朝名臣李光地器重，颇有政声。雍正帝认为杨名时为科甲领袖，因而视为眼中钉，抓住他不慎将密批抄入题本等失误，屡加严责，并以各种方式予以贬抑。乾隆帝继位后，杨名时重受任用。

在雍正帝看来，科甲官员有党援积习，徇情瞻顾，沽名邀誉。故"科甲之习一日不革，则天下之公理一日不著"，应"尽行洗涤"这一"唐宋元明积染之习"[2]。清除科甲官员中的不良风气，固然为清廷整顿吏治所必需，但雍正帝打击所谓科甲朋党的真正目的，是以此为名，从担任中央和地方重要职务的科甲官员手中收取权力。这些官员即使仍被留任，经此打击也会对清廷更为俯首贴耳，唯皇帝之命是从。所以，这是雍正帝集中皇权的全盘部署中重要的一步棋。

雍正朝还出现曾静案与吕留良案两个密切相连的大案。曾、吕两人都主张华夷之别，具有强烈反清意识。值得注意的是，曾静案涉及储位之争及吕留良案。[3] 雍正帝从清朝政局及他本人需要出发，对此案"出奇料理"：除去多次颁旨驳斥曾静论点，为自己承继大位以及清朝统治的合法性进行辩护外，将这些谕旨并曾静口供总纂为《大义觉迷录》一书，颁发全国；又释放曾静及其门徒张熙，使之现身说法，宣传该书观点；将已故吕留良父子戮尸，其子孙及受牵连者皆受重惩。雍正帝去世后，乾隆帝立即处死曾、张两人，从各地收回《大义觉迷录》，表现出与其父有关做法截然相反的态度。

---

1 《清世宗实录》卷83，雍正七年七月丙午。
2 《清世宗实录》卷87，雍正七年十月乙丑；《雍正朝起居注册》第2册，第959页。
3 参见许曾重：《曾静反清案和清世宗胤禛统治全国的大政方针》，载《清史论丛》第5辑，北京：中华书局，1984年。

雍正朝文字狱的一个特点，是上述大案大都与清朝统治集团内部矛盾相交织，曾静案则直接牵扯到储位之争，因而更为复杂化。雍正帝加强对臣民的思想文化钳制，封建专制统治日渐严密，这是清朝皇权极度集中和强化的反映。因此，雍正朝文字狱亦必多于康熙朝，成为乾隆朝文字狱高潮的前奏。

二、皇权集中与强化模式的改进完善

雍正十三年（1735）八月二十三日子夜，雍正帝去世。依照建储密旨，25岁的皇四子弘历继位，是为乾隆帝。

1. 完善中枢辅政机构

重新设立军机处并加以改进，是乾隆朝皇权建设中的关键步骤，它直接关系到能否有效行使高度集中的皇权。

雍正十三年（1735）十月，甫即大位的乾隆帝下令撤销军机处："从前西北二路军务，交办理军机事务之大臣等定议。今西北二路既已无事，而苗疆之事亦少，大小事件既交总理事务王大臣等办理，其军机事务与苗疆事务，亦著交总理事务王大臣等兼理。"[1] 乾隆帝未能认识到军机处对于强化皇权的重要作用，反而予以革除，表明尚乏统治经验，观察问题相对肤浅。乾隆帝的上述做法，反映出两个事实。其一，雍正帝生前设立军机处，是一种尝试性、临时性举措，并未将使它作为一项定制。其二，因军机处尚属草创，自身还有缺陷，从而在一定程度上限制了它对集中皇权、行使皇权所起的作用。所以，尽管雍正帝在指挥军机处处理机务时得心应手，深感不可或缺，但刚刚继位的乾隆帝一时认识不到军机处对于皇权统治的真正意义所在。这也反映出军机处创立初期，在强化皇权方面的作用尚未得到充分显现。

雍正帝去世当日，弘历遵照皇考遗命，以庄亲王允禄、果亲王允礼、大学士鄂尔泰、大学士张廷玉为辅政大臣。未几，在张廷玉等人请求下，改称总理事务王大臣，弘历当即允准。乾隆二年（1737）十一月，乾隆帝

---

[1] 《清高宗实录》卷5，雍正十三年十月甲午。

守制期满，撤销总理事务处，恢复了军机处。

需要指出，乾隆帝并非一成不变地恢复军机处，而是在总结、吸取总理事务处运作两年多期间，有关经验、教训基础上，对雍正时期的军机处有所创新与发展。他以进一步集中皇权、便于发挥皇权效能为出发点，建立了一个既兼有总理事务处与雍正时期军机处的长处、特点，又改进二者之不足，在建制上更为制度化与规范化的新的军机处。

乾隆帝对于军机处最重要的改进之处，是将其职责从雍正时期主要处理军务，变为处理所有军国大事。"内而六部、卿寺暨九门提督、内务府、太监之敬事房，外而十五省，东北至奉天、吉林、黑龙江将军所属，西南至伊犁、叶尔羌将军办事大臣所属，迄至四裔诸属国，有事无不综汇。"[1]这是吸取了总理事务处的经验，使军机处兼有总理事务处的职掌。可是，军机大臣并非像总理事务王大臣那样，代皇帝料理机务，拥有一定实权，而是在皇帝的直接指挥下，作为皇帝的高级秘书班子成员，尽辅佐之责。既协助皇帝综理万机，具有很高办事效率，自身又无实权，名份不高，并为皇帝严密控制，唯有这样的助手班子，才符合皇帝集中皇权、行使皇权的双重需要。

军机处被恢复后，仍保留非正式的特点，不设衙署，军机大臣与军机章京都是兼职。显然，乾隆帝是在以此方式压低军机处的地位，削弱军机大臣的权势。另一方面，军机处建立起一套系统、完整、严格的运行规制，将非正式性、灵活性与制度化、规范化完好地结合起来。

乾隆帝对军机处的另外两项改革内容是，宗室不能担任军机大臣，以加强对宗室的防范与控制；首席军机大臣必须是满洲人，以保证满洲重臣在中枢机构中的主导地位。此外，乾隆帝还通过更换军机处印信等措施，建立严格的规章制度，以提高军机处的办事效率与保密性，使之进一步符合集中皇权、行使皇权的需要。

经乾隆帝发展、改进后的军机处，既有利于高度集中皇权，又便于皇帝有效行使皇权。中国封建社会两千余年历史中，王朝中枢机构名称不

---

[1] 梁章钜：《枢垣记略》卷22，《诗文》3，《军机处题名记》。

一,各具特色。但同时兼有上述两大功能,最适于皇权的集中与行使者,唯有经过清朝顺、康、雍诸帝探索实践,成型于雍正时期,又由乾隆帝进一步改进完善的军机处。

按照清朝规制,由通政使司接收部院、各省题奏本章,上呈皇帝,皇帝转发内阁票拟,皇帝同意票拟意见后,再由内阁批红,发抄各有关机构执行。如此往复,效率之低自不待言,本章几经转手,也无保密可言。以此方式,皇帝不可能及时了解第一手情况,即使下达谕旨,亦需通过内阁层层下传,皇帝旨意无法直接、迅速抵达地方基层,得到执行贯彻。

针对内阁不利于集中皇权、行使皇权的弊端,顺治、康熙两帝采取了各种针对性措施,但均不能从根本上解决问题。军机处建立并得以改进、完善后,清朝真正有了一个既能最大限度地集中皇权,也有助于皇帝行使皇权的中枢辅政机构。

军机处兼具内阁及南书房的长处,分别去除了它们不利于集中皇权、行使皇权的弊端,在协助皇帝处理军国要务、贯彻皇帝意旨等方面,具有效率高、保密性强的特点。

密折奏事,是保证皇帝高度集权、有效行权的必要举措。但是,只有当军机处建立并经过乾隆帝改进后,密折制度才能真正广泛推广,长期实行。

康熙帝晚年虽然扩大密折奏事范围,能够使用密折奏事者,只是地方大吏与中央高层官员,在全部臣工中毕竟只占少数。雍正帝继位后,立即在臣工中大力提倡、推广密折奏事,建立了严格、规范的密折制度,而这时并没有军机处。对此,我们需要看到以下两点。

首先,雍正帝的勤政程度,不但在清朝诸帝中名列前茅,亦为中国历代帝王内所仅见。他在位13年,亲自批阅满、汉文奏折数万件,每件朱批数十字至数百字,这只有年富力强之际方能为之。雍正帝45岁继位,58岁去世,他的死或与服用丹药密切相关,但在位期间长期过劳而使身体受到损害,也是不可忽视的因素。可见,在没有军机处全盘佐理的情形下广泛推行密折制度,由皇帝本人亲自阅看批发密折,势必受到皇帝本人的年龄、身体等各种条件的制约,不可能长期实施。

其次，八年（1730）春夏之交雍正帝曾患重病，张廷玉等一度"办理一切事务"。在此期间全部密折，当由张廷玉等代为处理。雍正帝病愈后，建立不久的军机处主要负责办理西北军务，雍正帝亲阅后交与军机处处理之密折，自然也是有关军务部分。非军务密折，除主要由雍正帝本人阅看批发外，张廷玉等人很可能也在一定程度上加以协助。

　　乾隆帝继位后，继续在全体臣工中大力推行密折制度，而且将这一举措与改进和完善军机处的举措并行，这就为密折制度的长期实施提供了保证。

　　因军机处的职掌从主要处理军务，扩大为处理所有重要军政事务，进而也就担负起协助乾隆帝处理全部密折的重任。具体而言，奏折直达御前，经乾隆帝"详细览阅，不遗一字，遇有差讹，必指出令其改正"[1]；凡有重要指示，即召军机大臣聆旨，缮写呈览后，密封驿递发出，是为廷寄。自雍正年间军机处建立起，皇帝阅毕奏折下达谕旨的方式，即有廷寄与明发（交由内阁发出）两种。乾隆帝拓宽军机处职掌范围，建立有关规章制度后，军机处协助乾隆帝处理奏折的数量进一步增多，工作效率反而提高。乾隆帝虽然亲阅每件奏折，任意褒贬，自行决断，却不必像雍正帝那样朝夕无间，"手不停批"，"日不下数千百言"，而是可以更多地依靠军机大臣，使用廷寄等方式处理折件。这种由军机大臣分担压力的做法，能够保证密折制度的长期推行，使最高统治者的身心得以相对放松，以便集中时间与精力考虑全局，从而有利于皇权统治。乾隆帝实行密折制度超过60年，得享89岁高龄，这与军机处配合默契、分担其劳密不可分。正是在此前提下，乾隆十三年（1748）十一月，乾隆帝正式下令取消题本，奏折与奏本共同成为清朝最通行的两种上行文书。奏折使用范围进一步被扩大，意味着皇权统治达到一个新的高度，集权程度更为加强。

　　不过，还应看到，与中国封建王朝中各类中枢辅政机构相比，军机处虽然相对有利于集中、强化皇权，但其自身也有一定局限性。例如，军机大臣职掌中，还有"议大政"即遵旨议覆等项，并非有的史籍中所言，

---

1 《清高宗实录》卷143，乾隆六年五月庚寅。

"只供传述缮撰,而不能稍有赞化于其间"[1]。事实上,皇帝处理机务过程中,也需要时常与军机大臣商讨,这就表明皇帝做出决策时,无可避免地会在一定程度上受到军机大臣的影响,实质上是受到后者一定牵制,从而不可能绝对集中皇权。当然,比起议政王或内阁大学士等中枢重臣对于皇权可能具有的分扰作用,这一影响和牵制是微不足道的。

经乾隆帝改进后的军机处,与内阁各司其职,一般事宜由内阁拟旨,重大事宜由军机处拟旨,皇帝朱笔批发。军机大臣从满汉大学士、尚书、侍郎等官员内特简,这使皇帝能够分期分批地将内阁及各部院负责大臣调至身边,安排在军机处任事,培养考察,亲自督责,并通过他们更深入地了解掌握内阁及部院情况,进一步控制内阁与各部院。同时,由于这些人熟悉阁、部事务,既便于皇帝咨询与决策,又能使军机处与内阁之间保持协调合作关系。

军机处超越议政王大臣会议、内阁及南书房之上,成为清廷最重要的中枢机构后,皇帝通过这一新的机构设置,将中枢辅政权力最大限度地集中在自己手中,从而使顺康时期中枢辅政权力分散、不利于皇权行使的状况,得到彻底扭转。

雍正帝建立军机处以及乾隆帝加以改进发展,都是为了适应已高度集中的皇权运作需要。经过顺康两帝探索实践与雍乾两帝的总结创新,中国封建社会最高统治者有了既有利于集中皇权,又便于行使皇权,既能完全控制,又相当得心应手的中枢机构。这是清朝皇权高度集中与强化、臻于中国封建王朝皇权发展巅峰的重要标志。朱元璋于洪武十三年(1380)废除相权三个半世纪以来,始终困扰明清最高统治者的中枢辅政机构问题,至此终于得以解决。

2. 抑制亲贵　惩治贪污　重视八旗生计

为了集中皇权,乾隆帝不断削弱宗室王公、顾命重臣及亲信高官的权势,对他们加强控制。

乾隆四年(1739)十月,乾隆帝处理了以理亲王弘晳为首的数位康熙

---

[1] 赵翼:《簷曝杂记》卷1,《军机处》。

帝之孙与庄亲王允禄"结党营私"案。乾隆三年果亲王允礼去世后，允禄成为乾隆帝叔辈中唯一继续担任要职之人，在宗室内颇有声望。弘晳为废太子允礽的长子，雍正年间封为亲王。这一案件的本质，是康熙年间储位之争的余波。乾隆帝根治这一后遗症，消除了康熙朝储位之争留给当朝的不利影响，同时通过打击允禄，使宗室王公权势再次受到削弱。

张廷玉与鄂尔泰是雍正帝生前最信任的大臣，同受遗命，于乾隆帝继位后总理事务，同为股肱。两人久在政地，广结党援，"两家子弟宾客，渐且竞权势、角门户"[1]，终为乾隆帝所不容。

五年（1740）四月，乾隆帝颁谕，称"袒护朋比"之风又有复萌之势，其矛头指向张廷玉与鄂尔泰。此后，乾隆帝不断以各种形式打击张廷玉与鄂尔泰的党羽，对两人不时施以薄惩。鄂尔泰于十年（1745）病故后，张廷玉一度成为主要打击对象。二十年（1755年）张廷玉病逝，鄂尔泰则因内阁学士胡中藻《坚磨生诗抄》案受到牵连，被"撤出贤良祠"[2]，持续十余年的清除张、鄂朋党进程，至此方告终结。

乾隆帝还通过整顿吏治、惩治贪污，进一步加强对各级官员的控制。

乾隆帝继位之初，曾一再强调宽严相济的施政方针，实为缓和统治集团内部矛盾及其他社会矛盾，稳定政局、巩固其统治地位的一种政治手段。它只能实行于一时，终究要被严刑峻法所取代，此亦为极度强化的皇权所要求。所以，乾隆朝适值清朝鼎盛时期，却杀戮高官重臣最多，居清朝历代之冠。

军队是加强与维护皇权的重要工具。八旗军政建设，是加强皇权的步骤中一个重要环节。经过顺、康、雍各朝整顿改革，八旗王公权势式微，他们与所在旗旗员的人身依附关系有所减弱。然而八旗生计问题却愈来愈突出，引起乾隆帝的高度重视。

比之康雍两帝，乾隆帝为解决八旗生计问题所采取的措施力度更大，涉及范围广，方式多种多样。如增加养育兵丁名额、发放赈济银两、赎回

---

1 《清史稿》卷288，《列传》75，《张廷玉》。
2 《清史稿》卷288，《列传》75，《鄂尔泰》。

旗地、允许京城汉军及各地驻防汉军出旗为民、迁移京城满洲八旗人户至东北屯垦等等。其中京旗移垦与出旗为民两项，是乾隆帝实施的新举措，均收到一定效果。[1]

在承平日久，八旗积弊日多，战斗力明显下降的严峻形势下，乾隆帝仍能顺利实施进一步集中皇权的各种举措，促使清朝皇权的强化达于极致，这与乾隆帝较有成效地解决八旗生计问题，增强八旗的向心力和战斗力，具有直接关系。乾隆朝的军政建设还有不少其他内容，但解决八旗生计问题对于维护皇权统治的作用尤为重要。

3. 实行思想文化专制政策

清朝皇权的集中与强化发展到极致的同时，清廷对于意识形态领域的控制，也达于顶点，并将政治思想统治与文化专制主义，发展到中国封建社会的最高峰。大兴文字狱与大量禁止、查缴、删改、销毁"违碍"书籍，是乾隆朝实行思想文化专制政策的具体表现。

清朝前期顺、康、雍诸帝，无不注重在意识形态领域，实施专制统治。随着皇权集中程度日渐提高，顺、康、雍三朝文化高压政策的直接后果文字狱案，亦呈上升之势。

乾隆帝继位初期，文字狱案较少，处置措施也相对较轻。这与乾隆帝吸取其父为政过苛、树敌过众的教训，有意收拢人心，以稳固其统治地位等情况，密切相关。

乾隆十六年（1751）伪孙嘉淦奏稿案，揭开乾隆朝文字狱的序幕。乾隆二十年和二十二年，乾隆帝一手炮制、亲自处理了胡中藻《坚磨生诗抄》案与彭家屏私藏禁书案。前者是对已故鄂尔泰及其余党做最后清算，后者通过重惩私藏明末野史等书、所刻族谱之名有犯御讳的地方官员彭家屏，杀一儆百，"以为人臣之负恩狂悖者戒"[2]。乾隆帝不惜以生拉硬套、穿凿附会等方式蓄意制造两案的恶劣手法，为各级官员所仿效，对乾隆朝文字狱进一步扩大化，起到推进作用。

---

1 参见白新良：《乾隆传》，第115–121页，沈阳：辽宁教育出版社，1990年。
2 《清高宗实录》卷542，乾隆二十二年七月癸卯。

乾隆朝文字狱案有记载的即有百余起，其数量超过顺、康、雍各朝，居明清两代之冠。文字狱案所涉及的内容更为广泛，处置方式更加苛酷，其惩治对象也从官僚阶层扩展到下层士人与普通村民，这是文化专制统治的深度和广度进一步发展、扩大的反映。

乾隆四十年代中期以后，清廷在思想文化领域的控制有所松动，文字狱案逐渐减少，处置措施趋向轻缓。出现这一情况的重要原因，在于清朝皇权已走过其巅峰期，开始从高度集中的顶点下滑，统治力相对降低。

乾隆帝还借编纂《四库全书》之机，大规模禁止、查缴、删改、销毁所谓"违碍"书籍，共销毁书籍达三千余种。乾隆帝在进行文化建设，促使清朝鼎盛时期的文化，达到封建社会文化发展最高峰的同时，又在进行自秦始皇焚书坑儒以来最大一次文化破坏，使中华民族的文化受到无法挽回的重大损失。这种对文化的发展与破坏并行，并分别达到两个极端的矛盾现象，唯有在皇权极度集中的历史背景下，才可能出现。

4. 加强对地方的统治

全面加强对地方的控制，进一步强化中央集权，是乾隆帝集中与强化皇权的又一步骤。主要举措之一，是正式确立督抚制度。

清朝确立对全国统治之初，督抚乃因时因事而派，并无定员，名称不固定，管辖地区也时有变化。这一现象持续到雍乾之际。据清朝典籍记载，乾隆十三年"议准：外官官制，向以布政使司领之。但督抚总制百官，布按二司，皆其属吏，应首列督抚，次列布按"[1]。督抚制度经过不断调整与改进，终于确立，成为中国封建社会最高层地方行政体制。

督抚建制是地方政权组织的关键性环节。督抚承上启下，是皇帝在地方的总代理。事权统一于督抚，地方政权组织一元化，便于皇帝政令的下达和贯彻，使中央能够对地方进行直接、迅速、及时的指挥、督促与检查，提高地方政权组织的运转效率。保证督抚事权统一的举措，加强了中央对地方的控制，既是封建专制主义中央集权制极度强化的产物，也是巩固中央集权制必不可少之举。

---

[1] 光绪《清会典事例》卷23，《吏部》。

另一方面，清廷突出督抚权力又是相对的，并未超出一定限度。尽管将地方上各种事权统一于督抚，但未赋予其新的权力。督抚处于中央的绝对控制下，在用人、财政、司法、军事等问题上，无不听命于朝廷。

除来自上面的严密统治外，省级大员职权交错，也是对督抚的有力牵制。不仅督抚二人之间，职权交叉，相互牵制，督抚同藩臬学政等省级官员之间、地方文武大吏之间、政军双方之间，也都存在程度不同的职权交错，从而使之互为制约，彼此监督。

此外，密折制度、陛辞制度、京察大计、官员回避制度等措施，均是乾隆朝加强中央集权总体步骤中的重要组成部分，此不赘述。

随着皇权的极度集中与强化，清朝对于地方基层的统治也大为加强。

清朝前期，沿用明制，里甲、保甲制度并行。雍正朝实行摊丁入地后，里甲制逐渐消亡，以编查户口、弭盗安民、维持地方基层治安为主旨的保甲制，进一步受到重视。

乾隆二十年至二十四年（1755—1759），清廷先后解决了准噶尔问题与回部问题。自康熙朝开启的清朝统一边疆事业至此完成，中国疆域得以最后确立，清朝进入鼎盛时期。正是这一时期，乾隆帝决定在全国范围内普遍推行保甲循环册制度，以了解掌握现居人户，并"更定保甲之法"，编列保甲范围也从内地各省扩展到边远地区和少数民族地区，"绅衿之家""旗民杂处村庄""寺观僧道"等无不括及。[1] 这些措施与清朝皇权的极度强化相适应，是对清入关110年以来保甲制度的全面总结、提高和完善，显示出清朝在统一边疆取得重大胜利、专制主义中央集权制达到顶峰之际，对广大民众进一步加强了统治。

清朝统治地方基层的一个关键，是处理好与士绅的关系。

通过将绅衿之家一律编入保甲，清廷对绅衿的控制明显加强。另一方面，保长既受地方州县领导，又是由地主乡绅推荐，受到其操纵。保甲组织成为地方州县与地主乡绅之间的联系纽带，促成皇权与绅权、族权之间更紧密的结合，皇权在地方基层的统治基础，亦因此得以进一步巩固。

---

1 《清高宗实录》卷549，乾隆二十二年十月戊子；《清朝文献通考》卷19，《户口》1。

此外，乾隆帝在位期间，将秘密建储正式确立为一项制度，令后世子孙遵行，以保证清朝皇权传承的顺利实现。这是皇权集中与强化达到顶峰的另一重要标志。

5. 盛极而衰

乾隆四十五年至六十年（1780—1795），乾隆朝皇权盛极而衰。这一时期，出现了清朝历史上前所未有的宠臣和珅。

六十年（1795）六月，乾隆帝对大臣们说：凡督抚奏折送到，朕无不逐加批答，权衡悉由朕亲裁，"若谓朕惮于披阅，则临御以来，已六十年矣。朕敬天勤民，维日孜孜，今已五十九年，又过半矣，未曾稍存懈弛……每遇阁章递到，无不亲加详阅，是朕于办理庶务，从不肯一刻稍宽"[1]。此时乾隆帝已85岁高龄，距其退位仅有半载。此言或有夸大处，但其晚年仍亲理国政，大权并未旁落，乃是事实。不过，乾隆帝年过六旬后，因精力日渐不济，加之兴趣广泛，贪图享乐，需要一位任其指使的得力心腹，协助他料理机务。乾隆四十年后逐步受到重用的和珅，正是最佳人选。

和珅是满洲正红旗人，曾任侍卫，因深得乾隆帝的赏识，相继担任军机大臣、大学士等诸多重要职务。他善于逢迎，长于敛财，兼晓汉、满、蒙、藏、维文字，诗、书、画无不在行，而且很有办事才干。如乾隆五十八年（1793）英国使臣马嘎尔尼访华，乾隆帝选派和珅负责接待与谈判事宜。此次意义重大的国际交往中，由于清廷的保守与愚昧，中国丧失了与外部世界勾通的机会。不过，和珅在谈判时表现出一位泱泱大国外交家所应有的才智与风度，仍给人们留下深刻印象。

乾隆帝曾反复强调，满洲大臣奏事，"颁行公事折奏称臣，请安、谢恩、寻常折奏仍称奴才，以存满洲旧体"[2]。清帝与八旗旗员是主奴关系，乾隆帝与和珅之间也无例外。不过，由于乾隆帝的喜讷及和珅的媚上，两人的主奴关系表现得尤为充分。和珅虽居高位，在乾隆帝前仍如役使，甚

---

[1] 《清高宗实录》卷1481，乾隆六十年六月乙巳。
[2] 《清高宗实录》卷557，乾隆二十三年二月壬申。

至当乾隆帝"有咳唾之时,和珅以溺器进之"[1]。

乾隆朝后期,和珅深受乾隆帝宠信,却为诸多同僚所鄙视,朝野上下以各种方式对其弹劾者不断,尽管每次皆为乾隆帝所庇护,但这些奏劾反映出人们对和珅的看法。

据史料记载,当和珅权势最为熏灼之际,"上自王公,下至舆儓,莫不侧目唾骂"[2]。此语并非完全失实,和珅与军机处其他主要成员的关系,或可为证。

乾隆朝晚期的军机大臣中,除福长安外,其他人如阿桂、王杰、董诰等,均与和珅不合,甚至处于对立状态。阿桂功高望隆,久居首枢之位,与和珅"遇事辄相梗轧"。"和珅就与语,漫应之,终不移一步";小事一任和珅,至于大事,指陈利害,珅亦惮之。[3] 王杰不满和珅之所行,"遇有不可,辄力争"[4]。当和珅用事,董诰"与王杰楮柱其间,独居深念,行处几失常度,卒赞仁宗歼除大憝"[5]。这时,朝中还有一个特殊现象,本为一体的军机大臣除去应召外,平时只有阿桂在军机处,王、董二人则在南书房,和珅与福长安各在军机处附近处所值守。这也多少折射出军机处同僚不愿与和珅为伍的情况。

耐人寻味的是,乾隆帝明知阿桂等人与和珅的矛盾,却对阿桂、王杰及董诰依旧倚信。和珅虽然极想逸言其间,加以倾害,始终无法逞其志。乾隆帝宠信和珅的同时,又使阿桂等与和珅互为牵制。这种政治手腕,显示出乾隆帝直至晚年,在对待和珅问题上仍保持比较清醒的头脑,故能从容驾驭。

和珅所行所为对于皇权最大的威胁,也是和珅为害最重之处,是他的贪污纳贿加速乾隆朝后期吏治进一步败坏,对整个清朝统治迅速走向衰微,起到推波助澜作用。

---

1 吴晗辑:《朝鲜李朝实录中的中国史料》第11册,第4762、4840页。
2 吴晗辑:《朝鲜李朝实录中的中国史料》第11册,第4881页。
3 吴晗辑:《朝鲜李朝实录中的中国史料》第11册,第4881、4893页;昭梿:《啸亭杂录》卷10,《权臣同列》;《清史稿》卷318,《列传》105,《阿桂》。
4 《清史稿》卷340,《列传》127,《王杰》。
5 《清史稿》卷340,《列传》127,《董诰》。

封建官僚体制是历代贪风屡禁不止、愈演愈烈的总根源。乾隆朝中后期，吏治每况愈下、贪官越惩越多，这同乾隆帝本人纵情挥霍与愈益奢华有密切关系。乾隆帝与宠臣和珅在贪取民财方面可谓相互需要，只是一个居于主导地位，一个仍为从属位置，前者欲壑难填，后者广征博敛。和珅在"贡献"与"报效"的同时，也大捞一把，中饱私囊。

乾隆帝内禅前，对和珅佐理政务中的一些差误，不时予以惩戒，[1] 表明对其有否僭越，始终保持警觉。可是，对于和珅的贪婪骄奢、大开贿赂之门，乾隆帝一直不予干涉，听之任之。这同康熙帝不容明珠把持朝政，却对明珠不择手段地敛聚钱财，始终不闻不问，予以包庇的做法如出一辙。可见，封建最高统治者虽然以各种方式惩贪倡廉，但其内心深处，唯以臣工干权揽政为大忌，而视贪污纳贿为小节；特别是股肱重臣，只要尚无干权揽政之嫌，对其收贿聚财之举往往听之任之。当然，历史的局限性也使他们无从真正认识到，官员贪黩纳贿对皇权所具有的极大腐蚀、瓦解作用。

乾隆朝中后期，贪污受贿成为官场普遍现象，大案要案层出不穷。和珅更是以贡献皇帝为名，"征求财货，皇皇如不及。督抚司道畏其倾陷，不得不辇货权门，结为奥援"[2]。由于官场腐败，欺上瞒下，因循苟且，以致从中央到地方的各级行政机构逐渐运转不灵，中央决策无法得到迅速贯彻与实施。吏治败坏的另一直接后果，是各级官员对民众的压迫、掠夺愈益肆无忌惮，土地兼并变本加厉，广大农民破产，流民人数激增，加之人口迅速增长，使本已无法解决的大量社会问题更趋恶化。嘉庆元年（1796），爆发川楚陕白莲教大起义，清朝统治者面临前所未有的社会危机。

官员贪黩受贿行为是对皇权最大的腐蚀，它动摇了皇权统治根基，使皇权受到致命性的破坏与瓦解。作为乾隆朝后期贪官的典型代表，和珅虽然无法决定历史发展的总趋势，但对清朝皇权的极盛而衰及康乾盛世的结束，终究在客观上起有一定作用。这种以间接方式对皇权所产生的威胁破

---

1 参见《清史列传》卷35，《大臣传次编》10，《和珅》。
2 薛福成：《庸庵笔记》卷3，《入相奇缘》。

坏及其后果，比多尔衮、鳌拜等人直接擅权干政，实有过之而无不及。

当清朝皇权盛极而衰，日渐削弱之际，乾隆帝仍保持权力的高度集中。他在晚年曾多次向大臣们谈及："我朝纲纪肃清，大臣中亦无揽权藉势，窃弄威福之人。"他认为，"现在纪纲整肃，内外大臣实无敢有营私枉法者"，"前代所以亡国者，曰强藩，曰外患，曰权臣，曰外戚，曰女谒，曰宦寺，曰奸臣，曰佞幸，今皆无一仿佛者"，[1] 自豪之感，溢于言表。如果仅从皇权保持高度集中、宠臣和珅尚未达到擅权揽政等情况看，乾隆帝所言尚非虚妄，可是，皇权受到日益严重的威胁与削弱，却是客观事实。

第五节　清朝皇权的中衰与消亡

嘉庆元年至道光二十年（1796—1840），是清朝皇权中衰时期，共计45年，其间以乾隆帝去世、嘉庆帝亲政为界，分为前期与中后期两个阶段。道光二十年至宣统三年（1840—1911），是清朝皇权的衰亡阶段，总计71年。

一、乾隆内禅

嘉庆元年正月至四年正月（1796—1799），是清朝皇权中衰阶段的初期，为期三载。总的情况是，嘉庆帝名不符实，太上皇乾隆帝仍独揽大权。

乾隆、嘉庆二帝的权力移交，发生在清朝皇权盛极而衰之际，与此前清帝权力移交迥然不同，这一过程持续了三年。

嘉庆元年元旦，86岁高龄的乾隆帝退位成为太上皇，早已被秘密立为储君的皇十五子、37岁的颙琰即大位，是为嘉庆帝。关于退位原因，乾隆帝曾做如下解释，并借以表达对皇祖康熙帝的尊崇：朕"践阼之初，即焚香默祷上天，若蒙眷佑得在位六十年，即当传位嗣子，不敢上同皇祖纪元

---

[1]《清高宗实录》卷1239，乾隆五十一年七月己未；卷1370，乾隆五十六年正月乙酉；卷1112，乾隆四十五年八月己未。

六十一载之数"。[1]乾隆帝举行传位庆典仅仅7天后，震撼全国的五省白莲教大起义在湖北爆发，它标志着康乾盛世的结束，清朝中衰时期的到来。

皇位终身制是皇帝制度的基本内容之一。皇帝让位交权，成为太上皇，是一种特殊情况。中国历史上的禅位帝王中，乾隆帝是唯一一位在无任何内外部压力的情况下主动禅位的皇帝。同时，他也是唯一一位始终独掌大权，任意指挥成年皇帝的太上皇。

乾隆帝传位前即明确宣告：朕归政后，"凡遇军国大事及用人大端，岂能置之不问，当躬亲指教，嗣皇帝朝夕敬聆训谕，将来知所秉承，不致错失，岂非天下国家之大庆"[2]。他既退位又不让权，归根到底是为了满足强烈的权力欲和虚荣心，与其退位前种种好大喜功、骄傲自满、奢侈浮夸的行径实出一辙。

乾隆帝身为太上皇而独掌大权达三年之久，可视为中国封建皇权盛极而衰转变中的一个插曲，也是皇权极度强化的一种回光反照。乾隆帝正是靠着曾经极度强化的皇权，才能将皇权极度集中的局面进一步延伸，退位而不让权，以太上皇的名义指挥嗣帝。这一由太上皇所拥有的王朝最高权力，是皇权的一种特殊形态。不过，皇权并未由此得到加强，反而因之被削弱。

白莲教大起义爆发后，清廷面临严峻形势，军政机务倍增。已至耄耋之年的乾隆帝深感力不从心，又要大权独揽，只有进一步倚靠和珅。[3]和珅成为太上皇乾隆帝用以专权的得力工具，他的权势也随之扩大。例如，他力图控制皇帝据以决策的信息，干扰皇帝决策。[4]他不仅管理吏部、刑部事务，还独自把持户部，"变更成例，不许部臣参议一字"[5]。这些行为是对皇权的严重侵扰。

还应看到，乾隆帝做太上皇时期，和珅的权势有较大发展，但仍未脱

---

[1] 《清高宗实录》卷1486，乾隆六十年九月辛亥。
[2] 《清高宗实录》卷1486，乾隆六十年九月辛亥。
[3] 参见吴晗辑：《朝鲜李朝实录中的中国史料》第12册，第4593页。
[4] 《清仁宗实录》卷37，嘉庆四年正月丁卯、庚午、甲戌。
[5] 《清仁宗实录》卷37，嘉庆元年正月甲戌。

离乾隆帝的掌控和防范。直至乾隆帝去世，这位太上皇"犹日亲训政，未尝稍辍"[1]，并亲自掌握决策权、用人权和军队指挥权。

由于乾隆帝传位不放权，嘉庆帝虽然"综理庶政"，并未真正掌握最高权力。嘉庆帝对太上皇唯命是从，对和珅温厚相待，示以信任，暗则施恩朝臣，积蓄力量，以等待时机。[2]

总之，乾隆帝虽是太上皇，却掌握军政大权，是皇权的真正体现者；嘉庆帝尽管是名正言顺的皇帝，是皇权的象征，但无实权。他们二者之间，必然存在不断发展、无法调和的矛盾。加之宠臣和珅插手其间，促使这一矛盾更为复杂，不易解决。它势必加大统治集团的内耗，加快皇权盛极而衰进程，同时也加重清朝衰颓之势，为清朝各个方面带来不利影响。这是皇权的独占性、专断性、随意性对于王朝造成不良后果的一个颇为独特的事例。

二、嘉道皇权

嘉庆四年至道光二十年（1799—1840）是清朝皇权中衰阶段的中后期，共计42年。嘉道二帝基本做到继续专权，终究难挽颓势。

嘉庆四年（1799）初，乾隆帝去世，嘉庆帝亲政。他从一位没有实权的皇帝，顷刻之间成为乾纲独断之君，并立即赐和珅自尽。这是清朝皇权依然高度集中的反映。恢复、健全奏折制度与整顿、健全军机处，是嘉庆帝加强皇权的两大举措。

太上皇去世后第三天，嘉庆四年（1799）正月初五日，嘉庆帝特通行晓谕："九卿科道、有奏事之责者，于用人行政、一切事宜，皆得封章密奏，俾民隐得以上闻。"[3]

正月初八日，嘉庆帝将和珅及其追随者、军机大臣福长安革职治罪。是日，谕内外文武大臣："嗣后陈奏事件，俱应直达御前，俱不许另有副封关会军机处；各部院文武大臣，亦不得将所奏之事，预先告知军机大臣。

---

[1] 《清仁宗实录》卷37，嘉庆元年正月壬戌。
[2] 参见吴晗辑：《朝鲜李朝实录中的中国史料》第12册，第4953页。
[3] 《清仁宗实录》卷37，嘉庆四年正月甲子。

即如各部院衙门奏章呈递后，朕可即行召见，面为商酌，各交该衙门办理，不关军机大臣指示也，何得预行宣露，致启通同扶饰之弊耶！"[1]

嘉庆四年（1799）三月，定道员密折封奏之制。[2] 六月，嘉庆帝就一位外省人员奏折封套并未粘口事进行查询后，"传谕各部院衙门，嗣后遇有呈控事件，如系本人喊禀及露章投递者，自不妨先行阅看；倘系本人自行缄封，即应将原封呈览，不许私自拆阅。即所递封章内或有违悖词语，亦与转奏之人无涉，以杜壅蔽而昭慎密"[3]。

嘉庆六年（1801），曾因"首劾和珅罪状"而深受赏识的通政副使广兴，"以漕运总督有所剖判之事，奏报之外，别有印咨文一件，送于军机，代为转奏"。嘉庆帝得知，认为此举实系私行嘱托，交部严加议处。[4]

嘉庆帝亲政之始，即着手恢复健全奏折制度，并反复强调保密宗旨，要求臣工切实遵行。这固然是为清除和珅的影响、广开言路、整饬前朝积弊而创造有利条件，但实际上还是从加强皇权这一根本目的出发所采取的必要措施。显然，只有首先巩固皇权，才有可能"刷新政治"。

乾隆时期军机章京无定额，"由军机大臣挑补，并不带领引见"。四年（1799）正月，嘉庆帝决定，"嗣后满汉章京各定为十六缺"，由阁、部负责官员在本部门内挑选，"交军机大臣带领引见，候朕简用，其记名人员，遇有缺出，按次陆续充补"[5]。经嘉庆帝整顿，军机处在和珅擅权时的纪律松懈状况大有改观，"颇觉整饬严肃，闲杂人等亦觉稀少"。五年底，因军机处秩序又复松弛，故"严定章程，以昭法守"，每天派出都察院科道一人进行监察，以切实贯彻军机处"首以严密为要"之宗旨。[6] 此外，嘉庆帝还对若干其他中央机构人员做出较大调整。

嘉道两帝均属守成之君，缺乏气魄胆识，但是，对于宗室王公、满汉大臣的掌控从未放松。道光朝最有权势的大臣穆彰阿，在担任军机处首枢

---

[1] 《清仁宗实录》卷37，嘉庆四年正月丁卯。
[2] 《清仁宗实录》卷40，嘉庆四年三月戊辰。
[3] 《清仁宗实录》卷46，嘉庆四年六月戊子。
[4] 参见吴晗辑：《朝鲜李朝实录中的中国史料》第12册，第5018-5020页。
[5] 《清仁宗实录》卷38，嘉庆四年正月乙亥。
[6] 《清仁宗实录》卷76，嘉庆五年十一月丙申；昭梿：《啸亭杂录》卷7，《军机御史》。

14年（道光十七年至三十年）期间，也曾因各种事由受到降级留任等处分。[1] 咸丰帝"即位十阅月，特诏数其罪"，只是将穆彰阿"从宽革职，永不叙用"[2]，这也表明，穆彰阿并未对皇权的集中构成严重威胁。

这一时期，清廷能够继续实行对于地方特别是边疆地区的有效统治，从容应对某些突发事件（如道光七年平定张格尔叛乱），维护国家的统一与完整。可是，对于官场腐败日益加重、纲纪日渐废弛等同样关系到清朝前途与命运的重大问题，嘉道两帝虽然采取措施，大力整饬，却是徒劳无效，无法扭转进一步恶化的总趋势。

道光二十年（1840），是清朝皇权发展历程中又一重要转折点。是年发生的中英鸦片战争，是19世纪中叶最大的封建国家与最大的资本主义国家之间一场严峻的政治与军事较量，清廷以腐朽无能而惨败。道光二十二年签订的《南京条约》以及稍后的《虎门条约》《望厦条约》和《黄埔条约》中，清朝割让香港，赔款白银三千万两，列强取得领事裁判权与关税协定权。中国的领土已不完整，中国主权受到严重破坏，中国社会逐步由封建社会沦为半殖民地半封建社会，清朝皇权遭到前所未有的打击。

自鸦片战争爆发至道光帝去世，历时十年（1840—1850）。以白莲教、天地会为代表，通过民间宗教、民间结社方式出现的反压迫斗争渐成燎原之势，一场空前规模的反清大起义，正在酝酿之中。

三、咸丰皇权

咸丰年间，由于以太平天国为主的全国各族人民大起义及第二次鸦片战争的沉重打击，清廷内外交困，处境极为窘迫。咸丰帝对此一筹莫展，为逃避现实，逐渐怠于国事，享乐放纵。

咸丰中期以后，朝中备受倚用者是一批远支宗室，主要有怡亲王载垣、郑亲王端华和端华之弟肃顺。载垣和端华是道光帝临终时指定的顾命大臣。肃顺于咸丰七年（1857）任左都御史、理藩院尚书兼都统等职，因

---

1 《清史列传》卷40，《大臣传续编》5，《穆彰阿》。
2 《清史稿》卷363，《列传》150，《穆彰阿》。

颇有才识，在三人中居核心之位。

由于宗室不得入职枢垣的祖制，载垣等三人均非军机大臣。然而他们倚恃咸丰帝的信任，逐步控制中枢辅政机构，致使中央权力中心由军机处、内阁向宗室重臣手中转移。肃顺甚至直接干预皇帝的决策权。处理咸丰八年（1858）顺天府科场案中，他"挟刑律与天子争"，迫使咸丰帝处斩主考官、大学士兼军机大臣柏葰。[1]

当清朝皇权日益衰颓，列强侵略日渐深入，中国不断丧失主权之际，君臣关系中出现与清朝前期、中期大力强化皇权的趋势背道而驰现象，有其必然性。在列强入侵与农民起义的双重打击下，咸丰帝已缺乏乾纲独断、独撑残局的能力。皇帝的绝对权威开始动摇，君臣之间不可逾越的界线有所松动，这正是清朝皇权已进入衰亡阶段的征象之一。

四、慈禧专权

第二次鸦片战争（1856—1860）清廷战败后，咸丰帝将与英、法等国议和之事全盘委托恭亲王奕䜣，他本人于咸丰十年（1860）八月率后妃及部分官员侍从逃往热河（今河北承德），肃顺等人随往。清廷政治中心暂由京城移至此地。十一年（1861）七月，31岁的咸丰帝在避暑山庄病逝，6岁独子载淳即大位，是为同治帝。咸丰帝临终前，委任肃顺等8人为顾命大臣，"赞襄一切政务"，辅佐幼帝。

咸丰帝去世后，清朝最高领导层内出现肃顺、奕䜣、慈禧三个争夺最高统治权的利益集团。奕䜣是咸丰帝的同父异母弟，咸丰十年（1860）九月，代表清廷与英法签订《北京条约》，致使中国丧失了更多的主权。英法侵略者因而对奕䜣逐渐产生好感，对他予以扶持。奕䜣团结留守京城的清廷官员，取得鲁、豫、皖地区清军统帅胜保与僧格林沁的支持，形成一个具有实力的集团。

慈禧是同治帝载淳的生母，她同肃顺集团之间，早已存在分歧。慈禧联合咸丰帝正宫皇后慈安，与奕䜣共同密谋后，于十一年（阴历辛酉，

---

[1]《清史稿》卷20，《本纪》20，《文宗本纪》；《清朝野史大观》卷4，《咸丰八年科场案》。

1861）九月咸丰帝灵柩运回北京途中，对肃顺集团发动突然袭击，夺得清朝最高统治权。此即"辛酉政变"。慈禧专权的序幕由此拉开。

慈禧专权自同治元年至光绪三十四年（1862—1908），总计47年，这是清廷日益屈服于列强、中国社会半殖民地化不断加深时期。

慈禧的专权可以分为两个阶段。

第一阶段，自同治元年至光绪十年（1862—1884），历时23年。其间又以同治四年（1865）为界，分作两个时期。

辛酉政变后，慈安、慈禧两宫太后垂帘听政，奕䜣为议政王，统领军机处与总理各国事务衙门。咸丰十一年（1861）十月底拟定的《垂帘章程》，保证两宫太后，实际上是慈禧掌握决策大权与人事大权。[1]

同治元年（1862）至同治四年三月前，奕䜣与慈禧之间尚能求同存异。这是慈禧专权第一阶段的前期，在此期间出现"同治中兴"局面。

同治三年太平天国革命失败，清廷的"心腹之害"被消除。此后，慈禧与奕䜣之间日趋激烈的权力之争开始公开化。

同治四年三月，慈禧以"内廷召对，时有不检"为由，将奕䜣罢革议政王。因部分王公大臣为其求情，奕䜣得以保留其他职务，这是慈禧排斥奕䜣集团、集中权力的一个重要举措。

第一阶段的后一时期，历时19年（同治四年至光绪十年，1865—1884）。在此期间，清廷内部发生了一系列重要事件。同治十二年（1873）正月，18岁的同治帝亲政，两宫皇太后撤帘归政。十三年十二月，同治帝病逝，光绪帝即位，两宫皇太后再次垂帘听政。光绪七年（1881）慈安皇太后去世。这些情况并未对清廷权力格局造成大的影响，慈禧始终握有实权。

光绪十年（阴历甲申，1884），慈禧以"委靡因循"等理由撤销奕䜣一切职务，并全盘改组军机处，由礼亲王世铎出任首枢，紧要事件会同醇亲王奕譞商办。此次重大人事变更，史称"甲申易枢"。从此，清廷内部已不存在能够与慈禧相抗衡的利益集团。慈禧为独掌清朝军政大权扫除了

---

[1] 《清穆宗实录》卷8，咸丰十一年十月辛巳。

最后的障碍。

第二阶段，自光绪十年至三十四年（1884—1908），历时24年。其中以光绪二十四年（阴历戊戌，1898）戊戌政变为界，分为两个时期。

光绪十三年（1887），17岁的光绪帝亲政，慈禧训政，至十五年正月光绪帝大婚，方行归政。依据《归政条目》，[1] 慈禧归政后仍独掌人事大权。光绪帝颇思有所作为，但无法改变空有皇位而无实权的处境。他在中日甲午战争（1894）中坚意主战，后又力图变法图强。以慈禧为首的"后党"则对日本列强妥协退让，极力反对变法。

光绪二十四年（1898）百日维新期间，光绪帝曾发布百余道变法谕旨。这是他亲政十年中，唯一一次相对独立地行使皇权，然而这些谕旨基本没有得到贯彻执行。是年八月，慈禧发动政变，捕杀维新人士，囚禁光绪帝，百日维新以失败告终。

戊戌政变后，慈禧第二次训政。光绪帝尚在帝位，已无人身自由。二十六年（1900）七月，八国联军攻入北京，慈禧挟持光绪帝逃往西安，翌年返京。三十四年十月，光绪帝与慈禧仅隔一日相继去世。

综观同治、光绪两朝，曾先后经历两宫垂帘、慈禧训政、归政及再次训政等不同政治体制。无论形式如何变化，慈禧始终是皇权的实际代表者与行使者。

宣统三年（1911）辛亥革命爆发，同年十二月二十五日（1912年2月12日）清帝退位。这不仅是清朝皇权的末日，也是存在两千余年的中国封建皇权的终结。

结　语

清朝皇权近300年的发展与演变，是其集中与强化的程度不断加深，终于达到中国封建皇权发展史上最高峰，之后又迅速颓微、衰亡的一个历

1　参见朱寿朋：《光绪朝东华录》第5册，第2524页，台北：文海出版社，1963年。

史过程。

清朝处于中国封建社会晚期，社会矛盾日趋尖锐复杂，社会危机日益严重。与此同时，世界已步入近代，即资本主义取代封建主义的时代，西方列强恃其船坚炮利，逐步逼近中国。严峻的国内外形势，是促使清朝最高统治者连续、持久地大力集中、强化皇权的重要原因之一。

清朝皇权的不断集中与强化，突出体现在逐步探索、创建一个与没有相权的封建皇权更相适应的新的中枢辅政体制。从天命汗到乾隆帝，清朝一汗五帝（1616—1795）各以不同方式，为改革中枢辅政体制做出努力。其最终结果，是在总结明清内阁制度的特点与利弊得失基础上，创建了新的中枢辅政机构军机处，并逐步加以改进完善。这从一个重要方面，体现了中国封建皇权前所未有的集中与强化。

清朝康乾盛世的出现，封建经济、文化发展到中国历史上最高峰，中华民族的最终形成以及中国辽阔版图的奠定等重大业绩，无不是在皇权高度集中与强化这一历史进程中，逐步完成。

另一方面，清朝皇权的高度集中和强化，延缓了中国封建社会的解体进程，致使中国进一步落后于西方。清朝皇权退出历史舞台已有百余年。它对于中国最后一个封建王朝具有的正反两方面作用及其深远影响，仍需要我们进入更深入、客观的研究和总结。[1]

---

[1] 本章部分内容曾用于学苑出版社 2001 年出版的《清朝皇位继承制度》。

第二章

若干宫廷制度的建立与变化

第二章 若干宫廷制度的建立与变化

清朝宫廷制度是维护清皇权的政治和法律形式，其建立和演进与同时期皇权的集中与强化相一致。从清朝诸多宫廷制度中，我们选择后妃制度、皇位继承制度、储权以及中枢辅政制度等予以探讨，因为这些制度能够动态地展现出清朝皇权的发展变化。

第一节 清朝后妃制度的发轫

后宫制度是皇帝制度的一个重要组成部分，后妃制度则是后宫制度的核心。[1]《礼记·昏义》载："古者天子后立六宫、三夫人、九嫔、二十七世妇、八十一御妻，以听天下之内治，以明章妇顺，故天下内和而家理。"这表明至迟西周时期，有关"天子"妻妾的等级规制已经出现。公元前221年秦始皇统一六国，建立大一统中央王朝，确立皇帝制度。秦始皇虽然拥有众多妻妾，尚无暇关注后宫建制，史籍中对这方面的记述也很简略。汉承秦制，直至汉武帝以后，后宫制度方逐步改进、健全。[2]因此，多数学者认为，中国后妃制度发轫于西周，形成于西汉。[3]要之，与中国皇帝制度一并退出历史舞台的中国后妃制度，在皇帝制度确立前，已有一个历时较长的萌芽期。之所以如此，与中国古代传统婚姻形态是一夫多妻制[4]，

---

1 后宫成员，主要指皇帝的妻妾，如皇后、妃、嫔等以及尚未得到位号的庶妃。皇后统摄后宫，但多数情况下，皇帝的嫡母或生母即皇太后（太皇太后）的地位，居皇帝妻妾之上，为后宫之首。尚未下嫁的公主，与后宫成员往往有着较密切的关系。后宫人员，则指宫女、宦官等众多服侍者。后宫制度应包括有关后宫成员、后宫人员的各项规制以及礼仪、舆服、丧葬陵寝等诸多内容。这里所述范围，仅涉及后妃制度的部分内容。
2 部分参见孟祥才：《中国政治制度通史》第三卷《秦汉》，第79—80页，北京：人民出版社，1996年。
3 参见朱子彦：《后宫制度研究》，第47页，上海：华东师范大学出版社，1998年。
4 朱子彦《后宫制度研究》指出，中国历史上的传统婚姻形态一夫多妻妾制，是帝王家庭婚姻形态——妃嫔制度的渊源。参见该书第46页。

以及夏、商、周时期王权、宗法制度已先后建立等多种社会因素,有着因果关系。

清朝后妃制度处于中国后妃制度发展历程的最后阶段,并充分吸取前代利弊得失,具有总其成而更为完善的特色。1644年清朝入关,清朝皇权从偏居一隅的地方性政权转变为君临天下,统治全国的最高权力。清朝后妃制度也在顺治年间最终确立,"康熙以后,典制大备"[1]。

与清朝皇权的发展曾历初始阶段相一致,清朝入关前,其后妃制度也有一个渐进的产生过程。这一阶段历时28年(1616—1644),与清朝入关后总计268年(1644—1911)的后妃制度史,是一个不可分割的整体。

一、天命朝:发轫阶段前期

历时11年(1616—1626)的天命朝,是清朝后妃制度发轫阶段前期。

万历四十四年(1616)努尔哈赤于赫图阿拉即汗位,建立后金,年号"天命"。天命汗权即后金政权的出现,为后金后妃制度的酝酿与建立奠定了基础。这是清朝后妃制度发展历程的起点。

努尔哈赤妻妾的下述情况,构成清朝后妃制度发轫阶段前期的若干特点。

1. "毳俗无改,制尚淳朴"[2]

女真人实行一夫多妻制。努尔哈赤生前,至少有14位妻妾。[3]整个天命时期,"宫闱未有位号,但循国俗称'福晋'。福晋盖'可敦'之转音,史述后妃,后人缘饰名之,非当时本称也"[4]。天命汗的14位妻妾中,仅有3

---

[1]《清史稿》卷214,《列传》1,《后妃》。
[2] 张采田:《清列朝后妃传稿》卷上,第3页,绿樱花馆平氏墨版,1929年。
[3] 据《星源集庆》(奉天爱新觉罗宗谱修谱处,1938年)第15-16页载,努尔哈赤有妻妾14人。此外,为努尔哈赤殉葬二庶妃阿吉根、代因扎是否在14人内,待考。
[4]《清史稿》卷214,《列传》1,《后妃》。

位享有谥号或尊封,都是在崇德或顺治年间所得。[1]

2. 无嫡庶之分

努尔哈赤妻妾的实际地位,受到其本人归嫁早晚、是否生子以及为夫君喜爱程度等多种因素的影响,但"礼绝差等,号敌体者并曰福金"[2]。天命汗的妻妾尚无严格的嫡庶之分。当时,后金社会尚未建立宗法制度,清朝后妃制度发轫初期的上述情况与此相符。

天命元年(1616)奉父命"共理机务"[3]的四大贝勒中,除去阿敏(努尔哈赤弟舒尔哈齐子)外,代善、莽古尔泰、皇太极分别为努尔哈赤的三位妻子(元妃佟佳氏、继妃富察氏、孝慈高皇后叶赫纳喇氏)所生。努尔哈赤生前,这三位天命汗之子的身份、地位皆无差异,表明他们的生母亦无嫡庶之别。八年(1623)六月,努尔哈赤在与贝勒、大臣的谈话中说:"四贝勒(皇太极)乃为父我之爱妻所生之唯一后嗣,故不胜爱怜。"[4]叶赫纳喇氏在亲子皇太极继位后,被追谥"孝慈武皇后";康熙元年(1662)改上尊谥"孝慈高皇后"。但是,直至天命后期,她在努尔哈赤眼中,并无嫡妻身份。

天命年间,"大福晋"乌拉纳喇氏颇为得宠[5],而其身份并不等同于中宫皇后。她的三个儿子阿济格、多尔衮、多铎均为旗主,同在八王(八和硕贝勒)之列。按照努尔哈赤制定的汗位推选制有关内容,阿济格等三人都有推选或被推选为嗣汗的权力,不过并未因其生母是大福晋而享有优先权。

3. 生活氛围相对开放

与清朝入关后历代后妃均被禁锢在深宫之中迥然不同,天命汗之妻妾与外界的交往尚未受到严格限制。仅举数例。

天命六年(1621)三月,后金"克辽东城"。努尔哈赤遂遣参将阿胡图

---

1 皇太极的生母叶赫纳喇氏逝于明万历十一年(1603),崇德元年(1636)追谥皇后;宾图郡王孔果尔之女博尔济吉特氏于明万历四十三年(1615)嫁与努尔哈赤,顺治十八年(1661)"尊为皇祖寿康太妃"。阿济格、多尔衮和多铎的生母乌拉纳喇氏(一作乌喇纳喇氏)的情况较为特殊。她于1603年被立为大福晋(大妃),顺治七年(1650)追谥皇后,翌年因多尔衮获罪夺谥。参见《星源集庆》,第15–16页;《清圣祖实录》卷5,顺治十八年十月乙丑。
2 张采田:《清列朝后妃传稿》卷上,第3页。
3 《清太宗实录》卷1。
4 《满文老档》上册,第508页。
5 参见《满文老档》上册,第134页、197页。

等大臣"往家中……引众福晋前来"。众福晋自萨尔浒抵达辽东城（今辽宁辽阳）后，总兵官等诸大臣迎至城外教场，下马步行，导引众福晋入城。众军士沿街列队相迎，"自城内至汗宅，地设白蓆，上敷红氈，众福晋履其上进见汗"[1]。众大臣率领天命汗的妻妾赴辽东城途中，双方自然多有接触，而诸妻妾抵达后，骑马从列队迎接的八旗将士前经过，毫不忌讳众人一睹其芳容。

又如天命十年（1625）正月初二日，努尔哈赤率众福晋、八旗诸贝勒及其福晋、蒙古诸贝勒及其福晋、众汉官及其妻子等来到盛京城外太子河上，一起玩赏踢球之戏直至深夜，尽兴方归。[2]

再如努尔哈赤曾托付大阿哥代善，让他在自己身后代为抚养"诸幼子及大福晋"[3]。天命五年（1620）三月，代善被人揭发与大福晋有暧昧关系，受到严责，以致失去汗位继承人地位。[4] 是年代善38岁，大福晋乌拉纳喇氏31岁。努尔哈赤这种做法本身，即为年长之子与年轻继母之间进行密切交往，提供了极好机会，如果他俩确有暧昧之事，努尔哈赤本人难辞其咎。

后金汗妻妾与外界交往所受约束相对较少的特点，与清朝后妃制度的发轫阶段相始终，下面还将析述。

4. 整体地位较低

后金汗妻妾地位之高低，与后金汗权之强弱有直接关系。

努尔哈赤本人在后金具有至高无上的地位，操生杀予夺之权，但这并不意味着天命汗权的集中与强化。他的绝对专权，始终是以诸贝勒大臣议政会议为辅助，[5] 这从一个方面反映出天命汗权所存留的氏族民主制残余。天命七年（1622）三月，努尔哈赤提出在其身后，实施带有浓厚氏族军事民主制色彩的八王共治制。这一倒退举措，进一步表明后金汗权还不成

---

[1] 《满文老档》上册，第192页。
[2] 《满文老档》上册，第619页。
[3] 《满文老档》上册，第134页。
[4] 《旧满洲档·昃字档》《旧满洲档·藏档字》《旧满洲档·无编号残档》，转引自［日］冈田英弘：《清太宗继位考实》，载台湾《故宫文献》第3卷第2期，1972年。
[5] 如努尔哈赤所言："我国之汗与诸贝勒大臣，日必聚议国民劳逸之事，军旅得失之计。"参见《满文老档》上册，第171页。

熟，同时也反映出八王（和硕贝勒）权力甚大，八旗分权倾向较重。天命汗权的这种状况，直接影响到天命汗妻妾的威信与地位。

前述天命六年（1621）四月，诸大臣护送努尔哈赤众妻妾自萨尔浒前往辽东城途中，因"天色已晚，行则不达，众臣遂议于十里河驻宿"。当诸臣与努尔哈赤的妻妾们商议时，遇到因事外出的参将布三。"布三谓众福晋曰：'继续前行可至矣，何必驻此？'遂逼众起行，至夜始抵"。其后，努尔哈赤令查审此事，"布三强迫情事属实"。他受到斥责后"拒不认错"，于是被革职惩处。[1] 布三对"众福晋"的命令口吻、他的逼众起行之举及其在受审中的强硬态度，都间接表明努尔哈赤妻妾同大臣之间虽是主仆关系，但她们在众臣心目中的地位不高，双方的尊卑界线尚不分明。

努尔哈赤死后，发生大福晋乌拉纳喇氏被迫从殉事件。[2] 据乾隆年间所修《满洲实录》中的满文记载："汗留之恐后为国乱，故预先遗文诸贝勒，其死后，务必令之从殉。"[3] 努尔哈赤是否真的留下让乌拉纳喇氏从殉的遗命，若是如此，其真实原因何在，这些问题尚需进一步研究。但努尔哈赤死后，诸贝勒对大福晋严行相逼，迫使其从殉，这终究透露出八王势力强大，努尔哈赤之宠妻受制于彼，难以自保身家性命的部分实情。除去乌拉纳喇氏外，为努尔哈赤殉葬的还有阿吉根和代因扎两位庶福晋。[4] 满蒙贵族有人殉旧俗。[5] 皇太极死后，章京敦达里、安达里从殉[6]；顺治帝死后，庶妃董鄂氏（追封贞妃）、侍卫傅达礼殉葬。[7] 然而乌拉纳喇氏身为大福晋，在努尔哈赤生前最受宠爱，却为众贝勒逼殉，故与上述事例有所不同。这唯有在天命汗权尚处于一个较低发展阶段，天命汗妻妾的实际地位也相应较

---

[1]《满文老档》上册，第192-193页。
[2] 有关情况参见《清太祖武皇帝实录》，载《清入关前史料选辑》第1辑，第392-393页，北京：中国人民大学出版社，1984年。
[3]《满洲实录》，影印本，卷8，第416页，北京：中华书局，1986年。
[4]《满洲实录》卷8，第418页。
[5] 参见杨英杰：《清代满族风俗史》，第62页，沈阳：辽宁人民出版社，1991年；邢莉：《游牧文化》，第241，北京：北京燕山出版社，1995年。
[6]《清世祖实录》卷1，崇德八年八月辛未。
[7]《清圣祖实录》卷1，顺治十八年二月壬辰；于善浦：《清东陵大观》，第224-225页，石家庄：河北人民出版社，1985年。

低的情况下，才会发生。

5. 满蒙联姻特色尚未凸显

据《星源集庆》及《清列朝后妃传稿》《清皇室四谱》等记载，努尔哈赤的14位妻妾，全部是在后金建立前归嫁。天命时期（1616—1626），即努尔哈赤58岁至68岁之间，未再婚娶。

努尔哈赤于明万历十一年（1583）以父祖遗甲十三副起兵，至明万历四十四年（1616）建立后金前30余年期间，先是统一建州，继而统一女真各部，这是此阶段其戎马生涯的主要内容。努尔哈赤的14位妻妾中，蒙古族仅有两位，即明万历四十年（1612）、明万历四十三年（1615）先后嫁给努尔哈赤的两位堂姐妹，科尔沁部明安贝勒之女博尔济吉特氏与宾图郡王孔果尔之女博尔济吉特氏。[1] 其他妻妾，皆来自女真各部。"对于骑士或男爵，以及王公本身，结婚是一种政治的行为，是一种借新的联姻来扩大自己势力的机会；起决定作用的是家世的利益，而绝不是个人的意愿"[2]。恩格斯的这段名言，在天命汗的大多数婚娶个案中得到诠释。这也是清朝后妃制度发轫时期清帝婚姻的一个显著特点。[3]

明万历四十年（1612），努尔哈赤娶明安贝勒女为妻，是为满蒙贵族联姻之始。尽管天命年间满蒙贵族之间联姻频繁[4]，然而从努尔哈赤本人的婚姻状况看，清朝后妃制度发轫阶段前期，清帝（后金汗）婚姻中满蒙联姻特色尚未凸显。

天命十年（1625）三月，努尔哈赤迁都沈阳，并修建了汗宫。直至十一年八月努尔哈赤病逝，这座"长方形两进院落组成的建筑"始终是"太祖居住之宫"[5]，但后宫建制依然阙如。

---

1 参见《星源集庆》，第15、16页。明安、孔果尔分别为纳穆塞第二、三子。参见高文德、蔡志纯编著：《蒙古世系》，第37—38页，北京：中国社会科学出版社，1979年。
2 [德]恩格斯：《家庭、私有制和国家的起源》，载《马克思恩格斯选集》第4卷，第74页，北京：人民出版社，1972年。
3 有关案例参见刘潞：《清初四帝婚姻的政治特点》，载《故宫博物院院刊》1991年第4期。
4 有关案例参见刘潞：《清太祖太宗时期满蒙联姻考》，载《故宫博物院院刊》1995年第3期。
5 姜相顺、佟悦：《盛京皇宫》，第28页，北京：紫禁城出版社，1987年。关于后金曾先后数次迁都的情况，参见该书《引言》。

二、天聪朝：发轫阶段中期

天聪朝是清朝后妃制度发轫阶段中期，历时十年（1627—1636）。天聪六年（1632）二月册立东宫福晋，是后金重视后宫建制，着手实施的一个标志。

据《满文老档》天聪六年（1632）二月十二日载，"汗集诸贝勒大臣于内廷筵宴，以戴青贝勒之女册为东宫福晋。此福晋乃蒙古扎鲁特部戴青贝勒之女。汗已册立中宫福晋、西宫福晋，惟东宫未立福晋。时值选贤，遂遣人往聘此福晋。转谕其父曰：'我召来观之，中则留于宫内不中则遣之还。'遂召福晋至，暂憩城外。汗命有眼力者往观可否留于宫中。观者前来报于汗曰：'无需众多人，汗宜斟酌而行。他人观之，岂可相信乎？汗应亲往观之。若可册为东宫福晋，宜按典礼聘之矣。'汗遂亲率从者数人往观之，迎入内廷（原注："非好多娶，按例需备三福晋。"）。以聘礼设宴"[1]。

扎鲁特部是漠南蒙古二十四部之一。东宫福晋博尔济吉特氏之父，即扎鲁特贝勒色本。"清初与札（扎）鲁特内齐汗结亲。后贝勒色本引兵助明，太祖击擒之，旋释归。天聪二年，色本等为察哈尔所侵，与内齐举部来降，封内齐贝勒，主左翼，色本贝勒，主右翼，世袭。"[2]扎鲁特部归附后，贝勒色本之女成为皇太极的东宫福晋，显示出后金以联姻方式，实现满蒙贵族联盟的良苦用心。

《满文老档》《清太宗文皇帝实录》等史籍中，并无册立中宫福晋或西宫福晋的记载。这两位先于东宫福晋而册立者，系指何人？

天聪六年（1632），继承后金汗位已越六载的皇太极41岁，其妻妾总数无考。扎鲁特贝勒之女入宫之际，皇太极有5子5女，分别为其6位妻妾所生。这6位女子是：皇二女固伦温庄长公主（生于天命十年，1625）、皇三女固伦端靖长公主（生于天聪二年，1628）的生母孝端皇后博尔济吉特氏（谥"孝端文皇后"），皇四女固伦雍穆长公主（生于天聪三年，

---

1 《满文老档》下册，第1233、1234页。另据《清太宗实录》卷11，天聪六年二月己卯条："上已册立中宫皇后及西宫妃，惟东宫未备。闻蒙古扎鲁特部落戴青贝勒女贤，遣使往聘之，迎至册为东宫妃。"
2 《清史稿》卷77，《志》52，《地理》24，《内蒙古》。

1629)、皇五女固伦淑慧长公主（生于天聪六年，1632）的生母孝庄皇后博尔济吉特氏，皇长子和硕肃亲王豪格（生于己酉年，1609）、皇二子洛格（生于辛亥年，1611）及皇长女固伦公主（生于天命六年，1621）的生母继妃乌拉纳喇氏，皇三子洛博会（生于辛亥年，1611）的生母元妃钮祜禄氏，皇四子奉恩辅国公叶布舒（生于天聪元年，1627）的生母庶妃颜扎氏，皇五子和硕承泽裕亲王硕塞（生于天聪二年，1628）的生母侧妃叶赫纳喇氏。[1] 根据《星源集庆》有关记载，此时6人皆无位号。

《清列朝后妃传稿》述及皇太极册立东宫福晋时写道："始，太宗立孝端嫡妃曰中宫大福金，又立西宫福金，惟东宫未备员。"[2] 又据《清皇室四谱》载，孝端于"天聪初称为中宫大福晋"[3]。《清列朝后妃传稿》与《清朝皇室四谱》都成书于20世纪20年代，《星源集庆》成书于20世纪30年代，其可信度均不及《满文老档》。不过，根据孝端母家所在之科尔沁部与后金的特殊关系，[4] 以及天聪年间科尔沁大妃（孝端之母）、小妃（孝庄之母）、国舅吴克善（一作乌克善）等"数来朝，帝迎劳赐赉之甚厚"[5]，崇德元年（1636）孝端被册立为"清宁宫中宫国君福晋"[6] 等一系列情况看，天聪六年（1632）二月前已有的中宫福晋之位，非孝端莫属。

西宫福晋，应是除去孝端以外，其他5位已生育子女的皇太极妻妾之一。需要对此5人的具体情况进行分析。

皇四子奉恩辅国公叶布舒的生母、庶妃颜扎氏地位甚低，可以首先排除在外。

---

1 《星源集庆》，第28–31页。
2 张采田：《清列朝后妃传稿》传上，第50页。
3 唐邦治：《清皇室四谱》卷2《后妃》。
4 蒙古各部中，科尔沁部"首内附。既灭察哈尔，诸部踵降，正其疆界，悉遵约束"。参见《清史稿》卷77，《志》52，《地理》24，《内蒙古》。孝端乃科尔沁贝勒莽古思之女，明万历四十二年（1614）莽古斯送女与四贝勒皇太极"为妻"，努尔哈赤命之"行亲迎礼"。参见《满文老档》上册，第27页；《清太祖努尔哈赤实录》卷之四，第24页，上海：上海书店出版社，1989年。
5 张采田：《清列朝后妃传稿》传上，第21页。另参见《清太宗实录》卷13，天聪七年四月己丑；卷27，天聪十年正月庚戌。
6 《满文老档》下册，第1530页。

皇三子洛博会的生母、元妃钮祜禄氏,是清朝开国元勋巴图鲁宏毅公额亦都之女。当她尚在盛年之时,皇太极又娶了一位继妃,即博克铎贝勒之女乌拉纳喇氏。乌拉纳喇氏较钮祜禄氏早两年生子(皇长子豪格),其第二子洛格与钮祜禄氏的独子洛博会同年出生,洛博会7岁而殇。天聪年间,即使钮祜禄氏依然在世,也已步入暮年。这位嫁与皇太极最早,不久即受冷落的女子,自然与西宫福晋之位无缘。

继妃乌拉纳喇氏是努尔哈赤的大福晋乌拉纳喇氏的叔伯姑母,其父博克铎是乌喇贝勒布延次子。[1]她在十余年间(1609—1621)先后生育二子一女(皇长子豪格、皇二子洛格、皇长女固伦公主),看来一度较受宠。可是,明万历四十二年(1614)15岁的孝端嫁与皇太极后,乌拉纳喇氏在众妻妾中的居首之位,逐步为孝端所取代。虽然长子豪格自幼跟随祖、父征战,功绩卓著,初封贝勒,天聪六年(1632)六月晋封和硕贝勒,但乌拉纳喇氏终因其本人无家族背景优势,且已相对年老色衰,故无可能在天聪时期被册立为西宫福晋。

侧妃叶赫纳喇氏是贝勒阿纳布之女。她在天聪二年(1628)十二月生皇五子硕塞,表明其年龄小于元妃、继妃。值得注意的是,据《星源集庆》载,这位叶赫纳喇氏是皇太极仅有的两位侧妃(侧福晋)之一。[2]既然该书述及扎鲁特博尔济吉特氏的情况时,只字未提她的东宫福晋(东宫妃)位号,只是称她为侧妃,[3]那么,侧妃叶赫纳喇氏有无可能曾是西宫福晋,而《星源集庆》对此同样隐而不书呢?再者,根据《星源集庆》中皇太极妻妾的位号与排名顺序,可以分为4组。第一组即盛京五宫后妃,第二组是皇太极早年主要妻妾元妃与继妃,第三组是两位侧妃即叶赫纳喇氏与博尔济吉特氏,第四组为众多庶妃。博尔济吉特氏与叶赫纳喇氏的排名均在庶妃之上,两人地位相当,如果两人曾分别为东、西宫妃,也合乎情理。因此,叶赫纳喇氏曾为西宫妃的可能性是存在的。况且她于天聪二年(1628)生子硕塞,这同直至崇德三年(1638)生子(顺治帝福临)的孝庄相较,在当时也是

---

1 参见唐邦治:《清皇室四谱》卷2,《后妃》;张采田:《清列朝后妃传稿》传上,第49页。
2 《星源集庆》,第27页。
3 《星源集庆》,第27页。

优势所在。

孝庄是科尔沁贝勒莽古斯长子寨桑（一作塞桑、宰桑）女，孝端的侄女。[1]优越的家族背景以及同孝端的姑侄关系，使她很可能成为皇太极册立西宫福晋时的首选。可是，有关史籍中，并无孝庄曾为西宫福晋的记载。或可作出以下解释：《满文老档》《清太宗实录》等史料中，均无关于皇太极册立中宫福晋的记载，故册立西宫福晋事一并阙如。此其一。由于体制初创，天聪六年（1633）册立东宫福晋时，只是将佳人"迎入内廷，以聘礼设宴"，数日后"以汗纳福晋礼，诸贝勒进礼"，[2]全无清朝入关后逐渐增加的繁缛礼仪。此前册立中宫福晋与西宫福晋，有关程序当更为简略，故史籍未载。此其二。崇德元年（1636）"五宫并建"[3]，天聪朝居第二位的西宫福晋孝庄降至第五位，[4]居五宫后妃之末。这一变化，对于在顺康两朝位极至尊的孝庄终究不算光彩，故《满文老档》等史籍中有关她曾为西宫妃的记述被删除，此其三。

总之，以侧妃叶赫纳喇氏与孝庄两人的情况进行综合比较，天聪初年册立的西宫福晋，更有可能是孝庄。[5]

天聪年间中宫及西宫、东宫"三福晋"之设，表明以中宫居首，西宫、东宫并建的后妃建制初露端倪。[6]由于中宫福晋与西宫福晋的册立无载，或可认为，天聪六年（1632）二月东宫福晋之封，是后金首次正式册

---

1 天命十年（1625）二月，寨桑遣子吴克善"送女与四贝勒为妃，四贝勒迎之……将至，上率诸贝勒及后妃等出迎十里，又宴之……以礼成婚"。参见《满文老档》上册，第626页；《清太祖努尔哈赤实录》卷之九，第69页。
2 《满文老档》下册，第1233、1234页；
3 《清史稿》卷214，《列传》1，《后妃》。
4 据《天聪九年档》（关嘉录、佟永功、关照宏译，第128页，天津：天津古籍出版社，1987年）载，成为东宫福晋的"扎鲁特巴雅尔图戴青之女"乃"汗之第三福晋"。由此看，西宫福晋应是皇太极三福晋中第二福晋。
5 有的学者已提出这一看法。参见佩环、霁虹：《塞外汗王宫》，第75页，北京：紫禁城出版社，1996年。
6 清初东宫妃与西宫妃的排序有数次反复：天聪年间西宫居上，东宫次之；崇德年间东宫居上，西宫次之；顺治八年仍以西宫居上、东宫次之；顺治十三年复以东宫居上，西宫次之。天聪年间和崇德年间，确有东、西宫妃；顺治年间仅有此说而未册立。顺治以降，清朝后宫无此建置。

立后宫主位。之所以出现这一情况,乃由诸多因素促成。

自天命十一年(1626)皇太极继承汗位至天聪六年(1632)的数年间,他采用各种手段削弱三大贝勒势力,力图以唯汗独尊的集权统治,取代八王共治国政的分权统治。天聪六年,皇太极"始南面独坐"[1],表明自其继位后即全面实施的八王共治国政制已临近终结,后金汗权逐步集中、稳固,并开始向清朝皇权转化的进程。与此相适应,后金汗权初创时期"宫闱未有位号",后金汗妻妾"并称福晋"的状况,得到初步改变,出现以中宫为核心,西宫、东宫为辅翼,具有帝王婚姻形态特点的后妃建制。这不仅为崇德元年(1636)五宫并建奠定基础,也是清朝皇帝制度建立前的一系列准备步骤之一。

后金政权的机构建设,也于天聪年间提上日程。天聪三年(1629)设立文馆;五年仿照明制,设六部,八年设立蒙古衙门。在抑制八旗贝勒权势,树立汗之权威的过程中,对"辨等威,昭法守"[2]起有重要作用的礼仪制度,受到皇太极的高度重视。如天聪六年二月,册立东宫妃前数日,"命管礼部事萨哈廉更定仪仗之制"。[3]

天命六年(1621)努尔哈赤迁都沈阳后,后金进入经济、文化均已高度发展的汉族聚居区。女真社会受到汉族文化愈来愈大的影响,其生产方式、生活方式、意识形态等方面都在逐步发生变化。目光更为远大的皇太极继位后,改变其父"诛戮汉人,抚养满洲"[4]的方针,优礼汉官,吸收更多的汉族士人进入后金政权。这些人积极地为皇太极出谋划策。据《天聪朝臣工奏议》中反映的情况统计,仅天聪六年正月,就有6位汉官向皇太极建白,内容涉及政治、军事、经济以及民族关系等各个方面。[5]皇太极本人也很喜爱汉文化,对于明朝制度表现出浓厚兴趣,下令"凡事都照

---

1 《清太宗实录》卷10,天聪六年正月己亥。
2 《清太宗实录》卷42,崇德三年七月丁丑。
3 《清太宗实录》卷11,天聪六年二月壬申。另参见《满文老档》下册,第1229–1230页。
4 《清太宗实录》卷64,崇德元年正月辛酉。
5 参见《天聪朝臣工奏议》卷上,第1–11页,《高鸿中陈刑部事宜奏》《张弘谟等请乘时进取奏》等,辽宁大学历史系清初史料丛刊本。

《大明会典》行"[1]。尽管未见史料记载，似可肯定，皇太极开始重视后宫建制，与受到屡屡进言献策的汉官启发影响有一定关系。北京紫禁城内东西十二宫，即明朝后妃居所的建筑格局，当是皇太极考虑后妃建制时的主要参照。

已有研究者指出，皇太极即汗位后，大约是在其原建王府（府邸）的基础上拓建了皇宫。[2]《满文老档》《清太宗实录》中有关记载反映，天聪六年（1632）前后，盛京皇宫的主体建筑已陆续建成，并付诸使用。[3] 是年以设立中宫、西宫、东宫"三福晋"为主要内容的后妃建制得以实施，乃水到渠成之举。

清朝后妃制度发轫阶段中期，具有以下特点。

1. 位号与称谓不统一

天聪六年（1632）以前，《满文老档》中述及皇太极的妻妾，通称为"诸福晋"或"众福晋"[4]，并无"中宫福晋""西宫福晋"之称；记述天聪六年元旦皇太极举行家宴一事，对天聪汗的妻妾仍以"汗之妻及诸福晋"或"众福晋"统之。[5] 天聪六年以后，上述情况逐渐发生变化，《满文老档》中始见"大福晋""小福晋"等称号。[6] 自天聪六年二月东宫福晋册立后至十年三月天聪朝终止，《满文老档》《内国史院档》等凡述及皇太极的妻妾，除去泛称"诸福晋"外，只有"中宫福晋"以及"小福晋""侧福晋"等称谓[7]，西宫福晋、东宫福晋之号再未见到记载。天聪七年四月孝端母"科尔沁大嬷嬷（大妃）"、孝庄母"科尔沁小嬷嬷（小妃）"以及国舅吴克善、满珠习礼（一作满珠锡礼）等一行来朝，分别向"大福晋""小福晋""新福晋"三人进献礼品。其中，"小福晋"与"新福晋"当分别指

---

1 《天聪朝臣工奏议》卷上，第1页，《高鸿中陈刑部事宜奏》，辽宁大学历史系清初史料丛刊本。
2 参见姜相顺、佟悦：《盛京皇宫》，第38、46页。
3 参见姜相顺、佟悦：《盛京皇宫》，第46—48页；佩环、霁虹：《塞外汗王宫》，第43页。
4 《满文老档》下册，第1023、1023、1028、1035、1092页。
5 《满文老档》下册，第1189页。"汗之妻"是否专指中宫福晋，待考。
6 《清初内国史院满文档案译编》上册，第12、25页；关嘉录、佟永功、关照宏译：《天聪九年档》，第112页。
7 《清初内国史院满文档案译编》上册，第13、25、180、192页。

西宫福晋与东宫福晋。¹然而通常情况下,"小福晋"多用以称呼地位很低的庶妻(妾)。如天聪八年三月,"天聪汗分叙父汗诸小福晋所生诸子"。此处所言,即努尔哈赤第四子汤古代的生母钮祜禄氏、第三子阿拜的生母兆佳氏等,她们在《星源集庆》中均被称为庶妃。²又如天聪九年七月,"汗之大福晋以秋节率两福晋设盛筵进太祖两福晋前,行妇礼"³;是年九月,归降后金的察哈尔汗遗孀苏泰太后及其子额哲(一作额尔克孔果尔)至,"汗大福晋三侧福晋携率诸贝勒福晋出营乘马迎见"⁴。所谓汗之"两福晋"指何人,"三侧福晋"是否指东宫福晋,均未详。

可见,虽然"洎乎太宗乃有东西中宫之建"⁵,实际上在天聪年间,中宫以下诸福晋的等级划分尚不明确,西宫福晋与东宫福晋之位若有若无,其位号与称谓亦不符。

此外,检阅《满文老档》等史料,天聪朝自六年(1632)二月册立东宫福晋后,再无册立福晋的记载。然而天聪六年二月后至崇德元年(1636)四月改元前,天聪汗的妻妾中至少又增加3位新成员,即分别于天聪八年闰八月、八年十月、九年七月嫁与皇太极的三位博尔济吉特氏,她们在天聪年间均无位号。⁶

天聪年间中宫福晋与西宫、东宫福晋的册立,表明后金汗妻妾的身份开始出现嫡庶差异。这为崇德年间册立五宫后妃做了准备。

2. 贝勒、大臣参与确定后金汗福晋人选

由贝勒、大臣等参与选定汗之福晋,在天聪朝至少有过三例。

已如前述,东宫福晋博尔济吉特氏应召于盛京城外暂候时,皇太极令有眼力之人"往观可否留于宫中"。其后皇太极收回成命,但这种做法显然是将选择东宫福晋的决定权授予他人。

天聪八年(1634)闰八月,皇太极纳归降的原察哈尔汗妻窦土门福

---

1 《清初内国史院满文档案译编》上册,第13页;另参见该书第25页。
2 《清初内国史院满文档案译编》上册,第73页;《星源集庆》,第16、18页。
3 《清初内国史院满文档案译编》上册,第180页。
4 《清初内国史院满文档案译编》上册,第192页。
5 张采田:《清列朝后妃传稿》传上,第3页。
6 参见《清初内国史院满文档案译编》上册,第107、116、179页。

晋为妻；天聪九年七月，皇太极与归降的原察哈尔汗妻囊囊太后成婚。起码从表面看，这两次婚娶，他都是在犹豫不决之际，经诸贝勒力劝而为之。[1]

上述情况表明，刚刚脱离八王共治国政制束缚的后金汗权，尚未树立起绝对权威。如天聪七年（1633）二月，册立东宫福晋前数日，皇太极"往诸子避痘所"，未按规定"具旗伞"。于是，礼部启心郎"议罚羊"，皇太极接受这一惩罚，"以羊付礼部贝勒"[2]。这是后金汗权还不成熟，氏族民主制特征尚未完全消失的又一实例。

3. 遴选标准多样化

汉族王朝皇帝采选秀女时，一般要经过初选、验身两个程序。除去年龄限制外，被选者是否貌美、是否为处女、身体是否有缺陷，均为判断能否入选的主要标准。[3] 顺治年间制定实施，康熙以后逐步完善的清朝选秀女制度，除去将应选者范围大为缩小，仅限于满、蒙、汉八旗女子内部，有关程序也相对简化外，对应选者的年龄也有要求。"自十四至十六岁为合例"，十七岁以上"谓之逾岁"。[4]

天聪时期后金汗福晋的选择标准，则灵活多样，不拘一格。

中宫福晋孝端、西宫福晋孝庄均于天命年间嫁与皇太极，[5] 应予别论。天聪时期，皇太极所娶几位主要福晋之所以被选中的原因各不相同，大体可分做三种类型。

第一，以有否贤名作为主要遴选标准。如天聪六年（1632）二月东宫福晋之选。闻某女之贤名而遣使往聘的做法，努尔哈赤似曾为之，又有所不同。[6] 无论从择选标准或择选方式而言，天聪六年（1632）二月东宫福晋之选都是一个特例。

这种选贤以充后宫的做法，与天命七年（1622）三月努尔哈赤定立的

---

1 《清初内国史院满文档案译编》上册，第107、179页。
2 《满文老档》下册，第1231页。
3 参见朱子彦：《后妃制度研究》，第124页。
4 吴振棫：《养吉斋丛录》卷25，第264页，北京：北京古籍出版社，1983年。
5 参见《星源集庆》，第26页。
6 参见《满洲实录》卷3，第148页。

汗位推选制有相似处。汗位推选制的核心，是以贤能与否作为八王（八和硕贝勒）推举新汗的主要标准。随着后金社会经济、政治与文化的迅速发展，天聪六年（1632）前后，带有氏族民主制特征的八王共治国政制走向终结，汗位推选制亦名存实亡。然而天聪六年"选贤"而立东宫福晋一事表明，从氏族制社会走出仅三个世纪（元末至明末）的女真人，其思想观念仍难以摆脱氏族民主制的影响。

天聪六年（1632）选立东宫福晋时，对被选者不仅先是闻其贤，而后还需观其人。换言之，遴选时乃以贤德放置首位，其次方为容貌。综合有关情况看，被选者是否为处女，尚未作为决定取舍的依据之一，因而对年龄也会相对放宽而无严格限制。

第二，主要根据后金汗本人的感情好恶而选定。如天聪八年（1634）十月，皇太极娶科尔沁贝勒寨桑之女、孝庄胞姐博尔济吉特氏为妻。

皇太极这样做的原因，史籍无载。[1] 根据崇德元年（1636）博尔济吉特氏受封宸妃、宠冠后宫等情况看，在此个案中，通过继续联姻以示宠科尔沁部的政治因素退居次要位置，起有主导作用的是皇太极的情感。天聪朝皇太极的婚娶案例中，唯有此例相当突出地体现了他的个人意志。

第三，以政治因素置于首位，皇太极本人的好恶降至次要位置，而他采取的态度也相对被动。例如，天聪八年（1634）闰八月和天聪九年七月，他先后与归降的原察哈尔林丹汗妻窦土门福晋、囊囊太后成婚。

4. 彰显满蒙联姻特色

统一漠南蒙古，是天聪时期政治、军事举措中一项至要内容。天聪二年（1628）、六年，皇太极相继两次亲自率兵，征伐察哈尔部林丹汗，迫使其败亡青海大草滩。天聪九年，皇太极命多尔衮等率军往征。是年九月，多尔衮顺利招降林丹汗余部，获元朝传国玉玺。[2] 至此，漠南蒙古全部

---

1 有学者指出，这段姻缘大约与天聪七年（1633）科尔沁二妃（孝端之母与孝庄之母）来朝有关。此行很可能携博尔济吉特氏而来，皇太极一见钟情。参见王佩环：《清宫后妃》，第16—18页，沈阳：辽宁大学出版社，1993年。
2 参见关嘉录、佟永功、关照宏译：《天聪九年档》，第67—68页；《清初内国史院满文档案译编》上册，第167—168页；第189—190页。

归入后金版图。这一重大胜利,极大地提高了皇太极的威望,增强后金实力,为清朝的建立暨后金汗权向清朝皇权的转化创造了条件。上述政治、军事方面的重大进展,在皇太极的婚姻中也有所反映。换言之,后金的发展态势要求皇太极继续采取满蒙联姻策略,加大实施力度。所以,天聪年间皇太极所娶上述 4 位福晋,虽然被选中的原因各有不同,无一例外是(漠南)蒙古族人,分别来自扎鲁特部(东宫福晋博尔济吉特氏)、科尔沁部(寨桑之女博尔济吉特氏)与阿巴亥部(察哈尔林丹汗的两位遗孀,同为阿鲁阿巴海博尔济吉特氏)。这既为保证后金在与明朝作战中得到科尔沁等部的配合支持,加强后金政治、军事力量所必需,也显示出杰出政治家皇太极的战略眼光。

5. 皇太极妻妾中多有改嫁女子

这些改嫁女子分为三种情况:归嫁清帝(后金汗)之前曾适他人;与清帝(后金汗)离异后再嫁他人;嫁与清帝(后金汗)前曾适他人,嫁与清帝(后金汗)后离异,再次改嫁(详见第五章第一节)。

三、崇德朝:发轫阶段后期

崇德朝历时 8 年(1636—1643),这是清朝后妃制度发轫阶段后期。

清朝皇权的确立,对于清朝后妃制度的发轫起有较大推动作用。皇太极随即进行的后宫建设,是健全皇帝制度的总体步骤中一个重要环节。

崇德元年(1636)四月十二日,即皇太极受皇帝尊号翌日,定盛京皇宫内后妃所居宫殿之名。[1] 是年五月,"制定汗之福晋,女儿格格、女婿名号"。"汗之清宁宫正宫大福晋为国君福晋,东关雎宫福晋为东大福晋,西麟趾宫福晋为西大福晋,东衍庆宫福晋为东侧福晋,西永福宫福晋为西侧福晋。"[2] 七月,册封五宫后妃,以科尔沁博尔济吉特氏为清宁宫中宫国君福晋,科尔沁博尔济吉特氏为东宫关雎宫大福晋宸妃,阿鲁阿巴海博尔济吉特氏为西宫麟趾宫大福晋贵妃,阿鲁阿巴海博尔济吉特氏为东宫衍庆宫

---

[1] 《清太宗实录》卷 28,天聪十年四月丙戌条载:"定宫殿名,中宫为清宁宫,东宫为关雎宫,西宫为麟趾宫,次东宫为衍庆宫,次西宫为永福宫。"
[2] 《满文老档》下册,第 1463 页。

侧福晋淑妃，科尔沁博尔济吉特氏为西宫永福宫侧福晋庄妃。[1]《满文老档》详尽记载了此次册封后妃过程中的繁琐仪式，兹不赘述。五宫后妃的册立，是清朝后妃制度发展历程中的一个转折点。清帝妻妾的有关情况已脱离原有的无序、半无序状态，开始具有制度化特征。

清朝后妃制度发轫阶段后期，有以下方面需要关注。

1. 后妃位号体现满汉文化双重特色

崇德元年（1636）定立的五宫后妃位号，是兼容满汉传统习俗的一个混合体。

《星源集庆》所载皇太极的妻妾共15人，其中有位号者，只有上述五宫后妃。[2] 崇德元年（1636）所定皇后位号为"清宁宫中宫国君福晋"，乃依据"国俗"，沿用了女真人对于妻妾的称谓（福晋），而未采用汉制，称之为皇后。可是，同时册封的4位妃子的位号，却是满汉称谓兼而用之，既冠之以福晋，又谓之某妃（或贵妃），如东宫关雎宫大福晋宸妃，西宫麟趾宫大福晋贵妃，东宫衍庆宫侧福晋淑妃，西宫永福宫侧福晋庄妃。五宫后妃的位号或仍循满洲旧俗，或兼采满汉习俗，使两个民族的有关称谓并列出现在同一位号中。这种情况在清朝历史上绝无仅有，为那一特定时期满洲（女真）社会政治与文化演进状况使然。

皇太极继承汗位后，大力改善满汉关系，缓和社会矛盾，取得显著效果。后金对明作战不断取得胜利，明朝降官人数日益增多，汉文化对于后金（清朝）社会的影响在不断扩大。以皇太极为代表的满洲贵族急欲学习、吸收汉族文化，以促进后金的发展，同时又力图保持本民族文化传统，对汉文化抱有一定戒备心理。册封五宫后妃4个月后，皇太极在诸王贝勒前讲的一番话，或许对我们理解后妃位号中满汉称谓兼用现象，不无启发。

崇德元年（1636）十一月，皇太极召集诸王贝勒等，令弘文院大臣诵

---

[1]《满文老档》下册，第1529-1533页。崇德元年（1636）所封五宫后妃，清宁宫中宫国君福晋博尔济吉特氏名哲哲，东宫关雎宫大福晋宸妃博尔济吉特氏名海兰珠，西宫麟趾宫大福晋贵妃博尔济吉特氏名娜木钟，东宫衍庆宫侧福晋淑妃博尔济吉特氏名巴特玛·璪，西宫永福宫侧福晋庄妃博尔济吉特氏名布木布泰。参见关孝廉：《满文老档的特点及其史料价值》，载《满学研究》第4辑，北京：民族出版社，1998年。

[2] 参见《星源集庆》，第26-27页。

读金世宗本纪。他对金世宗"奋图法祖，勤求治理，惟恐子孙仍效汉俗，预为禁约，屡以无忘祖宗为训，衣服语言悉遵旧制"等做法予以充分肯定，并指出："先时儒臣巴克什达海、库尔缠屡劝朕改满洲衣冠，效汉人服饰制度，朕不从，辄以为朕不纳谏，朕试设为比喻。如我等于此聚集，宽衣大袖，左佩矢右挟弓，忽遇硕翁科罗巴图鲁劳萨挺身突入，我等能御之乎？若废骑射，宽衣大袖，待他人割肉而后食，与尚左手之人何以异耶！朕发此言，实为子孙万世之计也。在朕身岂有变更之理，恐日后子孙忘旧制，废骑射，以效汉俗，故常切此虑耳。"[1] 看来，皇太极对效法汉俗、变更祖制的做法保持高度警觉。皇后位号仍依旧俗，乃是其遵循旧制的举措之一。崇德后妃位号在采用满汉称谓时的不一致性，既表明满洲最高统治者维护满洲旧制的坚定信念，也透露出皇太极等在固守满洲旧制与吸收汉文化之间的艰难抉择与矛盾心态。4位妃子位号所显示的满汉文化双重内涵，也从一个侧面反映出两个民族的文化相互渗透、遂步交融的前景。

2. 崇德五宫后妃的构成体现了满蒙贵族联姻的加强

皇太极的15位妻妾，分别来自满蒙两个民族。[2] 其中，蒙古族女子7位[3]，约占妻妾总数的47%。皇太极的妻妾中有位号者5位，即五宫后妃，皆为蒙古族女子，5人约占皇太极的蒙古族妻妾总数83%。五宫后妃中，清宁中宫国君福晋（孝端）、东宫关雎宫大福晋宸妃、西永福宫侧福晋庄妃（孝庄）等姑侄3人，来自科尔沁部。东宫关雎宫大福晋宸妃，西宫麟趾宫大福晋贵妃，东宫衍庆宫侧福晋淑妃等3人，都是在嫁与皇太极不足两年内，成为后宫主位。皇太极的一批早年妻妾（如元妃钮祜禄氏、继妃乌拉纳喇氏等），无不屈居其下，没有位号。可见，崇德改元后，蒙古族女子在后宫占有绝对优势地位。这与努尔哈赤14位妻妾中，蒙古族女子仅有两人，占其妻妾总数的14%，而且两人均未受到夫君宠爱的情况，形

---

1 《清太宗实录》卷32，崇德元年十一月癸丑；另参见《满文老档》下册，第1696-1697页。
2 其中两庶妃族籍未详。参见《星源集庆》，第27、28页。
3 除去东宫福晋和五宫后妃外，另一位是庶妃奇垒氏，察哈尔额尔济图固英塞桑之女。参见《星源集庆》，第27页。

成鲜明对比。清朝入关后，部分清帝妻妾中仍有蒙古族女子。[1]但是，除去顺治朝后宫较为特殊外，这些蒙古族女子无论在当朝后妃中所占比例，还是在后宫的总体地位，皆与崇德年间有很大差别。

五宫后妃的册立，加强、巩固通过联姻而实现的满蒙贵族联盟，为清朝入关、完成从地方政权向全国政权的转变，提供了有力支持。作为满蒙贵族联盟的有力促进者与忠诚维系者，崇德五宫后妃对清朝最终建立在全国的统治做出特殊贡献。

3. 皇太极个人意志决定帝后（妃）关系之亲疏

五宫后妃人选的确定，固然有政治因素在内，然而在皇太极与5位妻妾的关系中起有至要作用的，还是他本人的感情好恶。与大多数清帝与后妃的关系相比，皇太极对后妃的情感中更多一些较为真实，少有修饰之处。历来为人们所瞩目的皇太极与宸妃的关系，便是突出一例。

崇德年间皇太极与后妃的关系，反映了以下问题。

在妻妾名位排序、皇位继承人选择意向等重要问题上，皇帝可以按照个人意志行事，这表明确立不久的清朝皇权，开始具备专制独裁特征。显然，也只有在皇权确立、皇帝威信大为提高、权力的集中达到一定程度的政治背景下，皇太极方有可能掌握上述事宜的决定权。这与天聪六年（1632）二月，皇太极将选取东宫福晋的权力交付属下的做法截然有别，实为后金汗权向清朝皇权转化前与转化后两个不同历史阶段中，皇太极的地位、威信、权力有很大差异的客观反映。此其一。

皇太极在宸妃生前死后所倾注的情感至深至重，这对帝妃的爱情故事，为清朝后妃制度发轫阶段的历史增加了一个亮点。之所以出现这种情况，除去皇太极的性格与感情因素外，同他的文化背景也有一定关系。16、17世纪之交，女真人于东北一隅迅速崛起，皇太极则属于开创清朝基业的第二代满洲帝王。他比其父努尔哈赤受到相对较多的汉文化影响，总体文化素质相对较高，但又未像顺治帝以后历代清帝那样，自幼接受严格

---

[1] 关于清朝历代后妃中蒙古族后妃人数，参见孟昭信：《辅佐大清三代帝君的幕后女人孝庄文皇后》，第78-79页，北京：中国华侨出版社，2003年。

的汉文化教育，熟读儒家典籍。所以，皇太极的头脑中尚未树立伦理纲常观念，遑论受到封建礼教的约束。与努尔哈赤为人"猜厉威暴，虽其妻子及素亲爱者，少有所忤，即加杀害，是以人莫不畏惧"[1]有所不同，皇太极较有涵养，也较重感情，这在他与五宫后妃的关系，特别是与宸妃的关系中有充分体现。清入关后，清帝受到儒家思想很深影响，多数人在处理帝后（妃）关系时或缺乏真情，或过于含蓄，或有做作之态。与此不同，皇太极表露其感情好恶，宣泄其悲喜情绪时，少有遮掩，相当率直。皇太极之子顺治帝对于宠妃董鄂氏的情感及其某些做法，与皇太极颇为相似，其中也有文化背景方面的原因，这里从略。此其二。

皇太极对宸妃情有独衷，特选寓义深长的"宸"字作为她的位号，可是，当册立五宫后妃时，仍将她置之于孝端之下。孝端无子，宸妃则是五宫后妃中首位生子者。如果这位被皇太极称之为"皇嗣"的娇儿，并未在出生数月后（崇德三年正月）早殇，皇太极最终是否会以宸妃取代孝端正位中宫？从皇太极的经历、处事作风及个性等综合因素看，这种可能性不大。作为一个较为成熟的政治家，虽然皇太极有感情用事之时，但从总体看，并未以情误国。宸妃病故后翌月（崇德六年十月），追上尊谥"敏惠恭和元妃"。元，有"第一""为首""主要""根本"等意。皇太极以此方式，对于博尔济特氏在其心目中的居首之位予以肯定。继皇太极生母叶赫纳喇氏之后，宸妃成为清朝后妃中得到谥号的第二人。不过，尽管如此，皇太极并未将宸妃追封为皇后，显现出他的克制与远虑。此其三。

4. 后妃与朝政关系密切

盛京皇宫占地6万余平方米，仅是紫禁城皇宫（占地72万多平方米）的十二分之一。崇德五宫位于一座四合院内，其中清宁宫既是皇太极与中宫皇后的寝宫，也是他处理政务，召见、宴请诸王贝勒、蒙古王公、满汉大臣的场所。皇太极的常朝之地崇政殿，与崇德五宫所在地仅有一座三层的观赏性建筑凤凰楼相隔。[2]皇太极料理机务时，近在咫尺的后妃们无须回

---

[1] ［朝鲜］李民寏：《建州闻见录》第45页，辽宁大学历史系清初史料丛刊本，1978年。
[2] 参见姜相顺、佟悦：《盛京皇宫》，第53、54、67、70页。

避，她们还常以主人身份，参加皇太极在崇政殿或清宁宫举行的一些重要活动。例如，崇德二年（1637）六月，皇太极召见恭顺王孔有德、怀顺王耿仲明，"赐宴于清宁宫"[1]。四年正月，"上御崇政殿，偕皇后、关雎宫宸妃、麟趾宫贵妃、永福宫庄妃，以戚属礼，召科尔沁国和硕福妃及次妃，赐大宴于殿中，备陈乐舞"[2]。八年七月，皇太极的母姨，"辉发姨母福金及绰奇福金至"。皇后率衍庆宫淑妃等"迎于翔凤楼下，入清宁宫宴毕"，各赐金银等物。[3] 上述情况都表明，直至崇德后期，清朝尚无严格的内廷与外朝之分。加之盛京皇宫的建筑格局相对狭小，这一客观情况也为后妃了解并参与国事提供了便利。

崇德后妃平日与诸王贝勒大臣等多有接触。除去共同参加盛京皇宫内举行的各项活动外，皇太极行猎或出宫迎送外藩戚属时，常携"诸福晋"及诸王贝勒、文武官员等同往。[4] 后妃们也有相对独立的外出活动。如中宫皇后曾多次率诸王贝勒福晋至演武场（亦称演武亭），迎送、宴请来朝的科尔沁福妃、卓礼克图亲王吴克善等国戚。[5]

崇德元年（1636）六月，皇太极"御翔凤楼偶寝，梦偕皇后东行，俄而至一殿，上与礼亲王代善及侄颖亲王萨哈廉偕坐"，萨哈廉令人"乞皇上赐牛一，上许之"。皇太极醒后，以梦中所见咨询内院大臣希福等人。[6] 这一荒诞梦境，或许反映出皇太极的一种潜意识：当他会见诸王大臣时，包括皇后在内的后宫眷属可以在场。又如崇德六年九月，宸妃病笃，皇太极闻信从松锦前线急返盛京途中，令大学士希福、刚林、梅勒章京冷僧机、启心郎索尼等"先驰往候问，来报。希福等以五鼓至京，冷僧机、索尼方至内门，闻宸妃已薨。冷僧机、索尼复驰行，于途间奏上"[7]。皇太极

---

1 《清太宗实录》卷36，崇德二年六月甲辰。
2 《清太宗实录》卷44，崇德四年正月壬戌。
3 《清太宗实录》卷65，崇德八年七月己酉。《盛京皇宫》第57页指出，翔凤楼即凤凰楼。
4 参见《清初内国史院满文档案译编》上册，第443、492页；《清太宗实录》卷50，崇德五年正月乙酉；卷58，崇德六年十一月乙酉；《满文老档》下册，第1571页。
5 参见《清太宗实录》卷44，崇德三年十二月丙辰；卷45，崇德四年二月己丑、庚子；卷47，崇德四年七月乙丑；卷48，崇德年八月辛丑；卷55，崇德六年三月乙未。
6 《清太宗实录》卷30，崇德元年六月己卯。
7 《清太宗实录》卷57，崇德六年九月庚寅。

让诸臣往问宠妃的病情,是因索尼等人所从属的两黄旗乃皇帝自将之旗,皇太极与索尼等人为主奴关系,而清朝入关前尚无宦官制度等诸多缘故使然。但此事同样表明,崇德后妃同大臣之间向有较为直接、密切的联系。

崇德元年(1636)十二月,皇太极亲统大军征伐朝鲜。翌年正月,命硕翁科罗巴图鲁劳萨等"率前锋全军还,以助留守国家之诸王、贝勒",并给皇后以及硕郑亲王济尔哈朗等各捎去一信。比较两信,其中有关征朝战况的详述无一字之差,只是给济尔哈朗的信中述毕战况,还述及派人造船等战略部署。[1]这表明在皇太极看来,皇后也应详知战情。此为崇德年间,后妃与国事之间尚未建立严格界线的又一实例。值得注意的是,内国史院满文档案中对上述两信均有记载,但顺治年间纂修《清太宗实录》时,仅录皇太极谕济尔哈朗等人之全文,与皇后之信只字未提。

崇德初年,"厘定上下冠服诸制",孝庄的侍女苏麻喇姑参与制作。[2]这反映出时为五宫后妃之一的孝庄颇受皇太极信任,而且很可能是这一重要事宜的主管者之一。据传说,崇德七年(1642)清军在松锦之战中获胜后,孝庄曾受皇太极派遣,成功地劝降被俘的明军主帅洪承畴。[3]既然崇德后妃与朝政有较密切的联系,甫至而立之年且又机敏过人的孝庄,就很有可能被皇太极用作劝降洪承畴的一步妙棋。

崇德八年(1643)八月皇太极突然病逝后,以孝端、孝庄为代表的崇德五宫在解决清朝继统危机,促使众臣推选福临继位过程中,起有重要作用。[4]唯有平日稔知国事,对诸王大臣之间的人际关系了如指掌,且具有一定政治经验,方能在此关键时刻有此作为。自然,这也表明因皇权逐渐强固,后妃的总体地位大为提高。

论及崇德后妃与朝政的密切联系,下述两方面因素不容忽视。

其一,明朝末年,渔猎采集在女真人的经济生产中仍然占有较大比

---

[1] 《清初内国史院满文档案译编》上册,第230-234页;《清太宗实录》卷33,崇德二年正月丙辰。
[2] 参见昭梿:《啸亭杂录》卷4,《苏麻喇姑》。
[3] 参见铁玉钦编写:《沈阳故宫轶闻》,第123-129页,沈阳:春风文艺出版社,1984年。
[4] 参见许曾重:《太后下嫁说新探》,载《清史论丛》第8辑,北京:中华书局,1991年。

重，女真族妇女乃生产主力。她们既和男子一样参加狩猎，又主要从事采集，并经常赴关市从事贸易。[1] 后金进入辽沈地区后，因男子时常外出作战，妇女大多参加农业耕作。[2] 在经济生产中所扮演的重要角色，决定了入关前的满洲妇女具有一定社会地位。另一方面，满洲社会脱离氏族制社会未久，在向封建制迅速发展的过程中，无可避免地带有氏族社会部分痕迹。

其二，崇德年间，清朝尚是一个局限于东北一隅的地方政权，加之常年征战，统治者对诸多重要制度无暇予以更多关注。这种情况下，清朝后妃制度虽然已具雏形，尚不健全，约束后妃言行的各项宫规还未确立。

5. 清帝妻妾嫡庶之分、等级之别逐步彰显

崇德时期，清帝妻妾的等级大体分为三个层次。首为孝端，即皇太极的嫡妻正后，次为五宫后妃中的 4 位妃子，再次为未得位号之人。无位号之人是妻妾中地位最低者。清帝妻妾的嫡庶身份得到制度确认与保障，这表明，以皇太极为代表的满洲统治者在接受汉族宗法制观念方面又迈进一步。

皇太极死后，6 岁的福临之所以被诸王贝勒推选为皇位继承人，乃因其母孝庄是五宫后妃之一，福临居贵显之位，且在五宫后妃所生皇子中年龄最长。[3] 皇太极长子豪格之母未在五宫之列，地位较低，这对于豪格争夺皇权是一不利因素。此次皇权传承中所反映的子以母贵倾向，进一步表明清朝后妃制度发轫阶段中后期，由于受到汉族宗法制观念的影响，清皇室中的嫡庶之分与等级之差逐步彰显。

6. 制度简约 位号紊乱

崇德时期的后妃制度很不健全，这在诸多方面有所反映，仅就后妃位号问题略加阐述。

自崇德元年（1636）册立五宫后妃，至崇德八年皇太极去世，后妃的位号始终较为紊乱。兹举数例。

---

1 参见王冬芳：《满族崛起中的女性》，第 79—81 页，沈阳：辽宁民族出版社，1996 年。
2 参见《满文老档》上册，第 704 页。
3 懿靖大贵妃博尔济吉特氏之子博穆博果尔生于崇德六年（1641）十二月，比福临小 3 岁。

皇后的位号在使用中缺乏规范，有时依其册封之号，称国君福晋，[1] 也有时称其为皇后。[2] 这种情况在内国史院满文档案中多有反映。

4位妃子中排在第二位的东宫关雎宫宸妃与排在第三位的西宫麟趾宫大福晋贵妃，其位号同实际地位均有不符。五宫后妃中位于一人之下，三人之上的宸妃，相当于居皇贵妃之位。崇德五年（1641）十月，察哈尔固伦公主（皇后博尔济吉特氏之女）同和硕亲王额驸额哲（林丹汗之子）至，宸妃"率诸王贝勒福晋迎宴之"[2]。宸妃可以代行皇后之事，这在五宫后妃中仅此一人。然而五宫后妃中，并无"皇贵妃"位号；"贵妃"之称亦非宸妃所得，而是归之于位在宸妃之下的西宫麟趾宫大福晋。

崇德元年册封五宫后妃后，直至皇太极去世，再未册封妃嫔。由于皇太极其他诸多妻妾始终未得位号，因而昭陵的宸妃、懿靖大贵妃园寝中，除去宸妃、懿靖大贵妃、衍庆宫淑妃等三人的墓穴外，其他坟丘均称之为格格坟。[4] 这些坟丘的主人，均为皇太极的无位号妻妾。

后妃位号的紊乱、自相矛盾与空缺，是清朝后妃制度发轫时期的一个必然现象，难以避免。

四、发轫阶段若干特点

将清朝后妃制度的发轫阶段（1616—1643），置之于历时约三个世纪（1616—1911）的清朝后妃制度发展演变过程中加以审视，以下三方面的特点较为突出。

其一，清朝后妃制度的发轫是一个渐进过程，既同后金汗权（清朝皇权）的建立与发展密不可分，且与后金汗权（清朝皇权）的发展阶段相一致。

清入关前，清朝皇权先后经历了天命汗权（1616—1626）、天聪汗权（1627—1636）、崇德皇权（1636—1643）等三个发展时期，此即清朝皇权

---

1 《清初内国史院满文档案译编》上册，第405、409页。
2 《清初内国史院满文档案译编》上册，第207、230、303页。
2 《清太宗实录》卷53，崇德五年十月壬戌。
4 参见李凤民、陆海英主编：《盛京昭陵》，第51-52页，沈阳：沈阳出版社，1994年。

的初始阶段。在此期间,清朝后妃制度先后经历了发轫阶段的前期、中期与后期。天命汗权的建立为后妃制度的发轫创造了客观条件。但是,与天命汗权尚处于草创时期,诸项制度阙如的基本状况相吻合,努尔哈赤尚未虑及后妃建制,其妻妾的有关情况充分体现"国俗"而无制度化倾向。天聪时期,后金开始注重政权建设,汗权逐步集中。在此形势下,后宫建设提上议程,后妃制度初露端倪。以崇德皇权的建立为标志,后金汗权向清朝皇权的转化最终完成。与此同时,清朝后妃制度的发轫亦有重大进展,五宫后妃的册立则表明这一制度已具雏形。

清朝入关后近三个世纪中,清朝皇权经历了顺康时期继续发展、雍乾时期臻于鼎盛、嘉道时期日渐中衰、咸丰以降逐步消亡等各个发展阶段。但清朝后妃制度于康熙以后典制大备,直至随着清朝皇权的灭亡而终结,其基本内涵再无大的变化。[1]

其二,清朝后妃制度的发轫,是一个既吸纳汉族文化、部分采依汉制,同时又保持鲜明的满洲特色、坚持"国俗",从而在客观上促进满汉文化在冲撞中走向融合的过程。

清朝后妃制度发轫阶段前期,"国闱未有位号,但循国俗称福晋"。发轫阶段中期,虽有中宫与西宫、东宫之设,其位号仍依"国俗",称为福晋(如中宫福晋、西宫福晋、东宫福晋)。发轫阶段后期,皇后位号依然独循"国俗",称"中宫国君福晋",4位妃子的位号则将满汉不同称谓融合一体。清朝后妃发轫阶段不同时期后妃位号及其称谓的变化,是清初满汉文化逐步交融的合奏中一个别致的音符。

其三,与清朝入关后的后妃制度相比,清朝后妃制度在其发轫阶段带有一些拙朴清新之气。这反映在后金汗(清帝)妻妾的生活环境相对开放,她们同诸王贝勒多有接触机会,与朝政的联系较为紧密,她们当中不乏改嫁女子,以及后金汗(清帝)选择后妃的标准灵活多样等诸多方面。清朝入关后,随着清朝统治者对儒家伦理纲常的推崇与清朝后妃制度的逐

---

[1] 以乾隆七年(1742)十月制定《宫中现行则例》、十一月谕令编纂《国朝宫史》为标志,清朝后宫制度日臻完备。参见鄂尔泰、张廷玉等编纂:《国朝宫史》下册,第439页;上册,第1–3页;北京:北京古籍出版社,1987年。

步完备,"内廷法制尤为严密"[1]。后妃们日益受到严苛的后宫制度与封建礼教的双重束缚,清朝后妃制度发轫时期的上述特色已荡然无存。

第二节 清朝皇位继承制度的特点

皇位继承的本质是皇权的传承,皇位继承制度研究是皇权研究的一个重要组成部分。清朝皇位继承制度既有对历代王朝皇位继承制度的借鉴和改进,又独具特色,同其他王朝迥然有别。

一、皇位继承形态的多样性

自天命汗权确立至清朝皇权灭亡,历时近三个世纪(1616—1911)。在此期间,清朝先后出现了汗位推选制、嫡长子皇位继承制、秘密建储制以及懿旨确立嗣君四种皇位继承形态。[2]皇位继承形态的多样性,是清朝皇位继承制度与其他王朝皇位继承制度的一个显著不同。

清朝以前,历代汉族封建王朝(秦朝除外)无不实施嫡长子皇位继承制。元朝是由蒙古贵族建立的大一统中央王朝,它在仿依汉制,实施嫡长子皇位继承制的过程中,虽然受到原有选汗制度及某些传统习俗的较大影响,但未曾创立新的皇位继承制度,所以并不具有皇位继承形态多样性的特点。

1. 汗位推选制度

这是清朝历史上最早出现的最高权力继承制度。这一制度于天命七年(1622)由后金汗努尔哈赤确立后,先后实施过两次,即努尔哈赤死后的权力传承,以及努尔哈赤的继任者皇太极死后的权力传承。

八旗制度乃后金建国之本,然而随着后金的发展壮大,八旗各旗力

---

[1] 鄂尔泰、张廷玉等编纂:《国朝宫史》上册,第1页。
[2] 谢俊美《政治制度与近代中国》(上海:上海人民出版社,1995年)一书指出,清朝曾先后采用旗主贝勒共议共举的立嗣制度、公开立嫡长的皇位继承制度、秘密立储制度和懿旨钦定储位的做法。参见该书第21–31页。

量逐步增长，其原本具有的相对独立地位进一步提高，出现分权倾向。[1] 分掌五旗的代善、阿敏、莽古尔泰、皇太极等四大贝勒共理机务，"按月分值"，[2] 权势最大，日渐构成对后金汗权的牵制力量。他们希冀得到汗位，彼此明争暗斗，矛盾日益尖锐。[3] 为此，努尔哈赤宣布并部分实施八王共治国政制，使八王（诸贝勒）互相牵制，以遏制八旗分权倾向。

汗位推选制是努尔哈赤晚年两次立嗣失败后，被迫放弃个人独断预立继承人的做法，在八王共治国政制基础上，创建的后金最高权力传承制度。[4] 汗位推选制下，作为八旗旗主的八王既为推选人，也是被推选人，嗣汗可能出自八旗中任何一旗，由此体现了八旗均等的宗旨。这一制度拟通过八王（诸贝勒）推选方式，解决汗位继承人问题，并保证嗣汗在分权的政治体制下，继续实施对后金的统治。

按照汗位推选制确定的权力传承规则，身为八王（诸贝勒）的努尔哈赤部分子、侄、孙，全部具有推选汗位继承人的权力和被推选为嗣汗的资格，这同以嫡长子继承制为核心的汉族宗法制继承规则截然不同。汗位推选制中嫡长子继承观念的阙如，是当时后金社会尚无宗法制度的客观反映。

从汗位推选制的两次实施情况看，[5] 通过这一制度先后产生的两位权力继承人皇太极与福临，均为先汗（先帝）之亲子。这表明，汗位推选制中已含有父死子继的鲜明倾向。

八王共治国政制的出台，阻滞后金汗权向权力更为集中、强化的封建皇权逐步演变的历史进程，因此是一倒退。但是，八王共治国政制在努尔哈赤绝对专权下的部分实施，对于扼制八旗的分权倾向，维护后金进入辽

---

1 如镶蓝旗旗主、四大贝勒之一阿敏曾拟率本旗"出居外藩"，另立门户。此事发生在皇太极由诸贝勒推选，即将继承汗位之际，是天命时期八旗具有分权倾向的一个例证。参见《清太宗实录》卷48，崇德四年八月辛亥。
2 《清太宗实录》卷1；《清太宗实录》卷5，天聪三年正月丁丑。
3 参见王锺翰辑录：《朝鲜〈李朝实录〉中的女真史料选编》，第283—284页，辽宁大学历史系清初史料丛刊本，1979年；《满文老档》上册，第241—242、第278页。
4 有关汗位推选制的具体做法，详见《满文老档》上册，第345—346页。
5 《清太宗实录》卷1，天命十一年八月庚戌、九月辛未；《清世祖实录》卷1，崇德八年八月乙亥。

沈地区后的统治地位，也起有积极作用。同时，它的部分实施，促使四大贝勒之间因争夺嗣位而产生的矛盾有所缓减，从而有助于在后金最高统治集团内部，营造一种相对和谐的政治氛围。这使颇具实力的皇太极免于成为众矢之的，并在努尔哈赤去世后，由众贝勒推选为后金新汗。

皇太极在汗位期间，大力集中个人权力，不断削弱八旗旗主尤其是三大贝勒的权势，促成后金汗权向清朝皇权的转化。皇太极死后，清朝再次面临最高权力传承问题。这时，尽管依然沿用推选制形式，其内涵却发生变化。一方面，"立帝之子"成为清朝最高统治集团内大多数人的共识[1]；另一方面，在决定皇位继承人选问题上，以孝庄为核心并代表皇权的崇德后宫，发挥了重要作用。孝庄之子六龄童福临最终继承皇位，是清朝皇权的一个重大胜利。清朝最高统治者已能够在较大程度上，按照个人意志，决定皇位继承人，只是还需通过推选这一形式。

此次皇权传承中，八旗诸王贝勒从原有的主角，退至相对次要位置。虽然这一变化尚未最终实现，但趋势已很明显。这表明，由于清朝皇权的逐步集中，清帝对八旗的控制日趋紧严，八旗诸王的政治地位与权力都进一步降低。八旗制度仍被视为立国之本，但是，这一制度在朝着不再与清朝最高权力继承制度之间发生联系的方向转变。不过，汗位推选制对于此后清朝皇位继承制度的发展演进，仍然产生了一定影响。

顺治朝皇权传承，是在汗位推选制已告终结，新的皇位继承制度尚未产生之际，清朝最高统治者按照个人意志选择皇位继承人的首次实践。顺治帝在此中扮演了相对被动的角色，以两黄旗重臣为心腹并掌握实权的孝庄皇太后居于主导地位。从清朝皇位继承制度发展演变的全过程审视，此次皇权传承发生在两种皇位继承形态（汗位推选制与嫡长子皇位继承制）的转换完成之前，具有过渡性质。

2. 嫡长子皇位继承制度

清代，唯有康熙朝采用了嫡长子皇位继承制，历时37年（康熙十四

---

[1] 《沈阳状启》，第514页，辽宁大学历史系清初史料丛刊本，1983年。另参见《清史稿》卷249，《列传》36，《索尼》。

年十二月至康熙五十一年十月）。这是自西汉初年开始实施，有着1900余年历史的嫡长子皇位继承制，在中国历史上最后一次实施。在此期间，发生了两立两废太子这一史无前例之事。[1]

康熙帝是在清朝皇权进一步集中、强化，满汉文化由激烈冲撞转向逐步融合的历史背景下采用这一汉制，却以失败告终。究其原因，不能仅仅归结于某个人的具体行为。换言之，康熙帝施教太子过程中的种种失误以及皇太子允礽的暴虐恣肆，只是导致这一制度实施最终失败的次要因素。更重要的原因，是嫡长子皇位继承制所代表的汉族宗法制嫡长观念，尚不能为当时仍然深受传统旧制影响的满洲王公大臣所接受。

崇德元年（1636），清朝始定亲王以下九等爵位，并于"是年定庶子受封例"[2]。此举显示出满洲统治者开始接受、采纳汉族宗法制的嫡庶思想。然而终顺康两朝，清廷关于袭爵中嫡庶标准的规定，时常出现互相矛盾现象，直到雍乾时期，明确区别嫡庶之分的宗室封爵制度，方正式确立。[3]此亦表明，人的思想观念的变化往往滞后于社会与制度的变化。有关明文规定，不能迅即改变人们原有的价值取向，无法即刻消除传统旧制对人们的无形束缚。

与汉族王朝王公大臣视皇太子为国本，对皇太子采取支持与宽容的态度全然相反，满洲王公大臣中相当一部分人，对只是凭借嫡子身份取得储位，且又缺乏自律的皇太子允礽深为厌恶。康熙四十七年（1708）十一月，当康熙帝准备通过群臣保举的方式，复立允礽为皇太子时，以阿灵阿、鄂伦岱、揆叙为首的满洲大臣明知帝意而违之，于众臣中倡议保举皇八子允禩为皇太子，便是这种心态的一次充分表露。会议时一向随从满臣行事的汉族大臣，此次也无例外，一致保举允禩，亦即否决了允礽。[4]

值得注意的是，即使是康熙帝本人，在实施这一制度的过程中，也时

---

[1] 康熙十四年（1657）十二月，册立允礽为皇太子，四十七年（1708）九月废黜；四十八年（1709）三月复立，五十一年（1712）十月废黜。
[2] 《清朝文献通考》卷246，《封建》1。
[3] 参见鄂尔泰等修：《八旗通志初集》卷50，《典礼志》1；卷75，《封爵世表》1；《清文献通考》卷246，《封建》1。
[4] 参见《清圣祖实录》卷235，康熙四十七年十一月丙戌。

时流露出满洲传统意识,采取了与此制相抵牾的做法。例如,将嫡长子允礽立为皇太子后,又违背宗法制度中嫡庶有别原则,按照满洲政治传统培养、重用庶出皇子,逐步赋予他们相当大的权力,使其参与国政。这些既有权势,且对皇位怀有希冀的皇子结为党援,在朝中逐步形成以他们为核心,包括诸多皇亲国戚、八旗王公在内实力雄厚的一股潜在政治力量,在两废太子中发挥了作用。

可以说,康熙朝采用嫡长子皇位继承制过程中,始终存在满汉两种观念、习俗的冲突与斗争,这构成康熙朝嫡长子皇位继承制的一个特点。

集中与强化的皇权,在政治层面上为康熙帝排除干扰、实施嫡长子皇位继承制提供了支持。可是,从包括康熙帝在内满洲贵族的思想观念看,采用此制的时机尚未成熟。嫡长子皇位继承制在康熙朝的实施具有一定的超前性,它的最终失败也就无法避免。

3. 秘密建储制度

秘密建储制度是清朝所独创的皇位继承制度。秘密建储在清代正式实施了四次(雍、乾、嘉、道各朝),历时一个世纪以上(雍正元年至道光三十年,1723—1850)。道光以后,清帝或只有独子(如咸丰帝),或无子(如同治帝、光绪帝),秘密建储制度的实施被迫终止。

关于秘密建储制度,以下两个问题需做重点阐述。

第一,秘密建储制度的创立,经过政策创新与制度创新两个阶段,由康、雍、乾三帝共同完成。

康熙帝晚年实行了并未成功的秘密建储计划,因而是秘密建储制度的开创者。

康熙帝于五十二年(1713)二月对领侍卫内大臣、大学士等人的讲话,[1]五十六年十一月向满汉朝臣宣布的长篇谕旨[2]以及其后一系列有关举措,已含有秘密建储的四项内容,即皇帝全权决定储君人选,择贤而立,暗中考察培养储君,严格保密。秘密建储计划带有较大随意性,缺乏必要

---

[1]《清圣祖实录》卷293,康熙五十二年二月庚戌。
[2]《清圣祖实录》卷275,康熙五十六年十一月辛未。

的制度化措施，并且尚未完全脱离原有制度（嫡长子皇位继承制）框架的制约。[1]它具有政策创新的性质，尽管康熙帝本人不可能认识到这一点。秘密建储计划存在一些重要疏漏，特别是康熙帝过分拘泥于保密原则，未采取与此相配合的步骤，因而当他猝死后，其属意者无法完成从暗定皇储到嗣帝的角色转换，秘密建储计划彻底失败。

在秘密建储制度建立过程中，雍正帝是一位承先启后者。他继承康熙帝的秘密建储方针，继续实行秘密建储，同时又总结吸取了秘密建储计划失败的经验教训。雍正帝对秘密建储所作出的最重要改进，是于雍正元年（1723）八月对全体朝臣公开宣布实行秘密建储，并告知存放建储密旨的地点。[2]这样，一旦雍正帝本人发生意外，众臣仍能遵循此道密旨，拥立先皇属意者为帝。这是一种既秘密又公开的建储方式。

但是，雍正帝仍然是将秘密建储作为一种权宜之计，没有将它定立为一项制度。

乾隆帝是秘密建储制度的最终确立者。乾隆帝继位初始，曾秘密建储。[3]当密立储君早卒后，加之其他一些原因，他对是否继续实施秘密建储在思想认识上有一定反复。三十八年（1773）冬，乾隆帝再次实施秘密建储。[4]四十三年九月谕称："不可不立储，而尤不可显立储，最为良法美意，我世世子孙当遵守而弗变者。"[5]这是将秘密建储确立为制度的一个标志。秘密建储制度创立过程中由政策创新向制度创新的转换，至此完成。

从康熙五十六年（1717）康熙帝实施秘密建储计划，至乾隆四十三年（1778）秘密建储被乾隆帝定立为一项制度，前后长达62年。康、雍、乾三帝秘密建储思想的发展，经历了从产生到充实改进，又到逐步成熟的一个渐进过程。

---

1 这主要表现在康熙帝拟于秘密建储计划完成后，继续公开册立储君。参见中国第一历史档案馆整理：《康熙起居注》第3册，第2464页，北京：中华书局，1984年；《清圣祖实录》卷277，康熙五十七年正月辛酉、庚午。
2 《雍正朝起居注册》第1册，第83—84页。
3 《清高宗实录》卷22，乾隆元年七月甲午。
4 《清高宗实录》卷1066，乾隆四十三年九月乙未。
5 《清高宗实录》卷1067，乾隆四十三年九月丁未。

第二，秘密建储制度并未完全抛弃嫡长子皇位继承制立嫡立长方针。

乾隆帝曾多次指出历代实施嫡长子皇位继承制的弊端，并予以严厉抨击。[1] 但是，他在第二次秘密建储后的有关谕旨，只是反复强调不可明立储君，从未明确指出秘密建储制度的择储标准。[2] 也就是说，乾隆帝所阐述的仅为秘密建储方式，对于涉及嫡长问题的择储标准这一更为关键处，一直采取回避态度。这使他所精心构建的秘密建储思想体系，具有明显的不完整性。

嘉庆帝实施秘密建储，择嫡长子旻宁为嗣，是为道光帝。道光帝未选天资较高、素来钟爱的皇六子奕䜣，而以皇长子奕詝为密立储君，是为咸丰帝。这两个事例表明，清帝实施秘密建储过程中，在全权决定储君人选，择优而立时，除去特殊情况外，[3] 对嫡子或长子仍予优先考虑。

秘密建储制度对宗法制思想做出一定妥协。这是清朝最高统治者为维护以宗法制为基础的中国封建社会统治秩序，为保证社会安定，并为获取汉族官僚集团对其政治理念的认同和支持，不得不为之举。

4. 懿旨确立嗣君

懿旨确立嗣君是晚清慈禧皇太后专权时期（同治元年至光绪三十四年，1862—1908）的皇位传承形态。它并非皇位继承制度，而是在清帝无嗣的情况下，独揽大权的慈禧用以确定皇权传承人的一种应急措施。

懿旨确立嗣君，先后有过两次。第一次是同治帝去世后，慈禧通过懿旨确立载湉为嗣君，是为光绪帝；第二次是光绪帝去世后，慈禧仍以懿旨确立溥仪为嗣君，是为宣统帝。

这一皇位继承形态具有以下特点。

---

[1] 参见《清高宗实录》卷1067，乾隆四十三年九月丁未；卷1189，乾隆四十八年九月戊午；《钦定古今储贰金鉴》卷首，《上谕》。

[2] 乾隆帝曾于批阅史籍时，针对明太祖朱元璋择储不当一事指出"神器当择贤而畀"，说明他对立嫡立长的做法确有看法，但这并不意味着是对秘密建储制度提出择储标准。参见《评鉴阐要》卷10。

[3] 如废太子允礽是康熙帝唯一嫡子，康熙帝长子允禔遭罪禁锢，雍正帝无嫡子，且与居长子位的皇三子弘时关系紧张；乾隆帝皇后纳喇氏被贬居冷宫，亲子永璂（排行皇十二子）不为乾隆帝所喜。

其一，只是传承皇位，并非传承皇权。

同治帝与光绪帝在位期间均为慈禧所控制，徒有皇位，没有实权。他们两人都早逝而无子。慈禧考虑皇权传承的出发点，是如何保证皇权传承完成后，她本人能够继续掌握实权，使皇位与皇权相分离的状态长期延续下去。这一既定方针得以成功实施。四岁继位的光绪帝长大后，未能像清初顺康二帝那样，亲掌大政，而是始终处于傀儡地位。如果慈禧仍然在世，将继续控制宣统帝。

传承皇位而非传承皇权，是慈禧权力传承思想的主旨。与以往对继承人付托社稷的历代清帝不同，慈禧将处理皇权传承问题，作为使自己得以继续揽权的一种手段。她的权力传承思想含有相对更强烈的权力欲，极端自私与褊狭的特征也很突出。

其二，对汗位推选制度、秘密建储制度的吸收和借鉴。

懿旨确立嗣君这一晚清皇位继承形态，是清朝皇位继承制度发展演变过程中一个重要的组成部分，它在不同程度上受到清入关前汗位推选制、清中期秘密建储制的影响。

慈禧先后两次下达懿旨，确立皇位继承人之前，虽然早有成算，但都召集部分宗室成员及满汉重臣面议，让他们提出嗣君人选。[1] 对于大臣们提出的人选，慈禧不屑一顾，未予采纳，然而却要走此过场，将众臣推选嗣君之举，作为实现其立储意图的一个必要环节。这样做固然是由于晚清皇权衰微，即使在决定皇位继承人问题上，清朝最高统治者也不得不故做姿态，屈躬问及臣下。除此原因外，慈禧或也受到汗位推选制的影响。19世纪后期清朝皇权急剧衰微的政治态势，使她认为有必要仿效这一祖宗旧制，首先让众臣推举皇位继承人，通过这种迂回方式以求达到其目的。

同治朝、光绪朝皇权传承之际的嗣君人选，最终均由慈禧本人所定。这表明，皇帝全权决定储君人选的秘密建储原则，在晚清懿旨确立嗣君这一皇位继承形态中仍有一定体现。

慈禧已经暗定嗣君人选，在下达懿旨前，从未向众臣稍有透露。这种

---

[1] 参见［英］濮兰德、白克好司：《慈禧外纪》，陈冷汰等译述，第84—86页，上海：中华书局，1917年；陈灨一：《睇向斋谈往》（不分卷），《睇向斋秘录・孝钦轶事二则》。

严格保密的做法，显然也吸收了秘密建储制度的有关内容。

其三，鸦片战争后，中国主权不断丧失，中国社会逐步半殖民地化。由于列强愈来愈多地干涉清廷内部事务，清朝最高统治者不再全部拥有对大政方针的决策权。另一方面，中国此时已出现民族资产阶级与无产阶级。经过戊戌变法运动，变革求新思潮日益深入人心，清朝皇权受到前所未有的挑战和多方面的牵制。在这种社会、政治背景下，出现了戊己废立事件。

光绪二十四年（1898）戊戌变法失败后，慈禧一度想废黜光绪帝。二十五年（阴历己亥）十二月，以光绪帝名义颁诏，"封载漪之子溥儁为皇子，以绵统绪"，承继为穆宗毅皇帝之子，"为将来大统之归"。[1] 可是，慈禧拟以溥儁取代光绪帝的做法，遭到西方列强、地方督抚大吏和以侨民、商人、士绅为代表的广大民众的反对。[2] 迫于各方压力，光绪二十七年十月，慈禧撤去溥儁的大阿哥名号。

戊己废立的性质，是一次由戊戌变法失败而引发，又因中外各种势力干预而未能实现的清朝皇权传承计划，也是懿旨确立嗣君这一晚清皇位继承形态下的一个特例。

清朝皇位继承形态的多样性，还表现在以下方面。

如果从建储方式、有无储君、有无储权等角度审视，[3] 清朝皇位继承形态的演变，先后经历了从后金汗（皇帝）死后八王推立嗣汗（汗位推选制），既无储君，又无储权；到皇帝公开建储（嫡长子皇位继承制），有公开册立的储君，有储权；又到皇帝秘密建储（秘密建储制），有密立（暗定）储君，无储权；再到皇帝死后皇太后选立嗣君（懿旨确立嗣君），既无储君，亦无储权等三次重要转折。总的趋势，是朝着秘密建储，有密立储君（晚

---

1 《清德宗实录》卷457，光绪二十五年十二月丁酉。
2 参见光绪二十六年正月十五日《知新报》，载中国近代史资料丛刊《戊戌变法》第3册，第473页，上海：上海人民出版社，1961年；王无生：《述庵秘录》（不分卷），《光绪帝之几废》，载《清代野史》第3辑，第352页，成都：巴蜀书社，1987年；光绪二十六年正月十五日《知新报》，载中国近代史资料丛刊《戊戌变法》第3册，第474、475页。
3 白新良先生在《乾隆帝》一书内，首先提出秘密建储制度中的储权问题："就秘密建储制度的实质而言，是以牺牲和侵犯储权的方式无限制地加强皇权。"参见该书第445页，沈阳：辽宁教育出版社，1990年。

清除外）而无储权的方向变化。

上述三次转折，折射出清朝四种皇位继承形态的核心内涵，反映了清朝皇权不同发展阶段中，最高统治者关于储君问题的不同认识及其处理方式。

二、对中国古代皇位继承制度的创新

清朝皇位继承制度具有开创性，这是它的显著特色之一，也是另一个有别其他王朝皇位继承制度之处。

中国历代大一统中央王朝（秦朝除外），无不实施嫡长子皇位继承制度，只是到了清代，这种情况才发生根本性变化。清朝建立并实施了新的皇位继承制度，即秘密建储制度，这是对中国古代皇位继承制度的重大改革。清朝皇位继承制度所具有的开创性，主要体现于此。

与嫡长子皇位继承制度相比较，秘密建储制度有以下创新。

首先，在建储形式上，改变了嫡长子皇位继承制明立储君的建储方式，实行秘密建储，密立储君。

其次，部分改变了嫡长子皇位继承制立嫡立长的择储标准。虽然择储范围仍局限在皇子之内，但储君人选是由皇帝全权决定，既择贤而立，又优先考虑嫡子或长子。

再者，嫡长子皇位继承制下，公开建储，存在储权；秘密建储制度密立储君，并无储权。换言之，秘密建储制度的实质，是使储君与储权相分离，进而取消储权。这是秘密建储制与嫡长子皇位继承制的最大区别，也是制度创新的关键所在。

中国皇帝制度下，皇帝由于治理国政和传承皇权，即行权与传权的需要，不得不将部分权力赋予丞相与储君，相权与储权由此产生。不过，秦朝仅历时15年，作为中国皇帝制度创立者的秦始皇，没有制定皇位继承制度，没有预立储君。从汉高祖刘邦开始，历代汉族王朝采用嫡长子皇位继承制解决皇权传承问题，储权也就成为历朝不可或缺的一种政治权力。

储权是皇帝对于储君未来所拥有皇权的部分预授，即皇帝将其本人所拥有的权力与财富的一部分提前授予储君。从中国封建王朝内部政治权力的权限大小看，储权仅仅低于皇权，拥有储权的储君处于一人之下、万人之上的地位。专门为辅助皇太子而设置的东宫机构（如詹事府）及其大批属员，在培养教育太子、管理太子事务的同时，还要协助储君行使储权，进行从政实践（如皇帝离京时由皇太子代理政务）。

实施嫡长子皇位继承制后，皇储矛盾、储位之争以及王朝各利益集团之间的纷争频频发生，甚至造成内乱，引起社会动荡，成为王朝衰败的导火线。中国历史上此种事例很多，而公开建储以及由此产生的储权，是出现这一问题的症结所在。

虽然嫡长子皇位继承制存在诸多其自身无法解决的弊端，历朝统治者无不踵而行之。明太祖朱元璋废除丞相制，拉开明清两朝皇权高度集中与强化的序幕后，仍然明令实施嫡长子皇位继承制，[1] 对储权未予丝毫触动。如果对嫡长子皇位继承制进行改革，势必触及宗法制度，甚至会动摇中国封建王朝的统治根基，故历代帝王于此无不采取回避态度，这是嫡长子皇位继承制延续1900余年之久的一个主要原因。

明朝取代丞相制的内阁制，并不能完全适应高度集中、强化的皇权运作需要，而明帝实施嫡长子皇位继承制，又不断引发统治集团内部的矛盾（如靖难之役、朱高煦争位、国本之争等）。上述两方面都不同程度地给明朝的统治带来危害，对皇权集中与强化起有严重的干扰作用。

清朝建立军机处，解决了朱元璋废除相权后在中枢辅政机构方面所遗留的问题。同时，它创建秘密建储制度，取消了储权，困扰历代帝王的皇储矛盾与储位之争自此不复存在。废除相权与取消储权具有同等重要意义，它们是明清时期皇权高度集中、强化的两个重要标志。

为了保证秘密建储制度的顺利实施，独掌择嗣大权的皇帝对皇储人选严格保密。因此，密立储君的各种待遇同其他皇子并无不同。尽管由于种种原因，实施秘密建储过程中，保密的程度往往难以尽如人意，大臣们有时会根据一些具体情况，猜测出为皇帝所密立的储君人选（这在雍正、嘉庆两朝较为突出）。可是，即使如此，众人只是心照不宣，不敢也无可能

---

1 《明太祖实录》卷29，洪武元年正月乙亥；卷51，洪武三年四月乙丑。

将某一位皇子当作皇太子对待。更重要的是，秘密建储制度下，密立储君不仅没有皇太子的地位，而且没有专门服务于皇太子的东宫机构及其臣僚属员，因而无从拥有储权。

嘉庆帝继位前，曾经做了 23 年的密立皇储（乾隆三十八年至六十年，1773—1795）。由于并无储权，在朝中不能形成势力，遑论组建个人的臣僚班底。所以，嘉庆帝继位后，并未对太上皇乾隆帝的权力构成威胁，乾隆帝能继续独揽大政，成为中国历史上权力最大的一位太上皇。嘉庆帝则"终日宴戏，初不游目。侍坐太上皇，上皇喜则亦喜，笑则亦笑"[1]。暗行韬晦之计的同时，还大力笼络乾隆帝的宠臣和珅。

嘉庆初年的上述情况，与乾隆中后期秘密建储制度的成功实施有一定因果关系。这是秘密建储制度下，皇子被密立为储君后，无论历时长短，并无储权的一个反证。

简言之，实施秘密建储后，以事前写有建储密旨，并向朝臣公布密旨存放地这一制度化措施为保障，即使皇帝本人发生意外，皇权传承仍能按照皇帝生前意志顺利实现。因此，秘密建储制度在保证皇位平稳交接及社会稳定等方面，都优于嫡长子皇位继承制度。

秘密建储制度是对绵延近两千年的嫡长子皇位继承制度的重大改革，其总体实施情况与效果，即秘密建储制度的政治功能与社会功能，无不体现了中国封建社会皇位继承制度的最高水平。中国皇位继承制度由此发展到一个新的阶段。

秘密建储制度的确立也从一个方面表明，中国皇位继承制度中个人专制独断的非理性特征，又有进一步发展。这是中国皇权暨皇位继承制度行将灭亡的一个征兆。

为什么直到清朝，中国古代皇位继承制度才出现这一改革，是满洲统治者而非其他王朝统治者，创建了秘密建储制度？其原因十分复杂，这里仅指出数点。

其一，清朝处于中国封建社会晚期，是中国历史上最后一个封建王

---

1 吴晗辑：《朝鲜李朝实录中的中国史料》第 12 册，第 4918 页。

朝，它不自觉地扮演了对中国封建社会与历代封建王朝的各个方面总其成的角色。秘密建储制度是满洲统治者在总结吸取历代王朝皇位继承制度，即嫡长子皇位继承制成败得失的基础上而创立。它是封建社会晚期，中国封建政治臻于成熟这一总体状况，在皇位继承制度中的一个体现。从事物内在的发展逻辑看，清朝创立秘密建储制度，完成对中国皇位继承制度的改革，乃水到渠成之举。

其二，较之汉族帝王，满洲皇帝受到宗法制思想的束缚较少。加之康、雍、乾三帝皆为雄才大略之君，他们在创立秘密建储制度时所承受的心理压力，比起如果同样进行这一改革的汉族王朝统治者要小得多，而且更具胆识和魄力。

其三，满洲传统政治制度与习俗，为清帝进行这一创新，提供了制度、文化、心理诸层面的支持，这些"淳朴旧制"的某些内容为秘密建储制度所借鉴。

其四，创建秘密建储制度，取消储权，是明清两朝皇权高度集中与强化的进程中一个有机组成部分，也是清朝皇权逐步集中强化，并最终达于极致的政治态势所要求。这一客观形势下，倘若继续实施嫡长子皇位继承制，则将对此历史进程产生干扰作用，为高度集中与强化的皇权所不容。康熙年间的有关情况，就是证明。

三、多元文化特色

清朝皇位继承制度的发展演变，与清代满汉文化的冲撞、交流与融合相始终。清朝皇位继承制度借鉴吸收了不同民族文化的部分内容，具有较大包容性。这是它的又一特点。

清朝皇位继承制度的四种形态，是代表不同文化的皇位继承模式的一个有机体。

汗位推选制是满洲（女真族）最早的最高权力传承制度，它反映出北方少数民族（如契丹族、女真族、蒙古族）不预立嗣汗，由贵族成员推举汗位继承人的文化习俗。

康熙朝采用汉族嫡长子皇位继承制，然而在实施中赋予它若干新的内容，满洲旧制及其传统观念的影响处处可见。严格地说，康熙朝所实施的嫡长子皇位继承制并非真正的汉制，而是在满汉文化冲撞与交流的特定背景下出现，并带有鲜明满洲特色的嫡长子皇位继承制度。类似情况在其他少数民族王朝（如辽、金、元）采用嫡长子皇位继承制的过程中，也曾不同程度地存在。但是，由于清朝实施该制的时间相对短暂（仅为康熙时期37年），因而这一特点有更集中的反映。

清朝皇位继承制度的多元文化特色，在秘密建储制度上表现得最为突出。

秘密建储制度不仅保留了满洲汗位推选制的某些特点，也吸收了汉族嫡长子皇位继承制的若干内容，而且还对古代波斯王朝的王位继承法有所借鉴。

努尔哈赤确立的汗位推选制规定，当他故去后，由八王公推嗣汗，亦即生前不预立嗣汗。值得注意的是，秘密建储制度的创立者康、雍、乾三帝，在论及建储问题时都曾强调这一旧制，指出太祖、太宗等皆未预立太子。[1] 这一满洲政治传统，为康、雍、乾三帝在创建秘密建储制度过程中采取不明立储君的做法，提供了重要的历史依据。康、雍、乾三帝对于这一满洲旧制的强调，也在客观上提醒我们，秘密建储制度的不明立储君，与汗位推选制的不预立嗣汗之间，虽然有本质不同，但两者具有一定渊源关系。

秘密建储制度吸收了汉族皇位继承制立储的做法，然而又将汉族皇位继承制的公开册立改为秘密建储。嫡长子皇位继承制的明立储君与汗位推选制的不预立储君，本是互为对立的两种建储形式，但秘密建储制度予以取舍、改进后，将两者巧妙地结合起来，共存于秘密建储制度之中，使其发挥了互补作用。

秘密建储制度下既择贤而立又重视嫡长的做法，可以视为兼容满汉文化的一个范例。

---

1 《清圣祖实录》卷253，康熙五十二年二月庚戌；《清世宗实录》卷83，雍正七年七月丙午；《清高宗实录》卷1067，乾隆四十三年九月丁未。

清朝入关前的汗位推选制，以贤能与否作为众贝勒（八王）推举嗣汗的标准，这与满洲传统习俗相一致。康熙朝实施嫡长子皇位继承制，以皇子是否具有嫡长身份作为唯一标准，这与汉族宗法制的立嫡立长方针相符合。秘密建储制度确立后，皇帝挑选皇位继承人时，将满汉不同传统理念、价值取向相融合，既注重择贤，又优先考虑嫡长。虽然秘密建储制对择储标准没有做出明确规定，但实际上赋予它双重内容。从汗位推选制到嫡长子皇位继承制，再到秘密建储制，清朝在选择皇位继承人标准的反复变化上，呈现出否定之否定的演变轨迹。足见，清朝皇位继承制度的演变，经历了一个从遵循满洲旧制，到采用汉制，又到兼顾满汉文化传统，各有扬弃、有所创新的发展过程。

乾隆年间，满汉文化的融合进程已走过激烈冲撞时期，进入一个新的阶段。兼容满汉文化内涵的秘密建储制度，是满汉文化的融合在深度与广度方面达到更高层次的一个例证。

据《旧唐书》中《波斯传》载，波斯人曾经实行秘密建储法："其王初嗣位，便密选子才堪承统者，书其名字，封而藏之。王死后，大臣与王之群子共发封而视之，奉所书名者为主焉。"[1] 波斯王继位之初，将所定储君之名书于纸上，待其死后由众臣开启密旨，以此作为他所属意者继承王位的法律依据。虽然尚未发现在中国历史上也曾实行这种做法，但康、雍、乾三帝都自幼接受中国传统文化教育，长期披阅史籍，研读儒家经典。如康熙五十六年（1717）十月，康熙帝在对大学士的讲话中说："二十一史，朕皆披阅。"[2] 所以，他对于《旧唐书》所记载的上述情况应是清楚的。由此分析，秘密建储制度很可能在具体做法上吸收了古代波斯文化的某些内容，并根据清朝具体情况加以补充改进。

至于懿旨确立嗣君之举，中国历史上并非没有先例。可是，晚清的懿旨确立嗣君，在某些方面借鉴了汗位推选制、秘密建储制的部分内容。这表明，它是在中国皇权发生重大变化、中国社会逐步半殖民地化的政治与

---

[1] 《旧唐书》卷198，《列传》48，《西戎·波斯》；参见王锺翰：《清世宗夺嫡考实》，载《王锺翰学术论著自选集》，第315页，北京：中央民族大学出版社，1999年。
[2] 《清圣祖实录》卷274，康熙五十六年十月庚戌。

社会背景下，依然兼容满汉文化、兼具满汉传统政治特点的一种皇位继承形态。从某种意义上讲，晚清时期，满汉文化的融合已告完成。所以，较之清朝前期与中期的皇位继承形态，懿旨确立嗣君中不同民族文化相互作用与影响的印迹虽然仍在，却已隐而难辨了。

四、皇位继承形态的转换与皇权发展阶段的密切联系

清朝皇位继承形态的转换与清朝皇权发展阶段之间，呈现出较强的一致性，在皇权发展的不同阶段，都出现了与之相适应的皇位继承形态。清朝皇位继承制度的演变与清朝皇权发展进程之间所具有的密切关联，超过此前中国封建社会任何一个王朝。这是清朝皇位继承制度发展历程所具有的一个特点。

汗位推选制出现在后金（清朝）尚为地方政权之际。当时，后金汗权还带有浓厚的家族血缘关系色彩及军事民主制思想残余。努尔哈赤生前制定由八和硕贝勒公推嗣汗的汗位推选制，以解决汗位传承问题。这意味着后金汗已将决定汗位继承人的权力，主动让与同他具有血缘关系的后金最高统治集团成员。

崇德时期，后金社会急速向封建制过渡。皇太极采取一系列举措，以封建专制主义的皇权统治取代父家长制的汗权统治。但是，皇权所具有的绝对独占性与绝对排他性，此时尚未充分显现。皇太极曾有拟立宸妃之子为储嗣的意图，[1]因该子夭折而成泡影。皇太极并未明令废弃建立在八王共治国政制基础上的汗位推选制度，当他去世后，清朝解决继统危机的过程中，推选制的形式仍被保留。

嫡长子皇位继承制出现在清朝皇权逐步集中与强化时期。康熙十四年（1775），康熙帝采用嫡长子皇位继承制度，册立储君。这标志着汗位（皇位）推选制已正式为嫡长子皇位继承制度所取代，同时也反映出自皇太极去世至康熙帝建储前的三十三年（崇德八年至康熙十四年，1643—1675）中，清朝皇权不仅已从地方政权转变为全国政权，其集中与强化程度也有

---

1 《清太宗实录》卷37，崇德二年七月壬午。

很大提高。这些重要变化,是康熙帝公开废弃祖制,毅然采用汉制的先决条件。

康熙五十一年(1712),清廷对统治方针进行了重大调整。康熙帝针对当时统治集团内部矛盾开始激化,各种社会问题日渐尖锐等新情况,相继做出抬高朱熹地位、滋生人丁永不加赋、二废太子、扩大密折行使范围等四项重要决定。这一政策调整的核心是集中、强化皇权,全面加强统治,其后实施秘密建储计划则是这一政策调整的延续和深化。由于皇权进一步集中、强化,康熙帝方能在二废太子后,有较为充足的时间、精力进行改革皇位继承制度的尝试。

康熙帝的秘密建储计划最终未能成功,乃因这一计划中防止外部因素干扰、保证皇位顺利交接的机制尚不具备。康熙帝对保密原则的理解过于僵化。他所属意者皇十四子允禵的储君身份尚未公开,他一旦亡故,允禵的储君身份无人能予证实。事实也是如此。康熙帝猝然病逝后,皇四子胤禛在步军统领隆科多的帮助下,侥幸取得皇位。[1] 即使康熙帝生前写有传位密旨,因未明谕众臣,所以,雍正帝找到此旨并予以销毁,乃是轻而易举。

雍乾时期,皇权集中、强化的程度逐步达于极致。在此基础上,清帝改进秘密建储计划,并向前推进一步,将秘密建储确立为制度。这一新的皇位继承形态的显著特点,是皇帝独掌皇权传承之权,全权决定储嗣人选,即使皇帝本人发生不测,其有关措施也可保证他的遗愿得到实现。

秘密建储制度是皇权的集中与强化达到极致的产物。同时,由于取消储权,解决了皇储矛盾与储位之争,因而又对皇权的集中与强化起到有力的推进作用。

乾隆朝后期,皇权从极度集中、强化的巅峰迅速下滑,嘉庆、道光两朝,清朝已处于中衰阶段,但秘密建储制度仍为清帝所遵行。甚至当道光二十二年(1842)清朝签定中英《南京条约》,中国主权受到侵犯,皇权进入衰微阶段后,道光帝乃于二十六年以秘密建储方式确立储嗣,三十年

---

[1] 参见杨珍:《清朝皇位继承制度》,修订本,第四章第三节《康熙帝之死》,北京:学苑出版社,2009年。

正月顺利完成皇权承传。[1] 这一情况表明，皇权发展演变的不同阶段中，前一阶段的皇权发展定势，不可能骤然改变，而任何一种皇位继承形态都具有相对稳定性。不过，皇位继承形态的转换虽然相对滞后，却终究会发生，不以最高统治者的个人意志为转移。

懿旨确立嗣君是清朝最后一种皇位继承形态。由于列强入侵及一系列不平等条约的签定，中国社会逐步半殖民地化，清朝皇权进一步衰微，皇帝的绝对权威及其对统治阶层成员的威慑力均已大幅度降低。虽然咸丰帝临终前建立八大臣赞襄体制，有关遗旨为众臣所知，[2] 但是，无法像皇权极度集中、强化的雍乾两朝，当皇帝本人去世后，其建储密旨依然具有使所有臣工（包括后宫成员）无条件执行的威慑力量。因此，奕䜣、慈禧等人方能通过辛酉政变否定咸丰帝生前的决策，以垂帘听政体制取代八大臣赞襄体制。这是导致慈禧专权，进而出现懿旨确立嗣君这一皇位继承形态的关键性原因。

另一方面，康雍乾时期确立的有关集中、强化皇权的各种制度、措施，在晚清仍有较大影响，并继续发挥一定作用。慈禧专权后，由于皇权衰微，不得不对实力迅速增强的地方势力做出若干妥协和让步，得到他们的支持，以便集中力量，加强对中枢政权机构的控制。这一策略的实施果然收到一定效果，慈禧进一步树立起个人权威。这是她的专权能够长达47年之久（同治元年至光绪三十八年，1662—1908），在此期间出现懿旨确立嗣君这一皇位继承形态的另一原因。

随着中国主权不断丧失，清朝最高统治者所掌握的皇权逐渐具有不完整性。所以，慈禧的专权同清朝前期与中期诸帝的专权有很大不同，这在懿旨确立嗣君中也有所反映。同治朝、光绪朝的皇权传承，在决定皇位继承人选问题上，慈禧仍能基本做到独断而定。但戊己废立的失败则表明，即使在慈禧专权的情况下，选择皇位继承人选的决定权有时也受到多种因

---

1 参见中国第一历史档案馆藏《上谕档》，1156（一），第133页；《清宣宗实录》卷477，道光二十六年六月己巳。
2 故宫博物院明清档案部编：《清代档案史料丛编》第1辑，第83页，北京：中华书局，1978年。

素的制约，而列强直接干预清朝的皇权传承问题，则反映出晚清皇位继承形态所独具的特征。

清朝皇权的发展，经历了从汗权相对分散到皇权逐步集中与强化，达于极致后，又迅速衰亡这一曲折历程。清朝皇位继承制度，也相应地出现了从后金汗权时期具有军事民主制特征的推选嗣汗制度，到皇权逐步集中、强化时期的嫡长子皇位继承制，又到皇权的集中、强化达到极致时期，皇帝独掌皇权传承权力的秘密建储制度，再到皇权衰微下的懿旨确立嗣君等不同的皇位继承形态。

清朝皇位继承形态的转换，虽然取决于清朝皇权的发展演变进程，但它也对皇权的集中、强化起到促进（如秘密建储制度）、牵制（如汗位推选制和嫡长子皇位继承制）或削弱（如懿旨确立嗣君）作用。

清朝四种皇位继承形态下储嗣培养方式的变化，同清朝皇权的发展演变之间也有紧密联系。

努尔哈赤确立的汗位推选制不预立嗣汗，所以不存在培养储嗣问题。但是，后金嗣汗所从出的八王皆为旗主，他们在率军从征、协助努尔哈赤治理国政中，扮演了主要角色。这一情况反映出努尔哈赤对于嗣汗候选人这一政治群体予以大力培养与锻炼的方针。

康熙朝实施嫡长子皇位继承制过程中，皇太子允礽受到精心培育，既精通国语骑射，又具有较高的汉文化素养，曾代康熙帝处理国政。

秘密建储制度下，皇帝所密立的储君不可能得到特殊培养，而诸皇子参与政事的机会也大为减少。他们在理政实践方面受到的培养和锻炼，与清朝入关前以及康熙时期比较，差距日益扩大。

慈禧通过懿旨所确立的嗣君均为幼儿，且为皇权传承前夕指定，遑论接受培养训练。

清朝皇位继承形态转换历程中，清帝对储君的培养力度、质量及其效果，均呈现逐步下降之势。这是在清朝皇权愈益集中、强化，储权逐步削弱，乃至最终被取消这一政治背景下，出现的一种必然现象。当然，晚清有关情况应做别论。

五、平稳实现皇权传承

清朝先后有过四种皇位继承形态,无论在何种皇位继承形态下,皇权传承都基本上得以相对顺利地完成。可以说,清朝皇位继承制度在长达近三个世纪的实施中,始终较为成功。中国大一统中央王朝中,清朝在此方面相当突出。

如果将清朝入关前皇太极继承汗位包括在内,清朝共有 11 次皇权传承。其中,汗位推选制下 2 次(努尔哈赤死后以及皇太极死后的最高权力交接),秘密建储制度下 4 次(雍乾两朝、乾嘉两朝、嘉道两朝、道咸两朝皇权传承),懿旨确立嗣君下 2 次(同光两朝、光宣两朝皇权传承)。康雍两朝皇权传承,似应做为秘密建储制度尚未确立前的一次特例;顺康两朝及咸同两朝的皇权传承也较为特殊,前已论及;作为清朝皇位继承形态之一的嫡长子皇位继承制下,并未出现皇权传承。

清朝皇位继承制度发展历程中,在少数情况下,皇位争夺也很激烈。如皇太极去世后曾出现继统危机,康熙后期诸皇子角逐储位,雍正帝侥幸继位后大批清洗政敌。但是,这些案例皆为有惊无险,虽然出现激烈纷争,却未酿成内乱。不仅如此,清朝前期与中期的大多数皇权传承案例(如顺治朝、康熙朝、雍正朝皇权传承),从其最终效果看,对清朝统治的加强与政局的稳定还起有促进作用。

清朝虽然经历了皇位继承形态的多次转换,但历次皇权传承均较为平稳。这与下述因素的综合影响有关。

第一,集中、强大的皇权,是维护皇权平稳传承的有力保障。崇德元年(1636)清朝完成由后金汗权向清朝皇权的转化后,其最高统治者就对以集中、强化皇权为核心的皇权建设予以高度重视,建立了各种有关规制,收效显著;皇权传承的决定权,也在逐步向皇帝个人独掌的方向发展。这成为清朝的一个重要政治传统,清朝皇权的集中与强化进程也因此不断被推进。

清朝入关初期,即顺治朝及康熙朝初期,汗位推选制虽已废弃,可是,决定皇权传承的权力尚未完全掌握在皇帝手中。如顺康皇权传承中,孝庄皇太后起有主导作用。康熙十四年（1675）康熙帝立嫡子允礽为皇太子，显然也是取得孝庄太皇太后的首肯。四十七年（1708）一废太子的全过程表明，康熙帝已独掌选立皇位继承人的权力，不过仍受到最高统治集团部分成员的一定影响。秘密建储制度确立后，皇帝完全做到全权决定皇位继承人选，并有效地行使传承皇位的权力。鸦片战争以降，皇权日渐衰微，但上述政治传统还在一定程度上发挥作用。因此，道光帝仍然通过实施秘密建储完成皇权传承；慈禧长期专权期间，通过懿旨确立嗣君。晚清历次皇权传承均得以平稳进行。

第二，清代是一个满汉文化相融合的时期。在这种特殊历史背景下，自幼受到两种民族文化滋养、熏陶以及严格、系统教育的历代清帝，尤其是康、雍、乾三帝，无不兼具较高的满汉文化素养。他们能够相对客观地对两种文化进行多方面地比较，汲取两者之精华，较好地处理采用汉制与保持本民族传统习俗、继承满洲政治传统之间的关系，将满汉文化有机地结合起来，取长补短，使其融合在清朝皇位继承制度中。同时，清帝还能根据实际需要，借鉴其他民族的有关做法（如波斯王位密建法），对清朝皇位继承制度加以充实、完善。可以说，清朝皇位继承制度的演变，是一个兼容满汉政治、文化传统，不断改进与创新的过程。满洲作为一个新兴的少数民族，其锐意进取，善于学习总结，较为灵活、务实等长处，在这一进程中得到充分体现。这对于平稳实现皇权传承，起有重要作用。

第三，清朝皇权近三个世纪的发展历程中，经历了从弱到强，极度集中、强化后又迅速衰微，直至消亡的各个发展阶段。在上述不同时期，皇权的特定发展状况，无不要求与之相适应的皇位继承形态，而作为满洲统治者的康、雍、乾三帝，在治理一个汉族人口占大多数的泱泱大国时，也不同程度地怀有紧迫感与危机意识。他们高度重视对原有的皇位继承形态进行调整，或做出改进，或予以废弃，或创立与当时的皇权发展阶段相适应的新的皇位继承制度，以巩固其皇权统治。因此，清朝皇位继承形态的变化，基本上能够符合清朝皇权发展的需要，两者具有良性的互动关系。这也是清朝皇位继承形态虽然复杂多样，皇权传承却始终较为平稳的原因之一。

清朝皇位继承制度以其丰富内涵与鲜明特点,在中国皇位继承制度发展史上独树一帜,占有重要地位。毋庸讳言,它对于中国封建社会终结前最后三百年的历史进程所起作用,具有两面性。

　　清朝处于中国封建社会晚期。在社会危机愈益加重,民族矛盾交织,日益受到西方列强侵略威胁的不利形势下,清朝仍绵延了两个半世纪以上,并出现持续百余年,其总体规模超出其他封建"盛世"的康乾盛世。在此期间,王朝的政治、经济与文化都发展到中国封建社会最高水平,中国的版图得以最终奠定。这其中固然有多方面的原因,而清朝皇位继承制度较为成功,历次皇权传承相对平稳,显然也是必不可缺的因素。

　　清朝又处于世界已进入封建制向资本主义制度转化时代。清朝皇位继承制度是一种封闭、落后、即将被历史所淘汰的最高权力传承制度,它始终扮演着濒临灭亡的中国皇帝制度卫道士的角色。清朝皇位继承制迟滞了中国近代化的进程,是造成鸦片战争后中华民族长时期遭受深重灾难的一个重要原因。

　　从整体视角考察清朝皇位继承制度的演变,总结这一制度的诸多特点,有助于梳理封建社会晚期皇权政治的发展脉络,以史为鉴。

第三节　清朝的储权

　　公元前221年,秦王嬴政统一六国,建立了中国历史上第一个大一统中央王朝,绵延两千余年的中国皇帝制度与皇权统治,自此开其端。秦始皇生前虽然确定了皇统世袭制度,[1] 并未明确制定皇位传承规则,这是皇帝制度在创立伊始存在的一个重要缺陷。西汉叔孙通认为,"秦以不早定扶苏,胡亥诈立,自使灭祀"[2]。这一颇有代表性的看法,表明后人已意识到,预立储君是保证帝王绍基垂统、王朝长治久安之举。汉高祖刘邦以秦为鉴,

---

[1] 据《史记》卷6,《秦始皇本纪第六》载:"制曰:'朕为始皇帝,后世以计数,二世三世至于万世,传之无穷。'"
[2] 《汉书》卷43,《郦陆朱刘叔孙传第十三》。

初为汉王第二年（公元前205年），立嫡子刘盈为太子。[1] 三年后（公元前202年）刘邦即大位，刘盈称皇太子，是为汉惠帝。[2] 这一按照宗法制立嫡立长标准选择储君、公开册立的做法，成为中国封建社会解决皇位继承问题的一项基本规则，刘邦是实施这一规则的第一位皇帝。因此，中国皇位继承制度的确立稍晚于皇帝制度，是对皇帝制度的必要补充和完善。

一如皇权的出现与皇帝制度的建立同步，嫡长子皇位继承制度一经实施，储权随即产生。清朝康熙以前，嫡长子皇位继承制为历代大一统中央王朝所采用，前后长达1900余年。在这一漫长历程中，建储纷争、皇帝与储君的矛盾及储位之争多有发生，但表现形式、轻重程度及最终结果各异。册立储君后产生的储权，是引发上述问题的症结所在。

中国嫡长子皇位继承制度下的储权，在经历了近两千年的基本静止、稳定状态后，至清朝发生重大变化。

一、对储权的界定

储权即储君拥有的权力，它是由皇帝所赋予，处于皇权的支配与控制之下。

中国历史上存在过两种类型的储权。第一种是嫡长子皇位继承制下，通过皇帝册立储君而建立的储权（或可称之为公开的储权）；第二种是秘密建储制度下，通过皇帝写下传位密旨等方式，建立的隐性储权。[3] 自西汉初年实施嫡长子皇位继承制后，直到清朝康熙五十一年（1712）以前总计1900余年中，历代大一统中央王朝所建立的储权，均为第一种储权，即嫡长子皇位继承制下的储权。秘密建储制度下的隐性储权，只是在清代雍、乾、嘉、道诸朝存在过数十年。

上述两种储权的内容并不完全一致，但核心部分都是继承皇位的

---

1 据王国维考证，西周始行"立子立嫡之制"。参见《殷周制度论》，载《王国维学术经典集》下卷，南昌：江西人民出版社，1997年。
2 参见《汉书》卷1上，《高帝纪第一上》；卷1下，《高帝纪第一下》。
3 我曾认为，秘密建储制度取消了储权。后研读有关史料，继续思考，认识到秘密建储制度下存在隐性储权，它具有与嫡长子皇位继承制下的储权所不同的内涵和特点。试以此作为对清朝储权问题的进一步探索。

权力。

判断储权是否建立，即皇太子是否已拥有储权的标准是什么？对于这一问题，两种类型的储权具有同一标准和答案，即实施某种制度化措施，授予储君（包括密立储君）继承皇位的权力，并使储君能够在必要时顺利地行使这一权力。如果没有这种既授予储君继承皇位之权，又使储君能够顺利行使继承皇位之权的制度化措施，则表明储权尚未建立。

嫡长子皇位继承制下，公开册立储君，此即授予储君继承皇位之权。这是储权建立的标志。

秘密建储制度下，皇帝秘密决定储君人选，仅此尚未表明隐性储权的建立。唯有皇帝写下传位密旨后，实施相关措施，保证密立储君能够通过这一密旨，证明自己的皇位继承人身份，众臣能够以此密旨作为法定依据，拥戴原未公开身份的储君继承皇位，方是隐性储权建立的标志。

二、嫡长子皇位继承制下的储权

嫡长子皇位继承制下的储权，主要有两方面内容。

其一，继承皇位的权力。这是储权中最为重要的部分。当皇帝去世或朝廷出现其他变故，皇帝之位空缺时，储君作为王朝法定的、公认的皇位继承人，随即行使这一权力，在众臣拥戴下继承皇位，成为新一代皇帝。

其二，协理政务、监国、抚军的权力。这是由继承皇位之权而派生的权力。这一权力范围相对较广，如参与王朝重大决策，在皇帝外出时代理国政，随同皇帝出征，等等。此种事例在中国历史上有很多。如宋朝常以皇太子兼任京城开封府或临安府长官，元朝以皇太子兼任中书令，[1] 都是以皇储佐理国政的典型做法。至于建立东宫机构，则具有照料皇太子的生活、教育、辅导、保护皇太子，佐助皇太子行使储权的重要作用。

上述内容，反映了嫡长子皇位继承制下的储权具有的两项主要功能：一是传承皇权的功能，二是佐助皇帝处理国政的功能。传承皇权的功能，

---

1 参见朱瑞熙：《中国政治制度通史》第6卷《宋代》，第49页；陈高华、史卫民：《中国政治制度通史》第8卷《元代》，第65页；北京：人民出版社，1996年。

是储权最重要的功能。

皇帝授予储君继承皇位的权力,乃为传承皇权所必需;授予储君协理政务、监国、抚军的权力,除去以皇太子作为治理国家的助手外,其目的还在于培养、锻练皇太子的从政能力,为皇太子其后顺利地行使皇权做准备。

储权的两种功能,并非始终相统一,不是每一位储君都拥有完整的储权。如果储君被册立时尚在襁褓之中,直至皇帝去世,这位皇太子尚未成年,那么,他只有继承皇位之权,而无协理政务、监国、抚军之权,这时的储权便不会对皇权产生任何威胁。

中国封建社会中,皇太子被视为国本,"本一摇天下震动"[1]。唯有册立皇储,方能安定天下,稳固统治秩序,以不变应万变。即使皇太子尚是襁褓中的婴儿,也因"主器得人",得以"重万年之统","系四海之心","慰臣民之望"。[2] 这表明人们最为重视的,是皇太子所拥有的继承皇位之权,即储权的第一种功能。相较之下,皇太子协理政务、监国、抚军之权,即储权的第二种功能,往往成为促发皇帝与储君矛盾,引起统治集团内部权力之争,甚至造成社会动荡的一个更直接的因素。

但是,在嫡长子皇位继承制下,皇帝不可能按照个人意志,将皇储继承皇位的权力与皇储协理政务、监国、抚军之权截然分开。按照嫡长子皇位继承制的规则,皇储成人后,无不兼有这两项权力。所以,对于实施嫡长子皇位继承制的王朝来讲,储权既不可或缺,又有可能对王朝的稳定产生程度不同的负面影响。这是一个难以解决的矛盾。

储君一经公开册立,便拥有独一无二的名份、地位,以及仅次于皇权的权力,即储权。无论何种情况下,储君只有一人,所以同皇权一样,储权也具有独占性的特征。与皇权不同的是,从王朝内部权力分配的角度看,皇权至高无上,不受其他权力的制约,而储权则从属于皇权,受到皇权的约束,此其一。其二,秦朝以降,直到1911年中国皇帝制度终结,

---

[1]《汉书》卷43,《郦陆朱刘叔孙传第十三》。
[2]《清圣祖实录》卷58,康熙十四年十二月丁卯;卷56,康熙十四年六月癸亥。

在此 2100 多年间，皇权自始至终存在。可是，作为皇权先期形态的储权，从纵向看，必定晚于皇权而建立；从横向即每个朝代看，则有长短不一的储权空缺期。出现这种情况，或是由于皇帝尚未建储，甚至有意拖延建储（如明代万历朝前期），或是由于皇帝无子而无法建储。所以，相对皇权而言，储权的存在具有一定间隔性。

三、时有时无形态不一的清朝储权

在皇位继承方面，清朝与汉、隋、唐、宋、元、明等大一统中央王朝有很大不同：清朝实施嫡长子皇位继承制的时间很短；它创立了秘密建储制度，但在清朝后期又因种种缘故并未实施。所以，清朝储权不仅时有时无，而且兼有嫡长子皇位继承制度下的储权与秘密建储制度下的隐性储权两种形态。储权的时有时无和形态不一，是清朝皇位继承制度不同于其他大一统中央王朝皇位继承制度的一个突出特点。

自后金建立至崇德八年，总计 28 年（1616—1643），是清朝入关前时期。这一阶段内，清朝（后金）既无储君，亦无储权。

清朝入关后 268 年（1644—1911）历程中，先后交叉性地出现过四种不同情况：既无储君又无储权；嫡长子皇位继承制下册立储君，建立储权；秘密建储计划下虽有暗定储君，并未建立储权；秘密建储制度下密立储君，建立隐性储权。

1. 既无储君（包括暗定储君），又无储权（包括隐性储权）时期[1]

顺治元年至十八年（1644—1661），历时 18 年。

康熙元年（1662）至康熙十四年（1675）十二月册立皇太子，历时 14 年。

康熙五十一年（1712）十月二废太子至五十六年（1717）十一月实施秘密建储计划，历时 5 年。

---

[1] 凡册立（密立）储君之年，皇太子去世或废黜之年，以及复立皇太子之年，均不计入无储权之年；同、光、宣三帝均为皇帝或皇太后临终前被立为嗣君，随后即大位（三人中，同治帝从被立为皇太子至即位之间间隔相对最长，也只有两月余），故除外；允礽于康熙十四年（1675）十二月被册立为皇太子，溥儁于光绪二十五年（1899）十二月被立为具有储君身份的大阿哥，故康熙十四年与光绪二十五年也应做为既无储君亦无储权之年。

乾隆三年（1738）密立储君永琏病亡至三十八年（1773）冬乾隆帝第二次秘密建储，历时35年。

嘉庆元年（1796）至嘉庆四年（1799）秘密建储，历时3年。

道光元年（1821）至二十六年（1846）秘密建储，历时25年。

咸丰元年至十一年（1851—1861），历时11年。

同治元年至十三年（1862—1874），历时13年。

光绪元年至二十五年底溥儁被立为大阿哥（1875—1899），历时25年。

光绪二十七年（1901）十月溥儁被撤去大阿哥名号至三十四年（1908）光绪帝去世，历时8年。

宣统元年至三年（1909—1911），历时3年。

此外，康熙四十七年（1708）九月一废太子至四十八年（1709）三月复立皇太子前，在此5个月内，清朝也是既无储君又无储权。

清朝既无储君又无储权的时间，总计159年，占清朝268年历史的59.3%。这在秦以降历代大一统中央王朝历史上，是绝无仅有的。

2. 册立储君并有储权时期

康熙十四年十二月康熙帝册立嫡子允礽为储君至五十一年（1712）十月第二次废黜皇太子允礽，历时37年（其间有5个月既无储君又无储权）。

光绪二十五年十二月，慈禧以光绪帝的名义颁诏，立载漪之子溥儁为大阿哥，承继为穆宗毅皇帝之子，"为将来大统之归"。二十六年（1900）正月初一日大高殿、奉先殿、寿皇殿三处，"著派大阿哥溥儁，恭代行礼"[1]。这一举措虽然有其复杂的政治背景，其性质却是一次公开的建储。溥儁因此具有皇位继承人身份，亦即拥有继承皇位的权力。由于遭到西方列强、地方督抚以及士绅商人与民众的反对，慈禧被迫于光绪二十七年十月撤去溥儁的大阿哥名号。[2] 自是清朝又回到从咸丰元年（1851）起始，持

---

[1]《清德宗实录》卷457，光绪二十五年十二月丁酉。
[2]《清德宗实录》卷488，光绪二十七年十月壬子。

续将近半个世纪的既无储君又无储权状态。因此,光绪二十六年至二十七年(1900—1901),是清朝历史上第二次也是最后一次既有储君又有储权时期,历时仅2年。

此外,乾隆帝第二次实施秘密建储22年后,于乾隆六十年(1795)九月初三日宣布,密立储君皇十五子颙琰为皇太子,并以次年(1796)为嗣皇帝嘉庆元年。[1]虽然没有举行册立储君大典,但公开建储之举则向世人表明,皇太子颙琰具有继承皇位的权力。4个月(乾隆六十年九月至十二月)后,皇太子颙琰的储权完成向嘉庆皇权的转换。

清朝册立储君(公开建储)并有储权的时间,总计39年,约占清朝268年历史的14.5%。这在秦以降历代大一统中央王朝的历史上,也是绝无仅有的。

3. 虽有暗定储君而未建立储权时期

康熙五十六年(1717)十一月,康熙帝向众皇子与朝臣宣布了长篇谕旨,[2]这是他实施秘密建储计划的开端。六十一年十一月康熙帝病逝前,这一建储计划尚未完成。自五十六年十一月至六十一年十一月,即康熙帝实施秘密建储计划期间,清朝处于虽有暗定储君而未建立储权时期,历时5年,约占清朝268年历史的2%。这是嫡长子皇位继承制下的储权终结后,秘密建储制度下隐性储权建立前的一个过渡时期,应予以重视。

4. 实施秘密建储制度,建立隐性储权时期

雍正元年秘密建储至十三年(1723—1735)雍正帝去世,历时13年。

乾隆元年秘密建储至三年密立储君永琏病亡(1736—1738),历时3年。

乾隆三十八年(1773)冬第二次秘密建储至六十年(1795)九月结束秘密建储,宣布立颙琰为皇太子,历时22年。

嘉庆四年(1799)秘密建储至二十五年(1820)嘉庆帝去世,历时22年。

---

1 《清高宗实录》卷1486,乾隆六十年九月辛亥。
2 《清圣祖实录》卷275,康熙五十六年十一月辛未。

道光二十六年（1846）秘密建储至三十年（1850）道光帝去世，历时5年。

清朝密立储君，建立隐性储权的时间，总计65年，约占清朝268年历史的24.2%。

清朝上述四种情况，以既无储君又无储权的时期最长；其次为密立储君，建立隐性储权时期；再次为册立储君，建立储权时期；最短则是虽有暗定储君而未建立储权时期。

四、康熙帝的改革尝试

康熙帝是清朝第一位，也是唯一一位实施汉族传统建储制度嫡长子皇位继承制的帝王。中国历代大一统中央王朝中，他是第一位对嫡长子皇位继承制进行改革，既暗定储君又未曾建立储权的皇帝。

一废太子之际，康熙帝亲自撰写的告天祭文称："臣虽有众子，远不及臣。"[1] 这是他对众皇子的一个总体估价，意为诸子中并无一人真正为他所满意。可是，几乎与此同时，他又对大学士等说："朕为上天之子，朕所仰赖者为天，所倚信者为皇太子。"[2] 在他看来，储君之位不可无人，储权不可或缺。其后不足半载，便复立允礽皇太子。

嫡长子皇位继承制下建立储权所引发的弊端，在中国历史上最后一次实施该制的康熙朝得以充分暴露。[3] 所以，二废太子后，康熙帝虽已年近花甲，选择皇位继承人的需要愈益突出，但是他对是否建储采取了冷静、慎重的态度。

从二废太子至康熙朝终结的10年间（康熙五十一年至六十一年），康熙帝在皇位继承体制上进行的改革与探索，大体可分为三个步骤，即暂行取消储权，削弱储权，暗定储君而未建立储权。三个步骤是交错进行的。

康熙五十一年（1712）十月第二次废黜太子到五十六年十一月康熙帝

---

1 《清圣祖实录》卷234，康熙四十七年九月辛卯。
2 《清圣祖实录》卷234，康熙四十七年九月庚寅。
3 参见杨珍：《清朝皇位继承制度》第三章《嫡长子皇位继承制》（上）、第四章《嫡长子皇位继承制》（下）。

向众臣宣布长篇谕旨之前,历时5年。这是康熙帝深入思考皇位继承人问题,未行建储,暂时取消储权时期。

五十六年(1717)十一月,正在病中的康熙帝向众皇子和全体朝臣宣布长篇谕旨,作出皇帝全权决定储君人选,不容他人插手、干预,以及削弱储权的决策。[1]

谕旨表露出康熙帝急于建储的意向,但对于储君人选及建储日期只字不提。看来,康熙帝意在等到一切准备就绪,册立大典举行前夕,再宣布建储、公布皇储人选;在此之前,对有关事项严格保密。

上述情况也表明,康熙帝虽然对储权进行限制,仍拟册立储君,建立储权。秘密建储计划只是册立储君前的一个过渡性措施。

康熙帝从两个方面入手,逐步削弱储权。

第一,进一步强调皇帝与储君之间的主从关系,对皇太子的理政权力加以限制。针对大臣们"立储分理"政务的奏请,他明确表示,"天下大权,当统于一"[2];"天下大事,岂可分理乎?"[3]康熙帝认为建储后,皇太子只应在皇帝指导下,"赞襄"政务,决非"分理"国政。[4]在康熙帝的反复启发下,众臣又奏称:当皇上患病期间,"可命皇太子在皇上左右,禀承皇上指示,赞襄办理(国政)"[5],这一请求得到康熙帝的首肯。

第二,降低储君的礼仪规格。五十七年(1718)正月,康熙帝对"为请立皇太子之事而来"的大学士等人说,允礽做皇太子时,"服用仪仗等太为过制,与朕所用相等,致二阿哥习坏"。"天无二日,民无二君。名不正则言不顺",令众臣于未立之前,细查明朝会典及汉唐宋以来典礼,"预将典礼议定"[6]。这是削弱储权的又一个具体措施。

康熙帝旨在通过册立储君,授予储君继承皇位之权;同时适当降低皇太子的地位,削弱皇太子所拥有的协理政务、监国、抚军之权,以最大限

---

[1] 《清圣祖实录》卷275,康熙五十六年十一月辛未。
[2] 《清圣祖实录》卷275,康熙五十六年十一月辛未。
[3] 《康熙起居注》第3册,第2464页。
[4] 《康熙起居注》第3册,第2464页。
[5] 《清圣祖实录》卷277,康熙五十七年正月庚午。
[6] 《康熙起居注》第3册,第2485页。

度地减少储权对皇权的分割。可是，在嫡长子皇位继承制下，这些期望无法真正实现。

五十七年（1718）正月，大臣们"将皇太子仪仗服冠、一切应用之物及应行礼仪，俱查明裁减，定议具奏"。康熙帝认为"所议甚善"[1]。这意味着秘密建储计划即将完成，下一步即应举行立储大典。恰在此时，传来准噶尔军占领拉萨、控制西藏，青海、四川、云南等地受到严重威胁的消息。不久，这一危急局面又有进一步发展。[2] 新的情况迫使康熙帝暂不册立储君，继续实施秘密建储计划。所以，自五十六年十一月宣布长篇谕旨，实施秘密建储计划，至六十一年十一月康熙帝病逝，秘密建储计划被迫中止，是清朝虽有暗定储君而未建立储权时期。

五十七年（1718）十月，康熙帝任命皇十四子允禵为抚远大将军，派往西北前线，全面主持军务。自此直到六十一年十一月康熙帝去世，允禵一直在抚远大将军任上。康熙五十九年，允禵指挥清军收复拉萨，建立功勋。

综合各种情况，特别是根据目前仅存的有关满文档案，即允禵西征期间写给康熙帝的密折以及康熙帝的朱批、朱谕中所反映的情况分析，[3] 允禵是康熙帝晚年所属意者。他成为秘密建储计划中被暗定的储君，最迟不应晚于康熙帝向众皇子与朝臣宣布长篇谕旨，拟行册立储君之时。允禵在西北独当一面，主持军务达4年之久，掌有生杀予夺之权，并代表皇帝与西北少数民族上层人物多有密切交往，为争取他们对清朝的支持做了大量工作。实际上，允禵已部分地拥有抚军的权力。

需要指出，由于西部前线距京遥远，各种情况复杂多变，为保证西征之役能够顺利进行，康熙帝必须赋予允禵较大实权，使其能够及时处理重要军政事务。这既表明康熙帝对暗定储君十分信任，也为当时清王朝所进行的统一战争所必需，与其册立储君前适当降低储君地位、削弱储权的意

---

1 《清圣祖实录》卷277，康熙五十七年正月戊寅。
2 参见《清圣祖实录》277，康熙五十七年正月乙亥、二月壬辰；卷281，康熙五十七年九月甲辰。
3 详见杨珍：《满文档案所见允禵皇位继承人地位的新证据》，载《中国史研究》1990年第3期；《允禵储君地位问题研究》，载1992年《清史论丛》，沈阳：辽宁古籍出版社，1992年。

图并无矛盾。

虽然允禵在康熙朝晚期深受皇父器重，其威望超出其他皇子，甚至有的大臣在某些场合，已将他当作皇太子看待。[1]但是，这一切不能说明允禵已具有继承皇位的权力。康熙帝属意于允禵的同时，有否建立隐性储权，关键在于康熙帝是否写有传位密旨，并采取了保证允禵能够顺利继位的相关措施。

康熙帝去世前是否写有传位密旨？

据满文档案记载，雍正元年（1723）四月十四日，新帝胤禛对五弟允祺、七弟允祐等人说："尔等妃母均已高龄。先前皇考已于两处写有朱笔谕旨。见今尔等将妃母各自接回府中，也可问安侍奉，尽尔孝心。"[2]另据《雍正朝起居注册》载，四年正月，胤禛再次提及此事："朕即位后，恭检皇考所遗朱批谕旨，内有料理宫闱家务事宜一纸。皇考谕令有子之妃嫔，年老者各随其子，归养府邸，年少者暂留宫中。"[3]康熙帝既然对其身后如何安排妃嫔问题，事先在两处备有谕旨，以防出现意外时未及交代，那么，也应写有比安排妃嫔事更为重要的传位密旨，以备不虞。

可是，康熙帝并未采取与传位密旨相配合的其他措施。鉴于实施嫡长子皇位继承制期间诸子激烈角逐储位的教训，实施秘密建储计划后，康熙帝对保密的理解过于绝对化。他没有将已暗定允禵为储君这一重大决策，透露给任何人，即使写有传位允禵的密旨，也同样严格保密，不为人知。这种情况下，一旦他突然去世，传位密旨就有可能失去效用：如果继位者不是允禵，其他侥幸继位者发现这一密旨，将会立即予以销毁。

可见，康熙帝实施秘密建储计划过程中，倘若已属意于允禵，但未写有传位密旨，无从谈及建立隐性储权；即使康熙帝写有传位允禵的密旨，

---

[1] 《雍正朝起居注册》第1册，第228页载，雍正帝继位后指斥阿布兰："允禵自军前回时，伊独出班跪接，从来宗室公于诸王阿哥前，向无此例也。宗人府建立碑亭，翰林院所撰之文，阿布兰以为不佳者，再三另行改撰，并不颂扬皇考，惟称大将军允禵功德，拟文勒石。"参见许曾重：《清世宗胤禛继承皇位问题新探》，载《清史论丛》第4辑，北京：中华书局，1982年。

[2] 台北故宫博物院：《宫中档雍正朝奏折》第28辑（《满文谕折》第1辑），第374页，台北：台北故宫博物院印行，1980年。

[3] 《雍正朝起居注册》第1册，第662页。

如果并未采取相关措施,当他突然去世后,这一密旨无法成为其属意者继承皇位的法定依据。看来,无论康熙帝是否写有传位密旨,都没有建立隐性储权,并未授予他所属意者继承皇位的权力。从这一角度看,严格地讲,虽然允礽已为康熙帝所属意,并非真正具有暗定储君身份。

皇帝暗定储君后,是否建立了隐性储权,是将秘密建储计划与秘密建储制度相区分的一个标志,也是衡量秘密建储这一做法是否成熟、是否具有制度化特征的主要标准。秘密建储计划下的暗定储君虽然拥有部分抚军之权,可是,一旦皇帝发生意外,他便难以顺利继承皇位。秘密建储制度下的密立储君并不享有协办政务、监国、抚军的权力,但如果皇帝去世,无论在何种情况下,他都能名正言顺地继承皇位。

康熙帝将暗定储君与建立隐性储权这一密不可分的统一体割裂开来,因而导致秘密建储计划功亏一篑,彻底失败。这是康熙帝进行皇位继承制度的改革与尝试中的一个重大疏漏,也为秘密建储制度下隐性储权的建立,提供了宝贵的经验与教训。

五、秘密建储制度下的隐性储权

1. 雍正帝公开实行秘密建储,是隐性储权建立的标志

由于秘密建储计划存在上述重大疏漏,并非暗定储君的皇四子胤禛侥幸继承皇位,是为雍正帝。雍正帝继位初期,以允禩、允禟等皇弟为首的反对派颇有实力。这使雍正帝感到,必须尽快解决建储问题,方能稳固其统治。

雍正元年(1723)八月十七日,雍正帝召集全体朝臣,宣布秘密建储的决定与传位密旨的存放地,并在4位总理事务王大臣面前,将藏有传位密旨的密封锦匣,放置乾清宫正大光明匾额后。[1]

乾隆帝继位后曾透露,除上述举措外,雍正帝"又另书密封一匣,常以随身"[2],以便于其后能够以两份传位密旨互为验证。将保密与公开相结

---

1 《雍正朝起居注册》第1册,第83-84页。
2 《钦定古今储贰金鉴》卷首,《上谕》。

合，既秘密建储，又将这一决定公之于众，藏密于公开，这表明雍正帝的秘密建储思想具有一定辩证色彩，是对康熙帝关于秘密建储的认识过于僵化与绝对化的一种纠正和超越。

雍正帝虽然没有将秘密建储定立为一项制度，却已建立了隐性储权，原因如下。

雍正帝通过写下传位密旨，又将这一行为以及传位密旨存放处告知众臣的方式，使秘密建储具有与公开建储相同的效果。尽管他严格保密，未向包括密立储君在内的其他人透露储君人选（并非始终如此，见下文），但已秘密授予密立储君继承皇位的权力。因为密立储君及众臣均知已有传位密旨及其存放地，即使雍正帝发生意外，无法于生前完成皇位交接，密立储君仍能依据该密旨，名正言顺地行使继承皇位的权力，在众臣的拥戴下即帝位。这是隐性储权确已建立的重要根据。

雍正元年（1723）八月十七日雍正帝对众臣宣布秘密建储时，明确指出传位密旨或将"收藏数十年，亦未可定"。这意味着此旨很可能俟其临终前，方予公布，密立储君随即即大位。也就是说，与康熙帝只是将秘密建储计划作为一个过渡性的措施全然不同，雍正帝是要长期实施秘密建储。因此，他所建立的隐性储权，具有相对长期性与稳定性特征。

雍正帝并未将秘密建储定立为制度，不过，他的有关举措已显现出一定的制度化倾向。其后乾、嘉、道诸帝在此问题上都遵行成宪，并未对秘密建储的具体做法增加具有实质性的新内容。所以，清朝隐性储权的建立，应以雍正元年（1723）公开实施秘密建储为起始。

乾隆帝第二次秘密建储后说："朕登极之初，恪遵家法，以皇次子乃孝贤皇后所生嫡子，为人端重醇良，依皇考之例，曾书其名，藏于正大光明匾额后……前于癸巳年复书所立皇子之名，藏于匣内，常以自随。"表明乾隆帝第二次秘密建储时，并未将藏有传位密旨之匣置之于正大光明匾额后，只是将它"常以自随"[1]。嘉庆帝仿效行之，将"鐍匣"随身携带，即放在一

---

[1] 《钦定古今储贰金鉴》卷首，《上谕》。

位近侍的"身间"。[1] 道光帝如何存放传位密旨，尚未见到具体记载，估计与乾嘉二帝的做法大体相同。此外，乾隆帝第二次秘密建储后，以及嘉道两帝秘密建储后，都未像雍正帝那样，将秘密建储事向众臣宣布。这说明当秘密建储于乾隆朝被确立为制度后，皇帝写有传位密旨已是一项制度化行为，有无其他相关举措，不再成为能否保证传位密旨得以贯彻的重要环节。

2. 建立隐性储权的作用和意义

如果说嫡长子皇位继承制下的储权是储权的一般性形态，那么隐性储权则是储权的一种特殊形态。两种储权均以向皇权的转化为其发展方向。不过，秘密建储制度下的隐性储权，出现在中国储权终结前的最后阶段，比嫡长子皇位继承制度下的储权更为成熟。

隐性储权只具有储权的第一项内容，即储君继承皇位的权力，而且这一权力并未公开化，同时摒弃了储权的第二项内容，即储君协办政务、监国、抚军的权力。这意味着它仅具备储权第一项功能，即传承皇权的功能，且使这一功能处于隐性状态；不具备储权的第二项功能，即佐助皇帝处理政务的功能。

与储权相比较，隐性储权的建立为皇位的平稳交接提供了更有力的保障，而且更有利于维护统治集团内部的团结稳定，保持社会安定。这在实施秘密建储的雍、乾、嘉、道各朝，都得到充分反映。

雍正帝与嘉庆帝的去世都较突然，临终前均未言及皇位传承一事。由于两帝都已建立隐性储权，因而他们分别所属意的皇四子弘历与皇长子旻宁，都相当顺利地继承皇位，此即乾隆帝与道光帝。

隐性储权的建立，基本解决了自西汉初年实施嫡长子皇位继承制后，困扰历代统治者的皇帝与储君的矛盾及储位之争问题。它使嫡长子皇位继承制下皇帝与储君之间、储君与其他皇子之间、储君与大臣之间错综复杂的权力关系变得相对简单化，甚至为之增加了些许和谐色彩。

历代帝王对于建储，实则是对储权的第二种功能，即佐助皇帝处理政

---

[1] 参见包世臣：《清故予告太子太保文渊阁大学士食全俸晋太子太师在籍除名大庾戴公墓碑》，载《清代碑传全集》，影印本，下册，第802-803页，上海：上海古籍出版社，1987年；参见孟森：《明清史讲义》下册，第613-614页，北京：中华书局，1981年。

务的功能，大都怀有不同程度的抵触心理。如"唐宣宗闻裴休立储之请曰，'若立皇太子，则朕为闲人'。宋仁宗储位既定，郁郁不乐；宋英宗立皇太子后，泫然泣下……"[1] 皇太子则急欲早日继承皇位，如在储位长达三十余年的允礽，曾有"头白太子"的抱怨。[2]

秘密建储制度下，隐性储权即密立储君承继皇位之权，只有当皇位交接之际，这一权力方能显现并为密立储君所行使。在此之前，无论隐性储权建立之早晚，密立储君不具有嫡长子皇位继承制下的储君身份，所以不可能拥有超出一般皇子的地位与权力。因此，建立隐性储权后，皇帝既可放心身后之事，也不必担心密立储君对其至尊地位和权力产生威胁。

另一方面，由于是隐性储权，皇帝可以根据密立储君的表现，及时对储君人选予以更换，而且这一更换基本上不会对朝政产生影响。因是秘密建储，即使皇帝暂未建立隐性储权，也不致出现因无国本而人心惶惧，不利于政局稳定的负面效应。

由于密立储君的特殊身份不为人知，他与其他皇子之间是相对平等的关系，因而不可能像皇太子允礽那样，依恃储权肆意欺凌其他皇子的同时，自己也成为众矢之的。

康熙帝二废太子前，皇储矛盾日益尖锐，朝中形成两个权力中心，部分朝臣无所适从，故有"两处总是一死"的哀叹。[3] 而隐性储权只是在皇位交接时发生作用，并在皇位交接完成后立即转换为皇权。所以，密立皇储周围不可能聚集力量，形成皇太子党，众臣也不会因为夹在皇帝、储君中间，左右为难。

3. 秘密建储制度下隐性储权的局限性

隐性储权所具有的局限性，主要体现在以下方面。

第一，秘密建储制度中的保密性只是相对的，由于各种主客观因素的影响，很难完全兑现。康熙帝实施秘密建储计划中，虽然并未建立隐性储权，但也同样存在这一问题。

---

1 《清高宗实录》卷1067，乾隆四十三年九月丁未。
2 ［朝鲜］朴趾源：《热河日记》，朱瑞平校点，第323页，上海：上海书店出版社，1997年。
3 《清圣祖实录》卷251，康熙五十一年十月辛亥。

雍正帝的秘密建储做得相当周密，但是，他于雍正八年（1730）九月曾将传位密旨密示其亲信大臣张廷玉；十年正月又密示鄂尔泰、张廷玉两人，并对两人说："汝二人外，再无一人知之。"[1] 八年夏秋之间，雍正帝曾患重病，持续数月之久，他向亲信大臣"密示"传位密旨，含有托孤之意，反映出他对于能否通过秘密建储，顺利实现皇位传承尚缺乏信心。

乾隆帝实施秘密建储的时期最长，他建立的隐性储权所富有的隐性色彩也相对最强，基本做到"至严至密"[2]。然而乾隆六十年（1795）九月，当乾隆帝准备结束秘密建储，公开宣布密立储君颙琰为皇太子的前一日，宠臣和珅向未来的皇太子"先递如意，漏泄机密，居然以拥戴为功"[3]。这表明，乾隆帝还是对身边亲信之人（如和珅），透露了传位密旨。

某些客观因素，也使人们容易窥测出皇帝密立储君的意向。如嘉庆帝所属意的旻宁（道光帝）乃嫡长子，比诸弟至少年长13岁。嘉庆十八年（1813）九月发生癸酉之变，部分天理教徒攻入紫禁城。旻宁指挥追捕，立有首功，受封和硕智亲王。由于他在嘉庆帝诸子中最为突出，无论从哪个方面看，嘉庆帝所属意者非他莫属。再如道光帝考虑秘密建储时，实际上只能在年仅相差一岁的皇四子奕詝与皇六子奕䜣之间做出选择。其他皇子除去早卒或已过继他人（如皇五子奕誴）外，均尚年幼。显然，可供皇帝选择的储君人选范围愈小，皇帝意图为他人所窥知的可能性愈大。

第二，对密立储君的考察培养受到较大限制。

秘密建储制度的四项核心内容是，皇帝全权决定储君人选；既择贤而立，又优先考虑嫡长；对储君暗中培养和考察；对储君人选严格保密。然而在实施中，暗中培养考察密立储君与严格贯彻保密方针是一对矛盾，实施者往往顾此失彼，处于两难境地。

为了尽可能地不使密立储君的身份为人所察觉，雍、乾、嘉、道诸帝对其所属意者的培养考察，大都只限于令其代行祭祀或办理一般性事务，与对待其他皇子并无明显不同。可是，尽管如此，仍难以做得天衣无缝，

---

[1] 《张廷玉年谱》卷3，雍正十三年八月二十日条。
[2] 吴晗辑：《朝鲜李朝实录中的中国史料》第11册，第4879页。
[3] 《清仁宗实录》卷37，嘉庆四年正月甲戌。

大臣们还是可以从他们对密立储君的态度中，发现不同寻常之处而有所悟。[1]

只是暗定储君而未建立隐性储权的康熙帝，对其属意者允禵的培养考察力度，远远超出雍、乾、嘉、道诸帝对密立储君的考察培养。恰由于此，允禵在诸皇子中处于突出地位，人们普遍认为他将被立为皇太子。[2]于是，向与允禵要好的皇子允䄉、允禟等同他进一步结党，储位竞争对手胤禛等则对允禵十分忌恨。这在客观上加重了康熙朝晚年的储位之争，也对于雍正初年政局的稳定造成不利影响。

另一方面，拥有隐性储权的密立储君因无协办政务、抚军、监国之权，他所接受的培养锻炼受到较大限制。不过，先是拥有隐性储权，其后拥有皇权的乾、嘉、道、咸诸帝中，除乾隆帝外，其他三人在才力、气魄等方面，同清朝前期诸帝相比之所以有很大差距，其原因是多方面的。培养锻炼不够只是因素之一，并非起有决定性的作用。

第三，如果皇帝只有独子或无子，则无法秘密建储，建立隐性储权，咸丰、同治、光绪三帝是这种情况。宣统帝三岁继位，三年后逊位，建储事更无庸议。

第四，在能否受到官僚集团的一定制约方面，隐性储权的建立是一倒退。

嫡长子皇位继承制下，储君的选立相对公开。王朝最高统治集团不同派别成员从各自切身利益出发，常以各种方式介入皇位传承，影响、干预皇帝对储君的选择、废黜或改立。这在客观上能够部分地扼制皇帝独断专行，减少决策失误。

建立隐性储权暨秘密建储的全过程中，完全排除其他人的介入，一切由皇帝全权决定。如果为皇帝所属意者是一位品德或素质很差之人，这位密立储君继位后，将为国家的前途命运带来何种后果，实难预料。

隐性储权（秘密建储制）的建立，出现在皇权不断集中强化，最终达

---

1 参见杨珍：《清朝皇位继承制度》第五章《秘密建储制度》。
2 参见《文献丛编》第1辑，《允䄉允禟案·秦道然等口供》，第5、7页，故宫博物院文献馆，1930年。

于极致的历史进程中,又对这一进程起有推进作用。隐性储权具有更大的封闭性,它是中国皇帝制度下发展到极端状态的个人专制独裁,在皇位传承问题上的反映。

4. 皇帝、满汉官员、汉族士大夫对秘密建储暨隐性储权的看法

秘密建储是创始于康熙朝晚期,并经雍正帝改进,乾隆帝确立,嘉道两帝施行的制度。我们将秘密建储制与嫡长子皇位继承制进行比较,以揭示隐性储权在秘密建储制中的核心地位。所谓"秘密建储制"和"隐性储权",是我们的提法,非清人所言。清朝不同时期统治集团成员对秘密建储的看法,实际上也反映出他们对隐性储权的看法。

雍正七年(1729)七月,雍正帝处理陆生楠"诽议时政"案时指出:"建储之事,乃宗庙社稷万世之业所关,天下苍生万民之命所系也。倘不加慎重而所立不得其人,其后不易之而不可,欲易之而不可,以致激为多故者,前代史册历历可稽……我朝太祖高皇帝开创以来,未尝预建储位。而我太宗文皇帝继位丕承,恢弘大烈,世祖章皇帝绍业膺图,抚有中夏,圣祖仁皇帝深仁厚泽,御宇绵长。凡我朝圣圣相承,皆未由先正青宫而后践天位,乃开万世无疆之基业,锡亿兆臣民之洪庥。逮朕缵登大宝,承重熙累洽之盛统,七年以来,中外乂安,是我朝之国本有至深至厚者,愚人固不能知也。"[1]

雍正帝将他本人的建储与太祖、太宗、世祖、圣祖时有关情况相比拟,这与事实不符。他于元年(1723)八月公开宣布秘密建储,完全不能等同于清太祖努尔哈赤"未尝预建储位"。他既然已将皇四子弘历之名书之于传位密旨,又告知朝臣这一密旨的存放处,从而使弘历获得隐性储权,那么也就意味着弘历的继位与清太宗、世祖、圣祖等"皆未由先正青宫而后践天位",有很大不同。

陆生楠革职前任工部主事,对于雍正帝公开宣布秘密建储一事,应有耳闻。他在《通鉴论》中论及建储时,称"有天下者,不可以无本之治治之等语"。雍正帝认为,"其意借钩弋宫尧母门之事,以讥本朝不早建储

---

[1]《清世宗实录》卷83,雍正七年七月丙午。

贰"¹。陆生楠所言表明，这位汉官仍以是否符合汉族王朝传统建储制度为评判准则，看待雍正帝的秘密建储。

值得注意的是，针对陆生楠"讥本朝之不早建储贰"之论，雍正帝做出驳斥时，反复强调建储一事必须慎重，绝口不谈自己在6年前已实行秘密建储。这本是一个最有力论据，可使陆生楠之讥言不攻自破。

事实上，在雍正帝的思想中，并未将秘密建储的做法视之为建储。元年八月宣布秘密建储的决定时说："今朕诸子尚幼，建储一事，必需详慎，此时安可举行。然圣祖既将大事付托于朕，朕身为宗社之主，不得不预为之计。"²时隔7年，他在驳斥陆生楠时所透露的对秘密建储的看法依然如此："凡一州县之官，必欲得其人以治之，况储贰关系宗庙苍生，而可易言建立乎？设建之不得人，则必招天下后世以付托非人之议；建不得人而更易之，又起奸逆狂謷以轻动国本之讥；乃慎重详审，不早建储，又致陆生楠辈有无本之国之谤。"³

雍正帝秘密建储后直至去世，这是他唯一一次在公开场合论述建储问题。他并未意识到，实行秘密建储亦即建立了隐性储权，所以，不但未将秘密建储与未尝预建储位严格区别开来，反而将两者混为一谈。在他看来，只有公开册立储君，方是"先正青宫"；通过秘密建储而密立储君，尽管确立了"至深至厚"的"国本"，并非等同于"建储"。

雍正帝是秘密建储的第一位成功实践者。但是，他对于这一做法的认识，还停留在感性层面，且评估偏低。雍正帝之所以未将秘密建储定立为一项制度，也可由此找到部分答案。

经过多年的实践、思考，乾隆帝对秘密建储的认识比雍正帝大大深入了一步。可以概括为下述三个方面。

第一，在总结、批判以往历代王朝册立储君，招致不良后果的基础上，对秘密建储予以充分肯定。他指出："倘亿万年后，或有拘泥古说，复立皇太子之人，必不能安然无恙，及祸患既生，而始叹不悟朕言，悔当晚

---

1 《雍正朝起居注册》第4册，第2912页。
2 《雍正朝起居注册》第1册，第83–84页。
3 《雍正朝起居注册》第4册，第2913页。

矣"。基于这种新的认识，乾隆帝于乾隆四十三年（1778）将实施秘密建储，亦即建立隐性储权，定立为一项制度，命世代遵守[1]。

第二，认为秘密建储即是建储。他说，三十八年（1773）以秘密建储方式确定储君后，"虽未明诏立储，实与建储无异，但不似往代覆辙之务虚名而受实祸耳"。所以，"朕非不立储，特不肯效法立储之虚名，俾众人有所窥伺，致父子之间有责善则离之不祥耳"[2]。

第三，将秘密建储称之为"家法"，要求子孙后代遵守弗变的同时，又留有一定余地。他于四十八年（1783）九月至六十年正月的数次讲话中，流露出对秘密建储的做法并非十分自信。他说："此事朕亦不敢必以为是。其有欲遵古礼为建立之事者，朕亦不禁。俟至于父子兄弟之间猜疑渐生，酿成大祸时，当思朕言耳。"[3] 又说："即亿万年后，朕之子孙有泥古制而慕虚名，复为建立之事者，亦所不禁。但人心不古，如江河日下之势，父子之间，必有为小人构成衅隙，复启事端，彼时始信朕言之不爽，然悔已晚矣。"[4]

乾隆帝之所以采取较为慎重的态度，同下述情况有一定有关系。

乾隆四十三年（1778）九月，乾隆帝第三次赴盛京谒陵的归途中，辽宁锦县生员金从善上言"建储立后，纳谏施德"[5]，对乾隆帝迟迟不立储君"明肆诋毁"，认为这是"以不正之运自待"[6]。金从善此言是针对当朝尚未册立储君，因为他并不知道乾隆帝已行秘密建储。此事表明，传统的嫡长子皇位继承制观念在汉族知识分子头脑中根深蒂固，这是他们接受、认同秘密建储的一个障碍。此事也使乾隆帝认识到，以秘密建储替代嫡长子皇位继承制下的公开建储并非易事。于是以此为契机，连发两道谕旨，阐述

---

1 《清高宗实录》卷1067，乾隆四十三年九月丁未。
2 《钦定古今储贰金鉴》卷首，《上谕》。
3 《钦定古今储贰金鉴》卷首，《上谕》。
4 《清高宗实录》卷1220，乾隆四十九年十二月丁亥；另参见《清高宗实录》卷1486，乾隆六十年九月辛亥。
5 《清史稿》卷14，《本纪》14，《高宗本纪》5。
6 《清高宗实录》卷1066，乾隆四十三年九月乙未。

建储问题，宣布已行秘密建储，晓谕天下臣民，"俾中外知之"[1]。

四十八年（1783）乾隆帝审阅《历代职官表》的稿本时，发现编纂该书的大臣们对秘密建储的认识尚有偏颇，从而引起他的警觉与不安。

是年九月的一道谕旨指出："朕阅馆臣所进职官表志詹事府一门，其按语内称，詹事为东宫官属，我国家万年垂统，家法相承，不事建储册立。詹事府各员，留以备词臣迁转之阶等语……馆臣为无奈迎合谕旨，非其本怀耶？用是不得不再为明白宣谕……朕虽未有明诏立储，而于天祖之前既先为斋心默告，实与立储无异，但不似往代覆辙之务虚名而受实祸耳。"[2]

修书馆馆臣以汉臣居多。这些受到汉族宗法制传统的束缚，唯以宗法制核心嫡子继承制为是的书生，对于秘密建储的建储方式大都不能理解。在他们看来，如果"不明诏立储"，即使写有传位密旨，也与不建储无本质差别。他们虽然"迎合谕旨"，但是在其潜意识中，仍对嫡长子皇位继承制暨公开建储持首肯态度，依然认为不册立储君乃一大缺憾。乾隆帝就此反复阐述，却无法彻底扭转人们的上述认识。这种情况或对乾隆帝形成一定思想压力，甚至使他陷入既对秘密建储予以肯定，又缺乏充分自信，不敢"必以为是"的游移与矛盾中。

与汉族大臣形成对比的，是满洲大臣对于秘密建储的看法。

乾隆四十八年（1783）诸皇子、军机大臣、上书房总师傅等奉旨编纂《古今储贰金鉴》一书，两年后告成。书中编纂者所作按语称："建储密议，亦非廷臣所宜参预"，"储位重器，本非可宣言册立，集群议而用之也"。[3] 此与乾隆帝上述谕旨中表述的看法较为接近，主要反映了满洲贵族、上层满洲官员对建储问题的认识。显然，同汉族官员与士大夫相比，仍然受到满洲（女真族）不建储贰这一政治传统影响的满洲大臣，较易接受秘密建储这一新的建储方式。

以慈禧为代表的晚清最高统治者及满汉朝臣对于秘密建储的看法，也

---

1 《清高宗实录》卷1066，乾隆四十三年九月乙未；卷1067，乾隆四十三年九月丁未。
2 《钦定古今储贰金鉴》卷首，《上谕》。
3 《钦定古今储贰金鉴》卷6，《明·仁宗》案语。

很耐人寻味。

同治十三年（1874）十二月，尚无子嗣的同治帝病逝。慈禧力排众议，[1]立醇亲王奕𫍽与其亲妹叶赫那拉氏之子、年仅4岁的同治帝堂弟载湉"承继文宗显皇帝为子，入承大统"，[2]俟嗣皇帝生有皇子，"即承继大行皇帝为嗣"。[3]这使慈禧能够仍以皇太后的身份垂帘听政，又因嗣帝是其懿亲，且为幼龄，便于她继续独揽大权。这一做法进一步加重慈禧同慈安太后、恭亲王奕䜣等人的矛盾，也引起大臣们的不满。

按照慈禧的决定，光绪帝的长子一出生便具有继承皇位的权力，这实际上等同于公开建储，与秘密建储制度全然相违背。但是，当时人们所关注的是慈禧以解决皇位传承问题为手段，达到继续独揽大权的最终目的这一既定事实，却忽略了本可作为反对慈禧上述决定的一个最有力依据。这也反映出因连续两朝（咸丰、同治）未行秘密建储制度，统治集团成员对该制已较隔膜。

光绪五年（1879）闰三月，吏部主事吴可读以尸谏方式，"泣请懿旨预定大统之归"。他在遗疏中强调，父死子继是"我朝二百余年祖宗家法"，请求慈禧"再行明白降一谕旨，将来大统仍归承继大行皇帝嗣子"，以"正名定分，预绝纷纭"。[4]于是慈禧下达懿旨："此次吴可读所奏，前降旨时即是此意。"[5]

吴可读的遗疏与慈禧的懿旨，在客观上提醒了统治集团内部其他成员。他们开始意识到，"继统与建储，文义似殊而事体则一"，"从来人君子孙，凡言继嗣者，即指缵承大统而言"。虽然懿旨中"仅言继嗣，不标继统之名，而天下臣民亦隐然以储贰视之，是不建之建也"。[6]因此，在他们看来，这是一个关系到是否违背祖制的至要问题。

---

1 当时清廷内部酝酿的嗣君人选，包括奕䜣、奕䜣长子载澂等数人。参见杨珍：《清朝皇位继承制度》第六章第二节《内外矛盾交织下的皇位传承》。
2 《清穆宗实录》卷374，同治十三年十二月甲戌。
3 朱寿朋：《光绪朝东华录》第1册，第4页。
4 朱寿朋：《光绪朝东华录》第2册，第707、708页。
5 朱寿朋：《光绪朝东华录》第2册，第709页。
6 朱寿朋：《光绪朝东华录》第2册，第723、725、726页。

以礼亲王世铎为首的众臣遵旨会议后所上奏折，表述了自己的看法。时任国子监司业的张之洞相当直率地指出：懿旨中"即是此意"一语"见诸实事，则俨成一建储之局"，"我朝列圣以建储为大戒，高宗九降纶音，万分剀切。今若建之，有违家法"。[1] 翰林院侍读学士宝廷也对吴可读的建议不以为然："我朝夙不建储，可读岂未知之耶？"尚书徐桐、翁同龢、潘祖荫等人明确指出，应通过秘密建储的方式，解决这一问题："诚宜申明列圣不建储之彝训，将来皇嗣繁昌，默定大计，以祖宗之法为法，即以祖宗之心为心。总之，绍膺大宝之元良，即为承继穆宗毅皇帝之圣子。"[2] 御史李端棻认为："继嗣非建储，然合两次懿旨而绎之，则有类乎建储矣。建储非祖训也……惟有俟皇子众多以后，由皇上择定一人，秘禀慈闱，宫禁外朝，仍不宣播，以符不建储之旧制。"[3] 所谓由皇帝本人"默定大计"，在诸皇子中择定一人，除秘禀两宫太后外，对宫禁外朝严格保密，这种做法同乾隆帝所言"朕虽未有明诏立储，而予天祖之前既先为斋心默告，实与立储无异"的秘密建储宗旨，基本一致。

众臣奏闻后，慈禧仍以两宫皇太后名义再次下发懿旨，态度发生改变："前于同治十三年十二月初五日降旨，'俟嗣皇帝生有皇子，即承继大行皇帝为嗣'。原以将来继绪有人，可慰天下臣民之望。第我朝圣圣相承，皆未明定储位。彝训昭垂，允宜万世遵守。是以前降谕旨，未将继统一节宣示，具有深意。吴可读所请预定大统之归，实与本朝家法不合。皇帝受穆宗毅皇帝付托之重，将来诞生皇子，自能慎选元良，缵承统绪，其继大统者为穆宗毅皇帝嗣子，守祖宗之成宪，示天下以无私，皇帝亦必能善体此意也。"[4] 从嗣君（光绪帝）生下长子，立即"继大行皇帝为嗣"，成为未来的皇位继承人，改为嗣君将秘密从诸皇子中"慎选元良，缵承统绪"，被秘密选中的皇子在继承皇位的同时，方成为同治帝嗣子。这一重要变化

---

1 张之洞：《遵旨妥议折》，光绪五年四月初十日，载《张之洞全集》，第9-13页，石家庄：河北人民出版社，1998年。
2 朱寿朋：《光绪朝东华录》第2册，第723-724页。
3 朱寿朋：《光绪朝东华录》第2册，第730页。
4 朱寿朋：《光绪朝东华录》第2册，第731页。

为清朝继续恪守"不建储"家法扫清障碍,反映了满汉朝臣的共识。

显然,慈禧对秘密建储家法采取了实用主义态度,唯以是否有利于自己继续专权为取舍标准。满汉朝臣会议吴可读遗疏时,在一定程度上表现出对慈禧上述做法的不满。张之洞甚至在奏折中直言谕旨(懿旨)之非,指出懿旨中"即是此意"一语,"一言之微,语病重大"。[1] 众臣的上述表现,很可能得到慈安太后、恭亲王奕訢的暗中支持。慈禧迫于压力,不得不接受众臣意见,但时隔20年后(光绪二十五年,1899)又更进一步,公开建储,立溥儁为大阿哥。慈禧对祖制不屑一顾的态度和保证自己继续独揽大权的皇位传承主旨,再次显现无遗。

满汉朝臣"会议"吴可读的遗疏时,不提密立储君这一秘密建储做法,只是强调"我朝家法,不建储贰,此万世当敬守者"[2]。这并非是对秘密建储的否定,而是透露出其内心深处对于秘密建储的看法。

雍正帝公开实施秘密建储后,以陆生楠"讥本朝不早建储贰"为开端,汉族官员认为秘密建储并非建储。这一看法历时百余年,直到晚清时期,依然未有实质性改变。

满洲(女真族)社会本无宗法制度。清朝入关前两帝及顺治时期,皆未预立储位(预立储君),其实质是不建立储权。所以,康熙帝采用汉法,实施嫡长子皇位继承制,未能获得满洲贵族的理解和支持,这是该制最终失败的一个重要原因。不过,也是由于上述传统习俗所具有的潜在作用,康、雍、乾三帝在实施秘密建储计划或秘密建储中,不预立储君这一做法得到满洲大臣的认同。光绪五年(1879)满汉朝臣"会议"吴可读遗疏时,满洲大臣也以汉族王朝传统建储制度为衡量标准,无视乾隆帝关于秘密建储实与建储无异之论,认为本朝祖制是不建储。这是晚清时期,满汉文化进一步融合,儒家思想、宗法观念已为满洲上层所认同的一种具体反映。

清朝隐性储权(秘密建储)的建立,是对中国传统皇位继承制度做出的

---

[1] 张之洞:《请再降懿旨片》,光绪五年四月初十日,载《张之洞全集》,第13页。
[2] 朱寿朋:《光绪朝东华录》第2册,第723页。

重大改革与创新。清代政治史研究中,尚有不少需要在前人研究基础上,做进一步深入考察的重要领域,储权问题是其一。考察清朝储权的发展变化及其特点,有助于我们对清朝皇位继承制度不同于其他王朝之处,有新的认识。

第四节　从明朝内阁到清朝军机处的发展演变

明清两朝都处于中国封建社会晚期,历时约5个半世纪(1368—1911)。明清时期政治层面上一个显著特征是,明太祖朱元璋废除已存在1500余年的相权,王朝中枢辅政体制发生重大改变。在此基础上,经明清两朝统治者的改进补充与实践,中国封建皇权的集中与强化发展到极致。

明朝内阁与清朝军机处之间具有传承关系。从明朝内阁到清朝军机处的发展演变,从一个重要方面反映出明清皇权高度集中与强化的进程。

一、废除丞相制度与内阁制度的确立

明洪武至宣德时期,是明清皇权高度集中与强化的起步阶段,历经太、惠、成、仁、宣5帝,总计67年(1368—1435年),此为明朝前期。

公元前221年秦始皇创建皇帝制度的同时,确立丞相制度。丞相"掌丞天子助理万机",[1]"总百官,治万事",[2]"无所不统"。[3]其后中经两汉、魏晋、隋唐、两宋等朝,丞相的权势虽有变化,仍居政府首脑之位,皇权与相权的矛盾也始终存在。元朝,丞相权力愈益膨胀,"诸大小机务必由中书",除枢密院等少数机构"许自言所职,其余不由中书而辄上闻,既上闻而又不由中书径下所司行之者,以违制论"[4]。

明初承元制仍设中书省,丞相权力很大。如胡惟庸"独相数岁,生

---

[1] 《汉书》卷19上,《百官公卿表》。
[2] 《新唐书》卷46,《志》36,《百官》1。
[3] 《后汉书》卷54,《杨震列传》;卷44,《杨秉传》。
[4] 《元史》卷102,《志》50,《刑法》1,《职制》上。

杀黜陟,或不奏径行。内外诸司上封事,必先取阅,害己者,辄匿不以闻"[1]。鉴于元朝"纪纲不立,主荒臣专,威福下移"[2]的教训,明太祖朱元璋决意废除丞相制,并事先做了一系列周密准备。除去对中书省主要官员频繁调动、惩处外,又于洪武九年(1376)改行中书省为布政使司,终止中书省对地方的辖属关系;十年"诏臣民言事者,实封达御前"[3];十一年"命奏事毋关白中书省"[4]。逐步架空中书省后,十三年初朱元璋以"谋反"罪诛胡惟庸,罢中书省,废除丞相制;规定嗣君"不许立丞相,臣下敢有奏请设立者,文武群臣即时劾奏,处以重刑"[5]。与此相配合,"析中书省之政归六部",由皇帝直辖。将大都督府分为中军、左军、右军、前军、后军五都督府,"而征调隶于兵部",由皇帝亲自掌握军队调动权。[6] 又以相关机构为基础,于洪武十五年更置都察院,十年置通政使司,十四年复置大理寺,分掌纠劾、章奏、审谳平反刑狱之事。[7] 在此前后,朱元璋还对地方行政机构进行重大改革,以有利于中央集权。通过"上下相维,大小相制",保证"事皆朝廷总之"[8],皇权的集中与强化达到前所未有程度。

朱元璋是勤政之君。[9] 但是,因机务繁多,"密勿论思不可无人",于洪武十三年(1380)九月设四辅官,"隆以坐论之礼",命"协赞政事"。[10] 四辅官"皆老儒,起田家,淳朴无他长",加之"月分三旬,人各司之"[11],难以发挥"协赞"作用。故一年多后,这一建置被取消。此次不成功的尝试,透露出朱元璋对于建立新的中枢辅政机构所采取的主导方针:只是"协赞政事",尽量压低其地位,不赋予行政权力。

洪武十五年(1382)十一月,朱元璋仿效宋制,设置殿阁大学士。他

---

1 《明史》卷308,《列传》196,《奸臣》。
2 《明太祖实录》卷14,甲辰年正月戊辰。
3 《明史》卷2,《本纪》2,《太祖》2。
4 《明史》卷2,《本纪》2,《太祖》2。
5 《明太祖实录》卷239,洪武二十八年六月己丑;卷241,洪武二十八年九月庚戌。
6 《明史》卷72,《志》48,《职官》1;卷76,《志》52,《职官》5。
7 《明史》卷72,《志》48,《职官》1;卷73,《志》49,《职官》2。
8 《明太祖实录》卷110,洪武九年十一月辛巳;《皇明祖训·祖训首章》。
9 参见谈迁:《国榷》卷10,洪武三十一年闰五月丙子。
10 《明史》卷137,《列传》25,《安然传》。
11 《明史》卷137,《列传》25,《安然传》。

在《华盖殿大学士刘仲质诰文》中说："朕阅宋书，见尚文之美，崇儒之道廓焉……今特仿宋制，以诸殿阁之名，礼今之儒，必欲近侍之有补，民同宋乐，文同欧苏。"[1] 较之四辅官，殿阁大学士的职任有明显变化，即以词臣身份，作为"近侍"跟随皇帝身边。洪武时期，这些大学士侍帝左右，"官仅五品（按，这一品秩终明之世未变），特以备顾问而已，于政事无与也"[2]。内阁制度由此显露萌芽，但无论从其性质或建置而言，皆与其后的发展演变截然两异。

永乐时期是内阁制度发展历程中一个转折阶段。朱棣以藩王身份夺取其侄建文帝之位，由于缺乏建文朝臣的支持，因此重新组建一个完全由他本人指挥，对他忠贞不贰的得力助手班子，成为当务之急，这与清朝雍正帝创立军机处的政治背景有一定相同处。

朱棣即大位不久，择选职位低微、精明干练的解缙等7人入直文渊阁，"参预机务，谓之入阁办事"[3]，阁臣之预务自此始。[4] 内阁雏型显现之始，大学士一职具备两个特征。一是参预机务，所谓"诸臣从容密勿，随事纳忠，固非仅以文字翰墨为勋绩已也"[5]。这为阁权的发展扩大，埋下隐线。二是"入直"文渊阁而非日侍皇帝身边。内阁其后成为一个相对独立，界于内廷与外朝之间的中枢机构，于此初露端倪。

仁宣之际，内阁的地位进一步提高。大学士除去加尚书等衔外，"以太子经师恩，累加至三孤，望益尊。而宣宗内柄无大小，悉下大学士杨士奇等参可否"。于是"内阁权日重"[6]。宣德间还一反洪武、永乐时期"不置官属"的做法，"内阁置诰敕、制敕两房，皆设中书舍人"[7]。这是内阁建置方面一个重要改进。

---

1 《明太祖御制文集》卷3，《华盖殿大学士刘仲质诰文》。
2 赵翼：《陔余丛考》卷26，《殿阁大学士》；《廿二史札记》卷33，《明内阁首辅之权最重》。另据孙承泽《天府广记》卷10，《内阁》：洪武时大学士"不得平章军国事"。
3 万历《明会典》卷221，《翰林院》。又据《明史》卷73，《志》49，《职官》2：建文四年（1402）九月，成祖"特简讲、读、编、检等官参预机务，谓之内阁"。
4 《明史》卷72，《志》48，《职官》1。
5 《明史》卷147，《列传》35，《胡俨》。
6 《明史》卷72，《志》48，《职官》1。
7 《明史》卷72，《志》48，《职官》1；卷74，《志》50，《职官》3。

宣德时期还有两大突出变化。一是阁臣或亲信尚书可以"条旨",即"票拟",对"中外奏章"草拟意见后,"用小票墨书贴各疏面以进",供帝参考。[1] 二是除皇帝亲批奏章外,"皆秉笔内官遵照阁中票拟字样,用朱笔批行"[2]。宣宗赋予阁臣新的权力时,也相应提高司礼监的权力,以行牵制,故阁权与宦官的权力在同步增长。不过,"及遇大事大疑,犹命大臣面议,议既定,即传旨处分,不待批答"[3]。虽然以中官传旨,"必复奏始行"[4]。可见,宣宗对于权势渐增的阁臣与宦官是在严格控制下使用,从而基本保证了皇权的集中。

朱元璋罢中书省后半个多世纪内,取代丞相制度的新的辅政机构内阁制度逐步确立,内阁的权力与地位呈逐渐上升趋势。在此期间,明帝基本做到独掌中枢决策权力。"洪武中批答与御前传旨为一事,当笔所书,即天语也"。永乐、洪熙二朝,"每召内阁造膝密议,人不得与闻。虽倚毗之意甚专,然批答出自御笔,未尝委之他人"[5]。大学士虽然参预机务,皇帝仍亲理大政,内阁基本并未分削皇帝的权力。这是皇权高度集中与强化起步阶段的一个特点。

皇权高度集中与强化的起步阶段后期,由朱元璋、朱棣确立的一整套加强专制集权的规章制度,在贯彻实施中初步显示出功效。废除丞相制度后新的辅政机构基本成型,明朝的统治力大为加强,社会相对安定,经济恢复迅速,出现"永乐、熙宣之治"。可是,恰从此时起,明帝开始松懈,滋长高枕无忧思想,这在仁宣二帝身上已表现出来。宣德三年(1428)九月朝鲜《李朝实录》载:洪熙皇帝及今皇帝皆好戏事。"洪熙沉于酒色,听政无时,百官莫知早暮。今皇帝燕于宫中,长作杂戏。永乐皇帝虽有失节之事,然勤于听政,有威可畏。"[6] 朱元璋废除丞相制,基本解决皇权与相权的矛盾后,未料随之出现明帝大多懈怠的新问题。这一情况决定性地

---

[1] 黄佐:《翰林记》卷2,《传旨条旨》。
[2] 夏燮:《明通鉴》卷19,宣德元年七月壬子。
[3] 黄佐:《翰林记》卷2,《传旨条旨》。
[4] 夏燮:《明通鉴》卷19,宣德元年七月己亥。
[5] 黄佐:《翰林记》卷2,《传旨条旨》。
[6] 吴晗辑:《朝鲜李朝实录中的中国史料》第1册,第343页。

影响着明朝皇权集中与强化的进程。诚如孟森先生指出:"废相以后,嗣君能稍勤政,必无奸雄专弄之权。此太祖之特识也。然勤政正未易言,太阿倒持,终不可免,权相之外,又有权奄,事固有出于所防之外者矣。"[1]

二、阁权增长与相权的部分回归

从英宗至崇祯帝,总计 11 帝 12 朝,历时 208 年(1436—1644),占明朝 276 年(1368—1644)历史的四分之三。这是明朝的中期与后期,也是明清皇权高度集中与强化的徘徊阶段。

内阁制度于仁宣年间基本成型后,正统朝(1436—1449)是又一关键时期。

宣德十年(1435)宣宗去世,皇太子朱祁镇即大位,是为英宗。明朝十六帝中,英宗继位时年龄最小,不满 8 周岁。时,朝中凡"军国大事关白太皇太后。太后推心任杨士奇、杨荣、杨溥三人,有事遣中使诣阁谘议,然后裁决"[2],各衙门章奏皆送阁下票旨。[3] 票拟在正统年间成为定制,[4] 这对其后内阁的发展演变具有重要意义,也是阁权增长、相权部分回归的一个标志。

由于实行票拟制度,一应章奏先由大学士拟出处理意见,再由皇帝做出裁决,从而减轻皇帝料理国家日常事务的负担,使其能够集中精力考虑、处理军政要务,于加强统治、强化皇权实有裨益。可是,对怠政之帝而言,票拟制度为其委政于内阁找到借口。而内阁进一步参预国家机务,大学士的权力与作用大为提高,其结果是相权的部分回归。因此,票拟制度的实施引发皇权与阁权的矛盾,促使皇帝重用司礼监,以监督、牵制内阁。这导致司礼监的权力恶性膨胀,宦权与阁权的冲突日趋激烈。

景泰、天顺、成化、弘治、正德 5 朝,因皇帝勤、怠及倚信宦官程度不同,内阁权力又有消长变化,但总的趋势是进一步具有中枢辅政机构职

---

1 孟森:《明清史讲义》上册,第 67 页。
2 《明史》卷 148,《列传》36,《杨士奇传》。
3 何良俊:《四友斋丛说》卷 7,《史》3。
4 黄佐《翰林记》卷 2,《传旨条旨》:"正统后,始专命内阁条旨。"

能,地位日益上升。

嘉靖、万历时期,内阁辅政制度最终确定。主要反映在以下方面。

其一,内阁逐步带有丞相辅政体制的色彩,二者的差异渐渐缩小。有的阁臣自认为"今之内阁,宰相职也"[1],"虽无宰相之名,有其实矣"[2]。嘉靖帝也承认"内阁典司政本"[3],大学士"虽无相名,实有相权"[4]。

其二,首辅、次辅权力悬殊,前者专主票拟,"责任尤专"。"一时政治得失,往往视之为轻重。"[5]如首辅严嵩"独承顾问,御札一日或数下,虽同列不获闻"[6];首辅张居正"威柄之操,几于震主"[7]。

其三,内阁"历制六卿"[8]、统领部院之势已难扭转。各部之事,皆听命于阁下。[9] "部权尽归内阁,逡巡请事如属吏"[10],由侍郎、詹事入阁者,班皆列六部上[11]。

其四,内阁官署规制进一步完善。"初制规模甚狭",嘉靖十六年(1537)命工匠相度,以文渊阁中一间恭设孔圣暨四配像,旁四间各相间隔,而开户于南,以为阁臣办事之所。阁东诰敕房与阁西制敕房也一并加以修葺。至此"阁制始备"[12]。

内阁制度于嘉万时期最终确立后,泰昌、天启、崇祯各朝均无大的变化。但它始终不是中央一级正式行政机构,而与翰林院具有密不可分的关系。[13]

内阁成员办事之所,最终固定在午门内东南隅一座院落中,因位于宫

---

1 《明世宗实录》卷81,嘉靖六年十月辛未。
2 《高拱论著四种》,《本语》,第47页,北京:中华书局,1993年。
3 《明世宗宝训》卷6,《信任大臣》,嘉靖六年正月戊午。
4 《明世宗实录》卷517,嘉靖四十二年正月庚寅。
5 参见纪昀等:《〈嘉靖以来首辅传〉提要》,《四库全书》第452册,第421页,上海:上海古籍出版社,1987年。
6 《明史》卷308,《列传》196,《奸臣》。
7 《明史》卷213,《列传》101,《张居正》。
8 《明史》卷72,《志》48,《职官》1。
9 参见何良俊:《四友斋丛说》卷7,《史》3。
10 《明史》卷225,《列传》113,《杨巍传》。
11 《明史》卷72,《志》48,《职官》1。
12 孙承泽:《天府广记》卷10,《内阁》。
13 万历时所修《明会典》仍将"内阁"附入"翰林院"条目之下。

城之内，有别于设在紫禁城外的六部等外朝机构。另一方面，尽管大学士"授餐大内，常侍天子殿阁之下"[1]，但内阁所在地与皇帝寝宫乾清宫尚有一定距离，故不便于皇帝予以严密控制，与处于内廷的司礼监多有不同。所以，内阁是介于内廷与外朝之间的一个特殊机构。它是朱元璋废除相权，实行绝对专权后出现的新事物，不同于在此之前的中枢辅政机构。

明清皇权高度集中与强化的徘徊阶段，主要有以下特征。

第一，已被废除的相权以内阁制为附体部分回归。

朱元璋废除丞相制后，内阁制为适应皇帝绝对专权的需要而形成、发展，同时又逐步呈现内阁职权部分丞相化这一演变趋势。其突出表现是，"纶言批答，裁决机宜，悉由票拟"[2]。直到宋朝还保留的丞相对谕旨的"副署权"[3]，在明朝已成故事，而阁臣票拟从原则上讲只是提出参考意见，最终须经皇帝定夺。但是，国家一应机务首先是由内阁提出初步处理意见，再上报皇帝裁决，这就使内阁拥有较大主动权，得以"上佐万机，无专职，而其职无所不兼"[4]。这与唐宋以来凡批答臣僚章奏，"皆臣下代言，中书省、集贤院、翰林院学士专之"[5]，何其相似。事实上，一应机务皆由阁臣票拟，是丞相总理朝政的一种翻版，而首辅专权则是丞相制在新形势下通过此种特殊形式的局部再现。万历年间在华传教士利玛窦认为，"皇帝无权封任何人的官或增加对任何人的赐钱，或增大其权力，除非根据某个大臣提出的要求这样做"[6]。其看法有一定片面性，但高度集中的皇权竟"表现出一种消极的特征"[7]，却是不可否认的事实。

大学士同丞相一样具有封驳权，内阁可以封驳诏旨。如嘉靖初年，首

---

1 《明史》卷72，《志》48，《职官》1。
2 《明史》卷109，《表》10，《宰辅年表》1。
3 《宋史》卷166，《志》119，《职官》6，《节度使》："旧制，敕出中书门下，故事之大者使相系衔"；又参见毕沅：《续资治通鉴》卷3，太祖乾德二年正月庚寅。
4 《明穆宗实录》卷65，隆庆六年正月癸亥。
5 马禛峨：《策料》卷之下，《批答》。
6 利玛窦、金尼阁：《利玛窦中国札记》，何高济等译，第48页，北京：中华书局，1983年。
7 [美]牟复礼、[英]崔瑞德编：《剑桥中国明代史》，张书生等译，第554页，北京：中国社会科学出版社，1992年。

辅杨廷和"先后封还御批者四,执奏几三十疏"[1]。明朝阁臣封还诏书的事例,表明宰相制度下"人君以论相为职,宰相以正君为功"[2]的观念,依然深入人心。

相权的部分回归,是历史之必然。丞相制度存在将近 16 个世纪之久,作为中国封建王朝的主要中枢辅政形式,其组织建制、规章制度、运转程序等方方面面,都在统治阶层成员及地主士大夫思想中打下极深的烙印,成为一种根深蒂固的潜在意识,即相权意识,其本质是与皇帝绝对专权相对立的丞相主政观念。朱元璋废除丞相制度,但人们在千余年中形成的思想不可能随即发生变化。取丞相制而代之的内阁制度,无可避免地受到丞相制度多方面的影响,[3] 以致一些大学士下意识地以丞相自居,行丞相之事;而明帝同样下意识地将大学士视为宰辅,予以敬重。[4]

皇帝与官僚集团之间的斗争,始终围绕权力分配而展开,朱元璋废除丞相制度,表明皇帝取得重大胜利。然而这一斗争并未结束。内阁票拟制度的创建,在一定程度上,意味着明帝将本已收归己有的相权部分权力重新交付内阁。这与自仁宣二帝起,明帝荒嬉怠政日甚一日密切相关。显然,相权部分回归是明朝皇权集中与强化进程中的一次倒退,也是官僚集团在与皇帝的权力分配之争中获得的暂时进展。

第二,宦权恶性膨涨,朝中纷争不已。

内阁为明帝所创建,它作为皇权的附庸,为丞相制度废除后明帝施政所需要。可是,由于皇帝难以对其充分控制,加之明中、后期出现相权部分回归现象,因而内阁始终不能得到明帝的完全信任,故长期处于司礼监的监视、牵制下。

明朝内阁与宦权的关系始终密切,双方矛盾也最为尖锐。朱元璋曾铸铁牌,严禁内臣干政,然而其本人并未遵守,"中官奉使行事已自此始"。

---

1 《明史》卷 190,《列传》78,《杨廷和传》;另参见卷 217,《列传》105,《王家屏传》;卷 218,《列传》106,《沈一贯传》。
2 《明世宗实录》卷 81,嘉靖六年十月辛未。
3 我于 1990 年向许曾重先生请教朱元璋废除丞相制度及明内阁等问题时,许先生语。
4 明朝季年,刚愎自负的崇祯帝仍呼阁臣为先生,"以师席待诸臣"。参见李清:《三垣笔记》(不分卷),《附识》中,《崇祯》。

朱棣因在靖难之役中得到建文帝内监的帮助，故即位后专倚宦官，"中官四出，实始永乐时"。宣宗四年（1429）设立内书堂，"太祖不许（宦官）识字读书之制，由此而废"[1]。从英宗始，司礼监在中枢体制中的地位逐渐提高。明朝中期与后期，曾相继出现王振、汪直、刘瑾、魏忠贤等4个凌驾阁臣之上的权宦。即使是皇帝较为勤政，"最称官府一体"的弘治朝，凡"阁臣密奏与主上密谕，上下传达，必内臣数转而始得寓目"[2]。由于内阁之票拟，不得不决于内监之批红，于是"裁决归近习，辅臣失参赞之权，近习起干政之渐"[3]。内阁为维护自身地位，采取各种方式与内监周旋，以减少有碍其职能发挥的阻力。内监批红权与阁臣票拟权是明朝中、后期最重要的中枢辅政权力，内监与阁臣之间愈演愈烈的矛盾斗争，成为决定明朝政局走向及朝野稳定与否的重要因素。

丞相制废除后，朱元璋提高六部地位，扩大其职权，"以尚书任天下事"[4]，使其直接对皇帝负责。因此，尽管阁权不断增长，甚至"专制诸司"[5]，但内阁不是法定"政府"，指挥六部并非名正言顺。随着内阁"威权日盛"，侵越部权愈多，"谤议日积"，双方积怨甚深。[6]此外，阁臣内部尤其是首辅与次辅之间，也有矛盾。这些问题进一步增加了朝中纷乱。

第三，明中期以后皇帝多怠政，导致皇权不断削弱。

仁宣二帝后，除去个别人，多数明帝不务国事，委政于大学士与司礼监首领，其本人则燕居深宫。"自成化至天启一百六十七年，其间延访大臣，不过弘治之末数年，其余皆'廉远堂高，君门万里'"[7]。虽然内阁与司礼监基本上处于皇帝控制之下，但皇权已不可避免地被削弱。

明帝怠政却仍掌握大权，这种情况在世宗嘉靖帝身上最为突出。

嘉靖帝崇信方术，"一心玄修"。自嘉靖十三年（1534）以后，"凡

---

1 《明史》卷95，《志》71，《刑法》3；卷74，《志》50，《职官》3。
2 沈德符：《万历野获编》，《补遗》卷2，《内阁·内阁密封之体》。
3 《明史》卷72，《志》48，《职官》1；卷197，《列传》85，《霍韬传》。
4 《明史》卷72，《志》48，《职官》1。
5 《明史》卷72，《志》48，《职官》1。
6 何良俊：《四友斋丛说》卷7，《史》3。
7 赵翼：《陔余丛考》卷18，《有明中叶天子不见群臣》。

三十余年不视常朝,即岁时肄礼,惟讲会同之仪,而日朝之典,遂至无一人记忆。"[1]然而世宗专权的程度,在明帝中名列前茅,揽乾纲如帝者,"唯高文及帝数君耳"[2]。嘉靖时期,首辅严嵩深受倚信,俨然以丞相自居,"凡府部题覆,先面白而后草奏。百官请命,奔走直房如市。无丞相名,而有丞相权"[3]。可是,修玄西内的世宗"虽深居渊默,而张弛操纵,威柄不移"[4]。"御札至阁最多,及在西苑,则在直大臣,日承手诏"[5],以致"今之建议者,徒知批答当依内阁所条,而不知有面议传旨故事"[6]。世宗通过下达"御札",指挥以严嵩为首的大学士,遥控朝政。权倾一时的严嵩失宠后,一道致仕御旨,即剥夺了他的全部权力。[7]此外,世宗"驭内侍最严,四十余年间,未尝任以事"[8],他的专权方式与太祖、成祖大不相同。

明帝虽多怠政,其中嘉靖帝、万历帝甚至数十年不上朝,仍能较为牢固地控制对王朝的最高统治权。这一看似矛盾的现象,令后人感到疑惑,认为"主德如此,何以尚能延此百六七十年之天下而不遽失,诚不可解也!"[9]内阁在维护明王朝的统治方面起有重要作用,[10]这是因素之一。此外,洪武、永乐时期制定的集中与强化皇权的各种规制,被明中、后期诸帝奉为祖宗之法,遵行无误;明初二帝为其绝对专权所采取的种种残暴措施,对后人仍起有一定威慑作用。换言之,由于皇权的集中与强化具有制度保证,所以,尽管出现权相与权宦,二者却被限制在一定范围内,未能超越明初传统规制设定的藩篱。以宦权为例,无论明朝权宦如何不可一世,终究为明帝控于掌心,是明帝能够充分驾驭的工具。这与东汉或唐朝宦官任意废立皇帝的情况截然不同。

---

1 于慎行:《谷山笔麈》卷1,《制典》上。
2 谈迁:《国榷》卷64,嘉靖四十五年十二月辛丑。"高文"分指明太祖朱元璋、明成祖朱棣。
3 《明史》卷209,《列传》97,《杨继盛传》。
4 谈迁:《国榷》卷64,嘉靖四十五年十二月辛丑。
5 沈德符:《万历野获编》卷9,《内阁·亲书奏章》。
6 黄佐:《翰林记》卷2,《传旨条旨》。
7 《明史》卷308,《列传》196,《奸臣》。
8 赵翼:《廿二史札记》卷35,《明代宦官》。
9 赵翼:《陔余丛考》卷18,《有明中叶天子不见群臣》。
10 参见杜婉言:《论明朝内阁制度的特点》,载《中国史研究》1992年第4期。

明代中、后期，皇帝既通过阁、部、宦之间的矛盾以行牵制，又基本能做到将三方势力控制在一定程度内。但另一方面，皇权、宦权、阁权、部权之间矛盾交织，不同利益集团之间势同水火。严重的内耗极大地削弱皇权统治，成为明朝衰亡的原因之一。

第四，内阁制虽然备受掣肘，其自身也存在各种弊端，但对于维护明朝中、后期的统治，仍功不可没。

明初集中与强化皇权的制度和相关举措，乃以废除相权、建立内阁制为核心。这为明朝276年的统治构建了一个较为稳定的框架。因此，虽然内阁为皇权所控制，并受到宦权严重干扰，而且面临明中、后期皇帝大多怠政等情况，但它依然能够艰难地行使中枢辅政权力。"国家事务可以没有皇帝的亲自指导而继续进行"[1]，从而保证明朝对幅员辽阔、人口居世界各国之冠、社会矛盾日趋激化的国家实行有效统治，达两个世纪以上。不可否认，内阁作为明朝中枢辅政机制的轴心，对于协调朝中各个利益集团之间错综复杂的关系，遏制权宦势力，并尽可能地减少宦权对朝政的危害，发挥了积极作用。

虽然内阁与司礼监并为明帝委政之所在，但是，无论明帝如何信任、重用司礼监，终究无法以其取代内阁，而只能通过它对内阁实行监控。在机构性质、职能作用，所属成员的整体素质、综合能力、从政经验等等方面，内阁与司礼监之间皆有明显的高低之分，这是司礼监进一步扩展权势时不可逾越的客观障碍。

废除丞相制而实行内阁制，是朱元璋在中国封建社会进入晚期这一新的形势下，为巩固统治而采取的集中强化皇权之举。但是，取丞相制而代之的内阁辅政体制，实与朱元璋之初衷相差甚远。由于明中期以后诸帝大都怠政，只是被动地恪守不立丞相之祖训，导致相权部分回归；司礼监权力恶性膨胀，朝中政争迭起，统治力大为下降。

明朝中、后期的情况表明，内阁中枢辅政体制必须加以改进，方能符合中国封建社会晚期皇权高度集中与强化这一发展趋势的需要。明帝已无

---

1 ［美］牟复礼、［英］崔瑞德编：《剑桥中国明代史》，张书生等译，第557页。

能力完成这一任务,它历史性地落到清帝肩上。

三、清前期的中枢辅政体制

1644年明清易代,清朝定鼎北京。顺治元年至康熙六十一年(1644—1722)即顺康两朝,处于清朝前期,也是明清皇权高度集中与强化的推进阶段,历时79年。这一时期的特点是,中枢辅政建置呈现多元化,这些建置与皇权均为垂直性隶属关系;最高统治者重视皇权建设,在总结吸取明朝经验的基础上,开始对内阁制进行改革。

清太祖努尔哈赤于明万历四十四年(1616)建立后金,实行父家长制绝对专权,而体现氏族军事民主制思想残余的议政王大臣会议,是有碍汗权(皇权)集中的主要因素。清内阁前身文馆、内三院自建立时起,即掌控在后金汗(清帝)手中,以作为牵制、削弱议政王大臣会议的工具,这与明朝中后期内阁职权部分相权化的状况全然不同。

清朝入关初期的中枢辅政建置,首推议政王大臣会议。多尔衮在摄政时期(1644—1650)独掌清朝军政大权,议政王大臣会议一度成为他排除异己、扩充权势的工具。顺治帝亲政后,议政王大臣会议的成员大幅度增加,其原有职权基本恢复。"国初承前明旧制,机务出纳悉关内阁,其军事付议政王大臣议奏"[1],而"六部事俱议政王口定"[2]。出现这种情况的一个重要原因是,当时清朝由地方政权转变为全国政权的过程尚未最终完成,统一战争还在进行中,重大军政事务频繁出现,少年天子顺治帝仍须依靠议政王大臣会议参与决策,集思广议。

八年(1651)正月顺治帝亲政伊始,便以提高内三院地位,加强其辅弼之责,作为集中皇权的一个步骤。当月,移内三院衙署于紫禁城内原明朝内阁所在地。先是,部院事务俱诸臣面奏,经顺治帝面谕,"部臣识其所谕,回署录之票签,送内院照票批红发科"[3]。十年正月后,改为各部院

---

[1] 赵翼:《簷曝杂记》卷1,《军机处》。
[2] 谈迁:《北游录》(不分卷),《纪闻下·部院议政》。
[3] 《清世祖实录》卷77,顺治十年七月丁酉;卷71,顺治十年正月甲戌。

仍照常面奏，"上批满汉字旨，发内院，转发该科"[1]。可见，顺治帝已改变明中后期实行的章奏由阁臣票拟、皇帝在此基础上裁决批红的中枢辅政决策方式，而是直接听取部院大臣奏报，面授谕旨。无论部院诸臣所录票签或内阁批红，皆为转述皇帝旨意。这与明洪武年间凡章疏批答，御前传旨，大学士"当笔所书，即天语"的情形较为相像，然而相同的问题也随之出现。

由于章奏繁多，若全部于"奏事时奉御批"后发内院批红，顺治帝将不堪重负，况且御批送内院途中，"又恐易滋弊窦"。十年十月，顺治帝令大学士、学士等分两班入值太和门内，"本章或上亲批，或于上前面批，若有应更改之事，即面奏更改"[2]。这种御前票拟的做法，促使阁臣批审机务中必须按皇帝旨意行事，以保证皇帝乾纲独断。此举明帝亦曾行之，[3]但顺治帝使其更为规范化，并确定御前票拟的固定处所。十五年七月，改内三院为内阁，"大学士改加殿阁大学士，仍为正五品，照旧例兼衔"，并"设立翰林院"[4]。这是仿依明制，集中、加强皇权的又一措施。

十七年（1660）六月，顺治帝令于毗邻内廷的景运门内建造值房，选翰林官分三班值宿，随时召见顾问。[5]此可视为康熙年间南书房的雏形，反映出顺治帝拟在内廷设立一个由其本人直接领导的秘书班子的意图。

顺治帝之所以加强并重用内阁，不仅是为了逐步削弱议政王大臣会议的作用，更重要原因，是当时他与满洲贵族保守力量的代表孝庄皇太后及其亲信两黄旗重臣索尼、鳌拜等人的权力之争不断发展，双方关系日益紧张。这迫使他不得不倚靠内阁，抵制孝庄等人对政务的掣肘与影响。[6]

顺治帝亲政仅历十年（1651—1661），其一系列改进中枢辅政机构、强化皇权的措施，在他去世前尚未产生显著效果，但终究是一重要开端。

---

1 《清世祖实录》卷71，顺治十年正月甲戌。
2 《清世祖实录》卷78，顺治十年十月戊子。
3 参见焦竑:《玉堂丛语》卷3，《召对》。
4 《清世祖实录》卷119，顺治十五年七月戊午。
5 《清世祖实录》卷136，顺治十七年六月乙酉、壬辰。
6 参见杨珍:《清初权力之争中的特殊角色——汤若望与顺治帝关系研究之一》，载《清史研究》1999年第3期。

作为清朝入关后的第一位皇帝,顺治帝注重发挥阁臣作用的同时,并不委政于阁臣,始终坚持亲理机务,亲自批览本章。这一勤政作风为其后清帝所继承,对于清朝皇权的高度集中与强化,以及新的中枢辅政机构的建立,起有至要作用。

十八年(1661)正月,顺治帝病逝,继承人康熙帝不足7周岁,由索尼、鳌拜等四大臣辅政。四辅臣取消内阁,恢复内三院旧制(康熙帝亲政后于康熙九年八月重新改回),并一度控制朝政,掌握清朝实权。康熙八年(1669)五月,康熙帝清除鳌拜集团。在顺治帝已打下的基础上,康熙帝将改进中枢辅政体制,促进皇权集中与强化的进程继续向前推进。

康熙帝自亲政起,坚持御门听政,每日听取部院大臣奏事及科道各官条陈,数十年不懈。他重视发挥内阁的中枢辅政作用,"凡政事有可商酌,必召阁臣面议,亲加裁决"[1]。

顺康时期,内阁虽然在协理政务中发挥着越来越大的作用,但其权力较之明朝内阁大为削弱。

首先,"军国机要,主之议政处"[2],凡军国重务不由阁臣票发者,"皆交议政王大臣会议"[3]。明内阁权力中最重要部分,是对军国要事的票拟权,而清内阁无此权力。其次,顺康二帝皆孜孜求治之君,他们亲柄大政,亲决机宜,与明中、后期诸帝将政务一味委之内阁及司礼监的做法完全两样。如康熙帝所言:"部院诸事,朕尚与诸臣商酌之,惟军旅之事,皆出自一心筹划。"[4]对清朝阁臣而言,不仅票拟范围大为缩小,对其票拟事务所拥有的参决权,实际上也较明代降低。

尽管如此,康熙朝中期,随着内阁地位的提高,皇权与阁权的矛盾开始凸显,最突出的例子是大学士明珠任意指挥内阁票拟,暗中抵制皇帝旨意。[5]康熙帝虽然掌握决策权,但其所作决策通过票拟、诏敕等方式形成旨

---

1 《康熙起居注》第1册,第71页。
2 吴振棫:《养吉斋丛录》卷4,第41页。
3 昭梿:《啸亭杂录》卷4,《议政大臣》。
4 《清圣祖实录》卷243,康熙四十九年八月庚辰。
5 《康熙起居注》第3册,第1726–1728页;另参见《满洲名臣传》卷14,《明珠列传》。

令,向下贯彻施行这一环节,较大程度上是控制在大学士明珠手中,因而康熙帝的旨意在贯彻执行中受到干扰。二十七年(1688)二月,康熙帝将明珠罢黜大学士,并改组内阁,以一批老成持重、办事谨慎、才力平平之人充任阁臣。此后终康熙之世,在选用阁臣时,康熙帝始终坚持这一方针。皇权与阁权的冲突虽然得到缓解,但内阁处于紫禁城内边缘位置,相对独立,皇帝难以对大学士进行严格管理与控制,尤其是贯彻、执行皇帝决策这一重要环节,仍由内阁掌握。显然,由于自身建制的若干特点,内阁只要作为主要中枢辅政机构存在,就会具有残余的相权,阁权与皇权的矛盾无法根本去除。

康熙十六年(1677),康熙帝在乾清门内南庑设立南书房,"此儒臣入直内廷之始,其时特颁诏旨,皆词臣视草,非供奉文翰而已"[1]。南书房人员除为皇帝"讲求文义"外,还参与机密,撰拟谕旨,从而取代内阁大学士的部分职权。议政王大臣会议、内阁、南书房互有牵制,皇权得到加强。康熙朝南书房的建立,是对顺治末年翰林官分值景运门做法的继承发展,也为雍正朝军机处的建立提供了经验和借鉴。

值得注意的是,除去通过议政王大臣会议及南书房牵制、削弱内阁权力外,康熙帝晚年还重用诸皇子,使其参与政务。康熙帝每年离京往热河避暑期间,令诸皇子坐镇京师,综理国事。权势坐大的诸皇子为争夺储位,在朝中形成派别集团,致使康熙晚期政局呈现纷扰之势。另一方面,中枢辅政机构事权分散,虽然有利于皇帝的控制,但降低皇权运作效率等弊端亦显而易见。

经过顺康两朝的实践,清统治者积累了丰富经验。皇权集中与强化即将达到极致的政治态势,对清朝中枢辅政体制的改革提出更高要求,创立新的中枢辅政机构的时机已逐渐成熟。

四、军机处的建立与相权的终结

雍正元年至乾隆四十五年(1723—1780),是明清皇权高度集中与强

---

[1] 吴振棫:《养吉斋丛录》卷4,第47页。

化的高峰阶段,历时58年。在此期间,确立了与皇权运作更相适应的中枢辅政机构军机处,皇权的集中与强化达到顶点。

雍正帝在中枢辅政体制改革中取得突破性进展,为主客观多种因素使然。

雍正帝不是康熙帝生前所属意的接班人,其继位初期,曾为储位之争对手的允禩允禟集团实力犹存。加以康熙朝后期纪纲松弛,积弊甚多,清朝统治面临很大困难。这些客观情况促使雍正帝采取强硬手段,清除反对派,大力集中、强化皇权。雍正帝观察敏锐,果敢而有决断,故能大刀阔斧进行改革。同时,康熙帝于康熙五十一年(1712)所采取的一系列集中、强化皇权措施,也为雍正帝的有关举措打下基础。

由于"邪党众多,人心叵测"[1],雍正帝即位后,立即着手组建一个忠于其本人的助手班子。他在朝中主要倚用者,有怡亲王允祥、步军统领隆科多、大学士张廷玉、学士蒋廷锡等数人。因此,雍正元年至四年(1723—1726),他的身边逐步形成一批较得力的心腹,这是军机处的萌芽阶段。与此同时,雍正帝进一步在内外臣工中推广密折奏事,确立密折制度,并日渐加以改进,制定一系列规制,[2]以此作为及时了解内外信息、分化瓦解朋党、集中强化权力的重要手段。另一方面,密折制度的确立及实施范围的扩大,极大地加大皇帝亲批奏折的数量。无论雍正帝如何勤政,一个能协助他高效率处理政务的助手班子显然无可或缺。

清除朋党的斗争,于雍正四年(1726)基本结束。同年,雍正帝秘密作出征讨准噶尔部噶尔丹策零的重大决策,并开始进行各方面的准备。为此,在户部"别立军需房"[3],由允祥及张廷玉、蒋廷锡主管,"其西路办理事宜,则专于总督岳钟琪是任"。由于"王大臣等小心慎密,是以经理二年有余,而各省不知有出师运饷之事"[4]。雍正七年征准战役开始,"军

---

1 《清世宗实录》卷87,雍正七年十月丁未。
2 《清世宗实录》卷1,康熙六十一年十一月戊申;卷29,雍正三年二月丙子;卷84,雍正七年闰七月庚寅。
3 叶凤毛:《内阁小志》(不分卷),《军机房》。
4 《清世宗实录》卷82,雍正七年六月辛巳。

需房"由户部移至隆宗门内,即乾清门外西侧,以使"地近宫廷,便于宣召"[1]。所以,雍正四年至七年为军机处的成型期,它实际上是筹备西北军务的核心小组。八年夏秋之间(四月至九月),雍正帝一度病重。张廷玉、蒋廷锡等人不仅办理军需,还奉旨"办理一切事务"[2],"军需房"亦相应"易书军机房。渐又以房为处",军机处之称正式出现[3]。故雍正八年(1730)是军机处正式建立之时,上距朱元璋于洪武十三年(1380)废除丞相制,已整整三个半世纪。

雍正年间,军机处具有下述特点。第一,人员精干,于内廷办理军务,承写密旨,直接听命于皇帝。保密性强,办事效率高。第二,除上述雍正帝患病期间外,军机处只负责办理征讨噶尔丹策零的军机事务,并非综理一切军政要务,因而还未完全具备中枢辅政机构的职能。第三,尚处于草创阶段,有关规章制度并不健全。据载,雍正帝"每日见鄂文端、张文和二公议事,再同见诸军机大臣。散直后,文和在私邸与章京一人拟谕旨,次日呈进发抄"[4]。这种做法易于泄密,且不合规范。

乾隆帝继位初期曾一度撤消军机处,但他很快认识到军机处于加强皇权独具效用,故二年(1737)十一月予以恢复,并逐步进行改进完善。这是军机处建立与发展过程中的一个转折点,主要体现在以下方面:第一,军机处在皇帝的严密控制、直接指挥下,承担起辅佐皇帝处理全国一切重要机务的职责,成为政务"总会"之枢。第二,军机处与内阁有了明确分工。"诸臣陈奏,常事用疏,自通政司上,下内阁拟旨;要事用折,自奏事处上,下军机处拟旨,亲御朱笔批发。"[5]第三,军机处仍然是一非正式性机构,无正式衙署,军机大臣人数无定,由皇帝从大学士、尚书等亲信大臣中择选兼任。他们"每日召对,承旨遵办",于事不可擅作主张。如乾隆五十九年二月,军机大臣阿桂等因未遵旨缮拟申斥福康安徇庇戚属之

---

1 赵翼:《簷曝杂记》卷1,《军机处》。
2 《张廷玉年谱》卷2,雍正八年四月条。
3 参见叶凤毛:《内阁小志》(不分卷),《军机房》。
4 参见英和:《恩福堂笔记》卷上,《入军机而不许看折奏》。
5 《清史稿》卷288,《列传》75,《张廷玉传》。

旨进呈，乾隆帝令交部议处。[1]第四，建立有关规章制度，进一步加强其机密性并提高办事效率。如初授军机大臣，"许看折奏否，候旨遵行"[2]。"寄信"谕旨和"明发"谕旨的区处交递，各有严格规定，[3]"向例（密旨）撰定后次日进呈，自西陲用兵，军报至辄递入，所述旨亦随撰随进"。凡夜半"有军报至"，乾隆帝"亦必亲览，趣召军机大臣指示机宜，动千百言"。军机大臣随即撰拟，"自起草至作楷进呈或需一二时，上犹披衣待也"[4]。

军机处是在汲取历代王朝，尤其是明朝中枢辅政体制成败得失的基础上，建立的中枢辅政机构。它从出于内阁，又高于内阁，并不同程度地吸收了议政王大臣会议及南书房的特点与长处。表面上看，它的建立过程并不十分复杂，实则却是从朱元璋废除丞相制度后将近4个世纪内，明清两朝皇帝的统治经验与教训中总结提炼而成。自雍正帝创建军机处，至乾隆帝将此正式确立为一项制度，其间又经过长时期的补充、改进，方使它成为一个适合高度集权的封建专制政体运作的中枢辅政机构。

军机处最大限度地摆脱一千年多年来以丞相制为核心的中枢辅政机构旧有模式，创建了一个组织形式、人员构成、运转程序等各方面皆与之迥然不同的机构。皇帝将中央统治层中的得力骨干集中在一起，牢牢控制，直接指挥，从而能够更为迅速、全面地了解情况，制定决策，并高效率地加以贯彻。这是中国封建政治发展到最高峰的态势，在中枢辅政体制上的具体反映，同时也意味着相权的彻底终结。

军机处的出现绝非偶然，它是在中国封建社会晚期，社会矛盾日趋激化形势下，王朝统治者为了巩固自身地位而大力强化、集中皇权这一长期进程的一个必然结果。

清朝最高统治者是新兴少数民族满洲族中的精英。他们受汉族封建政治传统的束缚较少，善于学习，较汉族封建统治者更富有开拓精神，因而

---

1 梁章钜：《枢垣纪略》卷1，《训谕》。
2 英和：《恩福堂笔记》卷上，《入军机而不许看折奏》。
3 参见梁章钜：《枢垣纪略》卷22，《诗文》3，王昶《军机处题名记》。
4 赵翼：《簷曝杂记》卷1，《军机撰拟之速》、《圣躬勤政》。

在集中强化皇权、改进中枢辅政机构方面取得突破。

乾隆四十五年（1780）后，清朝皇权盛极而衰，康乾盛世开始走下坡路，明清皇权高度集中与强化的历程临近终点。这是多种因素综合作用使然，体现了事物自身的发展规律。但是，军机处依旧被作为"行政总汇"，在清朝日趋衰败的情况下继续发挥中枢辅政作用。清末官制改革时，仍保留军机处，直至1911年清朝灭亡。可见军机处自建立后，基本能够适应不同形势下皇权运作的需要，其作用为任何其他机构无法取代。

还需指出，自努尔哈赤于明万历四十四年（1616）建立后金，至道光二十年（1840）鸦片战争爆发，凡224年，其间8位清帝无不勤政，中国古代罕有其匹。与此相对照的是，自正统元年（1436）至天启七年（1627），凡191年，前后10位明帝均有不同程度的怠政，而且每况愈下，此亦为中国古代所仅见。清帝之勤勉与明帝之懈怠，对于明清两朝皇权高度集中与强化的进程，分别从正反两方面起有极重要的作用。

五、明内阁与清军机处的传承关系

朱元璋废除丞相制度，是中国封建皇权发展史上的重大事件。雍正帝创立适应皇权高度集中与强化发展态势的中枢辅政机构军机处，成功地解决了这一自朱元璋废除相权后遗留的难题。因此，洪武、雍正二帝是中国封建社会晚期皇权发展进程中的关键人物，或可与秦皇、汉武在中国封建社会前期创建皇权中的地位与作用相比。

明内阁与清军机处具有不可分割的传承联系，它体现出中国封建社会晚期最高统治者改进中枢辅政机构的一个完整过程。这一过程含括4个步骤，即4次重大建置改革：第一，皇权高度集中与强化的起步阶段（明初），废除丞相制，逐步代之以内阁制；第二，皇权高度集中与强化的徘徊阶段（明中期与后期），相权部分回归，内阁带有较重的相权痕迹；第三，皇权高度集中与强化的推进阶段（清初顺康两朝），中枢辅政建置多元化，内阁（内三院）权力大为削弱，但仍带有少量相权特征（如个别大学士把持朝政，指挥票拟）；第四，皇权高度集中与强化的高峰阶段（清雍乾时期），建立新型中枢辅政机构军机处，相权彻底终结。因此，内阁是中国封建社会晚期中枢辅政体制由丞相制向军机处演变过程中的机构,军机处则是废除丞相制,设立内阁这一创举的发展、改进和完善。明清两个大一统中央王朝的统治者历经漫长、曲折之路,中国封建社会晚期中枢辅政体制的重要改革方最终完成。

明内阁与清军机处均非法定的一级机构。两者是在丞相制度已被废除这一历史背景下,先后出现的封建王朝新的中枢机构组织形式。所谓非正式性,是它们与丞相制度下中枢辅政机构的重要区别所在。

作为皇权高度集中与强化历程中不同阶段的产物,明内阁与清军机处之间的差异是多方面的。

与明内阁相比较,清朝中枢辅臣在辅理政务中的自主权愈来愈少,参与机务的方式越来越间接。票拟虽然分别为明朝阁臣"平允庶政"[1]与清朝大学士"赞上理庶务"[2]的主要方式,然而清朝大学士的权势与作用已大为削弱。军机大臣则主要通过"掌书谕旨"、常值内廷以待召见的方式辅政[3],其作为皇帝秘书班子的特征相当突出。他们虽然奉旨议事,却是在皇帝耳提面命之下"襄赞机务"[4]。

明朝阁臣具有一定封驳权力。军机大臣完全不具备这一权力,在这方面甚至不如清初内阁大学士。[5]

明内阁不仅听命于皇权,而且受制于宦权。它既为维护明朝统治与政局稳定、巩固皇权所不可缺,同时也是导致明廷内部政争四起、人心涣散,致使皇权削弱的重要根源之一。明内阁权力的逐步增长意味着皇权的部分流失,从而延缓了皇权进一步集中与强化的进程。对比之下,军机处与皇权之间,尽管在中枢决策权力分配方面仍有潜在矛盾,但它已非独立的中枢辅政机构,只是承旨办事,于重大机务的决策权几被剥夺殆尽,对皇权的威胁降至较低程度。同时,它能够准确、迅速贯彻皇帝旨意,提高

---

1 《明史》卷72,《志》48,《职官》1。
2 光绪《清会典》卷2,《内阁》。
3 光绪《清会典》卷3,《办理军机处》;另参见《清史稿》卷114,《志》89,《职官》1。
4 参见庆桂等编纂:《国朝宫史续编》,第22页,北京:古籍出版社,1994年。
5 顺治年间有大臣奏请给予内阁封驳权,顺治帝同意采纳,未见实行。参见《清世祖实录》卷136,顺治十七年六月丁亥;卷137,顺治十七年六月己酉。

中枢辅政机构运作效率，从而推动皇权高度集中与强化的进程。

明、清内阁大学士或军机处大臣内，都曾出现权臣，但三者比较，明朝首辅严嵩、张居正等人的侵权程度，高于清朝阁臣明珠、索额图等人。而清朝军机大臣于敏中、穆彰阿等人的揽权干政，又不及明珠等人。足见，在明清皇权高度集中与强化的进程中，随着皇权强化程度的上升，明清中枢辅政大臣对皇权的威胁，已呈逐步减弱趋势。

明内阁与清军机处的办公地点及其办公处所规格，差异显著。已如前述，明内阁设在午门内东南隅一座院落中，清内阁仍之。军机处位于乾清门外西檐下，"直庐初仅板屋数间"，至乾隆帝方命改建成狭小瓦屋[1]。由此彰显了皇帝与军机大臣之间的主从尊卑关系。虽然军机处对维护皇权统治十分有利，发挥作用甚大，但其办公处所极其简陋，建筑规格被压得最低，这是在皇权高度集中与强化的高峰阶段出现的独特现象。

在明清皇权高度集中与强化的起步阶段，朱元璋、朱棣已有将中枢辅政机构人员置之于内廷的意图。洪武、永乐时期，尚处于雏型状态的内阁运作情况及大学士的职责，与清军机处及军机大臣颇多相似之处。可见，明内阁本来存在着逐步发展为同清军机处相类似的内廷中枢辅政机构的可能性。然而仁宣二帝已有荒嬉倾向，其后历代明帝怠政者多。明内阁的发展方向出现变化，最后成为介于内廷与外朝之间的中枢辅政机构，由司礼监部分地填补了内廷中枢辅政机构的空缺。自明朝中期开始，内阁与司礼监呈分庭抗礼之势，中枢辅政机构的双轨制已成定局。内阁在明朝皇权运作中发挥了中坚作用，但它始终受制于司礼监，二者争夺中枢辅政权力的矛盾与斗争日益激烈。它们之间虽然也有互相利用之处，曾交替出现一方压倒另一方的事态，然而从总体看，与皇帝关系更为密切的司礼监在这一较量中居于上风。

清朝的情况完全不同。由于军机处并不能完全取代内阁的职能，清朝中枢辅政机构形成二元化体制，而议政王大臣会议与南书房在中枢辅政中的作用逐步减弱，议政王大臣会议于乾隆五十六年（1791）被取消。形

1　参见赵翼：《簷曝杂记》卷1，《军机处》。

成对比的是，明内阁与司礼监之间权势差异相对较小，双方的冲突却很激烈；清军机处的权力、地位与作用均大大超出内阁，但二者配合默契。以军机处为主、内阁为辅，共同承担中枢辅政之任，完全排除内监插手的可能性。

明初废除丞相制后，明朝中枢辅政机构呈现由内廷向外朝转变趋势，出现介于二者之间的内阁；清朝中枢辅政机构则向相反的方向发展，出现内廷机构军机处。这一去而复返并非简单循环，它表明中国封建社会晚期的最高统治者通过创建军机处这一新的中枢辅政机构，终于找到促使皇权的集中与强化达于极至的一个有效机制。

结　语

本章从清朝入关前后妃制度从无到有、清朝入关后皇位继承制度的演变特点、清朝储权的消长变化、清朝军机处对明朝内阁的传承和发展等方面，考察清朝若干宫廷制度及其与皇权的关系。

制度属于上层建筑。经济基础的变化必然导致上层建筑的变化。明清易代，中国社会的经济、政治状况并未发生质的改变；但是，满洲入主中原后，其社会经济基础（包括生活方式和生产方式）发生了巨大变化。清朝在制度建设上有不少创新举措，可圈可点。本章析述仅以若干宫廷制度为例。

首先，清承明制，又变革明制，取长弃弊。这一特点在秘密建储制度的实施、军机处与内阁各司其职的中枢辅政机制的建置上，表现尤为突出。

其次，保持了鲜明的满洲特色。这在清朝后妃制度的发轫以及清朝不再公开建储、建立隐性储权等方面，得到部分体现。

再次，具有较强的变通性、灵活性。无论皇位继承制度或中枢辅政机构，均能根据不同形势下皇权运作的需要，进行改革、调整，从而对清朝皇权集中与强化的发展进程起到推进作用。

第三章

皇帝 大臣

本章研究对象,是清初顺、康、雍三帝以及十余位宫廷人物。他们在治国理政或为官为宦生涯中,均有一些引人注目的作为。对他们的人生片断进行考析,可展示清前期皇权政治的若干情况。

第一节 顺治帝的幼儿时代

一个人的幼儿期,是指从周岁至六七岁这段时间,它是人生的最初阶段,对于每个人的成长发育起有关键性作用。

相对跌宕起伏的漫长人生来说,幼儿期的生活是单纯的。不过,人们所处不同的历史环境与家庭背景,又使他们的幼儿时期千差万别,色彩迥异。像所有的人一样,封建帝王也有自己的幼儿阶段。以清朝入关后第一位皇帝顺治帝福临而言,[1] 他的幼儿生活,折射出17世纪前半期满洲社会部分风貌。

一、双亲

崇德三年正月三十日(1638年3月15日),福临生于盛京永福宫,排行皇九子。一年多前,他的父亲、后金国汗皇太极受尊号称"宽温仁圣皇帝"。其生母是庄妃博尔济吉特氏,即人们所说的孝庄文皇后。按照满洲习俗,家中生了男孩儿,门前要悬挂弓箭,俗称"公子箭",预祝孩子能

---

[1] 顺治帝"福临"一名,疑是崇德八年(1643)八月他即大位前后才有。满文档案记述崇德七年(1642)十二月皇太极率皇子等行围时,称"圣汗之五岁幼子方喀拉章京射杀一狍"。"五岁幼子方喀拉章京"即指福临。"方喀拉章京"(fangkala janggin)是满语,汉译"矮子章京"。"方喀拉"(fangkala),汉译"低矮的,矮小的,身小之人"。"方喀拉"是否是顺治帝的本名?需要发掘其他原始史料,再做定断。参见中国第一历史档案馆藏:满文内国史院档,崇德七年十二月(日期残缺);杨珍:《顺治朝满文档案札记》,载《满语研究》2015年第1期。

够成为好射手,还有为产妇驱邪之意。永福宫门前,当也高悬过公子箭,以期给这对母子带来好运。

福临出生时,父亲47岁,母亲26岁,双亲平均年龄36.5岁。其后三四年内,福临又有4位同父异母弟妹先后降临人世。皇太极与孝庄都是智商很高的人。福临先天较足,当无疑问。与大多数明清帝王比较,福临还有得天独厚之处。他的父亲是满洲人,而身为科尔沁贝勒寨桑之女的生母是蒙古族人。两个民族的混合血统,会使婴幼儿在智力发育及身体素质方面,具备更优越的条件。小福临十分聪颖,身心发育较早,之所以如此,除去其他因素,同上述父母情况也有一定关系。

据说清朝入关前,广宁(今辽宁北镇)有位持戒清严的苦行僧。他在圆寂前,忽然环顾四周,含泪而言:"又要累我到风尘走一遭。"说罢端坐而逝。恰在这一天,福临降生人世,"于是满洲贵族中传言福临是苦行僧转生"[1]。传说固然不可信,但时人不会想到,这位新生儿,后来果真与僧人结下不解之缘。[2]

幼时的福临与额娘一起住在永福宫,他生于斯,长于斯,"潜邸"的一切给他留下刻骨铭心的记忆。

清制,襁褓中的皇子、皇女与生母分住两处,由乳母、保姆等哺育、照料。福临亲政后,曾述及他继位初期时的情景:"睿王摄政时,皇太后与朕分宫而居,每致累月,方得一见,以致皇太后萦怀弥切。"[3]看来,他同生母本来同住一处,是在摄政王多尔衮的胁迫下,不得不"分宫而居"。皇子、皇女出生后同其生母分开居住的规制,是清朝入关后逐步实行。这种缺乏人道的做法,旨在保证妻妾更多地为皇帝生育子嗣。

永福宫是崇德五宫之一,由西侧福晋孝庄居住。永福宫除去正门外,"还有一内门,将一宫分为内外二室"。有研究者指出:"这大约是因为福临称帝后,虽在冲龄不能离母,但毕竟已贵为天子,所以将一室辟为二

---

1 陈文良主编:《北京传统文化便览》,第266页,北京:北京燕山出版社,1992年。
2 参见陈垣:《汤若望与木陈忞》,载《陈垣史学论著选》,上海:上海人民出版社,1981年。
3 《清世祖实录》卷143,顺治十七年十二月乙巳。

室,以便福临独居一处。"[1] 母子内外二室与母子分宫而居,乃有本质之别。

由于生在帝王之家,福临一落地便充当起皇子这一先赋角色。像所有的婴幼儿一样,福临也要首先经历社会化,即从"自然人"成长为"社会人"的过程。家庭环境潜移默化的影响,与父母、家人相处时的耳濡目染,则是一个人社会化的开端。

不过,福临的家庭环境以及他和家人的关系,在他的同龄人中具有特殊性。

作为清朝基业的开创者之一,皇太极戎马一生,日理万机,对于众多幼龄子女,不可能有充足的时间、精力予以充分关注。

皇太极共有15位妻妾,其中他最为宠爱的,是五宫后妃之一、孝庄胞姐关雎宫宸妃。

崇德二年(1637)七月,宸妃生子(排行皇八子),皇太极破例颁诏大赦。这是清朝第一道大赦令。诏书内称:"今蒙天眷,关雎宫宸妃诞育皇嗣,朕稽典礼,欲使遐迩内外,政教所及之地,咸被恩泽。"[2] 他将皇八子视为储嗣,既表明对新生儿抱有莫大期望,也体现出对爱子之母的一片痴情。关于此事,出使盛京后回国的朝鲜使臣向国王报告说:"闻长子不肖,故以上年所生子有立嗣之意。"[3] 可是,这位娇儿得年不永,于崇德三年(1638)正月亡故。此事对皇太极打击之重,影响之大,为时人所料未及。

皇八子死后第三天,正当皇太极为痛失储嗣忧伤难解之际,皇九子福临呱呱落地。仿佛正是为了替代早卒的小皇兄,他适时来到人间。其后历史表明,皇太极所属意的爱子未能继承父业,接踵而至的皇九子最终成为皇太极的接班人。但皇太极无法预料到这一切。

皇八子卒后,宸妃悲痛过度,于崇德六年(1641)九月十八日凌晨去世,年仅33岁。当时,皇太极正在指挥松锦之战,此役对明清双方具有重大意义。当他得知宸妃病笃,立即从前线连夜赶回,不料未至而妻亡。是日卯时他抵达盛京后,怀着迟来一步的终生遗憾与内疚,直奔宸妃生前

---

1 姜相顺、佟悦:《盛京皇宫》,第71-72页,北京:紫禁城出版社,1987年。
2 《清太宗实录》卷37,崇德二年七月壬午。
3 吴晗辑:《朝鲜李朝实录中的中国史料》第9册,第3618页。

所居关雎宫,在宸妃的灵柩前"悲涕不止"。皇太极这种不同寻常的哀痛之情,令大臣们深感不安。果然,皇太极经不住这一巨大精神创伤,随即病倒。尽管他为自己不能自持而"大悔",表示"从今当善自排遣"[1],内心始终难以放下,即使数月后的松锦大捷,仍无法冲淡他的哀思。翌年五月,他转告刚刚降清的松锦战役明军主帅洪承畴等,为自己的"反常"之举做出解释:"朕今日未服视朝衣冠,又不躬亲视宴,非有所慢于尔等也。盖因关雎宫敏慧恭和元妃之丧,未过期故耳。"[2] 早在六年八月,皇太极因连日流鼻血,被迫推迟赶赴松锦前线的行期。勉强启程后,"上行急,鼻衄不止,承以碗,行三日,衄方止"[3]。足见病情较重。未几,宸妃去世,皇太极悲痛之至,身体进一步受到损害。八年(1643)八月,皇太极去世,终年52岁。这种以情为上、为情所累的表现,与皇太极身为明清之际杰出政治家的形象似不相称。事隔十多年,这一幕又在其子顺治帝福临身上再次重演,更让人感慨不已。

福临出生后最初五年,双亲健在,这在他的一生中是仅有的一段时光,弥足珍贵。可是,皇父却处在先失爱子、后失宠妃的情感波澜中。这会影响到皇父对他的感情。福临出生后数年间,皇十子韬塞、皇十一子博穆博果尔相继出生。皇太极疼爱么儿之心,很快转向两位更小的皇子,特别是懿靖大贵妃所生皇十一子。对于这一切,小福临全然不知,王公大臣和后宫人员难有觉察。唯独他的生母孝庄或许有所感悟,却不露声色。

皇太极具有雄才大略,也具备一位优秀男子的特点与长处。但是,由于上述种种原因,在福临五六岁前,他对这一幼子的爱护和关怀可能有限,他所充任的皇父角色是不够称职的。另一方面,由于从小未曾得到充分的父爱,在福临内心深处始终对此怀有强烈渴望。

对于幼儿期的福临影响最大、所花心血最多之人,还是其生母孝庄,她是自己唯一亲子的保护人。

皇太极的五宫后妃中,孝庄年龄最轻。她虽然居五宫之末,但数年内

---

[1]《清太宗实录》卷57,崇德六年九月丙申。
[2]《清太宗实录》卷60,崇德七年五月癸酉。
[3]《清太宗实录》卷57,崇德六年八月壬戌。

（天聪三年至崇德三年，1629—1638）相继生育了4个儿女，在皇太极所有妻妾中生育次数最多。然而比她晚嫁9年的胞姐宸妃后来居上，更得皇太极的欢心，所生皇八子被视之为皇储，而她所生皇九子无此殊遇。这一事实会引起她难言的不满与焦虑，也会进一步激发她的争强好胜之心，使她暗自发奋，以待时机。当宸妃芳年早逝时，清皇室成员中心情最为复杂之人，大概要属逝者的这位胞妹了。

福临的出生让孝庄重新怀有希望。她已生过3个女儿，如今如愿以偿，有了亲子。更重要的是，此时皇太极虽然已有6位皇子，除去福临外，均由庶福晋所生，不在"贵显"之列；中宫皇后已届40，再生育的可能性较小；关雎宫宸妃、麟趾宫大贵妃和衍庆宫淑妃其后即便生子，排行乃在福临之下。所以，无论人们内心愿意与否，福临一出生便在诸皇子中占据了优势地位。

为了获位储位，孝庄必会竭尽全力培养教育爱子。与皇太极的其他妻妾相比较，孝庄独具培育幼子的有利条件。

天命十年（1625），13岁的孝庄嫁到后金。当时，后金汗的阿哥、福晋及其他女真贵族子弟都被要求学习文化，掌握国语（满语）。孝庄的陪嫁侍女苏麻喇姑，正是在陪伴女主人学习的过程中，练得一手漂亮的满文书法。由此可以想见，孝庄具有较高的满文化素养。福临出生时，孝庄未及而立，已历三朝（天命、天聪、崇德）。她很有心计，"无它好，独嗜书史"[1]。她的阅历、智谋和眼界都已超出实际年龄，在皇太极的众多妻妾中相当突出。

福临成人后忆及儿时情景，说孝庄对他"极娇养"，当是事实。福临毕竟是孝庄唯一的亲子，寄托着她的全部希望。不过，她对儿子并不一味溺爱。她的言传身教以及严格约束，对福临影响至深，这从福临六龄即位时的不俗举止中有所反映。[2]

顺治帝儿时所受双亲的爱抚与教育，主要来自额娘。他有这样一位总

---

1 张采田：《清列朝后妃传稿》传上，第30页；《内政辑要》卷首，顺治帝序文。
2 《清世祖实录》卷1，崇德八年八月丁亥。

体素质较高，既为慈母又似严父的生母，是很幸运的。

二、身边之人

在福临开始社会化的过程中，与他接触较多、对他产生较大影响之人，还有以下三类。

第一类，乳母、乳公和保姆。

福临的乳公、乳母主要有两对，即乳母李佳氏（李氏）、乳公满笃理和乳母朴氏、乳公哈喇。在他身边时间最长、彼此关系最为密切的，还是李佳氏及其丈夫。顺治十一年（1654）顺治帝第三子玄烨出生后，皇太后孝庄又选派朴氏去做幼孙的保姆。

母爱被称之为婴幼儿的第三大营养，是保证婴幼儿心理健康发育的重要因素。幼儿对母爱的需要，则称之为"皮肤饥饿"，必须以抚摸、拥抱和亲昵来满足，因为这是幼儿最能理解的方式。从出生到三岁，是一个人生命过程中最初阶段，此时对母爱的渴望尤为强烈。李佳氏与朴氏，特别是李佳氏在为襁褓中的福临进行哺乳时，不仅满足了小福临的生理需要，并通过肌肤接触使小福临饱尝母爱，这对他的幼小身心是最好的抚慰，对他其后的发育成长具有积极的影响。

在满洲（女真）社会，男婴满月后，常被放在摇车（悠车）内养育。摇车类如汉族之摇篮，但富有满洲特点："以筛扳圈做两头，每头两孔，以长皮条穿孔，内外用彩画，并悬响铃之类，内垫薄板，悬于梁上，离地三四尺。用带缚定小儿，使不得动，哭则乳之，不已则摇之。"[1] 福临儿时或曾坐过摇车，更多时候是被乳母们小心翼翼地抱在怀中。

明清两朝皇帝，尤其是清帝中，不少人对乳母的感情很深，福临乃其一。虽然他与其额娘及乳母同住一宫，由于哺乳的关系，他在两三岁前，最直接地给予他所需要的母爱，同时也被他视为最亲近的人，并非生母孝庄，而是他的乳母。

---

[1] 吴振臣：《宁古塔纪略》，《续修四库全书》第731册，第611页，上海：上海古籍出版社，2003年。

不过，乳母之爱与生母之爱，终究不能相替代。清朝入关后其他 9 帝，都是一出生后便离开生母，由乳母、保姆等哺育照料。福临十分幸运，他既由乳母哺育，生母又在身边，比起其他 9 位清帝，只有他充分得享母爱。

家庭氛围对于个人社会化的意义，是对幼儿的情感与爱的培养。一个人的感情能否正常发展，他能否理解爱，既懂得接受别人的爱，也能给予别人自己的爱，这在很大程度上取决于他儿时所处环境以及所接触的人。[1] 清朝入关后 10 帝中，福临的情感最为热烈奔放，能够不顾一切地追求爱情与个人的幸福。他对爱的理解，要比其他 9 帝深刻、真切得多。这其中固然有个人禀性、气质等多种原因，但是否也与他幼儿时期尽享生母、乳母双重挚爱，即初期社会化的过程及影响与另外 9 帝略有不同，有所关联呢？

以下事情，折射出乳母在他心目中的位置。

顺治十六年（1659）七月，郑成功率部进攻江南，围困南京。因清军多次失利，形势危急，顺治帝一时冲动，执意亲征。孝庄屡劝不果，便让顺治帝的乳母前去劝说。不料乳母的规劝使福临感到大失颜面，愈加恼羞成怒，甚至扬言威吓，要刀劈乳母。深谙福临脾性的乳母只好迅疾走开，以避其怒。[2] 史料并未指明这是哪位乳母，根据上述分析，很大可能是李佳氏。孝庄本人对儿子未能劝服之事，竟让乳母替己行之。可见她也清楚，虽然她与李佳氏的身份、地位有霄壤之别，但在亲情的天平上，对福临来说，乳母只是居于次位而已。正像当时供职清庭，与皇室人员相当熟悉的德籍传教士汤若望（Joannes Adam Schall von Bell）所言："乳母是被满人敬之如自己的生身父母一般的。"[3] 福临此次激怒的顶点，是发生在其乳母好言规劝之时。实际上，这是一个人在他最亲近的人面前，毫无顾忌、痛快淋漓的一次感情渲泄。果然，次日一早，当汤若望再去劝说时，福临已经冷静下来，汤若望很快达到目的。

---

1 参见郑杭生主编：《社会学概论新修》，第 117 页，北京：中国人民大学出版社，1994 年。
2 ［德］魏特：《汤若望传》，杨丙辰译，第 291 页。
3 ［德］魏特：《汤若望传》，杨丙辰译，第 290 页。

李佳氏逝于顺治十七年（1660）底。福临特命数月前曾为爱妃董鄂氏火化的禅师茆溪森，为乳母举行火化仪式；不久，顺治帝病逝，仍然是由这位他生前钦定的禅师火化。逝后火化是满洲的习俗，清朝入关初期仍之。皇帝、妃子以及皇帝乳母的火化事宜，均经一人之手，委实少见。这种三位一体的安排，也说明福临是将乳母视如至亲。

十七年十二月，礼部奉旨："乳母李氏，当朕诞育之年，入宫抚哺，尽心奉侍。进食，必饥饱适宜；尚衣，必寒温应候；啼笑之间，曲意调合，期于中节；言动之际，相机善导，务合规程；诸凡襁褓殷勤，无不周详恳挚。睿王摄政时……乳母竭尽心力，多方保护诱掖，皇太后眷念慈衷，赖以宽慰，即读书明理者，未必过是，此其贤德，今昔罕闻。"[1]此时，福临正处于失去董鄂妃的巨大悲痛中，距离他本人患痘疹而卒，仅仅相隔14天。在这种极其特殊的情形下，他仍旧不忘对死去的乳母给予褒奖，加以恩恤，可见对乳母感情之深。

李佳氏身世不详，从其姓氏看，是内务府包衣汉姓人。当她被选做福临乳母之际，必要忍痛抛下同样处于哺乳期的亲生骨肉。上述谕旨，反映出她淳朴敦厚、任劳尽责的品质。她的这些特点和长处，对幼儿福临会产生一定的正面影响。从某种意义上讲，她与朴氏等人也是小福临的启蒙老师。

朴氏之夫哈喇于顺治十一年（1654）七月去世。福临给礼部的谕旨中，称赞乳公"保护朕躬有年，忠勤素著"，著与谥立碑，以示旌恤之意。[2]由于乳母的关系，乳公也与福临十分亲近。哈喇等人更多地发挥对福临的护卫作用，还是在福临登极后多尔衮摄政的数年间。

乳母李佳氏、朴氏以及保姆叶黑勒氏逝后，均被安葬在清东陵风水墙外，夫妇合葬。她们三人先后被封为"佑圣夫人"、"奉圣夫人"和"佐圣夫人"。

第二类，扈从侍卫。

---

1 《清世祖实录》卷143，顺治十七年十二月乙巳。
2 《清世祖实录》卷85，顺治十一年七月丙申。

康熙五十六年（1717）五月，87岁高龄的孝陵守陵大臣古赛病重。他给陵寝官员的呈文中写道："古赛我自幼在盛京时，就在世祖近旁当差。跟随世祖来京城后，主子念我劳苦年久，授与员外郎。世祖龙驭上宾，我自愿来此地为主子永守陵寝，以报主子养育之恩。如今，我是快要入土之人，叩请俟我身后，将我最小之第三子，今年二十岁的色克替代老奴，承担清扫陵园、扫雪、割草等差役，继续为主子效力。"经康熙帝批准，色克"照孝陵之饭茶执事人缺额补用"[1]。古赛的最后一桩心愿得以实现。

古赛生于天聪五年（1631），长福临7岁。他在福临身边当差时，尚未脱离童稚。福临去世时，古赛31岁。他自请为顺治帝守陵，表明主仆关系相当亲近。所以，康熙帝继位后将古赛另眼相看，先是赏与一等侍卫品级，补放郎中，后又让他执掌孝陵关防，兼任太常寺正卿。古赛赴京师请安，奉旨入大臣之列，得享殊荣。古赛77岁时，以原品级休致，照食俸禄，赏戴花翎。顺治帝幼儿时期的扈从之人中，古赛应是颇具代表性的一个。

康熙前期孝陵守陵大臣伊里布，曾奏称"四代仰承主子养育深恩"[2]。他先是跟随努尔哈赤、皇太极，后又侍护少年顺治帝。伊里布生年未详，康熙二十四年（1685）去世。此外，福临死时"以身殉侍"的"贞臣"傅达礼，其墓虽然在孝陵近旁，但从碑文看，[3]尚非福临儿时扈从之人。

第三类，兄弟姐妹等同辈家庭成员。

除去早卒者外，福临共有5兄、12姐、2弟、2妹。他的三位同母所生胞姐，比他年长至少5岁以上，虽然感情上最为亲近，彼此不会有太多共同语言。与他的年龄比较接近的兄弟姐妹有8人。六兄高塞、七兄常舒和十弟韬塞，后来所封爵位不高，分别只是镇国公或辅国公。这除去三人的生母均为庶福晋外，或也表明，福临儿时和三位小兄弟的关系比较一般。十一弟博穆博果尔比福临小3岁，懿靖大贵妃所生，顺治年间封为和硕襄亲王，他与福临曾是一同玩耍的伙伴。此外，四位同父异母妹，可能

---

1 中国第一历史档案馆藏：满文朱批奏折，董殿邦等奏，康熙五十六年五月十七日。
2 中国第一历史档案馆藏：满文朱批奏折，董殿邦等奏，康熙五十六年五月十七日。
3 于善浦：《清东陵大观》，第224—225页。

也是福临儿时接触较多之人。

古今中外,年龄相近的幼儿不仅拥有共同的兴趣和爱好,也有不同于成年人的文化氛围、是非标准。在和家人、同辈人的相处过程中,福临逐步学会扮演各种社会角色,首先是家庭成员角色,了解并学习处理皇室大家庭中复杂的人际关系。这为他登极后逐步担负治国之任,奠定了最初步的基础。

三、游戏与骑射

作为新兴的北方少数民族,满洲人具有强烈的尚武精神,勇猛强悍,积极进取,淳朴率真。这些特点也体现在他们的情趣与喜好方面。每逢喜庆之日,闲暇之时,满洲人热衷于骑射角抵、演马冰嬉,既是练武,也是健身,寓教于乐,一举两得。

如崇德五年(1640)正月初二日,为了庆贺新年,皇太极于笃恭殿宴请诸王贝勒、文武群臣,"并阅力士角抵"[1]。七年(1642)正月,先后两次在盛京城南浑河河面举办冰嬉活动,"观蹴鞠之戏"[2]。皇太极的妻妾子女,也曾多次观看这类比赛或表演。

福临登极后,依旧喜爱并提倡冰嬉活动。在他的影响下,其后清帝继续保持这一"满州旧俗",冬季冰场演兵、举行"蹴鞠之戏"逐渐成为定制。

上述文体活动固然多姿多彩,但不适于幼儿参与其中。福临及其小伙伴们会做哪些游戏呢?

嘎拉哈,即为当时满洲社会中广为流行的儿童游戏之一。

"嘎拉哈"是满语嘎楚哈(gachuha)的转音,意为黄羊、獐子、狍子、猪、羊等动物的背式骨,即后腿关节的一块小骨头,也叫梭子骨。满洲旧俗,"以蹄腕骨随手摊掷为戏,视其偃、仰、横、侧为胜负,小者以獐,大者以鹿,莹泽如玉。儿童、妇女围坐,掷以相乐。以薄圆石击之,

---

[1] 《清太宗实录》卷50,崇德五年正月甲寅。
[2] [朝鲜]《沈阳状启》,第340、341页,辽宁大学历史系清初史料丛刊本。

则曰帕格"[1]。在室内玩耍嘎拉哈,玩法斯文,环境舒适,颇受女孩儿偏爱。清朝入关后,嘎拉哈游戏传入京城。直至20世纪六七十年代,北京中小学很多女孩子仍然喜爱这种俗称"耍拐"[2]的游戏,她们所用的大都是猪拐或羊拐。一种游戏能够易地流行三百多年,可见富有很强的生命力。

《柳边纪略》载:"童子相戏,多剔獐、狍、麋、鹿前腿前骨,以锡灌其窍,名噶什哈,或三或五堆地上,击之。中者尽取所堆,不中者与堆者一枚。多者千,少者十百,各盛于囊。岁时闲暇,虽壮者亦为之。"[3]这里所说"噶什哈",即"嘎拉哈"。

乾隆帝《御制吉林土风杂咏》第十一首《罗丹》云:"投石军中以戏称,手弹腕骨俗相仍。得全四色方愉快,何必三枭始绝胜。闺秀争能守炉火,儿童较远骤寒冰。无端胜负纷忧喜,獐鹿那知有许能。"此诗在"儿童较远骤寒冰"后有注释:"又有较远之戏,趋冰上,以中为胜,名为撒罕。"[4]"罗丹",满语lodan,意为鹿蹄踠骨,与"嘎拉哈"意同。"撒罕",满语sahan,意为玩背式骨游戏时,各站下码儿,即各占一个有记号的背式骨。

上面两条史料表明,在户外或在冰上投掷嘎拉哈,是清入关前满洲社会中盛行的一种娱乐活动,盛京漫长、寒冷的冬季,为此提供了理想环境。与大多数满洲男性幼儿一样,福临可能会对这种玩法更有兴趣。嘎拉哈游戏有助于锻炼准确的投掷力,更好地掌握箭法,而冰上投掷对提高耐力、增强体魄大有益处。

嘎拉哈游戏在北方少数民族中有着悠久历史,元史、契丹史中对此均有记载。考古工作者曾在黑龙江省绥滨县及阿城县的金朝墓葬中,发掘出以水晶、白玉和铜为原料,雕刻而成的嘎拉哈。[5]

骑射训练与跟随皇父围猎,为幼儿福临的生活添上最富特色的一笔。

崇德六年(1641)二月,皇太极告诫诸王贝勒大臣众人:"尔等何不亲

---

1 《钦定满洲源流考》卷20,《国俗》5,《杂缀》。
2 参见陈文良主编:《北京传统文化便览》,第482页。
3 杨宾:《柳边纪略》卷4。"麋",或指"麈",也叫"四不像"。
4 《钦定满洲源流考》卷20,《国俗》5,《杂缀》。
5 参见杨英杰:《清代满洲风俗史》,第239页。

率人习射耶？子弟辈壮者，当令以角弓羽箭习射，幼者当另以木弓柳箭习射……我国武功，首重习射，不习射之罪，非用烟之可比也。用烟之禁，前因尔等私用，故不能治人，至于射艺，切不可荒废，嗣后尔等当严加督率，互相激励。"[1] 皇太极是位务实而有远见之人。当年努尔哈赤以父祖遗甲十三副起兵，大败明军，统一建州女真，建立后金政权，无不依恃满洲八旗子弟的出色武功。在皇太极继承父业、扩大宏基、进取中原过程中，象征满洲实力的骑射技艺依然起有至要作用。因此，皇太极反复叮嘱宗室重臣"首重骑射"，并特别强调要从幼儿抓起。

当时，稚童习射在满洲社会中蔚然成风，这不仅是由于皇太极屡屡督责，更重要的则是客观环境使然。幼儿看到父兄频繁出征，或胜利凯旋，或阵前捐躯，这会促使他们生出忧患意识和责任感，立志仿效父兄，早日驰骋疆场。所以，他们开始"习射"时年龄之小，兴趣之浓，自觉性之高，是今人难以想象的。

皇太极所言"木弓柳箭"，即满洲人为幼儿初学射艺时特备的用具。"木弓"，满语称斐兰（filan），这是用桃木或柳木制做的无角面弓，也叫榆柳小弓。"柳箭"，满语为钮勘（niokan），是以柳条、艾秆做成的夹翎小箭，供小孩平日玩耍而用，也叫蓬矢。乾隆帝《御制盛京土风杂咏十二首》第四首《斐兰》云："桑弧蓬矢举惟男，示有事胥自幼谙。榆柳为弓驿角未，荆蒿作箭雉翎堪。二三卿士节权略，日夕儿童戏以耽。即此箕裘应共勖，进之观德更名谈。"此诗在"日夕儿童戏以耽"后有注释："我满洲以射为重，虽小儿嬉戏，亦习惯成自然云。"[2]

像所有满洲男性幼儿一样，福临儿时，必是木弓柳箭不离手，习练箭法从无懈怠。况且皇太极一向对皇子要求严格，希望他们成为众多王公子弟的表率，借以提高皇室的威信。

值得注意的，是福临及其小伙伴们初习箭法时的氛围和心态，这对于他们能否取得佳绩，起有重要作用。

---

1 《清太宗实录》卷54，崇德六年二月己未。
2 《钦定满洲源流考》卷20，《国俗》5，《杂缀》。

木弓柳箭是为孩子们特制,如果握在四五岁幼儿手中,还是显得过大过重。然而,父兄们跃马飞箭的英武形象,对福临等幼儿具有极大感召力,使他们对木弓柳箭早已心驰神往。受幼儿特有的好奇心驱使,他们渴望有一天自己也能拥有这一神奇之物。因此,当这一愿望终于实现,其幼小心灵获得极大满足,兴奋之状可想而知。最初的习练,又是在类似游戏的氛围之中,轻松愉快地进行,这种寓乐于练,活泼生动的习箭方式,符合幼儿的心理特点。他们在尽兴"玩耍"时,掌握了箭法,提高了射技,而愈来愈浓的习射兴趣,又使他们不嫌苦累,忘却枯燥,显现出在一般情况下,普通幼儿难以具有的承受力。

崇德七年(1642)十二月初二日,51岁的皇太极率领皇子及王公大臣从盛京出发,前往叶赫一带狩猎。五龄皇九子福临也行进在这支浩浩荡荡的队伍中。骑射本为一体,福临能跟随皇父长途围猎,表明他的箭术与骑术均已达到一定水平。

是月十二日,皇太极感到身体不适,随扈大臣奏请"停止行猎,车驾回宫,息劳静摄"。皇太极执意不肯。他说:"朕躬偶尔违和,岂可使如许从猎军士一无所获而遂空返耶?尔诸王、贝子、大臣等,率之行猎可也。"[1]

皇太极不愿空手而返,却又体力不支,处于进退两难中。恰在此时,一个出人意外的收获,打破了御营中的沉闷气氛,为皇太极带来欣喜。当狩猎队伍行至噶哈岭地方,九阿哥射中一狍,"众皆称异"[2]。于是,在诸王大臣盛赞小皇子的恭维声中,皇太极终于体面地结束了这次行猎。

福临的上述表现,不禁使人想起事隔37年后的一幕。康熙十八年(1679)六月初四日,在紫禁城的后花园景山,26岁的康熙帝玄烨,命6岁皇太子允礽骑射。允礽连发五矢,射中一鹿、四兔,玄烨"大悦"[3]。允礽此时的年龄,与福临当年相差无几。不过,两次射猎的外部环境以及由此决定的难度颇有不同。

---

[1] 《清太宗实录》卷63,崇德七年十二月丁丑。
[2] 《清太宗实录》卷63,崇德七年十二月丁丑。
[3] 《康熙起居注》第1册,第415页。

景山是皇家御园，园中动物乃人工饲养，专供清帝射猎之用。皇太子允礽在此骑射，不仅安全无虞，相对狭小的地点和空间也为其具有较高命中率提供了保证。其祖福临射狍，全然是另一番情景。

噶哈岭这一地名，在今日地图上似难寻觅。可以想见，当年此处山峦起伏，道路崎岖。幼儿福临跃马行此险路，已属不易，何况在疾驰中射中猛兽。他的身边虽有侍卫防护，但面临的危险依然很大。后来康熙帝也让年幼皇子参加塞外行围，可谓满洲传统，祖孙相承。

四、文化熏陶

清朝入关前，满洲文化兼具北方游牧文化与中原农耕文化双重特质，而前者占据更主要位置。文化既为一种历史现象，也是一种特殊的社会体现形式。当时满洲社会中盛行的角抵、冰嬉、嘎拉哈、骑射等活动，与满洲先世女真人世代以渔猎、采集为主，兼及畜牧和农耕的生产、生活方式，有着密切联系。福临从小生活在满洲社会固有的文化氛围中，无时无地不受到它的影响。所以，他的幼儿期也是一个接触、学习社会文化的过程，他的玩耍、游戏以及骑射活动，折射出满洲文化的浓郁特色。

语言文字是文化的重要内容，在幼儿成长及社会化的过程中，起有重要作用。幼儿早期的发育情况表明，自出生至两三岁，是最佳学语期；3岁时，已能基本掌握口头语言；4~5岁，则是学习、掌握书面语言的最佳年龄。福临是在乳母李佳氏等人的怀抱中，在生母孝庄的循循善诱之下，呀呀学语，会道能言。因身边的人们无不讲满语，他首先模仿并掌握的语言，自然也是他的母语满语。

满洲原无文字。明万历二十七年（1599），努尔哈赤命额尔德尼和噶盖等人在蒙文字母的基础上，创立满文，并开始推广使用。天聪六年（1632），皇太极命达海等人对老满文进行改进，使之成为有圈点的新满文。福临出世时，新满文已诞生7年。"国语"十分出色的孝庄及其侍女苏麻喇姑，都曾手把手地教福临书写满文。

皇太极继承汗位后，为巩固统治，加速后金政权的进一步封建化，采取了多种措施，如设立文馆，重用儒臣，尊孔重道，大量翻译汉籍等。天聪五年（1631），皇太极指责诸贝勒大臣中"有溺爱子弟，不令就学者"，明令"自今凡子弟十五岁以下，八岁以上者，俱令读书"[1]。三年后，后金首次举行了科举考试。这是学习、接纳汉文化的开端。

清朝入关前，满洲（女真）社会的主文化依旧是以本民族的语言文字、生活方式、社会习俗以及价值观为主导地位的满洲文化。所以，在福临最适宜学习、掌握书面语言的幼儿时期，只是学了满文，并未系统地学习汉语文，更谈不上习读汉籍。福临成年后，曾对僧人木陈忞说："朕极不幸，五岁时先太宗早已宴驾，皇太后生朕一人，又极娇养，无人教训，坐此失学。年至十四，九王薨，方始亲政。阅诸臣奏章，茫然不解，由是发愤读书。"[2]所谓"失学"，主要指他即位后至亲政前的有关情况。对于自己在幼儿时期未习汉文，福临深感遗憾。

五、客观环境对体魄、个性的影响

福临幼儿时代所处客观环境，对于他的身心发育也具有一定影响。

如果对比清朝入关后10位皇帝青少年时期的画像，不难看出，顺治帝福临最为硕壮，很有阳刚之气，其他9帝多数显得略为瘦削或文弱，即使是文武兼备的康熙、乾隆祖孙亦莫能外。一个可能的原因是，福临虽然生长在盛京皇宫，当时尚无严格的宫廷规制。其他9位清帝，多数是在制度严整、禁约繁多的紫禁城内度过幼儿时光。相较之下，顺治帝幼儿时期在各方面所受约束较少，户外活动多，活动空间更为广阔；因为尚未接触儒家典籍，也不会像其他9位清帝，从小被灌输儒家思想，受到封建正统说教的束缚。

此外，户外或冰上投掷嘎拉哈等活动以及长途骑射，不仅可以提高幼儿的身体素质，也培养了幼儿的竞争能力和吃苦耐劳精神。清朝入关后，皇子自幼都要进行骑射训练，以示不忘家法，但大多是循例为之，与福临儿时发自内心的渴望以及由此而生的主动性和极大兴趣大有不同。两种心

---

[1] 《清太宗实录》卷10，天聪五年闰十一月庚子。
[2] 木陈道忞:《北游集》卷3，《奏对别记》上，载《禅门逸书》续编第10册，台北：台湾汉声出版社，1987年；参见《陈垣史学论著选》，第450页。

态驱使下的习练结果，也就不言而喻了。

福临初次跟随皇父长途行猎时的年龄，是10位清帝参与同类活动中最小的一位。换言之，他是10位清帝内年纪最小便策马扬鞭，奔驰在旷野密林之中，搭弓射箭，风餐露宿，接受大自然洗礼之人。经常性的户外活动，较早的行猎锻炼，为福临其后的身体发育，打下良好基础。福临刚刚告别童年，便已具备伟岸强健的男儿体魄，并非偶然。他在青年时期因染天花而早逝，另当别论。

个性，是指一个人各种心理特征的综合，其中又以性格为核心。个性的形成，既有先天遗传因素，也有后天客观环境的作用。在个性的逐步形成过程中，幼儿时期是一重要阶段。

福临长大后的性格偏重于外向型，敏感、急躁，情感丰富易变，不善掩饰。清入关后的10位皇帝中，如此鲜明地具备这些性格特点的，恐怕只有福临一人。之所以如此，同其幼儿时期无拘无束的生活环境或有一定关系。

福临一生酷爱行猎，童年、少年乃至青年时期，始终乐此不疲。当摄政王多尔衮的亲信在行猎中故意对他进行刁难时，他能够临危不惊，一次次化险为夷，这也得益于他幼儿时代的生活经历。

总括而言，幼儿福临的初期社会化进程较为平稳顺利。他是生活在以满洲文化为主体，而且相当宽松的环境之中，他的生活基调是健康、乐观、进取的。

这一时期，福临所扮演的社会角色主要是家庭角色，其中皇子这一角色又是最重要的。他按照长辈们的期望，认真地做着一个小皇子应当做的一切。正是在学习扮演皇子角色的过程中，他逐渐长大了。

幼儿福临未曾系统地学习汉文化，是一大缺失。不过，大大超出汉族幼儿的体能锻炼及骑射实践，从某种角度看更有助于他的身心发育。

福临儿时的心境是明朗而单纯的。皇父尚在盛年，额娘、乳母慈爱可亲，还有诸多兄弟姐妹、扈从人员与之玩耍。他没有心理负担和压力，既不会感受到父兄辈与明军殊死决战的紧张气氛，对于盛京后宫内部的矛盾纠葛也还没有亲身体验。练好骑射，早日跟随皇父出征，便是他的最大心愿。

然而难以预期之事,会在一瞬间改变一个人的命运。崇德八年(1643)八月初九日深夜,52岁的皇太极病逝。经过一番曲折,6岁(周岁5岁零8个月)的福临继承皇位。这是福临一生中第一个重要转折,他从此告别无忧无虑的幼儿时代,迈入君临天下的童年。[1]

第二节　情感因素与帝王决策:康熙帝废立太子

关于康熙帝两立两废太子,已有不少论述。这里仅对康熙帝废立太子的心路历程进行梳理,借以考察帝王情感与重大决策的关系及其对历史事件产生的影响。[2]

两废太子,是康熙帝一生中心路历程跌宕起伏最激烈的时期,也是清朝皇位继承制度演进历程中具有承上启下意义的重大事件。康熙四十七年(1708)九月至五十一年(1712)十月,在这四年期间,清廷围绕国本问题相继发生三件大事:康熙帝先是废黜皇太子允礽,不久又将允礽复立为皇太子,继而再次予以废黜。两立两废,经历了一个曲曲折折的过程。

一、转折:防范包容

康熙六年(1667)14岁的康熙帝亲政后,实施了一系列重大举措:八年清除鳌拜集团,十四年册立两岁嫡子允礽为皇太子,二十年平定三藩之乱,二十二年统一台湾,二十七年解决皇权与阁权的矛盾,二十八年签订《中俄尼布楚条约》,三十五至三十六年三次亲征噶尔丹,四十二年治理黄

---

[1] 参见杨珍:《顺治帝的童年时代》《顺治帝的少年时代》,分载《满学研究》第4辑,北京:民族出版社,1998年;《庆祝王锺翰教授八十五暨韦庆远教授七十华诞学术论文集》,合肥:黄山书社,1999年。
[2] 关于康熙四十七年(1708)一废太子,所见满文档案中记载甚少;现存《康熙起居注册》,缺少康熙四十三年至四十九年。本节所述史事,主要依据雍正九年(1731)成书的《清圣祖实录》中有关记载。

河水患取得成效。至此,因明清易代而一度凋敝的社会经济基本恢复,清朝进入一个相对平稳的发展时期。

可是,就在这时,康熙帝与储君允礽的矛盾开始显露。四十二年(1703)五月,太子党核心人物、领侍卫内大臣索额图因"结党议论国事"罪被拘捕。这是康熙帝与储君的关系中一个转折点,拘捕索额图,或许是除去废黜之外,康熙帝所能采取的对允礽最重的警告。事实上,在索额图事件发生前,康熙帝已开始防范允礽,并采取了三项举措。一是离京外出时,必带皇太子允礽同行;二是巡视塞外时,必令素与皇太子有隙的皇长子允禔随扈,保驾护卫;三是如果较长时间离京,必选派皇子值守京城,综理政务。

索额图被执后不久,饿毙于禁所。这对允礽是一重大打击。他痛失心腹,怒不敢言,担心储位不保,忧惧日增。由于心理失衡,允礽的行为逐渐发生较大变化。他对诸王贝勒动辄鞭笞,于大臣、官员、兵丁等屡加凌侮,对众兄弟颐指气使、蛮横无理,于伯父、叔父之子皆加辱骂。他大量私用内外库帑,挥霍无度,并违制以民间女子出入宫掖。随康熙帝南巡江浙、西巡秦晋时,频向地方大吏勒取财贿,百般苛索。[1]

四十六年(1707)正月,康熙帝第六次南巡视察河工,皇太子允礽随行。三月十六日,御舟至苏州府。工部尚书王鸿绪返乡在苏,接密封御批:"前岁南巡,有许多不肖之人骗苏州女子,朕到家里方知。今年又恐有如此行者",著打探密奏以闻。王鸿绪多方了解后,上密折内称:原任山东东平州知州范溥于苏州等地"强买平人子女,皆托御前人员名色。其着落总不可问。其父母不允者,嘱(苏州督粮同知)姜弘绪出票强要。票上有'小手'、'玉蛹'之称,据说男称'小手',女称'玉蛹',不知出于何典也"[2]。不久,王鸿绪再上密折。内称:唯范溥强买平人子女时"指明要紧人员,并挟持地方官牌票";范溥向其程姓亲戚云:"御前第一等人"给他捎信,有汉大臣说他不好,所以他决定不去接驾;范溥又云:"皇上行

---

[1]《清圣祖实录》卷234,康熙四十七年九月丁酉。
[2]《康熙朝汉文朱批奏折汇编》第1册,第614页,北京:档案出版社,1984年。

事至慎至密,人莫能测,真千古帝王所不及,但恐近来时候不同,有从中窥探至尊动静者,伏祈皇上密密提防"。康熙帝阅罢,朱批询问:"此第一等人是谁"?王鸿绪向范溥的程姓亲戚百般探寻后,三上密折,内称:"程姓说这人岂是平等,我万万不敢说的。"[1]

"御前第一等人",只能是指皇太子允礽。四十七年一废太子时康熙帝所披露的允礽劣迹中,有允礽令外间妇女出入宫掖,以姣好少年随侍左右等款。所谓外间妇女、姣好少年,或也包括从苏州等地强行买来的"玉蛹"和"小手"。

王鸿绪的密折还透露了一个重要信息:有人"从中窥探至尊动静"。谁有这个胆量?唯有"御前第一等人"和受他指使的属下人员。康熙帝应当清楚"御前第一等人"之所指,却明知故问。这或许表明,他不愿正视皇太子强买民间童男玉女,并设法窥探其日常起居这一现实。

允礽的暴虐淫乱也是其无奈、压抑情绪的一种发泄,是将对康熙帝的愤懑倾泻到其他人身上。然而康熙帝对于允礽的这一心理变化似无觉查,他对允礽加以防范的同时,依旧予以包容。如康熙四十四年,特命允礽的乳公凌普担任内务府总管,以方便允礽取用财物。康熙帝羡慕宋孝宗奉养高宗故事,曾对允礽云:将来"以政事付汝,朕当择居水土佳处,时闻汝之令名,以获优游养性"[2]。

实际情况则与康熙帝的期盼完全相反。一废太子事件发生前,姑且不论允礽的淫乱放纵,仅是动辄鞭笞诸王大臣、辱骂宗室成员、欺压同胞兄弟以及窥探康熙帝起居等等现象即已表明,允礽已失众人之心,他与康熙帝的隔膜、猜忌正在加深。这对父子之间看似平静的关系不可能维持很久,直接冲突无可避免。

---

[1] 《康熙四十六年王鸿绪密查苏州地方拐骗女子的几件档案》,载《历史档案》2003年4期。档案共4件,第3件《工部尚书王鸿绪为续访得范溥等人强买苏州女子折》,日期为康熙四十六年六月十五日。该折称"折子……谨写南书房谨封字样",表明上折时康熙帝尚在南巡途中。据《清圣祖实录》,是年六月初一日,康熙帝回宫。疑"六月十五日"之期有误。另参见《康熙朝汉文朱批奏折汇编》第1册,第613-616、663-665页。

[2] 《清圣祖实录》卷235,康熙四十七年十月甲辰。

二、激怒：轻信蜚言

四十七年（1708）五月，京城已是盛夏。初十日，康熙帝照例巡视塞外，皇太子允礽以及皇长子允禔等7位皇子随驾。这些皇子中，十八阿哥允祄最小，年仅8岁。

七月十八日，康熙帝开始在塞外行围，允礽及允禔、允祄等扈从。八月十三日，至永安拜昂阿地方驻跸。这时，允祄的身体出现不适。康熙帝陪伴病儿数日后，十七日率领行围队伍继续前行，将允祄留在原地休养。十九日，允祄的病情加重。康熙帝闻信，立即赶回，亲自照料病儿，极尽爱抚。二十四日，允祄的病稍有起色，康熙帝决定回銮。不料数日后，允祄的病情出现反复，康熙帝束手无策，忧心如焚。

二十八日，康熙帝让侍卫传谕扈从大臣："近日闻诸阿哥常挞辱诸大臣、侍卫，又每寻衅端，加苦毒于诸王、贝勒等……伊等不遵国宪，横作威势，致令臣仆无以自存，是欲分朕威柄，以恣其行事也……嗣后诸阿哥如仍不改前辙，许被挞之人，面诘其见挞之故，稍有冤抑等情，即赴朕前叩告，朕且欣然听理，断不罪其人也。"[1] 诸皇子自恃当朝贵胄，平时确有捶挞大臣之事，但康熙帝此言另有其意。

这时，御医应召由京城赶至，诊疗罔效，允祄的病势仍在发展。康熙帝焦虑过度，不能自已，比允祄年长近30岁的皇太子允礽，却对生命垂危的胞弟毫无怜爱之情。康熙帝为此责备允礽，允礽反而忿然发怒，这使心情本已极坏的康熙帝难以容忍。可是，为了维护皇太子的威信，他没有公开发作，只是怒责众皇子"横作威势"，借以敲山震虎，再次警告皇太子允礽。

九月初二日，允祄已不醒人事。康熙帝不忍目睹幼子咽气，无奈之下，率众启程。允礽扈从，自知得罪，忐忑不安，急欲探知皇父意向。初三日夜间，他走近康熙帝所居幔城，向内窥视动静。因是皇太子，无论行至何处，必有侍卫等跟随左右。这一情况被幼习轻功、惯会潜行的皇长子允禔侦知，立即密报康熙帝，并加以夸大渲染。

---

1 《清圣祖实录》卷233，康熙四十七年八月辛未。

一年前，王鸿绪在苏州密奏称"有从中窥探至尊动静者"，康熙帝明知所指，置若罔闻。然而此次完全不同，康熙帝得到允禔密报，大为震惊，以为允礽带人前来，行为诡秘，可能要对自己下手，于是立即调集随扈兵力，以保护其安全。唯有在此情形下，才会出现当时广为流传的"帐殿夜警"之说。这是康熙帝在失去冷静后，做出错误判断而引起的一场虚惊。这一消息很快传至京城，朝野震动。

　　康熙帝尽可以包容允礽"肆恶虐众，暴戾淫乱"，但不能容忍允礽有不轨之心。九月初四日，康熙帝在行宫前召集随扈诸王大臣，垂涕历数允礽过恶，宣布回京后将废斥允礽。谕毕，痛哭仆地，被诸大臣扶起。

　　康熙帝所述允礽过恶中最核心的内容，也是促使他痛下决心废斥允礽的首要原因，即允礽对他欲行加害："更可异者，伊每夜逼近布城，裂缝向内窃视。从前索额图助伊潜谋大事，朕悉知其情，将索额图处死。今允礽欲为索额图复仇，结成党羽，令朕未卜今日被鸩，明日遇害，昼夜戒慎不宁。"宣布废斥皇太子的同时，康熙帝指出："前命直郡王皇长子允禔善护朕躬，并无立允禔为皇太子之意。"[1]此言无异于向众臣表明，允禔在这次事件中立有功劳。[2]是日，十八阿哥允祄卒。

三、懊悔：进退两难

　　九月初七日，康熙帝命近御侍卫传谕随扈众臣："朕因允礽凶戾，势不得已，始行废斥。断不辗转搜求，旁及多人……（今）事皆清结，余众不更推求。"时距宣布废斥决定仅仅三天，康熙帝就称事已完结，且将废斥原因笼统归之为允礽的凶戾。这种息事宁人的态度，表明他的怒气已渐缓和。可是，宣布拟行废斥皇太子的决定，犹如导致一座待燃已久的火山顷刻喷发，康熙帝尽其余生之力，再也无法将它熄灭。

　　九月初九日，康熙帝对领侍卫内大臣等谈到允礽不能"守身至洁"等问题时，仍"涕泣不已"，并说宣布废斥后六日以来，自己未尝安寝。正

---

1 《清圣祖实录》卷234，康熙四十七年九月丁丑。
2 另参见朱静编译：《洋教士看中国》，第65页，上海：上海人民出版社，1995年。

当此时，皇长子允禔密奏称："相面人张明德，曾相八阿哥允禩，后必大贵。今欲诛允礽，不必出自皇父之手。"¹ 这使康熙帝意识到，皇子中有希冀储位，欲置允礽于死地者。他对允禔、允禩等人顿时产生极大反感，对允礽除去痛心之外，又添怜悯之情。

可是，覆水难收，何况宣布废斥决定仅仅十日。既然不能骤然反悔，只有设法对允礽何以如此做出解释。十五日，康熙帝在对大学士的讲话中首次指出：允礽宫人所居撷芳殿，阴暗不洁，允礽日常往来其间，致中邪魅。"以此观之，其种种举动，皆有鬼物使然。"²

九月十六日，康熙帝回宫。当天，大学士等遵旨在午门内召集诸王大臣宣谕。这道谕旨的基调，与九月初四日宣布的废斥之旨已有明显差异。谕旨先是回顾允礽幼时，"朕亲教以读书"，允礽的骑射、言词、文学无不及人之处；继而话锋一转，称允礽"今忽为鬼魅所凭，蔽其本性"，并列举他的种种异常表现，甚至将他"不能得一二人之心"，也归结为"狂疾"所致。谕旨接着又称："朕初意俟进京后，告祭奉先殿，始行废斥，乃势不可待，故于行在拘执之。尔诸王、贝勒、大臣官员，众意云何？"康熙帝是想借机提醒众臣，尚未正式废斥，只是予以拘执，如果有大臣为允礽求情，尚可改变九月初四日的决定。然而以和硕康亲王椿泰为首的诸王、贝勒、满汉文武大臣等，未能体察康熙帝之心，也难以想到这一重大决定竟是在康熙帝缺乏理智的情况下仓促做出。于是，众臣一起下跪，奏称：皇上"如此施行，允协于理。臣等当公同具本上奏"。康熙帝见势不能挽，遂登上午门楼宣布："朕志已定。当即告祭天地、太庙、社稷，废斥皇太子，著行幽禁。"³

康熙帝之所以生悔，原因有四。一是觉察到所谓允礽有谋害之心，乃皇长子允禔为能取而代之而蓄意诽谤。⁴ 既然无此一条，允礽的其他不良行为都是已经包容多年的老问题，不足以立行废斥。这是最主要原因。二是

---

1 《清圣祖实录》卷234，康熙四十七年九月戊戌。
2 《清圣祖实录》卷234，康熙四十七年九月甲申、戊子。
3 《清圣祖实录》卷234，康熙四十七年九月己丑。
4 《清圣祖实录》卷234，康熙四十七年九月辛丑；卷235，康熙四十七年十月戊子。

康熙帝发现，以大阿哥允禔、八阿哥允禩为代表的庶出皇子借此机会图谋储位，其愿望之强烈、手段之刻毒为他所料未及，而他不愿将允礽之外任何一位庶出皇子立为皇太子。三是他对允礽感情极深。数十年来，他将皇太子允礽的一切与祖宗所遗国家鸿业视为一体，并以培育允礽承继祖业为首要责任。一旦理想幻灭，断难承受。四是感到此举大损令名，使他无颜以对天下。

康熙帝不得已在午门楼上宣布其志已定时，神色极其忧愤。众臣见此，大为惶恐，莫知所从。唯大学士李光地极善揣摸帝意，奏称："国家不幸有此，然尧舜处此直等闲耳。"见康熙帝微有颔首，李光地又奏称："以上圣德，不宜有此，然稽前史，何代无之。惟上平怒观理，徐为处置，但使圣躬有万年之安，斯国祚有万世之固，此不足以玷圣明也。"[1]此语讲到康熙帝的心里。

不久，李光地独受召见。顿首请曰："帐殿之警，上果稔知其主名，必无刺谬乎？"[2]康熙帝怅然久之，曰："此直为鬼物所系耳，何丧心至是。"所答非所问，表明他也意识到内有刺谬，但不愿承认，也不能承认。处于这一特殊情境下的李光地，一反平日唯诺之态，直言康熙帝所找缘由难以成立："臣幸荷爵禄，鬼物犹不敢干犯，况天潢之胄乎！人情尊荣则骄，安舒则肆，骄肆之行，神志日昏，始而偷安，继而恶正，闻一善言，如刺在背，惶惑颠倒，则昏之极也。"康熙帝问："迹其生平，诚如卿言，然则有瘳乎？"李光地答："养心莫过于寡欲，若屏其声色，使凝志宁静，涤神清虚，平旦之气益生，则本心之明渐著矣。"言外之意是，如果允礽病愈，仍可予以复立。康熙帝频频颔首，以表赞同。[3]此时，这对满汉君臣之间达成默契。后来康熙帝自称与李光地"义虽君臣，情同朋友"[4]，实有难为人

1　李清植纂辑：《文贞公年谱》卷下，康熙四十七年十月条。
2　关于"帐殿夜警"，除《清圣祖实录》与《文贞公年谱》外，我们目前未见其他记载，详情未明。李光地此语提供了另一种可能性，即康熙四十七年（1708）九月初三日夜，有人潜至康熙帝所居帐外，似有不轨之举，被侍卫捕杀，康熙帝根据允禔的密奏，将此事与皇太子片刻前曾到帐前的举动相联系，认为皇太子是这一未遂事件的指使者。
3　李清植纂辑：《文贞公年谱》卷下，康熙四十七年十月条。
4　参见李清植纂辑：《文贞公年谱》卷下，康熙五十二年十一月条。

道的原因。

可是，在众臣前，康熙帝依旧反复强调允礽患上"疯疾"，以为日后举措做铺垫。

九月十七日，谕诸皇子及满洲大臣：允礽"幼承朕训，习知义理，而反致人心尽失，其为鬼魅所凭，狂惑成疾，彰彰明矣"。并警告诸皇子："今允礽事已完结，诸阿哥中倘有借此邀结人心，树党相倾者，朕断不姑容也。"[1]九月十八日，遣官告祭天地、太庙、社稷，将允礽幽禁于咸安宫。康熙帝亲自撰写的告天祭文中，称允礽"咎戾多端，难以承祀"的原因是"鬼物凭附，狂易成疾"[2]。

九月二十四日，以废黜皇太子允礽颁诏天下。诏书列举允礽的种种劣行，其中包括允礽因索额图被拘致死而"蓄愤于心，近复有逼近幔城，裂缝窥伺，中怀叵测之状"。结论是："凡此举动，类为鬼物所凭，狂易成疾。"[3]

自此至十月上旬，康熙帝大力追查允禔偕相面人张明德谋欲行刺皇太子案，允禩被牵连其中。

康熙帝认为允禩善结人心，受到允禔等人拥护，于是谕责允禩在查办凌普家产案中有意包庇，妄博虚名，[4]下令将允禩锁拿，交与议政处审理。

十月初一日，康熙帝在诸皇子及众臣前再次严责八阿哥允禩"奸诈"，因听信其乳公之言，"与皇太子遂成仇隙"。康熙帝说："今立皇太子之事，朕心已有成算，但不告知诸大臣，亦不令众人知，到彼时，尔等只遵朕旨而行。"[5]所谓"成算"，或指复立允礽，只是时机尚未成熟，不便明言。次日，允禩被革去贝勒，降为闲散宗室。

十五日，事态出现转折：由于皇三子允祉的揭发，允禔指使蒙古喇嘛镇魇允礽事发露。允禔被革去王爵，幽禁其府中。康熙帝终于找到允

---

1 《清圣祖实录》卷234，康熙四十七年九月庚寅。
2 《清圣祖实录》卷234，康熙四十七年九月辛卯。
3 《清圣祖实录》卷234，康熙四十七年九月丁酉。
4 《清圣祖实录》卷234，康熙四十七年九月壬寅。
5 《清圣祖实录》卷234，康熙四十七年十月癸卯。

礽"为鬼物所凭"的原因，如释重负。十九日，他离开紫禁城，前往南苑行围。

自九月初四日以来，康熙帝一直处于极度忧伤之中，无一日不流泪。在南苑，他忆及往昔在皇太子、诸皇子的簇拥下一起行围、其乐融融的场景，备感伤怀。这种情绪严重损害了他的健康。十月二十三日，抱病回宫。当日，先是召见被锁拿的皇八子允禩，接着又召见了幽禁中的允礽，并对领侍卫内大臣、大学士说："自此以后，不复再提往事。废皇太子见今安养咸安宫中，朕念之，复可召见，胸中亦不更有郁结矣。"[1]

康熙帝将召见废太子允礽与消除胸中郁结视为因果，仍是情感依旧压倒理智的反映。所以，他必然低估事态的复杂性，再次陷入被动。

四、自信：错估形势

由于诬告、镇魇允礽的皇长子允禔受到严惩，被幽禁的允礽两次受到康熙帝召见，众臣中遂有紧跟风向之人，为废太子允礽条陈保奏。[2] 康熙帝就此于十一月初八日谕告领侍卫内大臣，内有五点重要内容：一是废斥允礽的原因，是其行事颠倒，似为鬼物所凭；二是并非听信人言而做此决定；三是"今允礽之疾，渐已清爽，亦自知其罪，谓理当拘执"：四是如果允礽"狂疾顿除，不违朕命，不报旧仇，盖去其奢费虐众种种之事，改而为善，朕自另有裁夺"；五是"朕从前将其诸恶，皆信为实，以今观之，实被魇魅而然无疑也"[3]。康熙帝再也不提允礽有谋害"朕躬"之嫌，只是明示众臣，允礽最大的问题是"奢费虐众"。既然是因允礽"行事颠倒"而予废斥，现今查出魇魅之物，允礽"渐已清爽"，复立也就顺理成章了。

康熙帝之所以急于复立允礽，所谓"渐觉虚弱"，担心"付托无人"还是其次，更直接的原因，则是废黜太子事件以及由此引发的一系列事

---

1 《清圣祖实录》卷235，康熙四十七年十月甲子。
2 《清圣祖实录》卷235，康熙四十七年十一月初九日辛酉条载，都察院左副都御史劳之辨上疏保奏废太子允礽，康熙帝以劳之辨"将朕下旨已行之事，作为己功"为由，命革职，逐回原籍。《碑传集》卷20载有劳之辨此件密疏，书写日期为是年十二月初八日。参见《清代传记丛刊》第107册，第419–422页，台北：台湾明文书局印行。
3 《清圣祖实录》卷235，康熙四十七年十一月庚辰。

情,打破了朝中原有的权力格局,不同利益集团重新组合,部分皇子拉党结派、图谋储位。加之康熙帝情绪波动明显,所发谕旨令人震惊,"辇下物论,一日数变"。因此,康熙帝以为只有尽快复立允礽,方能打消其他皇子觊觎储位之念,恢复平静,稳定朝纲。当然,这只是他的一厢情愿。

康熙帝既向满洲大臣明示己意,遂于十一月十四日召集满汉文武大臣,命会同详议,将大阿哥允禔除外,在众皇子内举奏一人为皇太子。又令先到的内大臣等入见,面谕云:"今欲为朕效命,此其事也。"他事前没有提出任何遴选条件,却对众臣先下保证:"众议谁属,朕即从之。"之所以如此自信,是以为众臣必能循其旨意行之,保举废太子允礽。但是,康熙帝忽略了以下事实。

其一,清朝入关已65年,但是,择贤选立嗣君的满洲政治传统,依然得到多数满洲王公大臣的认同。康熙帝借鉴其祖努尔哈赤确立的由诸王贝勒选立嗣汗方式,令众臣推举皇太子,众臣也会按照同样是由努尔哈赤制定的选嗣标准,择贤推举皇太子人选。

其二,允礽历时数年"暴戾淫乱",在朝中声誉扫地,大失人心,已到无可挽回的地步。

其三,康熙四十年(1701)后,受到康熙帝重用,命以留守京城,办理政务的皇子,首为皇三子允祉,次为皇八子允禩。允禩得以充分展示其办事周全、待人平易等长处,在宗室王公、满洲大臣中享有口碑。尽管不久前被责罚,继而又受康熙帝召见,故众臣依然认为他是皇帝的爱子。

众臣会议结果与情理相合,却出乎康熙帝的预料:在满洲大臣阿灵阿、鄂伦岱、揆叙及汉臣王鸿绪的倡导下,满汉众臣一致保举皇八子允禩为皇太子。康熙帝得知,当即食言:"八阿哥未尝更事,近又罹罪,且其母家亦甚微贱,尔等其再思之。"[1]又传谕参加此次会议的李光地,责问他"今日何无一言"。当时,满汉大臣在朝中地位迥异,众臣会议时,满臣居主导,汉臣大都随声附和。况且汉臣作为"外人",对于"皇上家事"本无发言权。李光地有丰富的从政经验,处世圆滑,当然不会在满臣众口一

---

[1] 《清圣祖实录》卷235,康熙四十七年十一月丙戌。

辞时另出异议。面对康熙帝的质询，他从容奏答："前皇上问臣，废皇太子病如何医治，方可痊好。臣曾奏言，徐徐调治，天下之福。臣未尝以此告诸臣。"于是，康熙帝传谕："今日已暮，尔等且退，可再熟思之。明日早来，面有谕旨。"[1]

康熙帝本想通过众臣奏请，假众臣之意复立允礽，借此挽回一些面子，无奈事与愿违。

众臣奉命保举皇太子人选的第二天（十一月十五日），康熙帝召见科尔沁达尔汉亲王额驸班第、领侍卫内大臣、满洲大学士。谕称："皇太子前因魇魅，以至本性汨没耳。因召至左右，加意调治，今已痊矣。朕初谓魇魅之事，虽见之于书，亦未可全信，今始知其竟可以转移人之心志也。"诸臣听罢，齐声奏称：废太子之病已痊，诚国家之福，天下之福。"伏祈皇上即赐御断，颁示谕旨。"康熙帝遂命班第等对众宣读御笔朱书，内称：每念前执允礽之事，"一一细加体察，有相符合者，有全无风影者。况所感心疾……今得渐愈，朕之福也，亦诸臣之福也……今朕且不遽立允礽为皇太子，但令尔诸大臣知之而已。允礽断不报复仇怨，朕可以力保之也。"[2]

十一月十六日，康熙帝召见废太子允礽、诸皇子及班第等重臣，当众将允礽释放。涕泣宣谕云：皇太子暴怒捶挞伤人等事，"皆由允禔魇魅所致，允禔所播扬诸事，其中多属虚诬"[3]。

十七日，满汉众臣为请复立皇太子事具疏上奏。留中。

是月底，复封允䄉为多罗贝勒。

康熙帝因忧思过度，病势趋重；经允礽偕诸皇弟陪侍月余，十二月下旬稍愈。

五、偏执：痛斥忠言

康熙帝以魇魅已除、疯病已愈为由，准备复立允礽为皇太子。显然，

---

[1]《清圣祖实录》卷235，康熙四十七年十一月丙戌。
[2]《清圣祖实录》卷235，康熙四十七年十一月丁亥。
[3]《清圣祖实录》卷235，康熙四十七年十一月戊子。

这一理由极其荒谬。允礽贪暴淫乱，岂能仅仅视为疯病表现？他的人心尽失，岂能通过消除"魇魅"而挽回？在众臣屈从康熙帝的意志，助其实现错误意图之前，已有人意识到，康熙帝拟行复立，将是遗患之举，故拼力劝阻。此人即国舅佟国维。

佟国维比康熙帝年长11岁，是康熙帝生母孝康章皇后的幼弟。他的两个女儿相继入选宫中，长女为康熙帝第三位皇后佟佳氏（康熙二十八年去世，谥"孝懿仁皇后"），幼女封为贵妃。佟国维的长孙舜安颜，娶康熙帝第九女和硕温宪公主为妻。康熙二十九年（1690），佟国维之兄佟国纲在乌兰布通战役中阵亡。四十二年，皇兄裕亲王福全，皇弟恭亲王常宁相继病逝。所以，一废太子时，与康熙帝有着舅甥、翁婿、亲家三层亲属关系的佟国维，在康熙帝的长辈戚属中居于首位。

康熙朝前期，佟国维任领侍卫内大臣兼议政大臣，封一等公。他处事公道，为人谦逊，深孚众望，曾倍受康熙帝赞许。[1] 三十六年（1697）春，佟国维扈从康熙帝第三次亲征噶尔丹后，以疾乞休，奉旨以原官致仕。康熙帝废立太子，与佟国维并无直接利害关系，况且他已致仕十载。但是，出于对皇帝的忠心，对朝廷的忠诚，四十七年冬，当他看出康熙帝仍想复立允礽，遂密奏称："皇上办事精明，天下人无不知晓，断无错误之处。此事于圣躬关系甚大。若日后皇上易于措处，祈速赐睿断；或日后难于措处，亦祈速赐睿断。总之，将原定主意熟虑施行为善。"[2] 其措辞委婉，含义则很鲜明：如果复立，必致日后难以措处，故断不可行。佟国维此举在朝内外盛传，得到众人赞许："如此方谓之国舅大臣，不惧死亡，敢行陈奏。"[3]

可是，康熙帝全然听不进去，并由此对佟国维极为不满。

四十八年（1709）正月，康熙帝追查众臣独保允禩事，以为必因佟国

---

[1] 康熙四十一年（1702）佟国维六十岁生日，得赐"仁善谨恪"匾额及御制诗。诗云："领袖高门称让让，英华雅望冠椒房。谦和不恃勋臣贵，谨恪能承宠眷长。"参见《圣祖御制文三集》卷45，第2页，光绪朝武英殿刻本。
[2] 《清圣祖实录》卷236，康熙四十八年正月癸巳。
[3] 《清圣祖实录》卷236，康熙四十八年二月己巳。

维先行奏请，众人才附和立议。佟国维被召至众前。康熙帝问："尔系解任之人，此事于尔无涉。今乃身先众人，如此启奏，是何心哉？"佟国维答："臣虽以庸愚解任，蒙皇恩命为'舅舅'，仰见圣体违和，冀望速愈，故奏请速定其事。臣有何辞可对。"[1] 逾日，旨令将佟国维回奏及朱谕一并颁示诸臣。

康熙帝决意复立允礽，对佟国维仍耿耿于怀。二月，再次当众斥责佟国维"倡造大言，惊骇众心"[2]。旋以佟国维长孙顺安颜与皇长子允禔附和相善，令革退额驸。

同一件事情上，李光地是在附和帝意的前提下进言，佟国维则不惧得罪，力图劝止复立允礽。佟国维的主张，代表了大多数满洲大臣的意愿，并对众臣在奉旨会议时摒弃允礽、奏举颇得人心的允禩，起到一定作用。佟国维与李光地，一位是已休致的满洲贵戚，一位是当朝汉族大学士。他们两人的不同态度和做法，反映出满汉大臣对国本问题采取的不同立场、表达意见的不同方式。这固然是其不同族属、与康熙帝不同的关系、在朝中不同的角色和实际地位使然，从中也可看出两人在品格、心性上的差异。

六、孤行：复立复废

四十八年（1709）三月，康熙帝复立允礽为皇太子，大学士温达、李光地奉命为正使，授允礽册宝。旋以复立皇太子允礽，诏告天下。内称："允礽久践青宫，夙标誉望，克殚诚孝，笃守恪恭。不意忽染迷惑狂易之疾，朕深惟祖宗洪业及万邦民生所系至重，不得已而有退废之举……确得病源，悉由镇魇所致，亟加除治，尽涤前疴"，今特复立为皇太子，正位东宫。[3] 同时，对诸皇子封晋爵位，除皇八子允禩仍为贝勒、皇十三子允祥未封外，皇十四子允禵以上，分别晋封和硕亲王、多罗郡王、固山贝子。

---

1 《清圣祖实录》卷236，康熙四十八年正月甲午。
2 《清圣祖实录》卷236，康熙四十八年二月己巳。
3 《清圣祖实录》卷237，康熙四十八年三月壬午。

此后三年半期间（康熙四十八年三月至五十一年十月），康熙帝与皇太子允礽的关系中有三种因素在相互作用。

一是康熙帝为了避免重蹈覆辙，费尽移山心力。他与皇太子每日相见，悉心训诲，又百般迁就。允礽所奏欲斥某人、惩处某人、诛杀某人，除诛杀事未准外，康熙帝无不俯从。[1]

二是允礽复立不久，故态复萌，贪暴更甚。他不满于久居储位，常向人抱怨："古今天下，岂有四十年太子乎？"[2]又买嘱步军统领托合齐等串通信息，为自己保奏。

三是庶出皇子中形成反太子集团，以允禩等为首，得到诸多王公大臣的拥护。他们暗中活动，与允礽作对。四十八年（1709）底，允禩妻舅、镇国公景熙首告托合齐父子在安郡王马尔浑（一作玛尔浑）丧期内宴会及贪婪不法各款，这成为允礽再次被废黜的导火线。

五十一年（1712）十月初一日，康熙帝谕诸王大臣曰：允礽自释放之日，乖戾之心即行显露。数年以来狂易之疾未除，大失人心。且秉性凶残，与恶劣小人结党，怙恶不悛，毫无可望，故仍行废黜禁锢。[3]十一月，颁诏天下，废黜皇太子允礽。礼部咨告各省督抚：皇太子册宝已撤取销毁，呈奏皇太子笺文一并停止。[4]此项举措为一废太子时所无，表明康熙帝已绝复立之念。

允礽第二次被废黜，符合事物的内在发展逻辑。当康熙帝痛斥忠言，不采众议，执意复立允礽之际，再行废黜已为期不远。

六十一年（1722）十一月，69岁的康熙帝怀着尚未解决储位问题的遗憾，猝然病逝。

---

1 《清圣祖实录》卷251，康熙五十一年十月辛亥。
2 吴晗辑：《朝鲜李朝实录中的中国史料》第10册，第4322页。
3 《清圣祖实录》卷251，康熙五十一年十月辛亥。
4 参见台北故宫博物院：《宫中档康熙朝奏折》第9辑（《满文谕折》第2辑），第269页，台北故宫博物院印行，1977年。

七、反思：匡正缺失

康熙帝在位 62 年的总体状况表明，他是一位富有政治远见和开创气魄、能用理智控制情感，具有出色治国方略的皇帝。可是，他在处理重大政务时，也有因感情用事招致失败的惨痛教训，废立皇太子即是显著一例。仅此一例，反映出不少问题。

即使在处理日常政务时较为明智的古代帝王，一旦遇到关系切身利益，特别是自身安全之事，很可能也会失去冷静；倘若有亲情等因素缠绕其中，更易引发感情冲动；如果损害其切身利益或威胁其人身安全之人，与其所定皇嗣有所牵连，尽管只是听闻，必致情绪失控，进而做出极不理智的决定或行动。如汉武帝刘彻晚年，轻信宠臣江充之言，怀疑皇太子刘据以"巫蛊"加害于己，迫使太子铤而走险，兵败自杀。[1] 约1800年后，康熙帝误信皇长子允禔的密报，以为皇太子允礽有谋害之心，故先发制人，予以废黜。康熙帝当时的心情与遭遇巫蛊之事的汉武帝并无两样，只是事态没有发展到那样严重的地步。所以，康熙帝晚年，极为忌讳将其废太子之举，引汉武帝时戾太子之事为比。[2] 汉武帝与康熙帝遇到同一类问题时反映如此相似，这或许说明，虽然历时近两千年，经过无数次改朝换代，可是，王朝最高统治者在应对突发情况时所表现出的人性弱点并无大的变化，即使如汉武帝、康熙帝这样的雄才大略之君亦无例外。

在特定场合下因丧失理智而做出错误决断，任何人难以避免，然而对于缺乏权力约束的古代帝王而言，情绪失控或会产生无法预料的严重后果，甚至为国家百姓带来灾难。

康熙帝先是对皇太子的贪暴虐众予以包容，继而在极其愤怒下，听信不实之辞，断然废斥皇太子允礽。允礽本已不堪，难以付托社稷。可是，由于康熙帝是在丧失理智的情况下，贸然做出这一决策，其后既不愿意承认自己误信蜚言，又要为自己做此决策找到理由。所以，他的一系列举措，如以受到镇魇作为废太子允礽暴虐淫乱之因、对劝谏之言予以痛斥、

---

[1]《汉书》卷6，《武帝纪》；《钦定古今储贰金鉴》卷2，《戾太子》。
[2]《康熙起居注》第3册，第2486页。

拒绝众臣所举嗣位人选、明知允礽大失人心却执意复立等等，无一不是自欺欺人、作茧自缚。康熙帝独掌皇权，乾纲独断，一旦丧失理智，必致一意孤行。没有相应的机制或制度，可以对他的错误判断、愚蠢决策和荒谬行为进行约束，更没有人能予以规劝，使他正视并纠正错误。能够阻止封建帝王因情感冲动而做出非理性决策的制度，在皇权高度集中与强化的封建王朝不可能建立。

康熙帝的秉性尚属宽仁，佟国维则与康熙帝具有独一无二的多重戚属关系。当佟国维冒着巨大风险，对康熙帝予以劝说后，只是遭到痛责，未受惩处。但是，即便如此，当二废太子事件发生，佟国维的劝言得以证实后，这位劝谏者至死也未得到康熙帝的真正谅解。佟国维生前奏请以其子孙承袭一等公爵事，康熙帝始终未予允准。

康熙帝废立太子时，清朝皇权的集中强化达到较高程度，并且仍呈上升之势，康熙帝得以独断专行，无所顾忌。不过，他的这种做法，既是以高度集中与强化的皇权为倚恃，是以削除一切牵制、分散皇权的因素，加强皇权，巩固王朝统治为初衷，同时也对皇权的集中和强化产生了相反的效果。第一次废立太子后，朝中出现了新的、更多的削弱皇权的因素，如皇帝与储君之间的矛盾愈加尖锐，部分皇子暗中反对允礽，图谋储位等等，而三年半后再次废黜皇太子，促使诸皇子对储位的角逐更趋激烈。储位之争以及废太子允礽谋求二次复立，共同构成康熙朝晚期清廷内部最大的不稳定因素，致使人心涣散、朝纲紊乱、吏治废弛。所以，历时半载的废立闹剧以及二废太子，共同成为康熙朝统治由强转弱的开端。

五十一年（1712）康熙帝第二次废黜皇太子允礽，距今（2012）整整三百年。两废太子两百年后（1912年2月12日），清帝退位，清朝皇权暨皇位继承制度永远退出历史舞台。今日再次回顾、反思这段历史，当有特殊意义。

第三节　雍正帝"恶名"探源

中国封建社会历时两千余年。在此期间，相继出现秦、汉、隋、唐、宋、元、明、清等统一中央王朝，并涌现出一批对促进中华民族的形成，巩固封建国家的统一，奠定中国辽阔版图，发展封建社会的经济文化做出贡献的历史名君，雍正帝胤禛也在其中。

雍正帝在位仅有13年（1723—1735）。然而他通过一系列改革，迅速扭转了康熙晚期积弊严重，社会发展受到阻滞的局面。在此基础上，康乾盛世进入新的阶段，中国封建社会的政治、经济、文化发展到最高峰。如果从在位时间相对短暂，但建树之多、政绩之大并不亚于其他历史名君这一角度审视，雍正帝更属不易。

可是，雍正帝又是一位名声不好，甚至毁多于誉的皇帝，这在中国的历史名君中也是罕见的。近年来，史家已对雍正帝作出较为客观、全面的评价，不过，历史上形成的对雍正帝的某些看法及其对人们的影响，依然存在。

雍正帝的恶名中，最主要为"窃诏篡位"，故有"谋父、逼母、弑兄、屠弟"之说，[1] 其他如"疏忌骨肉""怀疑诛忠""即位未几，亲藩诛锄殆尽"等论，[2] 大都源之于此。

雍正帝整顿吏治，清查亏空钱粮而落下"抄家皇帝"之名，[3] 被认为"贪财""好杀""酗酒""淫色"等，[4] 乃因触动部分官僚士大夫的利益而遭其诋毁。[5] 这构成雍正帝负有恶名的原因之一，但终究是次要因素。

雍正帝因继位问题受到非议。然而中国历史名君中，所谓得位不正者不乏其人。如唐太宗李世民（在位23年，627—649）曾杀兄屠弟，逼父退位；明成祖朱棣（在位22年，1403—1424）发动靖难之役，取代亲侄

1　《大义觉迷录》卷1，载《清史资料》第4辑，第10-13页，北京：中华书局，1983年。
2　胡蕴玉：《胤禛外传》，载《清代野史》第2辑，第69页，成都：巴蜀书社，1987年；《大义觉迷录》卷1，载《清史资料》第4辑，第18页。
3　参见萧奭：《永宪录》卷4，第289页。
4　参见《大义觉迷录》卷1，载《清史资料》第4辑，第16—18页。
5　参见冯尔康：《雍正传》，第584-585页，北京：人民出版社，1985年。

建文帝之位。上述行为虽然也曾受到指责,但这两位历史名君在人们心目的地位,并未因之发生动摇。

事实上,雍正帝的皇位并非是像唐太宗或明成祖那样,通过杀兄逼父,或向亲侄宣战相逼而获得。清朝遗老所撰《清宫词》述及允禩、允禟等受雍正帝迫害事,喻之为"煎豆燃萁苦不容",但又认为唐太宗对兄弟之狠毒更有过之,故有"元武门前双折翼,泰陵毕竟胜唐宗"[1]等语,当为客观之论。可是,为什么唐太宗并未因此而改变所谓英君形象,雍正帝却深受其累,长时期地背负恶名呢?在雍正帝毁多于誉这一表象背后,隐藏着多方面的历史原因。

一、皇位继承制度转换中的侥幸得位者

中国历代帝王中,雍正帝的继统颇具特殊性。

以唐太宗、明成祖而论,他们都是在其父实施嫡长子皇位继承制,立嫡长子(如李建成)为皇太子,或因皇太子早逝而传位嫡孙(如朱允炆)后,分别以武力夺得储位或皇位。其做法虽然违背了嫡长子皇位继承制的宗旨,但两人取得储位或皇位的过程世人皆知,具有公开性的特点。

雍正帝则不同。他既非是从皇储手中夺得储位,亦非是在皇父所立皇储继位后,由新帝手中夺得皇位。雍正帝是清朝前期两种皇位继承制度转换过程中的一位侥幸得位者,他的继位乃是必然性与偶然性的有机结合。

康熙十四年(1675),平定三藩的战争正在进行中,清廷暂时处于不利形势。当时只有22岁的康熙帝果断实施嫡长子皇位继承制,册立嫡子允礽为皇太子,以鼓舞士气,进一步增强汉族士人对清廷的向心力。由于这一做法未能得到仍然深受满洲传统旧制影响的王公贵戚的理解和支持,康熙帝经历两立两废太子的惨痛教训后,终于在晚年改变初衷,不再实施该制。他总结汲取历代王朝解决皇权传承问题中的经验,并借鉴吸收满洲传统政治制度与习俗的部分内涵(如不预立嗣君),制定了以皇帝全权决定储君人选,择贤而立,暗中对储君进行考察培养,对储君人选严格保密

---

[1] 吴士鉴等:《清宫词》,第5页,北京:北京古籍出版社,1986年。雍正帝死后葬于河北易县泰陵。

为主要内容的秘密建储计划。康熙五十六年十一月宣布长篇谕旨，是秘密建储计划开始实施的标志。

因策旺阿拉布坦入侵拉萨，控制西藏，西南告急，康熙帝被迫中断于五十七年（1718）册立皇太子的原定步骤，决定延长秘密建储计划的实施，并于是年十月任命他所暗定的储君皇十四子允禵为抚远大将军，率师西征。

康熙五十九年（1720）夏，允禵指挥清军收复拉萨，为清朝统一边疆事业做出重大贡献。康熙帝让未来继承人建立军功，以期在朝内外培养其威信的目的基本达到。六十一年十一月，康熙帝因受风寒，突然发病而死，此时允禵尚在西北主持军务。由于康熙帝对秘密建储计划中保密宗旨的理解过于拘泥，并未将其意图透露给其他人，更重要的是，他未采取当其本人发生意外时，仍能保证其属意者顺利继承皇位的任何具体措施，所以，皇四子胤禛利用这一机会，在步军统领隆科多的帮助下取得皇位。

雍正帝继位后，改进秘密建储计划，公开实施秘密建储，从而使密立储君无论在何种情况下，均能名正言顺地继承皇位。这一做法后被乾隆帝确立为制度，即秘密建储制度。显然，秘密建储计划与秘密建储制度之间有着渊源关系。秘密建储计划的实施，表明清朝皇位继承制度由嫡长子皇位继承制向秘密建储制的转换已经开始。

并非康熙帝所属意的皇四子胤禛得继皇位，也具有一定的必然性。一个新的建储模式在其初行阶段，必然存在种种疏漏，因此而无法实现预期目标。这为图谋皇位者提供了一个千载难逢之机，如果有人能够抓住这一时机，就有可能获取原本与之无缘的皇位。事实证明，唯有胤禛如此行之，如愿以偿。他之所以能够做到这一点，也得益于种种主客观条件，如他本人就在京师，而且得到步军统领隆科多的帮助支持。更为关键的还在于他是一个善于观察、思考之人，对康熙帝的建储意向始终密切关注，既有所备，又深藏不露。上述因素中无论缺少哪一项，都有可能出现另一结果，即获取皇位者是其他皇子。因此，胤禛的继位又带有一定偶然性。

雍正帝是在两种皇位继承制转换过程中，利用秘密建储计划的疏漏而侥幸得位，所谓"窃诏篡位"，实属无稽之谈。不过，同其他历史名君相比，雍正帝的得位具有晦暗不明的特点。

雍正帝继位不久，关于他得位不正之说广泛流传，甚至播扬海外。但是，致使雍正帝为人所毁谤的更直接原因，还是他继位后对于宗室皇亲及勋旧重臣的一系列过激举措。

二、固结15年的反对派营垒

雍正帝继位后严厉惩治众多皇族成员与勋贵大臣的行为，构成其所负恶名的一个重要组成部分。如果寻根溯源，考察这一情况所从出的历史背景，始作俑者乃康熙帝。是康熙帝晚年为其属意者允禵做出的人事安排，使雍正帝不得不采取上述做法，至于雍正帝的个性特点与严厉果决的为政风格，只是对此起有加剧作用。

雍正帝曾在不同场合透露，其兄弟允禩等为首的政敌人数众多，牢不可破，使他备感棘手，难以措置。他说："阿其那（允禩）、塞思黑（允禟）、苏努、阿灵阿、鄂伦岱等之党，固结甚深，如胶如漆，牢不可破也。"[1] "伊等之奸谋若此，目今败露者，即不胜其数，其他匪类邪党之听其驱使者，奚止数千百人！"[2]

其实，有众多皇室成员、勋旧重臣参与其中，从反太子派逐步发展为雍正帝反对派的这一阵营，在康熙四十七年（1708）一废太子事件中已初步显现。

四十七年（1708）九月康熙帝废黜皇太子允礽后，旋即产生悔意。为挽回颜面，他借鉴汗位推选制的方式，令众臣于诸皇子中保举皇太子，意在通过大臣之口道出其复立允礽之愿。不料以领侍卫内大臣阿灵阿、内大臣鄂伦岱等人为首的满汉朝臣，一致保举皇八子允禩为皇太子。当朝重臣、功臣后裔以及康熙帝母家戚属、其他外戚成员等一并成为一位庶出皇子的支持拥护者，这一事实引起康熙帝的高度警觉与极大反感。可是，他

---

[1]《上谕内阁》卷52，雍正五年正月十五日。雍正四年（1727）雍正帝勒令允禩、允禟及两人之子孙分别改名，以示贬损。允禩自改名阿其那（aqina）。允禟之名被改为塞思黑（seshe）。

[2]《大义觉迷录》卷3，载《清史资料》第4辑，第125页。

在严斥允禩妄博虚名，并很快复立允礽为太子之后，对于保举允禩的诸多重臣，虽然予以痛责，称其"图谋专擅"[1]，但又加以保全，未行惩处。换言之，在一废太子事件中显现的以允禩为首的反太子派及其外围人员和同情者，并未随着允礽的复立而解体。康熙帝十分了解这些勋戚重臣，对他们的忠诚深信不疑。况且正是这批人构成朝廷中坚，动辄撤换将不利于人心稳定。另一方面，康熙帝还有以这些勋贵大臣牵制皇太子势力的意图，这在二废太子后看守废太子允礽的人员选择上，有所反映。

允禵与允禩、允禟等关系一向很好。当康熙帝属意于允禵，开始实施秘密建储计划后，允禩及其支持者自然就被康熙帝视为允禵的拥护者与辅佐力量。

康熙晚期清朝中央官僚集团内部，特别是满洲贵族上层的权力分配格局，体现出康熙帝的人事部署，这一部署以有利于允禵的继位主政为主要出发点。

据《八旗通志初集》中《八旗大臣年表》《宗人府年表》《内阁大臣年表》及《清史稿》中《大学士年表》统计，康熙帝去世前，朝中领侍卫内大臣共6人，其中属于允禩阵营者3人，即鄂伦岱（首席领侍卫内大臣）、阿尔松阿、满都护。满洲大学士3人，其中马齐（首席大学士）、萧永藻曾是允禩、允禵的支持者。宗人府宗令简亲王雅尔江阿、左宗正贝子鲁宾、左宗人辅国公阿布兰，都与允禩、允禵等关系密切。此外，允禩阵营的重要成员允䄉、苏努以及满都护（康熙五十八年至六十年在任）、阿布兰等分别担任八旗满洲都统。[2]

当雍正帝侥幸继位后，这些本应成为允禵得力辅佐者的重臣，其中较大一部分人成为新帝的反对派。康熙帝生前为其属意者精心做出的人事安排，竟构成新帝集中皇权的掣肘力量，这一后果是康熙帝本人万万没有料到的。

雍正帝不仅仅由于并非其父所属意，故不能使众臣服膺。他继位后难

---

1 《清圣祖实录》236，康熙四十八年正月甲午。
2 参见金承艺：《胤禵：一个帝梦成空的皇子》，载台湾"中央研究院"《近代史研究所集刊》第6期，1977年。

以赢得众人之心,还有更深层的缘故。

三、个人品行与历史积怨

康熙晚期的储位之争中,雍正帝先是与允禩、允禵等人比较接近,甚至可能是反太子派的一员,后又与这些人疏远而在康熙帝前刻意表现公允。早在雍正帝继位前,部分年长皇子及王公大臣或对他的这种做法比较反感。这既是雍正帝继位初始在朝臣中缺乏威信的原因之一,也是授人以诟柄的一个重要方面。雍正帝身后之毁词,之所以超出唐太宗、明成祖等人,也与此有一定关系。

康熙帝一废太子前,尚是四阿哥的胤禛与反太子派成员允禔、允禩、允禟、允䄉、允禵等人关系密切。这从下述事例可以看出。

康熙四十六年(1707)初,康熙帝允准部分年长皇子于畅春园以北地方建造别墅。后因建筑场地面积较小,经皇子们自行商议,胤禛、允禩、允禟、允䄉四人的别墅,一并建于该处。在太子党与反太子派之间保持中立的允祉等三位皇子,则被排除在这一组合之外,于畅春园附近另觅空地,修建了自己的别墅。[1] 这表明虽然同为年长皇子,胤禛与允禩等人的关系更为密切,而允祉等人并非其同道。此时正值一废太子的前一年。京城府邸即已比邻的胤禛、允禩、允禟等人,又将各自的畅春园别墅建在一处,这自然便于他们私下议论皇太子,发泄不满。

一废太子期间,康熙帝一度拘禁允禩。允禟与允禵"挺身保奏"允禩时,允禵不曾邀约其他皇子,只是约胤禛一起保奏。[2] 如果胤禛的有关言行原非与其一致,允禵不会有此之举。

康熙帝一废太子后,胤禛多次在皇父前为废太子保奏,并为诸皇子讲好话,仿佛具有高于其他皇子和众多王公大臣的心胸气度。[3] 这或许会令一向视其为同路人的反太子派成员,对其人品产生非议,这种情绪和看法又

---

1 满文朱批奏折,胤祉奏,康熙四十六年三月二十日。
2 《清世宗实录》卷48,雍正四年九月戊午;参见许曾重:《清世宗胤禛继承皇位问题新探》,载《清史论丛》第4辑。
3 《清圣祖实录》卷235,康熙四十七年十一月辛卯;另参见《文献丛编》第3辑,《允禩允禟案·秦道然口供》,第28页。故宫博物院文献馆,1930年。

会对其他朝臣产生一定影响。

此后直至康熙帝去世，胤禛刻意与允禩等人之间保持一定距离，且以"天下第一闲人"自诩，[1]但是，一废太子前他与反太子派成员的密切关系以及他在一废太子中的上述表现，乃是无法抹去的事实。当胤禛继承皇位时，他同部分宗室成员、王公大臣结怨，已有15年之久。

四、与宗室勋戚相对立的孤家寡人

按照中国封建社会儒家伦理道德标准，父慈子孝、兄友弟恭是人们的行为规范；笃行亲亲之道，推恩于宗室贵戚，乃帝王躬行之事，也是用以团结统治集团成员，巩固统治根基的一个有效策略。雍正帝在这方面的所作所为，存在较大偏差。

雍正帝继位之初，也曾采取对允禩等人晋爵重用等笼络手段，一当发现并未奏效，便实行严酷的惩治措施。雍正帝转而对反对派成员大张挞伐，同雍正二年（1724）清军平定罗卜藏丹津叛乱，雍正帝的统治逐步稳固也很有关系。

雍正帝清除反对派，乃维护皇权而不得不为之举，但其打击面过宽，惩治手段过于残忍，不能不说是一个严重失策。

《清史稿》的纂修者认为，可与汉之文、景相比拟的雍正帝，"独孔怀之谊，疑于未笃。然淮南暴伉，有自取之咎，不尽出于文帝之寡恩也"[2]。这些话出自对亡清怀有复杂情感的清朝遗老之口，虽然语气婉转，且在一定程度上仍坚持为君者讳宗旨，但终究道出雍正帝为帝生涯中一个重大缺憾，即未笃兄弟之情，对皇室宗亲未行亲亲之谊。这恰是雍正帝身后毁多于誉的一个症结所在。因为在播扬其恶名的过程中，他的同胞手足以及皇亲国戚，显然比中下层官员或普通百姓起有更大、更直接的作用，其所言更能令人信服。

值得注意的是，在正史的有关记述中，史官曾分别论及对于唐太宗、明成祖夺位行为的看法。

---

1 《世宗宪皇帝御制文集》卷6，《雍邸诗集序》。
2 《清史稿》卷9，《本纪》9，《世宗本纪》。

如宋人司马光认为,"立嫡以长,礼之正也。然高祖所以有天下,皆太宗之功;隐太子以庸劣居其右,地嫌势逼,必不相容。向使高祖有文王之明,隐太子有泰伯之贤,太宗有子臧之节,则乱何自而生矣!即不能然,太宗始欲俟其先发,然后应之,如此,则事非获已,犹为愈也。既而为群下所迫,遂至喋血禁门,推刃同气,贻讥千古,惜哉!"[1]

清人张廷玉等认为,"文皇少长习兵,据幽燕形胜之地,乘建文孱弱,长驱内向,奄有四海……幅员之广,远迈汉、唐。成功骏烈,卓乎盛矣。然而革除之际,倒行逆施,惭德亦曷可掩哉"[2]。所言倒行逆施,当首指发动靖难之役,夺取侄儿建文帝皇位一事。

如果与雍正帝相比较,无论唐太宗还是明成祖,虽然在获取皇位过程中也都使用酷烈手段清除对手,但对于当朝皇亲贵戚的打击面却要相对小得多,因而不存在与众多宗室成员之间的尖锐对立。

如明太祖朱元璋共有皇子26人,其中24人封有王爵,被派往各地要塞镇守(皇九子赵王杞2岁受封,翌年卒)。建文帝继位后,试图解决藩王势强,尾大不掉的问题,于建文元年(1399)二月"诏诸王毋得节制文武吏士"[3],又先后将周王朱橚等5位叔王废为庶人,或予禁锢。其中,湘王朱柏"惧,无以自明,阖宫焚死……王无子,封除"[4]。朱元璋在位时,已将功臣屠戮殆尽,这使建文帝继位后,缺乏德高望众且能对他予以得力辅佐之人。加之建文帝在实施新政时操之过急,为了削除强藩的威胁,将自己置于众多叔辈藩王的对立面,其处境实已岌岌可危。燕王朱棣则在夺取皇位的过程中,成功地利用了建文帝这一失策。史载:燕师渡江,建文帝十九叔谷王朱橞"奉命守金川门,登城望见成祖麾盖,开门迎降。"[5]当燕兵入金川门后,被建文帝禁锢京师、废为庶人的周王朱橚与齐王朱榑转悲

---

[1] 《资治通鉴》卷191,《唐纪》7,武德九年六月癸亥。
[2] 《明史》卷7,《本纪第七》,《成祖》3。
[3] 《明史》卷4,《本纪》4,《恭闵帝》。
[4] 《明史》卷117,《列传》5,《诸王》2。
[5] 《明史》卷118,《列传》6,《诸王》3。

为喜，将燕兵视为救星。[1] 这些情况表明，朱棣所谓清君侧之举，得到诸多藩王的拥护支持。他继位后，立即将建文帝所废黜者恢复王爵，或增加俸禄（如对周王朱橚加禄五千石），由此进一步获得大多数宗室成员的好感。虽然朱棣是夺位，但与建文帝比，在宗室内部人心向背上，他已取得优势。朱棣对懿文太子、建文帝诸子及其戚属确也采取贬抑惩治等措施，但终究是局限在一个较小范围内，无法与众藩王皆得其惠的意义与影响相提并论。至于明成祖朱棣其后实施的削藩之举，在后人看，与其夺取侄儿皇位已无直接关联。

通过武力夺取亲侄皇位的明成祖，事成后没有遇到如同雍正帝的尴尬局面，重要原因之一，是他不仅并未因此得罪大多数宗室成员，宗室成员反倒从中大获其利，尽管这一利益是暂时的，但当事人不可能预料到这一点。

雍正帝的情况完全不同。

据《李朝实录》载："清皇为人自胜，多苛刻之政，康熙旧臣死者数百人。"[2] 雍正帝的重点打击对象，主要为宗室王公、外戚勋贵、在朝中担任重要职务的部分功臣后裔及八旗大臣。其中，宗室王公和外戚勋贵均属统治层核心成员，而宗室王公又是雍正帝予以清洗的重中之重。这些人大体可以分为两个群体。

其一，雍正帝同胞手足。

康熙帝共有24子，皇十四子允禵以上是相对年长的皇子。他们被皇父委以政务并拥有较大权势，在康熙晚期的政治舞台上十分活跃。康熙帝去世时，允禵以上诸皇子中除皇六子允祚、皇十一子允禌分别在6岁、12岁早卒外，另外12人全部健在，其中皇长子允禔最长，是年（康熙六十一）51岁，允禵年龄最轻，35岁。

雍正帝清除政敌与朋党的打击面，波及到他的众多同胞手足。除去康熙朝罹罪的皇长子允禔、皇二子即废太子允礽继续幽禁外，皇三子允祉、

---

1 《明史》卷116，《列传》4，《诸王》1载："燕兵入金川门，急遣兵护二王，二王卒不知所以，大怖，伏地哭。已知之，乃大喜。"
2 吴晗辑：《朝鲜李朝实录中的中国史料》第11册，第4477页。

皇八子允禩、皇九子允禟、皇十子允䄉、皇十四子允禵等人相继被禁锢。其中允禩、允禟从宗室中除名，两人在拘禁地遭到人身折磨后故去；雍正帝的兄长，不曾加入反太子派的允祉，被革爵后死于禁所；允䄉和允禵在雍正帝去世后，方被乾隆帝从禁所释放。这些人的年长之子，即康熙帝之孙，也大都被禁锢。

皇五子允祺与皇七子允祐，皆为生性安分、处事谨慎之人，既非反太子派成员，亦未介入康熙朝储位之争。但是，雍正帝继位后，两人也受到间接打击，允祺的长子弘昇与允祐的长子弘曙分别被革去世子。

皇十二子允祹在康熙晚期的储位之争中也是一位中立者。雍正帝继位后，允祹先是封为多罗郡王，旋即遭到雍正帝痛责，连降数级为为镇国公（雍正八年五月复封多罗履郡王）。

以康熙帝的前10位皇子为计，10人中除去允禔、允䄉、早卒的皇六子允祚以及雍正帝本人外，其他6人在雍正帝继位后十年内（1723—1732）相继死去。其中废太子允礽最长，51岁，皇九子允禟年龄最轻，44岁。出现这种情况，除去年龄因素，也同逝者受到打击后心情抑郁、惊恐不安等精神方面的原因，有直接关联。

受到雍正帝严厉打击的，还有他的亲子弘时。雍正四年（1726），"因阿其那获罪株连"，雍正帝先是勒令弘时去做允禩之子，继而将弘时削除宗籍，交与允祹"约束养赡"。年仅24岁的弘时于翌年去世。雍正帝并未杀子，但弘时之死同其上述遭际有因果关系。[1]

其二，其他宗室王公。

康熙晚期的储位之争中，清初八家"铁帽子王"[2]的部分后裔，是允禩、允禵等人的同情支持者。其中包括郑亲王济尔哈朗（其子济度袭爵后

---

[1] 参见杨珍：《雍正杀子辨疑》，载《清史研究》1992年第3期。

[2] 吴振棫《养吉斋丛录》卷1，第1页载："宗室封爵，自亲王、郡王、贝勒、贝子以下，凡十四等，以世递降；此下则为闲散宗室，用四品顶戴。惟礼亲王、睿亲王、肃亲王、郑亲王、庄亲王、豫亲王、顺承郡王、克勤郡王，皆国初有大勋劳者，世袭不降封（原注：或获罪革爵，以旁支袭封），京师俗谚谓之铁帽子王。"睿亲王多尔衮死后于顺治八年（1651）被追罪削爵，乾隆四十三年（1778）方复爵位，故雍正初年的"铁帽子王"实际只有7家，即礼亲王、肃亲王、郑亲王、庄亲王、豫亲王、顺承郡王和克勤郡王。豫亲王多铎子多尼袭爵后，于顺治九年（1652）降郡王，乾隆四十三年，其后裔复袭豫亲王。

改号简亲王）曾孙简亲王雅尔江阿，克勤郡王岳托的曾孙贝子鲁宾，顺承郡王勒克德浑之孙布穆巴，肃亲王豪格之孙、温良郡王猛峨之子辅国公延信等，其中不少人在雍正帝继位后遭到不同程度的打击。

如郑亲王济尔哈朗的曾孙简亲王雅尔江阿，雍正四年（1726）被革去王爵，罪名是"终日沉醉"，"专惧允禵、苏努等悖乱之徒"等[1]；雍正初年晋封贝勒的延信由于"阴与允禟交结"，于雍正五年夺爵，拘禁致死，子孙降红带。[2] 雍正四年，谕责贝子鲁宾"在西宁时谄媚允禵"，今在众人前询问时"仍感允禵之恩"。鲁宾先是被监禁高墙，拟行正法，后又得到宽宥，降授辅国公。[3] 此外，克勤郡王岳托曾孙、平郡王纳尔苏曾随抚远大将军允禵西征，且与允禵不睦。雍正四年，纳尔苏因"贪婪罪"削爵。

除去清初八家"铁帽子王"部分后裔外，因支持允禟、允禵，或与二人关系密切而被惩治的宗室王公中，较为典型的还有以下人员。

同允禵有姻亲关系的饶馀亲王阿巴泰家族成员，率先成为雍正帝打击目标。顺治元年（1644）努尔哈赤第七子阿巴泰始封亲王。阿巴泰子岳乐袭封，改号安郡王。至康熙朝后期，这一王爵已袭三代。雍正元年（1723），雍正帝严斥允禵福晋之母舅、辅国公吴尔占（一作务尔占）及其子辈色亨图等希冀爵位，钻营不法，下令安郡王爵不准承袭。[4] 吴尔占被革除公爵，二年（1724）正月死于流放地盛京。

努尔哈赤长子广略贝勒褚英的曾孙贝子苏努（雍正帝继位后封贝勒），是允禵的铁杆支持者。雍正二年（1724），苏努被削爵、黜宗室，全家流放。不久，苏努死于流放地山西右卫。[5] 雍正帝将他斥之为"国家宗室中之逆贼，真大花面也"[6]，"即将苏努粉身碎骨，不足以尽其辜"[7]。足见恨之入骨。

---

1 《清世宗实录》卷41，雍正四年二月乙酉。
2 参见《清世宗实录》卷64，雍正五年十二月丁亥。
3 《清世宗实录》卷41，雍正四年二月癸酉；卷42，雍正四年三月戊申。
4 《清世宗实录》卷14，雍正元年十二月丙午。
5 乾隆元年（1736）旨令给予苏努子孙红带子，附记玉牒之末。
6 《掌故丛编》，影印本，"雍正朱批年羹尧奏折"，北京：中华书局，1990年。
7 《上谕内阁》卷32，雍正三年五月二十六日。

已故裕亲王福全之子和已故恭亲王常宁之子，是雍正帝的叔伯兄弟。其中一些人因与允禩、允禵要好，受到雍正帝的打击。如裕亲王保泰、贝勒满都护等，被指为允禵、允禩党成员。保泰于雍正二年（1724）被革除王爵，满都护于雍正四年降为镇国公。

　　遭到雍正帝打击的康熙朝外戚，以康熙帝的大舅佟国纲长子领侍卫内大臣鄂伦岱、康熙帝第二位皇后（谥"孝昭仁皇后"）之弟阿灵阿父子最为突出。阿灵阿是清朝开国名臣额亦都之孙，康熙初年四辅臣之一遏必隆之子，他与其子阿尔松阿都曾任康熙朝领侍卫内大臣，可谓名门勋戚。鄂伦岱与阿灵阿同为康熙四十七年（1708）首倡保举允禩为皇太子的大臣，曾目睹雍正帝从站在反太子派一边，转而为废太子美言开脱。因与雍正帝积怨甚深，故受惩最重。雍正四年（1726），鄂伦岱与阿灵阿之子阿尔松阿"并诛"。雍正帝还将已于康熙朝故去的阿灵阿的墓碑上，改镌"不臣不弟暴悍贪庸阿灵阿之墓"等字，以昭其罪。身后受到与阿灵阿相同对待的，还有康熙四十七年众臣保举允禩时另一位首倡者，已于康熙后期去世的大学士明珠之子翰林院掌院学士揆叙。[1] 此外，康熙朝晚期"赴西宁军营效力"，在雍正继位后一度受到任用的佟国纲次子法海，也被雍正帝加以"阿附允禩"等罪名，于雍正五年（1727）发配西陲，在水利处效力9年，直至乾隆帝继位后召还。[2]

　　康熙帝生前曾对大臣们说："朕万年后，必择一坚固可托之人，与尔等做主，令尔等永享太平。"[3] 聆听此语的重臣中，很多人在雍正初年遭际悲惨。由此亦可反证，康熙帝心目中的接班人并非雍正帝。唯有康熙帝所属意者允禩继位，对于支持、拥护者他的诸大臣，或会予以保全，使之"永享太平"。

　　上述受到惩治的宗室王公与勋戚大臣，与雍正帝都是同时代人。他们的不幸结局，必然影响到各自家族乃至数代人，他们对雍正帝的不满与仇

---

1 《清史列传》卷12，《大臣画一传档正编》9，《阿灵阿》、《揆叙》。
2 《清世宗实录》卷55，雍正五年闰三月辛酉；李元度：《国朝先正事略》卷2，《名臣·佟襄勤公事略》。
3 《清世宗实录》卷1。

恨，也会延续到后世子孙，成为雍正帝长时期背负骂名的一个重要原因。这是雍正帝与众多宗室贵戚相对立而产生的一个直接后果。

唐太宗李世民在玄武门之变中，杀害同母兄弟太子李建成与齐王李元吉，随后又将建成与元吉之子共10人诛杀，除其属籍。"是时，高祖尚在帝位，而坐视其孙之以反律服诛而不能一救，高祖亦危极矣。"[1]以残酷手段对待手足至亲，唐太宗的上述行为比雍正帝又有过之。不过，唐太宗与雍正帝还有很不相同处，因而并未因诛杀兄弟、逼父退位而深受后人诟毁。试从下述三个方面做一比较。

其一，在唐高祖李渊起兵反隋、统一全国的战争中，秦王李世民所建功绩超出其兄李建成与其弟李元吉。太子中允王珪、洗马魏征曾对建成说："秦王功劳盖世，天下归心；殿下仅以年长位居东宫，无大功以镇服海内。"[2]是语确然。李世民的皇位虽然是通过杀兄逼父而获得，但此前他在朝中已有较高威望，因而能使众臣心悦诚服。何况建成、元吉等对李世民原有多次行杀之谋，李世民只是抢先一步为之。

康熙朝皇子中，唯有皇十四子允禵出任抚远大将军，率兵收复西藏，在朝内外声誉甚高。此外，包括皇四子胤禛在内其他年长皇子，虽然享有封爵（如皇三子允祉、皇四子胤禛、皇五子允祺并封亲王），经常协父办理政务，但均无战功勋绩。这使他们难以像允禵那样，在朝内外建立很高威信。直至雍正二年（1724）八月，雍正帝即大位近两年后，仍公开提醒满汉大臣，他本人已是皇帝，要求众臣不要再像原先对待藩王那样对待自己："朕继登宝位……为天下臣民主，尔等应以大统视朕躬，不应以昔日在藩之身视朕躬也。"[3]与军功卓著的允禵相比，缺乏令众臣倾心悦服之处，已使雍正帝"先天不足"，加之"得位不正"以及对宗室勋戚等进行严酷打击，他继位初期在众臣心目中的真实形象和朝中人心之向背，也就可想而知了。

其二，也是最重要一点，即唐太宗李世民得到太上皇李渊的支持。李

---

1 赵翼：《廿二史札记》卷19，《建成元吉之子被诛》。
2 《资治通鉴》卷190，《唐纪》6，武德五年十月乙丑。
3 中国第一历史档案馆藏：宫中杂件第309卷，第1号，雍正二年八月初三日上谕。

世民于武德九年（626）发动玄武门之变，射杀兄弟，屠戮众侄，迫使其父唐高祖李渊传位。自此至唐高祖于贞观九年（635）五月去世，在这9年中，唐太宗不仅始终对做了太上皇的父亲敬顺有加，且未剥夺李渊了解国家大事并发表看法的权力。

史载，贞观六年（632）十月，"车驾还京师。帝侍上皇宴于大安宫，帝与皇后更献饮膳及服御之物，夜久乃罢。帝亲为上皇捧舆至殿门，上皇不许，命太子代之"[1]。这是唐太宗李世民善于取悦，太上皇唐高祖李渊也善于相配合的一个事例。李渊对于失去皇位以及两子十孙惨遭杀害，自然痛心疾首。但事实表明，曾为唐朝的建立立下大功的李世民，乃是令人满意的皇位继承人。从唐王朝的根本利益考虑，李渊只有承认现实，适应新的情况，对正在以行动"补过"的嗣帝采取谅解、合作的态度。这种做法显示出李渊的达观和明智。

贞观八年（634）三月，"高祖谰西突厥使者于两仪殿，顾谓长孙无忌曰：'当今蛮夷率服，古未尝有。'无忌上千万岁寿。高祖大悦，以酒赐太宗。太宗又奉觞上寿，流涕而言曰：'百姓获安，四夷咸附，皆奉遵圣旨，岂臣之力！'于是太宗与文德皇后互进御膳，并上服御衣物，一同家人常礼。是岁，阅武于城西，高祖亲自临视，劳将士而还。置酒于未央宫，三品以上咸侍。高祖命突厥颉利可汗起舞，又遣南越酋长冯智戴咏诗，既而笑曰：'胡、越一家，自古未之有也。'太宗奉觞上寿曰：'臣早蒙慈训，教以文道；爰从义旗，平定京邑。重以薛举、武周、世宗、建德，皆上禀睿算，幸而克定。三数年间，混一区宇。天慈崇宠，遂蒙重任。今上天垂佑，时和岁阜，被发左衽，并为臣妾。此岂臣智力，皆由上禀圣算。'高祖大悦，群臣皆呼万岁，极夜方罢"。唐太宗不仅于众臣百官与突厥颉利可汗前有意彰显其父"混一区宇"之功，且将在其统治下的"百姓获安，四夷咸附"，归之于"奉遵圣旨""上禀圣算"之故。这一父慈子孝、其乐融融的情景，会给参加欢宴之人留下深刻印象。一年多后，太上皇唐高祖李渊去世，终年70岁。[2]

---

1 《资治通鉴》卷194，《唐纪》10，贞观六年十月乙卯。
2 《旧唐书》卷1，《本纪第一》，《高祖》。

太上皇对皇帝的政绩多有嘉赞，是对皇帝最有力的支持，而唐太宗对太上皇长达9年的尊崇孝养，也能在很大程度上掩饰、洗刷其杀兄、屠弟、逼父等行为留下的污点，使人们逐步将此淡忘。

雍正帝的有关情况恰恰相反。

雍正帝与允䄉的生母乌雅氏（谥"孝恭仁皇后"）自幼入宫，"备位妃列几五十年"，是位性情谦和之人。她曾说过："大行皇帝……钦命予子缵承大统，实非梦想所期。"这句话为《清世宗实录》中所不载，透露出她对长子胤禛继统深感意外。[1] 雍正帝继位后，这位新朝皇太后拒受封号，不肯接受臣工的朝贺，拒绝移居例应由皇太后居住的宁寿宫。雍正帝屡次亲自劝请，无济于事。直到去世，乌雅氏仍旧住在做妃子时所居之永和宫，上尊号之礼也始终未能举行。[2] 雍正元年（1723）三月，新朝皇太后的第一个圣寿节将至，雍正帝再三奏请，皇太后坚持"免行礼"[3]。

皇太后乌雅氏的这种反常做法，在朝臣中引起较大震动。私家著述《永宪录》于此也有披露："群臣请朝皇太后，传懿旨不受。复固请，从之，于梓宫前拜叩谢恩，仍还旧宫。"[4]

元年（1723）五月，皇太后病逝，终年64岁。此时距雍正帝登极，仅有半载。其后经允禩、允禟属下大加渲染，民间始有雍正"逼母"之说，为人们对雍正帝的指责增加了口实。

其三，唐太宗将视为政敌的两位兄弟杀害，但"止于建成、元吉，自余党与，一无所问"[5]。对于建成、元吉的部下，包括参与谋害自己之人，唐太宗一并采取了既往不咎的态度。不仅如此，他对其中一些颇有才干者，如魏征、王珪等人予以重用，推心置腹，共商治国大计。敢于直谏、不畏犯上的魏征和虚怀若谷、纳谏如流的唐太宗，成为继春秋时期的齐桓公与管仲之后，又一对由敌对关系转变为密切合作关系的君臣典范，其有关事

---

1 《雍正朝起居注册》第1册，第29-30页；参见杨珍：《清朝皇位继承制度》第五章第一节《秘密建储方针的成功实践》。
2 《雍正朝起居注册》第1册，第27-32页；《清世宗实录》卷2，康熙六十一年十二月乙卯。
3 《清世宗实录》卷3，雍正元年三月戊戌。
4 萧奭：《永宪录》卷1，第55页。
5 《资治通鉴》卷191，《唐纪》7，武德七年六月庚申。

迹千古流传。

唐朝正值中国封建社会的全盛阶段，长达将近四百年的各民族大融合刚刚结束，所以，王朝最高统治者的心胸相对开阔，包容性较大，吸取新事物的愿望和能力都较强。出现唐太宗和魏征这样的名君和名臣，是那一特定时代使然。

雍正帝则处于中国封建社会晚期，与唐太宗相较，他的胸怀、气度以及有关措施与收效，都要逊色得多。

雍正四年（1726）七月十五日，谕内阁："今日朕从恩祐寺瞻礼回来，因见看门之护军参领二德气甚高傲，怨忿之色，见于颜面。朕问系谁属下，伊奏称系允禵属下。及令伊将允禵悖逆事迹奏出，二德仍为允禵隐讳回护，一事不肯陈奏。"[1] 于是，命将二德锁拿，交三法司严行定罪。当时，允䄉、允䄉已从宗人府除名，允䄉"圈禁高墙"，允䄉于保定监禁；允禵则因"并不醒悟悛改"[2]，于拘禁地马兰峪被执回京，禁锢于景山寿皇殿。在人人自危的宫廷氛围中，仍有允禵旧部明知招致重罪，"回护"昔日主人，在雍正帝前显露不臣之态。这种行为固然折射出满洲传统的主奴关系观念，也表明允禵属下对惩治其主深怀不满。二德的情绪，反映了受到雍正帝贬斥的政敌及其大批下属的心态。这种不满情绪是致使雍正帝背负恶名的合力中一股重要力量。

雍正帝不仅未能成功地对反对派阵营进行拉拢分化，其打击矛头，还指向曾被他称为功臣的隆科多与年羹尧。陕甘总督年羹尧乃雍正帝"藩邸旧人"。雍正元年、二年之交，年羹尧指挥清军平定青海罗布藏丹津叛乱，这一重大胜利大大提高雍正帝在朝中威信，为其清除朋党创造了有利条件。雍正三年（1725），年羹尧以"僭越"罪被赐自尽。隆科多是康熙帝二舅佟国维之子，康熙晚期担任步军统领，对雍正帝的侥幸获取皇位很可能起有重要作用。雍正五年，隆科多被定以欺罔不法等罪，永远禁锢，翌年死于禁所。年羹尧、隆科多因不同表现而得罪，但二人既

---

[1] 《上谕内阁》卷46，雍正四年七月十五日。
[2] 《清世宗实录》卷44，雍正四年五月癸巳。

无野心,也无实力,并未对皇权构成威胁;雍正帝完全可以在严格控制的前提下,继续予以使用,以发挥其才干。

上述兔死狗烹行为,只会招致更多的人对雍正帝暗怀不满,甚至加入到传播其恶名的行列中。

五、若干社会因素

与唐太宗、明成祖相比,雍正帝的有关情况还有以下不同之处。

首先,时间上距今相对较近,易使人们予以更多的关注。

唐太宗杀兄逼父事发生在武德九年(626),距今已有1300余年,唐亡后,中国历经宋、元、明、清等大一统中央王朝。建文四年(1402)明成祖发动靖难之役夺得侄儿建文帝的皇位,距今也有600余年。康熙六十一年(1722)底雍正帝即大位后,就出现关于他得位不正的流言,直至雍正十三年(1735)雍正帝去世,这一切距今不过300年。所以,比起唐太宗、明成祖,雍正帝其人其事并非十分遥远,而那些被雍正帝惩治之人及其后代口耳相传的故事,比起正史有时对人们具有更大的影响力。

其次,辛亥革命前后,革命党人为推翻清王朝大造舆论。"雍正夺嫡""太后下嫁"等有关清初史事的传说,成为革命党人用以丑化清廷的重要内容。雍正帝曾在《大义觉迷录》一书中,以大量篇幅辨驳其政敌对他的诋毁,并下令将该书散发全国各地。这一做法的实际效果,是为政敌做了义务宣传,大大有损于他本人在士人百姓中的形象。故乾隆帝继位后,立即下令收回此书,但恶劣影响已不可能彻底消除。辛亥革命前,革命党人印行诸多揭露清王朝的书籍,《大义觉迷录》亦在其中。加之民国初年,记述清朝逸闻的各种野史纷纷出版,"雍正夺嫡"诸事得到更为广泛的流传。[1]

再次,唐太宗与明成祖的得位虽然违背封建法理,但事实确凿,无可置疑。而雍正帝的继位存在很多疑点,官修史书中有关记载有不少自相矛

---

[1] 参见许曾重:《清世宗胤禛继承皇位问题新探》,载《清史论丛》第4辑。

盾处，关键性的第一手材料已无存。这些情况为人们了解雍正帝继位真相增加了难度，也为人们演绎各种有关传说，增添故事情节，留下很大余地。此事越是扑朔迷离，带有一定神秘色彩，越符合世人的某种心理需求，使人们产生好奇心，津津乐道，乐此不疲。

以上客观因素，都对传播雍正帝的恶名起有不同程度的促进作用。

不应担负，起码不应全部担负"谋父、逼母、弑兄、屠弟"之名的雍正帝，身后毁多于誉；唐太宗李世民、明成祖朱棣均以暴力手段获得皇位，但两人由此所受后人之非议，却少于清世宗胤禛。这一由诸多历史原因相互作用，复合而成的奇特现象，发人深思。

第四节　康雍皇权更替时的两名获罪者

雍正帝继位后，原御前养心殿总理赵昌与原总管太监魏珠，相继受到惩处。这容易让人们将此事与康熙帝之死及其传位问题相联系，从而怀疑赵、魏二人受惩，是因他们知道雍正帝继位实情，或起过对雍正帝不利的作用。[1] 现在看来，上述看法有待商榷。[2]

1　我原持这种看法，参见《清代全史》第四卷第一章第一节《雍正即位》，沈阳：辽宁人民出版社，1991年。
2　本节初稿完成于2008年春，原拟作为《清朝皇位继承制度》（2009年修订本）第四章第三节《康熙帝之死》的一部分。因考虑还有内容需要补充，交稿前撤下，一置数年。近年来，学界关于赵昌的研究有较大进展，论文如陈青松《赵昌家世及其与传教士的往来——兼述其在康雍时期的际遇》（载《亚洲研究》第六期，韩国庆北大学亚洲研究所，2009年）、陈国栋《康熙小臣养心殿总监造赵昌生平小考》（载《盛清社会与扬州研究》，台湾远流出版公司，2011年）、金国平、吴志良《西方史料所记载的赵昌》（载《清代政治与国家认同》下册，社会科学文献出版社，2012年）等。我在学习借鉴这些研究成果的基础上，对初稿略作修补，请同仁教正。中国社会科学院历史研究所阿风先生、台湾远流出版公司陈穗铮女士、中国人民大学清史研究所成崇德先生分别为查找上述三文提供帮助，谨此致谢。

一、内务府官员赵昌

1. 旗籍、身份与坐门

赵昌,一作赵常。目前所见清代私家著述中,唯弘旺所撰《皇清通志纲要》,有赵昌生平的简略记述:

> 御前养心殿总理赵昌,正白,幼侍上数十年。六十一年十一月革,坐门。雍正十二年卒。[1]

弘旺是康熙帝孙,皇八子允禩之独子。康熙五十六年,弘旺10岁,奉旨"内廷行走"。雍正初年封多罗贝勒,协助其父廉亲王允禩管理工部事务。四年(1726)受父牵连,黜宗室,发热河充军。八年返京,拘禁于景山。十三年除夕获释。[2] 乾隆十四年(1749)撰成《皇清通志刚要》。[3] 二十七年卒。康熙朝晚期,弘旺与赵昌同在内廷行走。所记赵昌生平只有40个字,却是考察传主的珍贵史料。不过,所谓"正白",有误。

据雍正十年十二月兼理大理寺卿索柱奏称:"赵常系正黄旗人,于康熙六十一年十一月二十五日奉旨,永远枷号,钦遵在案。"[4] 赵常,即赵昌。赵昌获罪的时间,至迟不晚于康熙六十一年十一月二十五日。此时距康熙帝病逝仅12天,距雍正帝即大位仅5天。[5]

另据雍正二年五月十二日上谕称:"如放炮、放鸟枪及扛抬鹿角者,俱系八旗汉军,从前内府佐领下那尔泰、赵昌善于放炮、放鸟枪,皇考因交与那尔泰、赵昌管辖。"[6]

---

1 弘旺:《皇清通志纲要》卷4上,民国抄本。
2 弘旺:《皇清通志纲要》卷4上。
3 《皇清通志纲要》自序写于乾隆十四年(1749)正月元日。
4 中国第一历史档案馆编:《雍正朝汉文朱批奏折汇编》第23册,第807页,南京:江苏古籍出版社,1991年。
5 据意大利籍传教士马国贤(Matteo Ripa)回忆录载:"康熙死后数日,丧礼尚在进行中,继承人雍正作出一项震惊帝国的审判,以显示他刚刚获得的权力:赵官员被拘执,身缚重约两百磅的枷锁,宣判以枷刑处死。"参见 Matteo Ripa, *Memoirs of Father Ripa*, selected and translated by Fortunato Prandi, John Murray, pp.120、121、132, London, 1855.)此时马国贤供职清廷。数月后,离京返回欧洲。
6 《上谕内阁》卷20,雍正二年五月十二日。那尔泰,一作纳尔泰,康熙帝"近侍"之一。参见《清圣祖实录》卷45,康熙十三年正月辛卯;卷226,康熙四十五年七月己卯;韩琦、吴旻校注:《熙朝崇正集 熙朝定案(外三种)》,第163页,北京:中华书局,2006年。

这条上谕与索柱奏折互证,说明赵昌是正黄旗包衣汉姓人,即内务府正黄旗汉军。

清代,皇帝、宗室王公从所属旗下勋旧并家道殷实大员子弟内,挑选男童随侍左右,"日供扫洒,侍巾栉"[1],或为皇帝传旨奏事。[2]这些僮仆被称为哈哈珠子。[3]他们之中既有包衣子弟,也有八旗大臣子弟。[4]他们长大后,或做苏拉(sula,满语,从事杂役之人),或为主人的侍卫,或任佐领、骁骑校等职。[5]职位虽然不高,因为曾是僮仆,主仆关系亲近,易得到主子的信任和赏识。

晚清内务府镶黄旗汉军福格,曾举商丘人宋荦为例,称"国初大臣子弟以童穉入侍禁近者,不必尽是旗人"。又说:"惟皇子及诸王侍从小臣中有曰'哈哈珠子'者。"[6]

宋荦是顺治朝大学士宋权之子,14岁入朝做侍卫,康熙年间曾任江苏巡抚。显然,宋荦入朝做侍卫前,并未做过哈哈珠子。福格所言,应有两层含意:不是旗人的清初大臣子弟,也有以幼龄入侍皇帝者,此其一;皇子、诸王的侍从小臣中,既有曾是哈哈珠子之人,也有不曾做过哈哈珠子之人,此其二。

赵昌"幼侍上数十年",是否曾是康熙帝的哈哈珠子?已有研究证实,

---

1 奕赓:《佳梦轩丛著》(不分卷),《管见所及》第82页,北京:北京古籍出版社,1994年。
2 鄂尔泰、张廷玉等编纂:《国朝宫史》上册,第6页。
3 哈哈珠子,满语hahajuse,意为男孩们。清人认为,"小厮"曰"哈哈珠子"。参见吴桭臣:《宁古塔纪略》,《续修四库全书》第731册,第609页,上海:上海古籍出版社。
4 据《上谕八旗》(雍正朝内府刻本),康熙六十一年十一月十七日奉上谕:"下五旗诸王属下人内,京城自学士、侍卫以上,外官自州牧县令以上,该王辄将其子弟挑为包衣佐领下官及哈哈珠子、执事人,折挫使令者甚众,嗣后著停止挑选。"这条上谕发出时,雍正帝尚未即大位,距康熙帝病逝仅4天。
5 乾隆四十六年谕称:"哈哈珠子皆由勋旧家道殷实大员子弟内挑取,伊等既为阿哥哈哈珠子,并无别项苦差。日后阿哥等封授王、贝勒、贝子、公爵之时,哈哈珠子等自为该府护卫等官,并无向隅……除已经补放护军校、骁骑校,毋庸查究外,嗣后哈哈珠子,如遇伊家原有世职佐领等官,既系伊等应得之分,著仍照前办理,其升补侍卫、护军校、骁骑校之处,著停止。"参见《清高宗实录》卷10142,乾隆四十六年十月壬午;金启孮:《北京的满族》,第222–223页,北京:中华书局,2009年。
6 福格:《听雨丛谈》卷12,第251页,北京:中华书局,1984年。

赵昌确实做过康熙帝的哈哈珠子。[1]

满文档案以及传教士的书信中，均有赵昌获罪后的记载。

据满文档案，康熙六十一年十二月初二日，宗人府奉旨："除赵昌之妻、儿媳外，有子之闲散女人，著查出另奏，无子之闲散女人，赏与包衣牛录管领下无妻之穷人。"雍正元年正月初六日，署理内务府总管事允禄等遵旨奏报赵昌家口数额并查抄家产事。奉朱批："交付定造房造价。"[2]

1751年10月10日（乾隆十六年八月二十二日），法籍传教士冯秉正（Joseph Franciscus Maria-Anna de Moyriac de Mailla）写于北京的一封信中说："在康熙皇帝晏驾时，其第四子和皇位的继承人雍正刚刚登基，在整个帝国获得承认，尚未得到其守丧大礼的结束，出于人们不知道的原因而逮捕了赵老爷，判处他戴枷到东直门，那里距我们的教堂有近1法里之远。"[3]

所谓"戴枷到东直门"，即指前引弘旺所言"坐门"。"坐门"也叫"锁禁城门"或"门监羁禁"。这是一种惩处方式。清入关后，满汉大臣、旗员因"贪恶""妄奏"与举止失当等因被锁拿后，送京城九门关押，枷号示众。[4]

清朝"定鼎燕京，分列八旗，拱卫皇居"。定制，镶黄居安定门内，正黄居德胜门内，并在北方；正白居东直门内，镶白居朝阳门内，并在

---

1 参见李文益：《清代"哈哈珠子"考释——兼论满文"haha juse"与"haha jui"的翻译》，载《清史研究》2016年第1期。
2 台北故宫博物院：《宫中档雍正朝奏折》第28辑（《满文谕折》第1辑），第9-23页。
3 ［法］杜赫德编：《耶稣会士中国书简集——中国回忆录》第4卷，耿昇译，第67页，郑州：大象出版社，2005年。另据方豪《中国天主教史人物传》（北京：中华书局，1988年）中册，第307-312页《冯秉正》载："乾隆十三年阳历二月间，冯氏卧病，六月二十八日（1748年7月23日）卒告不起。"
4 《清世祖实录》卷71，顺治十年十月癸酉；《清圣祖实录》卷230，康熙四十六年六月辛卯；《康熙起居注》第2册，第2494页；《康熙起居注》第3册，第2095页；台北故宫博物院：《宫中档雍正朝奏折》第28辑（《满文谕折》第1辑），第87-88页。另参见索柱等奏呈"四十五名永远枷号人犯名单略节折"，载《雍正朝汉文朱批奏折汇编》第23册，第807-816页。直至清中后期，仍有旗人、民人因不同事由获罪后，"永远枷号，游示九门"。参见《清高宗实录》卷362，乾隆十五年四月乙酉；卷934，乾隆三十八年五月癸亥；《清宣宗实录》卷144，道光八年十月壬申。

东方；正红居西直门内，镶红居阜城门内，并在西方；正蓝居崇文门内，镶蓝居宣武门内，并在南方。[1] 内务府正黄旗汉军赵昌，为何在东直门"坐门"？

雍正二年议准：崇文、宣武、朝阳、阜成、东直、西直、安定、德胜八门，每门各设监狱。凡旗人获罪，刑部议定枷示，或步军统领衙门奏明永远枷示人犯，皆发门监羁禁。如封印后，步军统领衙门监内人犯过多，亦发门监羁禁。崇文门监镶白旗人，宣武门监镶红旗人，朝阳门监正蓝旗人，阜成门监镶蓝旗人，东直门监镶黄旗人，西直门监正黄旗人，安定门监正白旗人，德胜门监正红旗人。[2] 这是对外八旗而言，应不包括内三旗即内务府三旗。

雍正帝批准的各旗旗人"门监羁禁"地，看似与八旗所在方位不一致，实则颇具匠心：以八旗分为四组，正蓝旗之崇文门，监禁镶白旗人，镶白旗之朝阳门，监禁正蓝旗人；镶蓝旗之宣武门，监禁镶红旗人，镶红旗人之阜城门，监禁镶蓝旗人；正白旗之东直门，监禁镶黄旗人，镶黄旗之安定门，监禁正白旗人；正红旗之西直门，监禁正黄旗人，正黄旗之德胜门，监禁正红旗人（参见附表一）。这项规定并未打破八旗左右翼建置（镶黄、正白、镶白、正蓝为左翼，正黄、正红、镶红、镶蓝为右翼），每旗各以较为邻近，且又不在同一方位的旗份所在地城门羁禁该旗旗员。这样做，既便于就近执送获罪旗员至羁禁地，又因旗员不在本旗或同一方位旗份居地之城门"坐门"，有利于阻止坐门者及其亲属利用人情关系进行请托。

八旗"门监羁禁"地，是雍正二年确定。这就表明，在此之前，各旗旗员"坐门"地点或无严格规定。如康熙五十七年（1718）正月，正红旗满洲、翰林院编修朱天保因密折奏请复立废太子允礽而被斩首，正法地是阜城门；其父朱都纳带大枷被枷示，可能也是在阜城门，并非雍正二年所定监禁正红旗人的德胜门。另外，康熙年间，有的获罪太监被拘禁在崇文

---

1 鄂尔泰等修：《八旗通志初集》卷2，《旗份制》2，《八旗方位》。
2 光绪《清会典事例》卷1158，《步军统领》3，《职制》。清代京城内九门之一正阳门，是否也如其他八门锁禁人犯，待考。

门大牢。¹ 值得注意的是，雍正元年初，官员子弟、镶黄旗鹰上拜唐阿索柱被执，刑部遵旨枷号，送至东直门"坐门"。后遇"恩诏"，笞百鞭释放。²然而至此仍无法说明，赵昌被拘至东直门锁禁，是循例为之，还是随意而定？换言之，内务府三旗获罪旗员被锁禁城门时，是否都在东直门"坐门"？因史料不足，难下定断。

1723年10月14日（雍正元年九月十八日）捷克籍传教士严嘉乐（Karel Slavíček）由南昌寄回欧洲的信中谈到：

> 新帝登极后让他（赵昌）戴上枷在皇城的城门口示众，让他的儿子戴上铁链服侍示众的父亲……很少有戴枷的犯人能活过三个月，可这位忠心耿耿的人却熬过了这一关——皇帝后来赦免了他，只没收了他的田产。³

综合严嘉乐的记述以及冯秉正信中其他内容，可以看出，赵昌被戴枷示众数月后，仍羁禁在东直门监牢。雍正十二年（1734）他去世前，获释的可能性不大。

2. 康熙帝何以宠信赵昌

赵昌深受康熙帝信用，主要有两方面原因。

其一，赵昌的出身与经历，使康熙帝与他的关系非同一般。

正黄旗是清帝自将之上三旗之一，内务府三旗旗员被视为清帝的家臣。前引冯秉正的信中，谈到赵昌的身世："赵老爷是康熙帝之父顺治帝侍从中的一位一品大员的儿子。当他尚很年幼时，便是宫中业绩最佳者之一，以其天生美男子的仪表，思维敏捷、举止文雅和行为审慎而成为所有青年王爷中的佼佼者，他成了那些人们最早选出来的青年皇帝伴读的人之一。该皇帝对于此青年王爷怀有很强的尊重心情，以至于在他临朝的漫长岁月中，从来都不愿意离开此人。皇帝对此人全心全意地信任，把他视为其全部朝臣中最可信赖者，他同时也是在处理政府中最困难和最棘手的事

---

1 中国第一历史档案馆藏：内务府满文奏折，康熙朝，无年月。
2 台北故宫博物院：《宫中档雍正朝奏折》第28辑（满文谕折）第1辑），第86–89页。
3 ［捷克］严嘉乐：《中国来信》(1716—1735)，丛林、李梅译，第41页，郑州：大象出版社，2002年。

务中，最容易取得成功的幸运者。"[1]

冯信多溢美之辞，称赵昌为"王爷"也名实不符。关于赵昌父亲的事迹，我们目前尚不清楚。信中所言赵昌少年经历，可与弘旺称赵昌"幼侍上数十年"相印证。

雍正八年（1730），赵昌73岁。[2]以此推算，他生于顺治十五年（1658），比康熙帝小4岁。康熙帝去世时，赵昌65岁，雍正十二年去世时77岁。因为是内务府包衣子弟，他幼时是康熙帝的哈哈珠子，继而选为主子的伴读，后被主子留在身边，担任侍卫、总监造等职，办理西洋传教士事务。

如康熙二十一年（1682）九月初，赵昌向康熙帝报告，意大利籍传教士利类思（Ludovicus Buglio）病笃；康熙帝令特赐银两缎匹，以示优念远臣之意。[3]二十三年（1684）九月，康熙帝第一次南巡，赵昌以侍卫身份随驾。途中，他向河道总督靳辅传达康熙帝旨意[4]；行抵金陵（今江苏南京），奉派前往天主教堂，问询有关事宜后，飞马回奏。[5]关于赵昌办理西洋人事务及其相关情况，已有学者予以详论。[6]

康熙朝中后期，赵昌任"养心殿监造六品官兼景山火器总管"（康熙三十三年）[7]；"养心殿总监造六品官"（康熙四十九年、五十五年）；"养心殿武英殿等处管制造带西洋人事"（康熙五十六年）等职。[8]

康熙帝一向厚待老臣，对内务府世仆子弟犹为关照，予以信任。如果赵昌10岁开始做康熙帝的伴读，至康熙朝后期，他在主人身边当值、奉差已逾半个世纪。康熙帝与赵昌既是主仆与君臣，两人的关系中也夹杂着

---

1 [法]杜赫德编：《耶稣会士中国书简集——中国回忆录》第4卷，耿昇译，第66-67页。
2 [法]杜赫德编：《耶稣会士中国书简集——中国回忆录》第4卷，耿昇译，第68、70页。
3 "耶稣会士利公之墓"碑文，参见林华等编：《历史遗痕》，第33页，北京：中国人民大学出版社，1994年。
4 参见傅泽洪：《行水金鉴》卷49，《四库全书》第580册，第672页。
5 《正教奉褒》，光绪二十九年（1903）上海慈母堂第三次排印，第86-87页。
6 参见陈青松、吴志良及陈国栋、金国平等文。
7 《钦定国子监志》卷47，《四库全书》第600册，第520页。
8 参见"康熙为探问艾若瑟去信消息给新来西洋人谕（康熙五十六年）"；"康熙著令广东巡抚李秉忠办理接待西洋伊达理亚教王来使之朱谕"，分载中国第一历史档案馆编：《清中前期西洋天主教在华活动档案史料》第1册，第19、53页，北京：中华书局，2003年。

友情和亲情，这些情分会随着岁月的推移，逐步加深、加重。

其二，在康熙帝眼中，赵昌因监造火器劳苦功高。

赵昌聪敏干练，有办事之才。他的诸多才能中，最为康熙帝看中的，是他对监造枪炮十分在行，而且尽心尽力。康熙朝前期，比利时籍传教士南怀仁（Ferdinandus Verbiest）为清廷制造军器时，赵昌奉派与南怀仁多有交往，或传旨代奏，或协助试放，耳濡目染，极受教益。[1]康熙二十六年十二月，南怀仁去世，赐谥"勤敏"。所有来华传教士中，身后得谥者只有南怀仁，这与逝者"监造炮器，有利戎行"有直接关系。[2]南怀仁逝后，御前侍卫海青（见下文）与赵昌逐步成为清宫火器总监造官。

康熙帝对赵昌在"养心殿总监造"任上的表现并不特别满意，赵昌不止一次因故受惩。如五十二年三月十八日是康熙帝六十寿辰，恩诏内开："内外降级、罚俸等官，俱着开复。"开复人员中，养心殿监造赵昌排在倒数第二位。[3]

又如康熙朝晚期，养心殿造办处正白旗包衣雕刻匠花色，违制采用"大内式样"，为废太子允礽之子弘晳偷制物品。五十五年（1716）冬，此事发露，并牵扯到养心殿监造赵昌等人。"哈哈珠子太监"魏珠，向内务府总管董殿邦传旨审办。赵昌受到审问，供称：五十四年夏、五十五年夏，我都跟随主子前往热河，不在家中。"返回后，应即查出参劾。既未查出，是我愚钝软弱之处。此乃大罪，有何可辩。"于是，董殿邦等议将赵昌罚俸六个月。奏入，康熙帝以朱笔改为革职。[4]此后，赵昌仍被交付制造事宜。如五十八年正月，奉旨查找库存祭佛物品并确定制造式样。[5]

赵昌在总管景山火器监造任上的表现，令康熙帝刮目相看。五十七年

1　如康熙二十五年（1686）夏，"差侍卫赵、那、李三员，并海子提督龚、过二员"至海子（南苑）试放南怀仁所制冲天炮完毕，齐同回奏。参见韩琦、吴旻校注：《熙朝崇正集熙朝定案（外三种）》，第163页。

2　参见方豪：《中国天主教史人物传》中册，《南怀仁》。

3　《万寿盛典初集》卷26，《四库全书》第653册，第287、289页。

4　中国第一历史档案馆藏：内务府满文折件，署理内务府总管事奉宸苑郎中董殿邦等奏，康熙五十五年十一月二十二日。

5　中国第一历史档案馆藏：内务府满文折件，署理内务府总管事郎中海章等奏，康熙五十八年正月二十四日。

(1718),"御制威远将军"炮在景山制成。炮身底部以满、汉文刻有6位承造者的姓名,赵昌列其首,职衔是"总管景山炮鸟枪监造"[1]。

五十九年八月,在抚远大将军王允禵的指挥调度下,清军攻克拉萨,驱逐准噶尔军,收复西藏,驱准保藏之役取得全胜。以"御制威远将军"为代表的清宫所造火器,在驱准保藏之役中发挥了重要作用。据满文档案,六十年(1721)十月,康熙帝命总管内务府衙门议叙火器制造人员,并特别提到赵昌:"朕几次将赵昌授以官职。其人无定数,大模大样,故已革职。凡军务所用炮、枪、盔甲等,都是海青(haicing)、赵昌(jaocang)监造,而且省下钱粮,部中(指工部)没有制造一件,故伊等有功。赵昌曾数次跪请前往军中效力。凡有戎行,伊等所制炮、枪尽显神威,此乃大苦大难事也。著赵昌戴孔雀翎。其人短处已揭出,效力之处岂可不彰显于众。著从优议叙,并查看跟随制造枪炮之人,或应颁赏、给予品级等情,尔等议叙具奏。"内务府总管大臣都统马武等遵旨议叙景山制造火器人员,其中包括监修官、拜唐阿、笔帖式、领催等人。六十年十二月十六日上折内称:"查得,铜匠金什昌等前因铸炮,赏给骑都尉(按,四品世职)。海青、赵昌监造之炮392位,鸟枪19144支,盔甲154副。拟较铜匠金什昌等之例加以削减,授与云骑尉(按,五品世职)。请旨。"

这件满文奏折上没有朱批,内有一张满文墨笔夹片,上面写道:"依议。"[2]

不妨先看一下赵昌同僚海青的有关情况。

其名被康熙帝放在赵昌之前的海青,姓戴佳氏,满洲镶黄旗人,内务

---

1 在故宫博物院大力支持、该院宫廷部毛宪民先生与恽丽梅女士热情协助下,我得以查阅"大清康熙五十七年景山内御制威远将军"炮铭文、"大清康熙二十九年景山内御制威远将军"炮铭文等实物,谨此一并致谢。另参见王兆春:《世界火器史》,第320、322页,北京:军事科学出版社,2007年。
2 中国第一历史档案馆藏:内务府满文折件,署理内务府总管事都统马武等奏,康熙六十年十二月十六日。按,康熙二十一年(1618),工部遵旨议叙铸造炮匠役人等,内有金世祥,原系辽东铜工,以铸造红衣炮,授为骑都尉(满语称"拜他喇布勒哈番")。参见《熙朝崇正集 熙朝定案(外三种)》,第147页。马武提及的金什昌,或即金世祥。康熙帝嫡母孝惠皇太后逝于康熙五十六年(1717)十二月初六日,至六十年十二月整四周年。康熙帝对此件满文奏折的批示用墨笔,不知与此有否关联。

府总管噶禄之子。海青自幼随侍康熙帝,"数十年未离上侧"[1]。累升至御前一等侍卫(或称"乾清门近御侍卫")。性笃实,极勤谨,奉差传旨,深得倚信。四十五年(1706),海青患病,康熙帝闻知挂怀,命全力救治。四十九年七月,海青病逝。康熙帝出旨,照噶禄之例治丧,追赠副都统品级,命皇三子诚亲王允祉(幼时养在噶禄家)携内帑千两及御马两匹、馆内肥马两匹并雕龙鞍两副,前往逝者家中慰问;丧出时,令众皇子轮流往吊。[2] 诏依一品大臣给予全葬,特赐御书"忠孝"二大字。赐谥"果毅"。雍正元年,特旨加赠一品大臣。乾隆帝继位,加赠宫保。

海青生年未详,似长于赵昌,并先于赵昌担任景山火器总监造一职。如"康熙二十九年景山内御制威远将军"炮,炮身以满、汉文刻有5位承造者姓名,第一位即"总管监造御前一等侍卫海青"。

刊刻于乾嘉之际的《满洲名臣传·海清列传》载:"康熙三十四年,因征噶尔丹增造制胜炮,命海青于景山内董其事,其铸炮四十有八。工既竣,敕八旗都统每旗选炮手一人,各赍炮一,由驿驰送大将军费扬古军中。"[3]

康熙二十九年,清军与噶尔丹军于乌兰布通(今内蒙古克什克腾旗西南之大红山)展开激战。战斗中,由制炮专家戴梓研制、海青监造的威远将军炮(亦称冲天炮、子母炮)发挥了重要作用,噶尔丹军受到重创,远遁。三十四年,噶尔丹复掠喀尔喀部,至巴颜乌兰之地度冬。十一月,康熙帝决定来年二月分三路征讨噶尔丹。费扬古任抚远大将军,总辖西路军,从归化城(今呼和浩特市)出击。由"总管监造御前一等侍卫海青"监制增造的制胜炮,[4] 于三十五年二月西路军出师前送至。是月,康熙帝亲征噶

---

1 参见弘旺:《皇清通志纲要》卷4上。
2 中国第一历史档案馆藏:满文朱批奏折2件,胤祉等奏,康熙四十九年七月初八日;胤祉等奏,无年月;《八旗通志初集》卷185,《名臣列传》45,《海清》。
3 《满洲名臣传》卷23,《海清列传》。乾隆五十一年(1786)奉敕纂修,嘉庆年间成书的《钦定八旗通志》中海青传记,记有此事。然而雍正五年(1727)奉敕纂修,乾隆四年成书的《八旗通志初集》中海青传记,虽然内容更加详尽,却对此事只字未提,其原因耐人寻味。
4 参见王兆春:《世界火器史》,第320页。

尔丹，率中路军从京师启行，海青扈从。五月，西路军在昭莫多歼灭噶尔丹主力。

康熙朝与准噶尔部长达数十年的较量中，重大战事有三：一为二十九年乌兰布通之战，二为三十五年昭莫多之战，三为五十九年驱逐准噶尔军，收复西藏。分别由海青、赵昌监造的火炮，相继在三次战事中大显神威，对清军获胜发挥了至要作用。所以，海青故去11年后，康熙帝令议叙火器监造人员时，仍将海青与赵昌并论，但没有追加赏赐，只是将赵昌从优议叙。

孔雀花翎是清朝满洲官服冠饰，有三眼、双眼、单眼之分。除去按规定戴用孔雀翎的固山贝子、镇国公、辅国公、额驸以及五品以上官员外，有功人员，或得到清帝特殊赏识者，也被赐戴孔雀翎。未得恩赏，他人不得随意戴用。赵昌是六品官，按例不能戴用，然而上述议叙人员中，只有他得到这一"殊恩"。这表明在康熙帝看来，赵昌虽有短处，曾受责罚，但在监造火器上立有首功，应予重奖。此事距康熙帝死后赵昌获罪，不及一载。

3. 获罪原因试析

六十一年冬，康熙帝在南苑行围时受寒发病，返回畅春园后，因临近冬至，静养斋戒。宗室延信等前往请安，未被召见。赵昌虽然与康熙帝较为亲近，但这种情况下，似无可能陪伴老主身边。如果赵昌确知雍正帝继位真相，或在其中起有不利于雍正帝的作用，那么，所受惩处恐怕不仅是被锁禁城门，而是性命难保了。

冯秉正的信透露，赵昌被拘禁的最初六年中（按，雍正元年至六年），他的家人常去探望，带去"葡萄牙耶稣会士们"寄给他的多部论述基督教的书籍。一次，雍正帝偶然向所管官员问及赵昌是否还在世。所管官员自此加强看守，禁止任何人接近拘禁地，并对赵昌施以"圈饿"之惩。尽管如此，赵昌仍于雍正九年（1731）左右，在拘禁地接受了由传教士精心安排的洗礼。[1]

---

1 参见［法］杜赫德编：《耶稣会士中国书简集——中国回忆录》第4卷，耿昇译，第66—74页。

雍正帝继位后，为了消除得位不正的传言，采取各种举措，大力清除朋党。这一期间，赵昌在拘禁地并未受到严密监控，其家人可以探望并送物品，而雍正帝竟一时忘记了赵昌的存在。这些情况都表明，赵昌的受惩与雍正帝继位问题无涉，因而无需将他密禁一室，严密防范，致之死地。

赵昌是雍正帝即大位后率先被惩治的大臣。前引索柱所上奏折中，遵旨将在京在外奉旨永远枷号人犯45名，开列名单，"写具所犯略节"呈览，唯于赵常（赵昌）未具"所犯略节"。[1] 这是否表明赵昌没有"像样的"罹罪缘由？他到底是何原因获罪？目前，只有综合相关史料做些分析。

冯秉正的信中称赵昌"曾是传教士的朋友和保护人"[2]，然而意大利籍传教士马国贤（Matteo Ripa）的回忆录谈到赵昌被执时说："这位骄傲的朝臣被抄没财产，家人贬为奴仆，妻妾们被指配他人。新帝在一份宣判书中指出，他所以受此惩罚，乃因傲慢自大，并滥用职权，迫害欧洲人。"[3] 所谓滥用职权迫害在华传教士，似与事实不符。不过，"宣判书"透露了赵昌受到惩罚的原因之一，即"傲慢自大"。

在马国贤的眼中，赵昌是一位"骄傲的朝臣"。他的这一看法，同康熙帝所称赵昌"人无定数，大模大样"并无矛盾。

雍乾时人金兆燕，曾为康熙前期供职清廷的制炮专家戴梓作《耕烟先生传》，其中述及赵昌。

戴梓，浙江仁和（今杭州）人，字文开，自称耕烟老人。康熙二十六年，戴梓奉诏研制"冲天炮"。炮成，康熙帝率群臣亲试，大悦，当即封炮名为"威远将军"，又镌刻戴梓等制造人员名字于炮身底部。戴梓在南书房供值期间，因纂修律吕诸书与葡萄牙籍传教士徐日升（Thomas Pereira）等人意见不合。子母炮创制成功后，轻视中国制炮专家的南怀仁

---

1 参见《雍正朝汉文朱批奏折汇编》第23册，第807—816页。
2 参见［法］杜赫德编：《耶稣会士中国书简集——中国回忆录》第4卷，耿昇译，第67页。
3 Matteo Ripa, *Memoirs of Father Ripa*, selected and translated by Fortunato Prandi, John Murray, pp.120、121。

忌恨戴梓，遂与徐日升等交谋倾之。¹

《耕烟先生传》云："侍卫赵某有宠，悍恣，廷呼先生名，先生叱之。某诉于内，上曰：'尔当师之'。某受诏来谒师，北面顿首，面项尽赤，不言而退。"所谓"侍卫赵某"，显然是指赵昌。在作者笔下，赵昌的性格、作风跃然纸上，读之如见其人。

康熙二十九年冬，清廷拟颁赏乌兰布通之战有功人员。恰在此时，戴梓遭人诬告。赵昌肆意报复，上下其手，"与西洋人乘间力构之"，戴梓竟被流放关东。

《耕烟先生传》的最后写道："兹以所闻于先生之子亨者缉为传，俟作史者采焉。亨，纯悫人也，述其先必无伪语。"²

该传撰者金兆燕，字钟越，安徽全椒人。乾隆三十一年（1766）进士，官国子监博士，改扬州教授。³戴亨，戴梓第三子，字通乾，号遂堂，生于康熙二十九年（1690）。出生甫三月，随父母踏上谪戍之路。康熙六十年成进士。官山东齐河县知县。后辞官，寄居京师。⁴金兆燕所记，应是他在京师任国子监博士时，闻之于戴亨。

前述康熙帝对赵昌的评议、清廷"宣判书"的内容、马国贤对赵昌的印象以及《耕烟先生传》中有关记载，从不同角度反映出赵昌在为人处事中的某些特点：恃宠而骄，自高自大，好恶形之于色，动辄出口伤人。六十年底他受到康熙帝嘉奖，赐戴孔雀翎，得到云骑尉世职后，其恣肆之态或会进一步发展。因此，在一些具体事情上，他可能得罪过尚为雍亲王的雍正帝，而雍正帝是一位睚眦必报之人。

赵昌获罪后，被指控拖欠内库银4730两。⁵这是立案惩办期间查出的一

---

1 关于戴梓的事迹，参见《国朝耆献类征初编》卷120，《清代传记丛刊》第148册，第641—648页，台北：台湾明文书局印行；黄谷：《戴梓》，《清代人物传稿》上编第6卷，第419—426页，北京：中华书局，1991年；武亚民：《杰出的火器制造家戴梓》，《中国北方各族人物传·清代卷》，第286—291页，沈阳：辽海出版社，2002年。
2 金兆燕：《耕烟先生传》，《辽海丛书》第3册，第1151—1152页，沈阳：辽沈书社，1985年。
3 关于金兆燕的事迹，参见《清史列传》卷71《文苑传》2，《金兆燕》。
4 关于戴亨的生平，参见《清史稿》卷485，《列传》272，《戴亨》。
5 参见台北故宫博物院：《宫中档雍正朝奏折》第28辑（《满文谕折》第1辑），第24页。

条"罪状",不应是其获罪的主要原因。

雍正帝在继位伊始治罪赵昌,表明他对赵昌的一些行为举止无法容忍,急欲惩之以泄恨,也因受惩者是一位六品官,虽有威势,并无实权,在王公大臣中的影响力也有限。这一惩处之举,无关稳固皇位之大旨。

二、哈哈珠子太监魏珠

1. 深受宠眷

总管太监顾问行、哈哈珠子太监梁九功、哈哈珠子太监魏珠,分别是康熙朝前期和中期、康熙朝中后期、康熙朝晚期得到宠信的内侍。顾问行服侍康熙帝多年,得以善终;雍正帝赠为三品,致祭一次。[1] 梁九功自13岁跟随康熙帝。康熙帝认为他过于伶俐,凡有差遣处需加防范,[2] 故于三十八年(1699)将他调离寝宫,负责管理景山集祥门、永安亭、南府三处事务。五十一年冬,梁九功偕副总管太监魏国柱等滥用三处饭房银两案发露。此前,梁九功已缘事被拘禁。在畅春园西园拘押期间,前额生恶疮,一度危重,康熙帝命御医治愈。其后,梁九功被迁至景山关押。雍正元年二月,在禁所自尽。雍正帝"念其勤劳,特加轸恤,给银发丧"[3]。与梁九功一样,魏珠也是"幼侍圣祖,甚蒙宠眷"[4]。两人"俱加信用,朝臣多相交结"[5]。康熙五十年(1711)前后,梁九功获罪。满文档案等史料中关于魏珠的较多记载,也是始于这一时期。魏珠生于康熙朝中期,康熙帝去世时,他正值盛年。

脾胃失调是一种慢性病,不少久坐书斋之人常为此病所困扰。康熙四十五年(1706)十月,康熙帝告知南书房众翰林:如果长期吃斋,只是服药,这种做法对调理脾胃有害无益。遂举魏珠为例:"如魏珠,他也吃斋,亦患胃痛。我叫他且不吃斋,亦不吃药,用清淡荤味调理,如今竟好

---

1 《上谕内阁》卷1,康熙六十一年十一月十七日。
2 鄂尔泰、张廷玉等编纂:《国朝宫史》上册,第11页。
3 萧奭:《永宪录》,卷2上,第91页。
4 萧奭:《永宪录》,卷2下,第143页。
5 萧奭:《永宪录》,卷2上,第91页。

了。"[1] 此时，魏珠已在康熙帝身边服侍。康熙帝知道他有胃病，并为他支招疗疾，说明这对主仆已很亲近。

满文档案中，魏珠名前冠有"哈哈珠子太监"字样。[2] 康熙朝晚期，除去魏珠，名前冠有"哈哈珠子太监"的，还有李玉、陈福等人，[3] 他们也被叫作"御前太监"[4]。

清帝太监被冠以"哈哈珠子"之称，据目前所见史料，这种情况仅出现在康熙年间。雍正元年初，雍正帝密令闽浙总督觉罗满保，访查太监亲属捐纳为官等情。谕称："朕宫内太监唯行差而已，并无亲信之哈哈珠子太监。朕近前左右亦无一倚用之人。"[5] 从语气看，雍正帝似对皇考倚用哈哈珠子太监的做法不以为然，故予改弦更张。

虽然康熙朝哈哈珠子太监不仅魏珠一位，但魏珠最受倚信。这种状况一直持续到康熙帝去世。

康熙朝后期，魏珠经常向众臣传达旨意，或代领旨大臣回奏。同时，他多次奉旨办理要务。如五十四年（1715），被软禁的废太子允礽秘密与正红旗满洲都统普奇通信，嘱托普奇保举自己为大将军。此事被辅国公阿布兰告发，信件落到康熙帝手中。康熙帝特遣魏珠持信赴允礽软禁地咸安宫面询，允礽直认系其亲笔。[6]

又如五十五年秋，康熙帝结束塞外之行返京前，特派魏珠前去探望染患伤寒的八贝勒允禩。魏珠接受允禩的恳求，代为转奏。于是，康熙帝下令，"将所停允禩之俸银俸米俱行赏给，并赐各种克食"。允禩由邻近畅春园的别墅移至城内府邸后，康熙帝再次派魏珠前往探望。允禩勉撑病体，

---

[1] 陈邦彦：《铇庐公日记》卷1，载《上海图书馆藏稿钞本日记丛刊》第1册，第249-250页，北京：国家图书馆出版社、上海：上海科学技术文献出版社，2017年。
[2] 中国第一历史档案馆藏：满文朱批奏折3件，内务府奏，康熙五十七年十二月二十四日、康熙五十八年四月十三日、康熙五十九年七月初五日。
[3] 中国第一历史档案馆藏：内务府满文折件2件，一件无年月；一件为署理内务府总管事郎中董殿邦等奏，康熙五十八年四月十三日。
[4] 鄂尔泰、张廷玉等编纂：《国朝宫史》上册，第43页。
[5] 中国第一历史档案馆译编：《雍正朝满文朱批奏折全译》上册，第102页，合肥：黄山书社，1998年。
[6] 《康熙起居注》第3册，第2486页。

下炕迎接，伏地叩谢。[1]

康熙帝晚年，时常以太监传旨，但防范甚严，从未使其干预政务。尽管如此，由于魏珠有通天之力，颇有气焰，不少王公大臣对他心存敬畏，竭力巴结。如九贝子允禟，为了便于及时了解宫禁信息，让其子弘晟认魏珠为伯叔。[2] 当朝皇孙主动与宫中内侍结为叔侄，可见这位内侍在皇室成员心目中的位置。由此观之，魏珠可能与生于康熙二十二年（1683）的九贝子允禟年龄相近。

清制，旗人不得做太监。然而魏珠的身世令人生疑。

魏珠在京城宅邸的管家张成全，是顺天府永清县人；雍正元年三月继张成全担任魏珠管家的席尔格，从其名字看似是满洲人。雍正元年十月步军统领衮泰[3]奏报魏珠家产一折云，魏珠之母已改嫁，其前夫系果里管领下披甲人布塔齐；魏珠之母与她和前夫之子思雅图的妻子同住，魏珠获罪后，"此等婆媳四口按管领内差役不议外"，与魏珠同住之魏珠弟魏宝之子魏廷福、管家席尔格、张成全夫妇等"一并发往三姓给兵丁为奴"，"魏珠祖母寡妇"等共计九口即皆为民，故发回原籍交付该地方官员，不准返回京城。[4] 根据衮泰的奏报，魏珠似是其母再嫁后与二任丈夫所生，魏珠的生父似已故去。既然魏珠之母的前夫是管领下披甲人，再嫁之夫即魏珠的生父，是否也有旗籍？魏珠之母及儿媳等既"按管领内差役"无庸再议，表明他们是旗人（管领下人），故与发回原籍的魏珠祖母等区别对待。可是，乾隆元年十二月上谕称："从前魏珠在世宗皇帝时身获重罪，因将伊祖母、生母发回原籍。"[5] 此则表明魏珠生母亦非旗人，而是民籍。

另据康熙二十四年二月上谕："满洲家奴及太监家奴有逃走在外私自净

---

1 《上谕八旗》，雍正四年二月初五日；《清世宗实录》卷45，雍正四月六月甲子。
2 《上谕八旗》，雍正四年六月初三日。
3 据《清圣祖实录》《清世宗实录》《钦定八旗通志·内大臣年表》，雍正朝步军统领一职任职情况是：康熙六十一年（1722）十一月二十五日（雍正帝即位第六日）镶蓝旗护军统领衮泰接替继隆科多任此职；雍正二年（1724）八月衮泰升镶红旗蒙古都统，十一月以镶蓝旗护军统领绰奇署理；十二月复以镶白旗蒙古副都统阿齐图署理，三年十月实授；十年四月阿齐图革职，闰五月以兵部尚书鄂尔奇署理，不久实授。
4 参见中国一历史档案馆编译：《雍正朝满文朱批奏折全译》上册，第427-429页。
5 鄂尔泰、张廷玉等编纂：《国朝宫史》上册，第39-40页。

身者，不宜内用。其已经内用者，查交礼部发回原主。嗣后著严禁止。"[1] 魏珠本人不大可能是"在外私自净身者"的满洲家奴。可是，其父生下他之后，是否曾有这一经历？

魏珠的双亲是旗籍还是民籍？或是各居其一？如果魏珠是旗籍男子与民籍女子结合后所生，那么，这在清朝太监中是一特例，还是其他太监，特别是哈哈珠子太监中也有类似家庭背景之人？因材料所限，围绕魏珠身世而产生的种种疑问，目前难以解答。有一点是肯定的，魏珠一家与旗人之间，特别是与内务府旗人之间，有着千丝万缕的联系。

六十一年十一月康熙帝患病时，魏珠身为近侍太监，理应在旁服侍。不过，根据其后魏珠的遭际看，不能认为他在康雍两朝皇权交接之时，起有不利于雍正帝的作用。

2. 获罪经过

康熙六十一年十一月十三日，康熙帝病逝。不久，魏珠得到雍正帝允准，欲往遵化为康熙帝守陵（景陵）。雍正元年（1723）二月，他派遣家人窦八儿等先至遵化，于陵寝墙外一穆姓人处买下草房28间，着手修缮。

元年三月二十七日，雍正帝从京城启程，护送康熙帝梓宫前往景陵，魏珠等随往。四月初二日，雍正帝一行抵达。初三日，雍正帝回銮，魏珠留在陵上。十五日，魏珠为拜佛来到陵寝外新置居所。其家人禀告，修缮房屋时，拟取山根之土砌墙。魏珠认为陵寝墙外乃众人居住地，与风水无关，故未在意。

时有镶黄旗汉军、大学士范文程之孙范时绎，雍正元年正月授为陵寝副将，二月擢马兰口总兵，仕途顺达，急欲报效。五月初，范时绎照例巡视陵区，路过魏珠住所时，看到门前已取土垫路、砌墙。他明知此举有违陵寝规制，但隐而未言。七月底，魏珠家人王三，偕其他守陵太监家人在陵区内私自割草，被巡查官兵发现，双方争执厮打。经范时绎呈报，总管三陵内外事务、大学士萧永藻咨文刑部奏闻。雍正帝对此案比较重视，命将所有涉案人员抓获严审，从重治罪。[2]

---

[1] 鄂尔泰、张廷玉等编纂：《国朝宫史》上册，第8页。
[2] 参见台北故宫博物院：《宫中档雍正朝奏折》第28辑（《满文谕折》第1辑），第663—711页。

八月十八日，雍正帝为安葬康熙帝和孝恭皇后，离京再赴景陵。九月初二日离开遵化，初三日回宫。雍正帝返京前，召见范时绎，范时绎遂面奏魏珠在陵寝墙外"砍山砌墙"一事。雍正帝闻此大怒。九月初二日，署理内务府总管事、和硕庄亲王允禄在京城接到朱笔谕旨。内称：

> 谕总理事务王大臣等：魏珠于风水之地动土建房，甚属悖逆，可恶至极。除将魏珠立即拿审外，其京畿庄屯之家产俱封存，不得使伊稍有侥幸可图。伊家中奴仆凡较为重要者，不得放逃一人。尔等内如有欲报魏珠之恩，先给透露风声，日后再行报答之人，听之知之。特谕。[1]

允禄奉旨当日，差人查封魏珠家产，交付护军统领衮泰。衮泰遂派人缉拿前任魏珠管家张成全等，鞫讯案内有关人员。[2]

刑部尚书宗室佛格等遵旨赴陵寝查审此案。魏珠被摘下花翎，身缚铁索受审。供称："我原以为陵寝院墙外乃众人居住之地，与风水无关，故准家人所言，修缮是实。今被质询，方知院墙外山脉也与风水相关。理应当死，尚有何言。"

九月十三日，佛格等议奏内称："律例内定，自皇上陵寝管理地方以外、墙院二十里以内，凡砍山取石、修建坟墓、垒台造湖者，杖一百，发配边卫充军。魏珠例应照此治罪，并戴枷三个月，鞭笞一百。惟魏珠既蒙圣祖仁皇帝隆恩，又蒙圣主重恩，伊不思竭诚回报，在梓宫近地并不敬畏小心，于梓宫放入地宫前，即为修缮自家房屋，任意砍平禁地山麓，又修路砌墙，将连接陵寝风水之院墙口遮蔽，犯有大不敬罪，不可按常例定拟。拟照大不敬律例立即斩首，房产、人口一并籍没；于陵寝院墙口所砌之墙予以平毁。臣等未敢擅便，谨奏请旨。"奏入，奉朱批："三法司会议具奏。"[3]

---

1 中国第一历史档案馆藏：满文朱谕。此件朱谕未书日期，根据内容，可能写于雍正元年（1723）九月初一日。
2 参见中国第一历史档案馆编：《雍正朝满文朱批奏折全译》上册，第263-264页、427页。
3 台北故宫博物院：《宫中档雍正朝奏折》第28辑（《满文谕折》第1辑），第653-662页。

雍正元年七月底发生的守陵太监家人在陵区内私自割草，与巡查官兵争执殴打案，这时也由佛格等审拟完毕，一并奏入。

九月二十六日，雍正帝御门听政。大学士马齐等覆请刑部议奏太监魏珠应即处斩一疏，雍正帝答："魏珠之罪甚大，即凌迟处死，不足以蔽厥辜。但朕不忍加诛，行文萧永藻，交与总兵官、总管严加看守，不许接见一人，朕另有发落处。"[1]

康乾时人萧奭所著编年体史籍《永宪录》中，述及魏珠获罪事，对这条谕旨有如下记载："得旨：魏珠侍奉圣祖多年，朕不忍加诛，仍看守，另有发落。内务府封锁家产人口。"[2]

即使在此时，雍正帝仍念及魏珠曾侍奉圣祖。如果将破坏陵寝风水案发生前他对魏珠施以"重恩"，与"追赠""致祭"前朝太监顾问行、"轸恤"前朝太监梁九功两举并观，让人感到，雍正帝继位之始，有意厚待皇考近侍太监，以向世人显示恪遵孝道。

魏珠的生日是在九月初。失去老主康熙帝之后第一个生日，就是他厄运的开始。

雍正元年十月，衮泰奏报查抄魏珠家产情况。[3]此折反映的魏珠家产数额，对考察清前期获宠内侍的经济状况，具有典型意义。

其一，奏报显示，魏珠拥有巨额家产。如，查抄魏珠及其家人张成全房产，京城有房宅、游廊、楼阁、灰房共903间，热河庄屯等处有房宅、游廊、灰房共401间，田122顷，家奴丁妇子女241口。当铺2座、本金13233两5钱。魏珠被查抄银两内，以民人张继善之名买兵部曹头之缺银两9600两，金簪、金盅等物重为66两6钱，银簪器皿重为676两7钱，现有银106两，珍珠3203颗、重10两3钱9分8厘。另有各种貂皮、鼠皮、蟒缎、绸缎、玉石玛瑙玩赏之物以及其他贵重物品等。此外，在阜城门外定慧寺旁以及扬州府、台州府等处也有房产。

魏珠及管家张成全拥有的房产、田亩、人口、金银财宝等项数额，似

---

1 《雍正朝起居注册》第1册，第107页。
2 萧奭：《永宪录》，卷2下，第143页。
3 参见中国第一历史档案馆译编：《雍正朝满文朱批奏折全译》上册，第427–429页。

都超出赵昌。¹康熙帝晚年，曾将利用奉差之便中饱私囊的内务府官员称之为"有名的富人"，其中就有赵昌。²赵昌的富有，同其长期办理西洋人事务，接受大量馈赠有直接关系，而魏珠的贵重物品应有更多部分是由康熙帝赐给。看来，同为皇帝倚信之人，其财富之多寡与其同皇帝的亲近程度成正比。

其二，魏珠被查抄的物品中，有手卷册页等可赏玩之物132件，玉石铜瓷手卷画等物1066件，各种图书92套零278册等。这表明魏珠的文化素质不低，并有一定鉴赏力。

其三，查抄物品中，有弓15张。据乾隆六年（1741）七月十四日上谕："著总管李英、谢成严谕跟随出外各处太监，不许肆行跑马。若似从前魏珠、于锦跑马射箭，断乎不可。如有此等事，惟汝二人是问。"³所谓"跑马射箭"，与魏珠家中抄出弓矢可相印证。这是魏珠在康熙朝内侍中居于特殊之位的又一证明。

衮泰等遵旨会议处置方案，内有将金银珠宝、京城房宅分别交付广储司、营造司处置，庄屯房宅交地方官员变卖后，所得银两送交广储司等项。奏入，奉朱批："依议。"

综上所言，雍正初年魏珠获罪，是其家人在景陵风水之地动土建房所致，与雍正帝继位问题并无关联。

十余年后，乾隆元年（1736）十二月初四日，内务府奉上谕：从前魏珠在世宗皇帝时身获重罪，"近将魏珠宽宥，著在寿皇殿当差，曾降旨不许出门。今魏珠竟在王大臣前妄行递呈，求伊祖母、生母来京居住。魏珠系不许出门之人，如何擅递呈词，王大臣等从何处接受？魏珠在何处投递？著问明具奏"。随即查明，系纪文替魏珠递呈。经内务府总管议罪具奏，乾隆帝令将纪文革职，魏珠罚月银三年。⁴

---

1 参见台北故宫博物院：《宫中档雍正朝奏折》第28辑（《满文谕折》第1辑），第9–23页。
2 中国第一历史档案馆藏：内务府满文折件，署理内务府总管事马齐等奏，康熙五十三年十一月二十五日。
3 鄂尔泰、张廷玉等编纂：《国朝宫史》上册，第42页。
4 鄂尔泰、张廷玉等编纂：《国朝宫史》上册，第39–40页。纪文大约是内务府官员，职任未详。

由此看来，雍正元年上谕称对魏珠"另有发落"，是指予以拘禁。乾隆帝继位后，魏珠奉命于供奉康熙帝遗容的景山寿皇殿内当差，仍无人身自由。即便如此，他在王公大臣中依然有自己的关系网。他的确是一位灵活机敏、性巧黠、善交际之人。

乾隆二十六年深秋，紫禁城寿安宫修葺一新，准备作为皇太后钮祜禄氏（谥"孝圣宪皇后"）七旬大寿庆贺之所。九月初四日夜，寿安宫内不慎失火，幸因宫内尚未多贮器皿，火势不大，住守该宫的太监自行将火扑灭。乾隆帝得知，立令严查，谕旨内称："魏珠奏内所称首领九十三，说是同太监李世福无点引灯，黑影巡查之语。其为心虚回护，已属显然。著内务府大臣等将是夜如何失火之处，逐一研究，令其明白供吐，如敢谎供狡赖，即加以刑讯，务得实情。"[1] 经总管内务府大臣议准，首领九十三、太监李世福等6人受到惩处。[2]

乾隆谕旨中提及的这位案情奏报人，就是历经三朝、已至耄耋之年的魏珠。乾隆帝没有说明他的身份，然而他有奏报之权，并被指为袒护寿安宫总管九十三等人。显然，魏珠的职位在寿安宫总管之上。

魏珠卒年未详。

中国封建王朝中，新帝掌权之时，就是先帝旧宠失势之日。顺治帝病逝后当月（顺治十八年正月），他所宠信的太监吴良辅，即因偕同满洲佟义变易祖制、倡立十三衙门罪被处斩。[3] 在孝庄太皇太后及四位辅政大臣看来，吴良辅的行径已触犯王朝体制的核心部分，罪在无赦，必予除之。相比之下，赵昌、魏珠的"罪过"，并没有对雍正帝的统治构成威胁，雍正帝给予惩治之后，也就置之一旁了。

赵昌和魏珠在康雍皇权更替的夹缝中负罪苟活，幸哉？悲哉？

---

1 《清高宗实录》卷642，乾隆二十六年八月甲戌。据《国朝宫史》，此案发生在乾隆二十六年九月初四日，《清高宗实录》称是年八月，似有误。
2 鄂尔泰、张廷玉等编纂：《国朝宫史》上册，第62页。
3 《清圣祖实录》卷1，顺治十八年二月乙未。

第五节　皇权统摄下的宦海生涯：三朝大学士马齐

马齐，富察氏，满洲镶黄旗人，生于顺治九年（1652），卒于乾隆四年（1739）。他身历顺、康、雍、乾四朝，自康熙中叶起，始终居于显位，任大学士累计30年。其漫长而顺达的宦海生涯，深为同僚所歆羡，也给后人留下疑惑与思索。马齐何以能够安然渡过康雍时期权力斗争中一次次惊涛骇浪，成为清前期政治舞台上的一株常青树？

剖析马齐宦海一生的某些特点，将有助于索解上述问题，还可以使我们从一个侧面，观察清前期不同阶段的皇权政治。

一、违背帝意而受挫

马齐生于世宦之家，是顺治朝内大臣哈什屯之孙，康熙朝户部尚书米思翰的次子。18岁（康熙八年，1669），由荫生授为工部员外郎。这种步入仕途的方式，在当时满洲贵族后代中是较为普遍的，然而马齐与多数八旗子弟所不同的是，他能够利用这一有利条件，逐步提高、充分发挥自己的才智，一步步攀上仕宦之颠。

马齐明敏练达，勇于任事。这是他为官前期的特点，也是所以为康熙帝所赏识，并在满汉同僚中具有较大影响力的一个重要原因。

康熙二十六年（1687）四月，大学士等遵旨奏举外任官内居官甚好之人，所举数人内，有时任山西巡抚的马齐[1]。此时，首席满洲大学士明珠把持朝政，"凡内阁票拟，俱由明珠指麾，轻重任意"，大学士余国柱等人"承其风旨，即有舛错，同官莫敢驳正"[2]。如果明珠对马齐印象不佳，大学士等不会予以奏举。马齐名列其中，表明明珠对他较为重视，或有拉拢之意。对于一位外任官员来说，这是一个巴结朝中权贵，以此作为升迁之机的难得机会。可是，马齐并没有唯明珠马首是瞻。时逢湖广巡抚张汧与湖北上荆南道祖泽深互讦，两人贪贿诸状相继显露。谕令将当日保举张汧之

1　《康熙起居注》第2册，第1615–1616页。
2　《康熙起居注》第3册，第1727页。

人一并议处,然而明珠等所拟票签,对张汧举主兵部尚书梁清标、工部尚书熊一潇等均未议及,显有偏袒之意。[1] 钦差大臣色楞额前往审理该案,行前向康熙帝当面保证要"尽心研审",但奏报中"惟恐累及保举张汧之人,竟为庇护"[2]。二十六年十二月,马齐奉命偕直隶巡抚于成龙、左副都御史开音布赴湖广审勘,坐实张汧及祖泽深勒索、科派、婪取民财诸款,论罪如律。此案顺利审结,马齐声名大震。"人称他是廉洁奉公,无所畏惧的清官。"[3] 二十七年三月,马齐升任左都御史。这是他宦海生涯中的一个转折点。

康熙二十七年(1688),马齐奉命参与筹议同俄罗斯定界事宜。奏称:中俄边界谈判,所关最巨,"其档案宜兼书汉字,汉官一体差往"[4]。翌年(1689)十一月又疏言:"臣办事理藩院,见凡所题所理之事,止用满洲、蒙古文字,并未兼有汉文。今请……兼用汉文注册,庶化服蒙古之功德,昭垂永久。"[5] 这两项建议都被康熙帝采纳,随着时间的流逝,其重要意义愈益显现。可见,敢于任事的马齐也颇有见识、善于思考,而这两方面的较好结合,恰是他优于诸多同僚之处。

马齐于康熙三十八年(1699)担任大学士,开始步入仕途的高峰。此前,还有两事需要提及。一是康熙二十九年,左都御史马齐与理藩院大臣阿喇尼同列议政大臣,清朝理藩院尚书、左都御史参与议政,自此始;二是三十五年(1696)康熙帝第一次亲征噶尔丹期间,令马齐与大学士阿兰泰、尚书佛伦等人为首,分三班值宿紫禁城,辅佐代理政务的皇太子允礽。这表明马齐任大学士前,即因才干突出,逐步成为股肱之臣,他在协助康熙帝解决噶尔丹问题时的出色表现,使其进一步受到信任。四十二年后,马齐接替索额图主管俄罗斯事务,理藩院与俄罗斯咨文由他领衔阅定呈览。

---

[1] 参见《康熙起居注》第2册,第1690、1691页;《清圣祖实录》卷134,康熙二十七年三月乙酉。康熙二十七年二月,兵部尚书梁清标升任大学士,工部尚书熊一潇免职。
[2] 《康熙起居注》第3册,第1727页。
[3] [美] A·W.恒慕义主编:《清代名人传略》上册,第697页,西宁:青海人民出版社,1990年。
[4] 李元度:《国朝先正事略》卷4,《名臣·文穆公马齐》。
[5] 《清圣祖实录》卷143,康熙二十八年十一月丙辰。

四十三年（1704），马齐得赐"永世翼戴"匾额。女儿富察氏，嫁与康熙帝第十二子允祹为嫡福晋。

四十七年（1708）九月，康熙帝第一次废黜皇太子允礽，很快又生悔意，并有所流露。十一月，康熙帝命满汉大臣于诸皇子中保举一人为储君人选，实则希望众臣保奏允礽。又以马齐向与允礽不睦，[1]谕称："议此事，勿令马齐预之。"[2]会议前，众臣聚集，马齐暂未退，仍居首，敢言无所忌。汉族大学士张玉书后至，见众人神色不同以往，遂问马齐与另一满洲大学士温达："何故召集诸臣？"温达处事谨慎，闻而未答。马齐告称："命于诸阿哥中举可为皇太子者。"张玉书又问："所举者为谁？"马齐答："尚未定，闻人中有欲举八阿哥者。"[3]言罢，扬长而去。马齐走后，众臣一致保举允禩为太子。奏入，被康熙帝驳回。

四十八年（1709）初，清廷追查保举允禩事。康熙帝认为："此事必舅舅佟国维、大学士马齐以当举允禩，默喻于众，众乃畏惧伊等，依阿立议耳。"[4]于是，马齐被革去大学士，交与允禩"严行管束"，三弟马武、四弟李荣保及其族人均受牵连。[5]

这是马齐的宦海人生中第一次也是唯一一次遭受重大挫折。其中令人咀嚼处甚多，以下几点尤当关注。

首先，马齐属于清朝入关后第二代满洲贵族。他自幼生长在以汉文化为主体文化的大环境中，通汉文。另一方面，满洲传统制度与习俗对他仍有较深的影响。众臣奉命保举皇太子时，马齐奉命回避，但他私下对张玉书的回答，已表明他的态度，并对与会大臣产生了一定影响。他没有迎合帝意而主张推立人心尽失的废太子允礽，却以贤能与否做为主要标准，赞同保举并非嫡长的允禩为皇太子，这表明其头脑中尚未树立嫡长观念，而是仍以后金时期八王共治国政制下推立嗣君的宗旨，作为自己的行为准

1　参见中国第一历史档案馆编译：《康熙朝满文朱批奏折全译》，第1653页，北京：中国社会科学出版社，1996年。
2　《清圣祖实录》卷235，康熙四十七年十一月丙戌。
3　中国第一历史档案馆藏：传包第1147号。
4　《清圣祖实录》卷236，康熙四十八年正月癸巳。
5　《清圣祖实录》卷236，康熙四十八年正月癸巳、甲午。

则。这种具有氏族民主制特征的选君方式，在康熙皇权逐步集中强化的总体形势下，自然无法实行。康熙帝只是将此作为实现其个人意志的一种手段，马齐等满洲大臣笃意行之，必败无疑。

其次，康熙帝已有特谕在先，马齐本可明哲保身，于保举一事不闻不问。可是，在这一关系到清朝前途与命运的重大事情上，他仍以此方式积极参与，表现出对朝廷的忠诚与担当。见识与魄力在他身上的较好结合这一特点，得到一次充分展示。

上述挫折并没有为马齐的仕宦之途带来过多的负面影响，却使他的心灵蒙上阴影。其后，马齐有主见、敢担当的风格，逐渐被圆通持重的作风所替代。这一重要变化，是他身历三朝却能稳居高位的原因之一，也构成其宦海生涯的另一特色。

二、善于应变而保高位

康熙四十八年（1709）冬，俄罗斯人来京贸易。马齐获释，仍管俄罗斯事务。马武寻亦起用。五十五年五月，康熙帝认为"今满洲大学士内，无能令汉大臣心服者"[1]，故仍以马齐为首席满洲大学士，兼任户部尚书。

康熙帝去世翌日（康熙六十一年十一月十四日），尚未即位的雍正帝命贝勒允禩、十三阿哥允祥、大学士马齐、尚书隆科多等4人为总理事务大臣。这4个人颇具代表性：允禩是反对派核心人物，允祥则代表拥护雍正帝的宗室成员，马齐乃先帝老臣代表，隆科多则是对雍正帝继位有功之臣。雍正帝以当时朝中最重要的四种力量，共同组成总理事务大臣班底，以使相互牵制，堪称上策。

康熙帝去世后第21天（康熙六十一年十二月初三日），即"三七"之际，其灵柩由乾清宫移至景山寿皇殿。由于各项丧仪进行顺利，为此，雍正帝特嘉奖允禩、允祥、隆科多、马齐等人，隆科多、马齐"俱赏给阿达哈哈番世职"[2]。并令马齐承袭其祖父哈什屯原有世职，"合并恩赏一等轻车都尉，晋封二等伯，世袭罔替"。谕旨中说，马齐在"此番大事"中"甚

---

1 《清圣祖实录》卷268，康熙五十五年五月辛酉。
2 《清世宗实录》卷2，康熙六十一年十二月甲寅。

是黾勉勤劳。伊之勤劳，非寻常勤劳可比，胜于一切功绩"[1]。表明雍正帝对马齐在此阶段的表现相当满意。

康熙六十一年（1722）十二月，出使清廷的朝鲜使臣返国后报告："康熙皇帝在畅春园病剧，知其不能起，召阁老马齐言曰：'第四子雍亲王最贤，我死后立为嗣皇。胤禛第二子有英雄气象，必封为太子。'"[2]康熙帝召马齐嘱托皇权传承之事当非事实。不过，这一传言说明，此时在人们的心目中，马齐已被视为新帝胤禛的佐助者。

有治史者认为，"马齐曾帮助世宗皇帝登上宝座"[3]。目前尚未发现能够证实这种说法的第一手材料。综析有关情况，可做出如下判断，即马齐在经历一废太子事件，并受到较大挫折后，逐步修正或部分改变了自己原先的看法和做法，由允禩的拥护者，转变为中立派。康熙五十五年（1716）秋，允禩一度病危，康熙帝特令向与允禩关系密切的苏努、佟国维、鄂伦岱、马齐等同往照料。[4]由此看来，康熙帝似未察觉到马齐的这一变化。然而恰因马齐在康熙朝晚期，也是诸皇子间的储位之争最为激烈时采取了中立、超然的态度，当雍正帝继位后，他才会有与允禩的支持者鄂伦岱等人完全不同的命运，并以康熙朝老臣的身份，继续保持高位。[5]

马齐处于清廷最高层权力之争的旋涡中而表现出灵活机敏、善于应变的作风，与其祖父哈什屯的有关情况有一定相似处。

马齐的祖父哈什屯原为满洲正蓝旗人。康熙四十八年（1709）正月，康熙帝怒责马齐时说："马齐原系蓝旗贝勒德格类属下之人，陷害本旗贝勒，投入上三旗。问其族中，有一人身历戎行而阵亡者乎！"[6]按，发生在天聪九年（1635）的蓝旗事件，是皇太极为兼并正蓝旗、加强自己的势

1　《八旗满洲氏族通谱》卷25，《富察氏》。
2　吴晗辑：《朝鲜李朝实录中的中国史料》第11册，第4379页。
3　[美] A·W.恒慕义主编：《清代名人传略》上册，第698页。
4　《清圣祖实录》卷269，康熙五十五年五月辛酉。
5　雍正元年（1722），马齐得赐"朝之隽老"匾额。赐诗云："黄扉出入领朝簪，宿德耆英眷注深。才是济川需作楫，功同望岁伫为霖。常思国事如家事，益励臣心沃主心。喜起明良传盛烈，薰风千载播瑶琴。"参见《钦定八旗通志》卷首2，《天章》2，《世宗宪皇帝御制诗》。
6　《清圣祖实录》卷236，康熙四十八年正月甲午。

力、集中皇权而借机制造的一场冤狱。四十七年（1708）春，康熙帝曾向内大臣明珠了解涉及正蓝旗事件的有关情况。[1] 上述责斥之语是康熙帝在极度气恼之下讲出，借以羞辱马齐，不意透露出这一事件真相。

如果说哈什屯在蓝旗事件中机智善变，不惜背弃其主蓝旗贝勒德格类，那么他在多尔衮摄政期间则显现出善于审时度势、能够主持公道的行事特点。顺治初年，哈什屯任内大臣，列议政大臣，受到摄政王多尔衮的器重。然而当肃亲王豪格被多尔衮迫害至死时，尚书巩阿岱与都统何洛会等"议杀肃亲王子富绶，哈什屯言王无灭嗣之罪，同巴哈力持不可，事乃已"[2]。顺治帝亲政后，追论多尔衮罪，其亲信多受牵连，但哈什屯并未失去信任，仍多次晋爵。顺治十二年（1655）后致仕，康熙二年（1663）卒，享年66岁。哈什屯的一生，经历了蓝旗事件与多尔衮获罪两次政治巨浪冲击，都能安然渡过，其仕途不仅未受阻滞，反而更为畅达。

哈什屯去世时，马齐尚未成年。哈什屯之子、马齐之父米思翰的为人处事作风，看来对其诸子有着更直接的影响。米思翰"生而沉毅，办事勤慎有识力"。[3] 他是极少数主张撤藩的康熙朝大臣之一。平定三藩之乱期间，米思翰竭力备办军需，朝夕不懈，以劳瘁卒于官。米思翰长子马思喀的办事特点，是"综合周详，简稽严密"；三子马武"多年宣力，尽职维勤。方寸自持，禔身以恪"。[4] 由于具有为人稳重、做事缜密等长处，米思翰及其长子马思喀、二子马齐、三子马武，都曾先后担任内务府总管一职。此外，米思翰第四子察哈尔总管李荣保之子傅恒和孙子福康安、福长安，也曾担任该职。富察氏家族先后共有3代7人做过皇帝的总管家，这在清朝历史上十分罕见。这一内务府总管世家，也因此备受世人瞩目。

马齐兼有其祖机敏灵活、富有识见与其父兄缜密稳健的两方面特点，应当说是哈什屯的孙辈中最能干的一个。康熙四十八年（1709）他受挫以前表现出的锐气和胆识，则是超出祖、父、兄弟之处，可惜在其晚年消失

---

1 中国第一历史档案馆藏：康熙朝满文朱谕，无年月。
2 《满洲名臣传》卷12，《哈什屯列传》。
3 鄂尔泰等修：《八旗通志初集》卷185，《名臣列传》45，《米思翰传》。
4 鄂尔泰等修：《八旗通志初集》卷185，《名臣列传》45，《马思喀传》《马武传》。

殆尽。

随着为官日久，马齐的贪婪欲望在逐步发展。

雍正五年（1727）中俄签订《布连斯奇条约》，划定中俄中段边界，中国因此丧失了部分领土。签约期间，主管中俄交涉事务的马齐，"把中国大臣们的态度和意见全部告诉了（俄国代表团团长）萨瓦"，并接受了萨瓦一千卢布的贿赂。[1] 马齐早年任山西巡抚时，口碑甚好，这毕竟是他甫入仕途、初有起色之时。一废太子期间康熙帝对马齐的指斥中，谈到马齐"但务贪得"。他说："张鹏翮乃一清官，朕南巡时，马齐当众前詈之曰杀材，因不馈伊银币，遂尔辱詈。谁不畏死，敢不馈之银币乎！"[2] 时朝内外满汉大臣中，贪污索贿不是个别现象，这是封建社会官僚体制下无法摆脱的痼疾。但是，马齐于中俄边界谈判中的上述表现，与一般的索贿行为不能相提并论，其性质尤为恶劣。

马齐善于审时度势的特点，一直保持到他的晚年。

雍正十年（1732），马齐年逾八十。十月，雍正帝称：马齐"昏愦糊涂，一事不晓。朕查阅皇考昔年之谕旨，其中舛错者不可胜数，皆马齐传宣记载之误，罪无可辞。"[3] 马齐早已年迈，然而终雍正一朝，他并未请求休致。这是因为，他深知自己虽然未被视为心膂，却是雍正帝优宠前朝老臣方针的一位体现者，他对于急欲改善形象、提高威信、团结满汉大臣、稳定人心的雍正帝来说，还是十分需要的。所以，尽管自己已至耄耋之年，依然未到退场之时，如果提出这一请求，或会招致不好后果。

雍正十三年（1735）九月，即雍正帝去世后第二个月，马齐"引疾乞休"，以原品休致。[4] 这一适时引退，为其60余年的仕宦之途画上句号。

---

1 参见［法］葛斯顿·加恩：《早期中俄关系史（1689—1730）》，江载华译，第115页；上海：商务印书馆，1961年；［美］A·W.恒慕义主编：《清代名人传略》上册，第731、699页。
2 《清圣祖实录》卷236，康熙四十八年正月甲午、乙未。
3 《上谕八旗》，雍正十年十月初八日。）
4 《满洲名臣传》卷26，《马齐列传》。

三、三代君臣 亲疏各异

身为满洲贵族，马齐与清朝最高统治者之间，既是君臣，也是主奴，而主奴关系占有主导位置。不过，具体分析马齐与康、雍、乾三帝之间的关系，就会发现这是在主奴君臣双重名份支配下，各具特点的三种关系。

马齐虽然"历相三朝"，但在康、雍、乾三朝政治舞台上实际扮演的角色有较大差异。从一定程度上讲，他在不同时期的角色与他和三位皇帝之间的不同关系互为因果，相辅相成。

马齐宦海生涯中的辉煌阶段，是在康熙朝中后期，即他迈入古稀之年以前（康熙六十一年马齐70周岁）。史载："明、索既败后，公同其弟马武权重一时。时谚云：'二马吃尽天下草。'"[1] 所言当指这一时期。相比马齐而言，内务府总管、都统马武虽然也受康熙帝的信任，终究尚有不及。马齐身为首席满洲大学士，深孚众望。他成功地扮演着康熙帝得力助手这一角色，为朝野上下所认可。

四十八年（1709）正月康熙帝斥责马齐等倡举允禩之举时，马齐为己抗辩，致使康熙帝气怒，当众"殴曳马齐"。[2] 此事发生后翌日，康熙帝对众臣说："朕因马齐效力年久，初心俟其年老，听彼休致，以保全之。昨乃身作威势，拂袖而出，众人见之，皆为寒心。如此不诛，将谁诛乎！"他让众臣传问马齐："伊之作威可畏，果何益哉？"马齐听旨后，虽然奏称"臣罪当死"，还是为自己做了辩解："臣原无威势，但因事务重大，心中惊惧，并不知作何举动。"[3]

马齐是康熙帝的同辈人。此时，康熙帝56岁，马齐58岁，均已步入暮年。康熙帝在众臣前竟对马齐大打出手，而马齐并无惧色，尽显忿忿不平之态，恰能表明两人相知甚深，彼此相当亲近。这也正是满洲内部主奴关系的特点之一。不过，康熙帝与马齐的关系中，情感因素相对较重，在特定场合下甚至较政治色彩更为突出。康熙帝尽管对马齐大为不满，又不

---

1 昭梿：《啸亭杂录》卷9，《马太傅》。
2 吴晗辑：《朝鲜李朝实录中的中国史料》第10册，第4254页。
3 《清圣祖实录》卷236，康熙四十八年正月癸巳、甲午。

忍重惩，其内心仍深信马齐忠诚无二心。而马齐也深深了解康熙帝，自信必为他所保全。其后的事态发展确实如此。当众臣奏称马齐当立斩时，康熙帝则予以宽大处理。数年后，重新以马齐为首席满洲大学士，直至康熙帝去世。

与此形成对比的，是马齐同雍正帝的关系。这一关系具有更浓重的政治色彩，几无个人情感缠绕其中，双方的尊卑界线也更加分明。在雍正朝政治舞台上，马齐作为前朝老臣的代表，扮演了一个仍居高位却不被皇帝所倚重这一颇显尴尬的角色。

已如前述，康熙六十一年（1722）十二月，雍正帝曾对马齐予以赞赏。但是，雍正元年（1723）七月，雍正帝指责以马齐为首的大学士等"不肯尽心办事"，"漫不经心"[1]。十三年（1735）五月，即雍正帝去世前三个月，称马齐等"非不能办事之人，乃习成巧术，自谓保身远害，藉为推卸之计。此风有碍于政治，无益于国家，况将来后进效尤，其弊有不可胜言者"[2]。总的来说，雍正年间马齐的表现比较消极。他在康熙朝后期的储位之争中转而采取中立态度，在雍正朝前期清除允禩允禟集团的过程中仍然如此，既未冲锋陷阵，亦未落井下石。雍正帝对他虽然不满，又不得不从统治需要出发，予以高位，充分利用。至于马齐在康熙帝丧葬期间尽心尽力，则是他对老主长期予以信任和重用的感恩报答。

雍正五年（1727）七月，17岁的皇四子弘历迎娶马齐的侄女、李荣保之女富察氏为嫡福晋，这是雍正帝为其接班人精心选定。通过优荣前朝老臣、当朝重臣以拢络人心，缓解他在清除允禩允禟集团过程中同大部分满洲贵族之间形成的紧张关系，应是雍正帝作此选择的主要用意。自然，这也表明富察氏家族在朝中的地位以及雍正帝对这一家族的高度重视。

雍正四年（1726）后，清廷开始进行对准噶尔战争的准备事宜，新的中枢辅政机构军机处渐露雏形，在其中任职的允祥、张廷玉、蒋廷锡等作为雍正帝的主要助手，形成辅佐核心，内阁的部分职权逐步为军机处取

---

1 《雍正朝起居注册》第1册，第58-59页。
2 《清世宗实录》卷156，雍正十三年五月甲子。

代。马齐仍任首席满洲大学士，但此职的意义已与康熙时期有较大差别。这是马齐与雍正帝之间所以较为疏远的原因之一。

马齐的人生之旅至乾隆朝已临近终点，仅过4年余，以88岁高龄去世。他与乾隆帝的关系历时最短，这一关系中的政治色彩已逐渐消逝，彼此虽有戚属之情，始终较为平淡。随着他的致仕请求得到允准，马齐完成其宦海生涯中最后一次角色转换。

乾隆四年（1739）五月，马齐病重。乾隆帝派御医调治，差皇弟和亲王弘昼、皇长子永璜代为看视。马齐病危之际，乾隆帝在有关讲话中对他做出很高评价，称他"历相三朝，年逾大耋，抒忠宣力，端谨老成，领袖班联，名望夙重，举朝大臣未有若此之久者"[1]。马齐去世后，乾隆帝赏银治丧，给谥"文穆"；入祀贤良祠。十五年，诏加伯号曰"敦惠"。

马齐虽逝，富察氏家族的亨通仕途还在延续。乾隆帝的宠臣，马齐之侄傅恒、侄孙福康安等人在乾隆中后期的业绩，为这一本已相当显赫的满洲贵族之家，增添了新的光环。

四、仕途通达　心灵扭曲

康熙四十二年（1703）马齐始任首席满洲大学士，步入其仕途的高峰期，此时距四十七年康熙帝一废太子仅有5年。这一阶段中，皇帝与储君的矛盾日益显露，朝中形势错综复杂，变幻莫测的人际关系难以区处。然而马齐恰是在这种情况下，愈来愈受到康熙帝的倚信，实为不易。他能为康熙帝所器重，须有两项前提，一是并非太子党，对帝忠诚，二是处事较为公正，富有才干且孚众望。然而在经历了一废太子风波中的挫折后，马齐锐气不再，棱角磨平，日渐成为处事圆滑之人。在高度集中与强化的皇权震慑下，他采取了自保之策，并因此保住高位，得以善终。这尽管是其不得不然之举，并在他的同僚中具有代表性，但也反映出专制皇权与官僚政体对人的心灵的腐蚀摧残。一废太子风波后马齐为人处事作风的变化以及他在为官中的消极态度，恰恰是其性格乃至身心已被扭曲的一种反映。

---

[1]《清高宗实录》卷29，乾隆四年五月丁巳。

马齐当属在满洲贵族中并不多见的一位"能吏",然而他所从属的三位主子康、雍、乾三帝,也全都是才略杰出的历史名君。更重要的是,几乎与马齐"历相三朝"同步,三帝将皇权的集中与强化逐步推向中国皇权发展进程中的最高峰。这种客观形势,决定了马齐只能是被皇帝严控于股掌之间,用以实现皇帝个人意志的一步棋子,他的才干不可能真正发挥。他所担任的大学士一职,既与明朝以前历代宰相有霄壤之别,也无法与明朝阁臣拥有的职权相垺。雍正时期无须论,即使是在康熙年间,马齐最受信任时,因有当朝皇子这一特权群体凌驾阁部之上,康熙帝以其为首要倚重者,而大学士马齐等人的作用则相形见绌,尽管他被康熙帝视为能慑服汉大臣的难得人选。

与大多数清朝官员、满洲贵族相比,马齐仕途顺畅,圆满而终。可是,如果从人生价值的自我实现与才干的充分发挥这一角度审视,马齐的一生不能不说又有较大缺憾,富有悲剧意味。

总结马齐宦海生涯的若干特点,是对封建社会官僚制度与专制皇权的另一种解读。

第六节　清朝权臣与皇权的关系及其特点

权臣,即封建王朝统治集团成员中拥有较大权势,以不同方式对皇帝的地位、权力或人身安全构成较大威胁之人。权臣与皇权的关系具有多面性,处于不断变化之中。权臣并非从一开始就处于皇权的对立面,相反,他们之所以成为权臣,是因其所作所为都曾适合皇权发展的需要,并做出显绩,其后则恃功而骄,权力欲逐步膨胀,不断侵越皇权,对皇权构成威胁。权臣的出现,是中国封建王朝皇帝乾纲独断的专制政体下,无从避免的一种历史现象。权臣往往是统治阶层中某一利益集团的代表,他们在政治舞台上的行为体现出这一利益集团的诉求,同时也反映了这一利益集团与皇帝的关系。

公元前221年秦始皇确立中国历史上第一个大一统中央王朝,建立绝对专权的皇帝制度后,以此为基础而制定、实施的王朝内部权力分配规则,在明朝以前基本为历代所沿用。秦朝以降,历代王朝都曾出现权臣,但由于他们处在中国封建社会不同发展阶段,而不同阶段皇权之强弱有很大差异,加以其他主客观因素,促使这些权臣对王朝的影响、作用颇不相同。就一个朝代而言,在其不同时期出现的权臣,共同构成这一朝代中一个特殊的政治群体。对这一政治群体进行综合研究,可以从一个侧面考察某位皇帝在位期间的有关史事,且能部分揭示整个王朝权力运作与权力分配的总体状况,以及皇权与官僚集团的关系及其变化,进而有助于我们探索这一特定历史时期政治演进的内在规律。

与经济、政治、文化等因素的综合作用所决定的中国封建社会发展进程基本一致,中国皇权的演进变化或以宋朝为断限,分作两个时期。秦、汉、隋、唐处于中国皇权发展进程的前期,即皇权确立与逐步成熟时期,历时约1130年(公元前221—907)。从统治阶层内部权力分配的角度看,这一时期皇帝的权力逐步扩大集中,但这一过程相对缓慢。宋、元、明、清时期是这一历史进程的后期,历时约950年(960—1911)。宋朝皇帝在与士大夫共治天下的旗帜下,有效加强对官僚集团,特别是对武将的严密控制。明洪武十三年(1380),朱元璋改变王朝内部权力分配规则,废除丞相制,皇权进一步加强,官僚集团的总体地位进一步降低。清朝是以满洲统治者为主体,联合蒙、汉贵族而建立的中国最后一个大一统中央王朝。从康熙中期至乾隆中期(1683—1775),皇权的高度集中、强化进程持续将近一个世纪,为历代王朝所未有。在此期间,清朝皇权的强化程度达到中国皇权发展史上的最高峰。

在上述总的历史背景下出现的清朝权臣,既兼有历代权臣的共性,也具有某些特性。这一政治群体的成员,包括以下7人,即康熙初年的鳌拜、康熙前期的索额图与明珠、雍正初年的年羹尧与隆科多、乾隆中后期的和珅以及咸丰中后期的肃顺(参见附表二)。[1]

---

[1] **判断清朝某位大臣是否为权臣**,会有不同标准、不同认识。这里所列7人,仅代表个人看法。

一、权臣对皇权的维护与加强作用

与中国皇帝制度同时建立的皇权,具有独占性与排它性的特点。清朝皇权的集中、强化达到前所未有的程度,这一特点表现得尤为突出。不过,任何事物都不是绝对的。即使在清朝皇权高度集中与强化的情况下,皇权仍然会有流失。自清初康熙年间至晚清咸丰时期,皇权流失的一个外在表现形式,是出现了不同类型的权臣。[1] 究其原因,从表面看,是因皇帝本人年幼或衰迈,以及王朝政局发生重大变化(如皇位交接)等情况所造成,实际上则是由于在特殊情况下,皇权为维持其正常运作使然。换言之,皇权所面临的特殊形势以及它本身的某些客观需要,成为权臣出现的先决条件。

需要指出,处于清朝皇权衰微阶段后期的同、光、宣三朝,皇权的流失相对最严重,主要表现为皇权与皇位的长期分离,以及由于资本主义列强入侵,中国主权进一步丧失。这是皇权流失的一种特殊形式。清朝前期与中期,当皇权出现流失后,以皇帝为核心的最高统治集团能够通过种种措施,清除权臣,收回流失的权力,体现出皇权自身具有较强的调节、修复能力。然而晚清皇权已不具备这种能力,无法收回被列强侵越的权力,恢复国家主权,甚至无法改变皇位与皇权长期分离的状况。

如果从不同时期皇权自身发展的需要,即清朝权臣之所以产生的客观原因看,这些权臣大体可以分作三类。

1. 第一类,皇帝年幼之际,缺乏治国经验,或因皇帝年事已高、精力不济,需要得力之人辅佐,方能维持皇权正常运作这一背景下出现的权臣,如鳌拜、索额图、明珠与和珅。

康熙帝即大位时不满7周岁,不能独立行使皇权,因而实行辅政体制,由上三旗大臣索尼、苏克萨哈、遏必隆、鳌拜等4人辅政。

皇太极去世后出现的清朝继统危机中,孝庄与两黄旗大臣联合,排除各种阻力,使顺治帝顺利继位。多尔衮摄政期间,两黄旗大臣是孝庄用

---

[1] 除去权臣,后妃、外戚、内侍、强藩等干政也会造成皇权的流失。这种情况在清以前各代并非少见,清代直至咸丰朝以后,方出现太后专权。

以保护幼帝的安全,并与多尔衮称帝企图相抗衡的主要力量。顺治帝亲政后,两黄旗大臣依然是孝庄的心腹,忠实执行孝庄的意图,对顺治帝的集中、强化皇权诸措施起有牵制作用。四辅臣中,除去苏克萨哈外,索尼、遏必隆与鳌拜都是两黄旗老臣。康熙帝继位之始,孝庄之所以不睬江南秀才周南请其垂帘的条奏,除去满洲没有太后垂帘的传统,以及她本人的品性等因素外,还由于索尼等两黄旗老臣乃其信任之人,能够代表她的意志,代行皇权。

顺治帝去世时,中国大陆尚未统一,清廷内部各项建置尚不完备,又面临长期战乱后百废待兴局面,形势极为复杂。由强有力的辅政者总揽政务、指挥全局,方能保证清朝国家机器正常运转。

鳌拜(1600—1669),瓜尔佳氏,满洲镶黄旗人。他比康熙帝年长54岁,是清朝权臣中与当朝皇帝年龄相差最大的一位。鳌拜历任四朝(天聪、崇德、顺治、康熙)大臣,先后从属于祖孙三代清帝(皇太极、福临、玄烨),也是清朝权臣中资格最老的一位。顺治年间,鳌拜先后任内大臣、领侍卫内大臣等职。

初任辅政时,鳌拜名列第4位。居于首位的索尼已年迈(康熙六年去世),遏必隆缺乏主见,唯一来自正白旗的苏克萨哈势单力薄,又因历史积怨,素与两黄旗大臣索尼等不相和睦。所以,在四辅臣共同"担当国事,裁决庶务"[1],维护皇权正常运作的过程中,鳌拜逐步起有越来越大的作用。康熙六年(1667),14岁的康熙帝亲政,由于缺乏历练,辅臣仍行辅理。所以,即使当鳌拜日益对皇权产生威胁后,他在保证皇权正常运作方面所起的积极作用虽然逐渐减弱,但依然存在,并持续到辅政体制的终结。

康熙八年(1669)清除鳌拜集团后,皇权大为集中。康熙帝在纠正四辅臣时期的失误、确立崇儒重道方针、改善满汉关系、促进经济恢复与发展等方面,都有重要举措,并取得显著成效。不过,康熙帝还很年轻,缺乏治国经验。孝庄太皇太后虽然仍对孙儿予以支持、指导,终究年事已

---

[1] 吴晗辑:《朝鲜李朝实录中的中国史料》第9册,第3884页。

高，精力不济。康熙帝从一位少年天子，成长为治国有方的万乘之君，须有一个过程。在此过程中，康熙帝需要有比他更有经验的大臣作为助手，为之出谋画策，使他能够在治理国政的实践中逐渐积累经验，逐步成熟起来。这在客观上为索额图、明珠两人扮演权臣的角色，提供了契机。

明珠（1635—1708），纳喇氏，满洲正黄旗人，比康熙帝年长19岁。索额图（？—1703），赫舍里氏，满洲正黄旗人。他大约生于崇德二年（1637），比明珠小两岁，较康熙帝长17岁。[1] 康熙帝亲政之际，两黄旗大臣索额图与明珠正值盛年，精明干练又有丰富阅历，是康熙帝所倚用的合适人选。索额图是索尼之子，在康熙帝清除鳌拜集团过程中立有首功。这是他成为权臣的政治资本，也因此先于明珠受到重用。

康熙朝前期，索额图和明珠都曾先后担任大学士、议政大臣、内大臣等职。

康熙十三年（1674）十一月，朝鲜使者返国途中给国王的报告中，谈到从一位郑姓汉人那里了解到的清朝平叛战争情况："南方若有捷报，则辄即印出颁示；至于败报，皇帝亲自开见，只与皇后父率哈及兵部尚书密议之，诸王诸大将亦或不得闻。但东华门夜不闭以通南拨。且皇帝年少性急，近因丧患兵乱，心气暴发，不能自定；诸王诸将亦无智虑之人，吾辈不知死所。"[2] 所谓"皇后父率哈"、"兵部尚书"，分指索额图和明珠。报告所言未必属实，但反映出一些重要信息。当时，清朝面临的局势十分严峻。是年三月，靖南王耿精忠据福建反；十二月，陕西提督王辅臣叛清，对清朝平叛战争形成极大牵制。加之前方将领"互相观望，迁延不进"，故康熙帝曾有亲征之念[3]。同年五月，索额图侄女孝诚皇后赫舍里氏因难产去世。21岁的康熙帝在家事、国事皆遭挫折时，一度产生情绪波动，不足为怪。这种情况下，索额图与明珠作为康熙帝的两位主要助手所发挥的作用，进一步凸显。

---

1 据中国第一历史档案馆藏康熙朝满文朱谕（无年月）、康熙朝满文折件（无年月）载，天聪九年（1635）十二月蓝旗事件发生后，索额图的生母嫁给索额图之父索尼，后被诛杀。
2 吴晗辑：《朝鲜李朝实录中的中国史料》第10册，第3996页。
3 《清圣祖实录》卷51，康熙十三年十二月庚子。

历时八年（康熙十二年至二十年）的平叛战争，是清朝为消除地方割据势力、加强中央集权、巩固统治而不得不为之举，意义重大。索额图、明珠两人在平叛战争中作出贡献，对于清朝皇权的集中与强化进程，也起有促进和推动作用。

以康熙二十二年（1683）清朝收复台湾为标志，清朝皇权进入一个新的发展时期。随着康熙帝治国经验的日趋丰富，需要重臣予以辅助的程度也在降低；索额图和明珠其后分别受到康熙帝的惩治，逐步终止权臣角色，与此有一定因果关系。

乾隆后期及太上皇时期的权臣和珅，与鳌拜、索额图和明珠等人相隔约一个世纪。可是，从和珅何以成为权臣的原因看，同鳌拜等不无相似处。

和珅（1750—1799），钮祜禄氏，满洲正红旗人。乾隆四十年（1775）后逐渐受到皇帝的倚信，曾任军机大臣、领侍卫内大臣、大学士等职。

乾隆四十年，乾隆帝65岁。此后20余年中，尽管他的身体尚好，但年事日增，精力终有不逮；加之耽于奢华享受，兴趣广泛，各种娱乐活动甚多。因此，乾隆帝需要一位既是心腹，又能干得力之人，协助他总揽朝纲，综理政务。由于已实行秘密建储，乾隆帝不可能以其密立储君颙琰（嘉庆帝）赞襄国政。所以，既有才智又善于奉承，为人处事机警灵活的和珅，成为最合适的人选。

可见，和珅能够深受乾隆帝信赖而成为权臣，说到底还是由于皇权运作的特殊需要。在乾隆后期将近20中，他作为皇帝的得力助手，为维护皇权正常运转发挥了作用。

2. 第二类，为新帝获取皇位，或为新帝继位初期巩固皇权立有大功的权臣，如隆科多与年羹尧

同第一类权臣鳌拜相仿，表面看，隆科多与年羹尧能够成为权臣有一定偶然性，实则仍是皇权在特定形势下自身发展的需要，为其提供了成为权臣的客观条件。在他们扮演权臣角色时期，也曾有效地促进皇权的集中、强化。

隆科多（？—1728），佟佳氏，国舅佟国维子，汉军镶黄旗人。[1]康熙后期任步军统领，是雍正帝继位初年的四位总理事务大臣之一。根据满文档案等有关记载分析，隆科多大约生于康熙九年（1670），比雍正帝年长七八岁。[2]

隆科多在康熙帝晚年颇受器重，但还算不上是一位权臣。他据以成为权臣的资本，主要有两个方面。一是在康熙帝突然病逝，皇四子胤禛出人意料地获得皇位这件事上，隆科多起有重要作用。二是雍正帝继位后，有关其矫诏得位之说广泛流传，他在朝臣中一度较为孤立。隆科多作为他的亲信之一，曾予以全力支持和佐助，以促进皇权的稳固与强化。

雍正元年（1723）正月初二日，川陕总督年羹尧上《会陈军务事情请先具稿密呈折》。雍正帝阅后，在朱批中写道："舅舅隆科多，此人朕与尔先前不但不深知他，真正大错了，此人真圣祖皇考忠臣，朕之功臣，国家良臣，真正当代第一超群拔类之希有大臣也。"[3]这是隆科多在雍正帝继位问题上立有大功的一个佐证，实际上也是雍正帝本人对隆科多何以能够成为权臣所作的诠释。此时距康熙帝去世不到两个月。隆科多唯有对胤禛的继位起有重要作用，才会得到新帝如此之高的评价。

由于康熙帝晚年属意于皇十四子允禵，在朝廷有关重要部门的人事安排，是以有利于允禵继位后得到其支持者的得力辅佐为目的。雍正帝继位后，不得不暂且维持这一既定格局，而且也不可能在朝中迅即组建一个真正忠于他本人的助手班子。所以，最初一两年内，他在朝中被人数众多、很有实力的反对派成员及其支持、同情者所包围。如果不计外任官员，清统治集团核心层中受到雍正帝特别倚重者，除去怡亲王允祥外，唯有隆

---

1 隆科多的祖父佟图赖（初名佟盛年），原隶正蓝旗汉军旗下。康熙八年（1669）佟图赖之子佟国纲、佟国维奉旨抬入汉军镶黄旗。康熙二十七年（1688）佟国纲奏请改隶满洲，经户部议覆，编审册内改造满洲，仍留汉军旗下。清代传记大都称佟国纲兄弟及其后代为满洲镶黄旗人。参见中国第一历史档案馆藏：八旗世袭谱档30号；杨珍：《史实在清代传记中的变异：佟国纲、华善奏请改隶满洲考辨》，载《清史论丛》2013年号，北京：中国广播电视出版社，2013年。

2 参见杨珍：《康熙朝隆科多事迹初探》，载1994年《清史论丛》，沈阳：辽宁古籍出版社，1994年。

3 《掌故丛编》，第254页。

科多。

满文档案中的记载,有助于说明下述事实:对于雍正帝来说,隆科多曾是不可或缺的心腹和助手。

雍正元年(1722)八月十七日,雍正帝向全体朝臣宣布秘密建储的决定,并将装有建储密旨的密封锦匣,放置在乾清宫正大光明匾额后。八月十八日,雍正帝启程赴遵化,"葬圣祖仁皇帝于景陵,孝恭皇后祔焉"[1]。九月初三日雍正帝返京。此行往返共15日,[2]这是雍正帝继位后第二次离京外出。[3]

在此期间,留守京师的隆科多通过密折与雍正帝保持密切联系。如八月二十三日卯时,隆科多接到雍正帝发回的朱批谕旨及所附川陕总督年羹尧奏报青海事宜的密折,他立即上密折奏称:"数日来京师内外太平无事,未闻有流言蜚语,粮价也尚平稳。"并详列各类粮谷价格及银、钱兑换比价奏报。雍正帝阅后在朱批中写道:"朕躬甚安。四五个月来朕心郁闷,虽为太后额娘事悲痛不已,但思念皇父,渴望恭谒梓宫之意未曾释怀。二十四日抵此,痛哭已尽,甚感畅快。丝毫不必为朕担忧,朕又岂能由着性子作践身子?外面的事全都安顺。特降谕。"[4]

雍正二年(1724)三月初六日,雍正帝起程赴遵化谒陵。初九日接到年羹尧奏报,闻知青海大捷,于是十一日回銮,十三日抵京。此行往返共8天,[5]这是他继位后第三次离京外出。

此次雍正帝外出期间隆科多所写密折,目前仅见到两件,根据内容看,均写于是年三月初九日之后至十三日雍正帝返京前。

隆科多在其中一件密折中写道:"因闻得青海底定,大功告成,京城内喜气洋洋,人人欢忻(朱批:猜想理应如此),太平无事。诸王、大臣等

---

1 《清史稿》卷9,《本纪》9,《世宗本纪》。
2 参见《雍正朝起居注册》第1册,第85–92页。
3 雍正帝继位后第一次离京,是元年(1723)三月二十七日亲送康熙帝的灵柩至景陵,四月初六日回京。此行往返共10天。参见《清世宗实录》卷5,雍正元年三月丙午至四月乙卯。
4 中国第一历史档案馆藏:满文朱批奏折,隆科多奏,无年月。根据此折内容并查阅有关史料,可判断此折写于雍正元年(1723)八月二十三日或稍后。雍正帝生母孝恭皇后乌雅氏于是年五月去世。
5 《雍正朝起居注册》第1册,第189–194页。

跟随主子近前，不知如何欢快行走，臣实为羡慕（朱批：也应这样想）。本月初七日起修缮宫内流水孔道，初九日修讫。诸阿哥在瀛台住了两日，初九日傍晚已回宫（朱批：甚好）。阿哥们身体甚健。又，臣等钦遵旨意，召年遐龄至乾清门宣旨，令伊恭阅朱批谕旨，并将年羹尧之喜报使其阅。臣等亲自看视，将各式绸缎九十疋赏给，年遐龄至乾清门前叩谢天恩。年遐龄说：'我等全家蒙主子隆恩甚重，何能回报。这并非我儿年羹尧小人之所能，乃恃圣主指教之恩，成此大功。'"雍正帝阅后写下朱批："老来造化。除去高兴外，他还说了些什么？"[1]

隆科多的另一件密折写道："圣主交付之朱笔谕旨，臣钦遵办理外，此次大功告成，实为主子之福，得上苍眷佑，乃奇异大喜之事！从此天下重获安定，无兵戈之患，可永享太平矣！大将军年羹尧之奏折，臣已读与诸阿哥听，并告知总管太监等。所有闻得之人无不大喜，欢欣鼓舞。"雍正帝的朱批是："此喜信期盼已久。边疆之事告成后，（三月）十一日即回銮。现今所有事宜皆顺乎心意。朕思念皇考，忧伤郁闷。此前虽无数次往寿皇殿行礼，仍无法排解。今至陵寝前痛哭一过，十余月来忧郁之情大为缓解。朕躬甚佳。所有跟随前来之人无不平安。"[2] 这件密折的朱批，当写于雍正帝结束谒陵后即将抵京之际，即三月十一日后，十三日前。

隆科多自康熙五十年（1711）开始担任步军统领。每年康熙帝离京去热河举行木兰秋狝期间，隆科多留守京师，随时向康熙帝密报京城的一切情况。这些满文密折及其康熙帝的朱批，有一部分保存至今。而隆科多在雍正朝的满文密折，保留下来的则很少。上述几件密折，反映出以下一些重要情况。

第一，虽然尚无档案或其他史料予以证实，但是，很可能在雍正元年（1723）三四月之间，雍正帝第一次离京时，总理事务大臣之一、仍管步军统领事的隆科多即留守京师。换言之，雍正元年三月至二年三月雍正帝三次离京期间，隆科多都负有此任。这同他在康熙帝离京期间镇守京师的

---

[1] 中国第一历史档案馆藏：满文朱批奏折，隆科多奏，无年月。
[2] 中国第一历史档案馆藏：满文朱批奏折，隆科多奏，无年月。

情形，大有不同。由于雍正帝消除反对派的举措基本尚未实施，反对派在朝中还有大批支持与同情者。所以，当雍正帝离京后，隆科多面临的局面相当复杂、险恶，他因此所受皇帝倚信的程度也超出康熙朝后期。

雍正五年（1727）十月公布的隆科多罪状，"欺罔"罪内有"皇上谒陵之日，妄奏诸王心变"一款。[1] 隆科多这一奏言或许有夸大处，但间接透露出当时朝中的紧张氛围。雍正帝本人也是出于这一原因，继位后始终未敢较长时间远离京师，以致被迫停止木兰秋狝。[2]

还应看到，上述雍正帝三次离京，第二次的时间相对最长，而且是在宣布秘密建储决定的翌日启程。已行秘密建储，固然在一定程度上能够使雍正帝免除后顾之忧，不过，留京诸王大臣，特别是以允禩等人为核心的反对派成员对此举措有何反映，是否会引发事端，尚未可知。因此，隆科多留守京师之任，十分重要艰巨。

第二，隆科多当时并未担任内务府总管一职，然而从其密折看，宫中事务，包括宫阙设施的修缮以及皇子们居住地点的变换，无不由他一手安排。值得注意的是，雍正帝未来的接班人，刚刚被密定为储君的皇四子弘历，也在暂住瀛台的诸阿哥之内，其人身安全自然是由隆科多全权负责。隆科多若非得到雍正帝极大信赖，绝无可能膺此重任。

第三，雍正帝将年羹尧关于西北用兵事宜的密折，转发隆科多看阅，让他将年羹尧奏报青海大捷的密折为皇子们宣读，并告知总管太监；命隆科多召羹尧父年遐龄至乾清门宣旨阅折。这一切表明，雍正帝外出时，不仅将家中事务全盘托付隆科多综理，而且在他看来，隆科多应及时了解青海战事等核心机密。

雍正元年（1723）底，在年羹尧奏片中写有清军"进剿"罗卜藏丹津启行日期处，雍正帝朱批："妙不可言。怡、佟之外，不曾宣露一人。"[3] 所

---

1 《清世宗实录》卷62，雍正五年十月丁亥。
2 雍正帝说："国家武备关系紧要，不可一日废弛……盖以朕之兄弟阿其那、塞思黑等，密结匪党，僭蓄邪谋，遇事生波，中怀叵测。朕实有防范之心，不便远临边塞。此朕不及皇考者也。"参见《上谕内阁》卷49，雍正四年十月初二日。
3 季永海、李盘胜、谢志宁翻译点校：《年羹尧满汉奏折译编》，第342页，天津：天津古籍出版社，1995年。

谓"怡、佟",分指怡亲王允祥与隆科多。此时二人所受倚信,超出其他朝臣。允祥身为皇帝之亲弟,虽然很有才干,但从接触人员之广泛,办理宫内外各种事务所具有的丰富经验以及更便于上下沟通等方面看,隆科多所起的作用是允祥所无法替代的。

年羹尧(？—1725),汉军镶黄旗人。[1]他大约生于康熙十九年(1680),比雍正帝小两岁。[2]

康熙晚期,年羹尧即因办事明敏而为康熙帝欣赏。他长期担任西南封疆大吏。康熙五十九年(1720)率军配合大将军王允禵,驱除准噶尔兵,收复拉萨,翌年升任川陕总督。雍正帝继位后,允禵从军前被召回,曾为雍邸私人的年羹尧总领西北军政大权,威信、地位迅速上升。雍正二年(1724)二月在年羹尧的指挥下,清军迅速平定青海罗布藏丹津的叛乱。这是一个重大功绩。

关于年羹尧平定青海的经过,这里从略,仅就此举何以有效地促进皇权的稳固、集中与强化,并使年羹尧获得成为权臣的政治资本,做以下阐述。

第一,雍正帝继位后,其皇位之所以能够较快得以稳固,除去康熙中期即已出现的皇权高度集中、强化趋势,仍在继续发展这一重要背景外,主要得利于雍正初年的两项重大举措。雍正元年(1723年)八月,雍正帝公开实行秘密建储,杜绝允禵、允禩等人染指皇位之念,对于分化、瓦解朝中反对派具有重大意义。此其一。雍正二年二月,清朝平定青海罗布藏丹津叛乱,这一胜利进一步提高雍正帝在朝内外的威信,巩固了他的地位。此其二。

上述两件大事,成为雍正帝清除反对派进程中的两次转折点。

---

[1] 官修史籍如是说。唯私家著述《永宪录》载:"羹尧字亮工,奉天镶白旗人。"年羹尧是雍正帝"藩邸旧人",而雍正帝做皇子时封入镶白旗。所以,年羹尧原隶镶白旗汉军旗下,雍正初年转隶镶黄旗汉军旗下。另据杜家骥先生考证,年羹尧是康熙四十八年(1709)拨与胤禛的镶白旗汉军佐领下人,直至康熙帝去世前,年家仍在镶白旗。参见萧奭:《永宪录》卷1,第54页;杜家骥:《雍正帝继位前的封旗及相关问题考析》,载《中国史研究》1990年第4期。

[2] 据萧奭:《永宪录》卷1,第54页载,(康熙四十八年)年羹尧"抚川时,年未三十"。

雍正帝继位初始，对允禩等采取了各种笼络之举，至元年（1723）十月，转而向反对派发动攻势，第一次在朝臣面前指责允禩。二年七月，向全体大臣颁布《御制朋党论》，这是打击反对派之举逐步升级的标志。反言之，如果罗布藏丹津叛乱不能迅即被平定，反对派或将以此做为攻击、诋毁雍正帝的又一口实，雍正帝在人们心目中的形象、威信将进一步受到贬损，而其清除反对派的进程，也将因之而延缓。

第二，年羹尧久任川陕地区封疆大臣，在处理与青海、西藏等地上层人物的关系，有效治理西北、西南地区等方面，积累了丰富经验。他在奏报中所反映的情况以及诸多建议，对于康雍两帝制定解决准噶尔问题的方针、策略有较大影响。[1] 特别是他在青海平定后提出"防边事宜"八款、"青海善后十三事"等建议，均为雍正帝所采纳，这些措施对清朝其后有效地治理青海、西藏产生了积极作用。

总之，青海大捷对于雍正帝清除统治集团内部的反对派，集中、强化权力以及巩固边疆、加强中央集权统治等方面，都具有极为重要的意义。年羹尧因此而得到的褒奖，如同隆科多一样，一时达到无以复加程度。[2]

年羹尧和隆科多获罪后，雍正帝数次谈到这是由于他对二人"敢于欺罔，忍于背负"的行为辨之不早，且"误加信任于初，又不曾严行禁止于继"[3]。事实上，正是由于在雍正帝侥幸取得皇位，进而肃清反对派，巩固皇权的过程中，隆科多与年羹尧分别立有大功，才会使雍正帝对他们"宠之太过"。清帝中唯有雍正帝将当朝权臣出现的原因，主动揽在自己身上，这从反面进一步证实，年羹尧、隆科多二人确曾为雍正帝皇权的建立和巩

---

1 参见邓锐龄：《年羹尧在雍正朝初期治藏政策孕育过程中的作用》，载《中国藏学》2002年第2期。
2 例如，雍正二年（1724）三月，雍正帝在年羹尧的谢恩折上写道："尔等此一番效力是成全朕君父未了之事之功，具理而言，皆朕之功臣；拘情而言，自你以下以至兵将，凡实心用命效力者，皆朕之恩人也。言虽粗鄙失礼，尔等不敢听受，但朕实实居如此心，作如此想。"是年五月又在年羹尧的请安折上朱批："你们此队大臣，朕如何仁悯，施恩之处，朕实无主意。嘉奖之字，皆不相称。惟天地明鉴，增寿与你们，永为国家太平之柱，子孙繁盛。此乃朕诚心为你们祝福，上苍定明鉴之。"参见季永海、李盘胜、谢志宁翻译点校：《年羹尧满汉奏折译编》，第277、130页。
3 《清世宗实录》卷32，雍正三年五月己未；卷62，雍正五年十月丁亥。

固做出贡献。

3. 第三类权臣仅有一位，即晚清皇权日益衰微时期的肃顺

肃顺（1816—1861），满洲镶蓝旗人，和硕郑亲王乌尔恭阿第六子。比咸丰帝年长15岁。咸丰六年（1856）后日益为帝赏识，"以宗潢疏属，特见倚用"[1]，先后担任左都御史、理藩院尚书、户部尚书、御前大臣、内务府大臣、协办大学士、署领侍卫内大臣等职。

晚清皇权在特定形势下为维持自身生存而产生的需要，为肃顺扮演权臣角色提供了可能性。此时的中国社会与清朝皇权已发生重大变化，与其他权臣相比，这位晚清权臣之所以出现的具体原因，他对皇权所起的维护作用，均有独特处。

从嘉庆朝起，清朝进入中衰阶段。不过，尽管如此，清朝皇权的集中、强化尚未发生本质性变化，皇帝仍然乾纲独断。第一次鸦片战争后，因受到不平等条约的约束，清帝进行决策时所具有的独断性和随意性不断减少。除去维护其自身利益与封建统治秩序外，按照条约的有关条例，清帝还必须顾及列强的意图，维护列强在中国的特权。清朝皇权由此进入衰微阶段。

才具平平的咸丰帝在位期间，始终面临严重"内患"，即以太平天国为主的全国各族人民大起义。咸丰中期后，由于太平天国内讧及湘军日益发挥重要作用，清军在与太平军作战中的不利局势有所改变，但直到咸丰帝去世，太平天国对清廷的巨大威胁并未消除。

第二次鸦片战争中，清军一败涂地，英法联军攻入北京，咸丰帝仓皇逃往热河。清廷与列强签订了一系列不平等条约，中国主权丧失之多、割让领土之广，无不大大超过第一次鸦片战争。清王朝与咸丰帝在中国民众面前丢尽颜面，清朝皇权遭到沉重打击。

咸丰帝继位后，作为其主要辅佐班子的军机处与内阁的主要组成人员几经变更。以军机处为例，咸丰元年至七年（1851—1857），出任首枢的先后有5人，其间经过5次更替（祁寯藻曾两次担任首枢）。[2] 以才识而论，

---

1 《清史稿》卷387，《列传》174，《陈孚恩》。
2 参见《清史稿》卷177，《表》17，《军机大臣年表》2。

这 5 人中，只有恭亲王奕䜣和满洲大臣文庆较为出色。可是，曾是皇位有力竞争者的奕䜣素为胞兄咸丰帝所忌，担任此职不足两年即被罢免。文庆任首枢不足一载，旋即病逝。接替文庆的汉臣彭蕴章连任首枢将近 4 年（咸丰七年至十年），任期相对最长。这位早在道光十二年（1832）就任军机章京的老臣处事谨慎而才力稍逊，况且任首枢时年过六旬，已入暮年。此外，担任御前大臣的怡亲王载垣、郑亲王端华，虽然为咸丰帝所信赖，而且均为道光帝临终前指定的顾命大臣，但"二王实皆昏愦无能"[1]。处于内忧外患夹击之下的咸丰帝，迫切需要一位对他忠诚且有决断之人作为辅佐，肃顺恰是合适人选。

肃顺的阅历、才干和见识，在当时的满洲贵族中相当突出。咸丰帝久厌廷臣习于因循，力行整顿却乏谋略。肃顺"敢任事""治事严刻"[2]，这种作风为大多数尸位素餐、只知自保的清统治集团上层成员所缺少，正是咸丰帝所欣赏和需要的。

肃顺是远房宗室，并无可能染指皇位，即使颇有权势，在咸丰帝看来也不会像奕䜣那样对他构成威胁。

在上述主客观因素的作用下，出现了清朝最后一位权臣，同时也使肃顺成为咸丰中后期统治集团内部各种矛盾与利益冲突的聚焦点。

咸同年间，八旗与绿营的作战力已十分低下。清廷主要依靠曾国藩、左宗棠、胡林翼、李鸿章等所统率的地方武装，于同治三年（1864）镇压了太平天国起义。这些为维护清朝统治立下大功的汉臣，被旧史家称为"中兴之臣"。然而很长一段时期内，咸丰帝对曾国藩等人并不信任，在待遇、任职等方面加以限制，这既暴露出满洲最高统治者对于汉臣惯有的防忌心理，也说明咸丰帝十分担心这些汉臣功高震主，对他的统治形成威胁。不仅咸丰帝对于应否放手使用曾国藩等心存疑虑，甚至连汉族军机大臣祁寯藻、彭蕴章等，也在这一关系到清朝前途与命运的重大问题上缺乏清醒认识，阻挠对曾国藩等人加以重用。

1　薛福成：《庸盦笔记》卷 1，《咸丰季年三奸伏诛》。
2　《清史稿》卷 387，《列传》172，《宗室肃顺》。

与清朝最高统治集团中大多数人的看法相左，肃顺对曾国藩等"知之已深，颇能倾心推服。平时与座客谈论，常心折曾文正公之识量、胡文忠公之才略"。咸丰十年（1860），苏、常既陷，两江总督何桂清以弃城获咎。"文宗欲用胡公总督两江，肃顺曰：'胡林翼在湖北措注尽善，未可挪动。不如用曾国藩督两江，则上下游俱得人矣。'上曰：'善。'遂如其议，卒有成功。"[1] 曾国藩在肃顺的保荐下授任两江总督，并加授钦差大臣统领江南事务后，方真正拥有包括筹集军饷在内处理军务的全权。[2]

又如左宗棠曾被人"控之都察院"，既而又遭湖广总督官文严劾，"廷旨敕下文恭密查，如左宗棠有不法情事，可即就地正法"。肃顺得知，多方设法救护。咸丰帝本无定见，询问肃顺："方今天下多事，左宗棠果长军旅，自当弃瑕录用。"肃顺奏称："闻左宗棠在湖南巡抚骆秉章幕中，赞画军谋，迭著成效，骆秉章之功，皆其功也。人才难得，自当爱惜。请再密寄官文，录中外保奏各疏，令其察酌情形办理。"咸丰帝采纳了这一建议。"官公知朝廷欲用文襄，遂与僚属别商具奏结案，而文襄竟未对簿。"不久，曾国藩"奏荐文襄以四品京堂襄办军务，勋望遂日隆焉"。所以，人们认为曾国藩、胡林翼之得握兵柄，"皆肃顺主之"。[3]

因肃顺深受咸丰帝信任，在他的劝说和影响下，咸丰帝终于较大程度地抛开成见，打消顾忌，重用曾国藩等人，以湘淮军作为镇压太平天国起义军的主力。这一以汉制汉策略的提出和实施，成为咸同时期国内战争中清廷由败而胜的转折点，有效地延缓了清朝衰亡之势。《清史稿》的纂修者称肃顺"赞画军事，所见实出在廷诸臣之上，削平寇乱，于此肇基，功不可没也"。[4] 这一评价较为客观。权臣肃顺对维护、巩固皇权所起的作用，主要体现于此。

史载，肃顺"独不喜满人，常谓满人胡涂不通，不能为国家出力，惟知要钱耳，故其待满人不如其待汉人之厚，满人深恶之"。然而"汉人有

---

1 薛福成：《庸盦笔记》卷1，《肃顺推服楚贤》。
2 参见［美］A·W.恒慕义主编：《清代名人传略》下册，第199页。
3 薛福成：《庸盦笔记》卷1，《肃顺推服楚贤》。
4 《清史稿》卷387，《列传》174，《陈孚恩》。

才学者，必罗而致之，或为羽翼，或为心腹"[1]。晚清时期，满洲上层对于以曾国藩为代表的地方汉臣能吏怀有好感者，不止肃顺一人。如咸丰前期担任首枢的文庆，"倡言重用汉臣，俾曾国藩、胡林翼等展经猷，以建中兴之业"[2]。可是，肃顺不仅在力劝咸丰帝重用曾国藩等重要方面，起有他人无从替代的作用，而且身为宗室，却对满人的有关看法相当偏激。出现这种情况，原因十分复杂。它表明以文庆、肃顺为代表的少数满洲贵族，在力图阻止清廷衰微之势方面具有一定远见。至于祁寯藻、彭蕴章等汉族大臣，竟也反对重用曾国藩等人，则反映出清朝入关两个多世纪后，"首崇满洲"的观念已为汉官所接受。他们不自觉地站在与满洲统治者相同的立场，看待曾国藩等人，对其抱以不信任的态度。与满洲贵族相比，嫉贤妒能的心态在这些汉官身上表现得更加充分。

肃顺锐意整顿吏治，取得一定成效，亦因"治事之猛，识别之精，不避权贵，尤不顾八旗贵胄，故宗室旗人，恨之尤甚"[3]。咸丰八年（1858年），原任大学士、宗室耆英在与英法联军的代表谈判期间擅自回京，被交与刑部严讯，拟绞监候。肃顺独自奏请将耆英正法，咸丰帝遂令自尽。同一年，发生顺天府科场案。在肃顺的坚持下，咸丰帝处斩主考官、大学士兼军机大臣柏葰。柏葰，巴鲁特氏，蒙古正蓝旗人，"素持正，自登枢府，与载垣、端华、肃顺等不协"[4]。咸丰九年又有宝钞案，肃顺因查出宝钞处所列欠款与官钱总局存档不符，严行究治，大批官员、商人受到惩处，或被革职，或籍没家产。大学士祁寯藻、翁心存皆因与肃顺意见不合，为避祸端激流勇退，"心存且几被重罪"[5]。

显然，肃顺在整顿吏治过程中，带有排除异己的倾向。更重要的是，上述几件大案的打击面，括及满洲宗室、八旗蒙古贵族及汉族高官，这使本已相当涣散的清廷最高领导层进一步四分五裂，动摇了作为清朝统治根

---

[1] 黄濬：《花随人圣盦摭忆》，第497页，上海：上海古籍出版社，1983年。
[2] 《清史稿》卷386，《列传》173，《宝鋆》。
[3] 黄濬：《花随人圣盦摭忆》，第429页。
[4] 《清史稿》卷389，《列传》176，《宗室肃顺》；《清史列传》卷40，《大臣传续编》5，《柏葰》。
[5] 《清史稿》卷387，《列传》174，《宗室肃顺》。

基的满蒙汉贵族联盟。其后的历史证明，咸丰后期，在皇帝的支持下主要由肃顺所实施的吏治整顿，并未取得预期效果，反而由于扩大统治集团内部矛盾，愈益削弱皇权，因而加重了王朝的衰微之势。肃顺自以为上述举措是在加强皇权、维护清朝统治，从实际效果看却起到相反作用，同时也使他本人在统治集团中日益孤立，为其最终身首两处埋下伏笔。晚清特殊的社会背景、皇权的重大变化以及更加诡谲莫测的政治舞台，赋予清朝最后一位权臣更多的悲剧色彩。这是肃顺与清朝其他权臣很不相同处。

咸丰十年（1860）八月，英法联军进攻北京，咸丰帝逃往热河，命奕䜣留在京师，与英法联军谈判和约问题。十一年七月，咸丰帝于热河病逝。

咸丰帝临终前，传位年仅6岁的同治帝。咸丰帝鉴于顺治帝幼年受制于多尔衮的教训，加之对奕䜣不能消除疑忌，遂遗命载垣、端华、景寿、肃顺、穆荫、匡源、杜翰、焦祐瀛等8人"赞襄一切政务"，共同辅佐同治帝[1]，奕䜣被排除在赞襄大臣之外。同时，咸丰帝将两枚印章分别赐与皇后钮祜禄氏（慈安皇太后）和载淳，"母后用'御赏'印，印起，上用'同道堂'印，印讫。凡应用朱笔者，用此代之。述旨亦均用之，以杜弊端"[2]。

赞襄体制实施期间，所有大臣奏疏及军国大事，都要经过赞襄大臣审阅详议后，拿出处理方案，上报两太后批准。当8位大臣与两宫太后之间因对御史董元醇奏请两宫太后垂帘听政事发生分歧后，他们以"搁车"即停理政务相威胁，迫使两宫太后暂时做出让步，对董元醇的奏折予以严驳。[3]可见，8位大臣名正言顺地拥有代行皇权的权力，而排名第4位的肃顺则是领军人物，他对于在此特殊情况下维持皇权的正常运作，起有更重要的作用。

综上所论，康熙初年的鳌拜、康熙前期的索额图和明珠、雍正初年的年羹尧与隆科多、乾隆后期的和珅以及咸丰中后期的肃顺等7位权臣，分

---

1 《清代档案史料丛编》第1辑，第83页。
2 佚名：《热河密札》，载《近代史资料》总第36号，第13页，北京：中华书局，1978年。
3 佚名：《热河密札》，载《近代史资料》总第36号，第5页。

别属于三种不同类型。但是，他们之所以成为权臣，都与其所处特定时期中皇权自身运作与发展的需要，有着因果关系。他们7人各以不同方式，辅助清帝维护、加强皇权，推动了清朝皇权的发展进程。

二、权臣的权力及其对皇权的反作用

首先需要指出，这里所探讨的权臣的权力，并非是其职任范围内拥有的常规性权力，而特指超出其职权范围的权力，以及不符合其臣子身份的所谓僭越之处。这种权力与行为，实质上是对皇权的部分侵越。

由于7位权臣分别处于清朝皇权发展历程中的不同阶段，这使他们的权力存在较大差异。如果按照权力的大小及其侵越、削弱皇权的程度依次排列，7人可以分做4个序列。

1. 鳌拜独占清朝权臣第一序列

7位权臣中，鳌拜是唯一一位在清朝皇权集中与强化的奠基阶段出现的权臣。

顺治帝亲政期间，采取诸多措施，力图集中皇权。但是，由于顺治帝与孝庄之间因政见分歧引发矛盾与权力之争，加以当时中国大陆尚未统一，战事频仍，满洲贵族传统的分权意识仍有较大影响等诸多原因，所以，直至顺治帝病逝，八龄康熙帝继位之际，皇权的集中强化程度还相对较低。康熙初年的皇权，原本先天不足，而皇帝本人又在幼年，太皇太后孝庄居于幕后，并未直接干预政事，这一切为鳌拜逐步扮演权臣的角色，提供了广阔舞台，也使他较少受到皇权的约束。

鳌拜的权力主要表现在以下四个方面。

第一，蔑视皇帝，专横跋扈。

鳌拜诸多行为举止，已逾越君臣之间的界线。例如，他在康熙帝前办事，"稍有拂意之处，即将部臣叱喝"。康熙帝引见官员时，鳌拜"施威震众，高声喝问"[1]。这不仅有损皇帝的威严，也使少年天子的自尊心受到伤害。即使在平日，鳌拜时常对康熙帝的旨令任意拒绝。直到清除鳌拜集团

---

[1] 《清圣祖实录》卷29，康熙八年五月戊申。

37 年后（康熙四十五年），康熙帝在与大臣的谈话中，还曾转述他对辅臣苏克萨哈讲过的话："鳌拜并未将朕放在眼里。"[1]

第二，把持朝政，独断专行。

鳌拜将"一切政事，先于私家议定，然后施行。又将部院启奏官员，带往私门商酌"；于康熙帝前"拦截章奏"；"凡事不依理进奏，多以旧时疏稿呈览，逼勒依允"。会议苏克萨哈罪状时，鳌拜只同其亲信班布尔善等定议，将不附于己的大学士巴泰排除在外，"不使与闻"[2]。他甚至干预康熙帝的婚事，"敢行奏阻"孝庄做出的立噶布喇之女赫舍里氏为皇后的决定。因"恐摘发情弊"，他屡请禁止科道陈言，对应诏条陈时政得失的熊赐履"意图倾害"[3]。

第三，部分掌握生杀大权。

鳌拜任辅臣不久，即借故枉杀与他有隙的内大臣飞（费）扬古父子及侍卫倭赫等人，并籍没家产。

康熙五年（1666）发生圈换土地事件，鳌拜在索尼、遏必隆的支持下，不顾康熙帝反对，矫诏将反对此事的大学士管户部尚书事务苏纳海、直隶、山东、河南总督朱昌祚及直隶巡抚王登联等人处死。康熙六年六月索尼病逝，七月康熙帝亲政，辅臣"仍行佐理"[4]。苏克萨哈因"身体有病，不能行走"，奏请往守顺治帝陵寝，意在迫使鳌拜、遏必隆也辞去辅政。鳌拜为铲除异己，罗织罪名，拟将苏克萨哈置之于死地。他"连续七天强奏"，康熙帝"全力拒辞，仍无法说服"。最后，鳌拜"携来将苏克萨哈等人议罪之奏本"，在康熙帝面前宣读，逼迫康熙帝批允。康熙帝逐个圈画奏本上将被处死的众多人名时，"拟宽赦数人"，遭到鳌拜的反对。于是，苏克萨哈被处绞，其子孙以及受到该案牵连的诸多人一并被枉杀。[5] 至此，鳌拜的权力及其"欺君擅权"行为发展到极为严重地步。孝庄在此事

---

1 中国第一历史档案馆藏：康熙朝满文折件，无年月。
2 《清圣祖实录》卷 29，康熙八年五月庚申。
3 《清圣祖实录》卷 29，康熙八年五月庚申。
4 《清圣祖实录》卷 23，康熙六年七月乙巳。
5 中国第一历史档案馆藏：康熙朝满文折件，无年月。

中的态度耐人寻味。看来,她已不能约束鳌拜的权力,对其僭越行径保持了沉默。

第四,部分掌握人事大权。

辅政后期,鳌拜在很大程度上掌控了朝廷的人事任免与奖惩权力,"所喜者举荐,所恶者陷害"[1],大力培植私党,对不附己者严厉打击。

例如,康熙六年(1667)十二月,康熙帝本已授马希纳为户部尚书,但鳌拜却以该缺满员应设二人为由,将其亲信马尔赛"徇情补用";康熙七年六月,鳌拜将康熙帝素不了解的济世,"强行推补"为工部尚书;由于户部汉尚书王弘祚"领部久",对马尔赛专擅部务构成妨碍,是年八月被鳌拜免职。马尔赛去世后,"部臣请谥,上不允",鳌拜竟擅自予谥"忠敏"。[2]这些事权属于皇权的重要组成部分,却被鳌拜攫取后随意行使。

康熙八年(1669)五月,鳌拜奉召进宫,旋即被康熙帝事先布置的人员捕拿,其主要党羽也先后被拘禁。清朝7位权臣中,唯独鳌拜是被皇帝以特殊手段拘捕。这也从一个侧面表明,鳌拜是清朝权臣中权力最大的一位,对皇权及皇帝本人造成的威胁相对最重。由于清除鳌拜集团要冒很大风险,一击不中,将引发严重后果,所以必须采用特殊方式果断处置。在孝庄的支持与索额图等人的得力配合下,康熙帝获得成功。

2. 清朝皇权进入衰微阶段后出现的权臣肃顺与清朝皇权由盛转衰时期出现的权臣和珅,同在清朝权臣第二序列。

如果将和珅与肃顺对皇权的侵越程度相较,二人中肃顺为甚。故先看肃顺。

第一次鸦片战争后,中国主权大量丧失,皇权发生重大变化,清帝的威信大幅度下降。这些因素对于肃顺拥有权力的大小,具有关键性的影响。7位权臣中,他的权力仅次于清初的权臣鳌拜而略高于和珅。肃顺的权力有一逐步扩大的过程,可以分为三个阶段。

---

[1] 《清圣祖实录》卷29,康熙八年五月庚申。
[2] 参见《清史稿》卷249,《列传》36,《鳌拜》;《清史列传》卷6,《大臣画一传档正编》3,《鳌拜》;《清圣祖实录》卷29,康熙八年五月戊申。

第一阶段，咸丰六年（1856）至十年（1860）八月，历时约4年。

在此期间，足以表现其越权行为之处，是咸丰八年（1858）因顺天府科场案处死大学士柏葰事件。据说当此之时，"上意犹未决"，肃顺"夺朱笔代书之"[1]，致使咸丰帝垂泪将柏葰处斩。[2] 这与鳌拜逼迫康熙帝处死苏克萨哈的行为颇有相似处，是清朝权臣对皇权的侵越程度最重的两个实例。

第二阶段，咸丰十年（1860）八月肃顺扈从咸丰帝去热河，至翌年七月咸丰帝于热河病逝，历时不满一年。

咸丰帝在热河期间，宫廷烦琐礼仪被迫从减，"内外禁防不甚严"，肃顺等乘机控制了更多的军政大权。肃顺身兼御前大臣、内务府大臣、户部尚书、协办大学士、署领侍卫内大臣等多项要职，咸丰帝还将"行在之事，一以委之"[3]。据说咸丰帝仓惶从京城出逃热河途中，随从前往的慈禧曾向肃顺提出换乘新车的要求，未能如愿，于是对肃顺深怀忌恨。这一事例表明，肃顺因"得君甚专"，"诸妃嫔皆谨事之"，即使是咸丰帝独子载淳的生母，时为懿贵妃的叶赫那拉氏，"不能独异也"[4]。

辛酉政变后两宫皇太后罗列的肃顺等人罪状中说，肃顺在热河期间"擅坐御位，进内廷当差出入自由，目无法纪，擅用行宫内御用器物，把持一切事务，宫内传取应用物件，肃顺抗违不进，并敢声称，有旨亦不能遵"[5]。咸丰帝生前，肃顺的专擅行为已有充分表现，由此反映出他与咸丰帝之间有违封建纲常的君臣关系，以及皇权衰微时期的君臣关系所具有的特点。同时，也表明肃顺的潜意识中对于皇权乃至咸丰帝本人的轻视，这在那一特定时期的官僚集团成员中有一定代表性。

---

1 老吏：《奴才小史》，载《清代野史》第2辑，第340页。肃顺在咸丰帝决定处死柏葰一事中起有重要作用，但其夺咸丰帝朱笔而书的情节，很有可能是后人所撰，以做渲染。此外，也有学者认为，在咸丰帝令耆英自尽以及处理顺天乡试案等问题上，肃顺不过起了迎合推动的作用。参见龙盛运：《清代全史》第7卷，第257-259页，沈阳：辽宁人民出版社，1991年。
2 参见《清史列传》卷40，《大臣传续编》5，《柏葰》。
3 《清史稿》卷387，《列传》174，《宗室肃顺》。
4 《悔逸斋笔乘》（不分卷），《孝钦与肃顺龃龉之始》，载《清代野史》第7辑，第173-174页，成都：巴蜀书社，1987年。
5 《清代档案史料丛编》第1辑，第114页。

咸丰帝在热河期间，留守京城的恭亲王奕䜣等曾多次奏请回銮，咸丰帝却一再拖延日期，直至咸丰十一年（1861）七月于热河病逝。是年二月咸丰帝谕内阁："朕于正月间降旨于二月十三日回銮，继因偶抱微疴，改于二十五日启跸。旬日以来，气体虽稍可支持，仍须静心调摄。本日王大臣等以朕躬尚未大安，奏请暂停回銮，情词恳切，不得已勉从所请，暂缓回銮，俟秋间再降谕旨。"[1] 咸丰帝将延迟回銮的责任推给扈从的王公大臣，即郑亲王端华、怡亲王载垣以及御前大臣肃顺等人。事实上，他本人对回銮一直心存疑虑，认为英法联军退兵后，"各国洋员，尚有驻京者，且亲递国书一节，既未与该使言明，难保不因朕回銮，再来饶舌。诸事既未妥协，设使朕率尔回銮，洋人又来挟制，朕必将去而复返，频繁往来，于事体殊多不协"[2]。尽管如此，肃顺等对于咸丰帝坚持不肯回銮，终究起有一定作用。

早在咸丰十年（1860）八月，当英法联军逼近北京时，清廷内部为咸丰帝是否出奔热河一事，曾发生激烈争论。咸丰帝最终仓促赴热河，"事多出肃顺所赞画"[3]。在关系到王朝存亡的关键问题上，肃顺对皇帝的决策具有较大的影响力，这是其权力的一种表现方式。另一方面，因肃顺的主要权力竞争对手恭亲王奕䜣及其主要支持者均在北京，热河几乎成为肃顺等人的天下。如果咸丰帝滞留热河，有利于肃顺扩大、加强自己的势力。

第三阶段，咸丰十一年（1861）七月肃顺等八大臣开始赞襄政务至九月发生辛酉政变，赞襄体制终结，历时两月余。在此期间，肃顺的权势又有发展。

咸丰帝临终前，将两枚印章分别赐与慈安与同治帝。因同治帝尚年幼，赐与同治帝的印章由其生母慈禧代掌，乃在情理之中，除非咸丰帝明令在先，方能禁止。所以，授印于同治帝等于授印于慈禧。

咸丰帝遗命以两印代替朱笔，亦即公开授与掌印者决策权，这也就

---

1 《清文宗实录》卷344，咸丰十一年二月己卯。
2 《清文宗实录》卷342，咸丰十年十月辛酉。
3 《清史稿》卷387，《列传》174，《宗室肃顺》。

意味着在赞襄体制下,同治帝与两宫皇太后同为皇权的代表者。[1]正常情况下,皇帝是皇权的唯一代表者,也是皇权的行使者,两者的统一是保证皇权集中、强化的必要前提。特殊情况下(如皇帝年幼或太上皇掌权),皇权的代表者与皇权的行使者出现分离。康熙初年、嘉庆初年以及同、光、宣三朝,莫不如此。但是,唯有咸丰帝是以分别下达遗命、授予印章的方式,赋予代行皇权的赞襄大臣与代表皇权的同治帝、两太后所不同的权力。揆度咸丰帝之意图,是期望形成一个在赞襄大臣与两宫太后之间、赞襄大臣与恭亲王奕䜣之间以及两宫太后之间相互制约的权力格局。

以肃顺为首的赞襄大臣与慈禧的关系,同康熙初年四辅臣与孝庄的关系完全不同。清代笔记、野史中,有不少关于咸丰帝在世时,慈禧与肃顺之间已产生矛盾的记载。例如,称慈禧于咸丰六年(1856)生子后,渐放纵,咸丰帝"因不喜其为人,每与肃顺言,欲废之,而卒未忍"[2]。因慈禧在宫中渐怙宠而肆骄,"文宗浸知之,渐恶其为人"[3],故"从容与肃顺密谋,欲以钩弋夫人例待之。醇王夫妇以身家力争,得不死。然慈禧固已微侦肃顺之倾己矣"[4]。这些记载或有不实处,起码表明因肃顺深为咸丰帝倚信,经常出入内廷,他对慈禧的为人以及咸丰帝的有关看法有一定了解。具有很强权力欲却无表现机会的慈禧,对于咸丰帝一味倚信肃顺、言听计从的做法,自然也极为不满。咸丰帝去世前确定的辅政体制中,肃顺与慈禧分别成为皇权行使者与皇权代表者的核心人物。他们之间本已存在的间隙,进一步加剧了两个利益集团的权力之争。

肃顺等以赞襄大臣的身份代行皇权,处理政务,但未拥有包括人事权在内的决策权,"要缺公拟,其余掣签,均取旨进止"[5]。肃顺希望获得更大的权力,因而在赞襄政务初期,竭力阻止两宫太后阅看奏折,认为"谕旨

---

1 参见王开玺:《辛酉政变与正统皇权思想——慈禧政变成功原因再探讨》,载《清史研究》2002年第4期。
2 天嘏:《清代外史》第六篇第四章《垂帘听政之始》,载《清代野史》第1辑,第138页。
3 徐珂编撰:《清稗类钞》第1册,第382—383页,北京:中华书局,1984年。
4 许指严:《十叶野闻》下卷,《肃顺狱异闻》。
5 佚名:《热河密札》,《近代史资料》总第36号,第13页。

由大臣拟定，太后但钤印，弗得改易，章疏不呈内览"[1]。在慈安的支持下，慈禧向肃顺等赞襄大臣提出阅折要求，经过激烈较量，终于达到目的。但是，慈禧远远不满足于只是代表皇权，她极欲像清帝那样，既代表皇权，又独掌行使皇权的权力，而垂帘听政是达到这一目的的首要步骤。肃顺等则对慈禧欲行垂帘听政的企图极力予以阻止。[2]

咸同皇权交接之际，以太平天国为主的全国各族人民大起义方兴未艾，清廷面临的内忧外患进一步加重。由于《北京条约》《瑷珲条约》等新的不平等条约的签订，中国丧失更多的主权。这种客观形势下，唯有尽可能地集中与加强皇权，清朝方能渡过难关，继续维持对全国的统治。然而肃顺依恃其赞襄政务、代行皇权的权力，与皇权代表者慈禧等人之间产生不可调和的矛盾，客观上对皇权起有很大削弱作用。所以，肃顺在维系皇权正常运作中发挥重要作用的同时，也成为分散皇权、不利于皇权稳固的一位"权奸"。

肃顺等人在赞襄政务期间代行皇权，但实际上，其权力仅局限于热河行在这一较小范围内。赞襄大臣对京城各衙门事务无法直接干预，他们除去掌握行在的少量兵力外，没有军权，拥有重兵的胜保等清军将领并不听其指挥，这也是肃顺等很快束手就擒，赞襄体制迅即终结的一个重要原因。因此，不能对肃顺的权力估计过高。

再看和珅。

清朝皇权的集中强化进程在乾隆中期达于巅峰后，至乾隆后期开始走下坡路。不过，直至乾隆帝去世前，皇权极度集中与强化的定式，尚未发生根本性改变。四十三年（1778）二月乾隆帝称："我朝纲纪肃清，皇祖、皇考至朕躬，百余年来，皆亲揽庶务，大权在握，威福之柄，皆不下移，实无大臣敢于操窃。"[3] 所言与当时情况基本相符。像其他6位权臣一样，和珅的权力以及有关情况，带有他所从属的这一皇权发展阶段所打下的深刻烙印。

1　黄濬：《花随人圣盦摭忆》，《补篇》第5页。
2　《清代档案史料丛编》第1辑，第91—92页、114页。
3　《清高宗实录》卷1051，乾隆四十三年二月庚戌。

乾隆五十七年（1792）出使清朝的英国使团副使乔治·斯当东，在其著作中曾这样述及负责接待使团与谈判事务的和珅："这位中堂大人统率百僚管理庶政，许多中国人私下称之为二皇帝。"[1] 和珅在人们心目中被置于如此高的地位，并不仅仅因为他身兼各种要职，职权范围括及政、军、财、文等各个方面，关键还在于他能够在某些事情上对乾隆帝产生影响。如史籍所载，和珅"善伺高宗意，因以弄权作威福，不附己者，伺隙激上怒陷之；纳贿者则为周旋，或放缓其事，以俟上怒之霁"[2]。嘉庆元年（1796），仍掌有实权的乾隆帝本拟提升曾为嘉庆帝师的两广总督朱珪为大学士，由于和珅的谗言，朱珪降调安徽巡抚。这是和珅影响、干预皇帝任免权的一个实例。不过，无论是与清朝皇权集中与强化奠基阶段的权臣鳌拜相比，还是同清朝皇权衰微时期的权臣肃顺相较，和珅对皇帝决策权的影响及干预程度相对较小，而且是采取间接方式，做法也较为隐晦。

和珅既是权臣，也是佞臣，同时又是乾隆帝的儿女亲家。他对乾隆帝"言不称臣，必曰奴才，随此使令，殆同皂隶，殊无礼貌"[3]。这些情况，除去显示出满洲君臣之间的主奴关系，还表明清朝皇权极度集中与强化后，包括满洲亲贵大臣在内整个官僚集团的地位，进一步降低，君臣之间的尊卑贵贱界线愈加严明。和珅尽管深受乾隆帝宠信，但皇权极度集中强化的态势，不允许他像鳌拜或肃顺那样，在皇帝面前颐指气使，恣意妄为，唯有恭顺侍奉，以求保全。和珅不仅对乾隆帝如此，对于嘉庆帝亦然。事实上，除去鳌拜与肃顺之外，其他5位清朝权臣莫不如此，唯以和珅最为突出。

乾隆帝内禅后，继续将和珅做为自己处理国政的心腹助手，同时还以和珅暗中监控嘉庆帝。这使和珅的权力又有所发展，"专擅甚于前日"[4]。他的种种越权行为中最具要害性者，是令部院衙门及督抚藩臬将所上折稿，抄录一份，关会军机处，并规定各部院文武大臣须将所奏之事，预先告知

---

1 ［英］斯当东：《英使谒见乾隆纪实》，叶笃义译，第370页，上海：上海书店出版社，1997年。
2 《清史稿》卷319，《列传》106，《和珅》。
3 吴晗辑：《朝鲜李朝实录中的中国史料》第12册，第4762、4840页。
4 吴晗辑：《朝鲜李朝实录中的中国史料》第12册，4593页。

军机大臣。[1] 有关史籍指出,和珅此举是为了"预知所奏事件,作为应对便捷,而以显其能"[2]。这在一定程度上控制了皇帝据以决策的信息。此外,和珅还将"各路军营递到奏报,任意延搁,有心欺蔽","贻误军国重务",军机处记名人员"任意撤去",等等,[3] 此不赘述。

关于和珅对皇权的侵越与削弱作用,需要进行分析。

和珅获罪后的部分罪款表明,乾隆帝做太上皇期间,虽然精力不支,依然亲揽政务,而和珅则借此时机,上下其手,侵越皇权。[4]

据说有一次,乾隆帝闭目讽诵西域密咒,对西域密咒一无所知的嘉庆帝在旁,"虽极力谛听,终不能解一字"。乾隆帝"忽张目曰:'其人何姓名'"?应召入见的和珅应声以白莲教中两位首领高天德、苟文明的名字相对,与乾隆帝之意正相符合。[5] 看来,和珅远比嘉庆帝更为了解太上皇,对乾隆帝之所思所想、所恶所好无不了然于心。由此亦可想见,乾隆帝以和珅作为自己继续亲掌大政,并监控嗣皇帝的主要助手时,两人配合之默契。

可是,乾隆帝内禅期间,皇权的正统代表者为嗣皇帝嘉庆而非太上皇乾隆,乾隆仍然亲掌大政,实则严重侵越了嘉庆帝的权力。因此,和珅佐助太上皇办理军国政务的同时,也在配合、协助乾隆帝,实现对嘉庆皇权的侵越。

嗣皇帝嘉庆"综理庶政"[6] 却无实权。他凡事禀照太上皇旨意而行,"凡于政令,惟珅是听,以示亲信之意,俾不生疑惧"。[7] 只有在太上皇乾隆帝的统摄与其宠臣和珅的监视这一双重夹击下,嘉庆帝才会完全受控于太上皇,他本应拥有的皇权几被侵夺殆尽。所以,和珅愈是在佐助太上皇执掌大政中起有不可或缺的作用,也就愈益阻止嘉庆帝获得本应属于他的最

---

1 《清仁宗实录》卷37,嘉庆四年正月丁卯。
2 吴晗辑:《朝鲜李朝实录中的中国史料》第12册,5019页。
3 《清仁宗实录》卷37,嘉庆四年正月庚午、甲戌。
4 参见《清高宗实录》卷37,嘉庆四年正月甲戌。
5 参见天嘏:《清代外史》第四编第十三章《诵西域秘密咒》,载《清代野史》第1辑,第130–131页。
6 《清仁宗实录》卷37,嘉庆四年正月壬戌。
7 吴晗辑:《朝鲜李朝实录中的中国史料》第12册,4989页。

高权力，从而加剧了皇帝与太上皇之间的矛盾。

乾隆后期，清朝已逐步显露衰败迹象。乾隆帝传位初始，白莲教大起义爆发，各种社会矛盾与积弊充分暴露。在此严峻形势下，既故步自封又甚慕虚荣的乾隆帝顾此失彼，无应对良策，以致危机日甚一日。而和珅恰是在此20余年期间，利用皇帝的宠信，"弄权舞弊"，贪婪枉法，并借镇压五省白莲教起义军费支出激增之机，大肆聚敛钱财，贿赂公行，从而加重官场贪风与吏治腐败，使清统治集团与广大民众的矛盾更为尖锐，加速了清朝的中衰。

3. 索额图、明珠在清朝权臣第三序列

索额图和明珠处于清朝皇权集中与强化历程的探索阶段。他们的权力及其对皇权所产生的反作用，远不及鳌拜，同肃顺、和珅相比也有逊色，但超过皇权集中强化达于极致时期的权臣年羹尧、隆科多。

雍正帝曾这样谈及索额图和明珠："向日明珠、索额图因擅作威福，圣祖仁皇帝解其要职，置之闲散，而二人不能回心禁戢，仍诡密招揽，如在位时。"[1] 实际情况同雍正帝所言有较大出入。

索额图与明珠的权力消长，有一变化过程。康熙十六年（1677）出使清廷的朝鲜使臣返国后，"上引见，问彼中事"。使臣曰："索阁老者，皇后之叔也，专权用事，贿赂公行，人多怨之。"[2] 自是年始，明珠也开始担任大学士。康熙十九年索额图"因贪恶革退大学士"前[3]，在索明二人进行的权力角逐中，索额图的权势在明珠之上。此后，随着明珠在朝中的地位逐步上升，两人"形势相比，相互倾轧"[4]。康熙二十一年，出使清廷的朝鲜使臣听到在京流传的一则民谣："天要平，杀老索，天要安，杀老明。"并以此作为重要情报，报告朝鲜国王。[5]

索额图与明珠都曾被"解其要职"，但并未"置之闲散"，而是很快再

---

1 萧奭：《永宪录》卷3，第190页。
2 吴晗辑：《朝鲜李朝实录中的中国史料》第10册，第4038页。
3 《清圣祖实录》卷212，康熙四十二年五月癸亥。
4 参见吴晗辑：《朝鲜李朝实录中的中国史料》第10册，第4084页。
5 参见吴晗辑：《朝鲜李朝实录中的中国史料》第10册，第4084页。

受倚重,相继担任了新的要职。如索额图被革去大学士后,任内大臣,旋即授议政大臣;康熙二十三年(1684)革职,二十五年任领侍卫内大臣,四十年以老乞休获准。明珠于康熙二十七年被革去大学士后,任内大臣,并一度再次担任大学士。[1]

索额图、明珠二人的权力及其对皇权构成的威胁,各具特点。

索额图是皇太子允礽的叔姥爷,也是太子党的谋主。康熙朝储权的建立,客观上为具有很强权力欲的索额图提供了巨大的权力资源。对此可作两方面的分析。

其一,索额图凭依自己同储权的特殊关系,拥有其他大臣所不及的权势。康熙二十二年(1683)康熙帝指斥索额图称:"朕以其骄纵,时加戒饬,并不悛改,在朝诸大臣,无不惧之者。"[2] 显然,真正令众臣畏惧者并非索额图本人,而是他的靠山,处于一人之下万人之上的皇太子允礽。也正是由于允礽乃既定皇位继承人,因而即使当索额图于康熙四十二年被捕后,"人们仍旧怕他",不仅有兵部皂隶为他通风报信,"还有人想合谋救出索额图"[3]。人们继续巴结已身陷囹圄的索额图,实则是向他背后的支持者皇太子表态,以期日后得到新帝的回报。

其二,康熙帝之所以对索额图几次惩处后都重新予以重用,并允许众人皆惧索额图的局面存在二十载,其重要原因,是康熙帝将索额图视为储君允礽的忠诚护卫者,并以索额图牵制另一权臣明珠,借两位权臣相争之势,抑制、削弱他们的权力。

康熙三十六年(1697)康熙帝结束第三次亲征后,皇帝与储君的矛盾逐渐暴露。四十一年十月,允礽随扈南巡途中,病倒在德州,康熙帝召索额图赴德州照料皇太子。四十二年五月,索额图被拘禁。康熙帝指斥索额图"背后仍怨尤,议论国事,结党妄行。尔背后怨尤之言,不可宣说,尔

---

[1] 参见杨珍:《盛世初叶(1683—1712)的皇权政治——对明珠晚年的个案分析》,载1999年《清史论丛》。
[2] 《清圣祖实录》卷108,康熙二十二年三月庚戌。
[3] 中国第一历史档案馆藏:满文朱批奏折2件,胤祉、胤禛奏,康熙四十二年七月十八日、七月二十一日。

心内甚明……朕若不发，尔必先之"[1]。四十七年一废太子时，康熙帝称："从前索额图助伊潜谋大事，朕悉知其情，将索额图处死。"[2] 这些情况说明，在康熙帝看来，索额图曾参与太子允礽抢班夺权的密谋，尽管这一企图未能实现。

清朝权臣中，唯有索额图深深地卷入皇储矛盾中。他通过依附储权，扩大个人权力，对皇帝与储君矛盾的激化起到推波助澜作用。这一行为直接破坏皇权的传承，其性质自然比其他权臣的揽权干政严重得多。索额图死后十载，康熙帝仍然称他为"本朝第一罪人"[3]，流露出对他的切齿之恨。这也表明，康熙帝认为，清除索额图后相继出现两废太子事件，都与索额图案有内在联系。

与索额图相比，明珠的权力及其对皇权的反作用都表现得更为具体，其性质也完全不同。

康熙二十四年（1685）明珠始任首席大学士，至二十七年被革退，这一阶段是其权力高峰期，历时三载。他的权力主要表现在凭依大学士的职位，把持朝政，对康熙帝部分旨意暗中抵制，并以"展转贩鬻""图取货贿"等方式，干预皇帝对重要官员的任免权、奖惩权，干扰皇权的正常运作。

4. 隆科多、年羹尧在清朝权臣第四序列

隆科多、年羹尧是在清朝皇权集中与强化达到极致时期出现的两位权臣。与处于清朝皇权发展进程不同阶段的另外5位权臣相比，隆科多与年羹尧的权力及其对皇权的反作用相对较小，即使以他们两人而论，也有差异。

隆科多与雍正帝的关系破裂后，被指为"擅作威福""负恩狂悖"[4]。然而综合有关材料看，尽管王公大臣莫不对隆科多巴结奉承，但隆科多在雍正元年至三年（1723—1725）最为受宠时的所作所为，难与"狂悖"两字

---

[1] 《清圣祖实录》卷212，康熙四十二年五月癸亥。
[2] 《清圣祖实录》卷234，康熙四十七年九月丁丑。
[3] 《清圣祖实录》卷253，康熙五十二年二月庚戌。
[4] 《清世宗实录》卷32，雍正三年五月己未；卷62，雍正五年十月丁亥。

画等号。他"任吏部尚书时，所办铨选官员，皆自称为佟选"[1]，多少反映出其居功自傲之态。一次，隆科多在景运门遇到匆匆赶赴内廷的果郡王允礼，"见而起立"，并未像在康熙朝那样，与皇子相见时"跪一足请安"。雍正帝据此指责隆科多"不照前恭敬"，"傲慢若此"[2]。隆科多这样做虽属失礼，但当时他所面对的终究不是雍正帝本人，而允礼亦非当朝皇子。

严格说来，隆科多充其量只是一位准权臣，他的权力在清朝7位权臣中相对最小。雍正五年（1727）十月拟定隆科多总计41条罪款中[3]，并无所谓"僭越之罪"，表明其罪状罗织者也难以找出隆科多"狂悖""擅权"的具体表现。之所以如此，既是由于隆科多身处朝中，与雍正帝近在咫尺，时刻受到高度强化的皇权震慑而心怀悚惧，不敢妄行，同时也与他的性格、处事作风有一定关系。

年羹尧的权势主要表现在两个方面。

其一，恃功而骄，于皇帝前尽显不臣之态。如雍正二年（1724）入京进见时，"至御前，箕坐无人臣礼"[4]，甚至"曾改换朱笔旨意"[5]。一次，年羹尧接到雍正帝谕旨，认为有不妥处，于是先斩后奏，"稍为增减数字，即通行晓谕"[6]。时值年羹尧得宠之际，雍正帝对他的上述举止未做表示，内心却耿耿于怀。四年十二月，距年羹尧被赐死已逾一年，雍正帝仍在有关谕旨中对年羹尧等人大泄其愤。他说："从来史册中，反叛篡逆之人则有之，而未叛之先，即公然与君上抗拒，大逆不道，无人臣礼，如阿其那、塞思黑、年羹尧者，实自古未闻也。"[7]

其二，在地方上掌控人事大权，恣肆逾制。雍正帝继位后，年羹尧身为川陕总督、抚远大将军，总揽西陲之事，文官自督抚以至州县，武官自提镇以至千把总，俱听年羹尧"分别用舍"。他荐举提拔大批亲信，如

---

[1]《清世宗实录》卷62，雍正五年十月丁亥。
[2] 萧奭：《永宪录》卷3，第190页。
[3]《清世宗实录》卷62，雍正五年十月丁亥。
[4] 昭梿：《啸亭杂录》卷9，《年羹尧之骄》。
[5] 萧奭：《永宪录》卷3，第241页。
[6] 季永海、李盘胜、谢志宁翻译点校：《年羹尧满汉奏折译编》，第332页。
[7]《上谕内阁》卷51，雍正四年十二月初三日。

甘肃巡抚胡期恒、四川巡抚王景灏、陕西巡抚范时捷、布政使桑成鼎等人,并对"现任职员陵虐遭调,任用私人,夺缺委署"[1]。曾"亲见"年羹尧"僭越"行为的原兵部职方司主事钱元昌奏劾:"年羹尧之于属员,或有所与,每于辕门外或大堂下,向北叩头谢恩。皇上进馔称用膳,而羹尧亦称用膳;皇上设宴称排宴,而羹尧亦称排宴;御驾出入垫道,而年羹尧出入亦必垫道;皇上朝期,每月不过三次坐班,而年羹尧逢五逢十,必令文武官员穿公服到辕门坐班。"[2]

年羹尧在雍正帝前的不臣之态以及在西北地区的种种特权与逾制表现,为其所扮演的权臣角色注入丰富内容,也为他的获罪增加了注脚。

另需指出,上述7位清朝权臣,都不同程度地存在贪赃受贿问题,其中和珅、索额图和明珠比较突出,三人内又以和珅为最。自然,权臣的特殊地位为其巧取豪夺提供了便利条件,而这种行为又与其权力的大小及其对皇权的腐蚀、瓦解作用成正比。

三、权臣与满汉官僚集团

清朝官僚阶层主要由满汉官僚集团共同构成,满汉官员分别处于主导与从属地位。清朝权臣与官僚集团的关系,应指他们在满汉官僚集团中的影响力及其与满汉官僚集团成员之间的关系。这虽然是由多方面的因素而决定,如权臣的权力、地位,权臣所在时期满汉关系状况、满汉文化融合程度,权臣本人对待汉文化的态度,权臣的性格作风与结交能力,等等;但是,无一例外,均与权臣所处时期的皇权状况有密切联系。

绝大多数权臣的周围,都会形成一个以其为核心的利益集团。如果以这一利益集团的成员构成、人数之多寡以及权臣本人在满汉官僚集团中的影响力为衡量标准,可以将清朝权臣划分为三组。

1. 第一组:鳌拜

7位清朝权臣中,无论是党羽人数,还是权臣本人在当朝官僚集团中

---

[1]《清世宗实录》卷39,雍正三月十二月甲戌。
[2] 萧奭:《永宪录》卷3,第202—203页。

的影响力，鳌拜都居首位。

四辅臣辅政时期，剃发、圈地、逃人法等清初弊政所造成的严重社会后果远未消除，满汉民族矛盾仍较尖锐。四辅臣采取遵循祖制、"首崇满洲"方针，对汉文化持怀疑、抵制态度，他们所采取的一系列有关政策，进一步挫伤汉族官员的积极性。在这一总的社会、政治形势下，鳌拜不可能以汉族官僚集团成员作为他的依靠力量，他的亲信党羽，是包括其部分家族成员在内的满洲上层官员。

鳌拜集团势力很大，并逐步控制了从内廷到外朝的各要害部门，所谓"文武各官，尽出门下"[1]，并非危言耸听。

清廷侍卫处负责保卫皇帝人身安全，鳌拜之子那摩佛、胞弟巴哈、亲信达肃等分别担任领侍卫内大臣或内大臣。其亲信马尔赛及光泰、噶达浑等三族成员，本是太宗、世祖时已不用为侍卫之人，鳌拜却将三家族之人"擅行起用"。一等侍卫阿南达趋炎附势，竟在康熙帝前称鳌拜为"神人"。鳌拜之侄塞本得在"内廷行走"，鳌拜更改制度，塞本得"多为赞助"。侍卫处在很大程度上为鳌拜所控制，这意味着康熙帝的人身安全受到潜在威胁。

握有实权的八旗都统职位，是鳌拜安插心腹的另一重点所在。清廷中枢机构内三院中，内三院学士席哈纳、布达礼、吴格塞、穆舒、卓灵阿等，均为鳌拜亲信。六部中的吏部、户部、兵部和工部尚书，也多为鳌拜党羽。[2]

康熙帝曾对大学士说："督、抚乃封疆大臣，通省民命所关，世祖皇帝时所用者尚属循良，逮至辅臣时，自用张长庚、白如梅、张自德、贾汉复、屈尽美、韩世琦等匪人以来，扰害地方，以致百姓困苦至极。"[3] 按，张长庚等是汉军旗人，均在顺治帝去世后始任地方大吏，又大都于鳌拜集团被清除前后，遭到降革或解任（韩世琦、张自德、屈尽美3人后又分别

---

1 《清圣祖实录》卷29，康熙八年五月庚申。
2 参见杨珍：《索额图研究》，载1996年《清史论丛》，沈阳：辽宁古籍出版社，1996年。
3 《康熙起居注》第2册，第1131页。

被起用）。[1]这批隶属汉军旗的督抚在鳌拜等辅政期间受到信任，说明其中部分人与鳌拜的关系较好，这对扩大鳌拜在汉族官僚集团中的影响会有一定作用。

2. 第二组：索额图、明珠、年羹尧

索额图、明珠和年羹尧3人在清朝官僚集团中的影响力，均小于鳌拜，但又超出另外3位权臣隆科多、和珅与肃顺。分别以索额图、明珠、年羹尧为核心的利益集团，具有不同特点。

索额图与明珠都属于清朝入关后成长起来的满洲贵族，与相对保守、偏爱满俗的父祖辈不同，他们都主动学习汉文化，受到汉文化较深熏陶。这些情况对于索额图、明珠与满汉官僚集团的关系不无影响。

索额图集团即太子党的基本构成力量，主要为满洲官僚集团成员，且以索额图部分家族成员以及中下层八旗官员为骨干。关于这一问题，应注意以下三点。

其一，康熙时期确立崇儒重道的基本国策，但是，直至清亡，清朝"首崇满洲"的方针始终未变，官僚集团中满汉官员的主从地位从未倒置。另一方面，清中期以前，满汉畛域较为分明，满汉官僚集团之间沟壑尚存。索额图本人虽然"性喜交结文士"，与不少汉族重臣（如李光地等）关系较好，可是其亲信中基本无汉族官员。

其二，满汉官僚集团中有不少人对当朝权臣"畏威附合"，这一情况折射出权臣的影响力，但严格地讲，他们并非那一利益集团成员。一般说来，汉族官员出于自保而对权臣趋炎附势者，相对更多些。康熙帝曾指出："索额图之党，汉官亦多。"[2]因索额图乃太子党谋主，是未来皇帝的首要心腹，诸多汉官对他采取迎合之态，也是情理使然。

其三，与鳌拜集团，明珠集团不同，索额图的党羽中，少有担任中枢机构要职者。这使索额图集团的实力受到一定削弱。

索额图集团的有关情况表明，随着清朝皇权集中、强化程度的逐步提

1　参见《满洲名臣列传》卷20、卷34、卷32、卷19以及《碑传集》卷62中上述人员传记。《清史稿》卷197，《表》37，《疆臣年表》1；卷202，《表》41，《疆臣年表》5。

2　《清圣祖实录》卷212，康熙四十二年五月壬戌。

高，即使是以皇储为后盾的太子党，也受到皇权的有效制约，坐大的可能性几致于零。

与鳌拜、索额图相比，明珠与满汉官僚集团的关系较为复杂。

明珠党的成员主要集中在清朝中央部门，特别是中枢机构内阁和六部，如大学士余国柱、吏部尚书科尔坤、户部尚书佛伦、工部尚书熊一潇等，都是明珠的亲信。康熙二十七年（1688）二月与上述人员同时被革免者，还有刑部右侍郎塞楞额、薛柱斗，他们二人很可能也同明珠集团关系密切。与明珠一起罢革大学士的勒德洪、休致回籍的大学士李之芳，并非明珠集团成员，却唯明珠马首是瞻。此外，明珠的族侄工部左侍郎傅拉塔、刑部侍郎席珠等虽然在康熙帝处理明珠问题时并未受到牵连，然而御史郭琇的疏劾中将两人均指为明珠"党羽"，不应是空穴来风。[1] 明珠俨然是清廷中枢机构中的核心人物，并建立起较为广泛的关系网，这是他能够把持票拟，指挥部院衙门，暗中抵制康熙帝旨意的一个重要原因。他的党羽多数为满洲官员，也有不少汉官（如余国柱、熊一潇以及后来与明珠反目的高士奇、徐乾学等）。从整体上看，明珠在满汉官僚集团中的影响力，要超过索额图，这同明珠具有较高汉文化素养以及"务谦和，轻财好施""见人辄用柔颜甘语"的作风与性格，均有内在联系，也反映出他善于"招徕新进"的才干和权术。[2]

相形之下，索额图虽然是太子党谋主，后台强硬，但"生而贵盛，性倨肆，有不附己者显斥之"。所以，从结交官员的广度与深度、拉拢党羽亲信的效果看，索额图均比明珠大有逊色。

明珠与汉族官僚集团部分成员的关系，富有戏剧性。

江南士宦的代表人物，先后入值南书房的高士奇、徐乾学、王鸿绪等都曾是明珠的依附者，得到明珠的提携举荐。可是，当他们逐渐受到康熙帝的重用，权势日增后，便同明珠产生矛盾，企图摆脱其羁绊。康熙帝利

---

[1] 傅拉塔于康熙二十七年（1688）四月升任两江总督。参见《清史稿》卷180，《表20》，《部院大臣年表上》2；卷197，《表》37，《疆臣年表》1。
[2] 《清史稿》卷269，《列传》56，《明珠》；《清史列传》卷8，《大臣画一档正编》5，《明珠》。

用高士奇等人牵制明珠，使其在罢黜明珠的过程中发挥了重要作用。[1] 郭琇对明珠的疏劾震动朝野，成为明珠被迫终止权臣角色的直接起因。

另一不容忽略的情况是，即使当明珠、索额图权势最炽之际，满汉官僚集团中仍有一部分人公开表现出不愿曲意逢迎的态度。

明珠"执政"时，翰林院侍讲徐元梦（满洲正白旗人，曾任皇子师）"方以庶常屡被召见，讲论经义，因不附索额图，散馆改部。明氏每与索以权势相倾，用此尤欲致公。公为童子试京兆，与明氏子成德名相次，以同榜选庶吉士，屡招皆不就"。尽管徐元梦得到明珠的荐举，"选讲官"时"名先于学士"，终不一至其门。[2]

为巴结"掌朝柄"的明珠，"前抚军某，岁以万金馈之，以为常"。但时任江宁巡抚的汤斌，"终年不投一刺，明衔之"。明珠伺机报复，荐汤斌去做品行顽劣的皇太子允礽的师傅。在允礽刻意刁难下，汤斌很快被革职，旋即去世，"人以为明遣人阴鸩之也"[3]。

康熙朝刑部尚书王士禛在诗坛负有盛名，"自重其诗，不轻为人下笔。内大臣明珠之称寿也，昆山徐司寇先期以金笺一幅请于先生，欲得一诗以侑觞。先生念曲笔以媚权贵，君子不为，遂力辞之"[4]。此事发生在明珠同徐乾学等反目前，王士禛时为詹事府少詹事。据《啸亭杂录》载，康熙四十三年（1701）王士禛"因与理密亲王酬倡，为上所怒，故以他故罢官，没无恤典"[5]。这位诗坛领袖拒为明珠赋诗，固然表明他的耿介清高，或许还因虑及索额图、明珠两大利益集团之间的矛盾，因而谨慎行事。由此也看出，明珠在满汉官僚集团中的实际影响力终究不大。

康熙帝与高士奇谈及明珠问题时，有一段对话。"上曰：'何无人参？'曰：'谁不怕死？'上曰：'有我。若等势重于四辅臣乎？我欲去则竟去之，有何怕。'曰：'皇上作主，有何不可者。'"[6] 郭琇疏劾后，康熙帝立即将明

---

1 参见李光地：《榕村语录 榕村续语录》下册，第739页。
2 陈康祺：《郎潜纪闻三笔》卷8，《徐文穆不附明珠》。
3 昭梿：《啸亭杂录》卷4，《汤文正》。
4 王应奎：《柳南随笔》卷2。
5 昭梿：《啸亭杂录》卷9，《王文简公补谥》。
6 李光地：《榕村语录 榕村续语录》下册，第739页。

珠及其主要亲信罢职降革，明珠集团顷刻瓦解。

权臣年羹尧与满汉官僚集团的关系，有以下特点。

第一，以皇帝的意志为转移。

年羹尧深受雍正帝宠信之际，其属下以及部分封疆大吏、王公大臣不仅默认年羹尧有违封建等级规范的种种行为，且不惜在他面前降低身份，甚至自甘受辱。这种现象在清朝其他权臣（如鳌拜）与满汉官僚集团的关系中也有反映，但以年羹尧最为突出。

例如，平日随侍皇帝左右的侍卫，大都由满洲勋贵大臣及其子弟担任。雍正帝从中拣选部分人员，遣往年羹尧军前效力。年羹尧将这些人用为"厮役"，任意驱使，使其前引后随，"竟似奴仆听命而行"[1]。又如年羹尧出门时，"黄土填道，官员穿补服，净街"；"官员馈送俱云恭进"；"凡与属员物件，令北向叩头谢恩"；"巡抚李维钧、巡抚范时捷跪道迎接"；"进京陛见，沿途垫道叠桥，铺面俱令关闭"[2]；"入京日，公卿跪接于广安门外，年策马过，毫不动容。王公有下马问候者，年颔之而已"[3]。凡此种种，表明满汉官僚集团部分成员将年羹尧视为通天人物，予以特殊尊崇。

事实上，正是由于雍正帝本人与年羹尧的关系中，出现一定程度的角色错位，才导致年羹尧与满汉官僚集团成员的关系呈现上述状况。如雍正帝在给年羹尧的朱批中，将年羹尧及其所属兵将称为"朕之恩人"；认为"朕不为出色的皇帝，不能酬赏尔之待朕；尔不为超群之大臣，不能答应朕这知遇。惟将互相（按，原文缺一字）勉在念，做千古榜样人物也"[4]。这些混淆君臣界线的话语及其相应举措，促使年羹尧忘乎所以，同时也极大地影响到满汉官僚集团成员对于年羹尧的态度，为他们之间的关系定下基调。

年羹尧长期远在西北，他同满汉官僚集团的关系中所反映的情况，不易为皇帝及时了解。这一客观条件也助长了年羹尧的"骄纵"，但只是一

---

1 《清世宗实录》卷32，雍正三年五月丙辰、己未。
2 《清世宗实录》卷39，雍正三年十二月甲戌。
3 昭梿：《啸亭杂录》卷9，《年羹尧之骄》。
4 季永海、李盘胜、谢志宁翻译点校：《年羹尧满汉奏折译编》，第268页。

个相对次要原因。

从表面观之，年羹尧在满汉官僚集团中颇有威信，地方上有众多追随者，其实他的根基极为脆弱。人们对他备加敬畏，说到底还是为了通过他而取悦于皇帝。自雍正三年（1725）始，在雍正帝一手"导演"下，诸多大臣为了同年羹尧脱离干系，对他争相参奏，揭发他的所谓僭越行为，年羹尧迅即陷入被动、孤立境地。

雍正三年（1725）四月，年羹尧降调杭州将军。其后屡遭贬革，是年十二月被解至京师，勒令自裁。雍正帝先是发动众臣对年羹尧大张挞伐，后又将失势的年羹尧玩弄于股掌之间，最终方置之以死地，这同康熙帝首先采取秘密手段诱捕鳌拜，之后方处置其诸多党羽的做法，大相径庭。清朝皇权不同发展阶段中皇权的具体状况，决定了康雍父子解决权臣问题的不同方式，同时也表明鳌拜与年羹尧在满汉官僚集团中的影响力有较大差异。

年羹尧受宠时，一些满洲王公、文武官员对年羹尧恭敬有加，却并非其党羽。雍正帝于此也很清楚。他说：隆科多、年羹尧门下"向来趋附奔走者不少，此亦中人之常情，希冀荐拔，畏其加害之所致"[1]。所谓"年党"，的确存在，成员主要是西北地区的中下级官员。

第二，"年党"中的两少与三多。

年羹尧担任抚远大将军、川陕总督期间（雍正元年十月实授抚远大将军印，三年四月改授杭州将军），在西北地区很有实权。他积极发展个人势力，身边逐渐聚拢一批由他提拔、举荐之人。这一利益集团的成员构成颇有特色。

首先，年羹尧的党羽中少有王公亲贵。被雍正帝认为与年羹尧"交结专擅"[2]的隆科多，是同年羹尧有瓜葛的满洲官员中地位最高者，然而极力促进这两位"功臣"之间的关系，硬将两人拉在一起的，正是雍正帝本

---

[1] 《清世宗实录》卷32，雍正三年五月己未。
[2] 《清史列传》卷13，《大臣画一传档正编》10，《隆科多》。

人。¹ 不过，隆科多与年羹尧的"交结"尚未牢固，两人便很快失宠，先后被治以重罪。

其次，清朝中央各职能部门内，少有年羹尧的亲信。² 这一情况也表明，他在朝中的影响力并不大。

年羹尧党羽以及与年羹尧关系密切之人，以三类人员居多。

一是地方官员多。其中有部分省级大员，主要集中在西北、西南省份，如甘肃巡抚胡期恒、四川巡抚王景灏、陕西按察使黄焜、甘肃按察使张适、四川按察使刘世奇等。除上述地区外，其他省份的最高地方官中，也有个别人与年羹尧交往密切，如被雍正帝斥之为每隔五日，必定遣使至西安总督年羹尧署前，并违反常例跪接年羹尧的直隶总督李维钧。³

二是地方中下层官员多，且主要分布在陕西、甘肃、四川、宁夏等省，包括道、府、州、县等各级基层政权机构的部分官员，如知州、知府、县令等。此外，还有一些武职官员，如总兵官、游击等。⁴

三是汉族官员多。年羹尧在地方上的党羽以及与之关系密切的人员中，除去个别八旗官员（如镶白旗汉军陕西巡抚范时捷），绝大多数是汉人，其中包括年羹尧的亲信胡期恒（湖广武陵人）、李维钧（浙江嘉兴人）等。

年羹尧采取"异己者摒斥，趋附者荐拔"的用人方针，以提拔委任为手段，将众多基层官员罗至麾下，在西北诸省建立起一张庞大的关系网。不过，真正属于其心腹者，仅有甘肃巡抚胡期恒、河东运使金启勋、曾为年羹尧家仆的直隶守道桑成鼎、副将魏之耀等少数人。⁵

年羹尧与汉族官僚集团中部分中下层成员的关系较为密切，这一点在

---

1 雍正二年（1724）五六月间，雍正帝特将年羹尧子年熙过继隆科多为子，隆科多为此谢恩曰："我二人若少作两个人看，就是负皇上矣。"雍正初年雍正帝在朝中较为孤立情形下，允祥、隆科多、年羹尧是他最为倚信者，可谓四人一体，这种想法在他给年羹尧的朱批以及赏赐中皆有反映。参见《年羹尧满汉奏折译编》，第296、279页。
2 雍正二年（1724）七月，鸿胪寺少卿葛继孔"以夤缘年羹尧削籍"。年羹尧的罪状中有"收受鸿胪寺少卿葛继孔馈送古玩"一款。参见萧奭：《永宪录》卷3，第251页；《文献丛编》第4辑，《戴铎口供》一，第11页，故宫博物院文献馆，1930年。
3 《清世宗实录》卷32，雍正三年五月戊戌。
4 《清世宗实录》卷34，雍正三年七月丁未，萧奭：《永宪录》卷3，第254页。
5 《清世宗实录》卷32，雍正三年五月己酉；卷33，雍正三年六月癸巳。

清朝7位权臣中，仅此一例。年羹尧本人是汉军，又长期在西北担任封疆大吏，这为他广泛接触地方中下层汉族官员、士绅，从中培植亲信，发展个人势力，提供了便利条件。

年羹尧的满语文水平很低，由于"不能清字"[1]，所上满文奏折全部是由笔帖式代笔。在这方面可与一比的是隆科多。隆科多的满语文水平较年羹尧稍强，但对书写满文奏折也感到力不从心。[2]年羹尧、隆科多的这种情况在康熙时期汉军大臣内有一定代表性。

3. 第三组：隆科多、和珅、肃顺

与鳌拜、索额图、明珠、年羹尧等人比较，隆科多、和珅和肃顺在满汉官僚集团中的综合影响力相对较低。

准权臣隆科多，是清朝7位权臣中唯一一位少有亲信党羽之人，其原因主要有以下方面。

康熙朝中后期，隆科多与反对太子允礽的皇长子允禔、皇八子允禩等人关系较好，但在康熙帝一废太子后，隆科多逐渐转向中立。他由此获得康熙帝的信任，也与允禩等人产生芥蒂。允禩允禟集团在朝中很有势力，颇得人心，隆科多与允禩等人关系的变化，会在一定程度上影响到他在满汉官僚集团，特别是满洲贵族中的口碑。雍正帝即大位第四日，命隆科多承袭一等公爵；谕内阁："隆科多应称呼'舅舅'。嗣后启奏处，书写'舅舅隆科多'。"[3]隆科多所得荣宠，一时无人企及，这使稍后受到打击迫害的众多宗室王公对他怀有嫉恨。

雍正初年雍正帝离京谒陵期间，留守京城的隆科多曾奏称"诸王心变"，认为"举国之人，俱不可信"[4]。这表明隆科多作为雍正帝的极少数亲信之一，已不自觉地将自己置于与众朝臣相对立的位置。

雍正三年（1725）起，隆科多开始失宠，而在此之前的两年中，允禩

---

1 萧奭：《永宪录》卷3，第241页。
2 中国第一历史档案馆藏：满文朱批奏折，隆科多奏，无年月。
3 《清世宗实录》卷1，康熙六十一年十一月甲辰、丙午。隆科多是雍正帝嫡母孝懿仁皇后弟。
4 《清世宗实录》卷62，雍正五年十月丁亥。

允禵集团在朝中仍有诸多支持同情者，这种形势也不利于隆科多发展个人势力。

与年羹尧不同，隆科多始终是在雍正帝身边扮演着权臣的角色，一举一动、一言一行几乎皆在雍正帝的视线之下。即使在他最受宠信之际，也受到雍正帝的严密监控。一次，雍正帝批阅隆科多的密折后，在另一纸上写道："诚王（指允祉）牧场的喀尔坎为何差往你处，都说了些什么？你如何回答后将伊遣返？祭祀礼毕，你俩远离他人，在厢房前站着，又说了些什么？仔细想想，写下封好奏来。这件事上朕能知道你是否变心，是否已将此事泄露给诚王。三思后缮写具奏。"[1] 雍正帝对于隆科多与王公所属人员的接触，尚且如此警觉，严行追查，时时受到威胁的隆科多，何敢结集党羽而自断生路！

隆科多在满汉官僚集团中的威信相对不高，影响力也最小，乃由上述综合因素所决定。他并未像其他权臣那样，在朝中或地方上形成个人利益集团，非不为也，势不能也。

雍正五年（1727）十月，王公大臣遵旨审定的隆科多罪状中，有"奸党之罪"6款，多为泛泛之论。[2] 三年七月都察院参奏"吏部尚书隆科多议处年羹曲护徇庇"[3]，乃为强加之辞，是都察院官员在皇权的震慑下，不得不与皇帝"同好恶"的表现。

权臣和珅同满汉官僚集团的关系前已述及，这里仅作补充。

除去与内阁、军机处重要成员阿桂（满洲正蓝旗人，后改隶正白旗下）、王杰（陕西韩城人）、董诰（浙江富阳人）等不睦外，[4] 和珅同大学士刘墉（山东诸城人）亦不相和。乾隆四十七年（1782）御史钱沣疏劾和珅的亲信、山东巡抚国泰，据说当时任左都御史的刘墉"密与沣商榷"，给

---

[1] 中国第一历史档案馆藏：满文朱谕（夹片），无日期。
[2] 《清世宗实录》卷62，雍正五年十月丁亥；另参见《清史列传》卷13，《大臣画一传档正编》10，《隆科多》。
[3] 《清世宗实录》卷34，雍正三年七月丁未。
[4] 关于阿桂等人担任大学士、军机大臣的具体时期，参见《清史稿》175，《表15》，《大学士年表》2；卷176，《表》16，《军机大臣年表》1。

钱沣以重要支持。[1] 另一位颇得乾隆帝信任的大臣福康安（满洲镶黄旗人），也与和珅"势不两立"，乾隆帝"欲两解之，每出康安于外"[2]。可见，和珅在清朝最高统治层核心群体中较为孤立，而阿桂、王杰等人的态度和做法，对于其他满汉官员也会产生一定影响。

与和珅关系密切的满洲官员，主要有和珅之弟四川总督和琳（乾隆六十年卒）、军机大臣福长安、大学士苏凌阿、山东巡抚国泰（乾隆四十二年任，四十七年革）、伊江阿（嘉庆元年任，四年正月革）等；汉族官员主要有曾在和珅家教书，相继"保列卿贰，兼任学政"的侍郎吴省兰、侍郎李潢、太仆寺卿李光云等。[3] 相形之下，和珅的党羽中并无真正得力之辈，总体人数也较有限。

嘉庆四年（1799）初，嘉庆帝将和珅治罪后，指责大臣们未能及早对和珅予以参奏。他说，数年来，"竟无一人奏及者，内外诸臣，自以皇考圣寿日高，不敢烦劳圣心，实则畏惧和珅，钳口结舌"[4]。事实上，乾隆朝中后期，汉族御史曹锡宝、钱沣、尹壮图等都曾间接地奏劾、揭发和珅的劣迹。由于乾隆帝的庇护，这些奏劾未能触动和珅，但终究表明，和珅的营私舞弊等行为，早已引起满汉官僚集团成员的反感。[5] 乾隆帝当太上皇后，仍亲理国政，愈益依靠和珅。众大臣中再未有人奏劾和珅，但反对暗流依然存在。

嘉庆帝曾问询旧值军机的直隶布政使吴熊光："人言和珅有异志，有诸？"吴熊光回答："凡怀不轨者，必收人心，和珅则满汉无归附者，即使中怀不轨，谁肯从之？"[6] 此语确然。深受乾隆帝宠信达20余年的和珅，竟始终没有在朝中建立起宗派体系，主要原因有三个方面。

首先，康熙中期后，清朝皇权高度集中与强化，至乾嘉之际已历百余

---

1 《清史稿》卷322，《列传》109，《尹壮图》。
2 吴晗辑：《朝鲜李朝实录中的中国史料》第11册，4881页。
3 参见《清仁宗实录》卷37，嘉庆三年正月庚午、壬申、甲戌；昭梿：《啸亭杂录》卷1，《今上待和珅》以及《清史列传》《清史稿》中有关传记。
4 《清仁宗实录》卷37，嘉庆三年正月庚午。
5 参见《清史稿》卷322，《列传》109，《曹锡宝》《钱沣》《尹壮图》。
6 《清史稿》卷319，《列传》106，《和珅》。

年。尽管皇权的集中强化至乾隆中期达于极致后,逐渐下滑,清朝已显衰落端倪,但皇权威力犹存,康、雍、乾诸帝精心制定的一系列限制臣工往来、防范其固结朋党的措施,依然在发挥作用。这种政治氛围,不允许大臣广结人心、网罗党羽,与皇权相抗衡,和珅纵然有此企图,但无从实现。这与鳌拜党羽遍布朝中的情况大不相同,表明在皇权不同发展阶段,权臣所受皇权的制约也有显著差异。

其次,乾隆帝宠信和珅的同时,对于与和珅有隙的阿桂、王杰、董诰等人也始终予以信任,用为股肱之臣。对阿桂尤加倚重,一直将他名列和珅之上,以其担任首席大学士、首席军机大臣。嘉庆二年(1797)阿桂去世后,原本"随同列衔"的和珅拟于"军机寄谕独署己衔",被乾隆帝断然阻止。[1]乾隆帝的有关举措不仅能够使阿桂等人有效地牵制和珅,削弱其力量,且使和珅不敢对皇帝深信不疑的阿桂等人进行打击陷害,同时也为和珅在满汉官僚集团中聚集个人势力制造了很大障碍。

再次,和珅"虽位极人臣,殊乏大臣体度,好言市井谑语,以为嬉笑"。例如,他曾将诸王大臣于乾清宫演礼的情景比喻为"孙武子教演女儿兵"[2];一次议政毕,竟执王杰手戏曰:"何柔荑乃尔!"此等言行举止,以今人眼光看乃不乏幽默感,无可厚非,却与封建伦理纲常所要求的大臣行为规范相违背,也为老成持重、不苟言笑的官僚士大夫所不齿。和珅的某些待人处世风格,同当时官僚集团大多数成员的作风特点有所不同,甚至格格不入,这也在一定程度上影响到众臣对他的看法。

述及清朝最后一位权臣肃顺与满汉官僚集团的关系,不应忽视以下诸方面。

在肃顺整顿吏治过程中,诸多官员的利益受到损害,"科场、钞票两案,无辜受害者尤多"。[3]由于货币贬值,京城生活费用甚高,"许多持有贬值大钱的人在街上遇到肃顺时,即将钱迎面掷向肃顺",以泄其愤。[4]肃

---

1 《清史稿》卷319,《列传》106,《和珅》;《清朝野史大观》卷1,《谕旨前军机署名之例》。
2 昭梿:《啸亭杂录》卷9,《和相善谑》;卷4,《王文端》。
3 薛福成:《庸盦笔记》卷1,《咸丰季年三奸伏诛》。
4 [美]A·W.恒慕义主编:《清代名人传略》下册,第247页。

顺获罪后，"都人士闻将杀肃顺，交口称快"。他被押赴菜市口刑场途中，"过骡马市大街，儿童欢呼曰：'肃顺亦有今日乎！'或拾瓦砾泥土掷之。顷之，面目遂模糊不可辨云"[1]。肃顺在统治阶层内大失人心，统治集团成员的看法对公众舆论产生了较大影响。此其一。

在签订中英、中法《北京条约》，英法联军撤离京津地区后，奕䜣等人开始总结此次战争的经验教训，提出若干新的对外方针，主张开展自强运动，以挽救、振兴清朝。而咸丰帝、肃顺等人在对外政策方面的认识，仍停滞在战前状态。这时，留京的满汉官员已逐步聚集在奕䜣周围，肃顺也就愈显孤立。此其二。

清朝权臣中，肃顺与鳌拜的为人处世作风有一定相像处。两人都很强势，跋扈专横，而肃顺的"暴戾"与"鸷悍"，更甚于鳌拜。如《庸盦笔记》载，"诸大臣亦往往受其侵侮，无不饮恨于心，而唯诺唯谨"[2]。肃顺之所以招致众怨，"廷臣衔之刺骨"[3]，亦为其作风使然。此其三。

肃顺可谓咸丰帝去世前最受倚信之人，然而皇帝的特殊信赖却丝毫未能缓和他与满汉官僚集团中大多数人的紧张关系，双方矛盾反致愈益尖锐。出现这种情况，与皇权衰微有一定联系。皇帝本人在满汉官员心目中的地位实已下降，众人对于皇帝所独宠的权臣，也就更不放在眼中。此其四。

肃顺在朝中也有一个小集团，即所谓"肃党"，主要包括少数宗室成员如载垣、端华、额驸景寿，大部分军机大臣以及吏部尚书陈孚恩、侍郎刘崐、黄宗汉等人。[4]咸丰十年（1860），彭蕴章因精力渐衰罢职后，军机处共有穆荫、匡源、文祥、杜翰4位军机大臣，焦祐瀛于军机大臣上学习行走。其中除文祥外，余者均对肃顺等唯命是从。[5]

从总体看，在清朝皇权高度集中与强化的进程中，清朝权臣与满汉官

---

1 薛福成：《庸盦笔记》卷1，《咸丰季年三奸伏诛》。
2 薛福成：《庸盦笔记》卷1，《咸丰季年三奸伏诛》。
3 黄濬：《花随人圣盦摭忆》，《补篇》第5页。
4 《清史稿》卷387，《列传》174，《宗室肃顺》。
5 参见薛福成：《庸盦笔记》卷1，《咸丰季年三奸伏诛》。

僚集团的关系受到皇权的有效制约，他们不可能建立一个真正有实力的宗派集团，同皇权相抗衡。

四、权臣的特点

1. 相对集中地出现在清朝前期

上述 7 位权臣，分别出现在康、雍、乾、咸各朝，其中康熙朝 3 人（鳌拜、明珠、索额图），雍正朝 2 人（年羹尧、隆科多），乾隆朝 1 人（和珅），咸丰朝 1 人（肃顺）。清朝入关前以及入关后顺、嘉、道、同、光、宣诸朝，皆无权臣。

自崇德元年（1636）清朝皇权建立，至顺治元年（1644）清朝入关，历时 8 年。在此期间，业已消亡的八王共治国政制，仍对清朝最高统治层的权力分配产生一定影响。虽然皇太极一步步集中权力，加强对诸王贝勒的控制，但八旗在经济上还保持相对独立性，凡有所得由八旗均分，八旗旗主在国家军政事务上拥有发言权。清帝与八旗旗主之间的家族血缘纽带依然紧密，双方尚未建立严格的君臣关系。这种形势下，无从出现独受宠信，权势超出其他大臣的权臣。

清朝入关初始，多尔衮摄政 7 年（1644—1650）。从其身份、权力、地位及其在清朝建立中所起的作用等综合情况看，此时多尔衮在政治舞台上所扮演的角色，并非一位权臣，而是清廷最高决策者，若将多尔衮置之于清帝之列，名实相符。

顺治帝亲政十年（顺治八年至十八年，1651—1661）中，受到孝庄太后以及两黄旗大臣的牵制。这一时期是清朝权臣出现前的酝酿阶段。其后，孝庄所信赖的镶黄旗满洲老臣鳌拜，成为清朝第一位权臣，也就并非偶然了。

康、雍、乾三朝是清朝皇权高度集中强化时期，三帝勤于政事，独操权柄。可是，正是在清朝皇权的集中与强化逐步达于极致的进程中，比较集中地出现了数位权臣。这是由于康、雍、乾三帝采取集中、强化皇权的诸多举措时，需要有得力重臣予以辅助。这些为皇权的集中和强化做出贡献的重臣中，个别人逐渐走向反面，蜕变为权臣。

嘉道两朝总计 55 年（1796—1850），两帝均为守成之君。严格地说，这一时期并无权臣。嘉庆帝亲政后果断清除和珅，显示出皇权的强固，也对众臣具有警示作用；深受道光皇帝宠信的穆彰阿，无论其权势还是对皇权的正反两方面作用，都无法与本节所述 7 位权臣相埒。

同、光、宣三朝总计 50 年（1862—1911），这一时期中国主权大量丧失，内忧外患严重。但是，慈禧仍牢牢掌握清朝中央最高权力，严密控制朝臣，专权将近半个世纪。清朝灭亡前最后数十年中，皇权愈益衰微，却并未出现权臣，是由诸多因素使然，而慈禧的用人策略、权术以及清朝皇权集中强化的传统对于官僚集团的深刻影响，均在其中起有重要的作用。[1]

清朝权臣获宠的时期，以隆科多、年羹尧最短，只有两三年；鳌拜、肃顺均为五六年；明珠约十余年；和珅约二十年；索额图最长，约三十年。

这些权臣中，只有和珅、肃顺两人分别在嘉庆帝亲政后、同治帝继位后被清除，另外 5 位皆被当朝皇帝所惩治。这些情况均与清朝皇权高度集中强化的特点有一定内在联系。

2. 鲜明的满洲特色

7 位权臣全部是满洲（包括汉军旗）人，[2] 而汉族大臣中尽管不乏官至大学士、军机大臣或地方督抚等职位者，却无一人成为权臣。由此也显示出自清朝皇权建立及至衰亡，满汉官僚集团在清朝官僚政体中分别占有的主从位置，始终不曾改变。

7 位权臣中，两黄旗有 5 人（鳌拜、索额图、明珠、隆科多、年羹尧），而且全部是康雍时期的权臣；其余两人（和珅、肃顺）来自下五旗。[3] 上三旗之一正白旗内，不曾出现权臣。正白旗是在多尔衮死后，成为皇帝自将之旗。虽然同为三上旗，但是，除去顺治帝亲政时期较为特殊外，两黄旗大臣与皇帝的关系始终更为亲密，也更受皇帝信赖。

---

1 参见杨珍：《清朝皇位继承制度》第六章第一节内 "慈禧长期专权的原因"。
2 汉军旗人可视为满洲共同体的成员之一。参见王锺翰：《关于满族形成中的几个问题》，载王锺翰：《清史新考》，沈阳：辽宁大学出版社，1990 年；《清代八旗中的满汉民族成分问题》，载《王锺翰学术论著自选集》。
3 和珅为满洲正红旗人，乾隆时期被抬入满洲正黄旗。参见冯佐哲：《和珅评传》，第 45、353 页，北京：中国青年出版社，1998 年。

7位权臣内,有6人分别担任过侍卫(明珠)、一等侍卫(隆科多)、御前侍卫(和珅)、领侍卫内大臣(鳌拜、索额图、肃顺)等职。充任侍卫,是得以接近皇帝,受到皇帝赏识的有效途径之一。此外,明珠、和珅、肃顺等人,都曾分别做过内务府总管。7人中,唯有年羹尧相对特殊,他长期担任封疆大吏,以军功跻身清朝权臣之列。其余6人,皆可称做皇帝近臣,是在皇帝身边逐步发迹高升。

清朝权臣带有皇帝家臣的色彩,还表现在以下方面。

7位权臣与当朝皇帝均有直接或间接的戚属关系。如鳌拜侄讷尔杜,是康熙帝姐和硕恭悫长公主之夫;索额图是康熙帝第一位皇后赫舍里氏的叔父;明珠与康熙帝长子允禔的母家有亲戚关系;隆科多既是雍正帝的舅舅,也是他的表叔;年羹尧是雍正帝最宠爱的妃子"敦肃皇贵妃"年氏之兄;和珅是乾隆帝最小的女儿固伦和孝公主的公公。肃顺则是远支宗室(郑亲王济尔哈朗后人),自不必论。这一现象在汉族王朝中较为少见。后金汗(清帝)与八旗贵族之间的血缘关系纽带,在清朝入关后清帝与满洲大臣的关系中,仍留有显著痕迹。

清帝作为八旗共主,与八旗旗员之间是主奴关系。鳌拜等权臣虽然很有权势,仍是皇帝的奴仆。这一点在乾隆帝的儿女亲家和珅身上尤其突出,前已述及。其他清朝权臣莫不如此,只是表现形式有所不同。

例如康熙三十二年(1693)康熙帝染患疟疾期间,索额图、明珠、国舅佟国维以及另一位大臣一起,共同负责医治事宜。供职清廷的西方传教士进献特效药金鸡纳(奎宁)后,由皇太子允礽亲手调制,索额图等四人各服一剂。当证明该药无副作用后,康熙帝始行服用,很快痊愈。此时明珠已不是权臣,仍受皇帝倚任,更重要的是,他与皇帝之间的主奴关系并未改变。当朝重臣亲自料理皇帝治病事宜,并在皇帝服药前亲尝试服,以备不虞,这似乎为尊卑分明的君臣关系增加了一些亲情成分。可是,在亲情背后起有决定性作用的,仍然是无可逾越的主奴关系。索额图等人的上述行为,不过是身为奴仆的重臣为皇帝主子舍身效力的一种刻意表现。

又如康熙四十二年(1704)七月,皇三子允祉、皇八子允禩遵旨夜审被关押在宗人府的索额图。索额图对两位皇子哭诉道:"奴才已无言可供。

奴才所犯之罪甚重,主子即使杀了我,亦无过分处。奴才已老,只求主子可怜奴才,饶奴才一命。"[1] 索额图的权臣角色被终止后,其奴仆身份依然存在,他对获得主子康熙帝的宽恕仍存幻想。

再如雍正三年(1725)冬,年羹尧获罪后奏称:"臣今日一万分知道自己的罪了……求主子饶了臣,臣年纪不老,留下这一个犬马,慢慢地给主子效力。"[2] 虽然没有自称奴才,却是八旗大臣所特有的口吻。

3. 以才干、功绩而受重用

清朝权臣在其发迹的过程中,与皇帝的戚属关系及其家族背景只是次要因素。他们主要凭依自身的杰出才干,以及对巩固、集中皇权所起的重要作用而备受皇帝倚信,逐步成为权臣。

与明朝重臣多为科甲出身的情况相反,清朝7位权臣中,仅有年羹尧是进士,其他6人皆与科举无缘。不过,7人都堪称经世之才。在其受宠之际,所得皇帝之褒语自不必论,即使当他们罹罪后,清帝在某些场合仍不得不做出客观之论,承认其难得的才力。如嘉庆帝赐死和珅15年后(嘉庆十九年),阅国史馆进呈和珅列传,谕称:"和珅在乾隆年间,由侍卫洊擢大学士,晋封公爵,精明敏捷,原有微劳足录,是以皇考高宗纯皇帝加以厚恩。"[3] 事实上,对于7位清朝权臣而言,精明敏捷、足智多谋八字都是适用的。

在清朝皇权发展进程中,鳌拜等7人均曾建立勋绩。但相比之下,7人中又以隆科多所起作用最为关键,他于此捞取的政治资本也最大。

康熙帝突然病逝后,隆科多的所作所为促使并非康熙帝所属意的雍正帝侥幸继位,而雍正帝历时13年大刀阔斧的改革治理,极大地推进清朝皇权高度集中与强化的进程,为康乾盛世达于鼎盛阶段,创造了条件。以此角度看,可以说隆科多在康熙帝去世后那一特殊时刻的所行所为,一定程度上影响到清朝其后的历史。

清朝权臣中没有皓首穷经的学问家,全部是年富力强的能吏。7人中,

---

1 中国第一历史档案馆藏:满文朱批奏折,胤祉、胤禛奏,康熙四十二年七月十八日。
2 《掌故丛编》,"雍正朱批年羹尧奏折"。
3 《清仁宗实录》卷291,嘉庆十九年五月丁巳。

明珠、年羹尧、和珅的文化素质、综合才力相对较高，另外4人略有不及。7人在扮演权臣角色时，不仅均当精力充沛的壮年时期，而且无一人是因年老或自然死亡而终止这一角色。

如果将清朝权臣视为一个整体，那么，满洲人所具有的务实精神，满洲统治者在用人时不图虚名，注重才干，注重实效的特点，在此都有充分反映。

4. 位高权轻　功大于过

清朝权臣与皇帝的矛盾，是皇权逐步集中、强化，达于中国皇权发展史上的最高峰，后又迅速衰微的过程中，以满洲贵族为主体的清朝官僚集团与皇帝之间进行权力之争的一种具体表现。中国历代王朝都曾发生这种权力之争，但在清朝特定的皇权发展状况下，这一权力之争的激烈程度有所降低。

嘉庆七年（1802）嘉庆帝指出："我朝列圣相承，乾纲独揽，皇考高宗纯皇帝临御六十年，于一切纶音宣布，无非断自宸衷，从不令臣下阻挠国是。即朕亲政以来，办理庶务悉遵皇考遗训，虽虚怀延纳，博采群言，而至用人行政，令出惟行，大权从无旁落。"[1] 所言同康、雍、乾三帝的为政情况基本相符。康、雍、乾三朝历时130余年（1662—1795），三帝极为重视皇权建设。他们制定、实施一系列制度规章、方针政策，将清朝皇权的集中与强化推向极致。嘉庆以降，清朝皇权逐步进入衰微时期，这些行之有效的规制依然起有一定作用。清朝皇权的极度强化态势与康雍乾诸帝的统治策略和治术，共同确定清朝官僚集团与清帝之间权力之争的基本格局，对于清朝权臣与皇权的关系具有决定性影响。

综观清朝历史，权臣、佞幸亦曾有之，且非一人，但与其他王朝相比，大多数只属于轻量级。从整体看，清朝权臣具有位高权轻、有名无实的特点。

明朝权臣张居正、夏言、严嵩等都曾担任内阁首辅，并通过把持票拟而总揽政务，分散、削弱皇权，然而这种方式并非清朝权臣干政揽权的主

---

[1] 梁章钜：《枢桓纪略》卷1，《训谕》。

要途径。清朝7位权臣中，只有索额图、明珠、和珅、肃顺等4人先后担任大学士，其中和珅还曾担任军机大臣。但依恃中枢辅政机构之职揽权干政者，严格地说唯有明珠、和珅两人。这从一个方面表明，清朝中枢辅政机构的职能、特点，均发生重大变化，并逐步适应皇权极度强化这一发展态势。

总的来说，清朝权臣干预皇帝决策的表现并不突出。直接干预皇帝决策者，唯有鳌拜，但其有关行为又应分作两个阶段。康熙帝亲政前，他是以辅政大臣身份代理政务，代行决策；康熙帝亲政后，鳌拜违背帝意强行枉杀苏克萨哈等行为，显然是侵夺康熙帝的决策权。换言之，康熙帝亲政前后至鳌拜集团被清除约两年期间，是清朝权臣侵扰皇帝决策最严重阶段。明珠、和珅、肃顺的有关行为，乃对皇帝决策起有间接干预作用。至于索额图、隆科多、年羹尧等人，对比之下又相形见绌。

除个别时期（如康熙朝初年）外，清朝权臣处于皇帝的绝对控制下，他们的权势只有在皇权的庇护下方能存在。清帝可以随时断绝其权力资源，甚至置其于死地。7位权臣被清除或受到惩治时，均未引发社会震动，亦未影响皇权的正常运作，由此亦反射出这一群体的总体能量相当弱小，同皇权的力量对比过于悬殊。

清朝权臣都曾不同程度地妨碍清帝集中权力，阻碍清朝皇权高度集中与强化的发展进程。其固结党羽、贪污受贿等行为起有涣散人心、加重吏治腐败、削弱清朝统治的作用。但客观而论，7位权臣中除去对于乾嘉之际清朝迅速中衰负有重要责任的和珅外，其他6人仍是功大于过，他们对巩固强化清朝皇权，推动清朝历史进程所起的积极作用，超过其所行所为造成的负面影响。

与清朝皇权的集中强化达于极致的同时，清朝政治、经济、文化都发展到中国封建社会的最高峰，中国版图最终奠定，康、雍、乾三帝由此确立了他们在史册中无可撼动的地位。但是，他们身边若无一批得力辅佐人员，则无可能做出上述业绩。而清朝权臣正是这些辅佐人员的代表，康、雍、乾三帝的辉煌事业中，也有他们的一份功劳。长期以来，这一为集中强化皇权、巩固清朝统治做出突出贡献的官僚群体，始终处在三位历史名君的耀眼光芒下，且因妨碍皇权集中，受到皇帝惩治，其劳绩也就黯然失色，在后人眼中微不足道了。

还须指出，世界历史在17世纪中叶进入资本主义时代后，清朝政治体制具有的腐朽落后性进一步暴露。清朝最高统治者采取各种举措维护专制统治，阻碍中国社会转型的过程中，依旧离不开权臣的辅佐。这一官僚群体对于中国社会带来的最大消极作用，亦在于此。如果说以康、雍、乾三帝为代表的清帝，对于中国在鸦片战争后逐步成为半殖民地国家，遭受列强欺凌负有不可推卸的责任，那么清朝权臣同样无可辞其咎。

清朝权臣既是清帝实行文化专制政策，钳制民众思想的得力助手，他们本人的心灵也无法逃脱专制皇权的束缚摧残。他们唯帝言是听，不能有独立思想，更无法充分发挥其自身的聪明才智。即使在他们扮演权臣角色、权势炽热之际，也只是皇帝行使皇权的工具而已。

5. 鲜有差异，却为诸多因素所影响的人生结局

7位清朝权臣除去明珠得以善终外，另外6人都死于非命。其中，年羹尧、和珅被勒令自尽，索额图于拘禁地饿毙，鳌拜、隆科多死于禁所，肃顺则被斩首。

综合比较7人有关情况，可以看出，在几乎鲜有例外的结局背后，仍有诸多因素相互作用。

影响权臣结局的5种因素分别是：权臣所处皇权发展阶段、当朝皇帝为政特点、权臣干权程度、权臣的功绩、权臣的作风特点。

鳌拜是清朝权臣中干权程度最大的一位。虽然康熙帝是位"仁君"，鳌拜有辅政之功，且已年愈古稀，仍未逃脱被严惩的命运。

明珠是7位权臣内唯一一位善终者。他于康熙二十七年（1688）被革去大学士，授予内大臣，直到康熙四十七年去世，整整20年期间，仍受信任。康熙中后期，康熙帝离京巡视塞外时，指派皇子留守京城，综理政务，明珠则被钦定为留守皇子的首席顾问。[1] 权臣因揽权干政被皇帝罢黜后，又重受倚信，直至终老，这种情况于历代王朝皆属罕见，出现在清朝皇权高度集中强化的背景下更是一个特例。康熙帝的为政风格较为宽和，

---

[1] 中国第一历史档案馆藏：满文朱批奏折，胤祉、胤禛奏，康熙四十六年七月二十日。

又很念旧，对于他认为并无二心的老臣，大都予以保全。而明珠6岁丧母，12岁丧父，由其兄长抚养，故少年老成，人情练达。步入仕途后，他善于应变，屡获升迁。[1]二十七年被贬黜后，收敛锋芒，谨慎从事，并极力避免卷入皇帝与储君的矛盾以及储位之争。这些情况，对促成明珠具有不同于其他权臣的结局，也都起有一定作用。

康熙帝与明珠（被贬黜后）的关系，体现出君臣双方配合默契的一面，而索额图则是一个相反的例子。康熙帝拘禁索额图前，多次予以警告，以期保全。但索额图并未由此收敛，终为康熙帝所不容。

雍正初年，皇权的集中强化即将臻于极致。这一皇权发展态势，促使君臣之间主从尊卑之分进一步彰显。皇帝对臣工的要求更为严格，臣工的任何微小瑕疵，都会被极度强化的皇权所放大而为其带来灭顶之灾，何况雍正帝是位苛察之君。在这些因素的直接影响下，隆科多、年羹尧的结局可想而知。

雍正帝治罪年羹尧时，曾将年羹尧与鳌拜做过一番比较："当日鳌拜以开国元勋辅政，犯罪三十条，遂至不可保全。年羹尧今日之功，岂能及鳌拜之大，而所犯之情罪，则甚于鳌拜。"[2]年羹尧平定青海之功，同鳌拜辅政之功具有不同性质，难以区分高下，但年羹尧的有关行为对皇权产生的实际危害，并不能与鳌拜相提并论。雍正帝称年羹尧之罪甚于鳌拜，显然夸大其辞。

隆科多在被治罪前，曾往他处转移自家财物，以防其后措手不及，[3]显示了他与年羹尧所不同的处世作风。雍正五年（1727）十月，雍正帝命将隆科多免于正法，于畅春园外造屋三间永远禁锢，其妻子亦免入辛者库。一年后，隆科多死于禁所，雍正帝赐银一千两治丧。这种所谓宽大做法，在获罪致死的清朝权臣中仅此一例，不同寻常，进一步反映出隆科多对于

---

[1] 明珠早年任侍卫、銮仪卫云麾使、内务府郎中等职。康熙三年（1664），擢内务府总管。旋任侍读学士。两年后迁内弘文院学士。这正是鳌拜权势日炽之时。六年康熙帝亲政，翌年明珠迁刑部尚书。八年鳌拜获罪，亲信受议处。但明珠的仕途并未受到影响。是年九月任都察院左都御史，十年擢兵部尚书，十六年迁武英殿大学士。

[2] 《上谕内阁》卷34，雍正三年七月十八日。

[3] 《清世宗实录》卷62，雍正五年十月丙戌。

雍正帝继位曾做出特殊贡献。

和珅是清朝皇权由盛转衰时期出现的权臣。他以太上皇乾隆帝为靠山，又为日后保全而竭力讨好嘉庆帝。嘉庆帝亲政伊始，皇权极度集中强化的定势仍存，这使他断难包容和珅此前的"专擅"和嚣张，立即清除和珅乃轻而易举。

肃顺的作风专横跋扈，而慈禧心胸狭窄，报复心极强。辛酉政变后，肃顺很快被斩首，上述两方面虽非主要原因，但可隐约看到它们在其中所起的作用。清朝皇权此时已处于衰微阶段，权臣肃顺的结局却更为悲惨。这表明，同其他诸多因素相比，权臣本人以及清朝最高统治者的性格作风，有时会对权臣的结局产生更直接的影响。

如果以性格特征分类，7位权臣可以分作跋扈型（鳌拜、肃顺）、张扬型（年羹尧）、倨傲型（索额图）、内敛型（明珠、隆科多）和佞幸型（和珅）。人的性格是多面的，这只是其个性中比较突出的一面。不同的性格特征，使这些权臣的行事风格有很大差异，也在一定程度上影响到他们各自的结局。

曾经极度强化的清朝皇权，并不能杜绝权臣的出现，但是，它能够最大限度地约束权臣，使权臣为皇权的进一步集中、巩固发挥积极作用，同时将权臣对皇权的威胁，限制在较小的范围内。这是清朝权臣与皇权关系中的一条主线。清朝权臣对皇权的依附性，超过包括明朝在内其他王朝的权臣，两者的最大不同之处，也体现于此。

清朝权臣的所历所为，显示出清朝皇权不同发展阶段的轨迹与特点，也是清朝由盛而衰历史的缩影。

结　语

本章探讨了顺治帝幼儿时期、康熙帝在位后期以及雍正帝在位初期的部分情况，同时还探讨了几位内务府官员、太监、满洲重臣、权臣的宦海沉浮。

顺治帝福临的幼儿时期，是在关外度过。当时，清朝宫廷制度比较简略，皇室儿童受约束较少，可以尽情嬉戏，更多地接触大自然。在这样的客观环境中，福临的天性得到充分发展，即使做了皇帝，这种天性并未完全泯灭。与清朝入关后其他9位皇帝相比，顺治帝比较率真、任性、重情甚至痴情。这些品性，似与他的皇帝角色不相符合，不利于他理智地行使皇权，然而却是人的自然性情的真实流露，也有其可贵处。

从总体看，康熙帝是一位相当理智之人。可是，在如何对待皇太子允礽的问题上，他却好走极端。先是对允礽极尽包容溺爱，后又偏听偏信，断然废黜，旋即后悔，立而再废。康熙四十七年九月处理与皇太子允礽的矛盾时，他的冷静和睿智消失殆尽，不再是从前处乱不惊、镇定自若的康熙帝，而是一位缺乏自控力的感情用事者。五十一年十月第二次废黜允礽时，康熙帝表现得比较理智，这是因为他对允礽已彻底绝望。尽管如此，废立皇太子事件对他是一个致命性的打击。他原本强健的身体自此每况愈下，病患日增，勉强支撑十载，永别人世。

康熙帝废立皇太子的事例表明，由于缺乏匡正机制，皇权愈加集中强化，皇帝情感因素可能对重大决策产生愈加显著的影响。这是我们在探讨清朝典章制度时，应予考虑的。

雍正皇权的特点之一，是对宗室成员的严酷打击，远远超出顺治皇权和康熙皇权。这与雍正帝本人的情况及其所处环境有关。一是雍正帝的继位存在诸多疑点，社会上很快出现关于他得位不正的种种传言。二是雍正帝即大位时45岁，是清朝第一位既非幼龄又无军功而登大位的皇帝，故难以令众臣心悦臣服。三是雍正帝做皇子时，已与暗中反对皇太子允礽，并得到王公大臣拥护的皇八子允禩等人结怨。然而正是雍正帝清除政敌之举及其一系列相关举措，同当时的皇权发展态势相互作用，形成合力，将清朝皇权的集中与强化推向极致。

除去三位清帝，本章内几位大臣与皇权的关系也各具特点。可以分为三类。

第一类是受到康熙帝信任的内务府官员赵昌和哈哈珠子太监魏珠。他们在朝中的实际地位相对较低，无论升降罢革，对政局不致造成直接影响。雍正初年，两人相继受到惩处，获罪原因均与雍正帝继位问题无涉。

第二类是在清朝皇权高度集中与强化时期几经风浪、化险为夷的满洲重臣、历任三朝大学士马齐。值得注意的是，马齐原非人云亦云之辈，而是多谋善断、敢作敢当之人。然而也恰恰是在这些特点消失后，他得以保住高位，成为康、雍、乾三朝政坛上的一株常青树。这一结果同马齐行事机敏、为人圆熟颇有关系，而雍乾两帝也都需要继续任用一位先皇老臣，以显示自己为政宽和与统治的稳固。马齐现象还表明，康熙以后，内阁在中枢机构中降至次要位置。即便如此，忠顺而不多事，仍是清帝选择阁臣的首要标准，至于能力高低、廉洁与否，都是次要的。

第三类是7位满洲权臣。从时段看，7人分别处于清初至晚清的不同时期。这些权臣都很有才力，能够独当一面，对政事颇有见解，但最终大都以"结党""悖逆"等罪名遭到清除。他们对清朝皇权集中与强化的进程，起有重要推进作用。清代历史书写，向以皇帝之是非为是非，依照皇帝之好恶褒贬人物。所以，这些权臣曾经为加强、稳固清朝皇权做出的业绩，在清史中并未得到如实记载和客观评价。

第四章

满洲宗室

满洲宗室既是清帝的亲属,也是清帝的臣子。关于清前期满洲宗室的情况,清代史籍记载甚简。本章选择允礽父子、允祉、允禩、允禟等数位宗室,阐述他们在宫廷政治中的表现,以揭示他们与皇权的关系。

第一节 废太子父子:从咸安宫到郑家庄

清朝总计12帝,历时近三百年(清朝入关前28年,入关后268年),皇位(汗位)传承总计11次。在此期间,只有康熙朝发生了废黜皇太子事件。

有清一代,唯康熙朝曾实施嫡长子皇位继承制。康熙十四年(1675),22岁的康熙帝采用汉族王朝皇位继承制度,册立年仅两岁的嫡子允礽为储君。康熙帝为培养太子倾尽心血,可是,由于种种原因,允礽长大后,皇帝与储君的关系逐渐出现裂痕。四十七年九月,康熙帝以"不孝不仁"为由,第一次废黜允礽。四十八年三月,又将允礽复立为皇太子。不久,皇帝与储君的矛盾又趋尖锐,五十一年十月,允礽第二次被废黜。嫡长子皇位继承制在清朝实施数十载,至此宣告终结。

允礽是清朝历史上唯一一位废太子。他病逝于幽禁地十余年后,长子和硕理亲王弘晳因"心怀异志"罪削爵,于昌平郑家庄王府被执回京,死于景山东果园禁所。

允礽父子以其具有独一无二的身份,在清朝宗室成员中备受瞩目。两人既为至贵,又成囚徒的一生,也引起后人的兴趣和关注。本节略去允礽做太子时的是是非非,聚焦于第二次废黜皇太子之后,废太子允礽及其儿子弘晳的遭际和结局。

一、废太子允礽幽禁咸安宫

这里所说的咸安宫,即今紫禁城内寿安宫。它位于隆宗门西、寿康宫北。寿安宫本为明代咸安宫旧址,康熙年间仍称咸安宫。雍正七年(1729),这座殿宇内设立了咸安宫官学。乾隆十六年(1751),改建咸安宫,自此称之为寿安宫。咸安宫官学被移至西华门内武英殿西侧,原尚衣监所在地。[1]

关于废太子允礽在咸安宫被软禁的情况,汉文史籍记载甚少,满文档案中有所披露。

康熙五十一年(1712)九月三十日,皇太子允礽扈从康熙帝结束塞外之行,返抵畅春园后,立即被拘执。十月初一日,康熙帝称允礽"狂疾未愈,大失人心",宣布予以第二次废黜。[2]允礽由御前侍卫从畅春园押送至咸安宫。这一年,他39岁。此后长达12年的软禁岁月,至少有十年(康熙五十一年十月至六十一年十一月)是在咸安宫内度过。雍正帝即大位后,将允礽由咸安宫移至景山,继续软禁。雍正二年(1724)十二月,允礽病逝于禁所。[3]

允礽被废黜前,一直住在为他特建的皇太子宫毓庆宫内。宫中人员向以"毓庆宫"指称皇太子允礽。康熙五十一年(1712)十月二十二日,内务府奉旨:自此不得再以"毓庆宫"指称允礽,凡涉及废太子事,均以"二阿哥看守处"相称。[4]

宫中惯例,每年十二月二十六日,各宫、殿悬挂门神、对联。五十一年十二月初,内务府总管大臣为二阿哥看守处是否悬挂门神、对联一事请旨。奉朱批:(咸安宫)门内停挂门神、对联。[5]

为了防止废太子允礽与外界联系,康熙帝对于看管事宜高度重视。经过一番精挑细选,他决定以宗人府宗令、和硕简亲王雅尔江阿居首,诸多

---

1 参见陆成兰:《康熙皇太子废立前后的住所》,载1999年2月10日《中国档案报》。
2 《清圣祖实录》卷251,康熙五十一年九月十月辛亥。
3 参见奕赓:《佳梦轩丛著》(不分卷),《管见所及》第114页。
4 中国第一历史档案馆藏:内务府满文杂件,总管内务府奏,康熙五十一年十二月初四日。
5 中国第一历史档案馆藏:内务府满文杂件,总管内务府奏,康熙五十一年十二月初四日。

王公大臣参与，共同组成"二阿哥看守处"。看守处成员有：多罗安郡王华玘、多罗顺承郡王锡保、多罗贝勒都统满都护、镇国公吴尔占、镇国公准达、镇国公登塞、镇国公满洲正白旗都统普奇、辅国公阿布兰、满洲都统宗室延信、镶黄旗蒙古都统善丹、镶蓝旗蒙古副都统杨都、正红旗汉军副都统苏赫、正黄旗满洲副都统觉罗杜叶礼、正白旗汉军副都统觉罗诺穆齐、镶红旗蒙古副都统觉罗伊敦、镶蓝旗满洲副都统宗室善寿、镶白旗满洲副都统达色、镶白旗蒙古副都统吴光、镶红旗汉军副都统博尔吞、镶蓝旗蒙古副都统喇色等。[1] 这些由康熙帝亲自挑选的满洲大臣，每日分班率领护军，在咸安宫宫门咸安门外日夜值守。如果值守大臣临时有事，不能当值，须由雅尔江阿列名请旨，钦定替补之人。[2]

平日，咸安门紧闭。内务府人员为废太子允礽及其妻妾儿女、服侍太监等送入饭食，均由专门通道（按，满文奏折原文是 juwan tunng）递入。遇有特殊情况，有关人员必须持有凭证，在值守大臣看视之下，共同开启咸安门。废太子允礽在咸安宫内如有急事，也需要按照相关约定，敲响云板，值守大臣闻声打开专门通道之门（按，满文奏折原文是 juwan tunng ni duka），双方才能进行对话。

例如，五十五年（1716）四月十九日夜一更时分，咸安宫内突然响起云板。当夜值班大臣满都护，打开专门通道之门问询。允礽从门内告称：太监吴进朝因行为不端，被圈禁在空房内，傍晚突然失踪。满都护等听罢，率人四处查找，很快在咸安宫东厢房后面板排之上将吴进朝捕获，并立即奏报。康熙帝已于数日前奉皇太后避暑塞外，接到密折，令将吴进朝从速执送行在。看来，康熙帝准备亲自审讯该犯，以了解有关废太子允礽的情况。[3]

又如，康熙六十年（1721）二月十三日深夜，咸安宫内又响起敲击云

---

1 中国第一历史档案馆藏：满文朱批奏折3件，雅尔江阿等奏，康熙五十四年八月二十五日、五十六年八月初一日、五十九年五月十三日；上述人员职任参见鄂尔泰等修：《八旗通志初集》卷76，《封爵世袭表》2；卷108-112，《八旗大臣年表》2-6。
2 中国第一历史档案馆藏：满文朱批奏折（残件），雅尔江阿等奏，五月初八日。此件档案无年份。
3 中国第一历史档案馆藏：满文朱批奏折，雅尔江阿等奏，康熙五十五年四月二十日。

板声。此次恰为雅尔江阿当值,他立刻开启专门通道之门。允礽从门内告称:不知何故,当夜打更前后,有三支箭相继射到他的窗前,箭上写有镶白旗字样。经过一番查核,雅尔江阿等发现,镶白旗值更护军伊纳里所佩撒袋内,短缺三箭。遂拿问伊纳里,据称不知撒袋内缺失三箭。雅尔江阿将伊纳里以及与伊纳里一起值守的数名护军一并缉拿,交刑部严审,并于十四日晨密报康熙帝。奉朱批:"交付阿哥等查明具奏。"[1] 查询结果未详。

第二次废黜皇太子允礽后,康熙帝曾对大臣们说:"朕于二阿哥并无间隔,即拘禁处,朕常遣内监往视,赐物赐食。"他认为,"此皆为父子私情,不能自已,所谓姑息之爱也"[2]。康熙帝所言,与实情相符。废太子允礽虽然没有人身自由,依然得到比较优厚的生活待遇。

康熙帝赴塞外避暑期间,时常差人为留在京城的妃嫔、皇子等送回时令鲜果。他多次叮嘱有关人员,这些鲜果也有废太子允礽一份。一年夏天,宫中总管太监奉旨:"酸樱桃初得,色味俱佳,其大非常,比京中者悬绝远了。选大者,二阿哥处也送去,别者照旧例。"[3]

每至炎夏时节,内务府要往咸安宫内运送冰块,以供废太子允礽及其家人消暑之用。这种做法同允礽未被废黜前居住毓庆宫时应无两样。小块冰均从专门通道送入,但入伏后,小块冰已不敷用,需要开启咸安门,才能运入大块冰。无论是为运送大块冰,开启咸安门,或因出伏暑退,仍由专门通道运入小块冰,事前均须由看守大臣缮折请旨,得到康熙帝批准,方能实施。[4]

除去嫡福晋瓜尔佳氏,允礽还有侧福晋8人、庶福晋3人、媵妾3人(参见附表三)。[5] 此外,他的身边另有若干女子,因不曾为他生育儿女,生前没有名份。允礽第二次被废黜后,这些妻妾同他一起住在咸安宫内,其中有数人先他而逝。

---

[1] 中国第一历史档案馆藏:满文朱批奏折,雅尔江阿等奏,康熙六十年二月十四日。
[2] 《清圣祖实录》卷277,康熙五十七年正月庚午;卷291,康熙六十年三月丙子。
[3] 《掌故丛编》,第50页。
[4] 中国第一历史档案馆藏:满文朱批奏折2件,雅尔江阿等奏,康熙五十五年六月初三日;五十八年七月二十七日。
[5] 《爱新觉罗宗谱》甲册,第346页,奉天爱新觉罗宗谱修谱处,1938年。

例如，五十二年（1713）闰五月初四日，内务府奏称：二阿哥处一女子病笃。康熙帝降旨：该女子若病殁，依照服八疋缎答应之例办理。不久，这位女子去世。内务府遵旨，仍按二阿哥在皇太子位时身边女子亡故之例，将逝者遗体送至曹八里屯，于内院墙外洗沐后，安放在棺椁之内。[1]

再如，五十七年（1718）七月，允礽的嫡福晋瓜尔佳氏病故。内务府等衙门依照康熙帝旨意，按和硕（亲王）福晋例为瓜尔佳氏治丧。这位来自汉军旗，曾是皇太子妃的女子，枉有口碑而命运多舛（参见第五章第五节）。

允礽在咸安宫内生活安宁，衣食无忧，心情焦躁，百无聊赖。他被软禁十二载，在此期间唯一的"亮点"，是相继生育了13个子女。

允礽共有儿子12人，女儿14人，子女总计26人（参见附表四、附表五）。[2] 在被软禁的12年内（39岁至51岁），相继生育6子、7女，总计13人，恰是允礽子女总数的一半。这13个子女内，除去第十二子弘晥生于雍正二年（1724年）九月，即允礽病逝前三个月外，其余12人（5子、7女），先后出生于他第二次被废黜（五十一年十月）后至康熙帝病逝（六十一年十一月）前的十年期间。也就是说，在软禁咸安宫的十年中，允礽平均每年生育子女1.2人。

允礽的头生子生于康熙三十年（1691）十二月（生母侧福晋李佳氏，雍正二年十二月封理亲王侧妃），头生女生于三十二年（1693）四月（生母侧福晋李佳氏）。如果以允礽头生子的出生为起始，至允礽第二次被废黜前，总计21年（康熙三十年十二月至五十一年十月）。在此期间，允礽共生育子女13人，平均每年生育子女0.62人。

允礽身居储位期间（康熙三十年至五十一年，18岁至39岁）的生育率，明显低于他第二次被废黜后幽禁咸安宫时期（康熙五十一年至六十一年，39岁至49岁）。这一情况表明，虽然康熙帝称允礽患有"狂易之疾"[3]，但是，直至康熙帝去世前，允礽身体、精力仍佳。之所以如此，应

---

1 中国第一历史档案馆藏：内务府满文杂件，赫奕等奏，康熙五十二年闰五月初八日。
2 《爱新觉罗宗谱》甲册，第346页；中国第一历史档案馆藏：玉牒15号。
3 《清圣祖实录》卷251，康熙五十一年九月庚戌、十月辛亥。

主要源于他的一个精神支柱——企盼重获储位，再次被复立。

与允礽同住一处的妻妾等众多，此外还有不少太监、嬷嬷等服侍人员。咸安宫有数进院落，但对于住在这里的允礽一家来说，依然显得狭小。每逢盛夏，人满为患的情况尤为突出。例如，五十六年（1717）五月中旬，允礽让随侍太监转告咸安宫外值守大臣，称咸安宫内人多，加之天气炎热，如果仍照以往每月掏粪一次，粪便满出外溢，臭气熏天。请求看守大臣转告内务府总管，将掏粪次数暂由一月一次改为一月两次。[1]

允礽虽然受到严密看守，却有家人相伴，有大批服侍人员跟随左右，这与数年后他的八弟允禩、九弟允禟被雍正帝禁锢高墙、折磨至死的情况相比，强出多倍。父子之情与兄弟之情差异如此之大，从中也显现出康雍两帝在个人品性与为政风格上的不同特点。

二、秘密建储与兴建郑家庄王府

今日北京市昌平区内，仍有郑各庄（郑家庄）、平西府、平坊等地名。乾嘉年间礼亲王昭梿在《啸亭续录》中写道："理亲王府在德胜门外郑家庄，俗称平西府。"[2] 所言理亲王即平西府主人、废太子允礽长子弘皙。有清一代，王府建在城外，仅此一例。

郑家庄王府的兴建，是以康熙帝晚年实施秘密建储计划，拟行建储，并准备在册立皇太子前，将废太子允礽迁居郑家庄的布署为起因。

允礽第二次废黜后，康熙帝未再册立储君。因储位无人，诸皇子在在生心。他们拉党结派，暗中角逐，储位之争愈演愈烈。这一状况极大地牵制康熙帝晚年的精力，对康熙朝后期朝政产生了不利影响。

康熙五十四年（1715）夏，准噶尔部首领策旺阿拉布坦派兵突袭哈密。清廷调兵遣将，进行反击，西征之役拉开帷幕。被软禁于咸安宫的废太子允礽，也在密切关注朝内外动向，认为这是一个难得时机。此时，正值允礽的嫡福晋瓜尔佳氏患病，医生贺孟频时常奉旨进入咸安宫，为瓜尔

---

[1] 中国第一历史档案馆藏：内务府满文杂件，董殿邦奏，康熙五十六年五月十七日。
[2] 昭梿：《啸亭续录》卷4，《京师王公府第》。

佳氏诊治。允礽遂以矾水亲笔作书，秘密交付贺孟频，将信件送与镇国公、都统普奇。在信中，允礽嘱普奇保举他为大将军。[1] 他期望以统领西征之役，建立军功为筹码，第二次复立为皇太子。这件事很快被人告发。宗人府奉命予以审理，除允礽外有涉人员均受惩处。图谋虽然败露，允礽仍未死心。

康熙朝晚期，朝中不断有满汉大臣奏请立储，其中有人指名奏请复立允礽。

例如，五十七年（1718）正月，康熙帝正在昌平汤泉（今北京昌平小汤山）疗疾。满洲正红旗人、翰林院编修朱天保，在其父亲革职兵部左侍郎朱都纳的纵恿下，只身赴汤泉，递上密折，请求复立允礽为皇太子。朱都纳父子希图富贵，心存侥幸，不料招致重怨。康熙帝莅临行宫正门，亲自审讯朱天保、朱都纳等人，予以痛责。[2] 不久，朱天保被押至平则门（今阜城门）正法，朱都纳等与此案有涉之人均受重罚。此前，虽然有大臣请求立储，均未言及储君人选。朱天保在密奏中指名复立允礽，这使康熙帝深为震动。他感到，允礽虽然废黜数载，在朝中仍有一定影响力，对皇权的稳固是一潜在威胁。所以，三年后（康熙六十年二月）汉族大学士王掞第二次密奏建储，虽然未言储君人选，康熙帝却勃然大怒，称王掞"以朕衰迈，谓宜建储，欲放出二阿哥，伊等借此邀荣，万一有事，其视清朝之安危休戚，必且谓与我汉人何涉"[3]。看来，如何防范废太子允礽图谋第二次复立，已成为康熙帝晚年最大的心病。

朝中部分大臣之所以揣测废太子允礽可能再次被复立为储君，与允礽之子弘晳的情况，也有一定关系。

允礽嫡福晋瓜尔佳氏不曾生子，侧福晋李佳氏所生长子11岁卒。仍为李佳氏所生，排行第二子的弘晳，实际上是允礽的长子。弘晳的三弟弘晋（侧福晋林佳氏生），逝于康熙五十六年（1717），年22岁。四弟（侧福晋唐佳氏生）、五弟（庶福晋刘氏生）皆幼殇。六弟弘曣（侧福晋唐佳

---

1 《清圣祖实录》卷266，康熙五十四年十一月庚子。
2 《康熙起居注》第3册，第2483—2484页。
3 《清圣祖实录》卷291，康熙六十年三月丙子。

氏生）与弘晳的嫡长子永琛同年，比弘晳小 18 岁。所以，直到雍正三年（1725）六月，允礽已去世半年后，雍正帝仍有"密亲王（允礽）子年幼，诸事未谙"之语。[1] 当时，弘晳年已 32 岁，诸弟大部分尚未成年。这种状况，使弘晳在允礽众子中分外突出。

弘晳聪慧伶俐，自幼为康熙帝所疼爱。康熙五十一年（1712）十月允礽第二次被废黜时，弘晳 19 岁，同年十一月，弘晳嫡长子永琛（生母为嫡福晋喀喇沁乌梁海济尔默氏）出生。康雍之际，出使清廷的朝鲜使臣不断听到有关弘晳的传言，如称皇长孙弘晳颇贤，康熙帝因而不忍再立其他皇子为储君。[2] 这些传言反映出在时人眼中，允礽虽然被废黜，弘晳仍是康熙帝的爱孙。

满汉文材料显示，康熙朝后期，弘晳完婚并迁出紫禁城另居。二废太子后，弘晳受父牵连，被软禁在家，但与"大内"仍有密切联系。

康熙五十四年（1715）、五十五年仲夏，康熙帝照例率宫眷、大臣等前往热河避暑，紫禁城内一时人员稀疏。原在皇太子允礽处当差，后于养心殿造办处行走的正白旗包衣雕刻匠华色，违反康熙帝的规定，依照"大内式样"，为弘晳秘密制成珐琅火链等物件，分别于五十四年七月、五十五年七月转交弘晳。五十五年冬事发，经内务府审拟，华色带枷三个月，杖百鞭，发往伯都纳服役，有关人员均受议处。

五十七年（1718）正月，康熙帝说："见今二阿哥颜貌丰满，伊子七八人，朕皆留养宫中。"[3] 所谓"七八人"，与史实稍有出入。此时，允礽第十子弘旸（生母为侧福晋程佳氏）尚未出生，前九子中一、三、四、五、八子均已去世，只有二子（弘晳）、六子（弘曣，生母为侧福晋唐佳氏）、七子（弘晀，生母为侧福晋王佳氏）、九子（弘晥，生母为庶福晋邱氏）共四子在世。康熙帝所说养在大内的允礽七八子，应是统称，其中除去允礽之子，也包括允礽的一部分孙子，即弘晳之子。雍正元年（1723）初，弘

---

[1] 《清世宗实录》卷 33，雍正三年六月庚寅。
[2] 参见吴晗辑：《朝鲜李朝实录中的中国史料》第 10 册，第 4323、4334 页；另见第 11 册，4378—4379 页。
[3] 《清圣祖实录》卷 277，康熙五十七年正月庚午。

皙仍有数子养育大内，¹他们很可能曾与祖父允礽同居咸安宫中。

最晚在五十六年（1717）底，康熙帝经过反复比较后，属意于皇十四子、固山贝子允禵。为了吸取两立两废的教训，他决定在册立之前，不再公布储君人选，而是实行秘密建储计划。由于年事日高，体弱多病，康熙帝曾打算于五十七年春举行册立大典，让新立太子襄理政务，分担其劳。为此，五十七年初，他特令诸臣修改以往定得过高的皇太子仪注。不料，恰当此时，突然得知准噶尔部军已攻入西藏，拉萨失守，拉藏汗被杀，西北局势告急。于是，康熙帝将立储一事暂且搁置，任命允禵为抚远大将军，率师西征，以驱除准军，收复西藏。其意是待允禵建立军功，班师返京后，再册立为皇储。

五十七年（1717）十二月，允禵率师出征。康熙帝则在决策西部军务，日理万机的同时，着手为消除废太子允礽在朝中的影响，使其属意者顺利即位，进行一项重要准备。

是年十二月，即允禵出征当月，康熙帝决定在顺天府昌平州内，"距京城二十余里"的郑家庄修建行宫、王府、城池、城楼及兵丁营房等设施，令上驷院郎中尚之顺（一作尚之舜、尚志舜）、营造司郎中五十一、都虞司员外郎偏图、刑部郎中和顺等主管监造。此项工程包括行宫大小房屋299间，游廊96间，王府大小房屋189间，南极庙大小房屋30间，城楼10间，城门2座，城墙590丈9尺5寸，流水大沟4条，大小石桥10座，滚水坝一个，井15眼。修葺土城524丈，环城挖河667丈6尺。饭房、茶房、兵丁住房、铺房共1973间，夯筑土墙5350丈7尺1寸。除取用部、司现有杉木、铜、锡、纸等项外，采买松木、柏木、椵木、樟木、榆木、青沙石、豆渣石……竹子、鳔胶等项，加上支付匠役银两，共用银268762两5钱6分3厘。²

康熙六十年（1721）十月，郑家庄工程竣工。六十一年三月，康熙帝与大学士、都统谈话中，首次提及此事："前因兵丁蕃庶，住房不敷，朕特降谕旨，多发库帑，于八旗教场盖设房屋，令伊等居住。近看八旗兵丁愈

---

1 参见台北故宫博物院：《宫中档雍正朝奏折》第28辑（《满文谕折》第1辑），第313页。
2 参见台北故宫博物院：《宫中档康熙朝奏折》第9辑（《满文谕折》第2辑），第775—779页。

多,住房更觉难容。朕思郑家庄已盖设王府及兵丁住房,欲令阿哥一人往住。今著八旗每佐领下,派出一人,令往驻防。此所派满洲兵,编为八佐领,汉军编为二佐领,朕往来此处,即着伊等看守当差。"[1] 康熙帝未指明让哪位皇子移住彼处,而雍正帝继位数月后透露:皇考已有让二阿哥移住郑家庄之意,"因无明旨,朕未敢擅自办理"[2]。可见,对于康熙帝欲将废太子允礽迁移郑家庄之意,部分皇子早已明晰。

对于这处用以迁移废太子允礽之所,康熙帝不便明言,暂以王府称之。依照常理,康熙帝不会让尚未成年的小阿哥远居郊外。成年皇子中,除去被软禁家中的皇长子允禔、幽禁咸安宫内的废太子允礽,以及在一废太子事件中得罪皇父的皇十三子允祥,其他皇子常被委派办理政务,并于康熙帝去热河期间,轮班值守紫禁城与畅春园。如果迁居郑家庄,不仅上朝不便,承旨办事也会大受限制。康熙帝十分疼爱诸子,绝不忍心让儿子受此奔波之累。皇长子允禔既已软禁家中,无迁移必要;唯有废太子允礽,已在紫禁城内幽禁数载,既非长久之计,对再立储君亦有所碍。因此,尽管正在进行西征之役,军费浩繁,康熙帝毅然启动郑家庄工程,历时三载竣工。工程告成之际,抚远大将军允禵正在西北前线筹划进兵准噶尔的军事行动。六十一年(1722)春,清廷决定与准噶尔汗策旺阿拉布坦议和,尽快结束西征之役。看来,康熙帝准备在允禵胜利班师之后,册立皇储之前,将废太子允礽迁移郑家庄。

最终选定郑家庄作为废太子允礽移住之地,康熙帝是经过深思熟虑的。这里临近汤泉,康熙帝晚年多病缠身,足疾甚重,需要经常去汤泉疗养。此处离京师相对较远,又有重兵驻守,允礽移居于此,被隔离于政治中心之外,不易与京城联络,难以重新聚集党羽。这里又是康熙帝出巡塞外,往返京师时频经驻跸之地,在此建造行宫,既便于休憩,也有利于他亲自了解、掌握废太子的动向,及时采取对策。

郑家庄王府与行宫建成后第二年,康熙六十一年(1722)十一月,69

---

[1] 《清圣祖实录》卷297,康熙六十一年三月乙未。
[2] 参见台北故宫博物院:《宫中档雍正朝奏折》第28辑(《满文谕折》第1辑),第236页;另参见《清世宗实录》卷7,雍正元年五月乙酉。

岁的康熙帝病逝；迁移废太子允礽至郑家庄并册立允禵为储君的意愿，均成泡影。皇四子胤禛出人意料地继承皇位，允礽成为阶下囚。

十年希冀一朝破灭，这对允礽的精神上是一个致命性打击。他的身体状况急转直下，短短两载，一病不起，雍正二年（1724）十二月病逝。允礽生前未曾抵达为他而建造的郑家庄"王府"，在他死后，雍正帝命择定出殡日期，送至郑家庄，设棚安厝。[1] 允礽被追封和硕理亲王，赐谥"密"。葬在蓟州（今天津市蓟州区）黄花山下理密亲王园寝。

将废太子允礽迁移郑家庄，是康熙帝晚年实施的秘密建储计划中一个重要步骤。因康熙帝猝死，这一计划未能最终完成。

三、理亲王弘晳获罪郑家庄

雍正帝继位初年，集中力量打击允禩、允禟等人，却对废太子允礽父子大力安抚。这一策略旨在整肃朝纲、清除朋党的同时，缓和与宗室成员之间日趋紧张的关系。

康熙帝去世后第二天，康熙六十一年（1722）十一月十四日，29岁的弘晳受封多罗郡王；十二月，赐封号多罗理郡王，封入镶蓝旗。[2] 雍正元年（1723）五月，谕宗人府："郑家庄修造房屋、派兵驻扎，揆度皇考圣意，或欲令二阿哥前往居住……今弘晳既已封王，令伊率领子弟居住此处，于理甚合。"[3] 没有让废太子允礽迁居郑家庄，或因此时他的身体状况较差有关。

雍正帝此举乃以禀遵皇考遗愿为由，此外，是否还有其他原因？

郑家庄"王府"早已完工，若以废太子之子、封有王爵的弘晳迁往，名正言顺，且不必为弘晳在京城另建新府。康熙帝是将建造郑家庄王府、行宫与彼处设立八旗驻防做为一体考虑，雍正帝循此思路为之，故弘晳的迁移与郑家庄八旗驻防的设立同时进行，这在一定程度上，可以缓解京城

---

[1] 《清世宗实录》卷27，雍正二年十二月壬午。
[2] 参见台北故宫博物院：《宫中档雍正朝奏折》第28辑（《满文谕折》第1辑），第240页；另参见中国第一历史档案馆藏：玉牒181号。
[3] 参见台北故宫博物院：《宫中档雍正朝奏折》第28辑（《满文谕折》第1辑），第236页。

八旗兵丁愈多、住房难容等问题。与康熙朝后期所不同的是，雍正初年，允礽父子对皇权并不构成直接威胁。不过，从长远看，将废太子一支迁出京城，使其远离中枢之地、文武百官，这对于加强、稳固皇权，特别是保证皇位传承之际政局的稳定，实有裨益。所以，雍正帝命弘皙率领子弟移居郑家庄，从本质上看依然是一种防范措施，与康熙帝敕建郑家庄王府之本意如出一辙。

康雍两帝都期望以远迁其居所的做法，杜绝允礽父子希图皇位之念，然而其后事实表明，这一目的并未达到。相反，由于郑家庄远隔郊外，王府自成一体，政治环境相对宽松，这为弘皙逐步出现"逾制"行为，提供了难得条件。

雍正帝明令弘皙迁移郑家庄的同时，命恒亲王允祺等会同内务府办理弘皙"分家"事宜，俾其设立长久产业。谕旨称："（弘皙）一切供用，务令充裕，勿使艰难且贻累属下之人。彼处距京城二十余里，不便照在城居住诸王一体行走。除伊自行来京请安外，其如何上班及会射诸事，著一并议奏。"[1]

不久，经允祺等反复议奏，雍正帝数次朱批修改，大体确定有关弘皙迁移的一系列事项。

其一，俟郑家庄房屋修缮完毕，交付钦天监择定吉日，理王（弘皙）率领子弟13人（一称11人）迁移；届时由兵部领取车辆，将需用物件载往。将诚王（允祉）之人185名、简王（雅尔江阿）之人80名、弘昉（允禔第二子）之人80名拨给理王，共计345名；因系初次分家，理王现有护军、领催、马甲并亲随执事等，均发给钱粮，令当差行走；仅以理王之侍卫、官员守卫王府，人数不足，由郑家庄驻防甲兵600名看守（南北）城门、（巡查）街道外，[2]增设堆子四处守护王府，每处堆子由章京或

---

[1] 台北故宫博物院：《宫中档雍正朝奏折》第28辑（《满文谕折》第1辑），第237页。
[2] 据《清世宗实录》卷7，雍正元年五月乙酉条："设驻郑家城守尉一员、佐领六员、防御六员、骁骑校六员、笔帖式二员、领催二十四名、兵五百七十名。"雍乾时期，独石口、古北口、张家口、钱（千）家店、郑家庄、昌平州等六处驻防，构成京畿以北八旗驻防重要一路。参见《清世宗实录》卷118，雍正十年五月壬申；《清高宗实录》卷435，乾隆十八年三月壬午。

骁骑校各一员，分率甲兵十人值守；郑家庄内有住房400余间，允祺等拟亲往查看，倘若足用，拨给居住，如尚不敷，再行添造。[1]

其二，郑家庄距京城二十余里，理王除自行往来外，不便如在京诸王一体行走。皇上升殿之日，理王听传来京，每月朝会一次、射箭一次；凡朝会、射箭，惟率侍卫、官员、执事人等前来；主子若去郊外，停止每日齐集，理王勿须来京；正月初一日祭堂子、给主子上奏表、所有祭祀坛庙诸事，理王前来。交付内务府总管，修葺房屋一处，做为理王来京下榻之所。[2]

其三，理王所领俸禄，由所在旗照例行文发放外，领取俸米时，由王之侍卫及官员内派遣一人，偕同长史、城守尉等前往通州领取；因郑家庄邻近清河，故执事人等口粮，由该处行文到部，由清河仓发放。[3]

其四，每年正月至十二月，理王几次赴京向主子请安、朝会、射箭以及平日开启城门、进出行走之事，均由城守尉明白记录在档，年终汇总开列，报宗人府记录在案。[4]

经过充分准备，雍正元年（1723）秋，弘晳率子弟十余人迁往郑家庄。

弘晳有妻妾7人（嫡福晋喀喇沁乌梁海济尔默氏，康熙帝之三额驸噶尔臧之女；妾6人），生子18人，女17人，子女总计35人。[5] 弘晳居住郑家庄的17年（雍正元年秋至乾隆四年底，30岁至46岁）期间，相继生育11个子女（7子、4女），约占其子女总数31%。与其父允礽相似，弘晳

---

[1] 参见台北故宫博物院：《宫中档雍正朝奏折》第28辑（《满文谕折》第1辑），第326-329页，第332页。第329页"每处堆子由章京或骁骑校各一员，分率甲兵十人值守"等句，行间有雍正帝朱批："巡查之时，著王府长史、城守尉共同查看。若有旷班、违法者，城守尉酌情从重治罪。"此外，该折还有多处朱笔删改痕迹。

[2] 参见台北故宫博物院：《宫中档雍正朝奏折》第28辑（《满文谕折》第1辑），第330-332页，第243页。

[3] 参见台北故宫博物院：《宫中档雍正朝奏折》第28辑（《满文谕折》第1辑），第240-241页。另据《钦定八旗通志》卷114，《营建志》3，《八旗仓厫》："本裕仓在德胜门外清河地方开放。圆明园及郑家庄二处驻防官兵俸甲米石厫三十座，每座五间，计一百五十间。堆子九所。"

[4] 参见台北故宫博物院：《宫中档雍正朝奏折》第28辑（《满文谕折》第1辑），第243页。

[5] 参见《爱新觉罗宗谱》甲册，第346页；中国第一历史档案馆藏：玉牒29号。弘晳的三位妾兆氏、强氏和章氏（一作张氏），分别生育子女9人、9人、13人，总计31人，占弘晳子女总数86%。

年过不惑,身体康健。

弘晳远居郑家庄王府,除去例行赴京参与朝会、射箭及少数祭祀活动外,始终未被交办政务。不过,他的生活待遇相当优厚。即使是跟随他的百余名太监,从京城迁往郑家庄时,由内务府破例支付每人1两银子,用以养赡。[1] 雍正六年(1728),弘晳晋封和硕理亲王。他对雍正帝以皇父相称,表面上十分感激爱戴,[2] 实则对其父允礽未能继承大位耿耿于怀,对自己屈居亲王之位心有不甘。

十三年(1735)八月,雍正帝病逝。早在雍正元年八月即被秘密定立为储君的皇四子弘历即大位,是为乾隆帝。此时,弘晳42岁。对于这位比自己小17岁,本是堂弟的新君,他深怀嫉恨。

乾隆三年(1738)十月,乾隆帝秘密定立的皇储,年仅9岁的嫡长子永琏病故。乾隆帝告知庄亲王允禄、和亲王弘昼及军机大臣:"永琏虽未行册立之礼,朕已命为皇太子矣。"下令按照皇太子的规格为永琏办理丧事,并取出藏于正大光明匾额后的立储密旨,"晓谕天下臣民知之"[3]。

乾隆帝首次秘密立储失败,这使弘晳暗自幸灾乐祸,也进一步引发他对皇位的强烈希冀。

弘晳在康熙帝孙辈中年龄居长,而且是废太子允礽的长子,这些客观情况,为他与宗室成员之间的交往提供了便利。他与小其两岁的十六叔、议政大臣庄亲王允禄以及侄辈弘昇(恒亲王允祺长子)、弘昌(怡亲王允祥长子)、弘普(庄亲王允禄次子)、弘晈(怡亲王允祥嫡子)等交结密切,往来诡秘。允禄利用管理内务府事务之便,私自将官物换与弘晳。弘晳则恃郑家庄王府远离京城,以为可以少受约束,遂于府中仿照国制,设立内务府下属机构会计司、掌仪司等。他向从事邪术活动的巫师安泰秘密问询:准噶尔能否到京?天下太平与否?皇上寿算如何?将来我还升腾与否?[4] 这些在时人眼中显属悖逆之语,后来均被安泰供出,成为弘晳的

---

[1] 参见台北故宫博物院:《宫中档雍正朝奏折》第28辑(《满文谕折》第1辑),第329–330页。
[2] 参见台北故宫博物院:《宫中档雍正朝奏折》第32辑(《满文谕折》第5辑),第536–537页。
[3] 《清高宗实录》卷78,乾隆三年十月辛卯。
[4] 《清高宗实录》卷106,乾隆四年十二月戊寅。

罪状。

乾隆四年（1739）五月，妾章氏生下弘晳的最后一个儿子（排行第十八子，玉牒未记名，16岁卒）。郑家庄理王府又添麟儿，一派喜庆气象，接踵而至的却是府主的厄运。

是年八月，乾隆帝度过29岁生日。弘晳特制鹅黄肩舆一乘奉上，作为生日贺礼。鹅黄色为皇帝所专用，故此举引起乾隆帝的警觉。弘晳获罪后，乾隆帝方道明疑虑："朕若不受，伊即将留以自用矣。"[1]

十月初，弘晳被人首告与允禄、弘昇等人结党营私。在宗人府听审时，弘晳不减狂傲之气，为己辩解，乾隆帝责其"自以为旧日东宫之嫡子，居心甚不可问"[2]。弘晳被革除亲王，仍解回郑家庄居住，不许出城。允禄、弘昇等人亦遭惩斥。弘晳十弟弘㫤奉旨袭封理郡王，其府邸位于京城东直门内北新桥王大人胡同。

两个月后，由于巫师安泰的指供，乾隆帝认为弘晳"心怀异志"，其罪恶较允禩、允禟等人尤为重大。于是，令将弘晳拿交内务府总管，在景山东果园永远圈禁，本身除宗籍，改名四十六；与弘晳同住郑家庄之子俱来京，交付理郡王管束。[3] 是年，弘晳46岁。

乾隆七年（1742）九月，弘晳死于禁所，终年49岁。他被葬在郑家庄西南黄土南店村。[4]

乾隆二十八年（1763），旨令裁撤郑家庄驻防城守尉以下官兵，拨补福建水师营兵额。翌年三月，据弘晳的堂弟、护军统领宗室弘晌奏称：郑家庄官兵移驻福州，其空闲房屋，毁仓空地，请暂交昌平州文武地方官。俟兵全数起程，其屋交内务府，其地仍交昌平州。兵丁原领器械，城守尉、佐领关防图记，事竣后分交户、工二部查核。兵丁茔地，原系恩赏，无庸回交。[5] 所奏得到允准。此时距弘晳之死，已有22载。

乾隆四十三年（1778）正月，去世36年的弘晳被恢复原名，收入

---

[1]《清高宗实录》卷103，乾隆四年十月己丑。
[2]《清高宗实录》卷103，乾隆四年十月己丑。
[3]《清高宗实录》卷106，乾隆四年十二月戊寅。
[4] 参见冯其利：《寻访京城清王府》，第112页，北京：文化艺术出版社，2006年。
[5]《清高宗实录》卷706，乾隆二十九年三月壬子。

宗籍。

郑家庄王府是为迁移废太子允礽而建造，因允礽长子弘晳封王后迁居此地而显名于世，又因弘晳获罪革爵、执返京城而消亡。继之，郑家庄八旗驻防官兵移驻福州，补入福建水师营。郑家庄由兴至衰，历时近半个世纪（康熙五十七年至乾隆二十九年，1718—1764）。

郑家庄何以俗称平西府？据北京大学韩光辉教授考证，昌平州南境，原有北郑家庄（今郑各庄）与南郑家庄，"平西府，初名南郑家庄"。平房（今平坊）与在南郑家庄修建的王府呈东西向对应关系，故在王府建成后，南郑家庄地名被平西府取代。按照中国古代方位地名命名原则，平西府即平房西之王府。[1] 民间传言平西府是清初三藩之一、平西王吴三桂府邸，实乃风马牛不相及。

允礽、弘晳父子历经康、雍、乾三朝，生活在康乾盛世的前期与中期。这是中国封建社会最后一个"盛世"，其特征之一，是皇权的集中与强化达到中国皇权发展史上最高峰。允礽曾是皇权的既定传承者，如能顺利即大位，其长子弘晳则是下一代皇位继承人。从储位到皇位，看似只有一步之遥，然而在这条通往最高权力的道路上，允礽父子始终处于被动地位，不仅无力与皇权相抗衡，其生死命运也在皇帝掌控之中。允礽被废黜后，他本人及儿子弘晳仍对皇位暗怀希冀，并有所流露，这在愈益强固的皇权统治下，必是授人以柄，自取败亡。

清末为官的吴士鉴先生，写有《秘密建储》一诗："思子无台异汉皇，皇孙终老郑家庄。从今正大光明殿，御管亲书禁匦藏。"[2] "终老"之语并不属实，但是，允礽、弘晳父子从咸安宫到郑家庄的曲折之路，的确行进了将近三十年（康熙五十一年至乾隆四年，1712—1739）。这一漫长历程，沉浸着清初皇室成员在权力之争中的隐忍、挣扎和无奈，彰显了康乾皇权

---

1 参见韩光辉：《清康熙敕建郑家庄王府考辨》，载《中国历史地理论丛》1996年第2期；另参见光绪《顺天府志》卷128，《地理志》10，《村镇》2。
2 吴士鉴等：《清宫词》，第4页。此诗下作者注云："圣祖皇太子理密亲王既废，其子弘晳，始而禁锢，继迁居京西郑家庄，仍袭郡王。自康熙后不立储贰，默定继体之名，亲书密鐍于正大光明匾中，迨末命时，始派大臣启视，颁诏册立。"

的高度集中与强化，折射出清朝皇位继承制度的变迁。[1]

第二节　诚亲王允祉与雍正帝

雍正帝胤禛即位后，在如何处理与一些皇弟如（康熙帝第八子）允禩、（第九子）允禟、（第十四子）允禵等人的关系问题上，费尽心机。允禩等人于康熙后期角逐储位，以失败告终，但在王公大臣中仍有不少同情支持者，故雍正帝视之为集中皇权的主要障碍，逐次予以严酷打击。雍正四年（1726）允禩、允禟分别被勒令改名，削除宗籍，圈禁高墙，是年秋，两人相继死于禁所。

清代官私史籍中，并无雍正帝明令处死允禩、允禟的记载。雍正八年（1730）五月十一日指斥兄诚亲王允祉的上谕（以下简称"雍正八年上谕"）中，却说允祉曾上密折，欲亲自将允禩、允禟"置之死地"：

> 又从前遣塞思黑往西大同时，朕将阿其那等党恶种种面谕允祉。允祉对曰："此等人能成何事。"后又密折奏称阿其那、塞思黑等不忠不孝，罪恶滔天，若交与我，我即可以置之死地等语。朕谕之曰："阿其那等罪恶当诛，自有国法，生死之柄，岂尔可操？尔此奏不知何心？"盖允祉之意，欲暗置阿其那等于死而不明正其罪，使天下后世议朕之非。比时曾向廷臣言之。[2]

这道上谕历数允祉种种"过恶"，故为雍正帝去世后修撰的《清世宗实录》所不载，仅见于雍正九年（1731）奉敕编撰的《上谕旗务议覆》。[3] 此前雍正八年五月二十四日宗人府等遵旨定议允祉十大罪款，允祉请将允

---

[1] 本节若干内容曾用于学苑出版社2001年出版的《清朝皇位继承制度》。
[2] 中国第一历史档案馆编：《雍正朝汉文谕旨汇编》第5册（上谕底册），第97、98页，桂林：广西师范大学出版社，1999年。西大同，即西大通，位于今甘肃永登西南。雍正元年（1723）允禟发配此地，四年解至保定拘禁。
[3] 参见《上谕旗务议覆》，载《中国史学丛书续编》第49册，第386–393页，台北：台湾学生书局，1976年。《上谕内阁》未收此谕。

禩等"置之死地"即居一款：

> 及至阿其那、塞思黑逆迹败露，罪恶滔天，神人共愤。允祉乃曲为掩护，密请交伊暗置死地，不欲天下后世彰明其罪，意在归过君上，其居心奸险，莫此为甚。其党逆之罪，法所难宥者一也。[1]

孟森先生在《明清史讲义》中，对雍正八年上谕所列允祉"过恶"逐条议驳。关于允祉欲亲自将允禩"置之死地"，他写道："此在诚邸为希意太过，实非令举，但在世宗则亦无罪可论。"[2]

一向"心胆尚小"[3]的允祉在雍正帝前出此"恶语"，终属反常，是否确有其事？如果属实，语境又是如何呢？

我在中国第一历史档案馆查阅档案时，见到两件没有具奏年月，由诚亲王允祉亲笔写的满文奏折。从奏折的外观、字迹、内容、语气看，两件奏折是在窘促之中一气呵成，同时奏上。其中一件有满文朱批，系雍正帝亲笔。在尚未发现其他第一手材料时，可以判断，这两件原始满文档案当即雍正帝所称允祉的"密折"。密折及其朱批的内容，除雍正八年上谕略有提及外，官私史籍皆未载，而允祉的原话也同雍正帝的转述颇有不同。如果将密折与其他相关史料一起研读，或能大致勾勒出允祉缮写密折的时间、地点以及"希意太过"的原委。

析述两件密折之前，需要追溯诚亲王允祉与雍正帝胤禛的以往情况。

一、兄长居上

康熙帝第三子允祉，生于康熙十六年二月二十日（1677年3月23日），生母马佳氏，员外郎盖山之女。马佳氏生于顺治四年（1647）或五年（1648），比康熙帝大六七岁。[4] 康熙六年（1667），20岁出头的马佳氏

---

1 《上谕旗务议覆》，载《中国史学丛书续编》第49册，第397-398页；另参见《清世宗实录》卷94，雍正八年五月辛卯。
2 孟森：《明清史讲义》下册，第541页。
3 中国第一历史档案馆编：《雍正朝汉文谕旨汇编》第5册（上谕底册），第99页。
4 陈邦彦：《匏庐公日记》卷5、卷6，分载《上海图书馆藏稿钞本日记丛刊》第2册，第263、343页。263页（康熙五十六年）"十一月十九日己巳"、343页（康熙五十七年）"十一月十九日癸巳"，均有"荣妃七十生日"的记载。据此推算，她生于顺治四年或顺治五年。

生下皇子承瑞（4岁卒，未序齿）。这是康熙帝的第一个孩子，此时他14岁。十六年，马佳氏受封荣嫔，4年后晋封荣妃。她是康熙朝最早获得主位的妃子之一。

第四子胤禛生于康熙十七年十月三十日（1678年12月13日），生母乌雅氏，护军参领威武之女。乌雅氏比允祉生母马佳氏小十二三岁。她比马佳氏晚两年册封为嫔，与马佳氏同一年晋封为妃（德妃）。胤禛继位后，她被尊为皇太后。

终康熙一朝，允祉、胤禛各自的生母同在妃列，而允祉母马佳氏资深年长，列名在胤禛母乌雅氏前。马佳氏有五子一女，允祉是第四子；乌雅氏有三子三女，胤禛居长。

康熙帝视子如命，不仅对唯一嫡子、皇储允礽备加疼爱，对于诸多庶出皇子莫不如此。仅以三阿哥允祉、四阿哥胤禛为例。

康熙二十四年（1685），皇四子胤禛8岁。六月初一日，康熙帝率王公大臣离京，巡狩塞外。初八日，接到太医院奏报，得知胤禛染患痢疾，即命回銮，一昼夜而至。在他亲视疗治下，胤禛的病情很快好转。俟胤禛康复，是月十六日康熙帝离京，继续塞外之行。[1] 是年，32岁的康熙帝已有二十余位皇子，其中存活者9人（胤禛同母弟皇六子允祚是年五月卒，6岁；皇十一子允禌是年五月生，康熙三十五年12岁卒；两人均不计在9人之内）。皇四子胤禛的上述经历虽非特殊，堪以为荣。其子乾隆帝弘历即位后，特将此事写入御制《世宗宪皇帝圣德神功碑》，以示皇祖"恩眷逾常"[2]。

康熙三十六年（1697），皇三子允祉21岁。是年二月初六日，康熙帝踏上第三次亲征噶尔丹的征程。钦定扈从皇子内，除皇长子允禔外，还有皇三子允祉。不料允祉突然患病，遂留京医治，月余方愈，未能成行。二月下旬，允祉接到康熙帝在亲征路上写给他的亲笔信："听说尔已好些，甚喜。大阿哥到后，朕方知尔病较重。朕在家时，听大夫讲并无大碍，故未

---

1 《康熙起居注》第2册，第1336–1338页；《清高宗实录》卷50，乾隆二年九月壬辰。另参见《清圣祖实录》卷121，康熙二十四年六月庚寅、丁酉、戊戌、乙巳。
2 《清高宗实录》卷50，乾隆二年九月壬辰。

去看望。若早知此情，朕去看看方妥。尔勿焦虑。为此手书谕旨，向尔问好。"[1] 不久，允祉的请安折上又有朱批："朕安。尔身子好吗？也不明白写出见今身子怎样了，只是请安。"[2] 语气虽是怪罪，难掩关爱之意。

康熙帝诸子幼时，或养在大臣家中，或养在生母之外其他后妃宫内，并有乳母、保姆随侍。如皇长子允禔，养于内务府总管噶禄家；皇三子允祉，养于内大臣绰尔济家；皇四子胤禛，养于皇贵妃佟佳氏（康熙二十八年七月病逝前立为皇后）宫内；皇五子允祺，养于皇太后（谥孝惠章皇后）宫中；皇八子允禩，养于皇长子允禔的生母惠妃纳喇氏宫内。胤禛在康熙帝身边长大，他的禀赋与个性为康熙帝所了解。三十七年（1698），诸皇子第一次分封爵位，受爵者分别封入下五旗（如允祉封入镶蓝旗，胤禛封入镶白旗）。皇长子允禔、皇三子允祉均封多罗郡王（翌年允祉缘事降为多罗贝勒），皇四子胤禛却同比他小一岁的皇五子允祺、小两岁的皇七子允祐、小三岁的皇八子允禩等人一起封为多罗贝勒。大学士伊桑阿等奏请"将皇子照例尽皆封王"。康熙帝答："朕于阿哥等留心视之已久，四阿哥为人轻率，七阿哥赋性鲁钝。朕意已决，尔等勿得再请，异日视伊等奋勉，再为加封，未始不可。"[3]

康熙帝对胤禛的这一看法，不仅决定了胤禛初次所得爵位，在允禔、允祉之下，也在较长时期内影响到康熙帝对他的任用。现存满文档案显示，康熙三十七年（1698）首次封爵后近十年内，当朝皇子（皇太子允礽未计内）中深受器重者，除去皇长子允禔，还有皇三子允祉和皇八子允禩。康熙四十年后，康熙帝离京时，多次命允祉、允禩二人值守京城，并交办重要政务。

四十七年（1708）九月一废太子事件发生后，皇长子直郡王允禔罹罪

---

[1] 中国第一历史档案馆藏：满文朱谕，二月二十八日。此件朱谕无年份、月、日是用汉文书写。据内容及其他有关材料看，此谕写于康熙三十六年（1697）。

[2] 中国第一历史档案馆藏：满文朱批奏折，胤祉奏，无年份。据此折纸色、形状（较手折略大）以及具奏人与朱批者的笔迹等情况，应是康熙三十六年（1697）春康熙帝与皇三子允祉之间以朱谕（朱批）和奏折方式进行的多次通信之一。

[3] 《清代起居注册·康熙朝》第1册，第6282–6284页，三十七年三月初二日，台北：台湾联经出版社，2009年。

幽禁。四十八年三月，第二次分封皇子，皇三子允祉晋封和硕诚亲王，皇四子胤禛晋封和硕雍亲王，皇五子允祺晋封和硕恒亲王，皇七子允祐晋封多罗淳郡王，皇八子允禩仍为多罗贝勒，皇十子允䄉（生母温僖贵妃钮祜禄氏）封为多罗敦郡王，皇九子允禟、皇十二子允祹、皇十四子允禵均封固山贝子。允祉与胤禛自此成为康熙朝后期封有亲王爵位的皇子中两位最长者，一并得到倚重。

根据《清圣祖实录》的记载统计，凡参与政务（如扈从亲征噶尔丹、察审托合齐父子案、奏陈西征意见等），允祉8次，胤禛8次；从事祭祀，允祉8次，胤禛9次；恭请康熙帝莅临王府进宴，允祉18次，胤禛11次。

康熙朝后期，特别是五十一年（1712）十月第二次废太子事件发生后，康熙帝离京外出，允祉大都扈从。他随康熙帝出行后，由胤禛率众弟值守京城，按长幼次序列名奏报时，胤禛署名居首。如果允祉留京，诸皇子奏报京城情况以及奉旨办理事宜，必以允祉居首，胤禛次之。例如，五十五年秋，允禩染患伤寒。允祉、胤禛数次奉旨前往允禩居所探视后，联名回奏病情。康熙帝认为两人所言与实情不符，屡以朱批切责。允祉、胤禛惶恐认错，奏称自己"眼神不济，所看有误，大为失实"。康熙帝在朱批中写道："尔等乃通学医书之人，眼神不济而胡说，堪称奇事！"[1] 允祉、胤禛一起奉旨办事中出现差错，同受斥责的情况，还有多次。[2]

康熙帝第二次废黜皇太子允礽后，直至病逝，未再册立储君。这一时期（五十一年十月至六十一年十一月），包括允祉、胤禛在内一些年长皇子，对储位皆有希冀。允祉与结党角逐储位的皇八子允禩、皇九子允禟、皇十四子允禵等人关系一般，既非同道，也未结怨。雍正八年上谕称允祉"素与诸兄弟不睦"，或夸大其辞，也表明允祉不善于同人交往的个性特点。[3]

---

[1] 中国第一历史档案馆藏：满文朱批奏折，胤祉、胤禛奏，康熙五十五年十二月初十日。
[2] 参见杨珍：《允禵储君地位问题研究》，载1992年《清史论丛》，沈阳：辽宁人民出版社，1993年。
[3] 此谕称允祉"接待诸兄弟皆刻薄寡恩，诸兄弟皆深知其为人而鄙弃之"，又透露"允䄉当日与允祉仇怨最深"。参见中国第一历史档案馆编：《雍正朝汉文谕旨汇编》第5册（上谕底册），第98、96、97页。允祉曾在雍正帝前奏称允礼与己不合；允礼、允禄等曾分别参劾允祉。参见《上谕八旗》，雍正六年二月初四日、初五日；《清世宗实录》卷94，雍正八年五月己卯。

要之，康熙四十年（1701）后，康熙帝沿用满洲旧制，倚重年长皇子，让他们值守京城，参与朝政。这些封有爵位的皇子逐渐成为当朝最有权势的特权群体，且为谋取皇位拉党结派，纷争不已。诸皇子奉旨、署名、协理政务时，均以允祉居首，故时人眼中，允祉是一位有实力的储位竞争者。[1] 允祉、胤禛在康熙时期的关系未见记载，从允祉后来的遭际中不难窥见大致。

二、抑制包容

康熙六十一年十一月十三日（1722年12月20日），康熙帝病逝，皇四子胤禛继承皇位。允禔与允礽仍被幽禁，允祉成为唯一享有王爵的皇兄。康熙帝猝死，丧仪未行，事务千头万绪，雍正帝胤禛需要借助熟悉内事的允祉与精明强干、深孚众望的允禩，共同应对这一非常局面。雍正八年上谕追述往事称：

> 方有大事之夜，朕命允祉管理内事，阿其那管理外务。乃允祉私自出外与阿其那密语多时，不知所商何事。此天夺允祉之魄，自行陈奏于朕前者。[2]

允祉、允禩同是储位之争的失败者。事出之夜，两人私下"密语"以互探信息，也在情理中。然而允祉将此次与允禩交谈一事"自行陈奏"，当在允禩受到打击、惩治之时，这是允祉"希意太过"的表现。

十一月十四日，命贝勒允禩（是日晋封亲王）、十三阿哥允祥（是日晋封亲王）、大学士马齐、尚书隆科多总理事务。谕曰："朕苫块之次，中心纷瞀，所有启奏诸事，除朕藩邸事件外，余俱交送四大臣。凡有谕旨，必经由四大臣传出并令记档，则诸事庶乎秩然不紊。"[3] 总理事务大臣中有

---

1 萧奭：《永宪录》卷2上，第83页："当储君未定，诸人妄臆诚亲王依次当立，欲趋其门，故交结梦雷。"另据雍正八年谕旨称："从前二阿哥废黜之后，允祉居然以储君自命，私谓庄亲王曰：'东宫一位，非我即尔。'"参见中国第一历史档案馆编：《雍正朝汉文谕旨汇编》第5册（上谕底册），第96页。
2 中国第一历史档案馆编：《雍正朝汉文谕旨汇编》第5册（上谕底册），第96页。
3 《清世宗实录》卷1，康熙六十一年十一月乙未。

允禩、允祥,却无诚亲王允祉,未免出人意料。所以,允禩曾在雍正帝前为允祉保奏,称允祉可以大用。其后这成为允祉的罪状之一,所谓"此阿其那欲引允祉为党助,共图扰乱国政之明验也"[1]。

雍正帝未以允祉为总理事务大臣,揣测其意,主要有三。

首先,允禩允禟集团为其主要政敌,实力仍存,必须先予笼络,以稳定人心;允祥与他关系甚好,故予重用;允祉非敌非友,能量、影响不及允禩,如果不用,对政局稳定与否并无大碍。

其次,在雍正帝看来,以办事才力论,允祉也在可用可不用之间。

再次,雍正帝对于允祉先获王爵、奏折列名在前、长期率领诸弟值守京城以及康熙帝对皇子交办政务时皆以允祉居首等,深怀忌恨,一旦条件具备,必加贬抑。

此时,关于新帝得位不正之说开始流传。[2]加之种种原因,新帝难以及时组建一个完全由得力亲信组成的助手班子,四位总理事务大臣中,他所称心者只有两人,即允祥和隆科多。这种形势下,他不得不对允禩允禟集团部分成员暂行示好。为了避免树敌过多,又对一些近支宗室大力拉拢。例如,释放被软禁在家的废太子允礽的长子弘皙,封为多罗理郡王;晋封七弟淳郡王允祐为和硕淳亲王;晋封十二弟贝子允祹为多罗嘉郡王;等等。将允祉受到陈梦雷案牵连一事按而未发,也是雍正帝借以团结近支宗室的举措之一。

六十一年十二月初九日,雍正帝释服,行大祭礼,易素服,从苫次移居养心殿。逾日,陈梦雷案发露。[3]

陈梦雷,字则震,号省斋,晚号松鹤老人,福建侯官(今福州市)人。康熙三十七年(1697年)从盛京流放地赦还,翌年奉旨侍从允祉读书,在允祉主持下,编纂《古今图书集成》,历数载完成初稿。

雍正帝继位初期,对允祉既未重用,以示贬抑;又加包容,暂未追究

---

[1] 中国第一历史档案馆编:《雍正朝汉文谕旨汇编》第5册(上谕底册),第96、97页。
[2] 《大义觉迷录》卷3,载《清史资料》第4辑,第121、122页;[英]斯当东:《英使谒见乾隆纪实》,叶笃义译,第363页。
[3] 参见杨珍:《陈梦雷二次被流放及相关问题》,载《故宫博物院院刊》2011年第4期。

允祉涉嫌陈梦雷案。这是当时他对待既非允禩一党，也非可以倚用的近支宗室成员的基本方针。当允禩等人在朝中仍有较大影响、一些王公大臣对雍正帝即位怀有疑虑的情况下，这种区别对待、团结多数、统筹全局、宽严适度的做法，显示出雍正帝的睿智。

雍正元年八月，雍正帝向全体朝臣公开宣布秘密建储，将书有皇四子弘历之名的密旨，置之于乾清宫正大光明匾额后。此举对雍正帝按照个人意志传承皇位予以保证，既有利于稳定朝野之心，对于允禩等人也是一个重大打击。

雍正二年（1724）二月，清军平定青海罗卜藏丹津叛乱。以此为转折，雍正帝对允禩允禟集团的态度明显改变，先是广造舆论，继而先次后主，逐个予以清除。

七月，颁布《朋党论》，要求全体臣工与他"同好恶，公是非"。他对诸王大臣说：允禵、允禩、允禟、允䄉"俱各不知本量，结为朋党，欲成大事"[1]。又警告众人："自亲王以下，闲散人以上，若有归附允禩，结为朋党者，即为叛国之人，必加以重罪，决不姑贷，亦断不姑容也。"[2]

随着朝中形势的改变，允祉的处境也在发生微妙变化。二年（1724）冬，允祉之子弘晟以讹诈银两罪革去世子，降为闲散宗室，交与允祉严加约束。[3]

三年（1725）二月，服丧期满。雍正帝不再有所顾忌，惩处允禩允禟集团的步骤加快，允祉被卷入权力斗争的旋涡中。

三、淫威之下

二年（1724）以降，雍正帝对允禩等人的斥责日趋加重。不少大臣不敢明言，心有反感，认为雍正帝过于苛刻，暗地为允禩抱屈，[4] 雍正帝对此有所觉察。三年（1725）四月谕称："允禩每有罪过，朕于诸王大臣之前降旨训诲，视诸王大臣之意，颇有以允禩为屈抑者。"[5]

---

1 《雍正朝起居注册》第 1 册，第 302-303 页。
2 《上谕内阁》卷 26，雍正二年十一月二十二日。
3 《清世宗实录》卷 26，雍正二年十一月庚戌。
4 《雍正朝起居注册》第 1 册，第 365 页。
5 《上谕内阁》卷 31，雍正三年四月十六日。

四年（1726）正月初五日，雍正帝在养心殿西暖阁召入诸王、贝勒、贝子、公、满汉文武大臣等，允祉、允禩均在其内。雍正帝于众人前尽数允禩希冀储位，事事伤皇考圣怀，出任总理事期间诡诈百出，欲以摇惑众人等"狂悖已极"诸状。允禩站立一旁，沉默无语。可是，当雍正帝指责他在焚毁圣祖御批一事上反复其词时，[1] 他突然为自己辩白，于众臣前指天发誓云："若有虚言，一家俱死。"雍正帝据此说允禩"自绝于天，自绝于祖宗，自绝于朕"，下令革去他的黄带子。又以"结党构逆，靡恶不为"罪，将允䄉、苏努、吴尔占等人革去黄带子，令宗人府将三人名字除去。[2]

此后一个月内，雍正帝很可能通过不同渠道，了解众臣的态度，特别是与允禩等亲为手足的宗室成员在此事情上的反映。

环顾康熙帝诸子，皇长子允禔革爵幽禁（逝于雍正十二年十一月）；皇二子废太子允礽已故（逝于雍正二年十二月）；皇五子恒亲王允祺（逝于雍正十年闰五月）性情平和，才力不逮，不曾参与储位之争；皇七子淳亲王允祐（逝于雍正八年四月）未曾参与储位之争，且长期患病；皇八子廉亲王允禩（逝于雍正四年九月）、皇九子贝子允禟（逝于雍正四年八月）、皇十子敦郡王允䄉（逝于乾隆六年九月）、皇十四子贝子允禵（逝于乾隆二十年十月）均为雍正帝重点打击之人；皇十二子贝子允祹（康熙六十一年十二月晋郡王，雍正元年降为贝子，其后屡有降、升，逝于乾隆

---

[1] 康熙四十七年（1708）九月康熙帝由塞外返京途中，做出一废太子的决定，并密谕在京皇子允祉等速赴行在，允禩、胤禛留京值守。此谕以允禩列名胤禛之上。据胤禛继位后称，"二阿哥有事时，圣祖皇帝命朕同允禩在京办理事务，凡有启奏皆奉御批，事竣之后，朕将所有御批奏折交与允禩收贮"。而康熙帝的密谕中允禩之名在胤禛之上，可能是胤禛让允禩收贮这些朱批奏折的主要原因。五十三年冬，允禩因"毙鹰事件"遭康熙帝痛斥，旋即患病，恐有不测，寄信家人，将家中所有笔札焚毁。因家人疏忽，将允禩藏在佛柜内、四十七年九月他与胤禛共同值守京城期间所奉朱批奏折一并焚毁。不久，胤禛向询此事，允禩以实情相告。雍正帝继位后，令收缴朱批奏折，允禩被宗人府询问何以焚毁朱批，遂称抱病昏庸，误行烧毁等语。雍正帝面责允禩反复其词，允禩发誓曰："若有虚言，一家俱死。"此次在诸王大臣面前，允禩重设前誓。这成为雍正帝将允禩削除宗籍的主要理由。参见中国第一历史档案馆藏：满文朱批奏折，胤祉等奏，康熙四十七年九月初五日、康熙五十三年十二月十五日；《雍正朝起居注》第1册，第657—662页、676—678页；《清世宗实录》卷40，雍正四年正月戊戌；卷41，雍正四年二月庚午。

[2] 《清世宗实录》卷40，雍正四年正月戊戌。

四十二年二月）既未参与储位之争，亦未得到雍正帝重用；皇十三子怡亲王允祥（逝于雍正八年五月）则被雍正帝视为心腹，深得倚信。允禑以下诸皇子，年龄相对较小，在康熙年间均未封爵，其中皇十六子庄亲王允禄（雍正元年奉旨过继和硕庄靖亲王博果铎，逝于乾隆三十二年二月）、皇十七子果郡王允礼（雍正元年四月封果郡王，六年晋亲王，逝于乾隆三年二月）颇受雍正帝信任，对于打击允禩之举予以积极配合。[1]

其他宗室成员内，受到雍正帝倚用者（如礼亲王代善玄孙顺承郡王锡保，雍正三年任宗人府府令；礼亲王代善玄孙康亲王崇安，四年六月率诸王大臣议定允禩等人罪款）尚在少数。一些王公大臣或被指为允禩、允禟集团成员（如苏努、吴尔占、领侍卫内大臣鄂伦岱、领侍卫内大臣阿尔松阿等），或被指为允禩等人的同情者（如郑亲王济尔哈朗曾孙简亲王雅尔江阿、康熙帝之兄裕亲王福全第三子裕亲王保泰等），均受惩处。

此时，允祉以皇兄亲王之尊，在宗室中独居显要之位。雍正帝即将清除允禩等人，对允祉既加以利用，又极为关注他的言行。

四年（1726）正月二十八日，雍正帝在圆明园召见诚亲王允祉、顺承郡王锡保、贝勒满都护（康熙帝之弟和硕恭亲王常宁第二子，雍正四年四月被指为允禩党成员，旋遭降革）、公纳图（礼亲王代善玄孙，时任宗人府左宗人）。面谕曰："廉亲王允禩愈加悖逆，将朕所交之事不但毫不实心效力，而且每事败坏。不但伊奸诈多端，伊妻更属狐媚残刻，允禩平日甚畏之……今尔等前去将朕谕旨降与允禩之妻，革去福金，逐回外家……尔等回来后，再将此旨降与允禩。"[2] 关于允祉等领旨办理情形，未见记载。

二月初六日，谕宗人府："允禩既革其宗室，授为民王，不可照宗室诸王例，留所属佐领人员。凡有朝会之处，俱照民公侯伯例，交旗令其稽查各处，俱著书写亲王允禩。"[3]

二月初七日，雍正帝于圆明园勤政殿再次召见诸王大臣。据允祉密

---

1 参见《上谕八旗》，雍正六年二月初四日、初五日；《清世宗实录》卷94，雍正八年五月己卯。
2 《雍正朝起居注册》第1册，第682—683页。《清世宗实录》卷40，雍正四年正月辛酉条载有此谕，但隐去允祉等人之名，代之以"谕诸王大臣等"。
3 《清世宗实录》卷41，雍正四年二月己巳。

折,是日,雍正帝首先告知众人:"允祧之罪,实若当杀,众人奏请,朕即决断。事关重大,尔等各陈所思,倘若并不尽表忠心,乃是为臣之人悖理不忠之处。"[1] 诸王大臣听罢,请求先在一处会议。其后,才出现《上谕内阁》与《清世宗实录》中雍正四年二月初七日庚午条记载的下述情况:

> 诸王大臣等合词参奏允祧不孝不忠,悖乱奸恶,请即行正法,以彰国典。上御勤政殿,召诸王大臣及允祧入,谕曰:
>
> 尔诸王大臣等合词参奏允祧,请即正典刑。允祧乃皇考之子,太祖、太宗之孙,朕之弟也。今日之举,我列祖、皇考在天之灵实昭察于上,倘允祧不应正法而尔等妄行陈奏,以残害列祖皇考之子孙而陷朕于不义,尔等之罪尚可逭乎?朕思尔等公同具奏时,或有随众列名而不出于中心之诚者,故特召入,面加询问。若有以允祧为不当正法者,可出班另跪于右。朕今日如此询问,倘众人中犹有心口相违,不肯据实陈奏者,列祖、皇考在天之灵必加诛殛。
>
> 谕毕,诸王大臣等回奏:允祧悖伦乱政,罪状多端,按之国法,应正典刑。诸臣实无异辞。
>
> 谕称:诸王大臣引据大义,欲正国法,所奏亦是。但朕曾降谕旨,断不治允祧之罪,即今令允祧离宗,亦因伊将确实之事于诸臣前指天发誓,诅咒一家不获善终,难以存留宗室之中,此万不得已所致耳!朕本意断不将允祧治罪。此所奏知道了。[2]

比照允祉密折原件与上述官修史书,可以看出,上述一幕中,是雍正帝先予诱导,诸王大臣遂循帝意,合词参奏允祧,请即行正法。雍正帝先予诱导这一重要史实,在《上谕内阁》《清世宗实录》中均未载。皇兄允祉居诸王之首,自应率先趋至帝前,奏请将允祧"明正法典"。然而在这一关键时刻、重大问题上,允祉的表现不当上意,遭到申斥。他自知得罪,既悔又怕,纠结万分。

二月初八日,即诸王大臣应召于勤政殿第二天,允祉只身赴圆明园求

---

1 中国第一历史档案馆藏:雍正朝满文朱批奏折,允祉奏,无年月。
2 《上谕内阁》卷41,雍正四年二月初七日;《清世宗实录》卷41,雍正四年二月庚午。

见，乞请"向主子面陈愚忠"。雍正帝拒而不见，传旨："王口钝，著缮文具奏。"[1] 允祉的两件密折上，多处以墨笔涂抹。看来他接旨后暂未离开圆明园，而在雍正帝寝宫附近仓促写就两折，一并进呈。两件密折均似底稿，未再经过誊抄。[2]

兹译允祉第一件满文密折如下：

> 臣允祉谨奏……臣未奏明实情，未尽竭诚之心，至使主子怀疑，乃是背离主子，忤逆上苍之人。昨日（似指二月初七日）臣等应召入内，得蒙降旨，思之愈加悚惧。允禩犯有诸多应杀之罪，主子屡次降旨，伊不理睬，前日（似指正月初五日）进宫，突然改变常态，举止乖张（此指允禩于众臣前指天发誓）。是以主子怀疑允祉，甚合情理。允祉我倘若确有暗中教唆、差人通风报信等事，即供认不讳，但无此情是实。由此看得，允禩奸巧诡谲，实难估量。主子初次任用允禩时，因审理张鼎一案，牵连于我，被主子训饬，羞愧难当，大失脸面。允䄉甫抵京师，主子命我等共同编撰圣祖庭训。我曾泣劝开导，见今伊等俱在，一问可知。此乃臣允祉我倚恃主子圣德与上苍神明，光明正大行之，不像有些人，于众前躲避允禩、允䄉，背地又潜通消息，央求烦托。臣若是伊等同党，何能如此显明而为？主子昨日降旨，甚属明白。谕曰："允禩之罪，实若当杀，众人奏请，朕即决断。事关重大，尔等各陈所思，倘若并不尽表忠心，乃是为臣之人悖理不忠之处。钦此（按，此处所述谕旨有墨笔涂抹处）。"臣等奏请共在一处会议……（按，此处以墨笔涂去两行半）……允禩所犯之罪，应予正法，削除宗籍。主子如此决断以来，未曾降旨，是以允祉并不知晓。今将杀允禩之过落于我身，我情愿承受，主子说我是允禩同党，

---

1 中国第一历史档案馆藏：雍正朝满文朱批奏折，允祉奏，无年月。雍正四年（1726）二月初六日，"上幸圆明园"，是月十四日回宫。参见《清世宗实录》卷41，雍正四年二月己巳、丁丑。
2 中国第一历史档案馆所藏《雍正朝起居注册》，缺雍正四年二月部分，故无法将《清世宗实录》与是月起居注的记载进行比较。现仅据《清世宗实录》《上谕内阁》《雍正朝起居注册》（其他月份）及满文档案等有关记载，初步判断两折写于雍正四年（1726）二月初八日。

我也接受。主子圣明，有上苍为鉴，若为捞取声名，与外人胡言乱语，即让我如允禵一样承受苦难。臣允祉乃一奴才，忝为人兄，竟敢如同主子之手足。主子如何想，谕旨如何言，我就如何遵照而行。此外再无他言。伏乞主子阅讫批还。若无主子英明圣恩，我岂能存活至今。

折子结尾没有署名，也无具奏日期。[1]

译允祉第二件满文密折如下：

> 臣允祉谨奏，为表诚心，以报万一事。臣乃愚昧无知，不晓事理之人，受人牵累，无辜而死，向主子一抒愚忠，无论主子治以何罪，臣情愿受之。臣见今具奏之语，若有泄露，愿在众人前死去是实。臣倚恃主子，惟愿披肝沥胆，陈述肺腑之言。

此件密折依然未书具奏时间，结尾处有"臣允祉亲笔书写"数字。[2]

看来允祉写毕第一折，感到言犹未尽，继写这第二折。雍正帝对第二折未做朱批。在第一折上，自"乃是为臣之人悖理不忠之处。钦此"之后，至末句"我乃无法存活至今"的行间，写有以下朱批：

> 朕含泪阅之，大为赞赏。阿哥诚能如是，朕有负尔矣！皇考在天之灵，必有明鉴。此是朕一片苦心。只是阿哥原本善于说谎哄人，容忍一切异端，朕稔知此情，怀疑憎恶是实。朕若即称相信，实为欺骗上苍，尔若执意骗朕，即是悖逆于皇考。日月长久，拭目以待！阿哥果能如此，不仅多有尔主子弟弟的好日子，朕之福分也才全备。身为亲兄，宜倍加谨恪。又，允禵之心及其所行，皇考神灵与上苍俱已睿鉴。或杀或养，朕未降旨，亦无必行正法或必予宽恕之意，岂有靠尔阿哥之名杀弟之理？阿哥惟须持大体，恪守为臣之道，朕或有措置。欣喜阅之，畅快之至，感激不尽！

---

1 中国第一历史档案馆藏：雍正朝满文朱批奏折，允祉奏，无年月。"圣祖庭训"指《圣祖仁皇帝庭训格言》；"张鼎"一名系音译。
2 中国第一历史档案馆藏：雍正朝满文朱批奏折，允祉奏，无年月。

两件密折有以下特点:

其一,这是一件极具私密性的个人信件。清前期宫廷档案中,满洲君主与亲王兄长之间既议论朝政,又话及家常,既具浓厚政治色彩,又带有家人之间对话时的随意与率性,而且是以满文密折、满文朱批形式写出并完整存留至今者,实为仅见。

其二,出于两人之手而各具特色的满文字迹、少有修饰的言辞以及多处删削痕迹,体现出允祉、胤禛各自书写时的心态。事隔三个世纪,展折细读,仍能感受到强烈的时代气息。

其三,允祉密折中的语言,充满惊惧、自贬与畏缩,与康熙年间他领衔诸弟上奏时的平和从容,判若两人。雍正帝的朱批半为讥讽,半为警告,尽显其率直个性与察察为明的作风,与康熙朝他紧随允祉之后,言恭语顺之态,成霄壤之别。他在朱批中嘻笑怒骂,任情挥洒,或冷言挖苦,或肉麻吹捧,是惯有做法,也是他为人为政的风格特点。但是,以这种方式对待亲王兄长,似难觅二例。

密折与朱批还反映了以下情况。

第一,四年(1726)正月初五日,允禩因被指控对焚毁圣祖御批的解释"反复其词",遂于众臣前指天发誓,矢称所言俱实,否则一家俱死。此语为时人所深忌,若非万不得已,断难出口。允禩当着全体王公大臣之面竟有此语,实出雍正帝之预料,使他感到难堪。因此,雍正帝认为,允祉曾将有关信息透露给允禩,允禩的回应乃有所备,故允祉有教唆之嫌。允祉竭力为自己表白,却被雍正帝视为没有诚意,予以嘲讽。

第二,雍正帝拟将允禩正法,却希望由诸王大臣率先奏请(此与康熙帝拟复立允礽又想让众臣率先奏请,何其相似),因而正月初五日仅令削除允禩宗籍。其后一个月内,诸王大臣并未主动奏请将允禩正法。雍正帝不再等待,于二月初七日再次齐集诸王大臣,通过诱导透露旨意。众人遂亦步亦趋,合词参奏,请将允禩"即正法典"。允祉先前没有主动奏请将允禩正法,初七日面奏时或又稍有迟疑,故为雍正帝所恼。允祉极力补救,于翌日缮折奏称情愿替雍正帝担当屠弟之名,但已错过与雍正帝"同好恶,公是非"的最佳时机。

第三，二月初七日，雍正帝命诸王大臣就允禵是否当杀，各抒己见。诸王大臣被迫两次表态，先是合词参奏，后又遵旨回奏，请将允禵正法。雍正帝既称众人"所奏亦是"，又言"朕断不治允禵之罪"；翌日给允祉朱批内，仍称"（对允禵）亦无必行正法或必予宽恕之意"。如此反复，均属故做姿态而已。

第四，我们了解上述情况后，如果对允禟、允禵两人分别于雍正四年八月、九月相继死于禁所之事，再反复探讨是否出于雍正帝之谋害，已无意义。雍正帝欲将允禵（包括允禟）正法，虽未明言，众臣皆知，至于处死方式，则有多种选择。由此，对于雍正四年侍卫胡什礼奉差前往西宁押解允禟回京时，尚未请旨，便将允禟以三条锁锁拿；直隶总督李绂则有"俟塞思黑一到，我便宜行事"之语[1]；以及当时广为流传的雍正帝"屠弟"一说等情况之所以出现，也会感到是在情理之中了。

第五，允祉在密折中除去自称"臣""兄"之外，还自称"奴才"，对雍正帝称为"主子"。雍正帝在朱批中自称"主子弟弟"。这些称谓，显示了两人之间的三重关系：既有皇帝制度下体现君主专制政体的君臣关系，也有八旗制度下体现"满洲旧体"的主奴关系，还有与生俱来、表明血缘远近的弟兄关系。三种关系中，由君臣关系而决定的主奴关系是两人关系的核心，君臣关系是两人关系的外在表现，弟兄关系只是依附于主奴关系、君臣关系之下。

清制，汉族大臣对清帝称臣，不能称为奴才，[2] 唯满洲大臣对清帝既称臣，又自称奴才。[3] 这是由于清帝既是清朝最高统治者，也是八旗共主，包括诸王贝勒在内所有旗员，与清帝均是双重隶属关系，在清帝前具有奴才与臣子的双重身份。允祉密折上自称臣，又称奴才，这为我们提供了一个实例。此为清代八旗制度下一种特殊现象，也是清朝政治的特点之一。

允祉、胤禛是亲兄弟，曾在康熙帝精心督教下，一起研习儒家典籍，对兄友弟恭等伦理准则自幼背诵，熟烂于心。然而因储位未定，互有猜

1　《清世宗实录》卷47，雍正四年八月丁亥。
2　参见陈垣：《释奴才》，载《陈垣史学论著选》，第603—607页。
3　从清朝前期满文档案显示的情况看，当朝皇子对皇帝称臣，近支宗室对皇帝或称臣，或称奴才。

忌，两人之间存在利益之争。在利益冲突面前，一切伦理准则都会失去规范效能，所谓骨肉之情更无足论。即使君臣之分已定，这一矛盾刻下的裂痕，依然深嵌在两人内心，对他们的感情亲疏产生至要影响。

第六，允祉密折内称："主子如何想，谕旨如何言，我就如何遵照而行……若无主子英明圣恩，我岂能存活至今。"他唯恐"背离主子，忤逆上苍"，像允䄉那样承受苦难。可是，雍正二年（1724），他奉旨搜查允禩府邸时，发现允禟给允禩的信中有"机会已失，追悔无及"等语，竟欲为允禩等藏匿；雍正帝令革去允䄉郡王爵位及其长子弘春的贝子爵位时，他在乾清门齐集之所为允䄉等人叹息流涕；六年九月深得雍正帝喜爱的八阿哥福惠（生母为敦肃皇贵妃年氏）早卒，诸王大臣无不为之痛惜，他却"欣喜之色，倍于平时"；八年五月最为雍正帝宠信的怡亲王允祥去世后，他在举哀时"全无伤悼之情，视同隔膜"[1]。从允祉的这些表现看，他的内心深处，也有自己的好恶，且对受到打击迫害的允䄉、允禟、允禩、允䄉等人怀有同情。为了求生，他违心地对雍正帝极力吹捧，对允禩等人竭尽诋毁之能事，甚至甘愿替雍正帝背负杀弟之名。他的心灵在皇权重压下被严重扭曲，但以此换得的自保仅有数载，最终仍被冠以同允禩"交相党附"之罪名，拘禁至死。

第七，关于允祉密折，雍正八年上谕称"比时曾向廷臣言之"。对比原始满文档案，可以看出雍正帝对密折的转述与允祉的本意并不相符。据上谕所言，允祉系主动奏请亲自将允䄉、允禟置之于法，而允祉密折内称"今将杀允䄉之过落于我身，我情愿承受"。这显然是在万般无奈中，表示愿替雍正帝承担杀弟之名。既便如此，雍正帝不仅不领情，且将允祉密折之言断章取义，加以歪曲，作为将允祉治罪的口实之一。自此例可知，包括谕旨在内，史籍所记之事不可尽信，要在考察它出现的时间、地点以及全局形势的基础上，尽可能根据原始材料，再作分析辨别。

第八，雍正帝在朱批中直言对允祉的看法，称原本对允祉"怀疑憎

---

[1] 参见《上谕旗务议覆》，载《中国史学丛书续编》第49册，第393-404页。这些由宗人府禀旨罗织的允祉罪款中，某些细节亦或透露出这位罹罪者的心理活动。

恶"。倘以此与雍正八年上谕所列允祉诸项"过恶"并观，可以判断，他对允祉的成见产生于康熙年间，原因已如前述。

两件满文密折手稿，澄清被雍正帝所歪曲的一桩史事，披露了他和诚亲王允祉之间的纠葛与他清除允禩允禟集团的谋略施为息息相关，为雍正帝屠弟之说提供了佐证。同时也启发我们，还可以对清初政治舞台上被幕布所遮掩的场景，对清初政治所富有的满洲习俗特色，对声名显赫或黯淡的历史人物与清初政治的关系，做进一步发掘思考。

四、结局评说

雍正六年（1728）六月，允祉勒索原山西巡抚苏克济银两事发露。受诘问时，允祉当着雍正帝之面呵责大臣。宗人府参劾他"毫无臣礼"，旨令降为郡王，免议政，其子弘晟交宗人府严行锁禁。[1]

八年（1730）二月，旨称"诚郡王允祉年来自知从前错谬，深加愧悔"，复封亲王。[2] 五月，怡亲王允祥病逝。允祉在治丧活动中迟至，且被指为无悲伤之色，宗人府遵旨定议不孝、妄乱、狂悖、党逆、欺罔、奸邪、恶逆、怨恨不敬、贪渎负恩、背理灭伦等罪愆十款，[3] 令革去亲王，拘禁于景山永安亭。十年闰五月，允祉病逝于禁所，终年56岁。旨称"一切殡葬之礼，著照郡王例行，赏内库银五千两料理丧事"[4]。乾隆二年（1737），追谥"隐"。复原封诚郡王字号。

允祉逝后三年（雍正十三年八月），雍正帝病逝，终年58岁。

雍正帝在继位之初处理陈梦雷一案，对允祉予以包容，乃是朝中形势使然；俟清除允禩、允禟集团进入最后阶段，对允祉"面陈愚忠"不屑一顾，斥责奚落，是因在整肃政敌中他已稳操胜券，无须继续顾及"敦睦"；对允祉拟定十大罪状，予以革爵并拘禁至死，则在雍正帝统治愈益强固，权力愈益集中之后。这对同胞兄弟的君臣关系，历时十载（康熙六十一年

---

1 《清世宗实录》卷70，雍正六年六月己亥。
2 参见中国第一历史档案馆编：《雍正朝汉文谕旨汇编》第5册（上谕底册），第21页。
3 《清世宗实录》卷94，雍正八年五月辛卯。
4 《清世宗实录》卷119，雍正十年闰五月甲辰。

十一月至雍正十年闰五月），有过两次转折，呈现三个阶段：由包容、俯首，到凌逼、退缩，再到构罪、丧命。清帝固然有才略有能力将臣仆性命操纵于手，然而在制定策略、采取处置措施时，也受到政治形势、人际关系等多种因素的制约。

考察允祉密折及其有关情况，还应与两位当事人，尤其是雍正帝的作风与个性特点相联系。

雍正年间，清朝皇权极度集中与强化。雍正帝继位后，相继采取清除朋党、整饬吏治、实行秘密建储、推行密折制度、设立军机处、大兴文字狱等举措，他在有效推进皇权集中与强化进程的同时，也在被这一历史进程所推动。雍正初年，与惩治政敌相配合，他颁布一系列禁令，限制、剥夺下五旗王公所保留的特权。皇兄亲王允祉密奏时自称奴才，"主子弟弟"胤禛则在朱批中极尽鄙视欺凌之能事。这些表现同雍正皇权发展态势，以及这一时期满洲君主与八旗王公的权势消长状况均相吻合，是经过雍正帝对诸王贝勒实施一系列限制、打击、剥夺权利等措施后，雍正年间八旗王公权势降至清前期历史上最低点，皇权得到空前加强的结果。

雍正帝拥有高度膨胀的皇权，并以极大精力，果断排除被他视为不利于权力集中的各种因素。他大力贬抑诸王贝勒，对于某些宗室成员采取极端手段，严酷惩治。这种强势，实则掩饰着一种不自信。极度的防范与报复之心，反映出他竭力维护手中的权力时，心理失衡也在逐渐加重。

雍正帝既具有古代杰出帝王的才智、胆略、气魄，也以"疏忌骨肉"而为后人訾议。事实上，不仅对允禩、允禟等人，即使对于并非其政敌的允祉，他也缺乏应有的胸怀和气度。

在康熙帝年长皇子中，允祉以知识渊博著称。康熙朝后期，他主持修辑律吕算法诸书，考定坛庙宫殿乐器。雍正帝说他"心胆尚小"，这与他钻研学问、不善交际的品性亦无不符。他被催追通欠银两时屡屡上奏申述，[1] 受到大臣问讯时竟在雍正帝前显露怨怼等事例，都反映出他缺乏机谋，带有较重的书生气。从各方面看，他对于雍正帝的统治并未构成威

---

1 参见《上谕旗务议覆》，载《中国史学丛书续编》第49册，第400页。

胁。然而雍正帝始终不忘前嫌,甚至不容忍在加强皇权、逐步清除政敌过程中,允祉采取明哲保身的态度。他拙于言辞、胆小怕事等弱点,没有使雍正帝稍生怜悯之心,反而进一步引起反感,用作讥讽嘲弄的把柄。雍正帝的褊狭、猜忌和残忍,也是导致允祉不幸结局的原因之一。

第三节　皇八子允禩与康熙帝

中国古代帝王之家的父子关系大体分为两种类型,即皇帝与储君的关系,皇帝与一般皇子的关系。前一种类型相对特殊,后一种类型是帝王之家父子关系的基本类型。特点各异的两种类型,具有共同之处。无论是皇帝与储君之间,或是皇帝与普通皇子之间,在一定条件下,皇位继承问题均会成为父子发生矛盾乃至权力之争的导火线。其他家庭父子之间,也会出现利益冲突,然而帝王之家以权力之争为本质内涵的父子矛盾,则可能将这种利益冲突放大至极致,对王朝与社会产生深远的影响。帝王之家的父子关系同样是以血缘为纽带,可是,与皇权传承密切相连的各种利益因素,往往超越血缘亲情,对父子关系起有决定性的作用。虽然表现方式与程度有所不同,然而从总体而言,帝王之家父子关系的两种类型,无不以王朝最高权力传承问题为隐线,具有利益化、政治化的特征。

康熙帝与皇八子允禩的关系,属于帝王之家父子关系的第二种类型。这对父子的关系与康熙朝中后期政坛风云密切相连,历经四个发展阶段,大起大落,曲折多变,在清朝入关后同一类型的父子关系中十分特殊。

一、培养

允禩生于康熙二十年(1681)二月,排行皇八子。三十六年即允禩17岁前,是这对父子关系的第一个阶段(康熙二十年至三十六年,1681—1697),这是允禩受到培养锻炼的时期。

康熙帝认为,"情之最亲者,莫如父子。父子主恩出自天性"[1]。他共有35子,齿叙者24人。除去皇太子允礽另当别论外,康熙帝对幼年皇子一视同仁,既关爱有加,又予以严格、系统的满汉文化教育,力图将每一位皇子都培养成栋梁之材。

允禩的生母卫氏(一作魏氏),是正黄旗满洲内管领阿布鼐之女。允禩得罪后,康熙帝称卫氏出身罪籍,乃"辛者库贱妇"[2]。卫氏原为宫女,康熙二十年(1681)二月生下允禩,三十九年册封良嫔,后晋良妃。允禩母家地位较低,不过,康熙帝并未因此而减少对允禩的关爱栽培。

允禩四五岁时,开始接受启蒙教育。二十六年(1687)六月,康熙帝带领7岁的八阿哥允禩与其他几位较年长的皇子,一起来到皇太子允礽的书房,让皇子们分别在众大臣前诵读经书。允禩等人依次诵读,熟稔流畅,康熙帝十分满意,众臣赞不绝口。[3]八月,允禩第一次随康熙帝巡视塞外,在此次随扈皇子中年龄最小。允禩稍长,康熙帝发现他的汉文书法不尽如人意,为了督促改进,特命允禩一日必写十幅呈上,由康熙帝亲自批改,这种做法持续到允禩成人、完婚分府之后。

康熙帝一向重嫡重长。九阿哥允禟与允禩仅仅相隔两岁,然而康熙帝却将八阿哥允禩以上视为年长皇子。随着年龄的增加,这些皇子各自的特点日渐显露,悟性、才力呈现高下之分。康熙帝对他们的看法各异,每位皇子在康熙帝心中的位置也有一定差别。

有关史事表明,在年长皇子中排在末位的允禩,尤其受到康熙帝的重视,被加意培养,包括胤禛在内部分皇兄,与允禩相较均有不及。

三十二年(1693)十月,曲阜孔庙落成。康熙帝派遣皇三子允祉前往致祭,皇四子胤禛、允禩"皆从行"[4]。此为康熙帝实施崇儒重道国策的举措之一,意义重大,在朝内外反响强烈。这是康熙朝第一次选派皇子赴外省办理政务。允祉三兄弟于途中发布安民告示,又与地方各级官员多有接

---

1 《圣祖御制文二集》卷3,《谕内阁》,光绪朝武英殿刻本。
2 《清圣祖实录》卷261,康熙五十三年十一月甲子。
3 《康熙起居注》第2册,第1644—1645页。
4 王士禛:《居易录》卷22,康熙刻本。

触。对于少年皇子而言,这是一次在地方官员,特别是汉族士人前树立威信,与其建立联系的难得机会。康熙帝舍去较允禩年长的皇五子允祺和皇七子允祐,选派允禩随同两位皇兄前往,自有深意。允禩尚在少年,已具有骑术精湛、善于相马等特长。途中,凡自京城送至马匹,首先由允禩试骑,其后确定是否由允祉、胤禛等骑用。[1] 清朝入关后历代皇子中,年仅13岁即膺此任,允禩或是唯一一人。

需要指出,雍正帝继位后修纂的《清圣祖实录》中,对此次奉旨赴阙里祭孔的皇子之名及其主次之位,均有删改:"上以阙里圣庙落成,命皇三子允祉、皇四子胤禛前往致祭。"[2] 这一记述不仅删去允禩之名,而且将陪祀行礼的胤禛写为致祭者之一。雍正年间罹罪之人曾受先皇倚用之事迹,在《清圣祖实录》中被抹杀,时为皇四子的雍正帝事迹被夸大,此即一例。

三十五年(1696)二月,康熙帝第一次亲征噶尔丹,16岁的允禩在6位随征皇子中年龄最小。亲征期间,他跟随在康熙帝身边,并奉命管理火器营。征途中,得到康熙帝的"嘉美诗":"戎行亲莅制机宜,栉沐风霜总不辞。随侍晨昏依帐殿,焦劳情事尔应知。"[3]

同年九月,康熙帝第二次亲征噶尔丹,并从第一次随征的6位皇子中挑选3人带往。结果是,皇四子胤禛、皇五子允祺、皇七子允祐均落选,皇长子允禔、皇三子允祉和皇八子允禩再次随征。

二、倚重

三十六年(1697)五月,康熙帝胜利结束第三次亲征噶尔丹。不久,他与八阿哥允禩的关系,进入第二个阶段。这是允禩深受倚重的十年(康熙三十七年至四十七年九月,1698—1708)。

三十七年(1698)三月,康熙帝根据皇子们在随驾亲征中的表现以及他平日对诸子的一贯印象,对年长皇子予以第一次分封。18岁的允禩封为

---

[1] 中国第一历史档案馆藏:满文朱批奏折,无具奏人,无年月。
[2] 《清圣祖实录》卷160,康熙三十二年十月丙子。
[3] 《圣祖御制文二集》卷46,《赐皇子胤禛》。

多罗贝勒,在此次受封的皇子中年龄最轻,也是康熙朝历次分封皇子中受封年龄最小的一位。

允禩受封多罗贝勒的当年,经康熙帝指婚,娶安郡王岳乐的外孙女、和硕额驸明尚之女郭络罗氏为嫡福晋。康熙帝选派内大臣明珠等参加允禩的定婚宴,并带去丰厚赐物;又派领侍卫内大臣颇尔盆等参加允禩的成婚礼筵宴。[1]四十二年(1703)夏,允禩偕福晋郭络罗氏从紫禁城皇宫,迁至康熙帝所赐八贝勒府。该府位于柏林寺一带,西与四贝勒胤禛的府邸(胤禛继位后扩建为雍和宫)毗邻。四月初二日,赐允禩移府额"受天之佑"[2],体现出康熙帝对八阿哥夫妇的挚爱和祝福。

郭络罗氏是安亲王岳乐的外孙女,自幼在外公家长大。允禩成婚前后,封入岳乐子孙所在正蓝旗,而岳乐之子镇国公景熙、吴尔占等,均为宗室中较有影响之人。康熙帝以皇八子为岳乐(外)孙婿,进一步提高了这一宗支在朝中的地位。岳乐家族是宗室贵胄,树大根深,允禩与之结亲,对于他广泛交结宗亲勋贵,必有大益。后来,景熙、吴尔占等均成为允禩允禟集团的重要成员,并在反太子活动中起有重要作用。

康熙帝曾让允禩管理广善库。允禩借此机会广结人缘,施展才干。康熙帝与皇兄裕亲王福全感情深厚。福全逝于四十三年(1703)六月。"裕亲王病时,曾以广善库为因,力荐允禩有才有德"[3]。福全的看法对康熙帝会产生一定影响。

康熙帝三次亲征噶尔丹时,均让皇太子允礽留京代理国政,对允礽的表现也相当满意。可是,康熙四十年(1701)后,皇帝与储君的关系发生变化,康熙帝同允礽叔姥爷、领侍卫内大臣索额图的矛盾日渐突出。所以,当他离京外出时,必将允礽带往。这种做法在四十八年三月复立允礽为皇太子后继续实施,直至五十一年二废太子方止。看来,康熙帝不放心让储君允礽独自留在京城。

与外出时必带皇太子同行的举措相对应,康熙帝离京期间,选

---

[1] 中国第一历史档案馆藏:满文朱批奏折2件,明珠等奏,无年月;颇尔盆等奏,无年月。
[2] 弘旺:《松月堂目下旧见》,第1册,第18页,清抄本。
[3] 《文献丛编》第1辑,《允禩允禟案》,第8页。

派皇三子允祉与皇八子允禩留守，综理政务，奉旨办理各项事宜，随时奏报京师的一切情况。当康熙帝携皇太子允礽及部分皇子外出后，允祉、允禩不仅是在京皇子的领军人物，而且凌驾部院大臣之上，成为京城最高权力的代表。[1]康熙帝特选著名学者何焯为允禩之师。康熙帝赴热河后，允禩于紫禁城内南薰殿值守，何焯侍从。[2]

允禩为康熙帝所倚信，在下述事例中有突出反映。

四十二年（1703）五月，康熙帝以索额图助皇太子"潜谋大事""结党妄行"而予拘禁。[3]数日后，康熙帝像往年一样出巡塞外，率皇太子允礽及部分皇子同行，允祉、允禩在家留守。

七月中旬，康熙帝尚在塞外。十四日，他得知有人为拘禁中的索额图通风报信，图谋将其救出的消息。于是，连夜给值守京城的允祉、允禩下达密旨：速往拘禁地查明实情，并严守机密，不得告知任何人。允祉、允禩接到密旨，于当日深夜前往宗人府，秘密审讯了在这里拘禁的索额图。两人仔细查询拘禁处有关事宜，并密审涉嫌人员后，将有关情况密报康熙帝。[4]

这一时期，康熙帝已注意到允禩与皇太子允礽之间的嫌隙。允禩的乳公雅齐布向与御史雍泰结仇，诉之允禩，允禩借故痛责雍泰。康熙帝得知，询问此事，允禩未言实情，奏称乃因修大高殿事责之。康熙帝批评说："雍泰系言官，如果有罪，即朕亦必熟思再三，始行治罪，尔岂可擅责御史？"皇太子允礽乘机禀告："八阿哥责雍泰，皆其乳母之夫谮毁所致。"[5]康熙帝遂将雅齐布充发边地，以示惩处。

值得注意的是，四十六年（1707）康熙帝前往热河期间，未像以往命

---

1 中国第一历史档案馆藏：满文朱批奏折，胤祉、胤禩奏，康熙四十四年六月二十七日、七月十六日、八月初四日、九月初一日；四十五年二月二十二日、七月二十七日等。根据满文档案反映的情况，四十七年（1708）后，这一做法有所变化，改由多位年长皇子轮班分值紫禁城和畅春园，集体担负留守京师之任。
2 参见吴云等辑：《义门先生集》卷4、卷9，道光三十年（1850）刊本。
3 《清圣祖实录》卷234，康熙四十七年九月丁丑；卷212，康熙四十二年五月癸亥。
4 中国第一历史档案馆藏：满文朱批奏折3件，胤祉、胤禩奏，康熙四十二年七月十八日、七月二十一日；胤祉、胤禩奏，无年月。
5 《清圣祖实录》卷235，康熙四十七年十月癸卯。

皇三子允祉、皇八子允禩留守京城，而是以允祉与皇四子胤禛留守。[1] 这是否表明，康熙帝已对八阿哥信任渐衰，故在安排留守之任时，以四阿哥胤禛替换允禩？事实并非如此，满文档案显示，直到四十七年九月一废太子事件发生时，在皇四子胤禛和皇八子允禩两人中，康熙帝仍然更器重允禩。

三、绝父子之恩

四十七年九月第一次废黜皇太子事件发生后，康熙帝与允禩的关系进入第三个阶段，历时八载（四十七年十月至五十五年，1708—1716）。在此期间，父子关系急转直下，康熙帝一度对允禩深恶痛绝。

一废太子之始，康熙帝仍对允禩信任如初。

四十七年九月初四日（1708年月10月17日），康熙帝由热河返京途中，向随扈大臣宣布，皇太子允礽不仁不孝，肆恶虐众，拟行废黜。[2] 当日，他向留京皇子发出密旨：允祉率小阿哥即刻启程前来，"八阿哥、四阿哥留守，共同办理政务"[3]。随后，允禩又奉命替代允礽的乳公凌普，署理内务府总管事。康熙帝平日言及诸子，或于朱批、朱笔谕旨中述及诸子，无不严格按照齿序，排列皇子之先后。在拟行废斥皇太子的关键时刻，涉及诸子之排序，更会深思熟虑后书之。可是，上述密旨中，却将"八阿哥"写于"四阿哥"之前，这就意味在两位钦定留守皇子中，八阿哥允禩负有首要责任。或许在康熙帝看来，较之胤禛，允禩多次承担留京办事之任，较有经验，更有才力。所以，此次两皇子留京办事期间，共同所奉朱批，都由允禩收贮。由此亦见允禩在两人中居首。

但是，随扈皇长子允禔在返京途中所出之语，骤然改变了康熙帝对允禩的看法。从某种角度看，允禩在竞争储位时原本具备的优势，是被向皇父举荐他的皇兄允禔一手断送。

---

[1] 参见中国第一历史档案馆藏：满文朱批奏折，胤祉、胤禛奏，康熙四十六年三月十七日、四月初十日、四月十三日等。
[2] 《清圣祖实录》卷234，康熙四十七年九月丁丑。
[3] 中国第一历史档案馆藏：满文朱谕奏折，胤祉等奏，康熙四十七年九月初五日。

康熙帝宣布废黜皇太子允礽决定的同时，明确告知众臣，虽然令大阿哥允禔沿途看守允礽，并无立允禔为皇太子之意。[1] 允禔鲁莽、躁急，缺乏远识。他见自己获取储位无望，于是，"请立允禩为皇太子，伊当辅之"。康熙帝闻之惊异，意识到允禔、允禩等"结党潜谋，早定于平日矣"。[2] 他认为，允禩等皇子不择手段反对皇太子允礽，势必有碍"朕躬"，如此"不谙君臣大义，不念父子至情之人，洵为乱臣贼子"[3]。加之允禩对相面人张德谋欲行刺皇太子允礽一事知而不奏，却告知九阿哥允禟、十四阿哥允禵，这使康熙帝认为，允禩较之大阿哥允禔更为可恶。[4]

九月底，康熙帝借允禩奏报所查凌普家产一事，对允禩大张挞伐。他责斥允禩所查未尽，称其"到处妄博虚名，凡朕所宽宥及所施恩泽处，俱归功于己，人皆称之，朕何为者，是又出一皇太子矣。如有一人称道汝好，朕即斩之，此权岂肯假诸人乎！"[5]

为了改变允禩在部分皇子及朝臣中威信甚高的状况，康熙帝除去将允禩锁拿，交议政处审理外，又在十余日内数次于诸皇子及众臣前揭允禩之短，责允禩之过。[6] 允禩被锁拿时，九阿哥允禟、十四阿哥允禵一并为允禩保奏。此举进一步激怒康熙帝，加重了他对允禩的恶感。

半个月后，允禩与康熙帝的关系出现转机。根据皇三子允祉的揭发，皇长子允禔支使喇嘛镇魇皇太子允礽一事被查出。康熙帝做出废太子的决定不久，即指出允禔毁谤允礽，"欲置之死地"[7]。镇魇一事使康熙帝感到，允禔实为罪魁，故予革爵幽禁。允禩由此得到开脱。十月下旬，康熙帝召见废太子允礽之前，首先召见八阿哥允禩，以示怜恤。

然而仅过两旬，康熙帝对允禩的看法再次发生逆转。

---

[1]《清圣祖实录》卷234，康熙四十七年九月丁丑。
[2]《清圣祖实录》卷236，康熙四十八年正月癸巳。
[3]《清圣祖实录》卷234，康熙四十七年九月戊戌。
[4]《清圣祖实录》卷235，康熙四十七年十月甲辰。
[5]《清圣祖实录》卷234，康熙四十七年九月辛丑。
[6]《清圣祖实录》卷234，康熙四十七年九月壬寅;《清圣祖实录》卷235，康熙四十七年十月丙午。
[7]《清圣祖实录》卷234，康熙四十七年九月辛丑。

十一月十四日，康熙帝令众臣于诸皇子中保举一人为皇太子，并许诺：除去大阿哥允禔外，"众议谁属，朕即从之"。出其预料的是，众臣一致推举允禩为皇太子。康熙帝遂以"八阿哥未尝更事，近又罹罪，且其母家亦甚微贱"为由，[1] 予以拒绝。不久，允禩被解除圈禁，复封多罗贝勒。康熙帝因心力交瘁而卧病，允禩随同允祉、胤禛、允祺等一起检视方药，为父侍疾。

康熙帝虽然将允禩与皇长子允禔区别对待，但对众臣保举允禩事难以释怀，并由此对允禩深为忌之。翌年（1709）初，康熙帝追查此事，对首倡保举允禩为皇太子的国舅佟国维等加以痛责。[2]

四十八年（1709）三月，允礽被复立为皇太子。自此以降，凡康熙帝离京外出，除去必带允礽同行外，多以允禩随扈。

五十一年（1712）十月第二次废黜皇太子允礽后，允禩密奏皇父，询问自己当如何行事，表示情愿卧床不起。言外之意，因允礽二次废黜，众臣抑或再次保举为他皇太子。这一故弄玄虚遭到康熙帝的痛斥："尔不过一贝勒，何得奏此越分之语，以此试朕乎？"

允禩的部分拥护者，在二废太子过程中发挥了积极作用，并参与对太子党人的审讯，得到康熙帝的奖赏。[3] 这些情况对缓解康熙帝与允禩的关系，不无裨益。允禩既曾为诸臣所保奏，其拥护者又在康熙帝二废太子的过程中有重要出力处。二废太子之际，允禩想借机试探康熙帝，尽管很不明智，也属事出有因。

仅隔两年，一件蹊跷之事，致使康熙帝与允禩的关系再度恶化。

五十三年（1714）十一月，康熙帝正在塞外巡视。允禩本为此次随扈皇子之一，因其生母卫氏去世三周年，故于中途前往祭奠。他派遣数位心腹太监，往康熙帝前代为请安，进送猎鹰二架。揣度允禩之意，乃为讨父欢心而已。可是，不知何故，送到康熙帝面前的，竟是两架殆毙之鹰。年过六旬的康熙帝认为此举乃"藐视朕躬"，大怒之下，心悸几危。他在随

---

1 《清圣祖实录》卷235，康熙四十七年十一月丙戌。
2 《清圣祖实录》卷236，康熙四十八年正月癸巳、甲午、己巳。
3 《清圣祖实录》卷250，康熙五十一年四月甲子；卷252，康熙五十一年十一月甲辰。

行大臣前羞辱送鹰太监,逐一夹讯,又对随行的5位皇子(皇三子允祉、皇四子胤禛、皇十五子允禑、皇十六子允禄、皇十七子允礼)历数允禩之非,还将两年前允禩的陈奏试探以及他对允禩的驳斥之言,一并告知诸皇子。康熙帝说,允禩之所以这样做,是因不得立为皇太子,故"恨朕切骨,伊之党羽亦皆如此"。他严斥允禩"仍望遂其初念,与乱臣贼子等结成党羽,密行险奸,谓朕年已老迈,岁月无多,及至不讳,伊曾为人所保,谁敢争执,遂自谓可保无虞矣"。极度恼怒下,竟说出"自此朕与允禩父子之恩绝矣"这一决绝之言。[1] 面聆者之一胤禛继位后,即以康熙帝此语,作为要挟打击允禩的一个重要口实。

允禩本想送鹰邀荣,得知此情,惊骇不已。因担心康熙帝做出更加决绝之事,遂寄信回家,嘱家人焚毁所有笔札,以除后患。被焚毁的书信中,包括四十七年(1708)九月他与胤禛奉旨留守时所上密折及所奉朱批。雍正帝继位后,这成为允禩的主要罪状之一。[2]

此后两年(五十四年至五十五年,1715—1716),可称之为这对父子关系的冰冻期。康熙帝以允禩行止卑污、凡应行走处俱懒惰不赴为由,停发允禩及其属下的俸银俸米。允禩的老师何焯也受到革职处分。五十五年(1716)秋,允禩抑郁成疾,染患伤寒。他拒绝医治,认为自己"是在皇父前获有重罪之人,多日未得瞻仰天颜,如今有何颜面求生"[3]。康熙帝于热河得知允禩患病,立即指示在京皇子与御医相配合,勉力医治,并多次询问允禩的病情。当允禩提出想见皇父一面时,遭到拒绝。康熙帝由热河返京前,为辟病邪,特令诸皇子与大臣鄂伦岱等商议,将卧病于畅春园附近的允禩,移至其城内家中。[4] 不久,允禩初愈。康熙帝恢复了他的俸银俸米,又遣人问他"思食何物",说"朕此处无物不有,但不知于尔相宜否,故不敢送去"。允禩接旨后至皇父宫前跪求,奏称"谕旨内'不敢'二字,承受不起"。康熙帝认为这是允禩多疑的表现,对诸皇子说:允禩"每用心于无用

---

1 《清圣祖实录》卷261,康熙五十三年十一月甲子、丙寅。
2 《清世宗实录》卷45,雍正四年六月甲子。
3 中国第一历史档案馆藏:满文朱批奏折,胤祉等奏,康熙五十五年九月十一日。
4 《清圣祖实录》卷269,康熙五十五年九月辛巳。

之地",于无事中故生事端。[1]

允禵九死一生的重病,打破这对父子间的坚冰,两人的关系由此进入一个相对平缓时期。之所以出现这一转变,还有其他更重要的因素在起作用。

四、另有所用

康熙帝与允禵关系的最后一个阶段,历时6年(五十六年至六十一年,1717—1722)。根据目前所见满汉文材料,这一期间,康熙帝未再指责允禵一语。雍正帝继位后,在清除允禩允禵集团的过程中,屡屡转述康熙帝对允禵的斥责,所述甚详,几无遗漏。但是,这些斥责全部是康熙五十六年(1717)正月之前做出,此后再无片言只语。也就是说,从此时直至康熙帝离世,康熙帝对允禵的指责出现一个为期六年(五十六年二月至六十一年十一月)的空白期。

满文档案反映,康熙朝晚期,允禵仍奉旨办理政务。如五十七年(1718)八月,因热河等处支出钱粮超额,康熙帝命允禵会同内务府总管等稽核严查后参奏。[2]

五十六年(1717)春,大学士李光地对试探其意的胤禩属下戴铎说:"目下诸王,八王最贤。"[3]这从一个侧面反映,尽管此前数年,康熙帝多次贬斥允禵,然而允禵在众臣中威信仍高。五十六年十一月,康熙帝向诸皇子及大学士等所做长篇谕旨中,谈到李光地为建储一事,"亦曾口奏"[4]。李光地在口奏时,可能透露上述看法,但并未因此而得罪。五十七年五月李光地去世。谥"文贞"。

六十年(1721)三月,康熙帝以朱笔圈出可以代行祭祀天地、太庙、社稷的皇子、大臣名单,允禵在其中;较为年长的皇子内,唯有大阿哥允禔、废太子允礽、十三阿哥允祥等三人被排除在外。可见,虽然康熙帝

---

1 《清圣祖实录》卷271,康熙五十六年正月甲申。
2 中国第一历史档案馆藏:满文朱批奏折,赖保奏,康熙五十七年八月十一日。
3 《文献丛编》第3辑,《戴铎奏折》,第4页。
4 《清圣祖实录》卷275,康熙五十六年十一月丙子。

曾言与允禵断绝父子之恩，气头过后，仍将允禵和大多数年长皇子同样对待。

六十一年（1722）六月何焯去世，康熙帝深感惋惜，对逝者多有褒语。赠侍读学士，赐金，给符传归葬，复命有司存恤其孤。[1]康熙帝与允禩的关系有所改进，于此也有间接体现。

康熙朝后期政坛的若干情况，是促使康熙帝对允禩的态度发生变化的一个重要原因。

允礽第二次被废黜后，储位久悬。康熙帝年迈多病，故不断有大臣奏请建储，均遭拒绝。五十四（1715）四月，准噶尔部首领策旺阿拉布坦派兵突袭哈密，清廷进行反击，开始西征之役。是年冬，废太子允礽在拘禁处给正红旗满洲都统、公普奇秘密写信，嘱普奇保举自己为大将军。在允禩的支持者、贝子苏努指使下，此事被辅国公阿布兰首告。五十七年正月，满洲正红旗人、翰林院检讨朱天保奏请复立允礽为皇太子。康熙帝震怒，抱病亲自审问，朱天保、戴保被处死，其他有关人员受到惩处。

废太子允礽企图东山再起，这成为康熙帝晚年的心头之患。允禩及其拥护者对废太子允礽视若仇敌，水火不容，并千方百计阻止允礽实现其图谋。允礽秘密通信一事被揭发，即是允禩及其支持者的一大"功绩"。因此，在客观上，允禩及其支持者成为康熙帝用以防范废太子的一支潜在力量。所以，与允禩、允禵等关系较好的宗人府宗令雅尔江阿以及满都护、延信等人，皆被命以看守废太子允礽。膺此重任的大臣中，还有允禩的妻舅吴尔占。[2]此其一。

康熙帝晚年实施秘密建储计划，属意于皇十四子允禵。五十七年（1718），允禵奉命担任抚远大将军，率师西征。允禵一向同允禩要好，皇九子允禟、皇十子允䄉等奉允禩如师。康熙帝稔知此情，曾将支持允禩的皇子斥之为"行同狗彘之阿哥"[3]。但是，当他属意于允禵后，在他眼中，允

---

1 《清史列传》卷71，《文苑传》2，《何焯》。
2 中国第一历史档案馆藏：满文朱批奏折3件，雅尔江阿等奏，康熙五十五年六月初三日、五十六年五月十六日、五十八年七月二十七日。
3 《清圣祖实录》卷261，康熙五十三年十一月甲子。

禩、允䄉等人便成为允礽储君地位的有力维护者，成为秘密建储计划实施过程中的一种积极因素。此其二。

总之，康熙五十六年后，康熙帝再未指责允禩，允禩的所谓过失，也不再被皇父提及。这是由上述两个方面使然。对于允禩而言，如果他本人与皇位无缘，允礽若能继大位，自然为其所愿。

六十一年（1722）十一月，康熙帝病逝，皇四子胤禛侥幸获得皇位。允禩得知这一消息后，"并不哀戚，乃于院外倚柱，独立凝思，派办事务，全然不理"[1]。他为储位之争的最终结局而痛心疾首，并未因为皇父之死流露多少悲伤之色。这在一定程度上，反映了这对父子之间的真实情感。

五、亲情让位于政治

康熙朝处于清朝皇权愈益集中和强化时期。康熙帝与允禩的关系，受到这一特定背景下政治发展势态的制约。

康熙八年（1669）清除鳌拜集团后，康熙帝逐步成为第一位真正独揽大权的清帝，康熙朝皇权的巩固和集中，大大超过崇德、顺治时期。因此，无论与储君的关系中，还是与普通皇子的关系中，康熙帝都处于绝对优势地位。虽然允禩颇有才力，在众臣中威望很高，并逐步形成一个以他为核心，包括部分皇子、皇亲国戚、宗室成员、八旗重臣在内，具有相当实力的利益集团。但是，允禩的命运完全掌握在康熙帝手中，或受倚重，或被贬抑，允禩无不俯首帖耳，唯命是从。

这对父子关系的发展演变，受到满洲传统文化与习俗的较大影响。

康熙帝十分看重少年允禩骑术精湛、善于相马等特长，并为他施展这一才干提供机会。由此反映，能否继承以国语骑射为主要内涵的满洲文化传统，是康熙帝评判诸子优劣的尺度之一。而允禩奉命每日补练书法，也从一个侧面表明康熙帝对他要求甚严，希望他兼具较高的汉文化素养，成为文武全才。

康熙帝实施嫡长子皇位继承制度，册立嫡子允礽为皇太子后，又在较

---

[1]《清世宗实录》卷45，雍正四年六月甲子。

大程度上继承祖辈倚重诸皇子的做法，对部分成年皇子放手使用。正是康熙帝对允禩的倚信重用，为允禩在朝中树立较高威望，并在此基础上形成允禩允禟集团，提供了无可或缺的条件。

从一定意义上讲，康熙帝倚重允禩等皇子的同时，也在亲手培植反对皇太子允礽的力量。允礽两次被废黜，允禩允禟集团成员都在其中起有重要的作用。

康熙帝与允禩的关系，受到两人性格、作风等因素的一定影响。

康熙帝极重父子之情。他对允禩虽然说出决绝之语，但是，当允禩病重之际，仍全力救治，其后又予以关爱和任用。将允禩及其支持者作为实施秘密建储计划中的一种有利因素，更是明智之策。

同皇长子允禔的张狂躁急相反，允禩内敛沉稳，"不务矜夸"[1]。他在储位之争中屡受挫败后，其行事低调、待人平易等特点更为突出。这对于改善他与康熙帝的关系，甚至在一定程度上扭转康熙帝对他的看法，会起一定作用。

还应看到，康熙中后期，清朝皇位继承制度处于从嫡长子皇位继承制向秘密建储制的转换时期。第二次废黜皇太子允礽后，康熙帝实施秘密建储计划，属意于皇十四子允禵。但是，直至他去世，并未确立新的皇位继承制度。这一客观情况，既是康熙帝与允禩的关系多有反复的原因之一，也使这一关系具有较大的调整空间与回旋余地。

允禩为康熙帝所恼的原因，曾由康熙帝一语点明："二阿哥悖逆，屡失人心，允禩则屡结人心，此人之险，实百倍于二阿哥也。"[2]康熙帝不能容忍一个普通皇子有如此高威望，这是他与允禩的关系骤然恶化之症结所在。他以皇太子允礽尽失人心而予废黜，又因皇八子允禩大得人心而拒绝众臣保举允禩为皇太子之请。出现这一悖论，表明康熙帝是将维护皇权统治与维护其个人威信视为一体，作为废立太子时首要考虑因素，至于储君人选贤能与否则是次要的。康熙帝因允禩受到众臣拥戴而产生的担心、忧

---

1 《清圣祖实录》卷235，康熙四十七年十一月戊子。
2 《清圣祖实录》卷261，康熙五十三年十一月甲子。

虑，成为他急于复立废太子允礽的原因之一。他对此直言不讳："朕前患病，诸大臣保奏八阿哥，朕甚无奈，将不可册立之允礽放出。"[1] 又称：诸臣保举八阿哥后，"朕悉睹其情形，故命亟释皇太子"[2]。

康熙帝与皇子的关系，说到底是皇权政治中的利益关系。虽然康熙帝重情重义，爱子如命，但是，如果有碍于集中权力，不利于他的绝对权威，父子情义必定要让位于政治需要。他曾将"诸臣奏称其贤"[3]的允禩视若险敌，却对"肆恶虐众"的皇太子允礽包容之至。这些看似荒谬的做法本身，即是对帝王之家父子关系的绝妙诠释。

第四节　九贝子允禟补遗

允禟，康熙帝第九子，生于康熙二十二年八月二十七日（1683年10月17日）。四十八年三月，受封固山贝子，封入正蓝旗。[4] 雍正元年（1722），奉命赴西宁驻扎。三年七月革爵。四年初，黜宗室。改名塞思黑。八月二十七日（1726年9月22日），即44岁生日当天，病逝于保定拘禁地。乾隆四十三年（1778），乾隆帝弘历令将允禟复原名，收入玉牒，子孙一并叙入。

清朝总计百余位皇子内，允禟是以一位储位之争失败者的形象著称于世。清代传记中，只有1927年撰讫的《清史稿》有《允禟传》。此传不足700字，且以允禟在雍正初年所受惩处为主要内容，体现出与清帝"同好恶，公是非"的修撰方针。

我们根据档案、史籍中有关材料，缀补允禟的人生片段，以体味其品性，考察其遭际，探寻其人际关系，反思他所处的时代。

1　《清圣祖实录》卷261，康熙五十三年十一月甲子。
2　《清圣祖实录》卷236，康熙四十八年正月甲午。
3　《清圣祖实录》卷235，康熙四十七年十一月戊子。
4　中国第一历史档案馆藏：玉牒181号。

一、少年岁月点滴

允禟的生母为宜妃郭络罗氏,满洲镶黄旗人。康熙十六年(1670)封为宜嫔,二十年晋封宜妃。

郭络罗氏生有三子,长为皇五子允祺,仲为允禟,季子允禌(排名皇十一子)幼殇。允祺长在孝惠皇太后宫中,没有像其他皇子那样,自幼进行汉文化学习。康熙帝为了孝养嫡母,博得欢心,不惜在较大程度上放弃对一位皇子的教育。这种疚意与遗憾,会促使他对允祺的同母弟允禟备加疼爱,着意培养,以做补偿。

康熙三十一年(1692),允禟10岁。由于耳部患痈感染,高烧昏迷,一度危笃。恰逢意大利籍传教士卢依道(Lucci, Isidoro)由澳门抵京,因精通外科,奉诏入宫,担任御医。[1]经他救治,允禟很快痊愈。允禟成年后,"对欧洲人颇有好感"[2],并厚待供职清廷的葡萄牙籍传教士穆景(敬)远(Joannes Mourao),视之为心腹,这与他童年的这段经历很有关系。

三十一年八月底,康熙帝率领八阿哥允祺以上六位皇子巡视塞外后,即将返京。途中,得知允禟痊愈,命其立即前来,"参加打猎的消遣"。随同允禟的大批侍从中,有数位传教士,其一即治愈允禟耳痈的"外科医生"卢依道。允禟作为此次扈从皇子中最年幼的一位,首次出猎,就用短箭猎获了两头鹿。[3]接着,康熙帝又特意为允禟提供了一次表现机会。随行的法籍传教士张诚(Joannes Franciscus Gerbillon)在1692年10月12日(康熙三十一年九月初三日)的日记中写道:

> 上午,皇子们让人们围了一个大圈,圈住了一只大熊。他们费了很大力气也不能把它从熊窝里赶出来。一条狗走得离它太近,被熊咬烂了。最后皇上的第九个儿子奉陛下的命令用滑膛枪打伤了这只熊。

---

1 参见〔法〕荣振华:《在华耶稣会士列传及书目补编》上册,耿昇译,第390页,北京:中华书局,1995年。
2 〔法〕杜赫德编:《耶稣会士中国书简集——中国回忆录》,第2卷,郑德弟译,第188页,郑州:大象出版社,2001年。
3 参见白晋:《康熙帝传》,载《清史资料》第1辑,第241页,北京:中华书局,1980年。

这一枪使大熊走动起来了，然后他一箭就射死了它。[1]

在另一次行围中，允禟射杀一只虎仔，得到康熙帝的赞许。一位大臣的请安折上，有如下朱批："九阿哥甚勇敢，骑马强于其他阿哥。"[2]

与康熙朝大多数皇子一样，少年允禟擅骑射，富有满洲人的强健之气。

允禟16岁时，与正红旗满洲都统七十（一作齐什、齐十）之女董鄂氏定婚。[3]除去嫡福晋董鄂氏，允禟还有8位妾（庶福晋）。妻妾9人共生育了8子6女。嫡福晋董鄂氏仅生一女，排行第四女，康熙六十年17岁下嫁轻车都尉赵世扬。[4]

二、嗜读与创造力

允禟自幼受到严格、系统的满汉文化教育，并学习了一些科学技术知识。四十二年（1703）春，康熙帝第四次南巡。在无锡游览秦家花园时，与宋代词人秦观的后人，46岁的待举儒生秦道然相遇，遂将秦道然带回京师。[5]大约一两年后，指派秦道然做了允禟的师傅。[6]此时允禟年过二十，已迁出紫禁城，分府而居。其府邸在铁狮子胡同东口，西与恭亲王常宁府为邻，北与八贝勒允禩府以墙相隔。

雍正初年议定的允禟"罪状"以及秦道然等人口供中，[7]均透露出允禟好学嗜读以及性聪敏、喜发明等特点。

康熙五十七年允禵率师西征后，先是驻扎西宁，为收复拉萨进行准

---

1 《张诚日记》，张宝剑等译，载《清史资料》第5辑，第214页，北京：中华书局，1984年。
2 《康熙朝满文朱批奏折全译》，第1669页。
3 康熙三十七年（1698）四月，内务府以"初定礼"，给"九阿哥福晋"送去金项圈等物。参见《清代内阁大库散佚满文档案选编》，第227、238页，天津：天津古籍出版社，1991年。
4 中国第一历史档案馆藏：玉牒15号。
5 参见[美]秦家骢：《宗族之恋》，舒逊、曼予译，第214、215页，北京：中国文学出版社，1991年。
6 至迟康熙四十三年（1704）冬，允禟仍在懋勤殿读书。参见《清代内阁大库散佚满文档案选编》第248页。
7 这些罪状和供是当时人、当事人所拟所供，或有夸大、歪曲等不实处，但总体上是可信的，特别是在其他相关史料很少的情况下，可作为重要补充。

备。这时，允禵亲手设计出一种战车式样，并向长子弘晟的师傅邵元龙（康熙丙子科举人）详谈指授，由邵元龙找人画出图样，经允禩过目后，差人带给允禵。[1] 这一战车式样图是否为允禵所采用，不得而知。

另据秦道然供称，允禩早年在读书写字上颇下功夫，平日喜读唐诗、《资治通鉴》，对佛教语录《指月录》也很感兴趣。[2] 除了精通满语、蒙古语和汉语，允禩还学过俄文。

雍正四年（1726）正月，允禵第五子、16岁的弘旸（后改名弘鼎）给允禵的信件由京城送往西宁时，被九门捕役搜获。雍正帝见信中文字体制怪异，有类西洋字迹，即遣人面询供职清廷的欧洲传教士，得到回答是：此种字体，亦不能识认。又问弘旸，据弘旸称：佟保（允禵属下）来京时，"我父亲寄来格子一张，令我学习，照样缮写书信寄去。我向佟保学会了。因此照样写信寄往"[3]。于是，清廷认定，这种怪异文字是由穆景远教授允禵。但穆景远在受审时，对此矢口否认。穆景远的口供如下：

> 我有薄格物穷理的书，他（指允禵）看了，说这字倒有些像俄罗素的字，我说果然有些像俄罗素的字。他说他得过俄罗素的字头儿，况这字也有阿、额、依，竟可以添改用得。我也说可以添改用得。不想他后来怎么样添改了写家信，我实实不得知道，委实我不曾教他写这样添改的字。[4]

穆景远所言当属实。雍正三年（1725）后，允禵受到愈益严密的监控，与家人来往信件均被查看。这迫使他寻找应付之策。他从与俄文字母有些相像的拉丁字母（罗马注音字母）中受到启发，于是在满文原有十二字头基础上，造出十九字头，又添改拉丁字母后，用以拼写满语。除去与家人通信时使用外，在此前后他给允禩的信中，也曾使用这种由他所独创

---

1 《文献丛编》第3辑，《允䄉允禵案》，第30页。
2 《文献丛编》第3辑，《允䄉允禵案》，第29页。
3 《清世宗实录》卷40，雍正四年正月丁酉。
4 《文献丛编》第1辑，《允䄉允禵案》，第3页。

的字体。¹ 这种做法增加了信件内容的保密性，也成为他的一大罪状，即所谓"别造字样，巧编格式，令伊子学习，打听内中信息，缝于骡夫衣袜之内，传递往来，阴谋诡计，俨同敌国；太祖高皇帝钦定国书，臣民所共遵守，塞思黑竟敢添造七字头，私行刊刻，变乱祖制"；等等。²

允禵首先教授跟随他在西宁的笔帖式佟保，又让佟保按照他所写的一张"格子"，即字体范式，教会弘旸，弘旸随即用以书写信件。教授允禶的方式，约大致相同。允禵能够创制新的字体，而且简明易学，这表明他不仅具有较高的满、汉文素养和一定的俄文基础，还有一定的语言天赋和创造力，这些素质对于三百多年前的一位清朝皇子而言，实属难得。今日，用拉丁字母转写满文，已成为人们学习、记述满文的一种国际通用方式，而此法为满洲人所使用，当是允禵开其端。

雍正四年（1726）四月，允禵身缚三条铁锁，被押至保定。进入囚室前，直隶总督李绂、都统楚宗等检查其随身携带的行李，除将衣服、被褥发还外，内有顺刀、小刀、剪锥及杂书四套，全部没收。³ 允禵从西宁出发前，先被告知押赴京城。途中，雍正帝改令留住保定。允禵将四套杂书作为生活必备品随身携往，表现出手不释卷的习惯。

三、厚爱

康熙五十九年（1720），穆景远对四川总督年羹尧说："允禵像貌大有福气，将来必定要做皇太子的，皇上看他也很重。"⁴

雍正四年（1726）据秦道然供称：允禵"是个糊涂不堪，无才无识的人，圣祖皇帝也深知道他，所以诸王子内从不曾赞他一声，亦从不曾交他办一件甚么事"⁵。

两种说法截然相反，事实又是怎样？

---

1 萧奭《永宪录》雍正四年正月丙午条载，允禵密寄郡王允䄉西洋字书，为守陵军士所获。命宗人府会刑部严勘之。参见该书卷4，第258页。
2 《清世宗实录》卷46，雍正四年六月甲子。
3 中国第一历史档案馆藏：宫中杂件第327号。
4 《文献丛编》第1辑，《允禩允禵案》，第1页。
5 《文献丛编》第1辑，《允禩允禵案》，第7页。

康熙帝多子且重长。在较长时期内，他将九阿哥允禟以下视为年幼皇子。一次，康熙帝出巡塞外期间，给在京皇子送回亲笔题字的御扇，因数量有限，先给八阿哥允禩以上每人一把。可是，以允禟为首的小阿哥们争要不休，康熙帝赶紧补制后题字送返，以慰幼子。[1] 又如三十五年（1696）亲征噶尔丹时，允禩（16岁）以上皇子扈从，允禟（14岁）等较小皇子均未随征。

康熙四十年（1701）后，康熙帝离京时必指定部分皇子留守京师，综理政务。现存满文档案显示，这一时期，允禟尚未正式担任值守之任，但随同诸皇子在请安折上列名。[2] 以四十八年受封固山贝子为标志，允禟开始接受从政训练。每逢康熙帝离京，如果允禟未得扈从，便同部分留京皇子一起，轮班值守紫禁城与畅春园，处理政务，联名奏报京城情况。例如，五十年夏，参与值守京师的皇子总计6人，即皇三子允祉、皇四子胤禛、皇五子允祺、皇九子允禟、皇十子允䄉以及皇十二子允祹。六位皇子分为三班，其中允禟与长其5岁的四阿哥胤禛排在一班。[3]

允禟确曾受过康熙帝的斥责[4]，然而不能据此断言，他为皇父所厌恶。即使如皇三子允祉、皇四子胤禛等，也曾由于在办理政务中出现疏误，屡遭康熙帝责骂。[5]

康熙帝好为孙辈指婚。五十八年四月，命以16岁的允禟第三女（妾完颜氏所生），下嫁明珠次子揆叙之子、侍卫永福。五十九年二月成婚，允禟女受封郡君，永福封多罗额驸。

明珠是康熙朝前期的权臣，逝于四十七年（1708）。二十七年他罢革大学士后，自谓"勋名既不获树立，长持保家之道可也"[6]。遂广置田产，

---

1 中国第一历史档案馆藏：满文朱批奏折2件，胤祉等奏，康熙四十四年六月二十一日、六月二十四日。
2 中国第一历史档案馆藏：满文朱批奏折2件，胤祉等奏，康熙四十六年、康熙四十六年。这两件档案均无具奏月、日。
3 中国第一历史档案馆藏：满文朱批奏折4件，胤祉奏，康熙四十九年五月二十八日；胤祉、胤禛等奏，康熙五十年六月初一日、六月初四日、六月初七日。
4 《清世宗实录》卷45，雍正四年六月甲子；《文献丛编》第1辑，《允禩允禟案》，第2页。
5 中国第一历史档案馆藏：满文朱批奏折3件，胤祉、胤禛等奏，康熙四十六年四月二十八日、八月十二日、五十五年十二月初十日。
6 昭梿：《啸亭续录》卷3，《明太傅家法》。

日进斗金,成为当朝大臣之首富。因长子纳兰性德、幼子揆方均早逝,明珠死后,由次子揆叙掌承家产。揆叙曾任都察院左都御史兼翰林院掌院学士,五十六年病逝,无子。康熙帝先命揆方长子永寿为揆叙嗣子,复命揆方次子永福过继揆叙为嗣。揆叙夫人耿氏,和硕柔嘉公主所生。和硕柔嘉公主是顺治帝养女,比康熙帝年长两岁,两人情同手足。耿氏同康熙帝为甥舅关系,平日来往密切,康熙帝对耿氏关爱有加。所以,在众孙女中为耿氏挑选儿媳,当更慎重,而最终选中允禶第三女,除去虑及双方年龄、禀性等因素外,还有其他考虑。《永宪录》称:"揆叙卒,无子。以所有家财八百万献于宫府,令九贝子掌之……其卒也,相传欲以皇孙为之嗣,或即指允禶子。"[1]

所谓"家产八百万献于宫府"和"以皇孙为嗣",皆无考,从情理推之,可能性不大。不过,允禶与明珠家结亲,确实为他获取巨额财富,提供了难得之机。据秦道然供称:"允禶从前家私不满二十万,自与明珠结亲之后,现银约有四十余万两,田产、房屋、生意等项约还有三十余万。"[2]雍正帝则称允禶"从前诈取明珠家银百万余两"[3]。

清制,亲王岁给银10000两,郡王5000两,贝勒2500两,贝子1300两。镇国公以下各等递减有差。每银一两,均给米一斛[4]。另据雍正元年(1723)十一月谕称:"从前朕弟兄分家之例,总计各得钱粮二十三万两。"[5]平日,康熙帝对诸子时有赏赐。如五十一年(1712)十一月,对部分皇子、宗室成员、领侍卫内大臣、近御侍卫等进行颁赏。赏银分为六等,允禶与皇八子允禩、皇十二子允祹、皇十四子允禵、贝子苏努等总计5人,共同名列二等,各得4000两[6]。此次颁赏是第二次废黜皇太子暨审理太子党案结束的标志。这些受赏者在揭发太子党人,审理原步军统领托合齐等会饮案中起有重要作用。

1　萧奭:《永宪录》卷4,第260页。
2　《文献丛编》第3辑,《允禩允禶案》,第27页。
3　《上谕内阁》卷34,雍正三年七月二十九日。
4　参见《清朝文献通考》卷42,《国用考》4,《俸饷》。
5　《雍正朝起居注册》第1册,第140页。
6　《清圣祖实录》卷252,康熙五十一年十一月甲辰。

允禶是固山贝子,位居清朝宗室爵位第四等。但是,由于与明珠家结亲,迅即拥有百万家资,一跃而为当朝皇子之首富。康熙帝为允禶之女择此良缘,若非厚爱,又当何解?

四、关系圈

擅结交,好施舍,是允禶另一突出之处。

康熙朝中后期,允禶认为巩昌府(今甘肃陇县)知府何图有才具,可备大用,于是赠给房子一所,两次为何图捐纳,并嘱之曰:"人材难得,你该为留心。"[1]后来,他将何图派往允禵军中,行前帮给骡马,赏与盘缠,总计六七千金。何图的兄弟也是允禶属下,常被派往西宁,给允禵送信,传递允禶给何图的谕帖。据秦道然口供透露,像何图这样为允禶所资助者,不止一人,但何图与允禶的关系最为亲密,是"允禶第一个亲信的人"[2]。何图约于雍正三年被令自尽。值得注意的是,他为允禶所看中前,曾在时为四贝勒的胤禛门上"行走受恩",并始终禀遵胤禛之密令,对此守口如瓶,即使于妻子前,也未稍有透露。[3]综合有关情况看,何图并未作为卧底,向旧主胤禛密报允禶的情况,而是由于其他原因脱离胤禛,另觅新主允禶,一时获得较在胤禛门上更多的宠信。于此可见允禶、胤禛所不同的待人处世风格,而允禶至死也未知晓这一秘密。

允禶与师傅秦道然的关系非同一般。秦道然于康熙四十八年(1709)中进士,选为庶吉士,寻改礼科给事中。[4]允禶打破不以汉人为管家的成例,让秦道然兼做贝子府管家,并让府上人均对秦道然以大人相称。[5]秦道然曾以担任礼科给事中为由,提出离开允禶家,允禶不允。

传教士穆景远先是在允禶处行走,雍正帝继位后,他跟随允禶前往西宁,两人毗邻而居。穆景远病时,允禶为避人耳目,常通过墙上偷挖的一

---

1 《文献丛编》第1辑,《允禵允禶案》,第9页。
2 《文献丛编》第3辑,《允禵允禶案》,第32页;《文献丛编》第1辑,《允禵允禶案》,第8、9页。
3 中国第一历史档案馆藏:宫中杂件第308号。
4 《国朝耆献类征初编》卷135,《谏臣》3,《秦道然传》。
5 《文献丛编》第3辑,《允禵允禶案》,第33页。

个洞口，进入穆景远屋中探望。穆景远被押离西宁前，当众向着允禟的住处叩头大哭，此刻他的复杂心绪中，也含有对允禟的感戴与依依之情。所以，穆景远受审时，虽然辩解其上述行为，是望着天给天主叩头，[1]但也承认："允禟待我好，也是人所皆知的"，"我逢人赞扬他的好处"。[2]

允禟的长子弘晟，生于康熙四十五年（1706），庶福晋刘氏所生。少时，弘晟奉旨"内廷行走"[3]。因常到皇祖宫中，遂遵允禟吩咐，认内侍魏珠等人为伯叔，又与内侍陈福、李坤等交结。魏珠是康熙帝晚年的近侍太监，独受宠信。弘晟身为皇孙，对魏珠等竟以伯叔相称，这种"反常"之态，实则表明允禟对于通过魏珠了解康熙帝有关信息，抱有很大期望。

山西贫民令狐士义曾流落京城，四处乞食。允禟得知，让府中太监赠银十两，以做救助，令狐士义感激莫名，誓报大恩（见下文）。

上述事例，尚未涉及允禟与宗室成员、朝中大臣、地方大吏的交往，但是，这一并不完整的关系圈已具有若干特点。

第一，结交面广，人员庞杂。允禟结交之人，包括下级地方官员、文人士大夫、西方传教士、宫中太监、贫困流民等不同社会层面。雍正帝曾指斥允禩、允禟、允䄉等结党营私，"凡僧道喇嘛、医卜星相，甚至优人贱隶以及西洋人、大臣官员之家奴，俱留心施恩，相与往来，以备其用"[4]。此言大体属实。不过，以结交范围之广而论，允禟似又超出允禩、允䄉等人，在当朝皇子中首屈一指。

第二，与允禟关系密切的人中，汉人占有一定比例。这从一个侧面，显示出清朝入关半个多世纪后，满汉文化逐步交融、满汉关系日渐和缓的社会趋势。

第三，允禟结交之人的总体文化水准，似乎不高；他与当时满汉文化精英人物，似较少交谊。这既反映出允禟在精神层面的追求、品位与格调，也证明他的交友具有鲜明的实用性与功利性色彩，同太监魏珠等人的

---

1 《文献丛编》第 1 辑，《允禩允禟案》，第 5 页。
2 《文献丛编》第 1 辑，《允禩允禟案》，第 2、4 页。
3 弘旺：《皇清通志纲要》卷 4 下。
4 《清世宗实录》卷 44，雍正四年五月庚子。

关系即是一例。

恃万贯家财而行善事,固然是允禟广泛结接、博取人心的有利条件,但不可否认,其躬亲礼下、平易近人、重义气、慷慨大方等禀性作风也是不可忽略的因素,这使他享有一定声誉。

秦道然曾盛赞允禟"为人宽洪大量,慈祥恺悌","有帝王体"。[1]即使在受审中,依然承认允禟"好将货财给人,借与人全不计较"[2]。又如康熙后期议政大臣、在宗室中很有威信的贝子苏努,曾称赞允禟"气象大方"[3]。

然而在雍正帝眼中,允禟则是"外饰淳良,内藏奸狡"[4],"贿买恶棍,到处称誉"[5]。允禟被拘禁保定后,直隶督李绂所奉朱批有以下字样:"大概不被阿其那、塞思黑愚弄之人,万中无一。此二人之柔奸巨猾,世所罕见,胆量忍性,实出常人。"[6]这些愤恨之语,是对允禟等人具有出色结交能力的绝妙反证。

五、贵胄特权

有关史料披露了允禟插手朝政、"作恶诈人"、攫取钱财等情况,反映出康熙朝皇子的地位与权势。

康熙五十六年(1717),广东碣石总兵官陈昂上疏,奏请禁绝天主教。是年6月5日(阴历四月二十八日),传教士冯秉正由京城发回欧洲的信中说:皇帝阅后即交各部审议,各部尚书奉旨会议此事,做出禁止圣教、驱逐传教士的决定。

> 我们立即想到上书皇帝以证明我们无罪,困难在于如何把申诉书递给皇帝。为此,我们向所有可以帮这个忙的朋友求援——包括太

---

1 《文献丛编》第3辑,《允禩允禟案》,第27页。
2 《文献丛编》第3辑,《允禩允禟案》,第32页。
3 中国第一历史档案馆编:《雍正朝汉文谕旨汇编》第1册(雍正元年至六年谕旨),第182页。
4 《清世宗实录》卷28,雍正三年元月戊辰。
5 萧奭:《永宪录》卷4,第282页。
6 中国第一历史档案馆藏:宫中杂件第327号。

监和其他官员，但没有任何人敢负这一责任。在无可奈何的情况下，巴多明神父只得向担任大学士的一位朋友及对欧洲人颇有好感的皇帝第九子请教。他们答应去见见诸位法官，尽力使其改变判决。他们果然为我们的事情大展手脚，而且至少取得了如下积极效果：在每年（阴历三月十八日——引者）举行的皇帝华诞节庆活动之前，这份判决不呈送陛下。已近在眼前的这一节庆通常要延续十天。格外幸运的是，节庆刚一结束，皇帝就外出巡视了五天，所有这一切使我们有了托人疏通法官的时间。

不久，九位法官召开第二次会议做出判决，"然而成效却离我们希望的甚远"[1]。其后，传教士又采取了其他举措。

上述信件透露，五十六年（1717）三月，允禟曾与某位大学士（很可能是马齐）一道，疏通、说服九卿，使九卿等做出的第二次判决中，禁教口吻有所和缓。同时，允禟还促使九卿将载有判决内容的奏疏，延缓呈递康熙帝。允禟身为贝子，敢行"太监与其他官员"不敢行之事，这固然表明当朝皇子的能量和权势，也与允禟本人讲义气，不惜为朋友两肋插刀的行事作风密切相联。如果换成享有亲王爵位，遇事少有担当的皇三子允祉或允禟同母兄允祺，对此事的态度与做法都会截然不同。

另据秦道然供称：我"倚允禟之势，曾向总督满丕诈得银八百两。又因允禟问及（江西巡抚）佟国勷，我便说他恶处，允禟叫人首诈了他万金，我也得银三百两。又诈得原任吏部郎中陈汝弼银六百两，原任内阁学士宋大业银五百两，原任河南知府李廷臣银一百二十两。又，班柱儿、何玉柱合谋诈永福银两，允禟得了三十万……再，允禟叫永寿之妻拜了干女儿，要了永寿八万两银子，也是班柱儿经手的"[2]。允禟还"讹诈王景曾银五千两……讹诈回子张同弼银五千两"[3]。

口供揭示，允禟曾违反禁令，令太监何玉柱赴关东私刨人参；在关东

---

1 ［法］杜赫德编：《耶稣会士中国书简集——中国回忆录》，第2卷，郑德弟译，第188页。
2 《文献丛编》第3辑，《允禩允禟案》，第26、27页。
3 《文献丛编》第3辑，《允禩允禟案》，第32、33页。

逼打持有人参的商人，迫其贱卖后，将人参带至江南换为布匹，携至天津关，"不肯纳锐，又辱骂天津道家人"。他还违令经商，在天津开有木行。又派太监何玉柱等往苏州、天津卫等地，拐买良家女子多名，送至府中学戏。遇有不愿卖身者，何玉柱扮作新郎，假称明珠家老仆安三之子明媒娶来，暗入贝子之室。[1]

在苏州等地拐买良家女子入府中戏班，或使为侍婢，在当朝皇子乃至其他满洲权贵中非个别现象，如皇太子允礽、皇八子允禩等，皆曾为之。[2] 此外，皇子及其属下倚势欺人、掠夺钱财现象，也较普遍。如五十三年（1714）六月，原任户部尚书希福控告允祉、允禟、允䄉、允䄉、允禄等皇子属下之人、太监等讹诈"伊家财物"等事。领侍卫内大臣会同内务府总管奉旨查奏时，采取袒护之策，认为"并无证据，应无庸议"[3]。

关于康熙朝后期皇室成员的贪黩不法行径，出使清廷的朝鲜使者亦有耳闻。雍正元年（1723）二月，出使清廷的朝鲜使臣返国后，"以道路所闻"启奏曰："康熙帝子女众多，不能偏令富饶，诸子女受贿鬻官，若漕总盐务等职，随其丰薄而定赇多少。且于京外富民之家，勒取财产，多至数十万，小或累万金，而田园人畜，亦皆占夺，人或不与，则侵虐万端，必夺乃已，而不禁。新皇帝亦尝黩货致富，及登大位，前日所占夺者，并还本主，而敕谕诸昆弟曰：'朕在邸时，虽不免夺人利己，而未尝伤害人命。他余昆弟则杀人伤人，朕甚悯之……尔等所夺民财，限一年并还其主。若久不还，致有本主来诉，断不以私恩贷之也。'……畿内饥荒，三王、五王、九王贸米积置，不许发卖，以等市值之跳登。即今米一斛，价至银八两，而米无有处，民不得买食矣。"[4] 看来，纵有家财万贯，无法弥止人的贪欲。

---

1 《文献丛编》第3辑，《允禩允禟案》，第30页。
2 参见《康熙四十六年王鸿绪密查苏州地方拐骗女子的几件档案》，载《历史档案》2003年第4期；故宫博物院明清档案部编：《关于江宁织造曹家档案史料》，第210–214页，北京：中华书局，1975年。
3 《清圣祖实录》卷259，康熙五十三年六月丙子。
4 吴晗辑：《朝鲜李朝实录中的中国史料》第11册，第4382–4383页。"三王""五王""九王"分指允祉、允祺、允禟。

允禟与地方大吏的交往及其对部分官缺的干预操纵，在当朝皇子中也有一定代表性。

据秦道然供称:"允禟在各衙门弄钱之事甚多，这是人人知道的，即如户部贵州司办缺，向来是允禟的。"[1]

弘晸的师傅邵元龙曾告诉秦道然，秦道然（康熙四十四年）中举人、（四十八年）中进士，旋即选翰林、改科道，都是经过允禟私下疏通而成。[2] 秦道然受审时对此反驳说:"我的房师是朱轼，座师是李光地，这二人可是受人嘱托的？选翰林、改科道是圣祖天恩，允禟如何嘱托？"[3] 然而上述四件于秦道然乃莫大荣耀之事，均发生在他奉召入九贝子府侍读之后。换言之，他先为皇九子允禟之师，继而叩开仕途之门，逐步获得提升。根据允禟的禀性和为人处事风格，必为秦道然打通官道而多方请托，不遗余力。无论汉族大臣李光地、朱轼等及其下属，还是负有会推之责的九卿科道等，是否畏势曾对秦道然给予关照，均未见记载，然而允禟在官场中所具有的影响力，是难以否认的。

《永宪录》康熙六十一年十二月戊辰条载：湖广总督满丕，允禟之私人，"以三十万金祈允禟代恳湖督之命。适遣人往索六万金，过扬州而上登极。为同旗之人所首，斥回京"[4]。满丕是满洲正红旗人，康熙五十五年（1716）以工部侍郎署湖广总督。是年，允禟除差人至满丕处索金外，还遣侍卫常德赴江宁（今江苏南京），铸就一对连座共高五尺六寸的镀金狮子。因认为铸得不好，遂交给内务府正白旗汉军江宁织造曹頫，寄放织造衙门左侧庙中，雍正六年（1728）方被查出。[5] 此外，雍正帝继位后，斥责允禩曾派太监向赫寿索取银两。[6] 赫寿是满洲正黄旗人，康熙五十五年任两江总督、暂署江宁巡抚事，逝于五十八年。允禟于江宁铸造镀金狮子，很

---

[1] 《文献丛编》第3辑，《允禩允禟案》，第27页。
[2] 《文献丛编》第3辑，《允禩允禟案》，第31页。
[3] 《文献丛编》第3辑，《允禩允禟案》，第31页。
[4] 萧奭:《永宪录》卷1，第70页；另见中国第一历史档案馆藏：满文朱批奏折，查弼纳奏，康熙六十一年十二月二十七日。
[5] 参见故宫博物院明清档案部编：《关于江宁织造曹家档案史料》，第188页。
[6] 《上谕八旗》，雍正四年五月二十七日。

可能是通过赫寿为之。

清朝入关后,随着皇权的加强,诸王、贝勒等已无旗主之名,封入各旗的康熙帝诸子亦无例外。可是,王公贝勒尤其是当朝皇子,与所在旗旗员之间仍有很强的隶属关系。例如,康熙朝后期擢任两广总督的杨琳,隶正红旗汉军(雍正元年奉旨入正黄旗),是皇十子允䄉(封入正红旗)属下。允䄉曾遣府中太监赴粤,"据其署内,搜索非理,杨亦无如之何"[1]。雍正帝继位后,采取严厉举措,逐步削弱诸王贝勒与旗员的隶属关系,抑制满洲王公的势力。如二年(1724)六月谕五旗王、贝勒、贝子、公等:"凡王府等佐领下人,有用于部院者,有用于外省州县者。王等宜为国家得人起见,奖成循吏,俾勤劳官职,竭力自效,王等亦与有光荣,乃反令其酷害地方百姓,侵克钱粮,妄取财物,汝为伊主,颜面置于何地耶?"[2]

允祹不曾管理旗务,与满丕、曹頫、赫寿等亦非同旗,但身为皇子,即已足矣。他与中央、地方大吏多有联系,而满丕得其佐助,位至总督,并被目为他的私人。允祹的能量如此之大,主要是其身为当朝皇子的地位和特权使然。允祹等人利用特权勒索钱财、请托舞弊等行径,加重康熙朝后期吏治废弛状况,致使官场风气愈益败坏。

六、劝奏和保奏:在一废太子事件中

康熙朝一废太子事件中,允祹的若干言行及其对康熙帝复立太子所具有的作用,尚未引起人们的重视。

皇二子允礽比允祹年长9岁,因是皇后赫舍里氏所生,康熙十四年(1675)两岁时被立为皇太子。他自幼养成骄纵作风,在众兄弟前蛮横无理,对伯父、伯叔之子肆行辱骂。时有"草野之谚"曰:"此人为君,皇族无噍类矣。"[3] 皇长子允禔以及允禩、允祹、允禟等因对皇太子十分不满,常在一起议论抱怨。

四十七年(1708)九月初,康熙帝由塞外返京途中,做出废黜皇太子

---

1 昭梿:《啸亭杂录》卷1,《禁抑宗藩》。
2 《清世宗实录》卷21,雍正二年六月甲午。
3 《文献丛编》第3辑,《戴铎奏折》,第1页。

允礽的决定。允禟与其他在京皇子奉召赶赴行在,允禩与胤禛留京处理政务。

返京后,允禩与胤禛共同看守允礽。康熙帝亲笔撰写废斥皇太子的告天祭文,让允禩与众皇弟一道拿给允礽看。允礽对他们说:"我的皇太子是皇父给的,皇父要废就废,就免了告天罢。"允禩等随即奏告。康熙帝认为,允礽此言甚是无理,厉声说:"以后他的话你们不必来奏。"允禩等又一同将此旨传达允礽,不料允礽说:"皇父说我别样的不是,事事都有,只是杀逆的事我实无此心,须代我奏明。"允禩听罢,怒目呵斥道:"旨意不叫奏,谁敢再奏!"众皇子面面相觑,允禟率先打破沉默,向胤禛建言:"此事关系得大,似乎该奏。"胤禛就势表态:"九阿哥说的是,便担了不是也该替他奏一奏。"允禩仍不肯代奏,胤禛说:"你不奏我就奏。"于是,允禩与胤禛共同奏告。康熙帝听罢称赞道:"你们奏得是。"下令将允礽颈上铁锁解去。[1]

是否有弑父之念并付诸行动,是康熙帝判断允礽罪责轻重之关键。允礽就此为己辩白,也恰为康熙帝所期,这对于缓和两人的关系至为重要。时人以为,"后来复立之意,从此而起"[2]。

允禩欲置允礽于死地,自然不愿代允礽陈奏。胤禛尚未摸清皇父之意,故见机行事,附和允禟。允禩、胤禛奉有看守之命,其他皇子均属随从角色,本可观望不语,唯有允禟不计利害,出此直言。

可是,康熙帝决意复立允礽不久,命内侍传谕诸皇子及王公、大臣:"前拘禁允礽时,并无一人为之陈奏。唯四阿哥性量过人,深知大义,屡在朕前为允礽保奏。似此居心行事,洵是伟人。"胤禛与允禩一道转奏允礽之言,即是为允礽保奏之始。当然,胤禛不会向康熙帝说明,此乃接受九弟允禟建言而为之。此后,胤禛又屡次为废太子保奏,是因觉察到康熙帝已有悔意,为博取好感而采取的有的放矢之举。然而,不仅康熙帝据此认为胤禛"能体朕意,爱朕之心,殷勤恳切"[3],允禟也曾对属下讲:因二

---

1 《文献丛编》第3辑,《允禩允禟案》,第28页。
2 参见《文献丛编》第3辑,《允禩允禟案》,第28页。
3 《清圣祖实录》卷235,康熙四十七年十一月戊子。

阿哥被废斥，"四阿哥十分着急，很要救他，甚为难得。"[1]

四十七年九月下旬，领侍卫内大臣等会审相面人张明德谋欲行刺皇太子案。一废太子前，允禩曾将张明德为己看相一事，告知允禟、允䄉。这时，允禟和允䄉受到领侍卫内大臣的问讯，供称："八阿哥曾语我等，有看相人张姓者云，皇太子行事，凶恶已极，彼有好汉，可谋行刺。我谓之曰：此事甚大，尔何等人，乃辄敢出口，尔有狂疾耶？尔设此心，断乎不可。因逐之去。"康熙帝对允禟、允䄉所供表示满意。允禩亦供称："我以此语告诸阿哥是实。"再问张明德，口供无异。[2]

九月二十九日，召诸皇子入乾清宫，谕责允禩"柔奸性成，妄蓄大志……其党羽早相要结，谋害允礽"，命将允禩锁拿，交与议政处审理。客观而论，将"谋害允礽"罪名加在允禩头上，乃与事实不符。允禟认为允禩被冤屈，遂不顾康熙帝正在盛怒之中，与允䄉一起为允禩保奏。康熙帝斥其为"梁山泊的义气"[3]，并打了允禟两个耳光。允禟没有退缩，依旧袒护允禩。当允禩被锁拿发审时，他与允䄉怀藏毒药，愿与同死。又携带锁铐，亲自随行，以示同患之意。[4]

允禟向与允禩要好，服膺允禩的才干，认为允禩"极正气"[5]。他与允䄉不怕得罪皇父，为允禩保奏，仍是出于替兄长仗义直言的哥们儿义气。事过月余，允禔因镇魇废太子允礽而被幽禁，允禩则复封为多罗贝勒，不久又由全体朝臣一致保举为皇太子。保举结果被康熙帝断然否决，允禟却因允禩为众臣所保举，感到允禩获取大位有望。他与允禩之间的关系，由此发生微妙变化，开始掺入更多的利益诉求。同时，他进一步卷入储位之争，并在其中扮演了一个重要角色。

七、图谋储位

自五十一年（1712）十月第二次废黜皇太子，至康熙六十一年十一月

---

1 《文献丛编》第3辑，《允禩允禟案》，第29页。
2 《清圣祖实录》卷235，康熙四十七年十月甲辰。
3 《文献丛编》第3辑，《允禩允禟案》，第29页。
4 《清世宗实录》卷45，雍正四年六月甲子。
5 《文献丛编》第3辑，《允禩允禟案》，第29页。

康熙帝去世，历时十年。在此期间，清廷未再册立储君，诸皇子之间展开激烈的储位之争。允禩、允禟、允䄉以及皇十子允䄉等结党角逐储位，并得到众多王公大臣的支持。

允禟的心情实则较为矛盾。他不满足仅仅受封固山贝子，常以爵位较低而不悦。一次，随手取下帽顶花翎，对属下道："你们看，我头上的翎子有甚（什）么好。"[1]可是，暗自揣量，自知于储位无望，常向人表白："我不图什么"，"不愿坐天下"[2]。有时却故做姿态，声称自己出生时，生母宜妃曾梦日入怀，又梦见北斗神降临，并说"虽然如此，我心甚淡"[3]。他曾自欺欺人地对穆景远说："外面的人都说我合（和）八爷、十四爷三个人里头有一个立皇太子，大约在我的身上居多些。我不愿坐天下，所以我装了病，成了废人就罢了。"[4]

五十六年（1717）冬，康熙帝召集诸子，面询建储之事。允禟的陈奏使康熙帝大怒，以致深夜未眠。次日允禟闻知，大为慌恐，假称有病不敢上朝，但又暗地抱怨："不过革此微末贝子耳"，"如大阿哥、二阿哥一例拘禁，我倒快乐"[5]。

允禟自知不为皇父及众臣所看好，于是更加紧密地交结允禩。二废太子后，康熙帝曾数次于众皇子前怒责允禟，甚至当众讲出"朕与允禟父子之恩绝矣"这一决绝之语。允禟却不改初衷，对允禩处处维护，奉之如主。一次，允䄉私下问允禟、允䄉：后日孰可得大位？允䄉未语，允禟抢先回答："此大位必是八阿哥得耳，诸大臣又皆称扬伊好，断不能出伊之手。"[6]

五十五年（1716）秋，康熙帝由热河返京途中，欲将染患伤寒的允禩，从畅春园近地先行移往城内。诸皇子奉旨商议时，唯独允禟激切拦阻："八阿哥今如此病重，若移往家中，万一不测，谁即承当？"[7]

---

1 《文献丛编》第3辑，《允禩允禟案》，第27页。
2 《文献丛编》第1辑，《允禩允禟案》，第8、9、1、2页。
3 《文献丛编》第1辑，《允禩允禟案》，第9页。
4 《文献丛编》第1辑，《允禩允禟案》，第1页。
5 《清世宗实录》卷45，雍正四年六月甲子。
6 《上谕旗务议覆》，载《中国史学丛书续编》第49册，第237页。
7 《清圣祖实录》卷269，康熙五十五年九月辛巳。

五十七年（1718）十月允禵被任命为抚远大将军，率师西征。允禩为此兴奋不已，又指望允禵立了大功，早正储位。他对亲信说："十四爷若得立为皇太子，必然听我几分说话。"[1]

允禟利用自己特有的优势，对允禩、允禵等给予赞助。

前已述及，他充分施展善于结交的才能，以增加拥护支持者，扩充小集团的实力。

时人皆知，允禟肯替允禩、允禵等人"使钱"，有求必应。允禩常召术士到家中算命，每次事毕，都由允禟支给一二百两，以示酬谢。允禩亦善结交，开销颇大，故允禟频频差人往其府中送去银两。一次，允禩又在允禟面前叫穷，让允禟吩咐满丕资助盘缠，满丕遂应命给允禩送去一万两银子。[2] 允禩的老师何焯之妻病故后，因何焯乃允禩信任之人，允禟随即给何焯送去银子，又遣人前往祭奠。

允禵西征出发前，得允禟赠银一万两。其后，允禟几次差人往其驻扎地送银数万两。允禵过生日时，允禟派人专程送去九件金器皿，约值一二万两银子。六十年十一月，允禵由西北前线暂返京师，允禟耗费大量钱财，将允禵府邸花园修葺一新。

允禟的慷慨解囊，使允禩、允禵等人在储位争夺中具有较强的经济实力，为其拉党结派、获取人心提供了钱财上的保证。

允禟为人随和，在与允禩、允禵、允䄉等人的关系中，起有维系并促进团结的作用。四人之内，敦郡王允䄉才智略低。允禵看不起本为兄长的允䄉，独与允禟十分亲密，而允禟一向待允䄉较好，允䄉于此也不否认。[3]

允禟与皇四子胤禛的关系耐人寻味。

位于铁狮子胡同的九贝子允禟府，不仅北邻八贝勒允禩府，且与位于柏林寺近旁、南与允禩府为邻的雍亲王胤禛府相距不远。康熙四十六年（1707），部分年长皇子在畅春园附近修建别墅，经皇子们奏请并由康熙帝批允，四阿哥胤禛、八阿哥允禩、九阿哥允禟、十阿哥允䄉的别墅建在一

---

1 《文献丛编》第1辑，《允禩允禟案》，第7页、第5页。
2 《文献丛编》第3辑，《允禩允禟案》，第32页。
3 参见《上谕旗务议覆》，载《中国史学丛书续编》第49册，第237页。

处。¹ 择邻而居，以邻为友，古今如此。京邸与别墅无不邻近，既便于府主之间交往，也表明胤禛曾与允禶、允禩等人较为要好。前述允禶劝告胤禛为废太子允礽代奏，胤禛称是，予以采纳，以及四十七年九月康熙帝锁拿允禩时，允䄉邀约胤禛，同他和允禶一起为允禩保奏等事例，² 都显示允禶等曾与胤禛相当接近。

一废太子事件发生后，胤禛根据康熙帝之好恶修正立场，刻意与允禶等人拉开距离。允禶却未看透这一点，仍然视胤禛为同道。五十年（1711）底，允禩生母、良妃卫氏病故。治丧期间，允禶与允䄉、允䄉等一起，每日轮班送饭，大张筵席，车马喧嚣，世人瞩目。允禶邀约胤禛，一同给允禩送饭，遭到拒绝。这也成为胤禛继位后，允禶受到痛责的事由之一。³ 由此亦见允禶识人不深，少有心机。十余年后，在被押往保定途中，当允禶听闻解送人员称述雍正帝继位以来所办政务时，冷笑曰："他从来原伶俐。"⁴ 有感而发，为时晚矣。

储位角逐中，允禶力助允禩、允䄉，胤禛深为忌恨，但藏而不露，终于在继位后有了报复之机。

八、死于非命前的心路历程

康熙六十一年（1722）十一月，康熙帝猝死，雍正帝即大位。自此，允禶处于逐步升级的打击迫害下，直至病逝保定，共三年又九个月。这一期间，允禶的心路历程经历了由震惊沮丧，到仍存侥幸，转而消极无奈，以至最终绝望的数次变化。

允䄉率师西征启行前，反复叮嘱允禶："皇父但有欠安，尽早捎信告知。"⁵ 允禶选派亲信太监姚子孝，为他与允䄉之间传递信息。

六十一年十一月初七日，康熙帝在南苑行围时不适，当日返畅春园摄养。初八日传旨："偶冒风寒，即日已透汗。"因初十日至十五日静养斋戒，

---

1 中国第一历史档案馆藏：满文朱批奏折，胤祉奏，康熙四十六年三月二十日。
2 《上谕内阁》卷48，雍正四年九月二十九日。
3 参见《上谕旗务议覆》，载《中国史学丛书续编》第49册，第44页。
4 《大义觉迷录》卷3，载《清史资料》第4辑，第132页。
5 《文献丛编》第1辑，《允䄉允禶案》，第2页。

此间不理奏章，不接见臣工。[1]这时，允禵拟差人给驻扎甘州（今甘肃张掖）的允禵报信，[2]然而从允禵得知康熙帝死讯后难抑悲情，称"竟出此事，做梦难料"等情况看，[3]事前并未得到允禵之信。或因允禵认为康熙帝之病有所好转，暂未差出报信之人。

为允禵所看好的允禩、允禵无不美梦成空，胤禛出人意料地继承皇位。储位之争的最终结果与允禵所期相违背，他的震惊失望远远超过失去皇父后的悲痛。他对属下长叹："不料事情竟至如此，我辈生不如死。"[4]为康熙帝举哀时，他突至雍正帝前，"对坐箕踞，无人臣礼"。雍正帝责其何无眼泪，他掏出手帕争辩："我帕俱湿。"[5]

六十一年（1722）十二月，雍正帝下令籍没允禵亲信太监何玉柱的家产，将何玉柱"发往三姓，与穷披甲人为奴"[6]。何玉柱等在发遣途中，向人谈论："圣祖皇帝原传十四阿哥允禵天下，皇上将'十'字改为'于'字。"又云："圣祖皇帝在畅春园病重，皇上就进一碗人参汤，不知何如，圣祖皇帝就崩了驾，皇上就登了位"，等等。[7]这些诋毁之语，透露出允禵等人对雍正帝即大位的质疑和种种臆测。

元年（1723）初，雍正帝以遵循旧制，派遣王公往赴军前为名，将允禵发遣西宁。允禵托故数请缓行，未准。这一时期，朝内外已有雍正帝"陵逼弟辈"等议论。[8]如派往军前效力的宗室赖士，参奏驻防都统图腊、副都统鄂三与下属人员"诽谤圣躬，捏造拘拿诸大臣，凌逼众阿哥，纵恣隆科多、年羹尧擅权等语"[9]。此时，允祯奉命护送在京圆寂的哲布尊丹巴

---

1 参见萧奭：《永宪录》卷1，第48页；中国第一历史档案馆藏：满文奏折，延信奏，康熙六十一年十二月二十一日。
2 参见《文献丛编》第1辑，《允禩允禵案》，第5页。
3 中国第一历史档案馆藏：满文奏折，延信奏，康熙六十一年十二月二十一日。
4 《大义觉迷录》，载《清史资料》第4辑，第129页。
5 《清世宗实录》卷45，雍正四年六月甲子；《上谕内阁》卷45，雍正四年六月初三日。
6 萧奭：《永宪录》卷1，第63页。
7 《大义觉迷录》卷3，载《清史资料》第4辑，第121页。
8 《清世宗实录》卷4，雍正元年二月庚申。
9 《上谕内阁》卷15，雍正二年正月初八日。另参见台北故宫博物院：《宫中档雍正朝奏折》第29辑（《满文谕折》第2辑），第389-394页。

呼图克图龛座返归喀尔喀，允䄉尚未前往汤泉为皇考守陵，允禩乃总理事务大臣之一。所以，图腊等人关于雍正帝"凌逼众阿哥"的议论，当指允禟、允䄉而言。然而允禟本人对前景依然心存侥幸，甚至盲目乐观。

据看守之人奏称，允禟赴西宁途中，"举止泰然"，与其子傅什浑、七十之子原乾清门侍卫勒什忻等一路嬉笑如常，毫无畏惧之色。[1] 甫抵西大通（今甘肃永登西南），随同而往的穆景远问他："我们到了西宁，皇上若再叫我们出口，如何受得？"允禟回答："你不知道，越远越好。"[2] 自以为远离京师，雍正帝鞭长莫及，便能得以保全。他在具折请安时，自称奴才弟；折请雍正帝皇后安，亦有弟字。这些做法，或想提醒雍正帝念及同胞之情，却招致更大反感。数月后，穆景远劝他向雍正帝求情，他说："还不是时候，要等三年孝满了的后头，才可以求得。"[3]

不妨以允禩在雍正初年的心态，与允禟做一对比。

雍正帝继位后，允禩被任命为四位总理事务大臣之一，旋即晋封廉亲王，不久又任理藩院尚书，兼管工部事务，总理上驷院事务。然而他对别人说："皇上今日加恩，焉知未伏明日诛戮之意！其目下施恩，皆不可信。"[4] 允禟却将自己被发遣西宁，视为苟安之策，幻想三年服满后，即可向雍正帝求情，得到宽宥。两人对处境与前景的判断全然不同，同允禩相较，允禟在政治上的肤浅幼稚显现无遗。

允禟赴西宁后，雍正帝密令川陕总督年羹尧，对允禟严加监控。[5] 允禟并未收敛，处事风格一如以往。

他将巨额家财带至发遣地，其家人凡在集市购物，不计价钱，听人索要，如数给予，故贸易者趋之若鹜。所以，他整日闭门不出，却名声远扬。当地人皆知这里住着一位九王爷，称他为贤王。[6]

---

1 《雍正朝起居注册》第1册，第754页；萧奭：《永宪录》卷4，第300页。
2 《文献丛编》第1辑，《允禩允禟案》，第2页。
3 《文献丛编》第1辑，《允禩允禟案》，第3页。
4 《大义觉迷录》卷3，载《清史资料》第4辑，第129页。
5 《掌故丛编》，第266页。
6 《大义觉迷录》卷3，载《清史资料》第4辑，第129页；中国第一历史档案馆藏：宫中杂件第331号。

他的随侍太监被撤回京城时,每人都得到他赏给的金条、西洋金表等物品。[1]他常向属下说:"倒是把我一个人怎么样也罢了,把我这些跟随的人都带累在这里,我心上很过不去。要是把他们都收回去,过一日平安日子,我就死也是甘心的。"众人闻知,无不感戴。[2]

他从驻地秘密与允禵、允䄉等人通信。与允䄉的信内,有"机会已失,追悔无及之语"[3]。允䄉没有按照事前约定,阅后立即烧毁信札。雍正二年(1724),查抄允䄉府邸时,此信被发现,成为允禵的罪证之一。

三年(1725)初,雍正帝以允禵纵容下人、骚扰民间为由,命都统楚宗前往约束。允禵得知楚宗抵达,并未依照接待钦差大臣之例,出迎请安。允禵手下一位千总对楚宗解释:"闻得贝子腿疼,不能动转。"楚宗至允禵门前,让护卫转告:"我奉特旨差来,贝子如何不见?"等待良久,允禵始令进见。据楚宗奏称,允禵在屋中站立,形色如前,气势强盛,无忧惧之容。他将允禵唤出,喝令跪在院内,聆听谕旨。听罢,允禵未按定例叩头即起身,对楚宗曰:"谕旨皆是,我有何说?我已欲出家离世之人,有何乱行之处?"[4]看来,他对重返京师渐觉无望,希冀若能长久身处偏远之地,或可免于受到重惩。雍正帝得闻此情,极为气恼,对诸王大臣说:"允禵不知感激朕恩,肆行傲慢,全无臣下事君之礼,且称出家离世等语,其意以为,出家则无兄弟之谊,离世则无君臣之分。如此荒诞不经,朕不解其胸中是何意见也。朕受皇考付托之重,临御以来,于国家政务悉心办理。朕自揣精神力量,可以经理有余,惟于弟兄之中,此数人万难化诲,既不感恩,又不畏法,使朕心力俱困。"[5]

在钦差大臣前,允禵依然故我,不减凌傲之气,实际上却是色厉内荏。他背地里对穆景远抱怨:"与其这样揉搓我,比拿刀子杀了我还利(厉)害。"[6]这种表里相悖之态,实不明智,是其缺乏远虑又好感情用事的

---

1 《雍正朝起居注册》第1册,第754页。
2 《文献丛编》第1辑,《允禩允禵案》,第2页。
3 《雍正朝起居注册》第1册,第754页。
4 《上谕内阁》卷29,雍正三年二月二十九日。
5 《上谕内阁》卷29,雍正三年二月二十九日。
6 《文献丛编》第1辑,《允禩允禵案》,第2页。

性格使然,也为数月后被革去贝子提供了口实。

曾经得到允禟救助的山西贫民令狐士义,此时得知他的境遇,千里迢迢赶来,扮做买卖人,假称有要事求见。遭到允禟拒绝后仍不甘心,通过允禟的太监投递书帖,内称山陕百姓都说允禟好,又闻允禟遭难,表示愿辅有道之主,不附无道之君,欲聚合山陕兵民,以救恩主。允禟阅后,将帖子送还,告称:"我们弟兄没有争天下之理,此后若再说这话,即差人缉拿。"事后,允禟向穆景远转述经过,穆景远劝他:应执拿此人,交与楚宗,否则必是大错。允禟不以为然,说:"若拿了这人,他就大吃亏了。"[1]

这件事反映出以下情况。

允禟曾积极参与储位之争,最终结果非其所愿。然而此时在他看来,已无可能也无必要改变既成事实,唯求随遇而安,苟全性命。此其一。

他在身历危难之际,断然拒绝令狐士义欲行救助之请,体现出顾全大局的意识以及较强的皇权观念、忠君思想。这样做的客观效果,则是牺牲个人利益,维护了清朝统治的稳固与社会的安定。此其二。

所谓"我们兄弟没有争天下之理",意指以往清朝数代,无论因皇位或其他事由,皇室内部皆无武力相争之事。这一传统,显示出满洲贵族内部仍具有较强的凝聚力。此其三。

允禟深明其中利害,却不愿通过执拿令狐士义而邀功,以减轻自身罪责。这与允禟重义气、敢担当的一贯作风相符,从中也可看出其品性中的某些特点。此其四。

断然拒绝令狐士义的做法,也多少透露,直至此时,尽管旁人为他担心,欲行相救,而他本人并不以为已处生死关头。换言之,他对自己其后所受惩罚的酷烈程度,仍无足够认识。此其五。

四年(1726)正月,允禟被革去黄带子,削除宗籍。三月,受到勒令,为自己及子孙改名。诸臣认为允禟所拟之名"存心奸巧,殊属不法"[2],雍正帝遂命诚亲王允祉、恒亲王允祺重新改写。于是,允禟之名被改为塞思黑(seshe),意为讨厌之人。他的儿子们也被分别改名,所用之

---

[1] 《雍正朝起居注册》第1册,第754页;《文献丛编》第1辑,《允禩允禟案》,第4页。
[2] 《清世宗实录》卷44,雍正四年五月乙巳。

字俱为贬意。[1]

四月,允禵身缚三条铁锁,由楚宗等押解赴京。据称,允禵一路"无改悔戒谨之意,谈笑如常"[2]。或因终得进京,仍抱侥幸之念。中途奉旨,留住保定,五月十五日抵拘禁地。当被押入四面加砌高墙、重兵把守的囚室时,允禵始露惊恐之色,一再哀求直隶总督李绂及楚宗等人代其陈奏,均遭拒绝。又向看守索要桌子一张,未给。雍正帝特降旨李绂:"除下贱饮食"以转桶送入外,"一切笔、墨、床、帐、书、字,(即)便冰一块,汤一盏",亦不得给予。[3]时值酷暑,墙高房小,允禵铁锁在身,手足拘挛,时常昏迷,其家人用冷水喷渍,逾时方醒。不久,跟随而来的四个家人被隔离关押,允禵的处境更为不堪。六月,诸王大臣议奏允禵罪状二十八款,内有行止恶乱、希图储位、夺据各处贸易、贪婪无厌等项,谕令颁示中外。[4]允禵在备受煎熬、彻底绝望中,度过人生最后时光,历时三个半月。

允禵获罪后,雍正帝令将允禵嫡福晋董鄂氏"逐回其家,严加禁锢"。[5]允禵长子弘晸在禁所度过50余载,从翩翩少年变为古稀之翁,至乾隆四十三年(1778)二月方被释放。[6]允禵的岳父七十跟随女儿董鄂氏前往西宁允禵驻地途中,于雍正二年(1724)闰四月初七日在直隶正定府获鹿县(今河北获鹿)病故。[7]

---

1 参见王佩环:《从新发现的满文档案再释阿其那与塞思黑》,载《故宫博物院院刊》2000年第2期。
2 《雍正朝起居注册》第1册,第754页。
3 中国第一历史档案馆藏:宫中杂件第327号。
4 《清世宗实录》卷45,雍正四年六月甲子。
5 《上谕内阁》卷51,雍正四年十二月初三日。
6 《清高宗实录》卷1050,乾隆四十三年二月丙申。
7 《文献丛编》第10辑,《清雍正朱批谕旨不录奏折》,第20页,故宫博物院文献馆,1931年。另据《清世宗实录》卷44,雍正四年五月己未条载,康亲王崇安等议奏:"苏努、七十系阿其那、塞思黑党乱助逆之罪魁,虽经身死,应照大逆律,戮尸扬灰,抄没家产,以彰国典……得旨:苏努、七十,照议治罪,以彰巨恶,伊等家产,谅已隐匿,何必抄没……"按,除去允禵岳父七十,雍正初年被指为"廉亲王之党"的获罪者中,还有一位名七十之人。此人历任郎中、参领,雍正二年(1724)六月与妻子一并发往三姓地方。参见中国第一历史档案馆藏:宫中杂件第332号,雍正二年五月二十日上谕;《清世宗实录》卷21,雍正二年六月壬辰。被"戮尸扬灰"应指允禵岳父七十。

值得注意的是，雍正帝继位不久，即将允䄉发配西宁，且在谕旨中表露对允䄉的不满。[1] 但是，雍正三年（1725）以前，斥责允䄉的口吻相对轻缓，且无人身攻击；三年以后陡然严厉，并以恶语相辱。出现这一变化，是以下述三个条件相继具备为前提。

其一，雍正元年（1723）八月，雍正帝向全体朝臣宣布秘密建储。这使他其后按照个人意志解决皇位传承问题，有了切实保证。

其二，二年（1724）二月，清军平定青海罗布藏丹津叛乱，截断准噶尔部与西藏的通道。这一胜利大大提高雍正帝在朝内外的威信，使其统治得以巩固，也为进一步解决准噶尔问题奠定了基础。是年七月，颁布《御制朋党论》，此为整肃朝纲、清除政敌的信号。

其三，三年（1725）二月"服阕"。雍正帝不再有"三年无改于父之道"的顾忌，开始为清除朋党而制造舆论。

于是，雍正帝对允䄉的责罚逐步加重。继三年（1725）正月斥其"外饰淳良，内藏奸狡"后，七月，就山西巡抚伊都立奏劾允䄉门下护卫殴打生员一事，谕称：允䄉"自来举动恶乱，结纳党援，妄行钻营，不守本分。且人品庸劣，文才武略，一无可取。兼之居心妄自尊大，伊本无足算数之人"[2]。四年五月，面谕诸王大臣、九卿等，为翌月议定允䄄、允䄉等人罪款，确定基调："塞思黑乃系痴肥臃肿，矫揉妄作，粗率狂谬，卑污无耻之人。皇考从前不比之于人数，弟兄辈亦将伊戏谑轻视。"[3]

这些贬损之辞，同前述苏努等人对允䄉的赞扬形成巨大反差，却对后人评价允䄉产生了较大影响。无论何种说法，同真实的允䄉又有多少相符之处？

九、几点思考

康熙二十年（1681），清朝平定三藩之乱，二十二年统一台湾，这是清朝入关后268年历史中一个转折点，自此，步入长达一个世纪的康乾盛

---

[1] 参见《清世宗实录》卷4，雍正元年二月庚申。
[2] 《上谕内阁》卷34，雍正三年七月二十九日。
[3] 《清世宗实录》卷44，雍正四年五月戊申。

世。允䄉的人生始于康乾盛世的开端,而且是当朝皇子,可谓幸哉。[1]

允䄉一生44载,其中40年是在康熙朝度过,这正值康乾盛世开创时期(康熙二十二年至六十一年);在雍正朝仅历四载,这是康乾盛世调整、发展时期(雍正元年至十三年)的开始。

允䄉身上,带有这一特定历史阶段的印记。他所处时代与客观环境,为他的人生设制了一个无形的框架,并在一定程度上决定了他的命运与遭际。

1. 满洲旧制的遗存和影响

如果将清太祖努尔哈赤视为满洲统治集团的第一代,其玄孙允䄉则是第五代人。这时,距清朝入关未及百年,满洲旧制对他们的思想、观念仍有较大影响。

按照天命七年(1622)清太祖努尔哈赤制定的八王共治国政制中汗位推选制规则,努尔哈赤身后,将由他的子、侄、孙,即八旗旗主组成的八王(八和硕贝勒)推选汗位继承人,以贤能作为首要标准。八王无论辈分高低或年龄长幼,既有推举新汗的权力,也有被推选为新汗的资格。[2] 皇太极、顺治帝父子生前,均未制定新的最高权力传承制度。康熙帝决意采用汉法,实施嫡长子皇位继承制,同时又依照满洲旧制,通过让其参政、理政等方式,培养诸皇子。王公大臣对后一做法自然是认同的,但对采用嫡长子皇子继承制,尚未真正理解并予以支持。四十七年(1708)一废太子事件中,康熙帝令诸臣保举皇太子人选,诸臣根据选贤的标准,一致保举皇八子允禩为皇太子,被康熙帝驳回。看来,无论康熙帝本人或满洲大臣,都在不自觉地以汗位推选制的某些做法与价值取向,指导自己的行为。而这一传统旧制所代表的思想观念,也是允䄉等皇子积极参与储位之争的动力与凭依,虽然其自身未必意识到这一点。

清朝入关前,诸皇子自幼随父征战,多尔衮、阿济格、多铎、豪格等人,无不以赫赫战功作为竞争储位的重要资本。允䄉虽然擅骑射,但像康

---

1 康熙二十二年(1683)出生的皇子除皇九子允䄉,还有比他小两个月的皇十子允䄂、长一个月的皇子允禙(2岁卒,未序齿)。
2 《满文老档》上册,第345-346页。

熙朝大多数皇子一样，从未经历战事。他在同朝二十多位皇子内，并不显得突出，从总体看也不具备竞争优势。然而，他积极参与储位之争，一无反顾，这种看似不自量力的行为，如果放在那一历史环境中观之，便非"非份之想"，而是满洲传统观念主导下的一种必然行为。

五十一年（1712）二废太子后，康熙帝逐步属意于允禵，但未公开册立，以致康熙朝最后十年（康熙五十二年至六十一年），储位空缺无人。这一时期是清朝皇位继承制度由嫡长制向秘密建储制转换阶段，客观上也为诸皇子争夺储位提供了广阔舞台。

允禵角逐储位的目的，是为最大限度地满足个人利益。不过，在对权力的追逐中，其私欲又与对清朝统治强烈的维护之念，对事功的热切渴望掺杂一体，难分良莠。这种品性看似矛盾，实则含有清朝处于上升阶段时，满洲贵族所具有的一种进取精神。然而，也正是这种力图有所作为的进取性，为他招致灭顶之灾，使他成为清朝两种皇位继承制度转换过程中的殉葬品。

随着康雍之际皇位继承制度的改革与乾隆年间秘密建储制度的确立，集中体现满洲传统意识的皇子储位之争，永远退出政治舞台；允禵在角逐储位中并不成功却带有满洲传统特色的表演，一并成为历史的遗迹。

2．以满汉文化融合为主的多种文化兼容并存

清朝入关后数十年间，在满汉文化逐步融合的趋势下，满洲文化、蒙古族文化、汉族文化以及西方文化激烈碰撞，交互影响，逐步兼容。康熙帝亲政后，确立崇儒重道国策并付诸实施，然而与康乾盛世中后期相比，这一"盛世"的前期仍有相对多元、开放的一面。

允禵的两个亲信秦道然与穆景远，一位出自江南世家，另一位来自位于欧洲西南部的葡萄牙。康熙朝满洲贵族中，与汉族士大夫多有交往者自无庸论，同西方传教士有密切接触之人，亦非少数。除去允禵，皇太子允礽、直郡王允禔、诚亲王允祉、国舅佟国纲、佟国维以及曾为大学士的索额图等人，莫不如此。出现这种情况，固然与康熙帝本人喜爱西方科学技术，实施优礼传教士的政策有直接关系，但也从一个方面，显示了这一时期满、蒙、汉文化之间以及满、蒙、汉文化与西洋文化之间的交流与兼

容。同时，表明康乾盛世前期的满洲贵族，依然具有较大的包容性，乐于接受新事物，乐于学习他人之长。这种兼容并包的能力与气度，为开创康乾盛世所必需，自康熙以降逐步减少，至康乾盛世中后期消失殆尽。由于历时较为短暂，上述四种文化，特别是满、蒙、汉文化与西方文化的交流融合，还仅限于人际交往的层面，思想观念层面的兼容汇通，基本尚未出现。

允禧不仅弓马娴熟，为人处事中还有温良细致、宽宏大度的一面。这与他幼习经史，具有较高汉文化素养或有一定关系。

3．皇权集中与强化的态势

明洪武十三年（1380），朱元璋废除丞相制度，自此拉开明清皇权高度集中与强化的序幕。至清代乾隆年间，历时约四个世纪，皇权的集中与强化达到顶峰。允禧一生四十余载，历康雍两朝，正是处于这一历史进程中。在此期间，清朝皇权的集中与强化始终呈上升趋势，宫廷各项典制逐步建立和完备。允禧既是这一政治态势的直接受益者，拥有依附于皇权下的种种特权（40岁前），又终为皇权愈益集中与强化的态势所不容（40岁至44岁）。

康雍两帝皆为察察之君，虽然为政风格不同，但对包括宗室在内所有臣工的控制，总的来看愈益严密。

康熙朝晚期，允禧与允禵等结党图谋皇位，但始终处于康熙帝的掌控之中。康熙帝对诸子关爱有加，对允禧等采取宽容之策，然而高度集中与强化的皇权，对允禧等形成极大威慑力，他们只能是在背地里拉党结派，仅有图谋之念，并未付诸行动。

雍正帝继位后，允禧等人处于他的绝对控制下，无法改变被动地位，遑论对其统治构成严重威胁。正如乾隆帝所言：允禵、允禧等"未尝无隐然悖逆之心，特未有显然悖逆之迹"[1]。尽管如此，倚恃极度集中与强化的皇权，雍正帝可以为所欲为，对其所忌恨者采取极端手段，予以打击报复。

---

[1] 《清高宗实录》卷1048，乾隆四十三年正月甲戌。

允禩等人与雍正帝的矛盾，并非仅仅是个人恩怨。雍正帝不念同胞之情，将其手足置之死地，是储位角逐即权力之争分晓后，皇位拥有者对于昔日对手所采取的必然之举，而清除朋党，整肃朝纲，稳定政局，巩固统治，客观上则为推进康乾盛世继续发展创造了条件。

4. 皇子教育与培养的缺憾

清朝十二帝中，康熙帝是综合素质最高的一位。他十分重视对皇子的培养，为此耗尽心血，并创立了其后实施二百年的清朝皇子教育制度。康熙帝诸子的总体素质，于清朝历代皇子中居于首位。

允禩作为当朝皇子，在其同时代满洲贵胄中，无论从受教条件、学习的系统性、内容的丰富性而言，都属于少数幸运者。由于具备较高的满汉文化素养，他能从事战车图样设计、以拉丁字母拼写满文、编造满文十九字头等今日看来仍具创意之事。此外，通过参与值守京城、办理政务，他得以开阔眼界、增长见识，无论对世事的了解、从政能力以及攫取私利的手段，都较生活圈子日益缩小的清朝中后期皇子高出一筹。

但是，从皇子自身角度看，这些受到良好教育的皇子所拥有的发展空间，相当狭小。康熙帝施教的目的，是希望他们成为文武全才，成为自己的得力助手，以保王朝长治久安，并没有也不可能站在皇子本人角度，考虑、重视他们各自的兴趣和特长。[1] 对于允禩等皇子而言，虽然自幼被要求保持尚武传统，娴习国语骑射，并以儒家思想作为立身之道，内心深处却以成为皇位继承人，作为最大追求目标，将能否实现这一目标，视为衡量一生成败的终极标准。这种价值观支配下，他们虽然自幼养成读书习惯，且以此为主要消遣之一，但另一方面，其读书学习、待人处事无不具有很强的目的性、功利性，甚至连其本人也不关心、不了解自己的兴趣、特长之所在。这是康熙父子所处时代环境使然，是中国封建社会沿袭数千年的教育理念、施教机制产生的结果之一，任何个人难以对此承当责任。

何图对允禩的揭发中，称允禩"看上去像是无用的人，图受用，又好

---

[1] 据目前掌握的材料看，康熙帝诸子中，专家型皇子唯有皇三子允祉。允祉少年时期被认为有数学天赋，由康熙帝亲自教授几何学原理，后向传教士学习律吕知识。康熙五十三年（1714）主持纂修《律历渊源》，皇十五子允禑、皇十六子允禄参与协助。

酒色"[1]，实则反映出这位当朝皇子精神上的空虚，心灵上的孤寂迷茫。他虽然受过较为全面的教育，然而除去暗中图谋与己无望的储位外，一切坐享其成，无所事事，唯有虚度光阴而已。他的若干发明创造，其后竟被作为罪状公之于众，遭到批斥。封建皇权统治下，人的个性与才智受到极大束缚，即使是康乾盛世时期的天潢贵胄，亦无例外。

康熙以降，历代皇子的总体素质成下降趋势，同清朝国力逐步衰微恰成正比。清朝中后期，皇室、宗室成员大多庸碌无为，在政治舞台上少有建树，究其原因，既与康熙朝启始的皇子教育中存在偏差与弊端有关，更与自雍正朝始，改变祖制，限制皇子参政等举措直接相连。此外，还有其他因素，从略。

允禵生在帝王之家，既享尽富贵，又可悲可怜。在其得势之时，为争夺储位心思用尽，受惩之际，唯求苟活而不能。他的创造潜力没有得到发掘，才智无法发挥，其出色的结交能力主要用于"以备大用"为目标的拉党结派，而这一能力施展得越充分，便愈益招致竞争对手的忌恨，其最终结局也就愈惨。他既好施大度，又善敲诈勒索，虽有万贯家财，仍然贪婪无厌。他对钱财的贪欲，对权势的热衷，既体现出人性的弱点，也反映了皇权政治对其心灵的腐蚀。事实上，即使是雍正帝本人，尽管拥有皇权，乾纲独断，但仅以对同胞手足残酷惩治而论，其心灵岂非同样是被皇权政治所扭曲？

对于历史人物，不能仅仅以善恶好坏加以评判，也不能根据帝王之褒贬盖棺论定。就允禵而言，他的身上显现出人所具有的多面性，而其贵为皇子却无法掌握个人命运，乃至死于非命的原因，需要从他生活的时代——康乾盛世前期的社会、政治与文化中，找寻答案。

---

1 《文献丛编》第1辑，《允禩允禵案》，第9页。

结　语

　　本章所讨论的是 5 位天潢贵胄。他们因卷入储位之争，故被清帝视为对皇权具有威胁之人，先后受到不同方式、不同程度的打击、迫害。5 人在拘禁地去世时的平均年龄，不足 50 岁。

　　当朝皇子广泛参与政治，继而受到新帝的严厉制裁（允礽父子较为特殊），这种情况在清朝只是分别发生在康熙年间和雍正初年。因为在这一时期，清廷内部出现了同宗室成员切身利益息息相关的两个重要变化。

　　一是皇子培养方式上的变化：康熙帝继续采用满洲旧制，重用庶出皇子；雍正帝则基本放弃了这一传统做法。二是皇位继承制度的变化：康熙帝先是实施嫡长子皇位继承制，后废黜皇太子，不再建储，尝试秘密建储；雍正帝则公开实施秘密建储。

　　康雍时期是上述两个变化的关键时期。康熙朝年长皇子首当其冲，受到这些变化最直接的影响。他们之中，少数人畏远权势，与世无争，得以善终（如康熙帝第五子允祺、第七子允祐），多数人则为获取储位，表现积极，跃跃欲试，然而大都难逃厄运。

　　康熙帝第三子允祉的情况与允禩、允禟等人有所不同。康熙朝晚期，允祉对储位怀有希冀，但基本没有结党行为，而是在修辑书籍等学术活动中投入较大精力。可是，他是康熙帝采用满洲旧制培养皇子方针的直接获利者之一，并因此为雍正帝所嫉恨。雍正年间，允祉明哲保身，竭力与允禩等人划清界线，却依然没有被雍正帝放过。

　　权力斗争的实质是利益之争。客观地看，康熙朝皇子围绕储位展开的这一最大利益之争，止于康熙帝去世，随着雍正帝的继位，角逐已成定局。允禩等人虽然暗怀不满，但已不是雍正帝的对手。雍正帝严惩同胞手足，既为进一步加强皇权，也是出于报私愤，既带有浓厚的"人治"色彩，也显示出他的人性中恶的一面。这种"人治"的特色与人性的弱点相得益彰，通过极度集中与强化的皇权，得到最大限度的发挥和淋漓尽致的展现。

如果以才智论，上述 5 位满洲宗室都可以称之为清朝皇子中的佼佼者。他们未得终老，相继获罪致死，究其原因，个人行为尚在其次，似应首先归结于清朝皇权集中与强化时期的政治制度、文化与社会环境，以及人们在这种制度、环境中所具有的思维模式和价值取向。

第五章 皇室女性

清朝皇室女性是被历史幕布所遮蔽的一个隐秘群体。清代史籍对她们之中大多数人或无记载，或记载极简，原始档案所披露的情况也很有限。本章拟对后妃改嫁、帝妃之恋、妃子身世、公主寿命与婚嫁等做一番探究，以期揭示这些深宫佳人在宫廷生活中，是怎样以其特有方式与皇权相联系。

第一节　清初后妃的改嫁

清初帝后（妃）的婚姻有一奇特现象，即太祖努尔哈赤、太宗皇太极、顺治帝福临等人的妻妾内，均有改嫁（离异）女子，总计8人。她们是：太祖努尔哈赤的继福晋（继妃）富察氏；太宗皇太极的西宫麟趾宫贵妃大福晋博尔济吉特氏、东宫衍庆宫侧福晋淑妃博尔济吉特氏、侧福晋（侧妃）叶赫纳喇氏、东宫福晋（侧妃）博尔济吉特氏、东宫关雎宫大福晋宸妃博尔济吉特氏；顺治帝福临第一位皇后（废后）博尔济吉特氏、皇贵妃董鄂氏（参见附表六）。[1]

清初后妃改嫁现象，为清代官修史书所不载，满文档案、传教士的记述以及其他史籍中，透露出一些相关信息。这些改嫁女子的坎坷人生，蕴

---

[1] 继妃富察氏改嫁努尔哈赤、侧妃叶赫纳喇氏改嫁皇太极时，其夫均未即汗位。虽然缺乏第一手材料予以证实，我们根据有关情况，将宸妃博尔济吉特氏视为改嫁女子，如发现新的史料，再予修正。除去本节所述8人，清初后妃中可能还有改嫁之人。如2005年9月中国第一历史档案馆主办的"明清档案与历史研究学术讨论会"上，金国平、吴志良《耶稣会传教士安文思手稿所记顺治晏驾与康熙继位》(《明清档案与历史研究论文集》，新华出版社，2008年）一文指出，1662年月10月20日安文思于北京所写的《中国、鞑靼皇帝驾崩及继位简记》，披露了康熙帝的生母佟佳氏入宫前是位寡妇，而且遭到顺治帝的遗弃等情况。此外，康熙年间出使清廷的朝鲜使臣，对康熙帝生母佟氏入宫前曾为人妻一事也有耳闻。参见［朝鲜］金昌业：《燕行日记》，［韩］林基中编：《燕行录全集》第31册，第478-479页，首尔：韩国东国大学校出版部，2001年。

含着一个个曲折的故事,由于史料的限制,目前无法揭开全部谜底。然而研析她们的婚姻状况,逐步加深对她们的认识,将有助于我们从另一个视角,观察、思考 17 世纪前期的满洲(后金)社会与文化。

一、改嫁类型

清初后妃改嫁的 8 例个案,可以归纳为三种类型。

第一种类型,嫁与清帝(后金汗)前曾适他人,总计 5 例,如继福晋富察氏、西麟趾宫贵妃博尔济吉特氏、东衍庆宫淑妃博尔济吉特氏、宸妃博尔济吉特氏、皇贵妃董鄂氏。

1. 继福晋富察氏

富察氏,名衮代,莽塞都诸祜之女,嫁与努尔哈赤前,曾适觉罗威准。努尔哈赤曾祖、都督福满(兴祖直皇帝)共有 6 子,第四子为努尔哈赤的祖父景祖翼皇帝觉昌安,第三子为索长阿。索长阿共有 5 子,第二子是觉罗务泰;务泰第二子,即威准。所以,努尔哈赤与威准是堂兄弟。威准生卒年不详,较努尔哈赤稍长,阵亡时 29 岁。他共有 5 子,其中第三子、第四子、第五子均为继妻富察氏所生。[1] 威准第三子阿兰泰柱生于明万历十一年(1583),是年努尔哈赤以父祖遗甲十三副起兵。翌年(1584)第四子崇善出生;第五子昂阿拉生年未详。[2] 富察氏改嫁努尔哈赤后的头生子莽古尔泰,生于明万历十五年(1587),是年努尔哈赤 29 岁。富察氏与威准的末生子昂阿拉,大约生于此前一两年。看来,威准阵亡不久,富察觉氏改嫁努尔哈赤,季子昂阿拉尚在襁褓中。

2. 衍庆宫淑妃博尔济吉特氏

阿巴垓部博第塞楚祜尔塔布囊之女博尔济吉特氏,曾是察哈尔部林丹汗的妻子,时称窦土门福晋。天聪八年(1634)闰八月,皇太极纳归降的博尔济吉特氏为妻。[3] 崇德元年(1636),博尔济吉特氏封为东宫衍庆宫侧

---

[1] 威准第一子尼雅翰生于明万历十年(1582),为其嫡妻所生;第二子达尔汉之生卒年及其生母皆不详。参见《爱新觉罗宗谱》己册,第 336、371、419 页。
[2] 《爱新觉罗宗谱》己集,第 419、442、443 页。
[3] 《清初内国史院满文档案译编》上册,第 107 页。

福晋淑妃（东衍庆宫淑妃，后尊封康惠淑妃）。[1]

3. 宸妃博尔济吉特氏

她是孝端文皇后的侄女，孝庄文皇后之姐。天聪八年（1634）十月归嫁皇太极时，年已26岁。女真族、蒙古族都有早婚习俗。[2]虽然史料无征，据有关情况分析，这位博尔济吉特氏嫁至后金前，可能已有过婚嫁。[3]崇德元年，封为东宫关雎宫大福晋宸妃（东关雎宫宸妃）。

4. 麟趾宫贵妃博尔济吉特氏

阿巴垓部额齐克诺颜（后封郡王）之女博尔济吉特氏，曾是察哈尔部林丹汗之妻，时称囊囊太后。天聪九年（1635）七月，皇太极与归降的博尔济吉特氏成婚。[4]崇德元年，博尔济吉特氏封为西宫麟趾宫大福晋贵妃（西麟趾宫贵妃，后尊封懿靖大贵妃）。[5]

5. 皇贵妃董鄂氏

董鄂氏，满洲正白旗人，内大臣鄂硕之女。成为顺治帝的妃子之前，她曾嫁给一位满洲武职大臣（参见本章第二节）。

第二种类型，嫁与清帝（后金汗）后离异复嫁，总计2例，如东宫福晋博尔济吉特氏、废后博尔济吉特氏。

1. 东宫福晋博尔济吉特氏

天聪六年（1632）二月，皇太极闻扎鲁特部贝勒巴雅尔图戴青（赐号达尔汉巴图鲁）色本之女博尔济吉特氏甚贤，遣使往聘，册为东宫福晋。[6]九年（1635）十月初七日，东宫福晋"不遂汗意，改适叶赫部德勒格尔台吉之子南褚"[7]。

---

1 《满文老档》下册，第1463页。
2 天聪九年（1635）三月，户部贝勒德格类传上谕曰："凡女子十二岁以上者许嫁，未及十二岁而嫁者罪之。"参见《清太宗实录》卷23，天聪九年三月庚申。孝慈高皇后叶赫纳喇氏、大妃乌拉纳喇氏、孝端文皇后博尔济吉特氏、孝庄文皇后博尔济吉特氏等人的婚龄，分别是14岁、12岁、15岁、13岁。参见《星源集庆》，第15、16、26页。
3 有学者已指出这一点。参见王冬芳：《满洲崛起中的女性》，第147-148页。
4 《清初内国史院满文档案译编》上册，第179页。
5 《满文老档》下册，第1463页。
6 《清太宗实录》卷11，天聪六年二月己卯；《满文老档》下册，第1233页。
7 关嘉录、佟永功、关照宏译：《天聪九年档》，第128页。

2．废后博尔济吉特氏

《星源集庆》载，顺治帝的第一位皇后博尔济吉特氏于顺治十年（1653）八月被废黜，降为静妃，改居侧宫。[1] 康熙四年（1665）三月，出使清廷的朝鲜使臣返国后报告："闻蒙古之女，曾为顺治君之后，失宠黜还其国而生子，年今十四。清人屡请于蒙古，而终不送还。蒙古素恃强不用命；蒙女所生子亦贤。若拥立而争天下，则必为大患。故清人甚以为虑云。"[2] 康熙十三年十一月，朝鲜使臣又向国王报告从一位年已七旬的汉人口中所闻："皇帝尝有东西两皇后；所谓西后，蒙王之女，东后汉人之女。而惑于黑舍里氏，黜西后于本国，有娠而往，闻已生子。"[3] 这位七旬汉人所言清帝"黜西后于本国"，是顺治朝史事。

顺治帝的第一位皇后博尔济吉特氏，是科尔沁卓礼克图亲王吴克善之女，孝庄太后的侄女。她被废黜后返回科尔沁部，确有其事。不过，废黜之前，顺治帝已与她分居三载。[4] 顺治十三年她返回家乡前，顺治帝正处在与董鄂氏的热恋中。行前她怀有顺治帝子嗣的可能性很小，但返回科尔沁后，很可能再嫁生子。待考。

第三种类型，嫁与清帝（后金汗）前曾适他人，嫁与清帝（后金汗）后离异。其后又两次复嫁。此类型只有1例，即侧福晋叶赫纳喇氏。

这位叶赫纳喇氏的第一个丈夫，是正黄旗包衣喀尔喀玛。喀尔喀玛是乌拉贝勒布占泰之弟。[5] 后逃至叶赫，为金台石贝勒收留抚养。金台石将族女叶赫纳喇氏给喀尔喀玛为妻，夫妇生下二子。[6] 天命四年（1619）后金征服叶赫后，努尔哈赤令将喀尔喀玛处死。不久，将叶赫纳拉氏拨给时为四大贝勒之一的皇太极。如满文档案所载："太祖皇帝让乌努春（按，叶

---

1 《星源集庆》，第37页。
2 吴晗辑：《朝鲜李朝实录中的中国史料》第9册，第3917页。
3 吴晗辑：《朝鲜李朝实录中的中国史料》第10册，第3997页。
4 顺治十年九月旨称："朕纳后以来，缘志意不协，另居侧宫，已经三载。"参见《清世祖实录》卷78，顺治十年九月癸巳。
5 《满洲实录》卷3，第154页。
6 据《星源集庆》第27页载，这位叶赫纳喇氏是阿纳布贝勒之女。一说阿纳布贝勒是金台石堂兄弟。

赫纳喇氏与喀尔喀玛所生第二子)之母进了太宗皇帝的院子。"天聪二年（1628）底，叶赫纳喇氏生下皇五子、和硕承泽亲王硕塞。其后，叶赫纳喇氏被皇太极赐与内大臣占·土谢图为妻。因占·土谢图行围时被虎伤身而亡，叶赫纳喇氏第三次改嫁。她的第四任丈夫达尔琥，是哈达部孟格布禄贝勒之族人，曾任镶黄旗轻车都尉。叶赫纳喇氏后来在达尔琥家去世。[1]

关于皇太极侧妃叶赫纳喇氏的数次改嫁，清官修史籍讳莫如深。康熙帝50多岁时，方从长他19岁的老臣明珠口中，得知这位庶祖母的奇特身世。[2]

总之，清初后妃改嫁个案中，第一种类型即嫁与清帝（后金汗）前已曾婚嫁者，相对最多（5人），占62.5%；[3]第二种类型即嫁与清帝（后金汗）后离异复嫁者次之（2人），占25%；第三种类型即嫁与清帝（后金汗）前曾适他人，嫁与清帝（后金汗）离异后，又数次改嫁者相对最少（1人），占12.5%。

二、迎娶未亡人

清帝（后金汗）娶已婚女子为妻的具体缘由，也可分为三种类型。

第一种类型，娶同宗阵亡者之妻或罹罪处死的奴仆之妻。

威准阵亡后，努尔哈赤娶堂兄之继妻、他的兄嫂富察氏为继福晋。这一做法符合满洲（女真族）"婚娶则不择族类"的古老民俗，[4]或也表明虽有多次生育，尚在盛年的富察氏风韵仍佳。

正黄旗包衣喀尔喀玛被努尔哈赤处死的原因不详。值得注意的是，我们所述清初后妃改嫁个案中，仅此一例是由父亲（努尔哈赤）将获罪而死的奴仆之妻，分拨给其子（皇太极）。

第二种类型，娶归降的察哈尔部林丹汗之妻。

天聪八年闰八月和天聪九年七月，皇太极先后与归降的林丹汗妻窦土门福晋与囊囊太后成婚，这是后金招降林丹汗余部过程中的两个插曲，对

---

[1] 中国第一历史档案馆藏：康熙朝满文折件，无年月。
[2] 中国第一历史档案馆藏：康熙朝满文折件，无年月。
[3] 如果将第三种类型并入此类，归嫁清帝（后金汗）前已曾适人者共6人，占清初后妃改嫁个案75%。
[4] 参见〔朝鲜〕李民寏：《建州闻见录》，第43页，辽宁大学历史系清初史料丛刊本。

于笼络林丹汗余部，凝聚众心，大有助焉。

第三种类型，出于情感因素娶之。

天聪八年（1634）十月，皇太极娶科尔沁贝勒寨桑之女博尔济吉特氏（宸妃）。数年前，皇太极已册封这位博尔济吉特氏的姑母为中宫福晋（孝端文皇后），册封小她4岁、早嫁9年的妹妹为西宫福晋（孝庄文皇后）。皇太极为何此时方娶年已26岁的博尔济吉特氏为妻，史料语焉不详。[1] 根据其后皇太极与博尔济吉特氏的夫妻关系看，在此个案中起有主导作用的因素，是皇太极的个人情感。

顺治十三年（1656）八月，顺治帝立正白旗大臣鄂硕之女董鄂氏为贤妃，是年十二月晋封皇贵妃。《汤若望传》中有关记载表明，顺治帝对董鄂氏所产生的"火热爱恋"[2]，是其执意迎娶这位未亡人的原因所在。此外，这与顺治帝轻视蒙古族文化，极力疏远蒙古族后妃等情况，也有一定内在联系。

总之，上述婚娶可以分做沿袭满洲旧俗型（努尔哈赤娶继福晋富察氏、皇太极娶侧福晋叶赫纳喇氏）、政治因素为主型（皇太极娶西麟趾宫贵妃、东衍庆宫淑妃）、情感因素为主型（皇太极娶宸妃、顺治帝娶董鄂妃）等三种情况，反映出清帝（后金汗）娶纳这些已婚女子时的不同动机。

三、帝妃关系

一个耐人寻味的现象是，从总体看，这些改嫁女子无论是以寡妇身份嫁与清帝，还是初嫁清帝后改适他人，或是改嫁清帝后离异再嫁，她们做妃子期间，无不居于高位，比较得宠。8人中，只有顺治帝第一位皇后博尔济吉特氏的情况另当别论。

1. 继福晋富察氏

富察氏再嫁努尔哈赤前后，努尔哈赤长子褚英的生母、元妃佟佳氏大约

---

[1] 有的学者指出，这段姻缘大约与天聪七年（1633）科尔沁二妃（孝端之母与孝庄之母）的来朝有关。此行很可能携博尔济吉特氏而来，皇太极一见钟情。参见王佩环：《清宫后妃》，第16—18页。

[2] ［德］魏特：《汤若传》，杨丙辰译，第323页。

已去世，故富察氏越居先其归嫁努尔哈赤的诸福晋之上，成为继福晋。其后十载（1587—1596），富察氏先后生下二子一女（努尔哈赤第五子莽古尔泰、第十子德格类、第三女莽古济）[1]。明万历二十一年（1593）秋，"叶赫诸部来侵，上夜驻军，寝甚酣"。富察氏"呼上觉曰：'尔方寸乱耶，惧耶？九国兵来攻，岂酣寝时耶？'"努尔哈赤慰之，"安寝如故。及旦，遂破敌"[2]。此事反映，在努尔哈赤众妻妾中居首的富察氏，有着较强的责任感，名实相符。

2. 麟趾宫贵妃博尔济吉特氏与衍庆宫淑妃博尔济吉特氏

崇德元年（1636）册立五宫后妃时，原为察哈尔林丹汗遗孀的两位博尔济吉特氏，分居第三位与第四位。姑且不论皇太极与两人的真实感情如何，仅从团结蒙古诸部、巩固满蒙贵族联盟、增强清朝（后金）与明作战实力的目的出发，亦须对两人予以重视。西麟趾宫贵妃于崇德元年三月生女（排行第十一女，封固伦端顺长公主），六年十二月又生一子（博穆博果尔，排行第十一子，顺治十二年封和硕襄亲王）。她是五宫后妃中在崇德时期生育次数最多的一位。

东衍庆宫淑妃博尔济吉特氏归嫁皇太极后未育。[3]

3. 宸妃博尔济吉特氏

这位博尔济吉特氏是皇太极最为宠爱的女子。皇太极册封五宫后妃时，以她位居第二，仅次于中宫皇后，而将林丹汗的两位遗孀以及归嫁逾十载（天命十年至崇德元年，1626—1636）的孝庄均置其后。博尔济吉特氏封为宸妃，"宸"指帝王居所，又引申为王位、帝王的代称。宸妃的住处，是以《诗经》中《国风·周南》的首篇《关雎》命名，曰"关雎宫"。崇德六年（1641），宸妃病逝，皇太极为她隆重治丧，规格逾制。两年后，皇太极病逝。关于皇太极与宸妃的关系，前面已有述及，从略。

---

1 据《爱新觉罗宗谱》丁册《玉牒之末》第133页载：（努尔哈赤）第十六子费扬果（一作费扬古）于太宗时获罪黜宗室，正法。玉牒未记费扬果之生母姓氏。唐邦治《清皇室四谱》卷3《皇子》指出："费扬古疑亦继妃富察氏出，为莽古尔泰、德格类同母弟"。因有关史实需要进一步考证，未将费扬果计入富察氏之子。
2 《清史稿》卷214，《列传》1，《后妃》。
3 西麟趾宫贵妃"别有养女名淑济"，东衍庆宫淑妃"有所抚蒙古女一"。参见《清太宗实录》卷37，崇德二年七月乙亥；唐邦治：《清皇室四谱》卷2，《后妃》。

4. 东宫福晋博尔济吉特氏

天聪六年（1632）二月，在已册立中宫福晋和西宫福晋，唯东宫阙如的情况下，扎鲁特部贝勒色本之女博尔济吉特氏被册立为"汗之第三福晋"[1]，即东宫福晋。其后三年多内（天聪六年二月至九年九月），这位东宫福晋先后生下两女（皇太极第六女、第九女），成为同一时期皇太极的妻妾中生育次数最多者，可见一度得到宠爱。

5. 侧福晋叶赫纳喇氏

据《爱新觉罗宗谱》载，皇太极只有两位"侧妃"，即皇太极第五子硕塞的生母叶赫纳喇氏和东宫福晋博尔济吉特氏。这表明，叶赫纳喇氏之父虽然是获罪而死的包衣奴仆，她本人是被作为罪犯之妻拨与皇太极，但是，天聪初年生子前后，已逐步得到皇太极的青睐。

6. 皇贵妃董鄂氏

董鄂氏是受到正式册封的清朝第一位皇贵妃。她于顺治十七年（1660）八月病逝，追谥皇后，顺治帝为之亲制行状。五个月后（顺治十八年正月），因宠妃之死悲痛过度的顺治帝出天花而亡。顺治帝重蹈皇太极的覆辙，可谓有其父必有其子。

清初两次堪称生死之恋的帝妃爱情，分别发生在皇太极、顺治父子同两位改嫁女子的婚姻中。这或许表明，比起初别双亲的青涩少女，有过婚史的成熟女子往往更得清帝宠爱。

四、悲喜结局

与清朝绝大多数后妃终老宫中的情况有所不同，清初后妃中改嫁女子的人生结局，具有多样性的特点。可以分做五种类型。

其一，死于非命，如继福晋富察氏。

明万历二十九年（1601），12岁的满泰贝勒之女乌拉纳喇氏嫁给43岁的努尔哈赤，两年后（1603）被立为大福晋（大妃），取代了继福晋富察氏的居首之位。以明万历十一年（1583）富察氏生下前夫威准之子阿兰泰

---

[1] 关嘉录，佟永功，关照宏译：《天聪九年档》，第128页。

柱时，年16岁为计，此时她36岁，从年龄看，已是14岁大妃乌拉纳喇氏的母辈。其后9年（1605—1614）中，乌拉纳喇氏先后生下三子（努尔哈赤第十二子阿济格、第十四子多尔衮、第十五子多铎）。努尔哈赤喜新厌旧，宠少妻远老妇，富察氏的境遇可想而知。

天命五年（1620）二月富察氏去世时，已过知天命之年。[1]

康熙朝修讫的《清太宗实录》载，天聪五年（1631）八月，皇太极斥责富察氏亲子莽尔古泰"潜弑其生母，幸事未彰闻，彼复希宠于皇考"[2]。康熙朝修讫的《清世祖实录》称，顺治元年（1644）二月，"改葬妃富察氏于陵外，以富察氏在太祖时获罪赐死故也"[3]。《清史稿》《清列朝后妃传稿》《清皇室四谱》等，分别根据《清太宗实录》《清世祖实录》中的不同记载，或称"天命五年，妃得罪，死"[4]，或言"莽古尔泰弑之"[5]。总之，先后两次为人继妻，相继养育5子的富察氏死于非命无疑，具体原因未详。[6]

其二，被令改嫁，如东宫福晋博尔济吉特氏与侧福晋叶赫纳喇氏。

天聪九年（1635）十月东宫福晋博尔济吉特氏改嫁时，距她生下皇太极第九女只有11天。

关于东宫福晋被迫改嫁的原因，史籍无载。天聪九年（1635）四月，东宫福晋之父色本遣使向皇太极进献马、牛、羊等，照例得到丰厚赏赐；五月初，四大贝勒之一莽古尔泰之子阿喀达往会其岳父色本，皇太极将鞍

---

1 《星源集庆》，第15页。
2 《清太宗实录》卷9，天聪五年八月甲寅。
3 《清世祖实录》卷3，顺治元年二月戊子。
4 《清史稿》卷214，《列传》1，《后妃》；又，张采田《清列朝后妃传稿》传上，第14页："妃后以罪死。"
5 唐邦治：《清皇室四谱》卷2，《皇后》。
6 唐邦治《清皇室四谱》卷2载，继妃富察氏"天命五年二月以窃藏金帛，迫令大归，寻莽古尔泰弑之"。按，"窃藏金帛"者是努尔哈赤大福晋乌拉纳喇氏，并非继妃富察氏；此事发生在富察氏死去一个月后，即天命五年（1620）三月。参见《满文老档》上册，第134、135页；《星源集庆》，第15页。

辔、银壶等"悉数赐给"[1]。十年春，色本"来朝，得优赉归。寻卒"[2]。崇德元年（1636）五月，皇太极派人往祭色本。祭文称色本"曾效力国家，尔生前我垂眷恩养，今虽逝去，何能忘怀"[3]。色本与后金的关系始终较好，即使在其女与皇太极的婚姻破裂后，这种关系未发生变化。博尔济吉特氏被皇太极勒令改嫁，并非为其母家所累。

天聪九年（1635）九月，皇太极因大贝勒代善宴请三贝勒莽古尔泰同母妹、哈达公主莽古济一事，对代善大加挞伐，将莽古济削去格格号为民，禁与亲戚家往来。[4]这一矛盾暴露出后金汗与八旗贝勒（旗主）之间的权力斗争相当激烈。以此为隐线，是年十二月发生蓝旗事件，"斩杀大小将官百余人"[5]，莽古济被处死，皇太极将正蓝旗收为己有。[6]通过此次事件，汗权逐步集中，皇太极有效加强了对诸王贝勒的控制。博尔济吉特氏身为东宫福晋，与皇太极同父异母姐哈达公主多有接触。但是，现存史籍中，尚未发现东宫福晋与上述事件有所牵连的记载，她的改嫁或与此事无关。

皇太极为博尔济吉特氏所指定的再嫁之夫南褚，姓叶赫纳喇氏，满洲正黄旗人，叶赫贝勒金台石长孙，其父为金台石长子德勒格尔台吉。《八旗满洲氏族通谱》载，金台石原系叶赫东城贝勒。太祖高皇帝征服叶赫时，授其子德勒格尔为三等男。德勒格尔卒，其子南褚袭职，缘事革退，其弟索尔和袭职。[7]金台石之妹、南褚的姑奶奶叶赫纳喇氏，即皇太极的生母孝慈高皇后，皇太极与南褚是表叔与表侄的关系。

---

[1] 关嘉录、佟永功、关照宏译：《天聪九年档》，第46、48、52、54页；另参见《清初内国史院满文档案译编》上册，第27页。色本至少有两女，分别嫁与皇太极与皇太极之侄、莽古尔泰之子阿喀达。据《清太宗实录》卷14，天聪七月七月癸丑条，是日，扎鲁特部落达尔汉巴图鲁色本，送女与贝勒莽古尔泰子阿喀达为妻。查《爱新觉罗宗谱》丁册《玉牒之末》第85-125页，莽古尔泰共9子，其中第7、8子失载，其余7子内，并无阿喀达之名；诸儿媳内亦无色本之女。待考。

[2] 包文汉，奇·朝克图整理：《蒙古回部王公表传》第1辑，第233页，呼和浩特：内蒙古大学出版社，1998年。

[3] 《满文老档》下册，第1452页。顺治五年（1648），色本追封札萨克多罗达尔汉贝勒，其子桑噶尔袭，世袭罔替。

[4] 参见《清初内国史院满文档案译编》上册，第196-200页。

[5] 吴晗辑：《朝鲜李朝实录中的中国史料》第9册，第3522页。

[6] 《清初内国史院满文档案译编》上册，第212-214页；《清太宗实录》卷26，天聪九年十二月辛巳。

[7] 《八旗满洲氏族通谱》卷22，《纳喇氏》。

南褚于何时"缘事革退",未详,起码在他遵旨迎娶博尔济吉特氏前后,仍受器重。如天聪九年(1636)正月,"免诸功臣丁役,并令专管各牛录"。正黄旗大臣得享这一特权者仅8人,其中有南褚。[1] 不久,后金招降察哈尔林丹汗余部的过程中,南褚再立殊功。

是年五月,多尔衮等率军抵察哈尔汗之子额哲(一作额尔克孔果尔)部所在地,"恐惊其部,乃停止不前"。遂命南褚携其族叔等,前往察哈尔汗福晋、南褚胞姐苏泰太后(德勒格尔之女)、侄额哲处转告:"奉汗谕旨,满洲诸贝勒率大军来取尔等,秋毫无犯。"苏泰太后闻信,让叶赫旧人往认,确知为南褚后,惊喜涕泣,亲自出迎,令子额哲率众迎接满洲诸贝勒。多尔衮等招降察哈尔余部大获成功。[2] 九月初七日,后金"赏出征诸臣",南褚名列其中。[3] 一个月后(天聪九年十月),皇太极令东宫福晋改嫁凯旋而归的表侄,实有褒奖南褚之意。皇太极对归嫁三年半,刚刚生育女儿的博尔济吉特氏有此决绝之举,是其情感至上的另一种表现。博尔济吉特氏何故得罪皇太极以及改嫁南褚后的情况,均未详。

侧福晋叶赫纳喇氏被令改嫁占·土谢图的确切时间及其原因,以及她何时于达尔琥家去世,目前尚未发现记载。

皇太极的东宫福晋博尔济吉特氏与侧福晋叶赫纳喇氏被迫改嫁,忍受别女、别子之痛。但是,与那些不为皇帝所爱,孤寂一生(如顺治帝第二位皇后博尔济吉特氏及数位蒙古族妃子),或因触怒夫君而被打入冷宫(如乾隆帝第二位皇后纳喇氏)的清朝后妃相比,她们二人还算不上最为不幸。

其三,丧子过悲,逝于宫中,如宸妃博尔济吉特氏和皇贵妃董鄂氏。

崇德三年(1637)正月,宸妃博尔济吉特氏之子(排行第八子,未有名)2岁而殇;三年零八个月后(崇德六年九月),宸妃病逝,终年33岁。

---

1 参见关嘉禄、佟永功、关照宏译:《天聪九年档》,第20页。南褚"管两个牛录",所管牛录数额居第三位。
2 参见关嘉禄、佟永功、关照宏译:《天聪九年档》,第67–68页。
3 《清初内国史院满文档案译编》上册,第192页。

顺治十五年（1658）正月，皇贵妃董鄂氏之子（排行第四子，未有名，追封和硕荣亲王）2岁（实为三个半月）而殇；两年零七个月后（顺治十七年八月），董鄂氏病亡，年约30岁上下。

宸妃博尔济吉特氏与皇贵妃董鄂氏是婆媳两代，但两人在生前死后的情况，有不少相似处。

其四，寿终正寝，如麟趾宫贵妃博尔济吉特氏与衍庆宫淑妃博尔济吉特氏。

顺治九年（1652）十月，麟趾宫贵妃博尔济吉特氏被尊封为懿靖大贵妃，衍庆宫淑妃博尔济吉特氏被尊封为康惠淑妃。懿靖大贵妃逝于康熙十三年（1674），康惠淑妃逝于康熙六年（1667）。皇太极去世后第二年（1644），她们随顺治帝入关，在紫禁城内生活了二三十载，并终老于此，是清初改嫁后妃中仅有的两位以太妃之尊安度晚年之人。

其五，被废黜后返归娘家，如废后博尔济吉特氏。

顺治十三年（1656）十月，废后博尔济吉特氏随同奉召来京的父亲吴克善返回科尔沁（参见本章第二节）。

五、社会背景

我们所讨论的清朝后妃中8位改嫁女子，集中出现在清入关前后（17纪世纪中叶）这一特定时期。8人中，除去富察氏、叶赫纳喇氏和董鄂氏是满洲女子外，余者5人全部是蒙古族女子，均为博尔济吉特氏，占清初改嫁后妃总数的60%。当时，无论蒙古族社会或满洲社会中，女子再嫁现象较多。这一满蒙民族所共有的传统婚姻习俗，在清帝（后金汗）婚姻中自然也会有所反映。

17世纪前期，满洲、蒙古族社会较少受到儒家思想影响，满蒙女子尚无从一而终的守节观念。努尔哈赤总计10个女儿（包括两位养女）内，有4人（第二女嫩哲格格，亦称沾河公主、第三女莽古济、第四女穆库什、努尔哈赤抚其侄图伦之女肫哲公主）在初嫁之后，又曾改嫁。[1]皇太极总计15个女儿（包括一位养女）内，也有2人（第二女固伦温庄长公主马喀塔、第五女固伦淑慧长公主阿图）于初嫁之夫去世后改嫁。[2]

满洲、蒙古族女子由于不同原因离异或改嫁后，并不像汉族传统社会中的女子那样受到责难和非议。如天聪七年（1633），皇太极幼弟多铎欲娶孝端皇后妹、科尔沁大妃之女。"因此女非有出众之才貌"，皇太极担心幼弟反悔，犹豫未允，多铎"坚意欲娶"。皇太极不愿拂幼弟之意，勉强允准，又在诸贝勒商议此事时提出："将来相得则已，如不相得，可密送于我，我密转送大妃。"[3]如果幼弟与妻妹出现不合，皇太极以将妻妹送返娘家作为解决之策，可见为兄之苦心。多年后，顺治帝允许废后博尔济吉特氏随父返家，看来这种做法有先例可循。

又如，天聪八年（1634）闰八月，护送察哈尔窦土门福晋归降后金的多尼库鲁克等，得知皇太极拟纳福晋，"喜甚，言我等此行，乃送福晋，非私来也，盖天父所赐。汗若纳福晋，来归部众及我等亦不胜喜悦"[4]。多尼库鲁克之言，反映了窦土门福晋本人的意愿。皇太极在众贝勒力劝之下，娶林丹汗的两位遗孀为妻，主要是出于笼络林丹汗余部，加强满蒙贵族联盟，以有利于后金发展的政治意图。但是，"语言虽异，衣冠则同"[5]的女真族（满洲）与蒙古族，都具有不以女子离异或再嫁为非的价值取向，这是皇太极在政治需求驱动下，能够与林丹汗遗孀顺利达成婚姻契约的一个重要前提。

---

1 《星源集庆》第22页载：天命元年（1616）努尔哈赤第二女（嫩哲格格）封和硕公主，下嫁郭络罗氏常书之子都统达尔汉。是年此女30岁，额驸达尔汉23岁。据唐邦治《清皇室四谱》卷4，《皇女》："奉天老档译文"天命二年十二月太祖曰：'大臣巴图鲁伊拉喀当初与朕相处，实未效力。吾不思其过，令其为臣，又以女妻之。伊终不效力，且无端弃妻。恐后生变，遂杀之。'此女未知即皇二女否。"综合相关情况看，嫩哲格格很可能是改嫁达尔汉。另据鄂尔泰等修《八旗通志初集》卷165，《名臣列传》25，《达尔汉额驸》载，达尔汉是常舒（书）之侄，额驸杨舒之子。《星源集庆》所记有误。
2 参见唐邦治：《清皇室四谱》卷4，《皇女》。
3 《清太宗实录》卷13，天聪七年五月丁酉。
4 《清初内国史院满文档案译编》上册，第107页。
5 《清初内国史院满文档案译编》上册，第81页。

崇德元年（1636）四月，"议定会典"。会典明确严禁收继婚，规定"自今以后，凡人不许娶庶母及族中伯母、婶母、嫂子、媳妇"。同时，对女子改嫁依然采取了宽容态度："凡女人若丧夫，欲守其家资、子女者，由本人（家）宜恩养；若欲改嫁者，本家无人看管，任族中兄弟聘与异姓之人。若不遵法，族中相娶者，与奸淫之事一例问罪。"[1] 清初改嫁后妃中，首位改嫁的富察氏为其亡夫堂弟努尔哈赤所娶，即属于收继婚范畴。

这8位改嫁女子，相继经历了天命、天聪、崇德、顺治四朝，分别是祖孙三代清帝（努尔哈赤、皇太极、福临）之妻妾。如果以富察氏与努尔哈赤的头生子莽古尔泰出生前一年（明万历十四年，1586）为起始，以顺治十三年（1656）董鄂氏复嫁顺治帝福临，废后博尔济吉特氏返归娘家为终结，清初后妃改嫁历程持续了70年。这正是满洲肇兴、明清易代、清朝确立对全国统治权的时期。

8位后妃的改嫁个案，发生在天命朝以前1例（富察氏改嫁努尔哈赤），天聪朝4例（东宫福晋博尔济吉特氏改嫁南褚、原为林丹汗之妻的两位博尔济吉特氏及孝庄之姐博尔济吉特氏改嫁皇太极），顺治朝2例（皇后博尔济吉特氏离异返乡、董鄂氏改嫁顺治帝）。此外，侧福晋叶赫纳喇氏与皇太极离异并再嫁时间未详，很可能也发生在天聪朝。看来，清朝后妃制度发轫期间，满洲传统婚嫁习俗的遗存比较显著，天聪汗皇太极的婚姻中尤有突出反映；"崇德改元，五宫并建，位号既明，等威渐辨"[2] 后，情况发生较大变化。顺治朝后妃中仍有改嫁女子，则是这一满洲风俗在清帝婚姻中的余音。

上述8位女子相继嫁与清帝（后金汗）后，总计生育6子4女。其中，继福晋富察氏子2，女1；西麟趾宫贵妃博尔济吉特氏子1，女1；侧福晋叶赫纳喇氏子1，东宫福晋博尔济吉特氏女2，宸妃博尔济吉特氏子1，皇贵妃董鄂氏子1。平约每人生育次数为1.25次，其中继福晋富察氏生育次数相对最多（3次），东衍庆宫淑妃与皇后博尔济吉特氏皆未育。如果考

---

[1]《清太宗实录稿本》卷14，第6页，辽宁大学历史系清初史料丛刊本。
[2]《清史稿》卷214，《列传》1，《后妃》。

虑到 8 人中约有半数，或于盛年与清帝（后金汗）离异后再次改嫁（东宫福晋博尔济吉特氏），或于盛年病逝（宸妃博尔济吉特氏、皇贵妃董鄂妃），或于盛年被废黜（皇后博尔济吉特氏），那么，清初帝后（妃）具有较强的生育能力这一特点，于此也可得到部分印证。

  清初后妃的改嫁现象，也从一个方面证实，清朝后妃制度在其发轫时期具有一定开放性。清朝入关后，随着后妃制度的不断健全，特别是选秀女制度逐步确立、严格实施后，后妃中出现改嫁女子的可能性愈益减少，几不存在。后妃们居于深宫之中，行动既无自由，情感亦受禁锢。较之入关前，其生活虽然富足安逸，总体境遇却有不及。

  清初后妃中的 8 位改嫁女子，只是清朝后妃的一个特殊群体。根据清朝后妃入葬清帝陵寝、清朝皇后陵寝、清朝妃园寝的人数统计，[1] 清朝 12 位皇帝的妻妾总数，大约 230 余人。除去孝庄文皇后、慈禧皇太后等极少数人，大部分清朝后妃始终处于历史帷幕背后，事迹鲜为人知。但是，她们无不以其所特有的方式，用个人的种种牺牲为代价，在清朝的建立、延续和发展过程中，起着独特的作用。我们相信，随着满汉文史料的深入发掘，将会逐步拂去覆盖在她们身上的岁月尘埃。

第二节　董鄂妃与清前期宫廷史

  顺治帝的妃子董鄂氏，是至今笼罩在历史迷雾中的一位清皇室女性。她是满洲正白旗人，内大臣鄂硕之女，先为他人之妻，后又成为顺治帝的妃子。因有关史料记载甚少，长期以来，她的来历引起人们的猜测和探究。

  董鄂氏的身世以及她与宫廷主要成员的关系，为我们考察清初宫廷史，提供了一个新的视角。

1　参见徐广源：《大清皇陵秘史》，第 419–421 页，北京：学苑出版社，2010 年。

一、顺治朝后宫的若干特点

董鄂氏改嫁顺治帝,具有以下宫廷背景。

其一,顺治年间,尚未建立起完备的后妃制度。

据清朝文献载,顺治年间始行挑选秀女:由户部主持,每三年一次,从满洲、蒙古、汉军官员及另户军士、闲散壮丁下,14(一说13岁)至16岁女子中遴选,以充实后宫。[1] 不过,综合有关情况看,很可能在顺治朝中后期,即顺治十三年(1656)前后,才实施这种做法,而且并不严格。

顺治朝以降,没有经过选秀女而入宫为妃的现象依然存在(如康熙、乾隆等朝)。但顺治年间,后宫规制仍未健全,这一客观情况为董鄂氏的入宫减少了障碍。

董鄂氏入宫以前,顺治帝的妻妾中除去两位皇后(废后博尔济吉特氏、孝惠后博尔济吉特氏)外,再无受到正式册封之人。董鄂氏入宫后,除去她本人,顺治帝的其她妻妾仍然无一受到正式册封,这也包括三位蒙古族女子,即康熙十二年尊封的"皇考恭靖妃""皇考淑惠妃""皇考端顺妃"。[2]

同孝惠皇后一起葬在孝东陵的顺治帝妻妾,总计29人,其中有4位福晋、17位格格。[3] 顺治帝妻妾内称之为福晋、格格的女子如此之多,清入关后十朝后宫中仅此一例。

其二,蒙古族后妃在顺治朝后宫处于特殊位置。

董鄂氏入宫前,如果不计已被顺治帝降为静妃,改居侧宫的第一位皇后博尔济吉特氏,顺治帝的蒙古族妻妾至少有5位。她们以孝庄皇太后为首的前代蒙古族后妃作为倚恃,顺治朝后宫几成蒙古族女子的"一统天

---

[1] 光绪《清会典事例》卷1114,《八旗都统》4,《户口》。
[2] 据《星源集庆》第37页,恭靖妃、端顺妃,"初入宫册为妃";淑惠妃,"顺治十一年五月册为妃"。按,清朝册封妃子,例应给予位号,但此三人均无位号。我们对这一记载存疑,故未采用。
[3] 雍正帝泰陵妃园寝中,也葬有四位"格格"。参见于善浦:《清东陵大观》,第51页;《清代帝后的归宿》,第91、92页、127、128页,北京:紫禁城出版社,2006年;徐广源:《大清皇陵秘史》,第92、158页。

下"。顺治帝力图改变这一现状,必会更加留意、更愿接纳满洲(包括汉军旗)女子。

其三,顺治十一年(1654)以前,清廷依然实行八旗命妇更番入侍后妃制度。这为顺治帝得以同已是人妇的董鄂氏相接触,提供了便利(详见下文)。[1]

其四,顺治帝与孝庄皇太后之间在文化观念、治国理念等方面存在较大分歧,这也表现在顺治帝后妃的人选上。

孝庄皇太后为顺治帝择选后妃时,显然是想参照崇德五宫后妃模式,继续以漠南蒙古族女子,特别是来自与清廷具有多重姻戚关系的科尔沁部女子,组成顺治朝后妃的核心。当清初统一战争仍在进行,清廷面临的形势依然严峻之际,这种举措有助于维系、加强满蒙贵族联盟,巩固清朝统治根基,意义重大。然而顺治帝并没有将自己的婚姻同王朝利益相联系,而是从情感出发,寻觅所爱,追求个人幸福。

董鄂氏的入宫与孝庄母子的矛盾缠绕在一起,对孝庄母子关系产生不利影响的同时,也被赋予了淡淡的政治色彩。

二、董鄂妃来历再探

关于董鄂妃入宫前的婚姻情况,主要有四种看法。

其一,董鄂妃即明末名妓董小宛,她曾是江南名士冒辟疆的侍姬。此说是误传,史家已有论证。[2]

其二,董鄂妃曾是顺治帝同父异母弟、和硕襄亲王博穆博果尔的福晋。[3]这种说法流传很广,至今仍为治史者所认同。

---

[1] 这一问题早已为学界关注。如商鸿逵、岑大利《顺治皇帝的三位皇后》一文(载郑逸梅等:《清宫轶事》,第86—92页,北京:紫禁城出版社,1985年)指出,孝庄太后罢革命妇更番入侍之制,"与董鄂氏入侍当有关系"。

[2] 参见孟森:《董小宛考》,载《明清史论著集刊续编》,北京:中华书局,1986年;祝总斌:《董小宛入宫说始于何时——兼略探吴梅村〈清凉山赞佛诗〉的创作意图》,载《北京联合大学学报》2007年第1期。

[3] 参见陈垣:《董妃的来历问题》,载《陈垣史学论著选》。

其三，董鄂妃曾是顺治帝同父异母兄、和硕承泽亲王硕塞的福晋。[1]

其四，董鄂妃是一位武职大臣即"满籍军人"的妻子。[2]

第一种说法即董鄂妃是明末名妓董小宛说，已无庸议。关于第二种说法即董鄂妃曾是和硕襄亲王博穆博果尔福晋说，我们已予否定。[3] 现在，先对第三种说法即董鄂妃曾是承泽亲王硕塞福晋说，加以辨析。

1. 承泽亲王硕塞与世子博果铎

康熙年间，学者毛奇龄为友人洪昇（字昉思）所撰剧本《长生殿》作序云："暨予出国门，相传应庄亲王世子之请，取唐人《长恨歌》事，作《长生殿》院本，一时勾栏多演之。"[4] 邓之诚先生据此认为，"近人据汤若望记事，谓董鄂妃夺自满洲军人，因附会为襄亲王，不如谓承泽为当。因襄从未领军，且与庄邸嘱撰《长生殿》一事为有关合耳"[5]。

《长生殿》完稿于康熙二十七年（1688）。二十八年七月，康熙帝第三位皇后孝懿后病逝。八月，洪昇于宅中上演《长生殿》，被人参劾，谓"国恤"张乐乃"大不敬"。演剧之祸由是而生。洪昇被革去国学生籍，观剧者赵执信等革职，查慎行等革去国学生籍。[6]

洪昇为《长生殿》所作《例言》中，曾简述此剧创作经过：取材于唐朝天宝遗事，先撰《沉香亭传奇》，继之更名《舞霓裳》，其后专写《钗盒情缘》一节，最终定名《长生殿》。《例言》并未提及"应庄亲王世子之请"事。唯称："……更名《舞霓裳》，优伶皆久习之。后又念情之所钟，在帝王家罕有，马嵬之变，已违凤誓，而唐人有玉妃归蓬莱仙院，明皇游月宫之说，因合用之，专写《钗合情缘》，以长生殿题名，诸同人颇赏之，

---

1 参见邓之诚：《骨董三记》卷6，《长生殿》，载《骨董琐记》，第603-604页，北京：中国书店，1991年；《清诗纪事初编》下册，第554-555页，上海：上海古籍出版社，1965年。
2 参见周远廉：《顺治帝》，第468-471页，长春：吉林文史出版社，1993年；杨珍：《董鄂妃的来历与董鄂妃之死》，载《故宫博物院院刊》1994年第1期。
3 杨珍：《董鄂妃的来历与董鄂妃之死》，载《故宫博物院院刊》1994年第1期。
4 毛奇龄：《西河合集》，《序》，卷24，《长生殿院本序》。毛奇龄是浙江萧山人，康熙十八年（1679）任翰林院检讨，充《明史》纂修。"暨予出国门"，指康熙二十四年或稍后因事告假返乡。
5 邓之诚：《骨董三记》卷6，《长生殿》，载《骨董琐记》，第603-604页。
6 参见章培恒：《洪昇年谱》四十五岁条；附录一，《演〈长生殿〉之祸考》，上海：上海古籍出版社，1979年。

乐人请是本演习，遂传于时。盖经十余年，三易稿而始成。"[1]

"应庄亲王世子之请"或有其事，但仅此不能说明，作者是"以杨妃先为寿王妃暗示董鄂先入庄邸"[2]。正如章培恒先生分析："昉思从事此剧，实始于居杭之时。则所谓'应庄亲王世子之请'者，当是世子闻昉思有《舞霓裳》剧以写《钗盒情缘》，因请其改定而行之于世。至剧中所写兴亡之恨，当非出自世子意，或且为其始料所未及。"[3]

再来看一看有关"庄亲王世子"的情况。

皇太极第五子和硕承泽亲王硕塞是清初八位"铁帽子王"之一，生于天聪二年（1628），生母为侧妃叶赫纳喇氏。硕塞是清初满洲宗室中的一员骁将。顺治元年（1644），17岁，封多罗承泽郡王，封入镶红旗。随豫亲王多铎南征，败李自成农民军，灭南明弘光政权。八年，晋封亲王，管理兵部事，擢议政，任议政王。[4] 十年，掌宗人府事。十二年十二月初五日卒，28岁。谥"裕"。

硕塞有妻妾5人。[5]

（1）嫡福晋纳喇氏，议政大臣、轻车都尉费扬古之女。顺治元年（1644）五月，尚未封爵的硕塞娶纳喇氏为妻，内大臣以下牛录章京以上，俱往赴宴。[6]

（2）继福晋博尔济吉特氏，孝庄皇太后弟、和硕达尔汉巴图鲁亲王满珠习礼之女，与硕塞同年。康熙五十二年（1713）仍在世，已是86岁高龄。[7]

---

1 洪昇：《长生殿传奇·例言》，载《续修四库全书》第1775册，第633页，上海：上海古籍出版社；王永健：《洪昇和长生殿》，第33—36页，上海：上海古籍出版社，1982年。
2 钱仲联主编：《清诗纪事三·顺治朝卷》，第1502页，南京：江苏古籍出版社，1987年。
3 章培恒：《洪昇年谱》，第282页。
4 《清世祖实录》卷61，顺治八年十月己酉条："命和硕承泽亲王硕塞、多罗谦郡王瓦克达为议政王。"瓦克达是顺治帝伯父礼亲王代善第四子，生于明万历三十四年（1606），生母为继福晋叶赫纳喇氏。初以兄子阿达礼获罪牵连，黜宗室，顺治八年（1651）以军功晋封多罗谦郡王，管理工部事务，擢议政。九年四月罢议政，八月卒，年47岁。谥"襄"。参见《爱新觉罗宗谱》乙册，第3673、3674页。
5 《爱新觉罗宗谱》甲册，第1943页。
6 《清世祖实录》卷5，顺治元年五月壬辰。
7 《清圣祖实录》卷254，康熙五十二年三月乙巳。

(3)侧福晋博尔济吉特氏,科尔沁达赉台吉之女,卒于顺治十二年。[1]
(4)庶福晋鄂尔铎苏氏,欢齐之女。
(5)庶福晋一人,姓氏未详。

硕塞有子四人。[2]

第一子博果铎,顺治七年(1450)三月生,生母为嫡福晋纳喇氏。十二年六月袭亲王,改号"庄"。雍正元年(1723)正月卒,74岁。谥"靖"。博果铎有妻妾四人,无子。雍正元年三月,康熙帝第十六子允禄奉旨过继为嗣,袭封庄亲王爵。

第二子博翁果诺,生于顺治八年(1651)十一月,与博果铎同母。康熙四年(1665)封多罗惠郡王,二十三年因懒惰革爵。五十一年卒,62岁。

第三子韂额布(一作恩克布),生于顺治九年(1652)六月,生母是那位不知姓氏的庶福晋。康熙五年(1666)封三等辅国将军。二十年卒,30岁。谥"温僖"。

第四子随哈,顺治十一年(1654)十一月生,生母是庶福晋鄂尔铎苏氏。4岁卒。

所谓"庄亲王世子",应指博果铎。这位顺治帝亲侄、康熙帝的堂兄一生平平,无重要事迹。雍正敕修《八旗通志初集》中,博果铎的传记只有十余字;乾隆《钦定八旗通志》内,博果铎的传记不足50字。康熙十一年(1654),博果铎与其弟多罗惠郡王博翁果诺疏辞议政,获准。不久,博果铎奉旨再入议政。二十年,清廷平定三藩之乱。是年秋,博果铎以患病不能任事为由,再次上疏,请罢议政。大学士为此请旨,康熙帝云:博果铎授为议政以来,既未行走,又未著有勤劳,殊为不及,著即罢议政。[3]

如果毛奇龄所闻无误,那么,博果铎是在第二次疏辞议政数年后,年近不惑时,邀请洪昇改定《钗盒情缘》。他对戏剧的兴趣与热衷,与其对朝廷政务的淡漠和消极形成对比。其祖皇太极有知,必以为不肖,然而他

---

[1] 据《清世祖实录》卷91,顺治十二年四月癸酉条:"遣官祭和硕承泽亲王硕塞侧福金。"
[2] 《爱新觉罗宗谱》甲册,第1942、1991、2009、2011页。
[3] 《康熙起居注》第1册,第734页。

却得享高年，居和硕亲王之位几近 70 载。

博果铎的这种表现，在皇太极的子孙中具有一定代表性。由此亦见，清朝入关后，新一代满洲王公的价值观正在发生变化，满汉民族之间不同层次、方式多样的交流和交融，已成不可逆转之势。毛奇龄在《长生殿院本序》中披露的信息，为博果铎的平淡生平增加了一个亮点。

显然，不能从博果铎曾请洪昇改定《钗盒情缘》，推衍出他的一位庶母即顺治帝所娶董鄂氏的结论。退一步讲，像博果铎这样胸无大志，在锦衣玉食中度过一生的满洲宗室，似难以拥有"书写兴亡之恨"，宣泄先皇夺母之恨的情怀和胆略。

关于董鄂氏入宫前婚姻情况的四种说法中，只有"满籍军人"妻子一说比较接近历史真实。下面，我们对此说进行补充论析。

2. 传教士回忆录与朝鲜"谢恩使"日记之互证

顺治年间，传教士汤若望与顺治帝、孝庄皇太后等满洲皇室成员多有接触，关系非同一般。成书于 20 世纪 30 年代的《汤若望传》，是德籍作者魏特根据汤若望的《生活回忆录》等"源头史料"撰成。书中对董鄂妃的来历有如下叙述：

> 顺治皇帝对一位满籍军人之夫人，起了一种火热爱恋，当这一位军人因此申斥他的夫人时，他竟被对于他这申斥有所闻知的"天子"，亲手打了一个极怪异的耳掴。这位军人于是乃因怨愤致死，或许竟是自杀而死。皇帝遂即将这位军人底未亡人收入宫中，封为贵妃。[1]

上述记载不是孤证。

顺治十三年（1656）九月二十二日，朝鲜"谢恩使"麟坪大君李㴭一行抵达京城，住在内城"别馆"，十月二十九日踏上返程。[2] 李㴭对清廷内部事务极为关注。留京期间，已入旗籍、任职清宫的朝鲜人金汝辉先后五

---

[1] [德] 魏特：《汤若望传》，杨丙辰译，第 323 页。
[2] 关于麟坪大君李㴭（1622-1658），参见吴晗辑：《朝鲜李朝实录中的中国史料》第 9 册，第 3849、3852-3854 页；李花子：《明清时期中朝边界史研究》，第 262-264 页，北京：知识产权出版社，2011 年；[日] 夫马进：《朝鲜燕行使与朝鲜通信使使节视野中的中国·日本》，伍跃译，第 209-212 页，上海：上海古籍出版社，2010 年。

次前往李渲下榻处拜谒。李渲在日记中记录了金汝辉告知的丰富信息。如十月初十日,金汝辉第三次拜谒李渲。李渲"细问燕京事情",金汝辉告知:"帝御新构天清宫,太后御慈宁宫,皇后御翠华宫。椒闱寂寞,方拣东西两宫皇后。宫中贵妃一人,曾是军官之妻也,因庆吊出入禁闼,帝频私之。其夫则构罪杀之,勒令入宫,年将三十,色亦不美,而宠遇为最。"[1] 所谓"贵妃",即指董鄂妃。

汤若望与金汝辉所言董鄂氏的情况,在四个方面大体吻合。一是董鄂氏的前夫,是一位"满籍军人",即一位"军官";二是顺治帝与董鄂氏的关系暴露后,董鄂氏的前夫被杀或被迫自杀;三是董鄂氏入宫成为顺治帝之妻,是在她的前夫死后;四是董鄂氏宠冠后宫。

上述两条史料,第一条采自回忆录,第二条是记述他人所言,故均非第一手材料。但是,这些情况的原始记录者与讲述者——汤若望和金汝辉,对于董鄂氏前夫之死以及董鄂氏改嫁顺治帝等事乃耳闻目睹,而且与当事人有直接或间接接触。更重要的是,无论汤若望与金汝辉,还是魏特和李渲,同当事人均无利害关系,所以讲述时、记述时都会比较客观。

十三年(1656)七月初三日,16岁的和硕襄亲王博穆博果尔卒。九月初八日,李渲一行前往京城途中,听闻"清主弟十七岁亲王殁"。因已故襄亲王"丧枢完敛于朝阳门外衙门,使由海岱门以入"[2]。

十月初二日,习朝参礼。李渲日记载:"大通官李一善,衙役中最狞者,而皇弟固山人,因其服丧,不得行公,一善无所用事,人皆幸焉。不意百日期限已满,今忽出役,竟日坐门……"[3] 博穆博果尔生前封在镶红旗,李一善为其属下,奉以为主。对于李渲而言,"清主弟殁"是件大事,必予高度关注。如果董鄂氏曾是博穆博果尔的福晋,李渲或许会从李一善及其随从人员处有所耳闻。

---

1 [朝鲜]李渲:《燕途纪行》,载[韩]林基中编:《燕行录全集》第22册,第157页。"天清宫"即乾清宫,"翠华宫"未详指何宫。学友张晓辉提示此条史料,特此致谢。
2 [朝鲜]李渲:《燕途纪行》,载[韩]林基中编:《燕行录全集》第22册,第84、135、145页。"海岱门"即崇文门。
3 [朝鲜]李渲:《燕途纪行》,载[韩]林基中编:《燕行录全集》第22册,第145、146页。

我们既然以金汝辉所言作为立论依据之一，需要对他本人及其有关情况略做考察。

3. "清主亲兵哨官"金汝辉

李渲在顺治十三年（1656）十月初五日的日记中，述及金汝辉的身世："汝辉是龙湾右族，丁卯之兵，合家被掳。今为清主亲兵哨官，为人良善，频频来谒，暗传今行赦赦，顺付之报，其喜曷量。"[1]

"丁卯"即天聪元年（1627）。是年春，后金四大贝勒之一阿敏统兵征伐朝鲜，攻占义州、定州诸地，俘获众多朝鲜人，其中就有金汝辉及其家人。

乾隆敕修《八旗满洲氏族通谱》附载的满洲旗分内高丽姓氏，即有金氏。首位为新达里，"正黄旗包衣人，世居易州地方，天聪元年，率子弟来归"。初为通事官。崇德初年，"以俘获高丽人户，分编佐领"，新达里统之，兼内务府三旗火器营总管事。[2] 二弟音达理、三弟三达理、四弟季达理，均在清廷任职。

内务府三旗有两个"高丽佐领"，都隶属于正黄旗包衣第四参领。"第一高丽佐领"系康熙三十四年（1695）增设，"第二高丽佐领"即"国初编立"的新达里佐领。[3] 金汝辉是被掳掠至后金，可能隶属于正黄旗包衣第四参领下第二高丽佐领；他与金氏四兄弟或是同族，或有戚属关系。

顺治年间，紫禁城宫禁守护系统主要有三。

一为八旗侍卫系统。"国初以八旗将士平定海内，镶黄、正黄、正白三旗皆天子所自将，爰抡其子弟命曰侍卫，用备随侍宿直，统以勋戚大臣，而宗室之秀、外藩之侍子，亦得选预环列。凡轮直殿廷，以领侍卫内大臣等总统之。其侍卫等更番轮直凡六班，班分两翼，宿卫乾清门、内右门、神武门、宁寿门为内班；宿卫太和门为外班。行幸驻跸宿卫如宫禁之

---

1 ［朝鲜］李渲：《燕途纪行》，载［韩］林中基编：《燕行录全集》第22册，第154页。
2 《八旗通志氏族通谱》卷72，《金氏》。向中国社会科学院历史研究所李花子女士请教，得知边城义州亦称龙湾；此处之"易州"为"义州"之误。关于八旗中高丽姓氏及新达里家族情况，参见徐凯：《八旗满洲旗分佐领内高丽姓氏》，载《故宫博物院院刊》2000年第5期；《满洲八旗中高丽士大夫家族》，载《明清论丛》第1辑，北京：紫禁城出版社，1999年。
3 参见鄂尔泰等修：《八旗通志初集》卷4，《旗分志》4。

制。"[1] 按,"轮值殿廷"乃以上三旗子弟为主,也有下五旗子弟。[2]

二为八旗护军系统。"国初设巴牙喇营,统以巴牙喇纛额真,佐以巴牙喇甲喇额真。天聪八年奉旨,改巴牙喇纛额真为纛章京,巴牙喇甲喇额真为甲喇章京。顺治十七年定,纛章京,汉字称为护军统领;甲喇章京,汉字称为护军参领,壮达,汉字称为护军校。又定:八旗护军统领旗各一人;护军参领,满洲旗各十人,蒙古旗各四人;护军校,每佐领下一人。"[3] 按,顺治年间,仍以上三旗守卫紫禁宫阙,下五旗各守该王公府门。

三为内务府三旗系统。顺治初年定:内务府三旗,每旗设满洲佐领三人,旗鼓佐领四人,正黄旗设朝鲜佐领一人。凡满洲朝鲜佐领,及内管领下之满洲蒙古等,每二丁,设马甲一名。"满洲佐领下,各设护军十五名;旗鼓佐领下,各十名;二内管领下,合设十五名,均隶领侍卫内大臣管辖。"[4] 又定:"以内务府三旗官弁,轮直宿卫。"[5] 雍正二年(1724),始设内务府三旗护军营。

顺治年间,上三旗侍卫、上三旗护军和内务府三旗官弁,均可称之为"清主亲兵"。金汝辉被称为"清主亲兵哨官",表明他可能是一名内务府护军或护军属官。

金汝辉向李渲所言顺治帝、孝庄皇太后以及董鄂氏的一些情况,可与《清世祖实录》等官修史籍的记载相印证。

例如,李渲于顺治十三年(1656)十月初十日记云,董鄂妃"父兄赏赐累巨万"。按,据《清世祖实录》,十三年十月初四日,清廷定赏赐皇贵妃父母礼物,计金一百六十两,银八千两,金茶筒一,银茶筒一,银盆一,缎八百匹,布一千六百匹,马十六匹,鞍十六副,甲胄十六副。[6] 这比顺治九年五月清廷制定的皇后"纳采礼物"[7]稍有减少,大大超出十三年

---

1 光绪《清会典事例》卷543,《兵部》2,《官制》;另见卷1106,《侍卫处》1,《建置》。
2 《清朝文献通考》卷180,《御前侍卫》。
3 光绪《清会典事例》卷1152,《护军统领》1,《建置》。
4 光绪《清会典事例》卷1201,《内务府》32,《营制》。
5 光绪《清会典事例》卷1202,《内务府》33,《营制》。
6 《清世祖实录》卷104,顺治十三年十月戊寅。
7 《清世祖实录》卷65,顺治九年五月庚子。

十二月更定的"纳妃聘礼数目"[1]。

又如，十三年（1656年）十月初十日记云："正宫则无皇子，侧室有二男二女，总三四岁也。"按，十三年十月，顺治帝计有皇子二人，即长子福全（和硕裕亲王），4岁；第三子玄烨（康熙帝），3岁；皇女四人，即第二女（和硕恭悫长公主），4岁；第三女，4岁；第四女，3岁；第五女，3岁。顺治帝皇后（孝惠后）未育，两皇子、四皇女的生母，均属"侧室"，且无位号。

再如，十月十九日记云："东宫皇后明日定以寡妇皇后册封，二十一日，率新后出游獐子苑，扈往侍卫三千，使裹望日粮。"按，据《清世祖实录》，册封董鄂氏为皇贵妃，乃于十二月初六日举行，所谓"明日"，或另有所指（见下文）。不过，十月二十一日，顺治帝的确前往獐子苑即南苑。其间因冬至行礼，回宫数日，再赴南苑，十二月十五"望日"回宫。

内务府三旗将弁既属"清主亲兵"，有轮班值宿、导引、护卫、扈从之职。所以，金汝辉得以详知宫中情况，了解顺治帝的行踪。

总之，两位当时在朝之人——汤若望和金汝辉，并称顺治帝宠妃董鄂氏曾是满籍军人（军官）之妻。此说比较可信。

董鄂氏是何时何故入宫并为顺治帝所看中？

4. 董鄂氏"年十八入侍"辨析

据《清史稿·后妃传》："孝献皇后，栋鄂氏，内大臣鄂硕女。年十八入侍，上眷之特厚，宠冠后宫。顺治十三年八月，立为贤妃。"[2]

这是清官修史籍唯一一次提及董鄂氏的年龄，其所本，是董鄂氏病逝后顺治帝所撰《御制行状》："后颖慧过人，及长，娴女工，修谨自饬，进止有序，有母仪之度，姻党称之。年十八，以德选入掖庭。婉静循礼，声誉日闻，为圣母皇太后所嘉与。于顺治十三年八月，朕恭承懿命，立为贤妃；九月，复进秩，册为皇贵妃。"[3]

---

1 《清世祖实录》卷105，顺治十三年十二月庚子。
2 《清史稿》卷214，《列传》1，《后妃》。
3 《御制行状》（不分卷），《状》，1917年刻本。

当朝大学士金之俊奉敕所撰端敬皇后传,内容与《御制行状》无大差异,但个别词句承转处有所不同。如:"(后)……年十八,以德选入掖庭,淑顺柔嘉,为嫔嫱冠,甚当圣母皇太后意,于顺治十三年八月内恭承懿命,进为贤妃。"[1]

另据唐邦治《清皇室四谱》卷二:栋鄂氏,"鄂硕之女。年十八入宫,顺治十三年八月册为贤妃"。

张采田《清列朝后妃传稿·传上》:董鄂氏,"鄂硕女也。幼颖慧,年十八,以选入掖庭。婉静循礼,能谨事皇太后,独为帝所宠。顺治十三年立为贤妃"。

上述诸史料,唯《清皇室四谱》对董鄂妃终年之岁含糊述及:"(顺治)十七年庚子八月十九日卒,年二十余。"该书述及董鄂妃的入宫,下笔也较谨慎,唯称"年十八入宫"。

根据上述史料,我们以往大都认为,董鄂氏是顺治十三年18岁时入宫为妃。以此推算,她生于崇德四年(1639),比顺治帝小一岁,卒年22岁。

可是,细味这些史料,并结合其他史籍记载,让人隐约感到,在董鄂氏"年十八,以德选入掖庭"与十三年八月"立为贤妃"之间,似有一个被顺治帝等人刻意回避的时间段,其中蕴含着与董鄂妃相关的丰富内容。试析述如下。

(1)顺治十一年四月八旗命妇更番入侍之制废止前后

命妇,指中国古代王朝得到朝廷封号的女子,大多为官员之妻、母,其封号视其夫、子之官阶高低而定。封号品级较高的命妇,例应参与某些宫廷礼仪活动,如逢皇太后生日、皇后生日,赴宫中庆贺;遇皇太后去世等重大丧事,入宫哭临;等等。

清入关前,清帝(后金汗)后妃、固伦格格以及和硕亲王、多罗郡王、多罗贝勒、固山贝子之福晋,各有"随侍妇人"。在《满文老档》中,"随侍妇人"有两种表述方式,一为 dahara hehesi,意为跟随的妇人们;一

---

[1] 《御制行状》(不分卷),《传》。

为 gucu，意为朋友、同伴。福晋等参加朝贺、筵宴、迎送等活动时，分别携带人数不等的"随侍妇人"前往；和硕格格、多罗格格、多罗贝勒格格、固山格格等聚会朝见，亦各照其母之例，携带"随侍妇人"。[1] 这种做法，或可视之为清朝八旗命妇制度的初始形态，那些随侍后妃、福晋的女子，即八旗命妇的前身。[2]

崇德元年（1636）七月，清朝制定国君福晋、东大福晋、西大福晋、东侧福晋、西侧福晋、和硕（亲王）福晋、多罗（贝勒）福晋、固山（贝子）福晋等各自随侍妇人冠顶规制。[3] "国君福晋"等五宫后妃的"随侍妇人"，指隶属于"圣汗"皇太极所属旗份的大臣之妻（母）；和硕亲王福晋、多罗郡王福晋等人的"随侍妇人"，则指分别隶属于这些亲王、郡王等旗分的大臣之妻（母）。

清代官修史籍中，至迟在崇德中期，参与朝中各种仪式的八旗官员之妻，已被称之为命妇。[4] 清入关后，清朝命妇（包括八旗大臣命妇与汉族官员命妇）之制逐步确立和完备。[5] 据乾隆朝满文档案，"命妇"写为 ambasai sargata，意为众臣的妻子们。[6]

顺治中期以前，八旗大臣命妇的部分职责，体现出八旗制度的原始特征之一，即八旗旗主与本旗旗员之间是主奴关系。因为旗主之妻与旗员之妻也是主奴关系，下五旗命妇，即下五旗大臣之妻，需要轮番随侍本旗之王、贝勒福晋及贝子、公夫人；上三旗命妇即上三旗大臣之妻，以及部分

---

1 参见日本满文老档研究会译注：《满文老档》第 6 册，第 1053–1056 页，东洋文库丛刊版。
2 天聪七年（1633）初夏，皇太极的长女固伦公主偕额驸敖汉部台吉班第"返国"，得赐"随侍女子""随役男妇"等；崇德六年（1641）春，黑龙江索伦部萨哈尔察额驸巴尔达齐偕格格由盛京返旗，得赐"随侍女子"等。参见《清太宗实录》卷 13，天聪七年四月己卯；卷 54，崇德六年二月乙丑。"随侍女子"，即"随侍妇人"。看来，天聪年间至崇德初年，这一称谓既指随侍清帝（后金汗）后妃以及亲王、郡王、贝勒、贝子福晋的八旗大臣之妻，也指清帝赐下嫁公主、格格的陪嫁女子。其后，随着命妇之称的使用，"随侍女子"或专指陪嫁女子。待考。
3 参见日本满文老档研究会译注：《满文老档》第 6 册，第 1153、1154 页。
4 《清太宗实录》卷 45，崇德四年正月甲戌；卷 48，崇德四年八月辛丑。
5 参见《清朝文献通考》卷 90，《职官考》14，《封阶》。
6 《清宫恭王府档案总汇·永璘秘档》，第 74 页，北京：国家图书馆出版社，2009 年。此指乾隆四十五年（1780）十月十九日参加十七阿哥永璘成婚礼筵宴的八旗命妇。

下五旗大臣之妻，需要轮番入侍后妃。这使八旗命妇具有双重身份，既是朝廷命妇，享有各种礼仪上的待遇，也是各自主子的私属，要对主子暨清朝后妃或满洲王公之妻履行入侍、随侍等义务。所以，八旗命妇有较多的入宫机会。

顺治帝亲政后，对宫廷礼仪予以重视。例如：

八年（1651）正月，清廷相继制定皇太后冠顶、皇后及诸妃衣冠制，皇太后仪仗、皇妃仪仗、诸妃仪仗制以及三大节礼仪。[1]

九年（1652）十月，定元旦、冬至、皇太后圣寿节、皇后千秋节期间，固伦公主、和硕福晋以下、一品命妇以上进大内随从人数，"俱候旨入朝"[2]。

十年（1653）二月初八日是孝庄皇太后40周岁生日。因当月十一日祭社稷，初八日为斋期，顺治帝于初七日率内大臣、侍卫诣慈宁宫，预行庆贺。圣寿节当天，和硕福晋、固伦公主以下，一品命妇以上，赴慈宁宫行庆贺礼，赐宴。[3]

十一年（1654）二月初八日，又逢皇太后生日。是日，顺治帝率内大臣、侍卫等赴慈宁宫行庆贺礼；和硕福晋、固伦公主以下，一品命妇以上，俱朝贺，赐宴。

顺治十一年二月下旬至五六月间，宫廷内部相继发生以下四件事情。

第一件事，二月二十五日，顺治帝赴慈宁宫"慰安皇太后"，留宿未归。

是日，从科尔沁草原传来讣音，孝庄皇太后的生母病逝，顺治帝立即赴慈宁宫奏闻。诸王贝勒及福晋、内大臣等，俱齐集慈宁宫内。因顺治帝滞留良久，迟迟不回他所居住的位育宫（保和殿），诸王奏称："旧例，外

---

1 《清世祖实录》卷52，顺治八年正月庚午条："皇太后冠顶，东珠与上同；皇后冠顶，东珠十三颗，衣用黄色，居中宫；西宫大妃冠顶，东珠十二颗；东宫妃，东珠十一颗。""西宫大妃"在"东宫妃"之上，这与天聪年间西宫福晋居东宫福晋之上的排次相符合，却与崇德年间五宫排次以及顺治十三年拟立东西宫妃的排次有所不同。

2 《清世祖实录》卷69，顺治九年十月戊辰。

3 《清世祖实录》自顺治十年（1653）始，方有关于皇太后生日"圣寿节"的记载，仅十年、十一年行庆贺礼，十二年至十八年均免行庆贺礼。

戚有丧，未尝过哀。上宜还宫。"顺治帝答："朕亦未尝过哀。但甫闻讣，欲留此，慰安皇太后耳。诸王贝勒等可各归第，朕亦还宫矣。"诸王遂归邸，而顺治帝仍未回宫。这时，大学士范文程、额色黑、图海奏称："外戚有丧，从无如此久恸之例。况上离宫寝淹留于此，亦为不可。闻讣之顷，既已即诣皇太后宫，今宜早还。"顺治帝回答："朕未尝过恸。但宫闱与此切近，甫当闻讣之顷，欲宿此，以慰安皇太后耳。"是夜，"遂留宿。至次日午刻始还"。谕内院大学士范文程等："传谕部院该奏事宜，仍奏办理，切勿怠懈。"[1]

逝者是顺治帝的外祖母，也是孝庄皇太后侄女、废后博尔济吉特氏的祖母。顺治帝六龄继位后，其外祖母来过京城两次。首次是顺治二年（1645）九月，偕其婆母和硕福妃、两子吴克善、满珠习礼等"来朝"；第二次是六年八月，偕婆母等赴孝孝端皇太后（是年四月逝）之丧。此时，顺治帝尚未亲政。

十一年（1654）三月初七日，顺治帝遣礼部官致祭外祖母，既未追赠封号，也未予以加祭。时距得到讣音已12天。这一冷淡态度，与他留宿"慰安皇太后"之举，形成反差。

可以同康熙帝因故留宿孝庄太皇太后宫，做一对比。

康熙十八年（1679）七月十五日，孝庄太皇太后的幼孙，康熙帝最小的弟弟和硕纯亲王隆禧病危。康熙帝闻信，自巩华城急驰而还，亲至隆禧府邸探视，立传医祝救治、祈祷。当日，隆禧病逝。康熙帝决定辍朝三日，以示痛悼。随将讣音奏闻太皇太后。太皇太后欲亲临隆禧之丧，经康熙帝再三劝谏方止。康熙帝欲亲临隆禧之丧，太皇太后劝其勿往，以免身心益悴。康熙帝遵旨不赴王邸，"遂留太皇太后宫中，劝慰竟夕，未还宫"。[2]

同为正史所载，却使读者感到，康熙帝留宿太皇太后宫乃情之所至；顺治帝留宿皇太后宫较为突兀，且有若干疑点。

---

[1] 《清初内国史院满文档案译编》下册，第307页；另参见《清世祖实录》卷81，顺治十一年二月丙戌。

[2] 《康熙起居注》第1册，第419页。

首先，顺治帝的确切留宿地，在《清世祖实录》中被含糊带过。顺治帝拒绝大学士的劝请时，透露出重要信息："宫闱与此切近。""宫闱"，在此指皇太后居所。顺治帝当夜或许并没有像康熙帝那样，留宿于皇太后居住的慈宁宫内，而是住在邻近慈宁宫的一处地方。

其次，十一年（1654）二月二十五日，顺治帝即至皇太后宫奏闻讣音，当晚留宿，次日午刻方返。滞留时间如此之长，然而《清世祖实录》却只字未言此间他对皇太后的慰藉，也不见皇太后劝其回宫之语。

第二件事，二月二十七日，礼部议准，八旗命妇与夫不合，情愿离异者，听其夫自便。

是日，吏部议：凡满洲、蒙古、汉军受封命妇，或有夫妻不谐，情愿离异者，应听其夫自便；有夫故再适者，应将本妇原得诰敕追夺。从之。[1]

顺治年间，六部等遵旨议覆某件条陈（奏请），或议奏皇帝交办之事。此次"礼部议准"和吏部会议，既未称奉旨而为，也未披露所议具体事例。

第三件事，四月初五日，废止八旗命妇更番入侍后妃之制。

是日，谕礼部：

> 历代以来，无命妇更番入侍后妃之例，所以严上下之体，杜绝嫌疑也。今蒙天眷，奄有洪基，内外伦常，首当隆重。朕曾奏请圣母皇太后，将随侍皇后及王、贝勒等福金命妇，酌行停止。奉皇太后懿旨："此言甚是。随我命妇，我自裁定；其皇后及王贝勒福金、贝子公夫人随侍命妇，俱著停止；其随侍王、贝勒、贝子、公等母之命妇，各该王、贝勒列名具奏，候旨入侍；大朝日期，大臣命妇照例上朝。"朕钦遵懿旨，特谕尔部明白传谕施行。[2]

此时距顺治帝于切近"宫闱"之地"留宿"，不足40天。

上述谕旨，有几点犹为耐人寻味：一是强调这样做是为重视"内外伦常"；二是并非取消命妇制度，只是停止命妇更番入侍后妃和随侍王公

---

1 《清世祖实录》卷81，顺治十一年二月戊子。
2 《清世祖实录》卷83，顺治十一年四月甲子。

贝勒福晋；三是随侍皇太后、随侍王公贝勒之母的命妇，由皇太后裁定，或列名候旨定夺后，仍可入侍、随侍（按，这类命妇较年长，多为大臣之母）。

八旗命妇随侍所在旗女主，实为八旗旗主对其属员的一种奴役。孝庄皇太后罢革此制，无论出于何种原因，客观上则在一定范围内，免除了后妃对于上三旗命妇和部分下五旗命妇，下五旗王公福晋对于各自所在旗命妇的一项人身役使，具有积极意义。

第四件事，六月十六日，顺治帝第二次册立皇后。

十三年（1656）五月初三日，顺治帝在南苑驻跸十余日后返宫。当天，清廷宣布，"聘科尔沁镇国公绰尔济女博尔济吉特氏为妃"；遣镇国公巴布泰、内大臣巴图鲁公鳌拜、礼部侍郎渥赫、理藩院侍郎沙济达喇等往行聘礼。同日，追赠顺治帝的外祖父寨桑为和硕忠亲王，外祖母为贤妃。遣官致祭，加之册命。[1]

绰尔济是寨桑之孙，孝庄皇太后之侄，绰尔济之女博尔济吉特氏则是孝庄的侄孙女。他有两个女儿嫁给顺治帝，一为孝惠后，一为淑慧妃。此次"聘为妃"的是孝惠后还是淑惠妃，尚未见到史料记载。较大可能是，清廷先将孝惠后聘为妃，继而立为后。这位孝庄的侄孙女比顺治帝小三岁零十个月，此时不满十三周岁。

十年（1653）八月顺治帝废黜第一位皇后博尔济吉特氏后不久，重新选后一事被提上议程。是年十月，诸王大臣等遵旨议定：皇后"应于在内满洲官民女子、在外蒙古王贝勒以下、大臣以上女子中敬慎选择"。奏入，从之。[2] 可能此后不久，绰尔济的两女来到京城，待年宫中。聘妃决定宣布一个多月后，十三年六月十五日，清廷以册立皇后，祭告天地、太庙。十六日，册立博尔济吉特氏为皇后。十七日，谕礼部，为皇太后加上徽号。十八日，大婚礼成，颁诏天下。

清廷没有将绰尔济之女直接未立为皇后，而是先聘为妃。所以如

---

1 《清世祖实录》卷83，顺治十一年五月壬辰。
2 《清世祖实录》卷78，顺治十年九月丙辰、十月戊辰。

此，或因孝庄皇太后稔知这一决定非顺治帝所愿，故分作两步，留有回旋余地。

其后事实表明，顺治帝始终不喜欢这位与自己仍有亲缘关系，仍为皇太后所选中的蒙古族少女。既然十年八月，他能够在举朝反对之下，执意废黜皇后博尔济吉特氏，"奏闻皇太后，降为静妃，改居侧宫"[1]，对于此次依然不如意的婚姻，依旧可以予以拒绝。可是，从《清世祖实录》的记载看，无论将博尔济吉特氏聘为妃，还是继而立为皇后，顺治帝均未表示异意。这种顺从的态度，不符合他的禀性，也与其以往的行事作风判若两人。

上述四件事，即顺治帝赴慈宁宫劝慰太后，竟夜未归；部议允准八旗命妇与夫不合情愿离异者，听其夫自便；清廷废止八旗命妇更番入侍后妃之制；孝庄侄孙女博尔济吉特氏被立为皇后；均发生在顺治十一年二月至六月。它们之间有否内在联系？与董鄂氏有否关联？

（2）董鄂氏或曾以命妇身份出入掖庭

顺治帝撰写《御制行状》时，必对董鄂妃的前次婚姻有所忌讳。所谓"年十八，以德选入掖庭"，不应指她18岁入宫位备妃列。因为当时18岁的女子，不仅超过入选秀女的年龄限制，而且大多已经嫁人。顺治帝不会如此愚蠢，明示董鄂氏是在"逾岁"数年之后，方入宫为妃。可是，后人予以附会，以为"十八岁"是顺治十三年（1656）董鄂氏"入宫"成为妃子的年龄。

"年十八，以德选入掖庭"何所指？

作为有夫之妇，董鄂氏能够与顺治帝相接触的前提条件只有一个：曾是入侍后妃的大臣之妻即命妇。"年十八，以德选入掖庭"，应是指她从18岁开始，以命妇身份入侍掖庭。

顺治年间，"内侍大臣及侍卫之妻，例应侍皇太后、皇后"。例如，孝庄皇太后曾命两黄旗内大臣席讷布库之妻，随侍顺治帝第一位皇后博尔济吉特氏。"席讷布库不愿。适皇太后遣苏墨尔赴公主府，席讷布库路遇之，

---

[1]《清世祖实录》卷77，顺治十年八年己丑。

谕云：'我妻因何拨侍皇后？此皆尔之谗言所致也。'"[1] 苏墨尔，即孝庄皇太后的侍女苏麻喇姑。可见，哪位内侍大臣或侍卫之妻随侍哪位后妃，以及随侍时间之长短，并无一定规制，是由皇太后而定。所谓"内侍大臣"，指值守御前的领侍卫内大臣、内大臣、护军统领等。这些人的妻子有否命妇之名，并不重要，她们是以皇室世仆的身份，入侍其女主。

如果按照常理，以年龄较长的命妇，入侍较年长的女主，那么，董鄂氏曾经入侍孝端皇太后、孝庄皇太后或懿靖大贵妃、康惠淑妃的可能性较小，随侍顺治帝第一位皇后博尔济吉特氏或顺治帝其她妃子的可能性，相对大些。况且顺治帝对于入侍孝庄皇太后等母辈之命妇，在接触时必有更多顾忌。

《御制行状》称废后博尔济吉特氏"处心弗端，且嫉刻甚，见貌稍妍者即憎恶，欲置之死，虽朕一举动，靡不猜防，朕故别居，不与接见"。孝庄皇太后了解侄女的禀性，为她选择入侍命妇时，必会挑选容貌平平，年龄稍长、细心、周到、温婉之人，即"以德"选人。董鄂氏是符合这一条件的。顺治帝厌恶这位皇后，对于轮番入侍皇后之人，不会特别留意。这些可能的情况，使董鄂氏虽然早已入选掖庭，被顺治帝所看中却是较晚之事。

十年八月顺治帝第一位皇后博尔济吉特氏被降为静妃，改居侧宫后，孝庄皇太后不会撤除入侍她的命妇。但是，还有另一种可能性，即第二位皇后博尔济吉特氏入宫待年期间，董鄂氏奉孝庄皇太后之命，转而随侍这位未来的皇后。

无论哪种情况，有两点较为明晰：董鄂氏"年十八，以德选入掖庭"，是在顺治十三年（1656）之前；她比顺治帝年长。

董鄂氏的容貌既不出众，顺治帝不大可能一见钟情。在他看中董鄂氏前，必有与她单独相接触的机会。

多数情况下，众命妇入宫参加大朝典礼或其他庆吊事宜，都是集体行动。顺治元年至十三年（1644—1656）以前，命妇赴宫中参与重大吊唁活

---

[1]《清世祖实录》卷63，顺治九年三月癸巳。

动仅有两次。第一次是六年四月孝端皇太后去世后,第二次是七年十二月摄政王多尔衮去世后。顺治帝亲政后,命妇参与三大节等庆典活动,大多集中在顺治十年和十一年期间。

如果命妇随侍王公贝勒福晋入宫,一般要跟随在主人身边;王公贝勒福晋及其随侍命妇在宫中停留的时间较短,很少留宿宫中。唯有当命妇轮番入侍皇太后、后妃时,留在宫内的时间可能较长。不过,即使如此,顺治帝与某位命妇得以接触,恐怕还要有极特殊的机会。

比如,十一年(1654)二月二十五日,因孝庄皇太后之母去世而齐集慈宁宫的女眷,除去《清世祖实录》所记诸王贝勒福晋外,还应有后宫主位及其入侍命妇,以及"例应侍皇太后"的内侍大臣及侍卫之妻,董鄂氏或许也在其中。这些妃嫔、福晋及命妇留侍慈宁宫期间,董鄂氏未必得以长陪孝庄皇太后身边,这就为同时也来慰安皇太后的顺治帝与她接触,并因某种原因对她产生极大好感,提供了机遇。如果是这样,顺治帝直至次日正午方还宫的真实原因,也就不言自明了。这一推断与金汝辉称董鄂氏"因庆吊出入宫闱"而被顺治帝"频私之",并无矛盾。

当然,董鄂氏或许未曾入侍后妃,而是"因庆吊出入禁闱",并在一种极为偶然的情况下,与顺治帝有所接触,使其产生"火热爱恋"。这种可能性不大,但不能排除。无论是哪种可能,顺治帝初识董鄂氏而"频私之",必由内侍"穿针引线"。顺治十五年(1658),最受宠信的内监吴良辅"交通内外官员人等,作弊纳贿"案发露,顺治帝从宽免究[1];顺治帝逝后,吴良辅立即被清廷斩首。庇佑与严惩,各有不同原因,但有一点可能是共同的,即顺治帝"频私"董鄂氏的过程中,吴良辅起有特殊作用。

顺治帝因"慰安皇太后"而彻夜未归的第三日,部议允准,八旗命妇与夫不合情愿离异者,听其夫自便。据现有材料,尚不能肯定此事与董鄂氏有所关联。

不过,孝庄皇太后可能很快发现了顺治帝与董鄂妃的关系。因此,她先是断然决定废止命妇入侍后妃之制,以阻止顺治帝继续接触董鄂氏;继

---

[1] 《清世祖实录》卷115,顺治十五年三月甲辰。

而宣布聘其侄孙女博尔济吉特氏为妃,一个月后立为皇后,以警告、约束顺治帝。

顺治帝实有不愿,但有把柄握在皇太后的手中,更关键的是,皇太后可以用惩治董鄂氏相威胁。顺治帝为了保护董鄂氏,只有同意发旨废除命妇更番入侍后妃之制,继而再做妥协,同意立博尔济吉特氏为妃、为后。

废止命妇更番入侍后妃之制,在朝中是一件大事,背后隐藏的缘由,人们或有耳闻。董鄂氏后来受到其夫严厉申斥,表明她与顺治帝的隐情已为其夫所知。

《汤若望传》指出,顺治帝婚前有"无道"之事,婚后仍有"道德过失":

> 在一六五五年(按,顺治十二年)皇帝因城中时疫流行,在他城外的游猎范围中,作较长的驻跸时,他曾有一次在半夜里,使人宣召汤若望到苑园中去……请他把他对于皇上个人和他的政府,所视为不合的情形,都向皇帝奏明,丝毫不许隐瞒。
>
> ……
>
> 当在顺治在他结婚之前,曾做了一件无道的事情,汤若望向他呈递一封谏书,并且又在四双眼睛之下,向他亲口说了些规正的言词……即在皇帝结婚后,人们仍听得到,他的在道德方面的过失。因此玛法又亲自向皇帝读他所上的谏书。皇帝一开始颇强言护短,然后皇帝面色惭赤,退入于内室中去,继而他又走了出来,以平静的声音,向汤若望问说:"玛法,哪一种罪过是较大的,是吝啬或是淫乐呢?"若望回答说:"是淫乐,尤其在地位较高的人们。"皇帝略一思量之后,就点头默认,并且请求玛法常来向他进谏。[1]

顺治帝有过两次大婚,即八年(1651)八月册立第一位皇后(废后博尔济吉特氏),十一年六月册立第二位皇后(孝惠后)。

顺治帝的第一子(名牛钮,八年十一月初一日庶妃巴氏生,两岁

---

[1] [德]魏特:《汤若望传》,杨丙辰译,第282-284页。玛法(mafa)是满语,意为祖父、老翁,也可用为对祖父辈男性的尊称。

卒）和第一女（顺治九年三月十五日庶妃陈氏生，两岁卒），都孕育于八年（1651）八月册立第一后之前。汤若望称顺治帝婚前"曾做了一件无道的事情"，不应指此，皇帝于大婚前召幸宫中女子，当时并不被视为"无道"。从上下文看，此次汤若望亲自向顺治帝宣读谏书，是在十二年冬顺治帝驻跸某苑囿（可能是南苑）之时；两次提及的"结婚"，是指顺治帝第二次大婚，即十一年六月册立第二位皇后（孝惠后）。也就是说，顺治帝在婚前所做"无道"之事，以及婚后"在道德方面的过失"，均发生在十一年六月"结婚"前后。

这种可能性是存在的：十一年（1654）六月顺治帝第二次大婚前，即是年四月顺治帝宣布废止命妇更番入侍后妃之制以前，已对有夫之妻董鄂氏"频私之"；宣布废止之令及第二次大婚后，顺治帝一度稍有收敛，但与董鄂氏的关系并未断绝，及至逼死其夫。顺治帝只有做些这种事情，才会被汤若望称之为婚前"失道"，婚后有"道德过失"。

（3）顺治十二年董鄂氏为皇后侍疾

《御制行状》云：

> 前岁今后寝病濒危，后躬为扶持共养。今后宫中侍御尚得乘间少休，后则五昼夜目不交睫，且时为诵书史或常谭以解之。及离侧出寝门，即悲泣曰："上委我候侍，倘疾终不瘳，奈何？"凡后事咸躬为蒇治，略无倦容。[1]

董鄂氏奉旨为孝惠后侍疾的"前岁"，是指何时？

十二年十一月初八日，顺治帝因避痘前往南苑。十二月初一日，在南苑赐内务府总管大臣索尼敕曰：

> ……顷因皇后遘疾甚危，朕心实为忧虑，以尔敬慎，能副朕怀，是以简任内庭，俾之保护。尔立心精白，任事勤劳。虑无不周，能无不备。遂尔勿药而愈，立奏康和，上释圣母顾虑之怀，下慰臣民仰望之意，朕心不胜嘉悦，可谓国之荩臣，乃心王事者矣。故特降温纶，

---

[1]《御制行状》（不分卷），《状》。"今后"指孝惠后；"后"指死后追封皇后的董鄂氏。

用旌殊绩。[1]

清人所撰索尼传记，均未提及这道敕书，传主的这一"殊绩"亦阙如。

孝惠后"寝病濒危"与"遘疾甚危"，是指同一事，即十二年（1655）十一月那场重病。她得的到底是什么病？

顺治十年至十三年（1653—1656）住在京城的史学家谈迁，有如下记述："乙未（按，顺治十二年）冬十一月，中宫出疹。上避痘南海子。惜薪司日运炭以往。十二月，命惜薪司环公署五十丈，居人凡面光者，亡论男女大小，俱逐出。"[2]

十三年（1656）十月十九日金汝辉拜访李𬭎时，称当月二十一日，帝拟率新后（董鄂氏）出游獐子苑。又云："太后因灾避乾德殿。帝之游园囿，盖今仲冬之月，即前年正宫皇后痘疫回期，以故出游，名虽游猎，实乃出避。"[3]

上述诸史料可证，顺治十二年十一月孝惠后"寝病濒危"，乃因染患痘疹。时孝庄皇太后、顺治帝外出躲避，将垂危的皇后留在紫禁城内，由董鄂氏负责照料。这一情况值得三思。

让董鄂氏为染患痘疹的皇后侍疾，表明她本人已得过此症；且因长期随侍后宫主位，经验丰富，是合适人选；此次应已不是命妇身份，尽管多少仍带有入侍的色彩。此其一。

顺治帝不可能瞒着皇太后，让董鄂氏负责照料重病的皇后。看来，皇太后已默认董鄂氏与顺治帝的关系，只是不给名份罢了。此其二。

孝惠后博尔济吉特氏染患痘疹，与她居皇后位有年，一直受夫君冷遇，心情不畅有一定关系。不过，此次沉疴，换来她享年77岁的高寿。此其三。

董鄂氏成为皇贵妃后，顺治帝一直想废黜孝惠后，以董鄂氏取而代

---

1 《清世祖实录》卷96，顺治十二年十二月辛亥。
2 谈迁：《北游录》（不分卷），《纪闻下·避疹》。
3 ［朝鲜］李𬭎：《燕途纪行》，载［韩］林基中编：《燕行录全集》第22册，第166页。乾德殿所在地未详。

之。可是，十二年仲冬孝惠出痘时，董鄂氏尚无名分，以她取代皇后的条件还不具备。况且，顺治帝对于"遘疾甚危"的患者，可能怀有一些疚意。他煞费苦心做此安排，或想借此机会，使董鄂氏博得皇太后、皇后的好感，进而换取她们对董鄂氏的进一步认可。此其四。

命妇更番入侍后妃之制废止一年半后，董鄂氏奉皇帝之命为皇后侍疾，表明顺治帝与董鄂氏的关系在宫中已是公开的秘密。出现这种状况的前提之一，是董鄂氏之夫已不在人世。此其五。

前引汤若望、金汝辉所言，透露出董鄂妃前夫的身份，两说基本一致。关于董鄂妃前夫的其他情况，目前尚未发现史料记载。

三、册妃：波诡云谲的顺治十三年

顺治十三年（1656）清廷册立妃子，是清朝入关后的首次。由于册立时间反复无定，册立过程扑朔迷离，最终结果出人意料，所以，这次册妃堪称清朝册妃历史上的一个特例。

1. 遥遥无期的"避痘"

从《清世祖实录》的记载看[1]，自顺治十二年仲冬至十三年季夏，皇帝住在紫禁城内的时间很短：

十二年十一月初八日，顺治帝去南苑。十三年元旦，因避痘南苑，免朝贺。三月初一日，自南苑至瀛台。十五日，浙江巡抚陈应泰奉命陛见于瀛台。其后一个半月，顺治帝照常处理政务，驻地未详。五月十五日，再去南苑。闰五月初一日，自南苑还至瀛台。

清朝入关初期，痘疹肆虐京城，寒冷季节犹甚。顺治帝为了躲避痘疹，常在入冬后离开紫禁城，去南苑或其他地方行猎，至暮冬或来年入春方返。他亲政后的十年中，冬季避痘而赴南苑，来年三月仍未返宫的情况，只是连续出现在十一年冬、十二年春，以及十二年冬、十三年春。

十二年（1655）冬，孝惠后出痘后很快康复，董鄂氏圆满完成侍疾之任。顺治帝岂能让她独自留在紫禁城内？必召至身边陪伴。如果住在南苑

---

[1] 清实录是编年体，但所记某日史事，可能并非发生在是日。因无其他史料可与比对，暂依据实录所记日期。

或瀛台，可以免去宫中烦琐规制的约束，也能暂时躲避后宫复杂的人事纠结。当时，乾清宫的修缮工程即将告竣。等待入住新宫，也可成为顺治帝迟迟不返紫禁城的一个借口。

十一年、十二年冬春之交顺治帝长住南苑，是否是同样原因？如果董鄂氏之夫仍在，这种可能性不大。

十三年（1656）二月初八日是皇太后生日，顺治帝于南苑亲制七言万寿律诗三十首，随表文进呈。[1]这是唯一保留至今的顺治帝所撰诗篇，也是顺治帝唯一一次为孝庄皇太后写诗祝寿。这一年，孝庄44岁，既非整寿，也非本命年。顺治帝贺寿之举不同寻常，其背后，或许一半是对皇太后包容他与董鄂氏的关系心怀感激，更多一半，则是对皇太后能否同意给予董鄂氏正式名份，抱有莫大期待。

2. 拖延册立

十三年（1656）四月二十四日，礼部尚书恩格德等奏言："册封中宫，已照例举行，妃嫔尚未册封。今建造乾清、坤宁二宫及景仁等宫殿将及告竣，未便久虚，应仿古典礼，册封妃嫔。"得旨："册封妃嫔诸典礼，皇太后在上，当候旨行，何得辄为奏请。昨因尔部职掌未尽，故加饬责处分。尔等应洗心省改，图办要务，乃欲迎合朕意，轻率妄陈，大臣事君之道，果如是耶？殊属不合，著严饬行。"[2]顺治帝对大臣奏请册封妃嫔一事严加驳责，透露出在册封人选上，他与皇太后尚未达成一致。

据《清世祖实录》，十三年闰五月十二日，乾清宫、乾清门、坤宁宫、坤宁门、交泰殿及景仁、永寿、承乾、翊坤、钟粹、储秀等宫成，合龙门，插剑悬牌，遣官祭后土、司工、司门之神。[3]

另据顺治朝内国史院满文档案，十三年闰五月十二日，"以合龙门、插剑悬牌礼"，乾清门由内大臣鄂硕、乾清宫由内大臣索尼、交泰殿由内大臣苏拜、坤宁宫由内大臣努山、坤宁门由吏部尚书科尔昆、承乾宫由户

---

[1] 参见福临：《万寿诗序》《万寿诗表》《万寿诗》，载《故宫珍本丛刊》第542册，第1—13页，海口：海南出版社，2006年。
[2] 《清世祖实录》卷100，顺治十三年四月壬申。
[3] 《清世祖实录》卷101，顺治十三年闰五月己未。

部尚书孙廷铨、景仁宫由礼部尚书额尔德、钟粹宫由礼部尚书胡世安、永寿宫由都察院承政成克巩、储秀宫由兵部尚书梁清标、翊坤宫由刑部尚书刘昌"承宰豕,奠缎帛、果品,燃香烛,读祭文"[1]。

比较上引满汉史料,有两点值得注意。

其一,满文档案显示,此次行礼致祭的大臣中,是年三月方擢任内大臣的鄂硕名列首位,其次才是领侍卫内大臣兼总管内务府大臣伯索尼。这一排名,折射出鄂硕之女董鄂氏虽然尚未得到册封,实际地位已非同一般。

其二,满汉史料分别显示的东西宫排列之序,有所不同。

紫禁城内东西十二宫,自明朝起即是后妃所居宫室,清朝仍之。此次竣工的东西宫居所,共有六座。承乾宫、景仁宫、钟粹宫属于东六宫,永寿宫、储秀宫、翊坤宫位列西六宫。满文档案中,无论众大臣奉命祭奠各宫之排序,还是各宫祭文之排序,均以承乾宫、永寿宫分居东西宫之首位。《清世祖实录》的记载则打破东西宫之别,以景仁宫居六宫之首,永寿宫、承乾宫分居第二、第三位。这是因为孝康皇后佟佳氏,在顺治年间居住景仁宫,并在这里生下皇子玄烨,即康熙帝。

满文档案由此透露,顺治十三年(1656)竣工的紫禁城东西路后妃居所中,各居东西宫之首的承乾宫和永寿宫,将分别是清廷准备册立的东宫妃、西宫妃居住地。

不久,皇太后谕令两黄旗大臣鳌拜、遏必隆、索尼等启知皇帝:乾清、坤宁等宫殿俱已告成,妃嫔尚未册立,应照例举行。六月初三日,鳌拜等以皇太后旨奏闻。顺治帝仍欲敷衍,命会同礼部商议。对皇太后旨意心领神会的鳌拜等人当日议称:"宫殿不应久虚,妃嫔礼宜册立。请遵皇太后旨,敕礼部察应行典礼,详列具奏施行。"疏入,报可。[2]

数日后,顺治帝的态度发生明显变化。

六月初七日,礼部以册立两妃九嫔典礼奏请。得旨:"今先册立东西二

---

[1] 《清初内国史院满文档案译编》下册,第349-251页。额尔德疑为礼部尚书恩格德之误。
[2] 《清世祖实录》卷102,顺治十三年六月庚辰。

宫皇妃。应行事宜，尔部即照例酌议具奏。余著候旨。"[1]这意味着顺治帝与孝庄皇太后在册妃人选上，已有妥协趋向。如果董鄂氏未在东西两宫人选之内，顺治帝不会出此旨；除去董鄂氏，另一位妃子人选，应也得到顺治帝和皇太后的共同认可。此时后宫佳丽中，数位蒙古族妃子颇得皇太后怜爱，却不为顺治帝所看中；其他妻妾虽有生育皇子、皇女者，一般不可能越过蒙古族妃子而得位号。所以，东西两宫皇妃中的另一位人选，只能是顺治帝现有妻妾之外的人。

六月十六日，礼部奏报册立皇妃仪注。得旨："八月以后，择吉具奏"。[2]顺治帝语气肯定，并首次明示礼部择吉具奏册立皇妃仪注的时间——"八月以后"。未几，孝庄皇太后的一项决定，对事态发展产生了重要影响。

六月二十六日，谕礼部："奉圣母皇太后谕，定南武壮王女孔氏，忠勋嫡裔，淑顺端庄，堪翊壶范，宜立为东宫皇妃。尔部即照例备办仪物，候旨行册封礼。"[3]

孔氏即孔四贞，定南王孔有德女，生于崇德七年（1642），比顺治帝小4岁。[4]孔有德世居辽东，曾为明登州（今山东蓬莱）参将，崇祯六年（1633）降后金，崇德元年（1636）封恭顺王。顺治六年（1649）改封定南王，奉命征广西，携家驻守桂林府。九年夏，已奉南明永历正朔的大西军李定国部入广西，七月克桂林，孔有德兵败自焚，孔四贞出逃。十一年六月，孔四贞扶榇还京营葬。清廷命三品以上大臣郊迎，四五品京官临丧次一昼夜。孔四贞得赐银万两，为日用之费。[5]十二年四月，"上以定南武壮王孔有德建功颇多，以身殉难，特赐其女食禄，视和硕格格，护卫仪从俱仍旧"[6]。看来，直到此时，清廷尚无以四贞为皇妃之意。一年后，孝庄皇太后谕令将孔四贞立为东

---

1 《清世祖实录》卷102，顺治十三年六月甲申。
2 《清世祖实录》卷102，顺治十三年六月癸巳。
3 《清世祖实录》卷102，顺治十三年六月癸卯。
4 参见谈迁：《北游录》（不分卷），《纪闻下·孔有德》；参见吴伯娅：《孔四贞研究》，载1994年《清史论丛》，沈阳：辽宁古籍出版社，1994年。
5 参见谈迁：《北游录》（不分卷），《纪闻下·孔有德》；《清世祖实录》卷102，顺治十三年六月辛酉、癸亥。
6 《清世祖实录》卷91，顺治十二年四月癸未。

宫皇妃，不再提及她的和硕格格身份。

清廷宣布这一决定，应以事前征得孔四贞本人的同意为前提。当时，原孔有德部将线国安等仍驻扎广西。清帝与定南藩王女联姻，可借以加强清廷与孔有德部将的联系，所谓"纳四贞即所以定广西也"[1]。

以孔四贞作为两宫皇妃人选之一，显然有利于清廷正在进行的统一战争，顺治帝难以断然拒绝。可是，这终究是他没有采纳皇太后以蒙古族女子为东宫妃的意图后，勉强接受的一个方案，接受的条件，则是以董鄂氏为东宫妃人选。但他没有想到，"协议"甫成，孝庄先发制人，出旨拟以孔四贞居上，立为东宫妃。这样一来，只有将董鄂氏屈居孔四贞之下，立为西宫妃。顺治帝极为不愿，故不再让礼部"择吉具奏"，而是"候旨行册封礼"。

七月初三日，懿靖大贵妃唯一亲子、16岁的和硕襄亲王博穆博果尔去世。初六日，顺治帝由位育宫移居乾清宫，因襄亲王之丧，免行庆贺礼。这也成为顺治帝不再下旨，拖延对孔四贞行册封礼的一个理由。

七月初九日，礼部择吉于八月十九日册妃。奏入，顺治帝以和硕襄亲王薨逝，不忍举行，"命八月以后择吉"[2]。这是继六月十六日之后，他再一次指明择吉册妃的时间——"八月以后"。

3. 对蒙古王公的反常"热情"

十三年（1656）八月初一日，清廷遣官赍敕慰谕漠南、漠北蒙古王公，各赐缎匹有差。受赏名单上，有和硕亲王、多罗郡王、多罗贝勒、固山贝子、镇国公、辅国公等总计50余人，废后之父孝庄兄科尔沁和硕卓礼克图亲王吴克善、孝庄之弟科尔沁多罗达尔汉巴图鲁郡王满珠习礼、孝惠后之父科尔沁镇国公绰尔济等均在其内。

这道约450字的敕谕，意味深长。

一是缅怀："尔等秉资忠直，当太祖、太宗开创之时，即诚心效顺，结为姻娅，请为屏藩。太祖、太宗嘉尔等勋劳，崇以爵号，赏赉有加，恩至渥焉，朝觐往来，时令陛见，教诲饮食，异数有加。凡有怀欲吐，俱得奏

---

[1] 孟森：《孔四贞事考》，载《明清史论著集刊》下册。
[2] 《清世祖实录》卷102，顺治十三年七月乙卯。

陈，情意和谐，如同父子。"

二是谴责："朕荷祖宗鸿庥，统一寰宇……但初年朕在幼冲，睿王摄政，任意变更，不遵太祖、太宗旧制，所行悖逆，以致众怒群怨，使尔等夙夜望朕亲政，常保恩惠，如得复见太祖、太宗。"

三是致歉："乃朕自亲政以来，六年于兹矣，未得一见，岂朕忘尔等哉？盖因地广事烦，万几少暇，且痘症流行，尔等远来之日，朕复出巡幸，是以相见甚疏……兹念尔等久不来见，恐有诚意不得上通，故特遣官赍敕，赐尔等缎匹，以谕朕意。"

四是许诺："嗣后有欲奏闻之事，即行奏请，朕无不体恤而行。朕方欲致天下于太平，尔等心怀忠直，毋忘太祖、太宗历年恩宠。我国家世世为天子，尔等亦世世为王，享富贵于无穷，垂芳名于不朽，岂不休乎！"[1]

顺治帝自八年（1651）正月亲政至此，六年间从未接见过蒙古王公，疏远之甚，可见一斑。是何缘故促使他突然改弦更张，对蒙古王公致歉许诺，欲与一见？

4. 孔四贞退出　董鄂氏立为贤妃

（1）顺治帝亲诣慈宁宫

做出"施恩"蒙古王公姿态的同时，顺治帝对孝庄皇太后较以往大为殷勤，尊崇有加。

八月十二日，他亲诣慈宁宫奏告：畿辅近地连年荒歉，今岁自夏徂秋，复苦霪雨飞蝗，民生艰瘁。皇太后云："小民如此苦楚，深为可悯。所有宫中节省银三万两，即行发出，速加赈济。"当日，顺治帝将"慈谕"传达户部，从速实施，遣廉干官员前往顺天府所属等处确查被灾贫民，酌量赈给，务令均沾实惠。[2]

因京畿地区被灾，孝庄皇太后特发宫中节省银两以助赈济之事，此前不止一例。[3]但这一次有所不同：顺治帝先是亲诣慈宁宫奏闻，皇太后遂

---

[1]《清世祖实录》卷103，顺治十三年八月丙子。根据有关情况看，此次顺治帝"遣官赍敕慰谕"蒙古王公，是在顺治十三年（1656）八月之前。
[2]《清世祖实录》卷103，顺治十三年八月十丁主亥。
[3]《清世祖实录》卷77，顺治十年七月丙午；卷82，顺治十一年三月丙申。

令发出宫中节省银两。顺治帝亲政后，主动赴孝庄宫中奏闻政务，实不多见。

十天后即八月二十二日，再谕户部："顺天府属系京畿根本重地，年来水旱频仍，小民失业，生计萧条，较他处为独苦。今岁复霖雨飞蝗，相继为灾，已蒙皇太后发帑赈济。朕因念被灾穷黎，救死不赡，若以国赋亟需，责之照旧输纳，转徙沟壑，势必难免，恐非所以仰宣皇太后特施拯恤之德意。尔部速将顺天府属各州县灾伤分数，察勘明白。分别轻重，酌量蠲免，以昭嘉惠元元至意。"[1] 这是一项惠民之策。当日，顺治帝很可能再赴孝庄皇太后宫中，或行奏闻，或相商议。正是在这一天，孝庄应允：立董鄂氏为贤妃。

八月二十五日，谕礼部："本月二十二日，奉圣母皇太后谕：'内大臣鄂硕之女董鄂氏，性资敏慧，轨度端和，克佐壸仪，立为贤妃。'尔部查照典礼，择吉具奏。"[2] 顺治帝的明朗态度，又一次通过"择吉具奏"四字充分显现。"贤妃"之称，与"东西两宫皇妃"似已无关，却同顺治十一年五月追赠孝庄皇太后生母的名号相同。

八月二十七日，顺治帝遵照"慈训"所制《内则衍义》告成。他亲撰序文，"恭呈圣览"。序文云："夫圣人言，欲治其国者，先齐其家；又言家正而天下定。齐之正之，其惟内则乎！……圣母皇太后休声盛德，炳若日星，永作则于万世矣。"[3]

然而，无论是顺治帝对蒙古王公略显突兀的歉意和突如其来的热情，还是他对孝庄皇太后的殷勤与尊崇，都不足以骤然改变孝庄拟立孔四贞为东宫皇妃的原有意图。促成这一改变的主要原因，是孔四贞主动退出。

（2）孔四贞退出　石申之女补缺

十三年（1656）六月清廷宣布孔四贞宜立为东宫皇妃，其后，再未提及册立之事。十月，李渲向造访的金汝辉探问"阙中事"，金汝辉两次言及孔四贞。

---

[1] 《清世祖实录》卷103，顺治十三年八月丁酉。
[2] 《清世祖实录》卷103，顺治十三年八月庚子。
[3] 《清世祖实录》卷103，顺治十三年八月壬寅。

李湸日记十月初十日云:"宫中贵妃一人……仍册封东宫正后……西宫正后,拣孔王有德女四贞,册封当在岁翻,而容色绝美。"[1]

十月十九日记:"西宫皇后孔有德女,拣在别宫,翰林石绅女秋季选入,宠冠后宫。未知毕竟某人为后。"[2]

此时,清廷已宣布拟立董鄂氏为皇贵妃,早在六月二十六日宣布的拟立孔四贞为东宫皇妃一事,仍迟迟无下文。金汝辉先是以为董鄂妃将被册立为"东宫正后",孔四贞将于来年立为"西宫正后",继之又闻石申之女入居应由西宫皇妃居住的永寿宫。所以,他对"拣在别宫"的"西宫皇后孔有德女"是否还在"后"位,或是将以他人"为后",均用不确定口吻。

揆之,孔四贞拟被立为东宫皇妃一事宣布后,在长达月余的"候旨"中,她或逐步觉察到顺治帝有意拖延册立,由此对后宫人事之复杂、帝后(妃)关系之纠结、入宫前景之莫测有所感悟,心生畏惧。于是,急流勇退,"自陈有夫",称其父生前,已将她许配偏将之子孙延龄。[3]顺治帝坚意以董鄂氏居东西两宫皇妃之首,而孔四贞又果决退出,这一势态,迫使孝庄皇太后做出让步,先是同意四贞请求,打消将她立为东宫妃之念;不再提及册立东西两宫一事,而将董鄂氏立为贤妃。董鄂氏入住本拟由"东宫妃"孔四贞所居之承乾宫。

十三年(1656)秋,吏部左侍郎、翰林院侍读学士石申之女,15岁的石氏被选为顺治帝妃子,赐居永寿宫。可是,她并无西宫皇妃之名。这也表明,清廷将孔四贞排除在妃嫔人选之外的同时,摒弃了册立东西两宫皇妃的原定做法。孔四贞遂奉皇太后命,与孙延龄成亲。

关于石申之女石氏,需要多说几句。

顺治五年(1648)八月,清廷诏许满汉通婚。[4]然清末吴士鉴《清宫词》八十四首之第四首自注:"顺治初年,孝庄皇(太)后谕:'有以缠足女子入

---

[1] [朝鲜]李湸:《燕途纪行》,载[韩]林基中编:《燕行录全集》第22册,第157页。
[2] [朝鲜]李湸:《燕途纪行》,载[韩]林基中编:《燕行录全集》第22册,第166页。
[3] 参见佚名:《四王合传》,载陈湖逸士辑:《荆驼逸史》第28册,清刊本。
[4] 《清世祖实录》:卷40,顺治五年八月壬子、庚申。

宫者，斩。'此旨悬于神武门内。"¹另据《清世祖实录》，顺治十二年，兵科右给事中季开生听闻有奉旨赴扬州买女子事，遂奏言劝谏。顺治帝以"太祖、太宗制度，宫中从无汉女"，斥其妄捏渎奏，著革职，从重议罪。²

清朝入关后诸帝妃嫔中，汉族女子不止石氏一人，然而玉牒内指明是"汉官女"，除去石氏无第二人。石氏祖籍滦州（今河北滦县）。她的入宫与季开生所闻并无关联。与她一起入选的，或许有其他汉族女子。³石氏来自官宦之家，未曾缠足的可能性几不存在。看来，孝庄皇太后悬旨于紫禁城神武门内，禁止缠足女子入宫者一说是否可信，尚需探讨。

清廷选择与孔四贞同龄的"汉官女"，赐居原拟由西宫皇妃入住的永寿宫，并非只是"稽古制"⁴而为之。孔四贞奉皇太后旨与孙延龄成婚，这为汉女入选内廷主位，留下一个清廷不希望出现的空缺。石氏得到所谓优遇，给人以"宠冠后宫"印象，正是清廷对这一缺憾所做弥补。石氏只是被作为一个填充物，她在宫中地位以及同夫君的关系，均与其声名有所不符。石氏生前未得位号，故后被追封恪妃。一生未育。

孔四贞"自陈有夫"而主动退出，以及孝庄皇太后谕令将董鄂氏立为贤妃，均非顺治帝所料。此前，他反复强调"八月以后"择吉册妃，乃另有所指。

5. 废后博尔济吉特氏随父返回科尔沁　董鄂氏立为皇贵妃

十三年（1656）九月初十日，科尔沁土谢图亲王巴达礼、卓礼克图亲王吴克善、达尔汉巴图鲁郡王满珠习礼、固伦额驸阿布鼐亲王及公主（孝端文皇后所生皇太极第二女固伦温庄长公主马喀塔）、额尔德尼郡王及母公主（孝端文皇后所生皇太极第三女固伦端顺长公主）、弼尔塔噶尔额驸及公主（孝庄文皇后所生皇太极第四女固伦雍穆长公主雅图）、巴雅思护

1　（清）吴士鉴等《清宫词》，第4—5页。
2　《清世祖实录》卷92，顺治十二年七月乙酉。季开生死于流放地。顺治十七年"准复原官，归其骸骨，仍荫一子入监读书"。参见《清世祖实录》卷138，顺治十七年七月戊午。
3　李㴭于顺治十三年九月二十二日（抵京当日）日记云："畿辅州府，方抄选良家美女以充后庭，厥额三千，计数分定，高揭榜文，人民愁叹，清主之荒淫概可想矣。"参见［韩］林基中编：《燕行录全集》第22册，第138、139页。是年秋石氏选入宫中为妃。
4　《星源集庆》第37页"恪妃石氏"条载："初，世祖稽古制，选汉官女备六宫，妃与选，赐居永寿宫，冠服用汉式。"

朗额驸及公主（孝端文皇后所生皇太极第八女固伦端贞长公主）、齐伦巴图鲁额驸及格格（皇太极第一女敖汉部固伦公主之子媳）等奉召抵京。此即李浯在顺治十三年十月初三日记中所记："清主新遭同气之丧，八蒙王偕四公主来慰。"[1] 这是顺治帝亲政后，吴克善第二次来京。第一次是顺治八年正月，送其女儿、已被聘为皇后的博尔济吉特氏赴京成亲。

据《清世祖实录》，九月十六日，顺治帝御太和殿，受上述"八蒙王偕四公主"朝谒，赐宴。

又据李浯（顺治十三年）十月初三日记，是日，李浯一行赴紫禁城"朝参"。从午门西掖入，于太和门西侧贞度门石栏下少坐。见"太和门石栏下，十百蒙古齐坐，以待清主之出"。俄而礼官分班引入，"蒙王从太和殿夹门入，东方使命从贞度门入"。俟"清主高坐，番汉侍臣鹄立成班，行朝谒礼。蒙王三人先行，余从后行礼……既毕，余从蒙王入，坐殿西"，赐茶筵宴。[2] 赴顺治帝前先行朝谒礼的三位蒙王，应是巴达礼、吴克善和满珠习礼。

《清世祖实录》与李浯日记分别所记吴克善一行于太和殿谒见顺治帝的日期，相差十余日。李浯所述乃亲身经历，当可信，但吴克善等抵京逾两旬后，方受召见并赐宴，未免过迟。或曾先后两次谒见，《清世祖实录》与李浯日记各记其一。

十三年九月底，清廷册妃一事又有重大变化。

九月二十九日谕礼部："朕前奉圣母皇太后谕：'内大臣鄂硕之女董鄂氏，立为贤妃。'本月二十八日，又奉圣母皇太后谕：'式稽古制，中宫之次，有皇贵妃首襄内治。因慎加简择，敏慧端良，未有出董鄂氏之上者，应立为皇贵妃。'尔部即查照典礼，于十二月初六日吉期，行册封礼。"[3]

如顺治帝所愿，董鄂氏拟晋封皇贵妃，位号仅次于皇后。究竟是何原因，竟使孝庄皇太后做此重大让步？金汝辉向李浯透露的信息，对此做出诠释。

1　《清世祖实录》卷103，顺治十三年九月辛酉；[朝鲜]李浯：《燕途纪行》，载[韩]林基中编：《燕行录全集》第22册，第150页；另参见第158页。
2　[朝鲜]李浯：《燕途纪行》，载[韩]林基中编：《燕行录全集》第22册，第146-154页。
3　《清世祖实录》卷103，顺治十三年九月甲戌。

十月十五日李滈日记云:"清主之幸园囿在迩,而蒙王明日发行,余亦不久当发。"吴克善一行于当月十六日离京。三日后(十月十九日),金汝辉再次造访李滈。李"又问阙中事",金答:"前日所废皇后,今月因其父入朝,许以带还。其父乃帝之表叔。"[1]

至此,终于真相大白。十三年(1656)六月十六日、七月初九日,顺治帝相继两次命礼部:"八月以后",择吉册妃。其意是想等候舅舅吴克善等应召前来。因此,他一反常态,遣官赍敕慰谕漠南、漠北蒙古王公,温谕往召吴克善等人,又极力亲近孝庄皇太后,倍加尊崇。九月上旬,吴克善一行抵京。经过反复面商,孝庄皇太后、吴克善、顺治帝之间达成"协议":吴克善携女儿博尔济吉特氏返回科尔沁,孝庄皇太后则于九月二十八日谕立董鄂氏为皇贵妃。

博尔济吉特氏曾为清帝嫡妻,被黜皇后、降为静妃数载,又随父亲返回家乡,这种情况在清朝帝后婚姻史上无第二例。比起顺治帝其他妻妾的人生归宿,这位博尔济吉特氏还是幸运的。她的返乡,乃吴克善衷心所望,为孝庄皇太后了却一桩心事,也是顺治帝握于手中,用以同孝庄皇太后做"交换",促使她同意立董鄂氏为皇贵妃的无价筹码。

十三年(1656)十月二十一日,吴克善携女离京的第六天,顺治帝以避痘为名,携董鄂氏赴南苑。此后,除去十一月初六日冬至祭天,返回数日(十一月初二日还,初七日再赴南苑)外,直至十二月十五日,顺治帝方自南苑还宫。

十二月初六日,册封董鄂氏为皇贵妃。顺治帝于南苑行宫阅册宝毕,派正副使捧节及册宝送至紫禁城内院。先期返回的董鄂氏于宫内受册宝。"时上在南苑,不设卤簿,不奏乐。王、贝勒、贝子、公等不行朝贺礼"。是日,以册封皇贵妃礼成,颁诏天下。诏书内有"恩赦"十款。[2] 清制,册立皇后,颁诏天下,册立妃嫔无颁诏。董鄂氏的册封礼独为殊典。[3]

---

1 [朝鲜]李滈:《燕途纪行》,载[韩]林基中编:《燕行录全集》第22册,第164、166页。废后博尔济吉特氏之父吴克善是顺治帝的舅舅,不是"表叔"。
2 《清世祖实录》卷105,顺治十三年十二月己卯。
3 参见孟森:《清世祖董鄂妃生死特殊典礼》,载《明清史论著集刊续编》,第178页。

此次与顺治帝同住南苑 50 余天，对董鄂氏来说应是一段难得的惬意时光。正是此行结束前后，她孕育了与顺治帝唯一的孩子（十四年十月初七日生，翌年正月二十四日卒，追封和硕荣亲王）。

6. 目的达到之后

十月二十六日，金汝辉第五次也是最后一次造访李渲。主人"问清主母子间事"，金汝辉告称："帝与太后慈孝虽重，少有不平底意，则久废定省之礼。"[1] 时值清廷册立董鄂氏为皇贵妃前夕，顺治帝与孝庄皇太后的关系，尤为宫中所瞩目。这对母子之间原有的裂痕，不可能因达成上述妥协而弥合。不久，顺治帝所做一系列决定，将这一裂痕进一步加深。

十三年十二月二十四日，礼部奏："元旦请上诣堂子。"得旨："既行拜神礼，何必又诣堂子。以后著永行停止。尔部亦不必奏请。"[2]

十二月二十五日，命太庙牌匾，停书蒙古字，只书满、汉字。[3]

十四年（1657）正月初一元旦，顺治帝没有"诣堂子"。拜神后，诣太祖妃[4]、皇太后宫行礼。至太和殿，诸王、贝勒贝子、公、文武群臣及外藩蒙古王、贝勒、贝子、公、台吉等上表行庆贺礼。筵宴。[5]

正月初十日，工部奏言："凡各坛庙门上匾额，或从太庙例，去蒙古

---

1 ［朝鲜］李渲:《燕途纪行》，载［韩］林基中编:《燕行录全集》第 22 册，第 170 页。
2 《清世祖实录》卷 105，顺治十三年十二月丁酉。又，《清世祖实录》卷 114，顺治十五年正月壬寅条：礼部以将征云南，奏出兵仪注。得旨："既因祭太庙斋戒，不必筵宴；其诣堂子，著永行停止；余俱照定例行。"
3 《清世祖实录》卷 105，顺治十三年十二月戊戌。
4 这位"太祖妃"即寿康太妃博尔济吉特氏。清入关后，她随孝庄皇太后住在慈宁宫（明朝称仁寿宫）。顺治十七年（1661）冬，顺治帝以其"年长行尊，向来未晋名封，礼宜举行封典"，命礼部详察典礼具奏。十八年十月得此尊封；康熙四年（1665）十二月卒。参见《清世祖实录》卷 141，顺治十七年十月庚戌；《星源集庆》第 15 页。
5 《清世祖实录》卷 106，顺治十四年正月甲辰。皇帝（汗）在元旦亲诣堂子行礼，是满洲旧制之一。努尔哈赤建立后金政权前，即已行之，皇太极即汗位后，逐步成为定制。顺治元年（1644），建堂子于长安左门外玉河桥东。十四年以前，除去因避痘等因，免行朝贺礼（如顺治六年、七年、八年、九年、十二年、十三年）外，每逢元旦，顺治帝照例先诣堂子行礼，还宫，至坤宁宫拜神毕，朝谒皇太后，于太和殿受诸王贝勒、文武群臣及外藩蒙古使臣朝贺（如顺治元年、二年、三年、四年、五年、十年、十一年），赐宴（如顺治三年、四年、五年、十年、十一年）。自顺治十四年至顺治帝去世前，逢元旦，再未诣堂子行礼（十五至十八年均免行庆贺礼）。康熙帝即大位，恢复元旦诣堂子行礼之制（自康熙二年始），并为历代嗣帝遵行。

字，止书满、汉字；或仍用旧额。"得旨："如太庙例。"[1]

正月十四日，谕理藩院："本年进贡来朝王、贝勒等，仍照定例给赏。但王、贝勒等赏赉过优，嗣后元旦来朝王、贝勒等赏例，著另行定议具奏。"[2]

对蒙古王公所下慰谕犹言在耳，册立董鄂氏为皇贵妃一事刚刚尘埃落定，顺治帝便在短短二十天内，相继做出废止元旦诣堂子的满洲旧制、去除太庙牌匾及坛庙匾额上之蒙古字、"不恤"蒙古王公等举措。由此可证实，他在不久前对以吴克善为代表的蒙古王公所发旦旦誓言，所做种种许诺，以及对于孝庄皇太后的极力亲近和尊崇，都是言不由衷，故做姿态；一旦目的达到，立即摘下面具，依然故我，率性而为，更有甚之。

上述举措，必对清初满蒙关系产生负面影响，使孝庄等老一辈的自尊心受到伤害，同时也为孝庄真正接纳董鄂氏、董鄂氏同以蒙古族后妃为核心的后宫成员和睦相处，进一步制造了障碍。

顺治帝有一定政治权术，但缺乏一位政治家的眼光、谋略和胸襟。这使他难以施展治国抱负，无力协调朝中、宫中错综复杂的利益关系，更无法承受失去董鄂氏的悲伤，竟致在人生博弈中过早出局。

四、从顺治帝与董鄂妃之恋看皇权的淫威和局限

顺治帝在位 18 年，病逝时不满 23 周岁。以寿命论，他在清朝十二帝中排在倒数第二位，仅在同治帝（19 岁病逝）之上。顺治帝的后妃总计

---

[1] 《清世祖实录》卷 106，顺治十四年正月癸丑。另据于善浦《清东陵大观》第 31 页：顺治帝孝陵神道碑亭内石碑，碑身刻有三种文字，满文居中，蒙古文居左，汉字居右。顺治帝生前不喜蒙文，极力去除之，然而康熙初年所建孝陵神道碑碑亭内，满、蒙、汉三种文字赫然在目。看来，孝庄皇太后等对顺治帝"去蒙古字"之举痛心疾首，力行纠之。今紫禁城内宫殿匾额上的文字，除慈宁门、慈宁宫等处仍为满、蒙、汉三种文字外，余者大都是满汉两种文字；较少部分只有汉文（或至晚清方如此）。清初宫内匾额是否均书满、蒙、汉三种文字，如果是，蒙古文于何时被去除，均待考。
[2] 《清世祖实录》卷 106，顺治十四年正月丁巳。另据顺治十三年十月初十日李澝日记："赏赐则例进马驼回赠外，银数百，缎数十，比前犹少。岁贡则重，赏赐则鲜，蒙人含怨。所谓例进马即半百，驼乃数十，俱是岁贡外云。"参见［朝鲜］李澝:《燕途纪行》，载［韩］林基中编:《燕行录全集》第 22 册，第 158、159 页。

32人（包括废后博尔济吉特氏），人数之多，在清朝十二帝中居第三位，仅次于顺治帝之子、在位62年、享年69岁的康熙帝（后妃55人），以及顺治帝曾孙、在皇帝位60年、享年89岁的乾隆帝（后妃41人）。如果顺治帝不是英年早逝，活到康熙帝、乾隆帝之龄，他的妻妾人数，肯定是在康、乾两帝之上。

顺治帝拥有众多妻妾，并不等于享有幸福。至高无上的皇权，不能给他带来情感上的满足和心灵的愉悦。他是在妻妾成群却又极度情感饥渴的情境下，遇到董鄂氏。

顺治帝与董鄂妃的生死之恋，容易获得人们的同情甚至欣赏。但是，这一看似美好的爱情从萌发一刻起，便注定是以伤害他人为前提，注定要以董鄂氏的前夫——一位无辜者的生命来换取。顺治帝依恃皇帝的威势，想方设法接触董鄂氏的过程，是浪漫的，动人心魄的，同时也是极为自私、残忍的，因为这使一个满洲大臣之家原有的平静生活被搅乱，乃至家破人亡。与顺治帝的其他妻妾相比，顺治帝同董鄂氏的婚姻，带有更为明显的损人利己性和胁迫性。

顺治朝后期，董鄂氏"宠冠后宫"，顺治帝的其他妻妾受到冷落。然而，也正是在董鄂氏晋封皇贵妃后的四年中，顺治帝与其他妻妾先后生育了五子一女（第八子生于顺治十七年十二月，即董鄂氏去世四个月后），与此同时，还不断有新的妙龄少女被纳入后宫。这是封建王朝皇宫中的必然现象，一位妻妾"宠冠后宫"，并不"妨碍"皇帝同时对其他妻妾施予"恩宠"。所以，顺治帝与董鄂氏之间的感情，是既受到皇权保护，又处于皇权蹂躏下的"至真至深"，是皇帝制度下的一个畸形产物。

人具有多面性，皇帝也无例外。具有不同利益关系之人，站在不同立场、从不同角度进行观察，对同一个人、同一件事所得印象会截然不同。据说顺治帝有"仁慈"之名，"故臣下多疑以为佛之后身"[1]。然而"每大怒必笑，每大笑不止，则必有大处分"[2]。十三年（1656）十月，朝鲜使者李

---

[1] 杨钟羲撰集:《雪桥诗话》卷5，第245页，北京：北京古籍出版社，1989年。
[2] 杨钟羲撰集:《雪桥诗话续集》卷1，第57页，北京：北京古籍出版社，1991年。

渲赴紫禁城朝谒,"细看清主状貌,年甫十九,气象豪俊,既非庸流,眸子暴狞,令人可怕"[1]。顺治帝"亲兵校官"金汝辉告知李渲:"儿皇……听政之际,语多惊人,气象杰骜……然气侠性暴,拒谏太甚,间或手刃作威。"[2]皇权赋与顺治帝慑人心魄的威严,当他接见大臣时,面带杀气,对"手刃作威"习以为常。可是,这一切并不能替代他对真实情感的渴望,他的心灵深处同样十分脆弱。他所拥有的皇权可用以统摄天下、奴役众臣,却不能满足人的这一最普通需求。无论是孝庄皇太后给予的关爱,还是众多后宫佳丽的顺从,都无法填补他在情感上的缺憾,直至董鄂氏的出现。

董鄂氏未必"年近三十,貌亦不美",但可能相貌一般,而且比顺治帝年长。仅以姿色论,她在那些青春年少,经过反复挑选后入宫的顺治帝众多妻妾中,处于劣势。她成为皇贵妃时,"所诵《四书》及《易》已卒业,习书未久"[3],可见文化素养亦非很高。如此,何以"宠冠后宫"?她的种种德性,如对皇太后极尽孝敬、对顺治帝体贴备至以及朴素节简、于上于下均能谦抑惠爱等,都在其次,最重要的,可能还在于她与顺治帝相处时,是将顺治帝视为亲人,不是凌然不可触犯的皇帝。所以,她与顺治帝之间能够有心与心的沟通。例如:

董鄂氏婉拒与顺治帝共餐,劝他常与大臣共食,使诸臣均沾宠惠。顺治帝批阅章奏至深夜,董鄂氏陪伴在旁。遇有循例待批奏疏,顺治帝随手放置一边,董鄂氏则劝说道:"此虽奉行成法,顾安知无时变需更张,或且有他故宜洞瞩者,陛下奈何忽之!祖宗贻业良重,即身虽劳,恐未可已也。"顺治帝披览廷谳奏疏,对是否处决犯人尚有犹豫,观察细致的董鄂氏看出后,力劝顺治帝"宜敬慎,求可矜宥者全活之,以称好生之仁"。顺治帝深以为然,数年内,"重辟获全大狱未减者甚众"。顺治帝有时"免视朝",董鄂氏由是问朝仪。顺治帝答:"只南面受群臣拜舞耳,非听政也。"董鄂氏为其分析利弊,进谏道:"愿陛下毋以倦勤罢。"每当顺治帝举

---

[1] [朝鲜]李渲:《燕途纪行》,载[韩]林中基编:《燕行录全集》第22册,第152页。
[2] [朝鲜]李渲:《燕途纪行》,载[韩]林中基编:《燕行录全集》第22册,第156页。
[3] 《御制行状》(不分卷),《状》。

行经筵日讲后,董鄂氏必询所讲,让顺治帝为她复述,顺治帝间有遗忘,董鄂氏辄予婉转责备。顺治帝喜游猎,善骑射,董鄂氏担心他的安全,每逢蒐狩,必予告诫:"陛下藉祖宗鸿业,讲武事,安不忘战,甚善,然马足安足恃?以万邦仰庇之身,轻于驰骋,妾深为陛下危之!"诸大臣有过失,顺治帝为之气恼。董鄂氏得知,循循开导:"诸大臣即有过,皆为国事,非其身谋",陛下宜息怒详察,以服其心,"诸大臣弗服,即何以服天下之心乎?"[1]

顺治帝在《御制行状》中追忆的上述事例,带有强烈的情感色彩,或有夸大之处,但无疑是其感受最深,以至于事过人亡后,依然萦绕于怀者。这些事例表明,只有在与董鄂氏相处时,顺治帝才真正走下高不可及的宝座,脱去皇权的光环,回到苦乐人间。董鄂氏的告诫和劝谏,使顺治帝感受到理解和温暖,这是顺治帝从其他后妃那里不能得到的。

如果仅仅是两性吸引,只有肌肤之爱,顺治帝对董鄂氏的情感不会如此之深。唯因在心灵上获得慰藉和满足,才有可能使他对董鄂氏产生一种情感上、精神上的依恋。顺治帝与孝庄等人有尖锐矛盾,他的内心愈是感到孤独无助,愈会珍爱董鄂氏,视董鄂氏为唯一"知己"。《御制行状》云:"朕日御万几,藉后内助,故得安意综理。今复何恃耶?宁有协朕意如后者耶?"这是他的肺腑之言。董鄂氏病亡后,顺治帝失去情感寄托,遂至精神崩溃。他寻死觅活,出家未遂,很快染患痘疹身亡。皇权纵有万般威力,无法疗治皇权拥有者心灵上的创伤。

顺治帝倚恃皇帝的地位和特权,巧设计谋,力排众议,终于纳董鄂氏为妃,并予以高位。然而董鄂氏本人的境遇、感受又是如何呢?

无论董鄂氏与前夫感情如何,前夫被逼身亡,必然非其所愿。她虽然对顺治帝以真情相待,并得到"宠冠后宫"的回报,然而内心深处,岂能没有对前夫的疚意乃至负罪之情?

由于甫得位号,就有"寡妇皇后"之名,加上曾是入侍后妃的命妇,所以,她难以去除自卑感,甚至于顺治帝前也时有流露(如自称"卑贱女")。虽然已有皇贵妃名分,她不仅在皇太后、众后妃前始终是谦卑的、

---

[1] 《御制行状》(不分卷),《状》。

顺从的,对待顺治帝的保姆等人也从无怠慢。《御制行状》中于此举有多例,兹不赘述。

董鄂氏或能在一定程度上决定顺治帝的喜乐哀怒,使这位皇权拥有者与她生死相依。可是,她无法躲避来自宫闱的中伤和嫉恨,不及四载,即被一张无形之网所吞噬。

《御制行状》中所言孝庄皇太后对董鄂氏的欣赏和喜爱,恐怕不能尽信。董鄂氏患病期间,孝庄只是遣使探望,从未亲往;董鄂氏临终时,只有顺治帝及皇后、妃嫔、眷属等环绕榻边,孝庄既未遣使至,也未亲临。仅此即可表明,董鄂氏虽然竭尽全力侍奉孝庄,甚至在产后不顾病体,抛下新生儿,前往南苑为染患痘疹的孝庄侍疾,可是,她至死未得到孝庄的理解和谅解。这是她做皇贵妃的四年中,始终没有去除的心病,是致使她早亡的一个隐性原因。从孝庄的态度,不难想见以孝庄为首的宫闱核心集团——两代蒙古族后妃与董鄂氏的关系(孝惠后或稍有不同)。这种氛围下,董鄂氏虽然"无晋后名"而履后职,却不能拥有保持健康的基本条件——平静愉悦的心情。

董鄂氏甫获册立,顺治帝便在如何对待满洲旧制及蒙古文化等方面,采取了种种过激之举。孝庄皇太后等对顺治帝愈加不满,对顺治帝所宠爱的董鄂氏就会愈加怀有成见,甚至将怒气、怨气转而发泄到董鄂氏身上。正是顺治帝在处理政务中表现出的短视和愚蠢,将无辜的董鄂氏进一步推至孝庄等人的对立面。

顺治十七年(1660)八月十九日,董鄂氏病逝。丧仪逾制,极尽哀荣。如顺治帝命和硕亲王以下,满汉四品官员以上并公主、王妃以下命妇等,俱于景运门内外齐集哭临,拟对哭临不哀者议处,经孝庄皇太后力解乃止;令辍朝五日;追封董鄂氏为皇后;令八旗二三品大臣轮次抬棺;"命诸大臣议谥,先拟四字,不允,至六字、八字、十字而止,犹以无'天圣'二字为歉";票拟改用蓝笔,自八月至十二月,岁尽乃易朱;[1]等等。

---

[1] 张宸:《平圃遗稿》卷14,《四库未收书辑刊》第5辑,第29册,第756页,北京:北京出版社,2000年。

顺治帝无法挽回董鄂氏的生命，只能以种种逾格方式，对逝者给予褒扬。因为他是皇帝，可以将这种褒扬做到极致。然而，即使是皇帝，他所拥有的皇权也是有期限的。从历史时空看，皇权作为中国古代封建王朝的最高权力，必将随着社会形态的变革与皇帝制度的终结而消亡；从皇帝个人看，生前可以乾纲独断，身后则如普通逝者，不再拥有任何权力。顺治帝死后无法知道，更无法阻止已故董鄂氏受到清廷的歧视。

　　清朝皇后谥号中例应写入、顺治帝生前念念在兹的"天圣"二字，终未出现在董鄂氏的谥号内；她的谥号只有12字（"孝献庄和至德宣仁温惠端敬皇后"），去世后第三日（顺治十七年八月二十一日）初上，其后再未加增，在清朝皇后所得谥号中字数最少，属于特例；她未按例系世祖谥并升祔太庙、奉先殿；忌辰日祭祀规格被降级；等等。[1] 这些情况，无不折射出孝庄皇太后对顺治帝和董鄂氏的关系以及对董鄂氏本人的真实看法。康熙二年（1663），董鄂氏与顺治帝合葬于孝陵。这是孝庄皇太后对于一对逝者——亲子、子媳所能予以的最大包容。

　　即使是顺治帝对董鄂氏逝后极尽褒扬的做法，也通过他的所谓遗诏，受到孝庄等人全然否定："端敬皇后于皇太后克尽孝道，辅佐朕躬，内政聿修。朕仰奉慈纶，追念贤淑，丧祭典礼，过从优厚。不能以礼止情，诸事逾滥不经，是朕之罪一也。"[2]

　　皇权不能给皇帝带来真正的幸福，无法使皇帝给予所爱之人真正的佑护，也不能为皇帝及其所爱之人提供一个得以享受幸福的和谐环境。皇权固然可以决定后妃之荣辱，决定后宫人员之生死，却无法改变人的真实感受，无力解决皇帝与后妃之间的感情纠葛，更无可能在它的威慑下，产生出纯洁的爱情。皇帝生前尽可倚恃皇权，满足种种个人欲望，一旦离世，便与皇权相分离，甚至也会受到皇权的无情打击。

1　详见徐广源：《大清皇陵秘史》，第75页。
2　《清世祖实录》卷144，顺治十八年正月丁巳；参见孟森：《世祖出家事考实》，载《明清史论著集刊续编》。

第三节　顺治朝公主及其相关问题

比起清朝皇子，清朝公主的研究尚有较大空白。因相关档案无存，史料记载不足，清入关后第一代公主即顺治朝公主，至今为人们知之甚少。

顺治帝有子女14人，其中皇女6人，皇子8人。此外，有养女3人，她们是被养在宫中的宗室之女。

一、清朝皇女、养女的寿命

顺治一朝，皇女的平均寿命很短，皇子的平均寿命长于皇女，养女的平均寿命相对最高。为了便于比较，需要对清朝皇子、皇女以及清帝养女的寿命，做一整体梳理（参见附表七）。[1]

1. 皇女、皇子寿命之比较

清朝入关前两帝（天命汗、崇德帝），入关后十帝。12位清帝中，以时间顺序排在最后三位的同治帝、光绪帝和宣统帝，都没有生育。其他9位清帝，共生育皇女82人。顺治朝6位皇女，既是清朝第三代皇女，也是清朝入关后第一代（参见附表十）。如果与清朝入关前的两代皇女相比较，一个显著差异，是顺治朝皇女的平均寿命大大降低。

清朝皇女的平均寿命，是22.87岁。其中，努尔哈赤皇女与皇太极皇女的平均寿命，分别排在第一位（努尔哈赤女8人，平均寿命53.5岁）和第二位（皇太极女14人，平均寿命37.79岁）。清朝入关后，皇女的寿命陡然下降。顺治朝皇女的平均寿命，只有10.17岁，在9代皇女中排在第7位，仅分别高于嘉庆朝皇女（9人，平均寿命9.78岁，排在第8位）和雍正朝皇女（4人，平均寿命7岁，排在第9位）。

清朝皇女的总体人数，少于清朝皇子。有生育行为的9位清帝，均属儿女双全。其中只有崇德朝皇女、嘉庆朝皇女、道光朝皇女的人数，分别高于当朝皇子（皇太极14女11子，嘉庆帝9女5子，道光帝10女9子），其余6朝（天命、顺治、康熙、雍正、乾隆、咸丰），都是皇子多，皇女少。

---

[1] 本书附表数字统计经毕卫涛、张晓辉复核，特此致谢。

9位清帝，共生育皇子113人（承继子载湉与兼祧子溥仪除外），皇子平均寿命32.60岁。其中，努尔哈赤有皇子16人，平均寿命47.19岁，与皇女一样名列第一；皇太极有皇子11人，平均寿命31.36岁，名列第5位；顺治帝皇子8人，平均寿命25.75岁，与皇女一样排在第7位，仅分别高于雍正朝皇子（10人，平均寿命23.9岁，排在第8位）和咸丰朝皇子（2人，平均寿命10岁，排在第9位）。

清朝入关前，皇女的平均寿命均高于皇子。努尔哈赤皇女平均寿命高于皇子6.31岁，皇太极皇女平均寿命高于皇子6.43岁。

清朝入关后，除去咸丰朝较为特殊（皇女1人，寿命20岁；皇子2人，平均寿命10岁）外，其余6朝（顺治、康熙、雍正、乾隆、嘉庆、道光），皇女的平均寿命均低于皇子。

顺治朝皇女平均寿命10.17岁，皇子平均寿命25.75岁，皇女低于皇子15.58岁。

康熙朝皇女平均寿命16.75岁，皇子平均寿命32.8岁，皇女低于皇子16.05岁。

雍正朝皇女平均寿命7岁，皇子平均寿命23.9岁，皇女低于皇子16.9岁。

乾隆朝皇女平均寿命19.8岁，皇子平均寿命28.71岁，皇女低于皇子8.91岁。

嘉庆朝皇女平均寿命9.78岁，皇子平均寿命38岁，皇女低于皇子28.22岁。

道光朝皇女平均寿命18.8岁，皇子32.56岁，皇女低于皇子13.76岁。

大部分清帝生子多于生女，当属自然现象。它符合皇帝本人的意愿，也与多子多福的中国传统观念相契合。清朝入关前，努尔哈赤、皇太极诸子平均寿命低于诸女，这与诸子频繁出征作战，生存环境相对恶劣有一定关系。在免疫力、耐力等方面，女性原本较男性略有优势。努尔哈赤、皇太极诸女的平均寿命分别高于同朝皇子的另一重要原因，是当时尚未建立严格的宫廷制度，皇女们没有被禁锢在深宫内，所受约束亦少。她们无需随同父兄出征，却可以像男子一样骑马射箭，与各类人相交往。这种比较开放的生活环境，有利于皇女的身心发育。

清朝入关后，皇女的平均寿命低于皇子，是多种因素所致。比如，皇女、皇子都长在深宫，但皇子从小接受骑射、行猎等锻炼。皇女的活动天地更为狭小，其举止行为逐步受到宫廷礼制的束缚。优裕而封闭的宫中生活，难以使幼龄皇女具有较好的身体素质。这是造成皇女平均寿命较短的一个基本原因。

从清朝82位皇女的去世年龄看，有两个年龄段较为突出，一是儿童期（10岁前），约占40%，一是育龄期（15至39岁），约占33%，两者合为73%。

如顺治朝6位皇女中，5人是在8岁或8岁以前早卒，唯一长成的第二女和硕恭悫长公主，只活了33岁。

皇女卒于幼年，乃因年小、抵抗力差，易受痘疹等疾病侵染，不治而亡；卒于育龄期，难产、流产当是重要因素，这同分娩者从事体力活动较少，也有一定关系。[1]

据玉牒载，清朝入关前两代皇女，无一人逝于儿童期，[2] 集中逝于育龄期的现象也不突出。但是，两代之间有所不同。如努尔哈赤的8个女儿，仅有一位（第5女）在17岁去世，其余7位，寿命均在35岁以上。第7女享年82岁，是清朝皇女中最高寿之人。皇太极的14个女儿，8人逝于15岁至39岁之间，其余6人逝于42岁至69岁之间。

清朝皇女和皇子的寿命，还与下述情况有所关联。

---

[1] 清朝后妃中，也多有难产等因去世之人。如康熙帝第一位皇后赫舍里氏、第二位皇后钮祜禄氏，都是在二十多岁时死于难产；第三位皇后佟佳氏，三十岁上下死于流产。参见《清圣祖实录》卷47，康熙十三年五月丙寅；卷71，康熙十七年二月丁卯；[法]张诚：《张诚日记》（1689年6月13日—1690年5月7日），陈霞飞译，第52、57页，北京：商务印书馆，1973年。

[2] 据《崇德三年满文档案译编》第170页（季永海、刘景宪译编，沈阳：辽沈书社，1988年），崇德三年（1638）八月初五日，命礼部详加察核，所有宗室子女凡满一岁，将其年龄、名字记于档册交上。清朝自顺治九年（1652）始设宗人府。十八年（1661），首次修成玉牒，此后每十年续修一次。因年代久远，清入关前两帝子女，特别是努尔哈赤的子女，或有早卒而未记入者。

2. 清朝前期、中期 8 位皇帝的早期生育行为与子女成活率

此处所说 8 帝，指努尔哈赤、皇太极、顺治、康熙、雍正、乾隆、嘉庆、道光 8 人。

顺治帝早婚早育。他的 14 个子女，相继出生在 10 年（顺治帝 14 岁至 24 岁，顺治八年至十八年）之内；其中 6 个女儿，相继出生在 5 年（顺治帝 15 岁至 20 岁，顺治九年至十四年）之内。以此为参照，我们将清朝前期、中期 8 帝分为 4 组，对他们首次生育后 10 年内的生育情况，做一对比。

第一组：

努尔哈赤首次生育年龄为 20 岁（明万历六年生第一女固伦公主）。自此十年期间（20 岁至 30 岁，明万历六年至十六年），共育 4 子、2 女（占子女总数 25%），平均每年生育 0.6 次（含首次生育），存活率（以 10 岁或 10 以下为早卒）为 100%。

皇太极首次生育年龄是 18 岁（明万历三十七年生第一子和硕肃亲王豪格）。自此十年期间（18 岁至 28 岁，明万历三十七年至清天命四年），仅生育 3 子（占子女总数 12%），平均每年生育 0.3 次，存活率约 67%。

努尔哈赤在 20 岁至 30 岁之间，以父祖遗甲十三副起兵，开始统一女真各部；皇太极在 18 岁至 28 岁期间，随父领兵征战，屡败明兵，成为后金四大贝勒之一。

第二组：

顺治帝首次生育年龄是 14 岁（顺治八年大婚，是年生第一子牛钮）。自此十年期间（14 岁至 24 岁，顺治八年至十八年），生育 8 子、6 女（占子女总数 100%），平均每年生育 1.4 次，存活率约 36%。

康熙帝首次生育年龄也是 14 岁（康熙四年 12 岁大婚，六年生承瑞，未序齿）。自此十年期间（14 岁至 24 岁，康熙六年至十六年），生育 10 子、5 女（占子女总数 27%），平均每年生育 1.5 次，存活率约 33%。

这一时期，顺治帝和康熙帝都已亲政。宫廷内部对皇帝构成威胁之人，或已亡故（摄政王多尔衮逝于顺治七年），或被清除（康熙八年辅政大臣鳌拜被执），清朝皇权较前大为集中。

第三组：

雍正帝首次生育年龄是 17 岁（康熙三十三年生第一女）。自此十年期间（17 岁至 27 岁，康熙三十三年至四十三年），生育 3 子、2 女（占子女总数 36%），平均每年生育 0.5 次，存活率为 60%。

乾隆帝首次生育年龄是 18 岁（雍正六年生第一子和硕安亲王永璜和第一女）。自此十年期间（18 岁至 28 岁，雍正六年至乾隆三年），生育 3 子、3 女（占子女总数 22%），平均每年生育 0.6 次，存活率为 50%。

这一时期，雍正帝尚是皇子，21 岁（康熙三十七年）受封多罗贝勒；乾隆帝先在皇子位，13 岁（雍正元年）由雍正帝密立为储君，23 岁（雍正十一年）封和硕宝亲王，25 岁（雍正十三年）即帝位。

第四组：

嘉庆帝首次生育年龄是 20 岁（乾隆四十四生第一子，未有名，追封多罗郡王，谥"穆"）。自此十年期间（20 岁至 30 岁，乾隆四十四年至五十四年），生育 2 子、6 女，占其子女总数 57%，平均每年生育 0.8 次，存活率约 38%。

道光帝首次生育年龄 27 岁（嘉庆十三年生第一子奕纬，追封多罗郡王，谥"隐志"）。自此十年期间（27 岁至 37 岁，嘉庆十三年至二十三年），生育一子一女，占子女总数 11%，平均每年生育 0.2 次，存活率为 50%。

这一时期，嘉庆帝尚是皇子，14 岁（乾隆三十八年）由乾隆帝密立为储君，30 岁（乾隆五十四年）封和硕嘉亲王；道光帝也在皇子位，18 岁（嘉庆四年）由嘉庆帝密立为皇储，32 岁（嘉庆十八年）封和硕智亲王。

上述四组中，第一组（努尔哈赤、皇太极）与第三组（雍正帝、乾隆帝）在首次生育年龄（17 岁至 20 岁）、生育子女数（3 至 6 人）、十年内平均每年生育次数（0.3 至 0.6 次）等方面，都较接近，子女存活率在 100% 至 50% 之间。

第四组（嘉庆帝、道光帝），首次生育年龄均偏高（20 岁、27 岁），其后十年内，生育子女数量差别较大（8 人、2 人），存活率也有一定差异（38%，50%）。[1]

---

[1] 嘉庆帝第五女（追封慧安和硕公主），乾隆六年（1741）卒，年 10 岁，以早卒计。

第二组（顺治帝、康熙帝）比较特殊：首次生育年龄最低（均为14岁），（首次生育后十年中）平均每年生育次数最高（1.4次、1.5次），子女存活率最低（36%，33%）。

第一、第三、第四组的三对父子（努尔哈赤和皇太极、雍正帝和乾隆帝、嘉庆帝和道光帝），都是在步入青年阶段（17岁）以后，方有生育行为，而且比较节制，在上述特定时期内，子女成活率相对较高。6位清帝所处环境各有不同，但有一点无例外，即尚未即位，没有掌握汗权或皇权（乾隆帝的情况稍有不同）。这说明，无论是雄据一方的首领（如努尔哈赤），还是已被皇帝密立为皇储之人（如乾隆帝、嘉庆帝、道光帝），他们的生育行为受到各自所处客观环境的一定限制和约束。曾是地方政权首领之子的皇太极，以及尚为普通皇子的胤禛（雍正帝），更无庸论。

同样是在上述特定时期，顺治帝、康熙帝虽是少年，已在帝位，对其构成威胁的宗室、权臣都已无存。至高无上的地位和权力，宫女、太监陪伴身边的深宫氛围，为他们过早地具有性行为提供了种种便利条件，也使他们无所顾忌，相当放纵。其直接后果，是两人早期所育子女的成活率相对很低。[1]

上述四组事例显示，皇位（皇权）与皇帝生育之间的关系有一定规律性：皇帝即大位年龄越早，则首次生育年龄也越早；其后十年内平均生育次数愈多，而子女的成活率愈低。

顺治帝和康熙帝莫不如此。这种现象的本质，是皇帝制度对皇帝本人及其子女的无形摧残。少年皇帝的身心过早地受到皇权的腐蚀，他们在性生活上恣意而为所产生的恶果，由此得到部分体现。

---

[1] 上述特定时期内，皇子、皇女出生时生母的年龄，目前只知道几位。例如，皇太极第二女固伦温庄长公主马喀塔出生时，生母博尔济吉特氏（孝端文皇后）26岁，比其父小8岁；顺治帝第三子康熙帝玄烨出生时，生母佟佳氏（孝康章皇后）15岁，比其父小2岁；康熙帝第一个孩子头生子承瑞（未序齿）出生时，生母马佳氏（荣妃）20出头，比其父长六七岁；另一子承祜（未序齿）出生时，生母赫舍里氏（孝诚仁皇后）17岁，比其父长1岁；雍正帝第一子弘晖（追封和硕亲王，谥"端"）出生时，生母乌拉纳喇氏（孝敬宪皇后）17岁，比其父小3岁；乾隆帝第二子永琏（乾隆三年追封皇太子，谥"端慧"）出生时，生母富察氏（孝贤纯皇后）19岁，比其父小1岁。

3. 清帝养女多长寿及其原因

清朝只有前期6位皇帝（努尔哈赤、皇太极、顺治、康熙、雍正、乾隆）以及晚清咸丰帝有养女。7帝共有养女12人（参见附表九）。顺治帝和雍正帝各有养女3人，并居清帝养女数之首；其次是努尔哈赤，有两位养女。清帝之所以择养近支宗室之女，具体原因各异，如皇女较少或早卒；后妃本人无子女或子女早卒，故鞠养宗室之女以排解寂寞；或是多种因素兼而有之。不过，其主旨只有一个：通过下嫁养女，示恩蒙古王公、满洲宗室、大臣及汉族藩王，以增强他们对清廷的向心力，巩固清朝统治。

顺治帝养女的平均寿命，与皇女形成较大反差。不仅顺治一朝，清入关后其他四朝（康、雍、乾、咸）也有相同情况。

清帝养女12人，平均寿命47.33岁，比清朝皇女（82人）的平均寿命（22.87岁）高出24.46岁；比清朝皇子（113人）的平均寿命（32.60岁）高出14.73岁。

顺治帝的三位养女，分别享年44岁（和硕和顺公主）、77岁（固伦端敏公主）、22岁（和硕柔嘉公主），平均寿命47.67岁，在清朝7代养女中高居第二位，仅低于努尔哈赤的养女（平均寿命48.5岁），比顺治帝6位皇女的平均寿命（10.17岁）高出37.50岁，比顺治帝8位皇子的平均寿命（25.75岁）高出21.92岁。三位养女中，一位逝于育龄期，占总数33%，与清朝皇女逝于育龄期的比例（32%）基本持平。

清朝养女的整体情况，与此略有不同。

12位清帝养女中，享年77岁2人（顺治帝养女、雍正帝养女），享年71岁2人（康熙帝养女、咸丰帝养女），享年41至60岁3人（努尔哈赤养女、顺治帝养女、雍正帝养女）。其余5人，享年均在18岁至37岁之间（努尔哈赤养女、皇太极养女、顺治帝养女、雍正帝养女、乾隆帝养女）。清帝养女在育龄期去世者为42%，这一比例略高于同一年龄段去世的清朝皇女（32%）。

12位清帝养女，竟无一位早卒，其中有4人活过古稀之年。4位高寿之女，并非集中在某一时期，而是首尾相隔7代（顺治朝至咸丰朝）。第一代、第二代清帝养女与清朝入关后5代清帝养女之间，仅从寿命看，并不像清朝皇女，存在显著差异。这些情况说明，清帝养女所具有的某些共同因素，对其整体寿命产生了正面影响。

12位清帝养女出生时，其生父的平均年龄是23.08岁，正值最佳生育期。其中，除去1人15岁（康熙帝养女固伦纯禧公主生父常宁）外，其他人的年龄均在17岁以上，35岁以下，以20岁至30岁居多（8人）。

顺治帝的三位养女出生时，养女生父的年龄分别是21岁（和顺公主之父、顺治帝之兄和硕承泽亲王硕塞）、21岁（端敏公主之父、顺治帝堂兄和硕简亲王济度）、28岁（柔嘉公主之父、顺治帝堂兄多罗安郡王岳乐）。生父均值盛年，应是顺治帝养女的平均寿命，在七代清帝养女中排在第二位的原因之一。

清帝的12位养女，有11人是嫡福晋或继福晋所生，其生母年龄未详，应与其父相差无几。与大内相比，王公贵族之家更有家庭氛围。通过与生身父母特别是生母的直接接触，孩子能够真切感受到骨肉亲情和家人关爱。这些看似平常的因素，对于幼童，尤其是女童的发育成长至关重要。

清帝养女的入宫年龄，目前尚未见到记载，综合相关情况看，可能差别较大，或在10岁以下，或是10余岁。她们待嫁宫中的时间长短，一般同其入宫时的年龄成反比。[1] 看来，她们大都是在原生家庭中，度过了婴儿期和幼儿期。个人健康状况，应是衡量她们能否入选清帝养女的标准之一。清帝养女中没有早卒现象，这与养女入宫前经过严格筛选，普遍具有较好身体素质，已经出过天花，并已安然度过容易染病的幼儿阶段，均有一定关系。

告别原生家庭，由王府格格成为皇帝养女，这是一个很大的变化。事实表明，她们大都能够较快适应新的环境，在宫中长大下嫁，为妻为母，走完并不短暂的一生。

---

[1] 清朝入关前的情况比较特殊。如努尔哈赤养女和硕端顺公主、皇太极养女和硕公主的下嫁，分别是在其养父建立后金或继承汗位第二年，故抚养"宫中"时间都较短。又如雍正帝养女和硕淑慎公主，雍正四年（1726）19岁，下嫁科尔沁博尔济吉特氏、理藩院额外侍郎观音保；淑慎公主若是雍正元年成为皇帝养女，年已16岁。

这些皇帝养女入宫初期，难免会有孤独恐惧之感。但是，宫中岁月不仅大大开阔其眼界，从长远看，这种特殊境遇和相对独立的生活，对其心智的发育、成熟大有益处。在与皇帝家庭成员以及众多服侍人员的接触中，她们需要比真正的皇女多几分小心，多几分机警，多一些世故，学会察言观色、灵活应变。受封下嫁后，作为皇帝养女，受到夫婿敬重，其地位与皇女相差无几。然而同自幼长在深宫，未悉人间烟火，单纯脆弱的皇女相比，她们更懂得如何与各色人相处。无论是对宫外环境的适应力，还是应对复杂人际关系时需要的判断力、协调力以及对人事的掌控力，皇帝养女都会较皇女更胜一筹。

顺治帝的三位养女在入宫前，各自生母均已去世（见下文）。过早经历这一不幸，使她们在适应宫中环境，处理人际关系时，具有较强的心理承受力。

与皇女相比，清帝养女在先天条件、自幼身体素质、涉世经验诸方面，都具有一定优势。受到所处时代医疗条件限制，她们与皇女一样，也要承受生育风险。[1] 尽管如此，在上述多种因素相互作用下，她们的平均寿命大大高于皇女，有一定必然性。

二、顺治帝养女的择选与鞠育

顺治帝三位养女中，和顺公主与柔嘉公主是由皇贵妃董鄂氏抚育。虽然尚未见到史料记载，综合相关情况看，端敏公主很可能是由她的姨母孝惠皇后抚养。

1. 董鄂妃尝育"三公主"辨析

顺治帝《御制行状》云："后尝育承泽王女二人、安王女一人于宫中，朝夕鞠抚，慈爱不啻所生。兹三公主擗踊哀毁，人皆不忍闻见。"

清朝玉牒中记载的顺治帝三位养女，则是和硕承泽亲王硕塞第二女和

---

[1] 公主下嫁后，如果在京分娩，由宫中御医接生。如康熙四十八年（1709），康熙帝第十三女（排行八公主，封和硕温恪公主，是年23岁）分娩，御医接生。公主因难产而亡，双胞胎女儿平安。参见杨珍：《康熙皇帝一家》，修订本，第267、268页，北京：学苑出版社，2009年。

顺公主、和硕简纯亲王济度第三女端敏公主以及多罗安郡王岳乐第二女柔嘉公主。[1] 三位公主中，只有一位是承泽王硕塞之女，即和顺公主，这同《御制行状》云"后尝育承泽王女二人"有出入。

据清朝玉牒，和硕承泽亲王硕塞共有四女。

第一女，郡主[2]，顺治四年（1647）八月初一日生，生母为嫡福晋纳喇氏。十三年十月选科尔沁博尔济吉特氏多罗贝勒沙津（一作沙晋）为额驸，十八年九月成婚。郡主于康熙十六年（1677）四月卒，31岁。

沙津是科尔沁土谢图亲王巴达礼的次子。康熙十四年（1677），察哈尔布尔尼叛清。沙津追斩布尔尼兄弟有功，封多罗贝勒。二十七年，晋袭亲王。四十一年，坐侍妾僭用郡主仪仗罪，革爵。

第二女，和硕和顺公主，顺治五年（1648）八月二十二日生，生母为嫡福晋纳喇氏。顺治年间抚养宫中，封和硕和顺公主。十六年二月，选尚氏尚之隆为额驸，十七年六月下嫁。公主于康熙三十年（1691）十一月卒，44岁。

第三女，顺治六年（1649）七月二十二日生，生母为侧福晋博尔济吉特氏。十八年二月卒，13岁。

第四女，顺治八年（1651）六月初十日生，生母为侧福晋博尔济吉特氏。十八年三月卒，11岁。

硕塞的四个女儿，分别是两对同母姐妹。除和顺公主外，那位也由董鄂妃抚养，却未得到顺治帝养女名分的硕塞之女是谁？有两种可能性。

第一种可能，是侧福晋博尔济吉特氏所生第三女、第四女中的一位。董鄂妃去世后，这位养女未及出嫁即病故，因尚未受封公主，未计入清帝养女之内。

第二种可能，是嫡福晋纳喇氏所生第一女，后来下嫁沙津的郡主。她10岁（十三年九月）与沙津定婚时，董鄂氏甫为贤妃。她的二弟即硕塞第二子博翁果诺（生于顺治八年十一月），是嫡福晋纳喇氏的最后一个孩子。

---

1 中国第一历史档案馆藏：玉牒（胶片）72号；《星源集庆》第40、41页。《星源集庆》误为第二女。
2 清制，凡和硕亲王之女，封郡主。参见《清世祖实录》卷133，顺治十七年三月丙辰。

纳喇氏的离世，似在顺治八年至十一年期间，此时她的4个亲生儿女均在幼年。

董鄂妃开始抚养宗室之女的时间，未见记载。从常理看，应是十四年（1657）正月她的亲子幼殇之后。对她来说，抚养宗室之女可以稍稍缓解失去亲子的痛苦。此时，硕塞与嫡福晋纳喇氏都已去世，第一女11岁，第二女10岁，均为孤女。第二女（和顺公主）被选入宫中抚养时，孝庄皇太后等出于怜悯等因，将硕塞第一女一起接到宫中，由董鄂氏一并抚养。此女已受指婚，封为郡主，所以不在顺治帝养女之列。

无论上述哪一种可能，都表明被养在宫中的宗室之女不止于玉牒所记12人。换言之，玉牒所载12人，是这些宗室之女中得到公主封号后下嫁的"幸运儿"。除去她们，还有若干宗室之女也被养在宫中，由于早卒或其他原因，未得公主封号，故未被玉牒记为清帝养女。

《星源集庆》中，硕塞第二女和顺公主年龄最长，排在顺治帝三位养女之首；其次是和硕简亲王济度之女端敏公主（生于顺治十年六月，嫡福晋博尔济吉特氏生）；第三位是多罗安郡王岳乐之女柔嘉公主（生于顺治九年五月，继福晋纳喇氏生）。这一情况表明，她们三人是按入宫之先后排定序位。硕塞两女渐渐长大后，入宫最晚的岳乐之女仍由董鄂氏抚养。此即董鄂妃尝育"三公主"。

顺治十七年（1660）董鄂妃病逝时，柔嘉公主只有9岁，改由孝庄皇太后抚养。此前，孝庄皇太后已在精心鞠育顺治帝第三子玄烨。长玄烨一岁的柔嘉公主入居慈宁宫，成为小玄烨的同伴，为他带来欢乐。这对异父异母、两小无猜的幼童之间，产生了纯真、深厚的情义。数十年后，康熙帝忆及当时情景，唏嘘久之，有"八岁时与耿公主（指柔嘉公主）同居慈宁宫"之语。[1] 康熙十二年（1673年）夏，柔嘉公主病重，康熙帝曾亲临公主府探视。[2]

---

[1] 《八旗通志初集》卷188，《名臣列传》48，《耿聚忠》。
[2] 《清圣祖实录》卷42，康熙十二年六月乙丑。

2. 父为股肱 生母早逝

顺治帝三位养女的亲生父母情况，颇有一些相似之处。

关于和顺公主的父母（和硕承泽亲王硕塞与嫡福晋纳喇氏），已如前述。

端敏公主之父济度，是清初"铁帽子王"和硕郑亲王济尔哈朗次子，生于天聪七年（1633），长其堂弟顺治帝5岁。济度的生母，是三继福晋瑚尔哈苏氏。顺治八年（1651），19岁的济度封多罗简郡王，封入镶蓝旗。九年，擢任议政。十一年授定远大将军，赴闽征讨郑成功。十二年秋，济度的嫡福晋、端敏公主的生母博尔济吉特氏去世。[1] 十四年暮春，济度还京，晋封和硕亲王。此后两三年内，他在议政王大臣会议中居首位，而且颇能领会顺治帝意旨，禀行无误。[2] 十七年七月逝，年仅28岁。谥"纯"。

济度嫡福晋、端敏公主的生母博尔济吉特氏，是孝惠皇后与淑惠妃的亲姐。她比孝惠姐妹早数年出嫁，与济度育有一女一子。亲子德塞，排行第二，生于顺治十一年（1654）十月，十八年二月袭简亲王，康熙九年（1670）逝，年仅17岁。无子女。谥"惠"。

端敏公主是济度第三女，生于顺治十年（1653）六月，3岁失去生母。她的姨母孝惠皇后和淑惠妃，分别长她十余岁，均入宫数载而未育。将她选为顺治帝养女，可以陪伴、慰籍孝惠姐妹，为其落寞的深宫生活带来一丝快慰。

柔嘉公主之父岳乐，是皇太极之兄和硕饶馀亲王阿巴泰第四子，生于天命十年（1625），生母是嫡福晋纳喇氏。岳乐长顺治帝13岁，初封镇国公，封入正蓝旗。顺治三年（1646），随肃亲王豪格赴四川消灭张献忠农民军。五年，随英亲王阿济格围击天津抗清义军。八年袭封多罗郡王，王号"安"。九年，管工部事，擢任议政。十年，任大将军，戍守归化城，防范喀尔喀部扰边。十二年，任宗人府宗令。济度由闽返京后，与岳乐并

---

[1] 《清世祖实录》卷93，顺治十二年九月庚寅；卷108，顺治十四年三月丁卯。
[2] 如《清世祖实录》卷114，顺治十五年正月甲辰条："和硕简亲王济度等议奏，皇太后圣体违和，皇后有失定省之仪。应钦遵上谕，止存皇后之号，册宝照旧停其笺奏。许之。"

为满洲宗室中头面人物,济度居首,岳乐次之[1];济度返京前及去世前后,诸王大臣每议事,岳乐居首。[2]十四年十一月,岳乐以"性行端良,莅事敬慎",晋封亲王。康熙二十八年(1689)逝,65岁。谥"和"。三十九年缘事追降郡王。

岳乐有妻妾15人,子女43人,柔嘉公主是岳乐继福晋纳喇氏所生。三福晋赫舍里氏与岳乐的第一个孩子玛尼(排行第十四子),生于康熙元年(1662)九月。这一情况表明,继福晋纳喇氏在顺治后期已经去世。所以,柔嘉公主是在失去生母后,方被选为顺治帝养女,并由董鄂妃抚养。

总之,顺治帝三位养女的生父,无不符合以下条件:是满洲宗室,而且与顺治帝平辈;有和硕亲王爵位;在清初统一战争中"军功懋著";为顺治帝所倚信,于宗室中较有声望(硕塞、岳乐相继任宗人府宗令),在议政王大臣会议上起有举足轻重的作用。三位养女的生母,均为嫡福晋或继福晋,其中和顺公主的生母与端敏公主的生母,均在其女尚未入宫前,先于其夫去世。

看来,顺治帝养女的挑选,既重政治因素,也有亲情、人情因素,倚毗、酬功、慰灵、悯孤兼而有之。

三、公主择婿与清初政局

清朝入关后,满蒙贵族联姻仍为清廷所重视,如孝庄皇太后先后为顺治帝迎娶了数位蒙古族后妃。然而,在清朝建立对全国统治的进程中,以科尔沁部贵族为中坚的蒙古王公所发挥的作用,与入关前相比逐渐减小,汉族藩王所起作用逐步凸显。所以,清廷为皇女择婿的倾向性,也在根据形势的变化有所调整。例如,皇太极总计15女,其中6女(第九、十、十一、十二、十三、十四女)是在顺治朝指婚并下嫁。[3]此6人中,只有第十一女固伦端顺长公主嫁与蒙古王公子弟,其余5女分别嫁与八旗大臣子弟和汉族藩王子

---

[1] 《清世祖实录》卷117,顺治十五年五月戊戌条:"又王孙可望至京。命和硕简亲王济度、和硕安亲王岳乐率民公、侯、伯以下,梅勒章京、侍郎以上出迎。赐茶。"
[2] 参见《清世祖实录》卷104,顺治十三年十月戊戌;卷138,顺治十七年七月丁卯。
[3] 皇太极第二女、第五女分别于崇德元年(1636)、八年下嫁蒙古王公子弟,后因夫亡,又分别于顺治二年(1645)、五年复嫁蒙古王公子弟。她俩未计入顺治朝指配、下嫁的6人内。

弟。这与天聪、崇德年间指配、下嫁的9女（其中3人顺治初年下嫁）中，多达7人嫁与蒙古王公子弟，只有2人嫁与八旗大臣子弟，有明显差异（参见附表八）。[1]

顺治帝女儿的择婿，与皇太极之女又有不同，在清朝历代皇女中较为特殊。他的9个女儿有4人（1位皇女、3位养女）长大成婚，4人的择婿分为三种类型：一为汉族藩王子弟（2人），二为满洲老臣子弟（1人），三为蒙古王公子弟（1人）。

我们先看第一种类型，即下嫁汉族藩王子弟。由董鄂妃抚养的和顺公主与柔嘉公主的择婿，均属此类型。讨论这一问题，需要与同时期皇女、宗女中同类事例并观。

1. 与汉族藩王子弟的五次联姻

顺治年间至康熙初年，清皇室（宗室）女性与汉族藩王吴三桂、尚可喜、耿仲明等人的后代，先后有过五次联姻。这是由清初的形势所促成。[2]

第一次联姻：顺治十年（1653）恪纯长公主下嫁吴三桂长子吴应熊

孔有德、耿仲明、尚可喜、吴三桂均为明末降将。天聪年间，孔、耿、尚三人相继归附后金，崇德元年（1636）分别受封恭顺王、怀顺王和智顺王。顺治元年（1644）四月，吴三桂奉崇祯帝之命率兵勤王途中，于山海关降清，受封平西王。五月，多尔衮率清军入关，进驻京城月余的李自成被迫撤离。

清朝定鼎北京后，立即着手建立对全国的统治。起初两三年内，统一战争进展顺利。在清军强大攻势下，大顺军领袖李自成、大西军领袖张献忠相继遇难，南明弘光政权灭亡，清军占领江南。吴三桂、孔有德等部追随满洲诸王征战，有汗马之劳。清廷对吴三桂等颁赐金银，以示酬谢的同时，又加以疏远和抑制。顺治二年（1645），命吴三桂赴镇锦州，孔有德还镇盛京，耿仲明还镇辽阳，尚可喜还镇海城。

---

[1] 从总体看，清入关初期满蒙贵族之间联姻仍频。参见杜家骥：《清朝满蒙联姻研究》附录一，《满蒙联姻总表》，北京：人民出版社，2003年。

[2] 关于清皇室女性与汉族藩王子弟联姻及清初政局部分，承中国社会科学院历史研究所杨海英女士审阅并提出修改意见，特此致谢。

由于清廷强制推行剃发等民族压迫政策，加以圈地、逃人法等弊政，激起汉族民众反抗，民族矛盾迅速激化，大顺军余部、大西军余部逐步走上联明抗清之路。以孙可望、李定国为首的大西军活跃在蜀、粤等数省，占有云贵地区。闽浙一带，则有郑成功、张煌言等抗清力量。

顺治三年（1646）秋，清廷重新起用孔有德、耿仲明、尚可喜等人，命孔有德为平南大将军，偕耿仲明、尚可喜等进取湖南，次定赣南，再入广东。五年，江西总兵金声桓、大同总兵姜瓖先后叛清。各地抗清活动风起云涌。喀尔喀部行猎边地，有南进迹象。面对愈益严峻的形势，清廷调整策略，倚用降将，以缓解战线过长、兵力不敷等问题。五年四月，命吴三桂自锦州出镇汉中。三桂途经北京，留长子应熊于京师，"以固朝廷意"。六年五月，孔有德改封定南王，率兵征伐广西，挈家驻防；耿仲明改封靖南王，尚可喜改封平南王，率兵征伐广东，俱挈家驻防。是年十一月，耿仲明因部下隐匿逃人事受到清廷严责，于江西吉安自尽。长子耿继茂袭爵。九年，李定国攻陷桂林，致使孔有德自焚死；又于衡州阵斩定远大将军、和硕敬谨亲王尼堪。清廷再次遭到严重挫败。

如果从清军领兵将帅的身份看，以顺治九年（1652）为界，可分为前后两个阶段。前一阶段（顺治元年至九年），率兵出征的清军将帅以满洲王公为主，包括摄政王多尔衮、辅政叔王济尔哈朗、英亲王阿济格、豫亲王多铎、肃亲王豪格以及众多郡王、贝勒、贝子等。后一阶段（顺治十年至十八年），于京城受命的领兵将帅内仍有少数满洲王公，但以都统等八旗大臣居多。因满洲贵族内部权力之争、人事自然代谢等原因，满洲诸王或获罪致死，或英年早逝，正在逐步退出历史舞台。[1] 清朝入关后成长起来的新一代满洲王公，在资历、威望、才干、统兵作战经验等方面，均无法与其前辈相埒。这一客观情况，加重了藩王吴三桂等在战争中的地位和作用。另一方面，顺治年间，满汉关系问题十分突出。如朝中有满汉大臣之间的矛盾，地方上则有汉族官员同奉差满洲大臣之间的矛盾，满洲驻防官兵骄悍扰民以及与当地汉族官员的矛盾，等等。因此，通过联姻以进一步

---

1 参见刘凤云：《清代三藩研究》，第89—93页，北京：中国人民大学出版社，1994年。

密切同汉族藩王的关系,是清廷实现"以汉攻汉"策略,缓和满汉矛盾的一个有效举措。

顺治九年(1652),吴三桂连克成都、重庆诸地,取得保宁大捷。叙功,岁增俸千两。十年八月,皇太极第十四女(庶妃察哈尔奇垒氏生,13岁)封和硕公主(后改封恪纯长公主),下嫁吴三桂长子吴应熊。[1] 吴应熊成为汉族藩王子弟中首位清朝和硕额驸。

第二次、第三次联姻:顺治十二年(1655)和硕格格下嫁耿继茂长子耿精忠,顺治十三年固山格格下嫁耿继茂次子耿昭忠。

尚可喜、耿继茂等奉命征伐广东并挈家驻防后,攻克南雄、广州诸地,顺治九年(1652),一并赴广西与李定国等部作战。此后数年,转战广东、广西,兼有胜负。有人疏劾耿、尚纵兵不戢,掠劫百姓。因粤地尚未平定,清廷未予深究。[2] 顺治十一年,靖南王耿继茂遣长子耿精忠、次子耿昭忠入侍内廷,分别授一等子爵。不久,耿继茂称精忠、昭忠年已长成,请求清廷缔结婚姻。此时,皇太极诸女均已出嫁,顺治帝第一女早卒,第二女(和硕恭悫长公主)、第三女都只有两岁。所以,礼部与内大臣奉旨会议结果,"宜以亲王等女下嫁"。[3] 十二年六月,顺治帝命以豪格第七女、和硕显亲王富绶(一作福寿)之姐(庶福晋黄氏生,15岁)赐和硕格格(郡主)号,耿精忠为和硕额驸,九月成婚;同年九月,命以阿巴泰嫡长孙、固山贝子苏布图第一女(嫡夫人郭络罗氏生,13岁)赐固山格格

---

1 《星源集庆》第33页;《清世祖实录》卷77,顺治十年八月壬午。另据玉牒(胶片)72号载:"顺治八年二月选吴氏吴应熊为额驸,本年八月(太宗第十四女纯恪和顺长公主)下嫁。"顺治八月四月,吴三桂疏请入觐,许之。八月,陛见,赐宴。授金册金印,仍封平西王。命征伐四川。如果在吴三桂入觐受封之际,公主下嫁吴三桂长子应熊,自然是一良机。不过,这一时段内,清廷内部还有若干重要事件发生:是年二月,亲政只有月余的顺治帝追论摄政王多尔衮罪状,"昭示中外";八月,清廷册立科尔沁卓礼克图亲王吴克善之女博尔济吉特氏为皇后。综合各种情况看,吴应熊与皇太极之女成婚,不大可能是在顺治八年八月,与顺治帝大婚同时。顺治八年二月指婚,选吴应熊为额驸是可能的。另有一种可能是,玉牒将十年二月指婚,误为八年二月。
2 《清世祖实录》卷76,顺治十年六月庚申;卷84,顺治十一年六月甲子;《清史列传》卷5,《大臣画一传档正编》2,《耿继茂》。
3 《清世祖实录》卷92,顺治十二年六月乙卯。

（县主）号，耿昭忠为多罗额驸，十三年二月成婚。[1]

第四次、第五次联姻：顺治十七年（1660）和硕和顺公主下嫁尚可喜第七子尚之隆，康熙二年（1663）和硕柔嘉公主下嫁耿继茂第三子耿聚忠。

顺治十三年（1656），粤地已在清廷控制之下。尚可喜、耿继茂分别受敕记功，岁增藩俸千两。是年，耿继茂遣第三子，年仅11岁的耿聚忠入侍内廷。十四年四月，尚可喜奉旨遣次子尚之孝（19岁）、第三子尚之廉（18岁）、第七子尚之隆（12岁）、第八子尚之辅、第九子尚之佐（11岁）入朝。据《清世祖实录》，十五年四月，"授和硕额驸尚之隆、耿聚忠，俱为三等精奇尼哈番"[2]。这表明，经过一两年考察挑选，至迟顺治十五年夏，同为13岁的尚之隆和耿聚忠，分别被选为和顺公主（11岁）、柔嘉公主（7岁）之夫。这一时间，早于玉牒的记载（顺治十六年二月为和顺公主指婚、康熙元年二月为柔嘉公主指婚）及《星源集庆》的记载（顺治十七年六月为和顺公主指婚、康熙二年十一月为柔嘉公主指婚），却同《尚氏宗谱》中尚之隆传记反映的情况基本一致：

之隆，字公轩，号苍崖，夫人杨氏所出，生于顺治三年六月二十五日。十五年五月内尚和硕公主，晋封和硕额驸。奉太皇太后选配，御赐黄带子、五爪龙服、元狐帽、元狐袄、貂裘、蟒缎、蟒纱、鞍马等物。[3]

看来，孝庄皇太后是于顺治十五年（1658），分别为尚之隆、耿聚忠指婚。十七年六月，硕塞之女受封和硕和顺公主，下嫁尚之隆。

顺治十四年（1657），孙可望降清，永历政权分崩离析。清廷乘势分三路取贵州，吴三桂任平西大将军，由四川进发。十六年，川贵平定。清廷命吴三桂镇云南，尚可喜镇广东，耿继茂镇四川。十七年，耿继茂奉命移驻福建。康熙元年（1662），吴三桂入缅甸执捕永历帝朱由榔。滇南平定，中国大陆基本统一。二年十一月，12岁的岳乐之女受封和硕柔嘉公主，下嫁耿聚忠。此为五次联姻中最后一次。

---

1 参见中国第一历史档案馆藏：玉牒（胶片）72号。
2 《清世祖实录》卷116，顺治十五年四月丁卯。
3 参见尚其宪：《尚氏宗谱》卷4，石印本，1940年。

2. 示恩镶黄旗老臣与满蒙联姻

恭悫长公主和端敏公主的择婿，分别属于这两种类型。

关于恭悫长公主、端敏公主的指婚时间，《星源集庆》的记载与玉牒仍有较大出入。

据《星源集庆》，顺治帝第二女（恭悫长公主）于康熙时初封和硕公主，六年（1667）二月指配瓜尔佳氏、领侍卫内大臣巴哈之子讷尔杜，是月下嫁；济度第三女抚养宫中，封和硕端敏公主（雍正元年晋封固伦端敏公主），康熙九年九月指配科尔沁博尔济吉特氏、达尔汉亲王额驸满珠习礼之孙班第（一作巴岱），是月下嫁。[1]

玉牒载，顺治十六年（1659）四月，选讷尔杜为额驸，康熙六年（1667）二月恭悫长公主下嫁；顺治十六年十一月，选科尔沁博尔济吉特氏达尔汉亲王巴岱为额驸，康熙九年端敏公主下嫁。

看来，对于顺治朝四位公主额驸的选择，清廷是作为一个整体考虑，分为两组进行。顺治十五年，孝庄皇太后分别为顺治帝两位养女指婚，尚之隆、耿聚忠一并成为和硕额驸。至此，三位汉族藩王吴三桂、尚可喜、耿继茂各有一子与清帝之女（养女）联姻，这对激励汉族藩王更加效忠清廷，保证清朝在统一战争中取得最后胜利，都具有一定作用。十六年，胜负大局已定，三位藩王奉命各赴镇守之地。这一形势下，顺治帝另外两女恭悫长公主与端敏公主的择婿事宜被提上议程。

鉴于以上情况，我们认为，关于清廷为恭悫长公主与额驸讷尔杜、端敏公主与额驸班第的指婚时间，玉牒的记载似更为可信。[2]

讷尔杜是镶黄旗大臣巴哈第七子，鳌拜亲侄。其曾祖索尔果曾是苏完部长，天命初年率五百人投归努尔哈赤。祖父卫齐（一作伟齐）为皇太极所倚信，"每亲征，必令卫齐居守盛京，任八门总管"[3]。父巴哈于崇德二

---

1 《星源集庆》第40、41页。
2 所据玉牒（胶片）72号修成时间未详，从记载内容看，应是清朝后期。《星源集庆》是在历代清朝玉牒及宗人府档案基础上修纂，内容较简略。如玉牒载，皇女、宗室之女的指婚和成婚，大都间隔数年、一年、数月不等。《星源集庆》则称顺治帝诸女均为指婚当月下嫁，显与史实有出入。
3 《八旗满洲氏族通谱》卷1，《瓜尔佳氏》。一说卫齐任八门提督。

年（1637）任议政大臣。皇太极死后，清统治集团内部一度出现继统危机，鳌拜、索尼等两黄旗大臣"盟于三官庙，誓辅幼主"。巴哈的政治倾向，必与乃兄鳌拜相一致。顺治初年，从征陕西、湖广、四川等地，立有战功。时多尔衮摄政，巴哈对顺治帝忠心护卫，"殷勤竭力"，招致多尔衮亲信不满，受到排挤、降革。[1] 顺治帝亲政后，巴哈任议政大臣、领侍卫内大臣。[2] 十四年（1657）冬，孝庄皇太后在南苑患病，巴哈偕鳌拜等近侍卫护，昼夜勤劳，废寝忘食。孝庄病愈后，鳌拜、遏必隆、巴哈、费扬古等人俱加少傅兼太子太傅，在受嘉奖人员中同列一等。[3] 逾一年，讷尔杜被选为顺治帝之婿。由此反映出孝庄皇太后等对两黄旗大臣的信任、恩宠和酬劳。

康熙初年，讷尔杜的伯父鳌拜位列辅政大臣。六年（1667）讷尔杜与和硕恭悫长公主成婚时，正是鳌拜权势日隆，逐步独揽辅政权力之际。

至顺治年间，科尔沁部博尔济吉特氏莽古斯（孝端皇太后父、孝庄皇太后祖父，追封和硕福亲王）家族与清朝皇室之间，已有数代联姻。班第是莽古斯五世孙，端敏公主之母与班第同辈，是莽古斯五世女孙。班第与端敏公主是甥舅关系。孝庄皇太后择定这桩婚姻，固然是在继续实施满蒙联姻方针，同时也是从莽古斯家族内部亲上加亲的戚属关系考虑。

四、顺治帝公主婚姻特点择议

1. 公主择婿与下嫁年龄折射亲疏之别

顺治朝四位公主（和顺公主、柔嘉公主、恭悫长公主、端敏公主）的择婿对象和下嫁年龄，反映了她们本人在身份上的内在差别，更重要的是可以看出指婚人孝庄皇太后与她们的父辈或抚养人之间的情感亲疏。

顺治十五年（1658），和顺公主（11岁）、柔嘉公主（7岁）被分别指

---

1 《清世祖实录》卷63，顺治九年三月癸巳；参见许曾重：《太后下嫁说新探》，载《清史论丛》第8辑。
2 《钦定八旗通志》卷137，《人物志》17，《巴哈》。该书卷317《内大臣年表》1载，巴哈于顺治十五年（1658）七月至康熙八年（1669）六月任内大臣，并未在领侍卫内大臣之列；《八旗通志初集》卷113，《八旗大臣年表》7所载同。
3 《清世祖实录》卷113，顺治十四年十二月丁酉。

配平南王尚可喜之子尚之隆、靖南王耿继茂之子耿聚忠。此时，顺治帝的六个亲生女儿中，只有第一女、第三女早卒（分别逝于顺治十年十月、十五年三月），其余四女均健在，而第二女（恭悫长公主）、第四女和第五女都只比柔嘉公主小一两岁。可是，孝庄皇太后留下三位亲孙女，将两位养女孙女分别指配汉族藩王之子。这种情况，与她将恪纯长公主指配吴三桂长子吴应熊时，其他年长皇女（包括养女一人）早已定婚，无法再做选择的情况，显然有所不同。

孝庄皇太后没有让自己的亲孙女（即使是由庶妃所生）以及孝惠皇后的外甥女端敏公主，下嫁汉族藩王之子，乃因亲疏有别，情理使然。不过，顺治朝的四位公主，虽然都是幼龄即受指婚，然而曾由董鄂氏抚养的和顺公主、柔嘉公主下嫁时，分别为13岁和12岁；顺治帝亲女恭悫长公主、孝惠后外甥女端敏公主下嫁时，分别为15岁和18岁。

顺治十八年（1661），郑成功驱除荷兰殖民者，收复台湾。闽省与台湾隔海相望，同粤省并为沿海重地。清廷以联姻方式，笼络分镇粤、闽两省的尚可喜和耿继茂，自有战略考虑。可是，在并无紧急、特殊情况的前提下，让年龄尚小的和顺公主、柔嘉公主相继下嫁，而柔嘉公主当时的年龄，竟比其后端敏公主下嫁时的年龄小6岁。这表明，在决定公主下嫁年龄等问题上，也有指婚者与相关人员的亲疏好恶隐含其中。

和顺公主下嫁时，董鄂妃已病入膏肓。柔嘉公主的早嫁，是否与孝庄皇太后不喜董鄂妃，特别是对董鄂妃身后，顺治帝不能以礼止情的表现极为不满，有一定因果关系？

有一点可以肯定：在决定顺治朝四位公主何时完婚事宜上，孝庄起有重要作用。

2. 联姻的功利性和局限性

顺治朝为当朝四位公主选择额驸时，表现出很强的功利性：根据形势变化及轻重缓急之需要，首为笼络汉族藩王，次为恩宠两黄旗老臣，再次是加强满蒙贵族联盟。在选配公主与额驸时，考虑的侧重点又有不同：择配公主，偏重于公主本人与清帝血缘关系之远近；选择额驸，既重其家族背景，更重视这一家族成员在清初统一战争中的功绩与作用。

这四位公主相继下嫁后,短短十余年内,先有鳌拜专权擅政,被执论罪,后有长达八年方被平定的三藩之乱。看来,个别的、短时期的联姻,能够加强、密切双方家族关系于一时,无法由此促使双方之间真正形成共同利益。所以,这种联姻的政治功能只是一时的、有限的。[1] 绵延数代、数十代的满蒙联姻属于另一种情况,应做别论。

关于数位额驸的情况,需要略作交代。康熙八年(1669)鳌拜被执,恭悫长公主之夫和硕额驸讷尔杜与父巴哈俱革职,后复起用。十二年底,发生三藩之乱,十三年四月,恪纯长公主之夫和硕额驸吴应熊及其子世霖被清廷赐死;二十一年正月,郡主之夫和硕额驸耿精忠被清廷处死;县主之夫多罗额驸耿昭忠、和顺公主之夫和硕额驸尚之隆、柔嘉公主之夫和硕额驸耿聚忠三人得到宽免,仍在额驸之位。三藩之乱平定后,耿昭忠、尚之隆、耿聚忠被编入汉军旗,耿昭忠兄弟隶正黄旗汉军旗下,尚之隆隶镶蓝旗汉军旗下。和顺公主之夫和硕额驸尚之隆与端敏公主之夫和硕额驸班第,后来分别成为康熙帝所倚重之人。

最晚出嫁的端敏公主,当属清帝养女中的另类。她在宫中生活十余载,得两宫(孝庄太皇太后、孝惠皇太后)之宠爱,为淑惠妃所呵护,遂致骄横霸道,无人能与相处。几十年后,一位宗室亲王密奏康熙帝,恳求勿将其女指配端敏公主之子,以免女儿受到未来婆婆的欺凌。[2]

第四节　三百年前的翊坤宫主人

翊坤宫是紫禁城内西六宫之一,自建成至今,已逾六百年。明朝,这里初称万安宫,嘉靖年间改称翊坤宫。据说万历帝所宠爱的郑贵妃、崇祯帝的袁贵妃等,都曾住在这里,袁贵妃是明朝翊坤宫的最后一位主人。

历经明清鼎革,顺治十三年(1656),翊坤宫重又修缮一新。此后两个多世纪中,相继有多位清帝妻妾入居此宫,在这里度过豆蔻韶光,尝尽

1　已有学者指出这一点。参见刘小萌:《清皇室与三藩"额驸"》,载《满族研究》2002年第3期。
2　参见杨珍:《康熙皇帝一家》,第280、281页。

人生百味。

清朝第一位翊坤宫的主人已无考，目前我们所知道的最早一位，是三百年前入居此宫，在这里住了大约47年的康熙帝宜妃郭络罗氏。

一、从宜嫔到宜妃

郭络罗氏，满洲镶黄旗人，工部侍郎、掌管盛京内务府官防印兼佐领三官保之女。康熙四十年（1701）前后，三官保卒于官。翰林院掌院学士韩菼"恭拟赐碑"，内有"更毓淑顺之贤，式赞宫闱之化，身缘戚属，班亚近臣"[1]等语。这是因为逝者有两个女儿入选当朝妃嫔，一为宜妃郭络罗氏，一为贵人郭络罗氏。宜妃生于康熙初年，生日是十二月初六日。[2]至迟康熙十六年初，她已入选宫中。贵人郭络罗氏的入宫时间略同。从康熙帝两次东巡都住在三官保家、三官保被称为"近臣"等情况看，这对姐妹的母家，可能是内务府包衣。作为包衣女子，她们先是入选宫中做宫女，因被康熙帝看中，得封位号。类似情形，在康熙朝妃嫔中并不少见。

清代后妃分为八个等级，即皇后、皇贵妃、贵妃、妃、嫔、贵人、常在、答应。康熙四年（1665），12岁的康熙帝遵照孝庄太皇太后懿旨，册封辅政大臣索尼的孙女、13岁的赫舍里氏为皇后（孝诚皇后）。十三年，赫舍里氏去世。十六年八月，康熙帝又册立一后（孝昭皇后钮祜禄氏，十七年去世）、一贵妃（二十八年晋封皇后，即孝懿皇后佟佳氏）、七嫔。这是康熙朝第一次册封妃嫔。后为宜妃的郭络罗氏位在七嫔之列，封为宜嫔。这除去表明她的自身条件较好，同她的父亲三官保受到康熙帝信任、所膺职任较为重要，也有一定关系。这大约是她入住翊坤宫之始。

未知另一位郭络罗氏何时封为贵人。十八年（1679）五月，贵人郭络罗氏生下四公主（排行皇六女）。时距宜嫔头生子允祺的出生还早半载。

康熙二十年（1681），宜嫔郭络罗氏晋封宜妃。二十八年（1689）七

---

1 张采田：《清列朝后妃传稿》卷上，第94页。
2 陈邦彦：《匏庐公日记》卷6，载《上海图书馆藏稿钞本日记丛刊》第2册，第346页；卷2，载《上海图书馆藏稿钞本日记丛刊》第1册，第353页。两处之"懿妃"均为"宜妃"之误；第1册第353页记为"十二月初五日"。

月，第三位皇后佟佳氏去世。康熙帝自此不再立后。所以，终康熙朝，除去两位贵妃（孝昭后之妹钮祜禄氏与孝懿后之妹佟佳氏），郭络罗氏是册封最早、地位较高的四位妃子之一（另外三位是惠妃纳喇氏、荣妃马佳氏、德妃乌雅氏）。

清制，等级较高的后宫主位，率领等级较低的主位分居东西十二宫。跟随宜妃同住翊坤宫的嫔以下主位中，当有贵人郭络罗氏。

此外，曾有一位公主，也随宜妃住在翊坤宫内，被称为"翊坤宫公主"。这位皇女并不是四公主，其身世未详。

二、生育皇子

宜妃不曾生育女儿。康熙十八年十二月至二十四年五月（1679—1685）不足6年中，她在翊坤宫内相继生下三位皇子，即皇五子允祺，皇九子允禟，皇十一子允禌。允禌12岁因病早逝，允祺、允禟均长大成人。两兄弟虽是一母所生，禀性、遭际全然不同。

允祺从小养在康熙帝嫡母、孝惠皇太后博尔济吉特氏的宫中。皇太后溺爱幼孙，不让读汉书，只令习满文。所以，允祺9岁时，所识汉字不多，远远不及能够在众臣前诵读经书的七弟允祐（8岁）、八弟允禩（7岁）等人。在性情与品行方面，允祺也深受祖母的影响，敦厚谨慎，平和安静。康熙四十八年（1708），他由多罗贝勒晋封和硕恒亲王。因不曾卷入康熙朝中后期储位之争，允祺在雍正朝得以善终。

康熙四十八年（1708）封为固山贝子的允禟，是康熙朝后期储位之争的积极参与者。他倾力支持皇八子允禩、皇十四子允禵等角逐储位，与时为雍亲王的皇四子胤禛结怨甚深。

巧合的是，贵人郭络罗氏一生两次生育，都与宜妃是同一年，而且均在宜妃之前。继康熙十八年她们分别生下四公主与皇五子允祺之后，二十二年七月，仍然是贵人郭络罗氏先生一子，名允禌；一个月后，宜妃生皇九子允禟。允禌不足周岁而卒，未入皇子排行。贵人郭络罗氏所生四公主，则在康熙三十六年（1697）19岁时受封和硕公主（后加封和硕恪靖公主，雍正元年晋封固伦恪靖公主），下嫁喀尔喀郡王敦多布多尔济。这位四额驸在雍正元年（1723）以军功晋封亲王，雍正八年病故。五年后（雍正十三年三月），四公主去世，终年57岁。

三、宫分

以位号等级为区分，宫中对后妃们的生活待遇有严格规定。根据《钦定宫中现行则例·妃宫分则例》所载，妃子每月（支取）小牲口十只、羊肉十五盘、六安茶叶十四两、天池茶叶八两；每日（支取）猪肉九斤、陈粳米一升三合五勺、白面三斤八两、白糖三两、核桃仁一两、晒干枣一两六钱、香油六两、豆腐一斤八两、粉锅渣八两、甜酱六两五钱、醋二两五钱、鲜菜十斤、茄子八个、王瓜八条。《钦定宫中现行则例》成文于乾隆初年，却是参照清朝初年，特别是康熙时期有关定例编纂。

可是，实际情况多有不同。例如，康熙朝中期，宜妃每日食肉份额，总计猪肉12斤、鹅1只、鸡2只。康熙帝为了减少宫中开支，带头削减一日两次进膳时所用猪肉总量，将康熙二十八（1689）年由50斤减为25斤的肉额，再次减去5斤，即每日食猪肉20斤、鹅1只、鸡3只。于是，宜妃等妃子的猪肉份额，均由每日各12斤，减至各8斤（鹅、鸡数额照旧）。四公主每日猪肉份额，由5斤减为4斤；负责照料四公主的两位嬷嬷（meme，满语，即乳母），猪肉份额由每日各1斤8两减为各1斤。"翊坤宫公主"每日原有猪肉2斤8两，被康熙帝减为2斤；照料她的两位嬷嬷，猪肉份额由每日各1斤8两减为各1斤；一位妈妈里（mamari，满语，此处指照料这位公主的年长保姆），猪肉份额由每日1斤4两减为1斤。[1]

宜妃每日所食猪肉份额削减30%后，略低于《钦定宫中现行则例》所定之数（妃子每日猪肉9斤），而份额之内她本人所剩余者，可以"恩赐"服侍之人。但是，无论如何，一人每日享用8斤猪肉（此外还有鹅、鸡等），份额之大，令人咋舌。作为清帝妻妾，其生活之奢侈，由此可见一斑。

---

[1] 参见台北故宫博物院：《宫中档康熙朝奏折》第9辑（《满文谕折》第2辑），第865–877页。

四、眷顾最深

康熙帝后妃人数居清朝诸帝后妃之冠，总计55人。宜妃郭络罗氏是其中比较突出的一位。时人称她"受眷顾最深"[1]，并非虚语。

康熙二十一年（1682）、三十七年，康熙帝第二次、第三次东巡时，都住在他的岳丈三官保家。这于郭络罗氏姐妹是一莫大荣耀，有助于提高她们在后宫的地位。康熙帝东巡曾携妃嫔同往，这对姐妹很可能获选随驾，随夫君返归娘家。

康熙帝惯以妃子所居宫殿名称，指称诸妃。三十五年至三十六年（1696—1697）康熙帝亲征噶尔丹期间，通过总管太监顾问行，分别给住在延禧宫、钟粹宫、翊坤宫、永和宫的后宫主位捎信，告知征途情况。如降谕顾太监："给翊坤宫书一封，若有回书即带来。"[2] 翊坤宫即指宜妃。另外三宫，永和宫指德妃；延禧宫、钟粹宫，分指惠妃纳喇氏与荣妃马佳氏。此时，贵妃钮祜禄氏已病逝三载，孝懿后妹佟佳氏尚无位号；惠妃、荣妃、宜妃和德妃在康熙帝妻妾中并居首列。其中，惠妃与荣妃较年长，排名靠前；宜妃和德妃年纪小些，排名稍后。

又如三十六年（1697）三月初四日，康熙帝在第三次亲征途中抵达陕西神木。噶尔丹覆亡在即，康熙帝心情颇佳，当日给顾太监的谕旨中写道："朕在神木得土物、点心二种，送到延禧宫、翊坤宫去，看看、笑笑。恭进神木白曲一匣请安。"[3] "神木白曲"是送给孝惠皇太后的礼物，另外两种土特产分别送与宜妃郭络罗氏和惠妃纳喇氏。康熙帝一贯重视长幼之序，所以这道谕旨中首为"延禧宫"（惠妃纳喇氏），次为"翊坤宫"（宜妃郭络罗氏）。此次亲征，徐常在以及二位答应等随驾。因宜妃等未能跟随前往，康熙帝特意从千里之外送回地方特产，以示慰藉。这些来自陕北行在的"土物、点心"由太监捧至翊坤宫，宜妃率领众人叩谢，感恩不已，愉悦之至。

---

1 萧奭：《永宪录》卷2上，第87页。
2 章乃炜、王蔼人编纂：《清宫述闻》，第753页，北京：紫禁城出版社，1990年。
3 《掌故丛编》，第19、20页。

此后二十余年间，又有诸多佳丽分批入选宫中，其中一些人受到康熙帝的宠爱，分别得到位号。孝懿后之妹佟佳氏后来居上，于康熙三十九年（1700）册封贵妃，成为康熙朝后期妃嫔中等级最高之人。郭络罗氏仍居妃位。在翊坤宫内，她送走青春，告别中年，步入花甲。

康熙朝后宫始终较为平静。除去三位皇后、数位妃嫔早逝外，其他妃嫔大都得享高年。从宜妃的经历，也可看出康熙朝后宫这一特点。她在翊坤宫度过的漫长岁月，是康熙朝后宫历史的一个缩影。

五、忧惧陡生

康熙六十一年（1722）十一月十三日晚，康熙帝因病离世。德妃乌雅氏之子、四阿哥胤禛出人意料地继承皇位。一夜之间，康熙帝的诸多妻妾从当朝妃嫔变为前代宫眷，然而对于宜妃而言，还不止是后宫角色的骤然转换。

康熙帝去世时，宜妃患病未愈。众妃嫔闻信赶赴灵榇前，宜妃是由四位太监用软轿抬至。因与众妃嫔搀杂而行，她竟走在已是皇太后的德妃乌雅氏前面。当她见到尚未登基的雍正帝胤禛，亦未显出恭敬之态。出现这种情况，既是因为郭络罗氏突闻康熙帝死讯，震惊悲痛之下所虑不周，同时也表明，康熙帝生前，宜妃与德妃乌雅氏以及惠妃纳喇氏、荣妃马佳氏等四人地位相垺，难分伯仲。所以，尽管乌雅氏亲子胤禛成为皇位继承人，郭络罗氏仍一时忽略了乌雅氏与她本人之间，已有不可逾越的尊卑之别。由此也看出郭络罗氏是位爽快不拘之人，虽然入宫多年，禀性依旧。

雍正帝本对允禟等人极为不满，遂以此事为由，在给总管太监的谕旨中称宜妃上述行为"甚属僭越，于国礼不合"。他说："皇考未登梓宫前，仓猝之际，宜妃母妃见朕时，气度竟与皇太后相似，全然不知国体。"[1]新帝即大位不到十天便点名严责某位母妃，这在清朝入关后十朝皇帝中恐无二例。当郭络罗氏闻知这位子辈皇帝的指斥、惊恐、难堪、懊恼可想而知。

---

1 鄂尔泰等编纂：《国朝宫史》上册，第17页。

不久，侍奉宜妃的太监张起用等在外做买卖并为主人置产事发露。雍正帝以"宜妃母居深宫之内，断无在外置产之理"为由，令将张起用以及宜妃外甥女四公主的太监王士凤、二公主（荣妃马佳氏生，诚亲王允祉姐）的太监赵太平、允禟的太监何玉柱等12人一同逮捕，发遣边地，家产籍没。谕称："伊等俱系极恶，尽皆富饶。如不肯远去，即令自尽。护送人员报明所在地方官员验看烧竣，仍将骨头送至遣发之处。"[1]

通过本宫太监于宫外置产谋利，这在康熙朝妃嫔中当非个别现象。胤禛将妃母郭络罗氏的太监作为率先受到严惩的12位太监之首，也有报复允禟之意。至于惩治二公主的太监，则是间接对诚亲王允祉示警。

不久，雍正帝以遵循旧制、派遣王公前往军前为名，将九贝子允禟差往西宁驻扎。允禟起行前，向妃母郭络罗氏辞行。这对母子均未料到，此为决别。

雍正帝继位后，通过采取惩治朋党、整饬吏治等一系列举措，加强皇权，巩固统治，推动了康乾盛世的发展。可是，对于宜妃来说，新朝伊始，她即被雍正帝严责，随侍太监发遣边地，亲子允禟谪遣西陲。这是她入宫近五十年未有之境遇，今非昔比，有如换了人间。

惴惴不安中，宜妃度过在翊坤宫的最后数月。

六、终老恒王府

康熙帝生前写有遗旨，对自己身后诸妃嫔的去向做了安排："有子之妃嫔，年老者各随其子，归养府邸，年少者暂留宫中。"雍正帝继位后，发现这一遗旨，遂派人告知诸妃母，并问询其意向。在亲子府邸得享天伦之乐，与在宫中度过寂寞余生，实同霄壤。于是，宜妃等均称"此系天恩，咸愿随子归邸"[2]。

雍正元年（1723）夏，暮年宜妃从紫禁城移住位于朝阳门内烧酒胡同的恒亲王允祺府邸。

---

1 萧奭:《永宪录》卷1，第62、63页。
2 《雍正朝起居注册》第1册，第662页。

三年（1725）七月，允禟革爵，四年（1726）初革去黄带子，削除宗籍。其名被改为塞思黑（seshe），意为讨厌之人。在保定拘禁地受尽折磨后，是年八月允禟病亡。

四年（1726）三月，有正黄旗人蔡怀玺来到遵化汤泉允䄉的软禁地，向允䄉所住院中投入字帖，称允䄉为皇帝，称允䄉之母为太后。[1] 这时，允䄉的生母良妃卫氏、允禟的生母孝恭皇后乌雅氏均已故去，宜妃郭络罗氏遂被允䄉、允禟的支持者作为旗帜加以利用。此事很快平息，并未对她产生大的影响。这也说明，在时人眼中，她是康熙帝的未亡人中较重要的一位。

允禟的悲惨结局在宜妃心中留下创伤，但恒王府内安逸静谧的生活仍在继续。度过十载悠悠岁月，雍正十一年（1733）八月，宜妃郭络罗氏以七旬以上高龄辞世。允祺早其一年，于雍正十年（1732）闰五月病故，终年54岁。谥"温"。贵人郭络罗氏卒年未详。

乾隆四十三年（1778），允禟复原名，收入玉牒，子孙一并叙入。此时距允禟之死已52年，距宜妃郭络罗氏去世已45年。

郭络罗氏之后，翊坤宫多次迎来新的主人。光绪年间，慈禧皇太后也曾暂居此宫。然而宜妃郭络罗氏在这里住了半个世纪，是清朝后妃入居此宫时间最久的一位。她既得先皇优宠，又受新帝非难，继而告别紫禁，终老王府。她的一生表明，后宫妃子虽然身份尊贵，但仍逃脱不了封建时代女性"百年苦乐由他人"的命运。

第五节　荣辱未卜的皇子之妻

皇子之妻也是皇帝家庭的重要成员。关于清前期皇子之妻与皇权政治的关联以及皇子夫妇的关系，目前尚未见到相关研究。

被两立两废的皇太子允礽和曾受皇父倚重的皇八子允禩，是清初政坛

---

[1] 《大义觉迷录》卷1，载《清史资料》第4辑，第14页；参见《文献丛编》第1辑，《蔡怀玺投书允䄉案》，第1页。

上两位重要人物。允礽之妻瓜尔佳氏（一作石氏）与允祺之妻郭络罗氏，则是同时期皇室女性中颇具代表性的两人。

一、皇太子妃瓜尔佳氏

1. 汉军世家

皇太子妃瓜尔佳氏，汉军正白旗人，"本系满洲"[1]。其祖上世居苏完（今吉林双阳境内），数代任明建州左卫指挥佥事。高祖石翰迁居辽东，以名有石字，遂以石为氏。石翰第三子、瓜尔佳氏曾祖石廷柱，初为明广宁守备。天命七年（1622），努尔哈赤攻广宁，廷柱及其兄国柱、弟天柱遵父"务建功业，以归本国"的遗愿，以城迎降。廷柱被授以游击世职，命在文馆行走，后隶正白旗汉军旗下。他"位隆三事（世）"，任镶白旗都统、镶红旗都统等职，是八旗汉军的最早统帅之一。顺治十二年（1655）任镇海将军，驻防京口（今江苏镇江），戢兵安民，被当地百姓称为"石佛"。十四年以老乞休，加少保兼太子太保致仕。封一等伯，缘事降为三等。十八年二月去世，63岁。谥"忠勇"。[2]

瓜尔佳氏的祖父华善，是石廷柱第三子。顺治三年（1646），二等侍卫华善被选为豫亲王多铎第三女（生母为嫡福晋博尔济吉特氏，明安台吉之女）之婿，封和硕额驸。康熙六年（1667）初，任内大臣，旋即革退。[3] 平定三藩之乱战争中，华善是清军将领之一。有战功，任安南将军，防守镇江。二十七年，华善以其父"虽统汉军事务，实系满洲"为由，疏请改入满洲旗籍。经部议，因其族人官职众多，仍留汉军旗下，嗣后编审册内，改造满洲。[4] 三十四年六月，即瓜尔佳氏被立为皇太子妃当月，华善病逝。镇江人思其德，建祠立碑祀之。[5]

---

1 鄂尔泰等修：《八旗通志初集》卷196，《名臣列传》56，《华善》。
2 参见《八旗满洲氏族通谱》卷1，《瓜尔佳氏》；鄂尔泰等修：《八旗通志初集》卷176，《名臣列传》36，《石廷柱》；李元度：《国朝先正事略》卷2，《名臣·石忠勇公事略》。
3 参见鄂尔泰等修：《八旗通志初集》卷113，《八旗大臣年表》7。"和硕额驸花善"即指华善。
4 《钦定八旗通志》卷197，《人物志》77，《华善》。
5 参见鄂尔泰等修：《八旗通志初集》卷196，《名臣列传》56，《华善》。

华善长子石文炳乃瓜尔佳氏之父。[1]顺治十八年（1661）石廷柱死后，石文炳承袭伯爵。康熙二十一年（1682），擢副都统，驻防杭州，二十三年十二月升任正白旗汉军都统。二十八年任福州将军。治理有方，兵民悦服。三十三年九月复补正白旗汉军都统，十一月赴京师途中病逝。文炳死后，闽人立祠祀之。[2]他至少有两个女儿，皇太子妃瓜尔佳氏居长，皇十五子允禑嫡福晋瓜尔佳氏是其幼女。

瓜尔佳氏祖上三代，均为八旗汉军大臣，口碑皆佳。他们征战南北，军功卓著，镇守江南地方，政绩斐然。[3]康熙二十七年（1688），察取国初功臣家世名字，石廷柱三兄弟预其列。[4]这一家族背景，对于瓜尔佳氏入选皇太子妃实有助焉。

2．入宫与册立

瓜尔佳氏生年不详，综合有关情况看，她与允礽（生于康熙十三年五月初三日，1674年6月6日）的年龄相差无几。

皇太子允礽两立两废，最终以废太子的身份结束一生。所以，关于册立皇太子妃一事，《清圣祖实录》康熙三十四年六月丁酉（初七日）条的记载很简略："以册立皇太子允礽妃，遣官告祭太庙。"[5]是年，允礽22岁。

瓜尔佳氏与皇太子允礽的姻缘，可能肇始于康熙帝第一次南巡的归途中。

二十三年（1684）初冬，康熙帝首次南巡视察河工，十一月初九日回銮。十一日晚，驾至宿迁，侍卫纳尔泰、詹岳等传旨：江宁、杭州二满洲将军，副都统石文炳，京口协领董元卿，今地方无事，你们四人送驾

---

[1] 华善与多铎第三女成婚三载，妻子去世，卒年16岁。石文炳是多铎第三女所生。据中国第一历史档案馆藏玉牒第15号，多铎共有9女，其婿内，第三女之夫豪善，瓜尔佳氏。"豪善"，即"华善"。

[2] 参见鄂尔泰等修：《八旗通志初集》卷196，《名臣列传》56，《石文炳》；《满汉名臣传》第1册，第751-752页，哈尔滨：黑龙江人民出版社，1991年。

[3] 参见鄂尔泰等修：《八旗通志初集》卷176，《名臣列传》36，《石国柱》《石天柱》；卷196，《名臣列传》56，《石琳》《石文晟》。

[4] 《满汉名臣传》第1册，第751页。

[5] 《清圣祖实录》卷167，康熙三十四年六月丁酉。

至京。其余各督抚、将军、副都统俱回本任，不必远送。[1] 护驾回銮乃是殊荣，数日前被赐与棉蟒袍一袭的石文炳得膺此任，为众人所羡。自是日起，至十一月二十八日康熙帝回驻南苑，半个多月内石文炳始终扈从康熙帝身边。通过与侍卫、大臣或地方官员闲话家常，以详悉民情，是康熙帝的一惯作风，也是他驾驭臣工，掌控全局的有效方式之一。此次他有充裕的时间与石文炳等人面谈，石文炳之女的有关情况，当也为他所了解。康熙帝大婚时，年仅12岁，皇后赫舍里氏即允礽的生母，长康熙帝一岁。是年皇太子允礽11岁，康熙帝开始留意皇太子妃的人选，而候选人的年龄也会参照他本人之例，和允礽相仿。

值得注意的是，石文炳送驾至京翌月（二十三年十二月），升任汉军正白旗都统。这是康熙帝对他沿途护驾所予嘉奖。可以肯定，康熙帝对石文炳的印象良好，这是其后瓜尔佳氏被选为皇太子妃的先决条件之一。

康熙三十年（1691），华善受特恩，得赐双眼孔雀翎，"盖宗室公爵所戴者也"[2]。瓜尔佳氏的祖父得此恩宠，或与她已是太子妃人选，有着内在联系。此时皇太子允礽18岁，是年底，侧福晋李佳氏生下他的第一个孩子。康熙帝在大婚前，已有若干尚无位号的少女陪伴身边，允礽同样如此。

瓜尔佳氏能够被康熙帝与孝惠皇太后选中，册立为皇太子妃，实属不易。

显然，康熙帝与孝惠皇太后是依照挑选未来皇后的标准，遴选皇太子妃。康熙帝本人的三位皇后，全部出身名门。第一位皇后赫舍里氏是辅政大臣索尼的孙女，其父噶布喇任领侍卫内大臣；第二位皇后钮祜禄氏是辅政大臣遏必隆之女；第三位皇后佟佳氏是国舅佟国维之女，即康熙帝的表妹。册立皇太子妃之际，康熙帝的三位皇后已相继去世。相较之下，瓜尔佳氏的父祖辈中并无皇亲国戚，官职亦非很高。不过，"瓜尔佳为满洲著姓，而居苏完者尤著"[3]，列满洲氏族"八大家"之首。"凡尚主选婚，以及赏赐功臣奴

---

1 参见傅泽洪：《行水金鉴》卷49，《四库全书》第580册，第674页。
2 参见鄂尔泰等修：《八旗通志初集》卷196，《名臣列传》56，《华善》。
3 《八旗满洲氏族通谱》卷1，《瓜尔佳氏》。

仆，皆以八族为最。"¹ 努尔哈赤时期"五大臣"之一、直义公费英东，即为苏完地方瓜尔佳氏。此外，瓜尔佳氏父祖辈三代的品行勋绩，也足以令人刮目相看。

与康熙帝第一位皇后赫舍里氏、第二位皇后钮祜禄氏出自满洲两黄旗不同，瓜尔佳氏来自汉军旗。此次康熙帝为皇太子选择嫡妻时，摒除两黄旗满洲少女，独选正白旗汉军女子，实有深意。由于历史的原因，皇帝自将的上三旗中，无论与皇帝的亲疏或实际地位，两黄旗均在正白旗之上。顺治帝独宠来自满洲正白旗的董鄂妃，拟以董鄂妃之子为皇位继承人。虽然该子早卒，这一愿望未能实现，可是，顺治帝同以孝庄为首的朝中老一辈满洲贵族的矛盾，因此而进一步尖锐。如果瓜尔佳氏成为皇太子妃后生子，按照嫡长子皇位继承制的宗旨，该子即康熙帝的嫡长孙，将是继皇太子允礽之后下一代皇位继承人。倘若瓜尔佳氏之子继位，随着其母家所在正白旗地位的提高，上三旗内部权力分配格局，将会发生重要变化。由于皇太子允礽后被废黜，瓜尔佳氏亦未生子，上述可能性未成事实。

康熙二十七年（1688），华善奏请改隶满洲，部议"仍留汉军旗下"，得到允准。这样做的一个重要理由是，"伊等佐领下另户壮丁，其家人俱系汉人，不便俱为满洲"²。清朝平定三藩之乱、收复台湾后，进入稳定发展时期，满汉矛盾虽有缓解，依然存在。以瓜尔佳氏为皇太子妃，不仅提升正白旗地位，也对增强八旗汉军对清廷的向心力，进一步团结汉人，具有一定作用，显示出康熙帝的战略眼光。

瓜尔佳氏本人情况，当然也很重要。有两点尤当关注。

第一，康熙帝的三位皇后，无不娴淑聪慧，通情达理。康熙帝与三位皇后感情笃深，始终以其相继早逝为憾。所以，他为皇太子选立嫡妻时，在性情及为人处事方面，或以三位亡后作为参照。其后事实表明，瓜尔佳氏的确是一位善良温婉的女子。

第二，石文炳驻防杭州时，当以家眷携往，幼年瓜尔佳氏则在跟随之

1　昭梿：《啸亭杂录》卷10，《八大家》。
2　鄂尔泰等修：《八旗通志初集》卷196，《名臣列传》56，《华善》。

列。苏杭地区是清代经济、文化中心，也是汉族士大夫聚首之地。瓜尔佳氏居此地数载，江南文化的浸润会在她的身上留下印记，对她的气质、性格及为人处事作风的形成，产生潜移默化的影响。

从另一角度看，允礽自幼受到极为严格的教育，满汉文化造诣甚高，既熟读经史，精于书法，又擅骑射，能左右开弓，而且相貌英俊。所以，皇太子妃需要同样具备较高的满汉文化素养，品貌俱佳，在康熙帝眼中方可与皇太子允礽相匹配，并于其后母仪天下。瓜尔佳氏最终从众多八旗少女中胜出，除去家世背景占有一定优势，也说明她的自身条件很好。

康熙三十四年（1695）六月，二十岁上下的瓜尔佳氏被立为皇太子妃。自此至五十七年（1718）瓜尔佳氏病故，她在宫中共历二十多个春秋。这是女子一生中最宝贵的时光。在此期间，瓜尔佳氏的遭际大起大落，分为两个截然不同的阶段。

3. 冷暖自知

从康熙三十四年瓜尔佳氏被册立为皇太子妃，至四十七年皇太子允礽第一次被废黜，历时13载，此为瓜尔佳氏入宫后的第一阶段。

皇太子宫毓庆宫，位于紫禁城景运门外迤北。康熙十八年（1679）皇太子允礽6岁时，康熙帝为他特建此宫。康熙帝曾经说，皇太子"饮食、服御、陈设等物，较之于朕，殆有倍之"[1]。雍正帝也曾指出："当日二阿哥在东宫时，留心珍玩，广收博采，遂至蓄积丰盈。其精古可赏者，数倍于皇考宫中之所有。"[2] 当年毓庆宫内铺设豪华，珍玩满目，比康熙帝所居之乾清宫更有过之。瓜尔佳氏作为皇太子宫的女主人，[3] 地位极尽尊崇，生活极尽奢侈。

康熙朝中期，康熙帝数次缩减宫中膳食费用。自他本人乃至全体妃嫔（皇后位空缺）、皇太子以外全体皇子、全体公主及其所有服侍人员等，肉

---

[1] 《清圣祖实录》卷251，康熙五十一年十月辛亥。
[2] 《上谕内阁》卷49，雍正四年十月初十日。
[3] 康熙帝在一废太子期间指出："允礽宫人所居撷芳殿，其地阴暗不洁，居者辄多病亡。允礽时常往来其间，致中邪魅，不自知觉。"看来，除去皇太子宫毓庆宫，位于紫禁城东南部的撷芳殿也是允礽眷属的住所。皇太子妃瓜尔佳氏的主要起居处乃毓庆宫。参见《清圣祖实录》卷234，康熙四十七年九月戊子。

食数额分别有较大幅度削减。仅有两处人员的膳食费用维持原状，未减分厘：一是皇太后及皇太后宫中所有人员，二是皇太子允礽、皇太子妃瓜尔佳氏以及皇太子宫所有人员。[1]因皇太子允礽深为康熙帝所宠爱，皇太子妃瓜尔佳氏所享待遇之高，甚至超出康熙帝的众多妃嫔，此即一例。

皇太子妃瓜尔佳氏的夫妻情感，并不如意。

皇太子允礽的妻妾至少有十余人，包括多位侧福晋、庶福晋和媵妾。除去嫡福晋瓜尔佳氏，允礽其他妻妾母家地位较低，从姓氏看多为汉军籍；其中有不少是内务府包衣女子。

允礽与妻妾共生育子女26人，其中4子、6女生于四十七年九月允礽第一次被废黜之前。瓜尔佳氏不曾生子，于三十六年（1697）十一月十一日生一女，[2]即允礽第三女。在她育女前，允礽已有3子2女，其中2子2女均为侧福晋李佳氏所生。[3]因李佳氏的头生子早卒，所生第二子弘晳实为允礽的长子，而且深得祖父喜爱。李佳氏早于瓜尔佳氏来到允礽的身边，既很得宠，又生长子，实际地位仅次于瓜尔佳氏。这些情况，对允礽与瓜尔佳氏的感情以及瓜尔佳氏在允礽众妻妾中的处境，难免会有影响。

康熙帝在一废太子时的讲话中透露，允礽平日行为恣肆，淫乱放荡。[4]这是影响瓜尔佳氏情感生活的又一因素，但她唯有听之任之。

四十二年（1703）五月，允礽最重要亲信、领侍卫内大臣索额图因结党议论国事而被拘禁，不久死于禁所。允礽与康熙帝之间的嫌隙日渐扩大，他的暴戾性格逐步发展，出现一定程度的心理变态。其周围之人首当其冲，成为他的出气筒。康熙帝曾说：允礽近侍人员"亦不为少，其中岂无一二受伊恩遇者，而竟不能得一二人之心"。[5]允礽恣情享乐，残暴成性，

---

1 参见台北故宫博物院：《宫中档康熙朝奏折》第9辑（《满文谕折》第2辑），第865-877页。
2 中国第一历史档案馆藏：满文玉牒489号。另据玉牒15号，瓜尔佳氏之女生于康熙三十六年（1697）八月十一日。不同时期所修玉牒记载同一人的生卒年、月、日不一致，还有他例，不再指出。
3 允礽第二女与第二子弘晳均为李佳氏所生，俩人的出生仅间隔5个月（康熙三十三年二月与七月）。综合相关情况看，玉牒15号等所记允礽第二女出生年月似有误。
4 《清圣祖实录》卷234，康熙四十七年九月壬午。
5 《清圣祖实录》卷234，康熙四十七年九月己丑。

何能对瓜尔佳氏温存体贴,琴瑟相谐?

4. 病逝软禁地咸安宫

四十七年(1708)九月,康熙帝第一次废黜皇太子允礽。瓜尔佳氏在宫中的第二个时期以此为起始。从此时至五十七年病逝,这是她忧惧兼半、愁肠难解的十年。

四十八年(1709)三月允礽复立为皇太子。瓜尔佳氏做了数月废太子福晋后,复受册宝,再次成为皇太子妃。

允礽被复立后,暴虐更甚于前,常对属下大光其火,捶楚辱骂。康熙帝后来说:"即伊妻孥,亦皆寒心,俱以为当废,无一堕泪者。"[1]皇帝与储君的矛盾很快再度突出。允礽不满于久在储君之位,常常向属下抱怨:"古今天下,岂有四十年太子乎?"[2]四十九年(1710)底,镇国公景熙首告太子党重要成员步军统领托合齐父子,于多罗安郡王马尔浑丧期内结党宴会及贪婪不法各款,[3]由此拉开康熙帝二废太子的序幕。经访查核实,五十年十月康熙帝始发此案,惩治太子党人。五十一年四月,皇太子允礽受到康熙帝的公开指责,[4]再失储位几成定局。瓜尔佳氏无力挽狂澜于既倒,焦虑逐日而增。

五十一年(1712)十月,允礽第二次被废黜,皇太子册宝被撤取销毁,太子妃册宝随之无存。康熙帝借此明示不再复立之意,以绝允礽之念。对于无辜的瓜尔佳氏而言,这是一个致命性打击。她的身心备受煎熬,黯淡前景进一步凸显。

此后数年,瓜尔佳氏随同允礽及其他妻妾,被禁锢在咸安宫内。虽然依然享有较好的生活待遇,瓜尔佳氏却经不住短短四年内(四十七年九月至五十一年十月)两遭重大变故,很快重病缠身。

五十四年(1715),允礽通过为瓜尔佳氏看病的医生贺孟𬱖,以矾水给正红旗满洲都统普奇写信,嘱其保举自己为大将军。此事被人告发,信

---

[1] 《清圣祖实录》卷251,康熙五十一年十月辛亥。
[2] 吴晗辑:《朝鲜李朝实录中的中国史料》第10册,第4322页。
[3] 《清圣祖实录》卷252,康熙五十一年十一月戊戌。
[4] 《清圣祖实录》卷250,康熙五十一年四月乙丑。

件落到康熙帝手中。康熙帝遣内侍魏珠持信面询。当着魏珠之面,"二阿哥福金尚云,如何不与我相商行此等事,今我等不能生矣"[1]。瓜尔佳氏的惊惧及其对允礽的积怨,于此显现无遗。看来,允礽平日行事,少与瓜尔佳氏相商,由此也反映出这对夫妻之间的真实情感。

允礽自五十一年(1712)39岁时第二次被废黜,至雍正二年(1724)51岁于禁所病故,在此12年中,又相继生育6子7女,占其子女总数的一半。这13个子女内,有10人出生在康熙五十三年(1714)至五十七年(1718)之间,分别由8位女子所生。允礽与其他妻妾连续生儿育女之时,正是瓜尔佳氏的病势逐步加重之际。她久卧病榻,年老色衰,为众多年轻女子所包围的废太子允礽,不可能对她有足够的关心重视。

《掌故丛编》中,收录了两道没有写明日期的康熙帝谕旨,都与瓜尔佳氏有关。

其一,"行在处总管字寄王以诚等,今带去上谕一事,倘二阿哥福金病势甚危,死在目前,尔等同总管商量,可以不必说,知单给二阿哥看看。若比先好些,同二阿哥看了,该给看即看,恐福金添病"[2]。

其二,"老福金请安乃你等所奏,今福金大病,你等如何不管,甚属不堪。此旨到京,将惠妃、诚妃、定嫔、宁寿宫妈妈年纪大些的五人去看去。倘有事出来,亦是如此去"[3]。

五十七年(1718)五月,瓜尔佳氏病重。[4] 是年四月中旬康熙帝赴热河,五月初驻跸热河行宫,九月底返京。[5] 上述两道谕旨,是五十七年夏从热河发出。它们反映了以下问题。

第一,康熙帝对瓜尔佳氏相当关心,当她病危后,着手为之预备后事。是年五月二十一日,礼部等衙门议奏,奉旨:二阿哥福金病势沉重,倘有不虞,其安厝、成服、发引、致祭之处,悉照和硕福金例行。但和硕

---

[1] 《康熙起居注》第3册,第2486页。
[2] 《掌故丛编》,第33—34页。
[3] 《掌故丛编》,第34页。"诚妃"疑为成妃(戴佳氏)之误。
[4] 《清圣祖实录》卷279,康熙五十七年五月己巳。
[5] 《清圣祖实录》卷278,康熙五十七年四月辛卯;卷279,五十七年五月己酉;卷281,五十七年九月甲辰。

福金有侍卫二十名穿孝,今二阿哥分内,并无侍卫,将侍卫穿孝之处,应行停止。得旨:著派侍卫三十名,令步军统领隆科多带往。[1]

第二,瓜尔佳氏脆弱敏感的个性,素为康熙帝所了解。他深知重病中的儿媳再也经不起任何刺激,故叮嘱总管太监,是否将预备后事的有关事宜告知瓜尔佳氏本人,必须酌情而行,以免给她增加精神负担而使病情加剧。

第三,虽然康熙帝对病中的瓜尔佳氏予以关照,但宫中总管太监却对昔日皇太子妃的病况不闻不问,甚至不屑于奏报瓜尔佳氏的病情。这种势利态度,当有一定代表性。随着瓜尔佳氏身份的改变,人们对她从极力奉承,转为冷漠视之,甚至以恶语相讥。瓜尔佳氏一生的遭际,犹如霄壤之间,尽享富贵荣华,备感世态炎凉。

第四,康熙帝让惠妃纳喇氏等老年妃嫔前去探视儿媳瓜尔佳氏,表明只有奉旨后,后宫人员方可进入与外界隔绝的咸安宫内。

康熙帝的关心与庶母纳喇氏等人的探视,带给瓜尔佳氏些许慰藉。她的病情暂有缓解,两个月后离世。终年40余岁。

与恣肆妄为,暴戾虐众日甚一日的皇太子允礽不同,瓜尔佳氏受众人捧戴之时,并未由此而飘飘然,皇太子妃这一独一无二的高贵身份,不曾改变她平易淳厚的天性。康熙帝在瓜尔佳氏去世时所作评价,是对她入宫二十余年来品行为人的概括总结:"二阿哥福金秉资淑孝,赋性宽和,作配二阿哥以来,辛勤历有年所。今忽溘逝,凡在内知其懿范者,无不痛悼。"[2] 因为逝者是废太子嫡妻,礼部未敢擅请祭文。康熙特令大学士等同翰林院撰成祭文,"交与该部,俟秋后致祭,并将祭仪酌行"[3]。

正值盛年的瓜尔佳氏,走完从皇太子妃到废太子福晋的曲折一生。后来,她被葬在蓟州黄花山下理密亲王园寝,[4] 继续陪伴她的亡夫允礽。

关于瓜尔佳氏,还有两事要做交代。

---

[1] 《清圣祖实录》卷279,康熙五十七年五月己巳。
[2] 《清圣祖实录》卷280,康熙五十七年七月壬子。
[3] 《清圣祖实录》卷280,康熙五十七年七月壬子。
[4] 我曾就此事请教清东陵管理处徐广源先生,得到证实。

其一，瓜尔佳氏之女，是康熙帝唯一的嫡孙女。康熙五十九年（1720）24岁受封郡主，下嫁土默特蒙古多尔达尔汉贝勒阿拉布坦，雍正十三年（1735）39岁去世。她是允礽14个女儿中，仅有的5位长大完婚者之一。她下嫁时的年龄显然偏大。这一情况，或与康熙帝有意将她暂留宫中，以陪伴病母瓜尔佳氏有关。

其二，康熙四十七年二月，皇十五子允禑娶太子妃之妹瓜尔佳氏为妻。此即时人所言"以千岁元妃之妹为十五王妃"。[1] 允禑的生母密嫔王氏是汉人。他比允礽小19岁，是年16岁，尚未封爵，嫡福晋瓜尔佳氏想必也正年少。正白旗汉军一对同胞姐妹，分别嫁与当朝皇太子与皇子，而且都是嫡妻，清朝仅此一例。五十五年（1717）八月，嫡福晋瓜尔佳氏生女，排行第二女。[2] 已如前述，废太子福晋瓜尔佳氏病重时，康熙帝特让老年妃嫔等前去探视。身为亲妹兼妯娌的十五阿哥嫡妻瓜尔佳氏，也会奉旨入咸安宫探望病姐。

二、八贝勒福晋郭络罗氏

1. 郡主之女嫁入帝王家

郭络罗氏的生母是岳乐第七女，生于顺治十六年（1659），侧福晋乌梁海济尔默特氏（一作吴喇汉哲尔门氏）所生。这位侧福晋即郭络罗氏的外祖母，是蒙古族人，万旦（一作万丹）他布囊之女。她在岳乐数位侧福晋中列名首位。康熙十一年（1672），兼有满蒙血统的岳乐第七女受封郡主，下嫁郭络罗氏明尚。明尚额驸事迹不详，郡主则在二十三年（1684）26岁时去世。[3] 岳乐因痛失爱女，一度精神萎丧，以致延误康熙帝交办之事，受到责备。[4]

郭络罗氏与康熙帝第八子允禩辈分相同，属于努尔哈赤第四代后裔，一为玄外孙（女），一为玄孙。郭络罗氏的生年或比允禩稍晚。由于生母

---

1 陈邦彦：《鲍庐公日记》卷2，载《上海图书馆藏稿钞本日记丛刊》第1册，第383页。
2 中国第一历史档案馆藏，玉牒15号。
3 中国第一历史档案馆藏：玉牒15号。
4 《康熙起居注》第2册，第1180—1181页。

早亡,她自幼被外祖父岳乐接至身边,在安王府中长大。她的4位舅舅,即岳乐第十五子玛尔珲、第十七子景熙、第十八子蕴端(一作岳端)、第十九子吴尔占等,均为索尼之女、岳乐第三位继福晋赫舍里氏所生。他们是郭络罗氏之母的同父异母弟。

八阿哥允禩生于康熙二十年(1681)二月。他曾很受康熙帝器重,且以富有才干、作风平实而为众人所夸赞。安亲王岳乐的外孙女、郡主之女郭络罗氏,是与一位相当出色的当朝皇子喜结良缘。

关于郭络罗氏与允禩成婚的时间,史籍未见记载,满文档案中有所披露。

康熙帝曾指派内大臣明珠及内务府总管海喇逊(一作海拉逊)、内务府总管多壁等,参加允禩与郭络罗氏的定婚宴。事后,明珠等人向康熙帝做了详细汇报:我等于本月二十日赴八阿哥福晋之定婚宴,将福晋之首饰、金、银、绸缎等逐一摆列,计数交付。安王福晋跪称:"我孙女自幼由王抚养,未料圣主指为阿哥福晋,本已惊喜万分,主子又送来贵重物品,且如此丰厚,真是喜之不尽,不知以何言奏谢矣。"言毕叩恩。筵宴后,安王福晋再次跪称:"得圣主所赐克食,并观看大内戏子演戏,方知(民间戏子)无法堪比。皆称我家今日蓬荜生辉,院中流光异采,人人喜气洋洋。俟我死后,即将此盛景往报夫王矣。"言毕再次叩恩。郭络罗氏的舅舅多罗安郡王玛尔珲、多罗僖郡王景熙、固山贝子蕴端、固山贝子吴尔占等率正蓝旗大臣、侍卫、官员跪称:"我等理应立于阿哥右侧执杯,反让我等入座,赐与克食,主子洪恩断难承领,喜之不尽。"明珠的奏折中还提到,安王福晋贡奉大内戏子所用银四百两,民间戏子所用银二百两。因有阿哥、福晋定婚宴不收贡奉戏子物品之先例,故此次亦未收纳。[1]

上述奏折未书具奏日期,折上将允禩称之为八阿哥,说明是在三十七年(1698)三月允禩得封贝勒之前。史载,康熙三十年闰七月,多壁始任内务府总管,三十一年离任。[2] 此时允禩12岁上下。三十五年,允禩16岁,跟随康熙帝第一次亲征噶尔丹。他与郭络罗氏举行定婚宴的时间,至迟应

---

[1] 中国第一历史档案馆藏:满文朱批奏折,明珠等奏,无年月。
[2] 《八旗通志初集》卷114,《八旗大臣年表》8。

在清廷举行此次重大军事行动之前。

三十六年（1697）二月初，康熙帝为第三次亲征噶尔丹踏上征程。当月，他写信给留京办理政务的皇太子允礽，敦促尽快确定皇五子允祺、皇七子允祐的婚宴日期。允禩两位兄长的婚期，最终定于当年闰三月十五日。[1] 然而康熙帝给皇太子的上述信中，并未提及允禩的婚事。

允禩与郭络罗氏举行成婚礼筵宴时，康熙帝选派内大臣坡尔盆、散秩大臣苏永祚、内务府总管海喇逊等前往。坡尔盆等人参加此次婚宴后所上奏折，依然未书日期，而赏赐克食、大内戏班演戏助兴、安王福晋叩恩，以及多罗安郡王玛尔珲等率正蓝旗大臣、侍卫、官员一并叩恩等情况，均与定婚宴基本相同。[2]

坡尔盆等人的奏折中，不再称允禩"八阿哥"，而是称他"八贝勒"。三十七年（1698）十一月，内务府总管海喇逊卒于任。[3] 由此可以判断，允禩的婚宴举行于三十七年三月受封和硕贝勒之后，是年十一月海喇逊病故之前。换言之，郭络罗氏正式嫁入帝王家，是在允禩18岁，受封和硕贝勒的当年。

这门婚事有着丰富内涵。

关于八福晋郭络罗氏外祖父岳乐的情况，前面已有述及。康熙朝平定三藩之乱战争中，年过半百的和硕安亲王岳乐是清军主要将领之一。三藩之乱平定后，岳乐复掌宗人府事。二十八年（1689）二月病逝。

康熙三十九年（1700）底，礼亲王代善的曾孙诺尼控告岳乐生前审案不公。于是，岳乐被追降郡王，夺谥，其子景熙、吴尔占分别革去郡王、贝子，授为镇国公。[4] 数年后，康熙帝在与明珠等老臣的一次谈话中透露，康熙六年（1667）辅政大臣鳌拜操纵议政王大臣会议，矫旨擅杀另一辅臣苏克萨哈时，在议政大臣中颇有影响力的岳乐迎合鳌拜，推波助澜。[5] 康熙

---

1 参见台北故宫博物院：《宫中档康熙朝奏折》第8辑（《满文谕折》第1辑），第659、699-704页。
2 中国第一历史档案馆藏：满文朱批奏折，坡尔盆等奏，无年月。
3 《八旗通志初集》卷114，《八旗大臣年表》8。
4 《清圣祖实录》卷202，康熙三十九年十二月庚午、壬午。
5 中国第一历史档案馆藏：康熙朝满文折件，无年月。

帝寻机而对已故岳乐予以降爵夺谥之惩，此为一个重要的内在原因。

不过，郭络罗氏与允禩完婚之际，岳乐尚未追降郡王。此事发生后，岳乐家族的地位与实力，亦未受到大的影响。

岳乐立有军功，有管理部务、参预政事的丰富经验，无论从资历或功绩论，康熙朝宗室王公内无人堪比。他共有20子，其中至少有4子，即郭络罗氏的4位舅舅（玛尔珲、景熙、蕴端、吴尔占），均为当时著名人物。

据说崇德年间阿巴泰率兵伐明时，将很多文学之士延至府中，命教诸子弟，"故康熙间宗室文风以安邸为最盛"。蕴端自号红兰主人，"喜为西昆体，尝延朱襄、沈方舟为上宾"[1]；编选宗室王公诗作《宸萼集》的玛尔珲自幼好学，毛奇龄、尤侗"诸前辈皆游谦其邸中"[2]。

根基深厚、人脉甚广的岳乐家族，在汉族文人中也有一个层次较高的关系网。从某种意义上讲，安王府犹如顺康年间满汉文化交流荟萃之所，满洲宗室与汉族文士在此亲密交往，对清初满汉文化从激烈冲撞走向逐步融合的进程，起有一定推动作用。

郭络罗氏成婚前后，允禩封入岳乐宗支所在正蓝旗[3]。郭络罗氏与其母家关系非同一般，允禩成为岳乐的孙婿后，便与这一家族紧紧联在一起，形成休戚与共、互为依恃的关系。安邸既是嫁女（外孙女），也是招进贵婿，定婚宴和成婚礼筵宴都在安王府中举行，而岳乐继福晋赫舍里氏及其诸子在婚宴上所言所行，俨然女方之长辈。奇怪的是，郭络罗氏之父、额驸明尚在婚宴中不曾露面，或许已故去。

康熙帝稔知郭络罗氏与其母家的密切关系。将她选为允禩嫡福晋，有重视允禩，故以宗亲之女与之匹配之意。但是，对于当朝皇子与宗藩贵胄联姻后所具有的政治实力及其对朝政的潜在影响，康熙帝显然估计不足。

2. 泼辣能干的满洲女子

10岁之前，是一个人的性格、作风逐步形成的关键时期。康熙二十八

---

[1] 昭梿：《啸亭杂录》卷6，《红兰主人》。
[2] 昭梿：《啸亭杂录》卷6，《安王好文学》。
[3] 中国第一历史档案馆藏：玉牒181号。

年（1699）65岁的安亲王岳乐去世时，郭络罗氏9岁上下，距其生母离世已有六载。因幼年丧母，外公岳乐将她视为掌上明珠，舅舅们对她处处呵护。在这种氛围中长大，本当尽浸书香的郭络罗氏，少有贤静文雅的淑女之风，满洲女子豪爽大气的特点，在她身上相当突出，即使成为康熙帝的儿媳后，依然如此。

四十七年（1708）第一次废太子事件发生不久，一次，康熙帝在诸皇子前指斥允禩，流露出对郭络罗氏的不满："允禩素受制于妻，其妻系安郡王岳乐之女所出。安郡王因谄媚辅政大臣，遂得封亲王……其子马尔浑、景熙、吴尔占等，俱系允禩妻之母舅，并不教训允禩之妻，任其嫉妒行恶，是以允禩迄今尚未生子。"[1]

姑且不论康熙帝对八儿媳的评价是否客观，上述讲话中有两处与事实不符。

顺治十四年（1657）十一月，顺治帝以岳乐"性行端良，涖事敬谨"，晋封亲王。[2]岳乐的亲王爵位并非因"谄媚辅政大臣"所得。此其一。

允禩的独子弘旺，生于康熙四十七年（1708）正月，生母是允禩妾张氏，张之碧之女。[3]允禩已有娇儿，并非"尚未生子"。此其二。

康熙帝对郭络罗氏的上述指责，成为雍正帝继位后清除反对派进程中，打击迫害允禩的重要口实。

雍正四年（1726）正月，雍正帝对诸王大臣说，不但允禩"奸诈多端"，"伊妻更属残刻，允禩平日甚畏之。戊子年圣祖仁皇帝御乾清门，曾特降谕旨云：'允禩之妻残刻，皆染伊外家安郡王恶乱之习，几致允禩绝嗣'。伊妻闻之恐惧，方容允禩收女婢一二人，仅生一子一女"[4]。按，允禩独女，生于康熙帝指责"允禩之妻残刻"之前，即四十七年（1708）五月，生母为允禩之妾毛氏，毛二格之女。[5]故雍正帝所言也有失实。

---

1 《清圣祖实录》卷235，康熙四十七年十月丙午。
2 《清世祖实录》卷113，顺治十四年十一月丙午。
3 《爱新觉罗宗谱》甲册，第770页。
4 《清世宗实录》卷40，雍正四年正月辛酉。
5 中国第一历史档案馆藏：玉牒15号。

据目前所掌握的材料看,称郭络罗氏是一位能妻,更为允当。

雍正四年(1726),允禟的管家秦道然供称:"闻得人都说,八府中的事都是福金做主,允禩颇为所制。平常人家妇人为主,尚且使不得,何况亲王府中,如何使得。"[1]允禟向与允禩要好,两人府邸毗邻,平日往来频繁。此时允禩、允禟等已罹罪,秦道然所供应基本可信。看来,郭络罗氏是允禩府中的当家人。

秦道然还供称,允禩采纳福晋之言,将其老师何焯的小女儿养在府中,视如己女。"后来女子长成",不知是否放出。允禩奉差不在府内时,府内太监奉福晋之命,赏赐何焯物品,"口称是福晋赏的,何焯叩头谢了"。允禩与何焯谈话,从不避开福晋。一日,两人正在说话,福晋在门外望见,就大笑起来,笑声闻之于外,而允禩见此,并无怪罪之意。[2]一位爽朗洒脱、不拘小节的满洲妇人,由秦道然的供词中可呼之欲出。

何焯是江苏长州(今苏州)人。康熙四十一年(1702)由李光地推荐,召值南书房,不久,侍读皇八子府。允禩将何焯视为联系南方士人的一条纽带,曾托何焯之弟"在南方各处买书甚多,这些南方的文士都说允禩极是好学,极是好王子"[3]。何焯丁父忧返归期间,允禩给他写信,信中称:"先生女儿在此极好,更不必挂怀"[4]。郭络罗氏让允禩将何焯的女儿留在府中抚养,不仅能够笼络何焯,也可博得南方士人之心。此举显示出郭络罗氏颇有见识,并在某种程度上,继承了安王府中延师重教、礼遇文士的传统。

郭络罗氏本人不曾生育。除嫡福晋外,允禩仅有两妾,分别生育一子一女。[5]在康熙朝已婚诸皇子中,从妻妾总数与子女总数而论,允禩均属最少。个中原因较为复杂,但此客观事实,易使郭络罗氏背负"残刻"之名。然而郭络罗氏将何焯之女养在府中,视为亲生,直至其"长成"。这一做法或表明,她即使对允禩与其她女子的接触怀有妒心,但在更重要的

---

1 《文献丛编》第3辑,《允禩允禟案·秦道然口供》,第28页。
2 《文献丛编》第3辑,《允禩允禟案·秦道然口供》,第28、32页。
3 《文献丛编》第1辑,《允禩允禟案·何图供词三》,第12页。
4 中国第一历史档案馆藏:宫中杂件第304号。
5 《爱新觉罗宗谱》甲册,第770–771页;中国第一历史档案馆藏:玉牒15号。

事情上，仍识大体、顾大局，具有一定的气度心胸。

允禩与郭络罗氏的关系，耐人寻味。

允禩很有抱负，志在获取储位。实现这一目标的过程中，他需要得到，也的确得到以吴尔占、景熙等人为代表的岳乐家族成员的支持。所以，允禩即使对郭络罗氏的某些行为有所不满，必予包容。此其一。

郭络罗氏的若干表现，在他人看来是"不守妇道"，允禩却熟视无睹，无怪罪之意。这也多少表明，允禩的伦理纲常观念相对淡薄，在此重要方面，夫妻两人颇有相通之处。此其二。

以何焯之女养于府中，是允禩采纳郭络罗氏意见的一个例子。仅此事可看出，主持家政的郭络罗氏，会在一些重要事情上，为允禩出谋划策。这与废太子福晋瓜尔佳氏曾抱怨允礽在重大问题上不与相商，形成对比。此其三。

至于"残刻""惧妻"与否，除夫妻两人之外任何他者，均无法做出符合实际的评判。

3. 在政治旋涡中

郭络罗氏成为八贝勒福晋后最初十载（康熙三十七年至四十七年），是她一生中最为惬意之时。四十七年（1708）九月一废太子发生后，平静无扰的生活逐渐离她远去。她随其夫允禩一起，被卷入储位之争旋涡，愈陷愈深，最终被吞没。

四十七年十一月，众臣一致保举允禩为皇太子，被康熙帝驳回。其后数年内，康熙帝数次严责允禩，一度停发允禩及其属下俸银俸米。五十五年后，这对父子的关系有了明显好转，允禩继续奉旨办理政务。郭络罗氏经历了人生中第一次挫折，所受影响并不大。

一废太子后，朝中逐步形成以允禩为核心，允䄉、允禟、允䄉等皇子参与其中，包括部分宗室成员、皇亲国戚、勋旧大臣在内的反太子集团。岳乐之子景熙、吴尔占等人均为这一集团重要成员。深居贝勒府的郭络罗氏，未必直接参与其夫图谋储位的活动，但如前述，由于她的舅舅景熙"首告"，太子党人托合齐等结党会饮、谋为不轨等行为被查出，促使康熙帝于五十一年（1712）十月做出二废太子的决定。景熙"首告"之举，成为第二次废太子的导火线,也是允礽复得储位后,反太子集团与储君的较量中一个重要组成部分。

4. 灭顶之灾

康熙六十一年(1722)十一月康熙帝病逝,雍正帝即大位。允禩旋即晋封和硕廉亲王。封王当日,郭络罗氏的娘家戚属前往道喜,她却说:"有何喜可贺?恐不能保此首领耳!"[1] 允禩也无喜庆之色,暗地对人云:"目下施恩,皆不可信。"[2]

郭络罗氏与允禩的预感很快得到证实。雍正帝清除异己的过程中,首先是以允禩的姻戚开刀。

康熙朝后期,吴尔占任议政大臣,署理领侍卫内大臣,康熙帝去世前数日,被任命为镶白旗满洲都统。二废太子后,他被康熙帝选为负责看守废太子允礽的大臣之一,[3] 足见很受信任。雍正元年(1723)三月,雍正帝以希冀王爵,复生怨望,"无知妄乱,不安本分"为由,将景熙之子、吴尔占父子、岳乐之孙色亨图父子一并发配盛京。[4]

岳乐家族成员之间素不和睦。[5] 康熙四十八年(1709)十一月多罗安郡王玛尔珲故。子华玘袭封。五十八年九月华玘去世。岳乐众子孙为争袭王爵,相互倾陷。康熙帝生前未令岳乐子孙袭封爵位,是多种因素使然。

元年(1723)十二月,雍正帝斥责允禩因吴尔占等未能袭封王爵,"钻营谗害,离间宗室,动摇该王属下人等之心",将袭封安郡王之本章发回,不准承袭。[6] 乾嘉年间,礼亲王昭梿有下述记载:"饶郡王阿巴泰父子,略定河北,征讨吴逆,累功至安亲王。以其后嗣依附廉亲王允禩,故世宗

---

1 《清世宗实录》卷40,雍正四年正月戊戌。
2 《大义觉迷录》卷3,载《清史资料》第4辑,第129页。
3 中国第一历史档案馆藏:满文朱批奏折,雅尔江阿奏,五月初八日。此件档案未写年份。
4 《清世宗实录》卷5,雍正元年三月壬辰。景熙故于康熙五十六年(1717)。雍正元年(1723)吴尔占并子孙黜宗室;乾隆元年(1736)旨令给与红带子,附入玉牒之末。四十三年(1778)赐阿巴泰后裔奉恩辅国公爵,世袭罔替。参见《爱新觉罗宗谱》丁册,第82页;丙册,第5638–5639页。
5 中国第一历史档案馆藏:满文朱批奏折,隆科多奏,无年月;满文朱谕,无年月。
6 《上谕八旗》,雍正元年十二月初一日。

斥其封。"[1]

在雍正初年的特定形势下，允䄉力图帮助解决安郡王爵位承袭问题，这种做法授人以柄，很不明智。此与允䄉平日处事谨慎，所虑周详的作风有所不符，或是顺从妻意而为之？

雍正帝继位后，"群臣请升潜邸为宫，廉亲王府不合相并"。二年（1724）五月，允䄉奏请移府，"上以废安亲王空府与之"[2]。这座空府位于台吉（基）厂头条东口。三年八月，"赐廉亲王移府额曰'顺天者昌'；联'天下太平日，一家如意春'"。[3] 前述允䄉偕福晋由皇宫迁入新建八贝勒府时，康熙帝赐额"受天之佑"。细品两额，寓意迥然有别。雍正帝的赐额似乎暗含警示，府主可能心知肚明。允䄉夫妇迁居此处后不久便双双获罪。

随着雍正皇权的逐步稳固与加强，雍正帝对允䄉等人的打击日渐升级。四年（1726）初，允䄉革爵。二月，雍正帝称："允䄉之妻甚属不妇，允䄉亦惧伊妻，今允䄉之妻暴戾不仁，仍然欺侮其夫。"[4] 此言未可全信，但反映出郭络罗氏处境日艰，依然故我。

不久，雍正帝下令将允䄉革去黄带子。他对诸王大臣说，自即位以来，允䄉终怀异心，并不悛改，未必非伊妻唆使所致，"朕屡降严旨与允䄉之妻，又令皇后面加开导，允䄉夫妻毫无感激之意"，故"允䄉之妻亦不可留于允䄉之家"。命诸王大臣等前去，"将此谕旨降与允䄉之妻，革去福晋，休回外家。降旨与伊外家人等，另给房屋数间居住，严加看守，不可令其往来潜通信息"。又命将此旨降与允䄉，"若因逐回伊妻，怀怨于心，故意托病，不肯行走，必将伊妻处死，伊子亦必治以重罪"[5]。

郭络罗氏接旨后，"毫无畏惧，忿然而去"。允䄉独自留在家中，终日以酒浇愁，沉浸醉乡。婢女白哥劝他"于皇上前谢罪奏恳"，为郭络罗氏求情，遭到愤然拒绝："我丈夫也，岂因妻室之故而求人乎！"[6] 允䄉与郭

---

1 昭梿：《啸亭杂录》卷1，《雪睿王冤》。
2 萧奭：《永宪录》卷3，第188-189页。
3 弘旺：《松月堂目下旧见》，第1册，第21页。
4 萧奭：《永宪录》卷4，第268页。
5 《清世宗实录》卷40，正四年正月辛酉。"戊子年"即康熙四十七年（1708）。
6 《清世宗实录》卷45，雍正四年六月甲子。

络罗氏不惧不服的态度如出一辙,这使雍正帝愈发怒不可遏。命将允䄉交内务府圈禁高墙。随即勒令允䄉改名。允䄉背负罪状四十款,于雍正四年(1726)九月患呕吐症逝于禁所,终年46岁。[1]

四年十二月,康亲王崇安等奏请"将大逆不道之阿其那、塞思黑妻子正法"。得旨:"阿其那、塞思黑心怀不轨,乱我国家,大奸大恶,不忠不孝,造背主逆天之大罪。诸王大臣遵依国法,请将阿其那、塞思黑妻子按律正法,理所当然……但阿其那、塞思黑之大逆不道虽著,而反叛之事迹未彰。其妻子从宽免其正法。"[2]

郭络罗氏卒年未详。

三、几点思考

瓜尔佳氏与郭络罗氏的有关情况,与康熙朝皇室成员的文化背景及所处客观环境有紧密关联。从她们两人身上,隐约可见康熙朝皇室成员所具有的若干特点。可以概括为五个方面。

其一,康熙朝皇室成员,大都属于清朝入关后第二代或第三代满洲贵族。他们目睹父祖之辈从抵触汉文化到逐步接受汉文化的转变,其自身则处于满汉文化从激烈冲撞到逐步融合的演进历程中。所以,他们身上,既带有满洲传统文化的鲜明痕迹(如郭络罗氏),也深受汉文化的影响熏陶(如瓜尔佳氏),具有多元性文化特征。

其二,以天命七年(1622)努尔哈赤确立汗位推选制为起始,至乾隆四十三年(1778)乾隆帝将秘密建储定为制度,明令子孙遵守弗变为终端,清朝皇位继承制度的变革历程约一个半世纪。在此过程中,康熙朝处于承上启下阶段。康熙帝先是学习汉制,实施嫡长子皇位继承制度,失败后,实施秘密建储计划。新的皇位继承制度——秘密建储制度由此而发轫。康熙朝皇室成员处于两种皇位继承形态转换前的过渡时期,由于自身

---

1 乾隆四十三年(1778),允䄉被恢复原名,收入玉牒,子孙一并叙入。参见《清高宗实录》卷1048,乾隆四十三年正月甲戌。
2 《上谕内阁》卷51,雍正四年十二月初三日。另据萧奭《永宪录》卷4,第268页:雍正四年二月"令庶人允䄉妻自尽,仍散骨以伏其辜。"备此一说。

利益与皇位继承问题息息相关,其中不少人都曾直接或间接地卷入储位之争。康雍年间众多获罪皇室、宗室成员的妻妾中,瓜尔佳氏与郭络罗氏只是两位代表人物。

其三,清朝皇权高度集中与强化,最终达于极致的进程,历经康、雍、乾三朝,总计百余年。这一时期的皇室成员,无一例外地受到这一客观形势的有力制约。

其四,康熙帝禀性宽仁,在处理父子关系、翁媳关系时,无不笃重亲情。所以,皇室成员中尽管有少数人因储位问题大忤其意,受到惩罚,但绝大多数始终为其所优容。并未直接参与储位之争的皇室女性,即使受到牵连被幽禁,其生存环境相对较好。除去废太子福晋瓜尔佳氏以及允礽其他妻妾,类似情况还有被软禁家中的大阿哥允禔的众多妻妾。

其五,康熙后期储位之争中,尚是雍亲王的胤禛已与部分皇室成员结怨。加上其继位存在疑点,故雍正初年,部分皇室成员对新帝暗怀疑惧和不满。雍正帝为稳固皇位,加强皇权,大力清除以允禩等人为首的反对派,其打击面之宽、手段之酷烈,为清朝历代所未有。部分皇室、宗室成员,包括他们的妻儿家人,一并受到惩治。雍正帝弟媳允禩妻郭络罗氏与允禟妻董鄂氏的遭遇,均属较为典型。

同为当朝皇子嫡妻,瓜尔佳氏与郭络罗氏的性情与处事风格大相径庭。

瓜尔佳氏生长在正白旗汉军大臣之家。她与受到三纲五常观念束缚、唯夫是从的汉族女子,有几分相像处。虽然贵为皇太子妃,却待人谦和、恭良贤淑。这既是其禀性使然,也在一定程度上源自其较高的汉文化素养。恰由于此,康熙帝在两废太子之后,对她依然加以褒赞。

自幼为安亲王岳乐所娇宠的郭络罗氏,个性鲜明,无拘无束,泼辣干练,敢作敢当,而且有一定政治头脑。她较多地保持了满洲女子的作风特点。

康熙帝厌恶八贝勒福晋而喜爱皇太子妃(废太子福晋),除去其他种种因素外,还反映出他在不自觉地以儒家伦理纲常为依据,作为衡量儿媳之优劣的一个重要标准。

"性格即命运"。瓜尔佳氏的个性与作风,使她始终处于被动地位,扮演着一个被动的角色。她并未积极参预其夫之事,更不会为允礽如何保住储位而出谋划策,助以一臂之力。她的较早病亡,主要是忧惧过度所致。

与瓜尔佳氏相反,郭络罗氏是一位主动型的女子。她在贝勒府中当家做主,说一不二,积极为夫谋划,献计献策。即使被治罪时,仍无惧色,不做俯从,尽显满洲女子刚毅果决之气。这必然加重雍正帝对她的痛恨。

瓜尔佳氏、郭络罗氏与各自丈夫的关系,也有较大不同。

允礽暴戾恣肆,妻妾众多。瓜尔佳氏淑孝温柔,遇事忍让,然而并未因此换得允礽之心。

允禩善结人缘,众人目之为佛。[1] 康熙帝说他受制于妻,但从种种迹象看,郭络罗氏是他的贤内助。平日这对夫妻多有沟通,因此在关键时刻,方能想其所想,配合默契。

瓜尔佳氏与郭络罗氏的人生结局,无不带有悲剧色彩。皇室女性的特殊身份,使她们虽然置身政治帷幕之后,其命运却随着政治风浪的起伏而变化无常;尽管两人的性格、作风以及夫妻关系有较大差异,但无一例外成为满洲贵族权力斗争的牺牲品。考察其事迹,体味其哀乐,可以对中国传统社会君为臣纲、夫为妻纲的纲常礼教有更深的认识。

结　语

本章讨论的皇室女性,有清帝后妃、公主(皇女、皇帝养女)以及清帝儿媳。她们分别生活在天命、崇德(含天聪)、顺治、康熙、雍正五朝,总计历时一个多世纪(始于16世纪后期出生的努尔哈赤继妃富察氏,止于18世前期去世的康熙帝宜妃郭络罗氏)。

满洲传统价值取向对于皇室女性婚姻的影响,在清朝入关后呈迅速减

---

1 《清世宗实录》卷44,雍正四年五月戊申。

弱之势。清朝后妃中的改嫁现象，只是出现在清入关前以及顺治年间，顺治朝以后似基本绝迹。当然，满洲传统生活习俗、文化习俗在宫中仍有大量遗存，此当别论。

清皇室女性并未直接参与国事，却与皇权政治有着紧密联系。后妃生育子嗣，保证了清朝皇位传承后继有人；皇室女性所生女儿被用以指婚联姻，这些"金枝玉叶"，成为清廷促进君臣关系，加强政治联盟，巩固王朝统治的特殊工具。

清皇室女性的人生轨迹，既为皇帝的意志所决定，随夫君之陟黜而改变，同时也受到本人心智、性格的一定影响。例如：

清太宗皇太极的两位侧妃（侧福晋）博尔济吉特氏和叶赫纳喇氏，相继被皇太极转赐大臣为妻，地位一落千丈，从宫廷回到民间。

与孝庄皇太后同嫁一夫的孝庄亲姐宸妃，备受皇太极宠爱，因不能承受失去亲子之痛，33岁一病不起；皇贵妃董鄂氏生前距皇后之位仅一步之遥，可是，面对后宫极其复杂的矛盾纠葛，她既乏应对智慧，又难淡然处之，只是谦顺忍让，不足四载，辞别人世。

董鄂妃抚养的和顺公主与柔嘉公主，分别在13岁、12岁下嫁汉族藩王子弟；另一位养女、孝惠后外甥女端敏公主晚至18岁下嫁，额附班第是孝庄弟满珠习礼之孙，并于婚后第二年袭封科尔沁达尔汉亲王。这一差异，折射出清廷不同的政治需求，也体现了孝庄皇太后的意志。

康熙帝部分儿媳受罹罪丈夫牵连，或病逝于禁所，或革去福晋，"逐回外家"，严加禁锢。

清皇室女性既处于清代等级社会的最高层，也处于封建皇权的重压之下；既是皇权的保护对象和附属品，也是被皇权摧残和迫害的牺牲品。清皇室女性任人摆布的一生和荣辱无常的遭际，是对清朝皇权的无声控诉和批判，揭示了清朝宫廷的黑暗与罪恶。

附　录

附表一　京城八旗方位与八门门监[1]

```
                              北

        德胜门（监正红旗人）        安定门（监正白旗人）

             正黄旗                    镶黄旗

   西直门    正                    正       东直门
            红                    白
 （监正黄旗人） 旗                    旗  （监镶黄旗人）


   阜成门    镶                    镶       朝阳门
            红      紫禁城          白
 （监镶蓝旗人） 旗                    旗  （监正蓝旗人）


             镶蓝旗                    正蓝旗
             宣武门                    崇文门
         （监镶红旗人）              （监镶白旗人）
```

1　依据《清会典事例》卷1158、《八旗通志初集》卷2等。

附表二 清朝权臣[1]

序号	朝代	名/姓氏	父名/任职	旗籍	主要任职	主要罪名	受惩方式	卒年/寿命	备注
1	康熙初年	鳌拜，瓜尔佳氏	卫齐，盛京八门总管，谥"端勤"	镶黄旗满洲	领侍卫内大臣，辅政大臣	结党专权，紊乱国政	拘禁致死	康熙八年后，70岁以上	康熙五十二年追赐一等男，雍正帝赐祭葬，世袭罔替，加一等公，谥号"超武"。
2	康熙前期	索额图，赫舍里氏	索尼，辅政大臣，领侍卫内大臣，一等公	正黄旗满洲	大学士，领侍卫内大臣	议论国事，结党妄行	在拘禁地宗人府饿毙	康熙四十二年秋，60余岁	康熙四十七年一废皇太子时谕称：索额图助皇太子潜谋大事，朕悉知其情，将索额图处死。五十二年谕称：索额图诚本朝第一罪人也。
3	康熙前期	明珠，纳喇氏（一作纳兰氏）	尼雅哈，叶赫贝勒金台石子，佐领	正黄旗满洲	大学士，内大臣，留守皇子首席顾问	揽权干政，植党纳贿	革去大学士	康熙四十七年四月，74岁	赐祭葬。御祭文称明珠性行纯良，擢内大臣，敬慎靡职。
4	雍正初年	年羹尧	年遐龄，湖广巡抚	镶黄旗汉军	川陕总督，抚远大将军	狂悖妄乱，结党肆行	狱中奉旨自尽	雍正三年十二月，40余岁	

[1] 依据清代传记，《清实录》《爱新觉罗宗谱》《八旗满洲氏族通谱》《和珅评传》等。"朝代"指此人为权臣时期。

续表

序号	朝代	名/姓氏	父名/任职	旗籍	主要任职	主要罪名	受惩方式	卒年/寿命	备注
5	雍正初年	隆科多，佟佳氏	佟国维，领侍卫内大臣，一等公	镶黄旗满洲	步军统领，理藩院尚书，总理事务大臣	大不敬，欺罔，不法，紊乱朝政	拘禁致死	雍正六年六月，50余岁	雍正帝赐银一千两治丧
6	乾隆中后期	和珅，钮祜禄氏	常保，副都统	正红旗满洲	军机大臣，都统，尚书，大学士	蠹国病民，专擅狂悖	狱中奉旨自尽，家产籍没	嘉庆四年正月，50岁	
7	咸丰中后期	肃顺，爱新觉罗氏	和硕郑亲王乌尔恭阿，都统，领侍卫内大臣，谥"慎"	镶蓝旗满洲	尚书，御前大臣，协办大学士，顾命大臣	专擅跋扈，悖逆狂谬	抄家，斩首	咸丰十一年十月，46岁	

附表三 废太子允礽妻妾[1]

姓氏	父职名	族籍	成婚	名分	生子	生女	卒年	备注
瓜尔佳氏（石氏）	都统伯石文炳	正白旗汉军	康熙三十四年六月	皇太子妃、嫡福晋	0	1	康熙五十七年七月，40余岁	康熙三十四年六月册立为皇太子妃。丧仪照和硕福晋例行。
李佳氏	轻车都尉舒尔德库	满洲	康熙三十年以前	侧福晋	2	2	乾隆十年	雍正二年十二月封理亲王侧妃
程氏	程世福	?	康熙五十三年以前	侧福晋	2	2	雍正元年后	
唐氏	?	?	康熙四十三年以前	侧福晋	2	1	康熙五十年后	
李氏	?	?	?	侧福晋	0	0	?	
王氏	?	?	康熙五十三年以前	侧福晋	2	0	康熙五十八年后	
范氏	?	?	康熙四十五年以前	侧福晋	0	2	康熙四十六年后	
刘氏	?	?	?	侧福晋	0	0	?	
林氏	?	?	康熙三十五年以前	侧福晋	1	1	康熙五十三年后	
刘氏	?	?	康熙四十八年以前	庶福晋	1	2	康熙五十五年后	
钱氏	?	?	康熙五十三年以前	庶福晋	1	0	康熙五十三年后	

[1] 依据中国第一历史档案馆藏玉牒15号、28号、29号及《爱新觉罗宗谱》甲册、《清实录》等。表中姓氏排序，以所据史料并列先后为准，下同；除嫡福晋瓜尔佳氏外，允礽其他妻妾成婚与年均未详，凡有子女者，根据其生育子女之年推算。

续表

姓氏	父职名	族籍	成婚	名分	生子	生女	卒年	备注
邱氏	?	?	康熙五十五年以前	庶福晋	1	0	康熙五十年后	宗谱未载
祁氏	?	?	康熙五十六年以前	媵妾	0	1	康熙五十五年后	宗谱未载
朱氏	?	?	康熙五十七年以前	媵妾	0	1	康熙五十六年后	宗谱未载
斐氏	?	?	康熙六十一年以前	媵妾	0	1	康熙六十年后	
15人					12人	14人		

附表四 废太子允礽诸子[1]

排行	名	生母	生年	封爵	嫡福晋及族籍	媵妾	子	卒年寿命	备注
第一子	未有名	侧福晋李佳氏	康熙三十年十二月二十八日					康熙四十年十一月二十八日，11岁	
第二子	弘晳	侧福晋李佳氏	康熙三十二年七月初五日	雍正元年封多罗理郡王，六年晋和硕理亲王	喀喇沁乌梁海济尔默氏，噶尔藏多尔济之女，蒙古	6	18	乾隆七年九月二十八日，49岁	乾隆四年革爵黜宗室改名四十六，四十三年复入宗室，复其原名
第三子	弘晋	侧福晋林氏	康熙三十五年十月二十日		兆佳氏，员外郎雅尔泰之女，满洲	2	3	康熙五十六年三月十二日，22岁	照辅国公品级殡葬
第四子	未有名	侧福晋唐氏	康熙四十三年十月初四日					康熙四十四年十二月十一日	
第五子	未有名	庶福晋刘氏	康熙四十七年十一月初五日						出生当日

1 依据《爱新觉罗宗谱》甲册等。允礽第七子"弘晄"，疑为"弘晀"之误。

续表

排行	名	生母	生年	封爵	嫡福晋及族籍	媵妾	子	卒年寿命	备注
第六子	弘暻	侧福晋唐佳氏	康熙五十一年七月初四日	雍正六年封奉恩辅国公	左佳氏，左世恩之女，汉军？	4	6	乾隆十五年四月十四日 39岁	乾隆五年总管正蓝旗觉罗学，八年授宗人府右宗人。谥"恪信"
第七子	弘眺	侧福晋王佳氏	康熙五十三年五月初五日	雍正十二年封奉恩辅国公	那穆都鲁氏，按察使岳岱之女，满洲	3	14	乾隆三十九年七月二十二日 61岁	乾隆元年遣居泰陵，三十四年革爵
第八子	未有名	庶福晋钱氏	康熙五十四年十一月二十六日					雍正四年六月初五日 12岁	
第九子	弘曙	庶福晋邱氏	康熙五十五年五月十四日		尚佳氏，尚玉德之女，汉军；继娶乌苏氏，郎中雅尔布之女，满洲	1	5	乾隆四十八年正月十一日 68岁	乾隆元年任三等侍卫，十年因病解退
第十子	弘昀	侧福晋程氏	康熙五十七年十二月初八日	乾隆元年封奉恩辅国公，四年袭多罗理郡王	瓜尔佳氏，笔帖式塞特之女，满洲	5（侧福晋2）	7	乾隆四十五年八月二十七日 63岁	历任总管镶蓝旗觉罗学，左宗正、王暸偕副总裁、右宗正、王暸宗令、总管右翼宗学、左翼宗学；管理正红旗汉军都统、正黄旗蒙古都统、满洲都统等事。谥"恪"

续表

排行	名	生母	生年	封爵	嫡福晋及族籍	媵妾	子	卒年寿命	备注
第十一子	弘昑	侧福晋王佳氏	康熙五十九年正月初一日		赵佳氏,步军校泽和之女,满洲;继妻鄂佳氏,员外郎色明之女,满洲	1	2	乾隆三十八年三月二十二日,44岁	
第十二子	弘晓	侧福晋程佳氏	雍正二年九月二十一日	乾隆三年封奉恩辅国公	侯氏,侯文玉之女,汉军?	2	2	乾隆四十年五月初一日 52岁	任散秩大臣、镶黄旗蒙古副都统、右宗正、总管镶红觉罗学、玉牒馆副总裁等
							57人		

附表五　废太子允礽诸女[1]

排行	生母	生年	封号	指婚时间及年龄	额驸	成婚时间及年龄	卒年寿命	备注
第一女	侧福晋李佳氏	康熙三十二年四月二十三日					出生翌月卒	
第二女	侧福晋李佳氏	康熙三十三年二月十六日					出生当月卒	
第三女	嫡福晋瓜尔佳氏	康熙三十六年十一月十一日	郡主	未详	土默特达尔汉贝勒阿拉布坦	康熙五十九年五月 24岁	雍正十三年四月十三日 39岁	
第四女	侧福晋范氏	康熙四十五年二月初二日					出生当日卒	
第五女	侧福晋范氏	康熙四十六年十二月十二日					康熙五十一年正月 6岁	

1 依据中国第一历史档案馆藏玉牒 15 号、28 号、29 号、满文玉牒 489 号及《爱新觉罗宗谱》甲册、《星源集庆》等。允礽之女生母的名分，个别人在玉牒中的记载与《爱新觉罗宗谱》的记载有出入（如第五女生母范氏，玉牒记为席福晋）。

续表

排行	生母	生年	封号	指婚时间及年龄	额驸	成婚时间及年龄	卒年寿命	备注
第六女	侧福晋唐氏	康熙四十七年正月初二日	和硕淑慎公主	雍正四年五月 19岁	科尔沁博尔济吉特氏贝子观音保（玉牒记为观保）	雍正四年十二月 19岁	乾隆四十九年九月初十日 77岁	雍正帝养育宫中，参见附表九
第七女	庶福晋刘氏	康熙五十年十月十六日					康熙五十五年 6岁	
第八女	侧福晋程氏	康熙五十三年正月十七日	郡主	雍正七年十二月 16岁	敖汉博尔济吉特氏彭苏克拉锡	雍正八年十二月 17岁	乾隆二十五年十月十四日 46岁	
第九女	侧福晋林氏	康熙五十三年十二月初五日	县主	雍正七年十二月 16岁	敖汉台吉七旺多尔济	雍正八年十二月 17岁	乾隆二十七年闰五月二十一日 49岁	
第十女	侧福晋程氏	康熙五十六年六月十九日					康熙五十九年正月 4岁	
第十一女	庶福晋刘氏	康熙五十六年六月十九日					雍正三年二月十六日 9岁	
第十二女	媵妾祁氏	康熙五十六年十月十二日	郡主	雍正十年正月 16岁	喀喇沁一等他布囊喀英阿	雍正十年十二月 16岁		乾隆十六年六月初十日额驸卒 乾隆四十一年三月十三日 60岁

续表

排行	生母	生年	封号	指婚时间及年龄	额驸	成婚时间及年龄	卒年寿命	备注
第十三女	媵妾朱氏	康熙五十七年正月初五日					康熙五十八年四月2岁	
第十四女	媵妾斐氏	康熙六十一年三月初十日					康熙六十一年七月1岁	

附表六 清初后妃中的改嫁女子[1]

	朝代	名/姓氏	族籍	位号/尊号	改嫁次数、时间	前夫、再嫁之夫	子女	卒年/寿命	备注
1	天命	衮代，富察氏	满洲	继福晋	1次，明万历十五年或之前	觉罗威准 清太祖努尔哈赤	子5，女1？	天命五年，约50余岁	获罪致死
2	天聪、崇德	巴特玛·璪，博尔济吉特氏	蒙古	东宫衍庆宫侧福晋淑妃，康惠淑妃	1次，天聪八年	察哈尔部林丹汗 清太宗皇太极	抚养蒙古女1	康熙六年，约60上下	
3	天聪、崇德	海兰珠，博尔济吉特氏	蒙古	东宫关雎宫大福晋宸妃	1次，天聪八年	？ 清太宗皇太极	子1	崇德六年，33岁	谥"敏惠恭和元妃"
4	天聪、崇德	娜木钟，博尔济吉特氏	蒙古	西宫麟趾宫大福晋贵妃，懿靖大贵妃	1次，天聪九年	察哈尔部林丹汗 清太宗皇太极	子1 女1养女1	康熙十三年，约60余岁	
5	天聪	？博尔济吉特氏	蒙古	东宫福晋	1次，天聪九年	清太宗皇太极 叶赫部德勒格尔台吉之子南褚	女2？	？约20岁以上	

[1] 依据《爱新觉罗宗谱》（含《星源集庆》）、《清皇室四谱》《清实录》及中国第一历史档案馆藏满文折件等。"朝代" 指该女子为清帝妃子时期；"子女" 包括改嫁前、后所生。

续表

	朝代	名/姓氏	族籍	位号/尊号	改嫁次数、时间	前夫、再嫁之夫	子女	卒年/寿命	备注
6	天聪、崇德	？叶赫纳喇氏	满洲	侧福晋	3次，天聪、崇德年间	正黄旗包衣喀尔喀玛、清大宗皇太极·土谢图、内大臣镶黄旗轻车都尉达尔琥	子1？	崇德年间？约40岁以上	
7	顺治	？董鄂氏	满洲	皇贵妃	1次，顺治十三年	满洲武职大臣 清世祖福临	子1？	顺治十七年，约30岁上下	谥"孝献皇后"
8	顺治	？博尔济吉特氏	蒙古	皇后，静妃	1次，顺治十三年后	清世祖福临 蒙古王公？	子1？	？约20岁以上	

附表七 清朝皇女、清帝养女、清朝皇子平均寿命[1]

清帝	皇女	平均寿命	养女	平均寿命	皇子	平均寿命	皇女皇子	平均寿命	备注
太祖天命汗	8	53.5	2	48.5	16	47.19	24	49.29	第三女莽古济、第十六费扬果之生年均为推算
太宗崇德帝	14	37.79	1	23	11	31.36	25	34.96	
世祖顺治帝	6	10.17	3	47.67	8	25.75	14	19.07	
圣祖康熙帝	20	16.75	1	71	35	32.8	55	26.96	第十八女卒年未详，以1岁计
世宗雍正帝	4	7	3	45.33	10	23.9	14	19.07	
高宗乾隆帝	10	19.8	1	27	17	28.71	27	25.40	
仁宗嘉庆帝	9	9.78	0	0	5	38	14	19.86	
宣宗道光帝	10	18.8	0	0	9	32.56	19	25.32	
文宗咸丰帝	1	20	1	71	2	10	3	13.33	承继子载湉（光绪帝）终年38岁，未计入
穆宗同治帝	0	0	0	0	0	0	0	0	
德宗光绪帝	0	0	0	0	0	0	0	0	兼祧子溥仪（宣统帝）终年62岁，未计入
宣统帝	0	0	0	0	0	0	0	0	
合计	82	22.87	12	47.33	113	32.60	195	28.51	光绪帝、宣统帝均未计入

[1] 依据中国第一历史档案馆藏玉牒（胶片）72号，《爱新觉罗宗谱》《清皇室四谱》等。表中年龄为虚岁，未满周岁者按1岁计。太祖努尔哈赤第三女莽古济生年未详，第十六费扬果卒年未详。本表取莽古济生于明万历十七年（1589）计，天聪九年（1635）获罪赐死时47岁；费扬果亦卒于天聪九年，终年16岁。参见《清皇室四谱》卷4，《皇女》；卷3，《皇子》。据目前所见史料记载，莽古济是清朝皇女中唯一罹罪处死者。

附表八 清朝皇女、清帝养女的婚嫁[1]

皇帝	皇女养女	皇女	下嫁	养女	下嫁	下嫁八旗大臣子弟	下嫁蒙古王公子弟	下嫁汉族藩王子弟	复嫁	备注
太祖天命汗	10	8	8	2	2	6	4（皇2养2）	0	4（皇3养1）	
太宗崇德帝	15	14	14	1	1	6	8（皇7养1）	1（皇）	2（皇）	
世祖顺治帝	9	6	1	3	3	1	1（养）	2（养）	0	
圣祖康熙帝	21	20	8	1	1	2	7（皇6养1）	0	0	
世宗雍正帝	7	4	1	3	3	1	3（养）	0	0	
高宗乾隆帝	11	10	5	1	1	3	3（皇2养1）	0	0	
仁宗嘉庆帝	9	9	2	0	0	0	2（皇）	0	0	
宣宗道光帝	10	10	5	0	0	4	1（皇）	0	0	
文宗咸丰帝	2	1	1	1	1	2	0	0	0	
穆宗同治帝	0	0	0	0	0	0	0	0	0	
德宗光绪帝	0	0	0	0	0	0	0	0	0	
宣统帝	0	0	0	0	0	0	0	0	0	
合计	94	82	45	12	12	25	29	3	6	
百分比		87%	55%	13%	100%	44%	51%	5%	11%	

[1] 依据中国第一历史档案馆藏玉牒（胶片）72号，《爱新觉罗宗谱》等。清帝皇女、养女总计94人，其中皇女为87%，养女占13%；皇女下嫁55%，养女下嫁100%。下嫁皇女、养女总计57人中，44%下嫁八旗大臣子弟，51%下嫁蒙古王公子弟，5%下嫁汉族藩王子弟；11%有复嫁行为。此外，清皇12位养女内，9人下嫁蒙古王公子弟，2人下嫁汉族藩王子弟，两者占养女总数92%。

附表九　清帝养女[1]

清帝	养女	养女生父及生育年龄	生母	生年	排行	封号	指婚时间及年龄	额驸	下嫁时间及年龄	卒年及寿命	额驸情况
太祖天命汗	2	太祖弟追封和硕庄亲王舒尔哈齐 27岁	四继福晋瓜尔佳氏，索尔和之女	明万历十八年六月二十一日	舒尔哈齐第四女	天命初年封郡主，二年下嫁，称巴约特格格，九年封和硕公主，追谥"端顺"	天命二年二月 28岁	喀尔喀博尔济吉特氏巴约特部三等子爵恩格德尔	天命二年二月 28岁	顺治六年四月 60岁	崇德元年五月卒雍正九年追赠三等奉义公
		太祖侄追封多罗恪僖贝勒图伦 17岁	嫡夫人王佳氏，英格之女	明万历四十年七月十六日	图伦第二女	天命年间初封肫哲公主，崇德二年七月封和硕公主	天命十一年五月 15岁	科尔沁博尔济吉特氏合台奥巴	天命十一年五月 15岁	顺治五年 37岁	天聪六年九月卒

[1] 依据中国第一历史档案馆藏玉牒（胶片）72号、《爱新觉罗宗谱》等。

续表

清帝	养女	养女生父及生育年龄	生母	生年	排行	封号	指婚时间及年龄	额驸	下嫁时间及年龄	卒年及寿命	额驸情况
太宗崇德帝	1	太宗侄追封多罗克勤郡王岳托17岁	继福晋哈达纳喇氏，吴尔祜达之女	明万历四十三年二月初二日	岳托第一女	初号和硕公主崇德二年七月册封和硕公主	天聪二年正月14岁	科尔沁博尔济吉特氏台吉满珠习礼	天聪二年正月14岁	崇德二年七月23岁	天聪二年九月赐号达尔汉巴图鲁，崇德元年四月多罗巴图鲁郡王以功封多罗郡王，顺治元年五月晋封亲王，顺治四年卒。康熙四年卒
世祖顺治帝	3（参见附表十）										
圣祖康熙帝	1	圣祖弟和硕恭亲王常宁（一作常颖）15岁	继福晋晋氏，晋格宜之女	康熙十一年十一月二十八日	常宁第一女	康熙二十九年三月封和硕纯禧公主，雍正元年二月晋封固伦纯禧公主	康熙二十九年三月20岁	博尔济吉特氏头等台吉班第	康熙二十九年三月20岁	乾隆六年十二月初七日71岁	雍正四年六年卒

续表

清帝	养女	养女生父及生育年龄	生母	生年	排行	封号	指婚时间及年龄	额驸	下嫁时间及年龄	卒年及寿命	额驸情况
世宗雍正帝	3	世宗兄诚封和硕理密亲王允礽 35岁	侧福晋唐氏	康熙四十七年正月初二日	允礽第六女	雍正四年封和硕淑慎公主	雍正四年五月 19岁	科尔沁博尔济吉特氏贝子观音保	雍正四年十二月 19岁	乾隆四十九年九月初十日 77岁	雍正十一年任理藩院额外侍郎。十三年二月卒
		世宗弟和硕怡贤亲王允祥 29岁	嫡福晋兆佳氏，尚书马尔汉之女	康熙五十三年十月初十	允祥第四女	雍正七年封和硕和惠公主	雍正七年十二月 16岁	喀尔喀博尔济特氏丹津多尔济之子多尔济塞布腾	雍正七年十二月 16岁	雍正九年十月初三日 18岁	雍正十一年七月丹津多尔济削亲王爵，十三年二月额驸卒
		世宗弟和硕庄恪亲王允禄 20岁	嫡福晋郭络罗氏，三品官能特之女	康熙五十三年十二月十九日	允禄第一女	雍正九年四月封和硕端柔公主	雍正八年十二月 17岁	科尔沁博尔济吉特氏罗卜藏喇什之子齐默特多尔济	雍正八年十二月 17岁	乾隆十九年十二月二日 41岁	乾隆三年袭郡王，十七年卒
高宗乾隆帝	1	高宗弟和硕和恭亲王弘昼 24岁	嫡福晋吴扎库氏，副都统五什图之女	雍正十二年六月二十四日	弘昼第一女	乾隆初封和硕和婉公主	乾隆十五年十二月 17岁	巴林博尔济吉特氏德勒克	乾隆十五年十二月 17岁	乾隆二十年三月十七日 27岁	乾隆二十一年六月袭巴林辅国公，四十八年晋封贝子，五十九年卒

续表

清帝	养女	养女生父及生育年龄	生母	生年	排行	封号	指婚时间及年龄	额驸	下嫁时间及年龄	卒年及寿命	额驸情况
仁宗嘉庆帝	0										
宣宗道光帝	0										
文宗咸丰帝	1	文宗弟和硕恭忠亲王奕䜣23岁	嫡福晋瓜尔佳氏，大学士桂良之女	咸丰四年二月初二日	奕䜣第一女	咸丰十一年十二月封固伦公主，同治四年九月奕䜣请辞固伦封号改封荣寿公主，光绪七年十月晋封荣寿固伦公主，赐乘黄轿	同治五年九月，13岁	富察氏一等毅勇嘉公都统景寿子荫生志端	同治五年九月 13岁	甲子年（1924）十一月八日 71岁	同治十年十月十二日卒
穆宗同治帝	0										
德宗光绪帝	0										
宣统帝	0										

附表十 顺治帝诸女

排行	生年	生父及生育年龄	生母	封号	指婚时间及年龄	额驸	下嫁时间及年龄	卒年及寿命	额驸卒年及寿命	备注
第一女	顺治九年三月十五日	顺治帝15岁	庶妃陈氏					顺治十年十月 2岁		
第二女	顺治十年十二月初三日	顺治帝16岁	庶妃杨氏	康熙时初封和硕公主，晋封和硕恭悫长公主	顺治十六年四月 7岁	瓜尔佳氏领侍卫内大臣巴哈之子讷尔杜	康熙六年二月 15岁	康熙二十四年十月 33岁	未详	康熙八年五月叔父鳌拜被执，讷尔杜革职，后复起用
第三女	顺治十年十二月三日	顺治帝16岁	庶妃巴氏					顺治十五年三月 6岁		
第四女	顺治十一年十二月初二	顺治帝17岁	庶妃乌苏氏					顺治十八年三月 8岁		
第五女	顺治十一年十二月三十日	顺治帝17岁	庶妃王氏					顺治十七年十二月 7岁		

1 依据中国第一历史档案馆藏玉牒（胶片）72号、《星源集庆》《清史稿》《清实录》《尚氏宗谱》等；顺治帝亲生六女生母之父名均未详。

续表

排行	生年	生父及生育年龄	生母	封号	指婚时间及年龄	额驸	下嫁时间及年龄	卒年及寿命	额驸卒年及寿命	备注
第六女	顺治十四年十月初六日	顺治帝 20岁	庶妃纳喇氏					顺治十八年二月 5岁		
抚兄和硕承泽裕亲王硕塞第二女	顺治五年十二月二十二日	和硕承泽裕亲王硕塞 21岁	嫡福晋纳喇氏,议政大臣车尔都尉费扬古之女	顺治时初封和硕公主,十七年六月晋封和硕和顺公主	顺治十五年五月 11岁	平南敬王尚可喜第七子三等子爵尚之隆	顺治十七年六月 13岁	康熙三十年十一月 44岁	康熙五十七年二月 73岁。[1]	尚之隆,镶蓝旗汉军旗下,康熙年间任内大臣,领侍卫大臣
抚堂兄和硕简纯亲王济度第三女	顺治十年六月十三日	和硕简纯亲王济度 21岁	嫡福晋博尔济吉特氏,多罗贝勒绰尔济之女	康熙时初封和硕端敏公主,雍正元年封固伦端敏公主	顺治十六年十一月 7岁	科尔沁博尔济吉特氏亲王额驸汉满珠习礼之孙班第第(一作巴岱)	康熙九年九月 18岁	雍正七年五月八日 77岁	康熙四十九年五月	康熙十年三月班第袭封科尔沁达尔汉亲王
抚堂兄多罗安郡王岳乐第二女	顺治九年五月初六日	多罗安郡王岳乐 28岁	继福晋纳喇氏,轻车都尉达尔呼他之女	初封和硕公主,晋封和硕柔嘉公主	顺治十五年五月(?) 7岁	靖南王耿精忠之弟三等子爵耿聚忠	康熙二年十一月 12岁	康熙十二年七月 22岁	康熙二十六年二月 42岁	耿聚忠,镶正黄旗汉军旗下,谥"愨敏"

1 关于尚之隆的卒年,本表采用《星源集庆》《清圣祖实录》的记载。另据《尚氏宗谱》卷4,尚之隆逝于康熙六十一年(1722)十一月初十日,享年77岁。

主要参考资料[1]

一、档案

中国第一历史档案馆藏：宫中全宗·满文朱批奏折
中国第一历史档案馆藏：宫中全宗·满文朱谕
中国第一历史档案馆藏：宫中全宗·满文杂件
中国第一历史档案馆藏：宫中全宗·汉文朱谕
中国第一历史档案馆藏：宫中全宗·汉文杂件
中国第一历史档案馆藏：宗人府全宗·满文玉牒
中国第一历史档案馆藏：宗人府全宗·汉文玉牒
中国第一历史档案馆藏：内务府全宗·满文朱批奏折
中国第一历史档案馆藏：内务府全宗·满文杂件
中国第一历史档案馆藏：内务府全宗·奏销档
中国第一历史档案馆藏：内阁全宗·满文内国史院档
中国第一历史档案馆藏：内阁全宗·八旗世袭谱档
中国第一历史档案馆藏：军机处全宗·上谕档
中国第一历史档案馆藏：国史馆全宗·传包

---

[1] 档案类参考资料除中国第一历史档案馆藏档案外，其他档案按类别、档案年代排序。文献类参考资料包括古籍、古代史料、古代和近代作者的著述等；无作者文献按类别排序，有作者文献按作者姓名首字笔划排序。论著类参考资料包括今人著作与论文，分别按作者姓名首字笔划排序。本书部分内容基于20世纪90年代的初稿，有些论著当时未记出处，今阙如。谨向这些论著的作者致以谢意和歉意。

台北故宫博物院:《宫中档康熙朝奏折》第 8 辑(《满文谕折》第 1 辑),台北故宫博物院印行,1977 年。

台北故宫博物院:《宫中档康熙朝奏折》第 9 辑(《满文谕折》第 2 辑),台北故宫博物院印行,1977 年。

台北故宫博物院:《宫中档雍正朝奏折》第 28 辑(《满文谕折》第 1 辑),台北故宫博物院印行,1980 年。

台北故宫博物院:《宫中档雍正朝奏折》第 29 辑(《满文谕折》第 2 辑),台北故宫博物院印行,1980 年。

日本满文老档研究会译注:《满文老档》,东洋文库丛刊本。

中国第一历史档案馆、中国社会科学院历史研究所译注:《满文老档》,北京:中华书局,1990 年。

关嘉录、佟永功、关照宏译:《天聪九年档》,天津:天津古籍出版社,1987 年。

季永海、刘景宪译编:《崇德三年满文档案译编》,沈阳:辽沈书社,1988 年。

中国第一历史档案馆:《清初内国史院满文档案译编》,北京:光明日报出版社,1989 年。

《清代内阁大库散佚满文档案选编》,天津:天津古籍出版社,1991 年。

中国第一历史档案馆译编:《康熙朝满文朱批奏折全译》,北京:中国社会科学出版社,1996 年。

中国第一历史档案馆译编:《雍正朝满文朱批奏折全译》,合肥:黄山书社,1998 年。

季永海、李盘胜、谢志宁翻译点校:《年羹尧满汉奏折译编》,天津:天津古籍出版社,1995 年。

《天聪朝臣工奏议》,辽宁大学历史系清初史料丛刊本,1980 年。

《清太宗实录稿本》,辽宁大学历史系清初史料丛刊本,1978 年。

中国第一历史档案馆整理:《康熙起居注》,北京:中华书局,1984 年。

《清代起居注册·康熙朝》,台北:台湾联经出版社,2009 年。

中国第一历史档案馆编:《康熙朝汉文朱批奏折汇编》,北京:档案出版社,1984 年。

中国第一历史档案馆编:《雍正朝起居注册》,北京:中华书局,1993 年。

中国第一历史档案馆编:《雍正朝汉文朱批奏折汇编》,南京:江苏古籍出版社,1991 年。

中国第一历史档案馆编:《雍正朝汉文谕旨汇编》,桂林:广西师范大学出版社,1999 年。

中国第一历史档案馆编:《清中前期西洋天主教在华活动档案史料》,北京:中华书局,2003 年。

故宫博物院文献馆编:《文献丛编》第 1、3、4 辑,1930 年。

故宫博物院掌故部编:《掌故丛编》,影印本,北京:中华书局,1990 年。

《康熙四十六年王鸿绪密查苏州地方拐骗女子的几件档案》,载《历史档案》2003 年第 4 期。

故宫博物院明清档案部编:《关于江宁织造曹家档案史料》,北京:中华书局,1975 年。

《清宫恭王府档案总汇·永璘秘档》,北京:国家图书馆出版社,2009 年。

故宫博物院明清档案部编:《清代档案史料丛编》第 1 辑,北京:中华书局,1978 年。

佚名:《热河密札》,载《近代史资料》总第 36 号,北京:中华书局,1978 年。

二、文献

《史记》,点校本,北京:中华书局,1959 年。

《汉书》,点校本,北京:中华书局,1962 年。

《资治通鉴》,合肥:黄山书社,1997 年。

《续资治通鉴》,北京:中华书局,1957 年。

《旧唐书》,点校本,北京:中华书局,1975 年。

《新唐书》,点校本,北京:中华书局,1975 年。

《宋史》,点校本,北京:中华书局,1977 年。

《元史》,点校本,北京:中华书局,1976 年。

《明太祖御制文集》，台北：台湾学生书局，1965年。

《明史》，点校本，北京：中华书局，1974年。

《明实录》，台湾"中央研究院"史语所校勘影印本，1962年。

万历《明会典》，北京：中华书局，1989年。

《高拱论著四种》，北京：中华书局，1993年。

《清太祖努尔哈赤实录》，上海：上海书店，1989年。

《清实录》，影印本，北京：中华书局，1985--1987年。

《十二朝东华录》，台北：文海出版社，1963年。

光绪《清会典》，北京：中华书局，1991年。

光绪《清会典事例》，北京：中华书局，1991年。

《清朝文献通考》，上海：商务印书馆，1936年。

《清朝通志》，杭州：浙江古籍出版社，2000年。

《清史列传》，点校本，北京：中华书局，1987年。

《清代碑传全集》，影印本，上海：上海古籍出版社，1987年。

《满汉名臣传》，哈尔滨：黑龙江人民出版社，1991年。

《国朝耆献类征初编》，清代传记丛刊本，台北：台湾明文书局。

《爱新觉罗宗谱》（含《星源集庆》），奉天爱新觉罗宗谱修谱处，1938年。

《八旗满洲氏族通谱》，影印本，沈阳：辽沈书社，1989年。

《北京图书馆藏历代石刻拓本汇编》清代卷61、62、64、65册，郑州：中州古籍出版社，1990年。

佚名：《四王合传》，载《荆驼逸史》第28册，清刊本。

《张廷玉年谱》，北京：中华书局，1992年。

《悔逸斋笔乘》，载《清代野史》第7辑，成都：巴蜀书社，1987年。

《内政辑要》，清内府刻本。

《御制行状》，刻本，1917年。

《亲征平定朔漠方略》，康熙四十七年（1708）内府刻本。

《圣祖御制文集》，光绪朝武英殿刻本。

《世宗宪皇帝御制文集》，光绪朝武英殿刻本。

《世宗宪皇帝朱批谕旨》，四库全书本，上海：上海古籍出版社，1987年。

《清高宗（乾隆）御制诗文全集》，影印本，北京：中国人民大学出版社，1993年。

《上谕八旗》，雍正朝内府刻本。

《上谕内阁》，浙江书局刊本。

《上谕旗务议覆》，中国史学丛书续编本，台北：台湾学生书局，1976年。

《大义觉迷录》，载《清史资料》第4辑，北京：中华书局，1983年。

《评鉴阐要》，四库全书本，上海：上海古籍出版社，1987年。

《正教奉褒》，光绪二十九年（1903）上海慈母堂第三次排印。

《万寿盛典初集》，四库全书本，上海：上海古籍出版社，1987年。

《御定佩文韵府》，四库全书本，上海：上海古籍出版社，1987年。

《钦定宫中现行则例》，光绪六年（1880）武英殿刻本。

《钦定满洲源流考》，台北：文海出版社，1967年。

《钦定八旗通志》，嘉庆四年（1799）刊本，台北：台湾学生书局，1968年初版；长春：吉林文史出版社，2002年。

《钦定古今储贰金鉴》，乾隆五十年（1785）刻本。

《钦定国子监志》，四库全书本，上海：上海古籍出版社，1987年。

北京市档案馆编：《北京档案史料》2005年第4期，北京：新华出版社，2005年。

北京市档案馆编：《北京档案史料》2006年第2期，北京：新华出版社，2006年。

中国史学会主编：中国近代史资料丛刊《戊戌变法》1—4册，上海：上海人民出版社，1961年。

于慎行：《谷山笔麈》，北京：中华书局，1984年。

王士禛：《居易录》，康熙刻本。

王应奎：《柳南随笔 续笔》，北京：中华书局，1983年。

王锺翰辑录：《朝鲜〈李朝实录〉中的女真史料选编》，辽宁大学历史系清初史料丛刊本，1979年。

天嘏：《清代外史》，载《清代野史》第1辑，成都：巴蜀书社，1987年。

木陈道忞：《北游集》，禅门逸书续编本，台北：台湾汉声出版社，

1987 年。

毛奇龄:《西河合集》,清刻本。

孔毓圻、金居敬:《幸鲁盛典》,四库全书本,上海:上海古籍出版社,1987 年。

邓之诚:《清诗纪事初编》,上海:上海古籍出版社,1965 年。

叶凤毛:《内阁小志》,天苏阁丛刊本,1923 年。

包文汉、奇·朝克图整理:《蒙古回部王公表传》,呼和浩特:内蒙古大学出版社,1998 年。

永忠:《延芬室集》,影印本,上海:上海古籍出版社,1990 年。

弘旺:《松月堂目下旧见》,清抄本。

弘旺:《皇清通志纲要》,民国抄本。

老吏:《奴才小史》,载《清代野史》第 2 辑,成都:巴蜀书社,1987 年。

朱元璋:《皇明祖训》,四库全书存目丛书本,济南:齐鲁书社,1996 年。

庆桂等编纂:《国朝宫史续编》,北京:北京古籍出版社,1994 年。

刘献廷:《广阳杂记》,北京:中华书局,1957 年。

许指严:《十叶野闻》,开封:河南大学出版社,1991 年。

孙承泽:《天府广记》,北京:北京古籍出版社,1984 年。

严中平:《1861 年北京政变前后中英反革命的勾结》,载《历史教学》1952 年 4 月号。

严中平:《1861 年北京政变前后中英反革命的勾结(续)》,载《历史教学》1952 年 5 月号。

杜文凯编:《清代西人见闻录》,北京:中国人民大学出版社,1985 年。

李元度:《国朝先正事略》,长沙:岳麓书社,1991 年。

李光地:《榕村语录 榕村续语录》,北京:中华书局,1995 年。

李清:《三垣笔记》,北京:中华书局,1982 年。

李清植纂辑:《文贞公年谱》,道光刊本。

杨钟羲撰集:《雪桥诗话》,北京:北京古籍出版社,1989 年。

杨钟羲撰集:《雪桥诗话续集》,北京:北京古籍出版社,1991 年。

杨宾:《柳边纪略》,辽海丛书本,沈阳:辽沈书社,1985 年。

吴士鉴等:《清宫词》,北京:北京古籍出版社,1986年。

吴云等辑:《义门先生集》,道光三十年(1850)刊本。

吴桭臣:《宁古塔纪略》,续修四库全书本,上海:上海古籍出版社,2002年。

吴振棫:《养吉斋丛录》,北京:北京古籍出版社,1983年。

吴晗辑:《朝鲜李朝实录中的中国史料》,北京:中华书局,1980年。

何良俊:《四友斋丛说》,北京:中华书局,1959年。

沈德符:《万历野获编》,北京:中华书局,1959年。

张采田:《清列朝后妃传稿》,绿樱花馆平氏墨版,1929年。

张宸:《平圃遗稿》,四库未收书辑刊本,北京:北京出版社,2000年。

陈邦彦:《匏庐公日记》,上海图书馆藏稿钞本日记丛刊本,北京:国家图书馆出版社、上海:上海科学技术文献出版社,2017年。

陈康祺:《郎潜纪闻初笔 二笔 三笔》,北京:中华书局,1984年。

陈瀔一:《睇向斋谈往》,上海:上海书店出版社,1998年。

英和:《恩福堂笔记·诗抄·年谱》,北京:北京古籍出版社,1991年。

尚其宪:《尚氏宗谱》,石印本,1940年。

金兆燕:《耕烟先生传》,辽海丛书本,沈阳:辽沈书社,1985年。

赵翼:《簷曝杂记》,北京:中华书局,1982年。

赵翼:《廿二史札记》,北京:中国书店,1987年。

赵翼:《陔余丛考》,石家庄:河北人民出版社,1990年。

胡蕴玉;《胤禛外传》,载《清代野史》第2辑,成都:巴蜀书社,1987年。

昭梿:《啸亭杂录》(含《啸亭续录》),北京:中华书局,1980年。

奕赓:《佳梦轩丛著》,北京:北京古籍出版社,1994年。

洪昇:《长生殿传奇》,续修四库全书本,上海:上海古籍出版社,2002年。

袁行云:《清人诗集叙录》,北京:文化艺术出版社,1994年。

夏燮:《明通鉴》,北京:中华书局,1959年。

恩华辑:《八旗艺文编目》,民国铅印本。

恩格斯:《家庭、私有制和国家的起源》,载《马克思恩格斯选集》第4卷,北京:人民出版社,1972年。

钱仲联主编:《清诗纪事》,顺治朝卷、康熙朝卷、雍正朝卷,南京:江苏古籍出版社,1987年。

郭琇:《华野疏稿》,四库全书本,上海:上海古籍出版社,1987年。

唐邦治:《清皇室四谱》,上海:上海聚珍仿宋印书局,1923年印本。

谈迁:《国榷》,北京:中华书局,1958年。

谈迁:《北游录》,北京:中华书局,1960年。

黄佐:《翰林记》,四库全书本,上海:上海古籍出版社,1987年。

黄濬:《花随人圣盦摭忆》(含《补篇》),上海:上海古籍出版社,1983年。

萧奭:《永宪录》,北京:中华书局,1959年。

鄂尔泰等修:《八旗通志初集》,长春:东北师范大学出版社,1985年。

鄂尔泰、张廷玉等编纂:《国朝宫史》,北京:北京古籍出版社,1987年。

章乃炜、王蔼人编纂:《清宫述闻》,北京:紫禁城出版社,1990年。

梁章钜:《枢垣记略》,北京:中华书局,1984年。

韩琦、吴旻校注:《熙朝崇正集 熙朝定案(外三种)》,北京:中华书局,2006年。

傅泽洪:《行水金鉴》,四库全书本,上海:上海古籍出版社,1987年。

傅恒等编:《御批历代通鉴辑览》,上海:上海古籍出版社,1990年。

焦竑:《玉堂丛语》,北京:中华书局,1981年。

福格:《听雨丛谈》,北京:中华书局,1984年。

潘喆、孙方明、李鸿彬编:《清入关前史料选辑》第1辑,北京:中国人民大学出版社,1984年。

薛福成:《庸盦笔记》,南京:江苏人民出版社,1983年。

魏源:《圣武记》,北京:中华书局,1984年。

[朝鲜]《沈阳状启》,辽宁大学历史系清初史料丛刊本,1983年。

《张诚日记》,张宝剑等译,载《清史资料》第5辑,北京:中华书局,1984年。

朱静编译:《洋教士看中国》,上海:上海人民出版社,1995年。

[法]白晋:《康熙帝传》,马绪祥译,载《清史资料》第1辑,北京:

中华书局，1980年。

［朝鲜］朴趾源：《热河日记》，朱瑞平校点，上海：上海书店出版社，1997年。

［英］约·弗·巴德利：《俄国·蒙古·中国》，吴持哲、吴有刚译，北京：商务印书馆，1981年。

利玛窦、金尼阁：《利玛窦中国札记》，何高济等译，北京：中华书局，1983年。

［捷克］严嘉乐：《中国来信（1716—1735）》，丛林、李梅译，郑州：大象出版社，2002年。

［法］杜赫德编：《耶稣会士中国书简集》1、2、3、4卷，郑德弟、朱静、耿昇等译，郑州：大象出版社，2001—2005年。

［朝鲜］李民寏：《建州闻见录》，辽宁大学历史系清初史料丛刊本，1978年。

［法］李明：《中国近事报道（1687—1692）》，郭强、龙云、李伟译，郑州：大象出版社，2004年。

［法］张诚：《张诚日记》（1689年6月13日—1690年5月7日），陈霞飞译，北京：商务印书馆，1973年。

［韩］林中基编：《燕行录全集》，首尔：韩国东国大学校出版部，2001年。

［法］荣振华：《在华耶稣会士列传及书目补编》，耿昇译，北京：中华书局，1995年。

［英］斯当东：《英使谒见乾隆纪实》，叶笃义译，上海：上海书店出版社，1997年。

［法］葛斯顿·加恩：《早期中俄关系史（1689—1730）》，江载华译，北京：商务印书馆，1961年。

［德］魏特：《汤若望传》，杨丙辰译，上海：商务印书馆，1949年。

［英］濮兰德、白克好司：《慈禧外纪》，陈冷汰等译述，上海：中华书局，1917年。

Matteo Ripa: *Memoirs of Father Ripa*, selected and translated by Fortunato Prandi, John Murray, London, 1855.

三、论著

《陈垣史学论著选》，上海：上海人民出版社，1981 年。
《清代人物传稿》上编 1—10 卷，北京：中华书局，1984—2001 年。
《清代全史》1—10 册，沈阳：辽宁人民出版社，1991—1993 年。
《清帝列传》15 册，长春：吉林文史出版社，1993 年。
《王国维学术经典集》，南昌：江西人民出版社，1997 年。
于善浦：《清东陵大观》，石家庄：河北人民出版社，1985 年。
王冬芳：《满族崛起中的女性》，沈阳：辽宁民族出版社，1996 年。
王永健：《洪昇和长生殿》，上海：上海古籍出版社，1982 年。
王兆春：《中国火器史》，北京：军事科学出版社，1991 年。
王兆春：《世界火器史》，北京：军事科学出版社，2007 年。
王佩环：《清宫后妃》，沈阳：辽宁大学出版社，1993 年。
王锺翰：《清史杂考》，北京：中华书局，1963 年。
王锺翰：《王锺翰学术论著自选集》，北京：中央民族大学出版社，1999 年。
方豪：《中国天主教史人物传》，北京：中华书局，1988 年。
邓之诚：《骨董琐记》（含《骨董续记》、《骨董三记》），北京：中国书店，1991 年。
白钢：《中国皇帝》，天津：天津人民出版社，1993 年。
白钢主编：《中国政治制度通史》1—10 卷，北京：人民出版社，1996 年。
白新良：《乾隆传》，沈阳：辽宁教育出版社，1990 年。
冯尔康：《雍正传》，北京：人民出版社，1985 年。
冯佐哲：《和珅评传》，北京：中国青年出版社，1998 年。
冯其利：《寻访京城清王府》，北京：文化艺术出版社，2006 年。
邢莉：《游牧文化》，北京：北京燕山出版社，1995 年。
朱子彦：《后宫制度研究》，上海：华东师范大学出版社，1998 年。
刘小萌：《满族的部落与国家》，长春：吉林文史出版社，1995 年。
刘小萌：《清代北京旗人社会》，北京：中国社会科学出版社，2008 年。
刘凤云：《清代三藩研究》，北京：中国人民大学出版社，1994 年。
刘潞：《清代皇权与中外文化 —— 满汉融合与中西交流的时代》，北京：商务印书馆，1998 年。

许曾重：《许曾重史学论文选集》，北京：故宫出版社，2012 年。

孙文良主编：《满族大辞典》，沈阳：辽宁大学出版社，1990 年。

杜家骥：《清朝满蒙联姻研究》，北京：人民出版社，2003 年。

杜家骥：《八旗与清朝政治论稿》，北京：人民出版社，2008 年。

李凤民、陆海英主编：《盛京昭陵》，沈阳：沈阳出版社，1994 年。

李花子：《明清时期中朝边界史研究》，北京：知识产权出版社，2011 年。

杨启樵：《雍正篡位说驳难》，上海：上海书店出版社，2012 年。

杨英杰：《清代满族风俗史》，沈阳：辽宁人民出版社，1991 年。

杨珍：《康熙皇帝一家》，修订本，北京：学苑出版社，2009 年。

杨珍：《清朝皇位继承制度》，修订本，北京：学苑出版社，2009 年。

杨海英：《洪承畴与明清易代研究》，北京：商务印书馆，2006 年。

张玉兴、支运亭主编：《中国北方各族人物传·清代卷》，沈阳：辽海出版社，2002 年。

张晋藩、郭成康：《清入关前国家法律制度史》，沈阳：辽宁人民出版社，1988 年。

张晋藩主编：《清朝法制史》，北京：中华书局，1998 年。

陈文良主编：《北京传统文化便览》，北京：北京燕山出版社，1992 年。

林华等编：《历史遗痕》，北京：中国人民大学出版社，1994 年。

佩环、霁虹：《塞外汗王宫》，北京：紫禁城出版社，1996 年。

金启孮：《北京的满族》，北京：中华书局，2009 年。

金承艺：《清朝帝位之争史事考》，北京：中华书局，2010 年

周远廉：《清朝开国史研究》，沈阳：辽宁人民出版社，1981 年。

周良霄：《皇帝与皇权》，上海：上海古籍出版社，1999 年。

郑天挺：《清史探微》，北京：北京大学出版社，1999 年

郑杭生主编：《社会学概论新修》，北京：中国人民大学出版社，1994 年。

定宜庄：《满族的妇女生活与婚姻制度研究》，北京：北京大学出版社，1999 年。

孟昭信：《辅佐大清三代帝君的幕后女人孝庄文皇后》，北京：中国华

侨出版社，2003年。

孟森:《明清史讲义》，北京：中华书局，1981年。

孟森:《明清史论著集刊》，北京：中华书局，1984年。

孟森:《明清史论著集刊续编》，北京：中华书局，1986年。

姜守鹏、刘奉文:《爱新觉罗家族全书·世系源流》，长春：吉林人民出版社，1996年。

姜相顺、佟悦:《盛京皇宫》，北京：紫禁城出版社，1987年。

姚念慈:《清初政治史探微》，沈阳：辽宁民族出版社，2008年。

铁玉钦编写:《沈阳故宫轶闻》，沈阳：春风文艺出版社，1984年。

铁玉钦主审、王佩环主编:《清帝东巡》，沈阳：辽宁大学出版社，1991年。

徐广源:《大清皇陵秘史》，北京：学苑出版社，2010年。

高文德、蔡志纯编著:《蒙古世系》，北京：中国社会科学出版社，1979年。

章培恒:《洪昇年谱》，上海：上海古籍出版社，1979年。

商鸿逵:《明清史论著合集》，北京：北京大学出版社，1988年。

谢俊美:《政治制度与近代中国》，上海：上海人民出版社，1995年。

赖惠敏:《天潢贵胄：清皇族的阶层结构与经济生活》，台湾"中央研究院"近代史研究所，1997年。

赖惠敏:《清代的皇权与世家》，北京：北京大学出版社，2010年。

滕绍箴:《三藩史略》，北京：中国社会科学出版社，2008年。

魏开肇:《雍和宫漫录》，郑州：河南人民出版社，1985年。

［日］夫马进:《朝鲜燕行使与朝鲜通信使——使节视野中的中国·日本》，伍跃译，上海：上海古籍出版社，2010年。

［美］A·W.恒慕义主编:《清代名人传略》，中国人民大学清史研究所《清代名人传略》翻译组译，西宁：青海人民出版社，1990年。

［美］牟复礼、［英］崔瑞德编:《剑桥中国明代史》，张书生等译，北京：中国社会科学出版社，1992年。

［美］秦家骢:《宗族之恋》，舒逊、曼予译，北京：中国文学出版社，1991年。

王开玺:《辛酉政变与正统皇权思想——慈禧政变成功原因再探讨》，

载《清史研究》2002年第4期。

王佩环：《从新发现的满文档案再释阿其那与塞思黑》，载《故宫博物院院刊》2000年第2期。

王锺翰：《关于满族形成中的几个问题》，载《清史新考》，沈阳：辽宁大学出版社，1990年。

王锺翰：《清世宗夺嫡考实》，载《王锺翰学术论著自选集》，北京：中央民族大学出版社，1999年。

王锺翰：《清代八旗中的满汉民族成分问题》，载《王锺翰学术论著自选集》，北京：中央民族大学出版社，1999年。

邓锐龄：《年羹尧在雍正朝初期治藏政策孕育过程中的作用》，载《中国藏学》2002年第2期。

刘小萌：《清皇室与三藩"额驸"》，载《满族研究》2002年第3期。

刘小萌：《清朝皇帝与保母》，载《北京社会科学》2004年第3期。

刘潞：《清初四帝婚姻的政治特点》，载《故宫博物院院刊》1991年第4期。

刘潞：《清太祖太宗时期满蒙联姻考》，载《故宫博物院院刊》1995年第3期。

关孝廉：《〈满文老档〉原本与重抄本比较研究》，载《历史档案》1990年第1期。

关孝廉：《满文老档的特点及其史料价值》，载《满学研究》第4辑，北京：民族出版社，1998年。

许曾重：《清世宗胤禛继承皇位问题新探》，载《清史论丛》第4辑，北京：中华书局，1982年。

许曾重：《曾静反清案和清世宗胤禛统治全国的大政方针》，载《清史论丛》第5辑，北京：中华书局，1984年。

许曾重：《论康乾盛世的几个问题》（上、中、下），载《清史研究通讯》1985年第1、3、4期。

许曾重：《论清史分期的几个问题》，载《中国社会科学院研究生院学报》1985年第2期。

许曾重：《太后下嫁说新探》，载《清史论丛》第8辑，北京：中华书局，1991年。

杜家骥:《雍正帝继位前的封旗及相关问题考析》,载《中国史研究》1990 年第 4 期。

杜婉言:《论明朝内阁制度的特点》,载《中国史研究》1992 年第 4 期。

李文益:《清代"哈哈珠子"考释——兼论"haha juse"与"haha jui"的翻译》,载《清史研究》2016 年第 1 期。

杨珍:《满文档案所见允禵皇位继承人地位的新证据》,载《中国史研究》1990 年第 3 期。

杨珍:《雍正杀子辨疑》,载《清史研究》1992 年第 3 期。

杨珍:《允禵储君地位问题研究》,载 1992 年《清史论丛》,沈阳:辽宁人民出版社,1993 年。

杨珍:《董鄂妃的来历与董鄂氏之死》,载《故宫博物院院刊》1994 年第 1 期。

杨珍:《康熙朝隆科多事迹初探》,载 1994 年《清史论丛》,沈阳:辽宁古籍出版社,1994 年。

杨珍:《索额图研究》,载 1996 年《清史论丛》,沈阳:辽宁古籍出版社,1996 年。

杨珍:《康熙统治方针的一次重大调整》,载《庆祝杨向奎先生教研六十周年论文集》,石家庄:河北教育出版社,1998 年。

杨珍:《清初权力之争中的特殊角色——汤若望与顺治帝关系研究之一》,载《清史研究》1999 年第 3 期。

杨珍:《盛世初叶(1683—1712)的皇权政治——对明珠晚年的个案分析》,载 1999 年《清史论丛》,石家庄:河北教育出版社,2000 年。

杨珍:《顺治朝满文档案札记》,载《满语研究》2015 年第 1 期。

吴伯娅:《孔四贞研究》,载 1994 年《清史论丛》,沈阳:辽宁古籍出版社,1994 年。

张双志:《雍正继位新解》,载《清史研究》2007 年第 4 期。

陆成兰:《康熙皇太子废立前后的住所》,载《中国档案报》1999 年 2 月 10 日。

陈青松:《赵昌家世及其与传教士的往来——兼述其在康雍时期的际遇》,载《亚洲研究》第六期,韩国庆北大学亚洲研究所,2009 年。

陈国栋:《康熙小臣养心殿总监造赵昌生平小考》,载《盛清社会与扬州研究》,台北:台湾远流出版公司,2011年。

金国平、吴志良:《耶稣会传教士安文思手稿所记顺治晏驾与康熙继位》,载《明清档案与历史研究论文集:庆祝中国第一历史档案馆成立八十周年》,北京:新华出版社,2008年。

金国平、吴志良:《西方史料所记载的赵昌》,载《清代政治与国家认同》,北京:社会科学文献出版社,2012年。

金承艺:《胤祯:一个帝梦成空的皇子》,载台湾"中央研究院"《近代史研究所集刊》第6期,1977年。

祝总斌:《董小宛入宫说始于何时——兼略探吴梅村〈清凉山赞佛诗〉的创作意图》,载《北京联合大学学报》2007年第1期。

徐凯:《满洲八旗中高丽士大夫家族》,载《明清论丛》第1辑,北京:紫禁城出版社,1999年。

徐凯:《八旗满洲旗分佐领内高丽姓氏》,载《故宫博物院院刊》2000年第5期。

郭松义:《清代人口问题与婚姻状况的考察》,载《中国史研究》1987年第3期。

商鸿逵、岑大利:《顺治皇帝的三位皇后》,载郑逸梅等:《清宫轶事》,北京:紫禁城出版社,1985年。

韩光辉:《清康熙敕建郑家庄王府考辨》,载《中国历史地理论丛》1996年第2期。

[日]冈田英弘:《清太宗继位考实》,载台湾《故宫文献》第3卷第2期,1972年。

[日]细谷良夫:《尚可喜一族的旗籍与婚姻关系——围绕满汉关系视角》,载《清史研究》2012年第1期。

[日]绵贯哲郎:《清初的旧汉人与皇室》,载《满学研究》第7辑,北京:民族出版社,2002年。